清朝开国史

阎崇年 著

上卷

中华书局

图书在版编目(CIP)数据

清朝开国史:全 2 册/阎崇年著.—北京:中华书局,2014.5(2014.9 重印)
ISBN 978 - 7 - 101 - 09917 - 1

Ⅰ.清…　Ⅱ.阎…　Ⅲ.中国历史－清前期　Ⅳ.K249

中国版本图书馆 CIP 数据核字(2013)第 310668 号

书　　名	清朝开国史(全二册)	
著　　者	阎崇年	
责任编辑	陈　虎　李洪超	
出版发行	中华书局	
	(北京市丰台区太平桥西里 38 号　100073)	
	http://www.zhbc.com.cn	
	E - mail:zhbc@ zhbc.com.cn	
印　　刷	北京市白帆印务有限公司	
版　　次	2014 年 5 月北京第 1 版	
	2014 年 9 月北京第 2 次印刷	
规　　格	开本 787×1092 毫米　1/16	
	印张 67½　插页 4　字数 1166 千字	
印　　数	6001 - 10000 册	
国际书号	ISBN 978 - 7 - 101 - 09917 - 1	
定　　价	168.00 元	

目　录

自　序

　　清朝开国史的时间范围,在清史学界,主要有三种分法:第一种,清朝开国史百年说,即从明万历十一年(1583年)努尔哈赤起兵,到清康熙二十二年(1683年)康熙帝接受明延平郡王郑克塽归顺、统一台湾,整一百年。第二种,清朝开国史六十年说,即从明万历十一年(1583年)努尔哈赤起兵,到清顺治元年即明崇祯十七年(1644年)明朝覆亡,清都北京,约六十年。第三种,清朝开国史二十八年说,从后金天命元年即明万历四十四年(1616年),到清崇德八年即崇祯十六年(1643年),崇德帝死、顺治帝立,共二十八年。以上诸说,各有道理,各有短长。本《清朝开国史》的时间断限,取清朝开国史六十年说。

　　《清朝开国史》的出版,我觉得自己有"出版红运"。世界事情,无巧不有。近四十年来,我逢"3"就有出版奇缘:1983年,我的《努尔哈赤传》由北京出版社出版;1993年,我的《天命汗》由吉林文史出版社出版;2003年,我的《清朝通史·太祖朝》和《清朝通史·太宗朝》由紫禁城出版社出版;2013年,我的《清朝开国史》又由中华书局出版;我企望在2023年,能将我的《努尔哈赤传》和《清朝开国史》再次修订出版。一部书能够每隔十年,修订出版一次,连续出版五次,当是一件有幸之事。

　　在这里,我把学术历程,做个简略回顾。我在把两个通史——中国通史和世界通史粗学一遍之后,从1963年初开始,转入学习清史。屈指一算,已经五十年。从1980年开始,我转入专业研究清史、满洲史及北京史,也已三十三年。我作为一位布衣学者,个人心力之所及,主要做了三件事:

　　第一,清朝开国史的学习与研究。撰写了《努尔哈赤传》、《袁崇焕研究论集》、《清朝开国史》和《清史论集》等论著,并发表若干篇论文,总数三百多万字。有人说,于清朝开国史的论著,目前我发表的字数是最多的。这一点,并没有做数字核实,但的确是殚心竭虑,并得益于时代惠赐。

第二,满学的学习、开拓与研究。此前,于满洲的历史与文化,中外学者,多有研究,但以学科而言,有蒙古学,有藏学,却没有满洲学即满学。从上个世纪八十年代后期开始,我和国内外同仁一起,筚路蓝缕,开创满学,给出满学定义,创立北京满学会,出版《满学论集》,主编《满学研究》和《20世纪世界满学著作提要》,倡议并主持第一届至第五届国际满学研讨会。满学已被接纳为人文社会科学的一个新学科。

第三,利用电视平台,系统讲述历史。历史科学的传播,素有口述、图书、报刊、教学、文物等载体,近世又增加了广播、电影、电视、网络等新载体。十年来,我在中央电视台系统讲述、相应出版了《正说清朝十二帝》、《明亡清兴六十年》、《康熙大帝》和《大故宫》等四个系列,共一百八十八讲(集)。这种学者以语音、影像、文字三位一体系统传承历史科学,凭借电视、广播、网络进行全球性的中华历史文化传播,不仅产生了巨大的社会影响,而且被誉为独着"影视史学"的先鞭。

以上三个方面,文字成果汇集,选取研究清朝开国史部分,加以梳理,重新整合,以《清朝开国史》为书名,由中华书局出版,这是我五十年学习与研究、撰著与讲述历史文化的阶段性节点,也是今后学术历程的新起点。

一个严肃的学者,虽享受不到常人所享受到的快乐,却能享受到常人享受不到的欣慰。我一直认为:学者也许可以有五段学术人生路程,第一段是二十岁到四十岁,重在学习;第二段是四十岁到六十岁,重在贡献;第三段是六十岁到八十岁,重在升华;第四段是八十岁到一百岁,重在大有;第五段如能过百岁,则登上了圣寿学者的行程。

事物有阴阳,格物无止境。学术著述,回过头看,深感稚嫩,多有遗憾。然而,作为一段学人的历程,记录下来,砥砺前行!

人生贵在立志、勤学、顿悟、践行。惟志惟学,尚悟尚行;日新日慎,知行知止——这是我五十年学术生活的自勉。

我要把一个学者做好! 这是我过去努力做的,也是我今后要尽力做的。

是为序。

阎崇年

2013年4月

于四合书屋

引　言

在中国五十五个少数民族中，建立统一皇朝的只有蒙古族和满族。蒙古族建立的元帝国仅享祚九十七年，满族建立的清帝国则绵祚二百九十六年。在中国秦始皇帝以来两千多年的皇朝历史上，开创过二百年以上大一统皇朝的，只有西汉、唐朝、明朝和清朝。在上述四朝中，汉高祖刘邦、唐高祖李渊和明太祖朱元璋都是汉族人，只有清太祖努尔哈赤是满族人。大清帝国在"康、雍、乾"时的世界舆图上，是一个疆域最为辽阔、国力最为强盛、人口最为众多、物产最为富庶、民族最为协和、文化最为发达的大帝国。

树有根而枝叶茂，水有源而百川流。清太祖朝历史是清朝历史的树之根、水之源。清朝在开国时期，埋下后来大清历史的盛与衰、强与弱、成与败、得与失之基因。以下分作六个问题，作一简略论述。

一

明万历十一年（1583 年），辽东总兵李成梁提兵进攻建州女真古勒寨，城破之后，李成梁下令屠城，男女老幼，全遭屠戮，斩杀一千余级，努尔哈赤的祖父觉昌安和父亲塔克世也在混乱中被杀。从此，努尔哈赤与大明皇朝，积下不可化解之怨，结下不共戴天之仇。万历帝、李成梁杀了觉昌安、塔克世，在他们子孙努尔哈赤心里，点燃起燎原之复仇星火，挖掘开溃堤之复仇蚁穴。随之，努尔哈赤以父、祖"十三副遗甲"起兵复仇。努尔哈赤将复仇的星火，逐渐燃烧成为焚毁大明皇朝的燎原大火；将复仇的穴水，逐渐汇聚成为冲毁大明皇朝的汹涌洪水。最终，以清代明，江山易主。因此，古勒寨之役是明朝灭亡与清朝崛兴的历史起点。

清太祖朝的历史，以时间来说，从明万历十一年（1583 年），到清天命十一年即明天启六年（1626 年），总计四十四年。以空间来说，大体上东起鸭绿江、图们江及乌苏里江以东滨海地区，西到大兴安岭，南近宁远（今辽宁省兴城市），北至黑龙江中游地域。

清太祖时期四十四年的历史，可以分作建州时期和天命时期。

建州时期。此期可以分作三个阶段：

第一阶段，从明万历十一年（1583 年），到万历二十一年（1593 年），共有十年，主要是建州女真内部的统一。以努尔哈赤起兵与古勒山大捷，为此期重大历史文化事件的标志。

在这段历史时期里，主要历史文化大事有：努尔哈赤以父、祖"十三副遗甲"起兵，杀尼堪外兰，攻克图伦城。统一建州女真五部——苏克素浒河部、哲陈部、董鄂部、完颜部、浑河部，初步统一长白山三部——讷殷部、朱舍里部、鸭绿江部。建佛阿拉城。努尔哈赤首次到北京朝贡（先后八次）。打败叶赫等九部联军的军事进攻，就是著名的古勒山之战。

第二阶段，从明万历二十一年（1593 年），到万历三十一年（1603 年），共有十年。以创制满文字与兴筑赫图阿拉城，为此期重大历史文化事件的标志。此期日本侵略朝鲜，明朝派军进行援朝战争，这就是史称的壬辰战争，又称为抗倭援朝战争。这场战争先后断续进行了六年，明朝主力部队入朝，辽东防务空虚。这给建州女真统一海西女真，提供了难得的历史机遇。

在这段历史时期里，主要历史文化大事有：建州发动哈达之役、辉发之役，而将哈达、辉发吞并，扈伦四部灭其二。朝鲜南部主簿申忠一到佛阿拉，写下《申忠一书启及图录》即《建州纪程图记》。努尔哈赤表面对明廷忠顺，被明封为龙虎将军。创制满文，就是无圈点的老满文。建筑赫图阿拉城，后尊称兴京，意思是清朝兴起的京城。后在兴京建永陵。

第三阶段，从明万历三十一年（1603 年），到万历四十三年（1615 年），共有十二年，以建立八旗制度与蒙古贝勒尊努尔哈赤为"昆都仑汗"，为此期重大历史文化事件的标志。

在这段历史时期里，主要历史文化大事有：建州军同乌拉军在图们江畔进行乌碣岩大战，建州军获胜，从此建州打开进军图们江、乌苏里江地域的通道。漠南蒙古恩格德尔率喀尔喀五部贝勒尊努尔哈赤为"昆都仑汗（恭敬汗）"。派兵略渥集部，取那木都鲁、绥芬、宁古塔、尼马察部民,招降瓦尔喀部民。努尔哈赤将胞弟舒尔哈齐幽禁而死,下令将长子褚英处死,权力更加集中。建立清朝根本性的军政制度——八旗制度,后来逐渐完善成为八旗满洲、八旗蒙古、八旗汉军,旗的颜色规范为正黄、正白、正红、正蓝、镶黄、镶白、镶红、镶蓝。努尔哈赤娶蒙古科尔沁明安贝勒女为妻,从而开始了满、蒙联姻。吞并海西女真扈伦四部中最大的一部——乌拉部。

天命时期。从后金天命元年即明万历四十四年(1616 年),到天命十一年即明天启六年(1626 年),以建立天命政权与迁都沈阳,为此期重大历史文化事件的标志。

在这段历史时期里,主要历史文化大事有:

政治方面。努尔哈赤“黄衣称朕”,建立金政权,又称后金。以赫图阿拉为都城(后称兴京)。以费英东、额亦都、何和理、扈尔汉、安费扬古为五大臣,参与议政。发布“七大恨”告天布民,同明朝公然决裂,向明朝宣战。将都城迁到辽河流域的中心地带,先由赫图阿拉一迁到辽阳(后尊称东京),并在太子河东岸建东京城;二迁到沈阳(后尊称盛京),开始兴建沈阳宫殿。

明朝发生皇位变动,神宗万历帝死,子光宗泰昌帝立一月又死,再立熹宗天启帝。皇位的变动没有给明朝带来新的转机,宫廷却接连发生“梃击”、“红丸”、“移宫”三案。天启帝年少贪玩,怠于政事,皇权旁落到宦官魏忠贤手中。于是,党争更趋激烈,朝政更加腐败。

军事方面。后金军事进攻重点,转移到同明军对抗。后金军攻取明朝辽东边地两座重镇——抚顺、清河。明朝为报复后金,以杨镐为辽东经略,发动十余万大军,采取“兵分四路,分进合击”的兵略,要攻占赫图阿拉,对后金“犁庭扫穴”。后金军则采取“凭尔几路来,我只一路去”,就是“集中兵力,合进分击”的兵略,而获得全胜,史称“萨尔浒大捷”。后金军乘胜进兵灭亡叶赫,统一了海西女真。随之,后金军连获三捷——先取开(原)、铁(岭),继取沈(阳)、辽(阳),再取广(宁)、义(州)。明辽东经略熊廷弼以失广宁罪,被“传首九边”;辽东巡抚王化贞因陷广宁罪下狱。明朝原辽东首府广宁(今辽宁省北镇市)、时辽东首府辽阳,都落于后金之手。这标志着明朝在辽东统治的终结。明廷决策坚守辽西,保卫山海关。明大学士孙承宗视师山海关外,决策营筑宁远城(今辽宁省兴城市)。明以孙承宗为蓟辽督师。

天命十一年即明天启六年(1626 年)正月,努尔哈赤率六万大军进攻宁远城。明袁崇焕率万人坚守,城上安设红夷大炮。袁崇焕“凭坚城、用大炮”,打败后金军的进攻。有史料说天命汗在指挥攻城时受炮伤。此役,明人称之为"宁远大捷"。后金军虽在宁远城下失败,却在进攻觉华岛之役中获胜。觉华岛今名菊花岛,在今辽宁兴城外十五里海中。此役史称"觉华岛之役"。

经济方面。先是,建州的田地:"无墅不耕,至于山上,亦多开垦";农业:"土地肥饶,禾谷甚茂,旱田诸种,无不有之";产量:"田地品膏,则粟一斗落种,可获八九石。"开采金矿、银矿,炼铁,制造军用器械,发明并推广人参煮晒法,实行牛录屯田,同明朝、蒙古、朝鲜进行贸易,发展农业、畜牧业。进入辽沈地区后,采矿、冶炼、造船、制械、建筑、晒盐业等都有较大的发展。种棉养蚕,缫丝织缎。铸"天命汗钱",进行货币流通。铸"天命云板",传递军情信息。颁布"计丁授田"制度。

文化方面。先是,朝鲜南部主簿申忠一到佛阿拉,回国后撰写《申忠一书启及图录》即《建州纪程图记》,详细地记述了建州的政治、军事、地理、农业、建筑、文化、宗教、习俗等,留下难得的第一手史料。后朝鲜援军姜弘立元帅等在萨尔浒之役中率军投降,其属李民寏在赫图阿拉写《建州闻见录》《栅中日录》,是为继申忠一后又一外人纪录建州社会的重要文献。在八旗设巴克什,招收儿童入学,教习满文,也学汉文。此期开始留下珍贵的无圈点满文档案。在赫图阿拉兴建祭神祭天的堂子,建筑佛寺及玉皇等七大庙。迁都沈阳后,开始兴筑天命汗宫,建大殿(后称大政殿)及其列署亭式殿(俗称十王亭)。后建筑清太祖陵——福陵(沈阳东陵)。

民族方面。此期,后金进军黑龙江中游地域,征萨哈连部,取得胜利,从此拉开征抚黑龙江地区的序幕。到清太宗皇太极时,整个黑龙江流域的版图归入清朝。《盛京吉林黑龙江等处标注战迹舆图》,反映了这些军政的胜利成果。在占领的辽东地区,对汉人实行"剃发"。对漠南蒙古实行联姻、会盟、重教、封赏、征抚等政策,取得初步成效。这些都为后来清朝对蒙古的政策,提供了初始的范式。

清太祖努尔哈赤宁远兵败后,《清太祖武皇帝实录》记载:"帝自二十五岁征伐以来,战无不胜,攻无不克,惟宁远一城不下,遂大怀忿恨而回。"天命汗久历疆场,身经百战,师出必胜,攻战必克。六十八岁的沙场老将努尔哈赤,却败给四十二岁的无名小辈袁崇焕。袁崇焕是努尔哈赤的克星。努尔哈赤郁闷不乐,忿积疾重,同年八月死去。由他的儿子皇太极继承汗位,是为清太宗。明年,改元为天聪。

清太祖朝的历史随之结束。

二

　　清朝的崛兴,有其国际、国内和族内的客观条件。

　　一个朝代的出现,必然有其剧烈复杂的时代背景。清朝之崛兴,是怎样的呢? 用一句话来概括是两个字——"乱世"。所谓"乱世",就是社会上的各个阶层、各个集团、各个民族、各个宗教、各个派别、各个地域的利益,处于三百年一遇的大分裂、大震荡、大争夺、大重组、大调整、大变革的陵谷隆替之期。其时,全辽地域主要有四大政治——民族利益集团:南为大明、东为朝鲜、西为蒙古、北为女真。各大利益集团之间及其内部,纵横捭阖,明争暗斗,历史又到了一个充满劫难的乱世。兵荒马乱是明末东北地区最为突出的社会现象。争战出英雄,乱世生变革。乱世就是历史机遇,乱世为清朝的崛兴提供了难得的历史舞台。

　　兹就清朝崛兴的国际形势、国内民族、女真状况,列纲举目,整合阐述,略加分析。

　　先说俄国。俄国原是一个欧洲国家。俄罗斯大公国到明弘治元年(1489 年),伊万三世自称全俄罗斯大君主。明嘉靖二十六年(1547 年),十七岁的伊凡四世被立为沙皇。他于两年后召开首届俄罗斯全国议会,五年后开始征服喀山等地。到瓦西里三世时,俄罗斯的东部疆界在北乌拉尔山以西。到十六世纪后期,俄国的势力扩张到西伯利亚。明万历十年(1582 年),以叶尔马克为首的哥萨克越过乌拉尔山,次年进入西伯利亚地带。这年明朝与建州发生古勒寨之战,努尔哈赤的祖、父死于难。历史十分巧合:俄国势力进入西伯利亚和努尔哈赤父祖遇难竟然发生在同一年。前者,对努尔哈赤来说是子孙的外患(尽管他当时并不知道这一点);后者,对努尔哈赤来说则是现实的内忧。尔后,俄国的扩张势力步步东逼。万历十五年(1587 年),俄国建托博尔斯克,这里后来成为俄国在西伯利亚的中心。明万历四十一年(1613 年),罗曼诺夫为沙皇,从而创建罗曼诺夫王朝,更加紧了对西伯利亚的扩张。天聪六年即明崇祯五年(1632 年),俄国在勒拿河畔建立勒拿堡,即今雅库茨克。后进而侵入贝加尔湖以东地区和黑龙江流域。崇德三年即崇祯十一年(1638 年),哥萨克人听到鄂温克人说有一条黑龙江。崇德八年即崇祯十六年(1643 年),俄国人波雅科夫带军到了精奇里江(今结雅河),侵入达斡尔地区。顺治七年(1650 年),哈巴罗夫带领七十多人,翻越外兴安岭,侵入黑龙江地方。不久,他们占领达斡尔人的住地雅克萨(今阿尔巴津)。第二年,哈巴罗夫侵占索伦头人托尔金驻地,托尔金是皇太极额驸巴尔达齐的亲戚。沙俄入侵者蹂躏当地民族部落,抢掠烧杀,无恶不作。这个大的历史背景说明,如果东北地区各个民族内部或民族之间混乱纷争、不相统一,那么就不能共同抵御沙俄东扩势力;相反,满洲崛兴并对东北地区的重新统一,为后来抵御沙皇俄国对中国东北地区的侵略提供了条件。

次说日本。日本国内的政治变动和对外政策,对满洲的兴起,有着直接的、至关重要的影响。日本在中国明朝万历之前,处于战国时代,诸侯割据,战乱不已。到明嘉靖时,地方实力派织田信长(1534—1582年)势力强大,兼并各部,进占京都。他在统一日本的过程中,于明万历十年(1582年),在本能寺被其家臣明智光秀谋杀。丰臣秀吉(1536—1598年)继续织田信长的统一事业,他以大阪为基地,加强集权,四处征战,笼络诸侯,势力强大,逐渐结束延续百年的战国分裂局面。他初步完成日本统一后,开始进行对外侵略战争。丰臣秀吉侵略的矛头,首先指向朝鲜。明万历二十年(1592年),丰臣秀吉向朝鲜发动大规模的军事进攻,占领平壤,朝鲜告急。明朝以"唇亡则齿寒",派兵抗倭援朝。这年是壬辰年,所以历史上称这场战争为壬辰战争。壬辰战争时断时续地进行了六年。万历二十六年(1598年),丰臣秀吉病死,日军退守本岛,战争结束,兵祸始休。日本的专制权力落到织田信长的另一大将德川家康的手中。德川家康急于扫平对手,打击联军,整顿内部,巩固权力,并在江户(今东京)建立幕府,也无暇顾及朝鲜。所以,日本发动壬辰战争和国内政治突变,对后金的统一战争和满族的崛兴辽东,提供了十分难得的外部机遇。此前,努尔哈赤虽刚完成对建州的统一,但对扈伦四部的统一尚待外部条件。朝鲜、明朝与日本之间进行的壬辰战争,恰为努尔哈赤统一扈伦四部提供了历史的机遇。因为:第一,明朝将在辽东的主力军派往朝鲜,而在辽东地区出现军事空虚;第二,明朝无力、也无暇支持叶赫去进攻后金,使努尔哈赤进兵扈伦四部无后顾之忧;第三,朝鲜受到外敌的侵略,金瓯残破,八道尽失,不能同明朝形成合力,共同对付后金;第四,壬辰战争使朝鲜元气大伤,再加上内部纷争,一蹶不振。以上,历史为建州女真基本完成统一海西女真扈伦四部提供了机遇,也为后来皇太极两次进军朝鲜提供了条件。似可以说,如果没有日本侵略朝鲜的壬辰战争,那么明朝和朝鲜的军队会联合起来对付后金,就不会有努尔哈赤吞并扈伦四部的条件,也难以有满洲崛兴的机会。

再说朝鲜。朝鲜在明初称高丽,位于朝鲜半岛,是中国的近邻。高丽国大将李成桂废黜高丽恭让王王瑶，于明朝洪武二十五年（1392 年）自立，奏报明廷，请更国号。明太祖朱元璋命："仍古号，曰朝鲜。"①后赐金印、诰命等。朝鲜的国王、世子，均奏请明廷诏立。明朝和朝鲜鉴于各自的利益，都不愿意看到一个统一强大的建州女真在他们的中间崛兴。由是，他们几次联合出兵，攻剿建州。到努尔哈赤兴起时，日本丰臣秀吉发动了侵朝战争。日军十六万人先后在釜山登陆，长驱直入，破开城，陷王京，占平壤。朝鲜国王李昖逃奔义州。朝鲜两京陷落，八道丧失；明朝派兵援救，损兵耗饷。《明史·朝鲜传》记载："倭乱朝鲜七载，丧师数十万，糜饷数百万。"②时努尔哈赤请求派兵驰援，但遭到明朝和朝鲜两方的拒绝。建州利用历史提供的机遇，利用明朝和朝鲜无暇顾及的时机，基本完成了建州女真和海西女真的统一（统一叶赫在天命四年），随之建立后金。明朝和朝鲜缓过气来之后，合兵围攻后金都城赫图阿拉。明朝分兵四路，两双败北。朝鲜元帅姜弘立统领军队万余人，兵败被俘，全军覆没。后朝鲜依违于明朝与后金之间。努尔哈赤死后，天聪元年即明天启七年（1628 年），他的儿子皇太极先派兵朝鲜，攻破平壤，所至辄下。朝鲜输款，订"兄弟之盟"，后金班师。崇德元年即明崇祯九年（1636 年），皇太极率军亲征朝鲜，列城悉破，订"君臣之盟"。努尔哈赤父子剪除明朝西翼蒙古和东翼朝鲜，从而摧毁了明朝自洪武以来经营二百多年的全辽左右两翼防线，为满族的崛兴创造了外部条件。

在中国内部，主要有女真、蒙古和明朝三个重要的因素。这三个因素的相互关系、力量消长，直接影响到满洲的崛起。

先说女真。女真在明朝后期，分为建州女真、海西女真、东海女真和黑龙江女真四大部。时值女真社会混乱动荡："各部蜂起，皆称王争长，互相战杀，甚且骨肉相残，强凌弱，众暴寡。"③而在夹缝中生存的建州女真，更是"攘夺财货，兄弟交媾"，四分五裂，争战不息。建州女真部的王杲及其子阿台，一度强大起来。明廷采取"捣巢"的军事围剿，将其首领王杲"槛车致阙下，磔于市"④，又杀其子阿台。明朝虽除掉王杲、阿台，却未能遏止建州通过兼并而聚集力量的历史趋势。此一举措，为努尔哈赤兄弟登台，统一建州女真，提供复仇口实，扫清前进道路。海西女真扈伦四部的各部首领都想重建

①　《明史·朝鲜传》，第 320 卷，第 8283 页，中华书局校点本，1974 年。

②　《明史·朝鲜传》，第 320 卷，第 8299 页，中华书局校点本，1974 年。

③　《清太祖武皇帝实录》，第 1 卷，第 26 页，台北故宫博物院藏，广文书局影印本，1970 年。

④　《清史稿·王杲传》，第 222 卷，第 9126 页，中华书局标点本，1977 年。

女真的统一,但他们相继谢世。明廷对海西女真实行"以夷制夷"的策略,扶持哈达部的首领王台。但王台死后,诸子互争,其部自乱。努尔哈赤借机,分口吃掉哈达。明廷一面支持哈达,一面抑制叶赫。明辽东巡抚李松、总兵李成梁设计,在开原中固城关帝庙,诱杀叶赫部首领清佳努和杨佳努兄弟。后清佳努子布寨贝勒败死,杨佳努子纳林布禄贝勒病亡。叶赫走向衰落,建州更趋壮大。乌拉贝勒满泰夜淫村妇被杀;乌拉部也被建州用砍伐大树的方法,一斧一斧地砍倒。辉发贝勒王机砮死后,子孙内讧,自弱自毙。其他女真诸部,先后归服称臣。那些各自称雄的女真首领先后死去,为努尔哈赤的军政表演让出了历史舞台。由是,明朝原来对女真各部"使之相争,不使之相吞"政策,所造成的均衡局面被打破。努尔哈赤既借用明廷的信任,又利用明廷的疏误,一步一步地完成女真的统一。就客观历史而言,明廷对辽东女真的错误政策,促成了满洲势力的崛兴,而自毁其自洪武以来经营二百多年的全辽东部防线。

次说蒙古。朱明兴、元朝亡,故元势力成为明朝北部的边患。这同朱元璋对故元势力的政策不无关系。徐达率师直捣大都,行前奏问:"元都克而其主北走,将追之乎?"明太祖朱元璋答:"元运衰矣,行自澌灭,不烦穷兵。"①就是说,占领大都就行,不必远追败兵。于是,元统虽绝,实力犹存,"引弓之士,不下百万"。因此,明朝前期全辽政策的战略基点是防御蒙古,明辽东巡抚驻地广宁(今辽宁省北镇市)。通过洪武的五次用兵,永乐的七次北征,蒙古势力,受到大挫,逐渐分裂,走向衰落。蒙古诸部的分裂与衰落,为满洲崛兴准备了条件。到十七世纪初期,随着蒙古势力衰落,女真实力强大,明朝全辽政策发生了主客易位的变化:由重点防御蒙古转向重点对付女真,将"以东夷牵制西虏"的策略,改变为"以西虏牵制东夷"的策略,明辽东巡抚驻地东移至辽阳。其目的在于阻止努尔哈赤势力西进,而保住辽西地区。努尔哈赤则针锋相对,先同蒙古科尔沁部姻盟,继而同内喀尔喀部会盟,后来他的儿子皇太极击败同明结盟的察哈尔部,其首领林丹汗走死青海打草滩。后林丹汗遗孀苏泰太后及其子额哲降顺皇太极。努尔哈赤父子用抚绥与征伐的两手策略,完成了对漠南蒙古的征抚,从而摧毁了明朝自洪武以来经营二百多年的全辽西部防线。

再说明朝。物必自腐,而后生蠹。后金崛兴,实为明朝腐败之果。纵观中华五千年文明历史,凡是中央皇朝强盛,必是边疆民族臣服。相反,中央皇权衰微,民族纷乱

---

① 《明史·徐达传》,第125卷,第3727页,中华书局校点本,1974年。

蜂起。明朝万历帝二十几年不御政，纪纲紊乱；泰昌帝登极一月吃了红丸暴死，梓宫两哭；天启帝十六岁继位，会做木匠而不会做皇帝，皇权旁落到阉臣魏忠贤手中；崇祯帝刚愎自用而性格乖戾，政枢不协，功罪倒衡。天启朝党争日烈，辽事日非。天启时，辽东经略王在晋评论辽东形势说："东事离披，一坏于清（河）、抚（顺），再坏于开（原）、铁（岭），三坏于辽（阳）、沈（阳），四坏于广宁。初坏为危局，再坏为败局，三坏为残局，至于四坏，捐弃全辽则无局之可布矣——逐步退缩，至于山海，再无一步可退。"①当时局势尚不至于如此悲观，袁崇焕在宁远大败天命汗努尔哈赤便可作证。但袁崇焕兵胜遭谗，借病去职。崇祯帝登位，初加任用，旋则猜忌。其下场与熊经略雷同。熊廷弼被冤杀，传首九边；袁崇焕遭凌迟，尸碎门灭。明辽东总帅孙承宗、熊廷弼、袁崇焕，或去职，或非死②。后明、清松锦大战，明总督洪承畴转胜为败，师没降清。山海关外，宁远以北，实非明有。明帝自毁长城，明亡咎由自取，从而自毁了明朝自洪武以来经营二百多年的全辽防线。

　　上面所说，可以看出，俄国的初起，日本的战败，朝鲜的外患，蒙古的衰落，女真的内讧，明朝的腐败，都为满洲崛兴提供了历史条件。

　　在建州女真，主要有地理、历史、家族三个重要的因素。这三个因素的相互关系，直接影响到建州的崛起。

　　先说地理。一个民族的崛起，必有一定的地理条件即空间条件。所谓"地灵人杰"，"地灵"就是指的地理条件。我国史学界过去受斯大林在《辩证唯物主义与历史唯物主义》中轻视地理因素的褊隘理论影响，在研究历史事件与历史人物时，很少阐述与其有关的地理条件。历史上任何一个民族部落的兴起、一位杰出人物的成长，都同其所处地理条件有着密切的关系，在古代尤其是这样，建州女真就是一个例证。建州女真的核心部位在赫图阿拉（今辽宁省新宾满族自治县永陵镇赫图阿拉村）。赫图阿拉的外部地理条件，处于蒙古、扈伦、朝鲜和辽东都司之间，既比较安全，又利于发展。赫图阿拉，处于四面环山的河谷平原之台地上③，土地肥沃，林木茂密，气候温和，雨水丰沛，农、林、牧、猎、采、渔多种经济发展。赫图阿拉距辽东首府辽阳不远不近，既有山道

---

①　王在晋：《三朝辽事实录》，第 8 卷，第 22 页，天启二年三月，江苏省立国学图书馆藏本。

②　阎崇年：《论宁远争局》，《满学论集》，民族出版社，1999 年。

③　《兴京厅乡土志》，第 3 卷，第 27～28 叶，光绪三十二年（1906 年）编，民国间油印本。

通达抚顺而便于外联进取,又扼山隘、锁重关而利于御内固守——可以形成满洲崛兴的基地①。建州地近抚顺,明在抚顺开关,进行往来交易,既利于独立经济发展,又利于摆脱南关控制,成为其滋长发展、并吞诸部的一个关键。建州女真同漠南蒙古又不相邻,而被海西女真所阻隔,使建州女真少受漠南蒙古直接的威胁与侵扰。而海西女真扈伦四部中的哈达部、辉发部、叶赫部、乌拉部,其所以未能统一女真各部,地理条件是其一个重要因素。仅以自然条件中的地理区位而言,哈达、辉发和叶赫距开原太近,或依附于明朝,或被明军攻破,不易独立发展。叶赫与哈达稍为强大,在五年之间,连遭明军三次重创,首领被杀,栅破民亡,"城中老少皆号泣"②。乌拉(今吉林省吉林市永吉县乌拉街满族乡)则距辽阳太远,形不成打击明军的威慑力量。建州不同于扈伦四部,它毗连抚顺,而为山河阻隔;地近辽阳,又为关山封闭。努尔哈赤在此暗自发展,黄衣称朕,明廷昏昏然而不明其真相③。努尔哈赤就是利用了建州的地理条件,以赫图阿拉为中心,组织军队,辟建基地,创立政权,壮大力量,从而建立清朝崛兴的重要基地。

次说历史。一个民族的崛起,除必有一定的地理即空间条件外,还必有一定的历史即时间条件。一些历史人物因生不逢时,其才华未能得到充分展现。明朝后期的政治腐败,为努尔哈赤崛兴提供了历史的机缘。在历史上,契丹迭刺部(耶律阿保机所在部)、女真完颜部(阿骨打所在部)、蒙古孛儿只斤氏族(铁木真所在部)的勃兴,都以中央王朝衰微为契机。在努尔哈赤兴起之前,建州女真首领李满住、董山、王杲、王兀堂和阿台,皆因未遇到上述契机,相继败死。仅以成化三年(1467年)为例,其时李满住、董山等三卫合居,建州女真颇有统一之势;但明朝当时国势强盛,先将董山诱斩④,又派兵与朝鲜军会攻建州,"捣其巢穴,绝其种类"⑤,共擒斩一千五百三十六人,李满住及其子李古纳哈均遇难。建州女真首领遭杀害,屯寨被血洗,部落残破殆尽,无法实现

---

① 《兴京二道河子旧老城·代序》,首卷,日文本,建国大学刊印,1939年。

② 瞿九思:《万历武功录》,第11卷,第40页,万历四十年(1612年)刻本。

③ 《明神宗实录》,第583卷,第8页,万历四十七年六月庚午,台北中央研究院历史语言研究所校勘本,1962年。

④ 《明宪宗实录》,第44卷,第2页,成化三年七月甲子朔,台北中央研究院历史语言研究所校勘本,1962年。

⑤ 《李朝世祖大王实录》,第43卷,第57页,十三年九月丙子,日本学习院东洋文化研究所影印本,1959年。

统一。在明朝中期,建州女真先后遭到朝鲜军三次侵袭,明朝军三次征剿。建州女真自身——"各部蜂起,皆称王争长,互相战杀,甚且骨肉相残,强凌弱,众暴寡"①,处于分裂与杀伐的局面。建州女真面对着明朝的强大与鼎盛和建州内部的分裂与杀伐,既无力反抗,也无法崛兴。建州女真首领努尔哈赤值明末朝廷衰微之机,潜滋暗长,发展实力,维护女真部民利益,聚集女真部民群力,在其先辈洒满鲜血、备受凌辱的道路上,愤然起兵反明,完成统一大业。

　　再说家族。一个民族的崛起,其首领人物的成长,除必有一定的时空条件外,还必有一定的家族条件。这主要是指其家族历史、家庭教养、文化环境和经济地位等,在经济、文化落后、血缘纽带牢固的少数民族地区尤其是这样。家族先世显赫官爵的灵光,佑助并激励其后裔树立威望,砥砺并激发其后世建立功业;借此向朝廷邀取爵赏,强固其在部族中之地位。努尔哈赤就是这样:他的六世祖猛哥帖木儿受永乐帝封为建州左卫指挥使;五世祖董山(童仓)受封为左卫都指挥、左卫都督;四世祖失保(石报奇)为都指挥佥事;四世伯祖妥罗官一品都督并执掌建州左卫,先后五次入朝;祖父觉昌安、父亲塔克世,同辽东总兵李成梁关系密切,死于兵火。努尔哈赤因受朝廷"敕书三十道,马三十匹,复给都督敕书"②后,明廷封他为都督佥事、建州卫指挥使和龙虎将军等职爵。当然,努尔哈赤不是作为个人,而是作为女真群体利益的代表,出现在历史舞台上,他必须顺应历史的趋势,反映社会的需要,代表部民的利益。但是,在建州女真中,具有如此统绪胤裔者,努尔哈赤是独一无二的。

　　从上面所说,便可以看出,地理因素,时代机遇,家族身世,都为满洲崛起与其首领成为时代英雄提供了历史条件。

　　综上所述,满洲崛兴有其天、地、人的因素。研究历史,要究天人之际、究地人之际、究天地人之际。所谓天,主要是天时——俄国、日本、朝鲜,女真、蒙古、明朝,以及建州,都为满洲的崛兴提供了天时即有利的历史机遇;所谓地,主要是地利——俄国、日本、朝鲜,女真、蒙古、明朝,以及建州,都为满洲的崛兴提供了地利即有利的周边环境;所谓人,主要是人气,建州首领努尔哈赤自身则具备了此种文化素质。满洲及其首领正是依托于国际——俄国、日本、朝鲜,国内——女真、蒙古、明朝,建州——地理、历

---

① 《满洲实录》,第 1 卷,第 2 页,辽宁通志馆影印本,1930 年。
② 《清太祖武皇帝实录》,第 1 卷,第 4 页,故宫博物院印行,1932 年。

史、家族等,诸多错综复杂条件所编织的网络,这个网络的集结点——天、地、人的最佳组合,则使满洲得以崛兴。

三

满洲的崛兴,上述客观条件提供了可能性,客观条件与主观条件相统一,才为满洲产生杰出领袖人物提供了现实性。满洲首领努尔哈赤是大清国的奠基人,对大清国的建立有着举足轻重的作用。在努尔哈赤所处的时代,具备上述九种客观条件者,不只他一人。但是,同样的历史条件,为什么别人没有成为大清国的奠基者呢? 在这里还有努尔哈赤的自身条件。这就关系到努尔哈赤自身的性格特点。清太祖努尔哈赤之所以成为一位伟大的英雄人物,还有他的性格因素。性格对一个人的婚姻与家庭、事业与命运来说,都是相当重要的。有人说:"性格决定命运。"这句话有一定的道理。因为一个人的性格,是其事业成败的内在因素。努尔哈赤的性格,影响其事业者,仅举下列八点。

开创精神。对于一个想有所作为的人来说,最重要的品格是开创精神。清太祖努尔哈赤奠基大清皇朝,开创了一个时代。开创的精神,是其性格特质。起初,他以父、祖十三副遗甲起兵,率领几十人的队伍,拉开了建立大清基业历史剧的序幕。接着,创制满洲文字,创设八旗制度,创立大金政权,创建巩固基地。继而,他发布"七大恨"誓师,公然叛明,进军辽东。尔后,他指挥八旗军,以少胜多,以弱敌强,在萨尔浒大败明军。再后,他发动沈辽大战,攻克明朝辽东的重镇沈阳和明朝辽东的首府辽阳。将都城一迁到辽阳,再迁到沈阳。努尔哈赤作为一代开国之君,一切重大军政治策,都无例外地具有重大的开创性。

勇敢沉着。努尔哈赤不仅有开创的精神,而且有勇敢的品格。只有开创的精神,没有勇敢的实践,不能成为伟大的政治家。《石灰吟》诗云:"千锤万击出深山,烈火焚烧若等闲。碎骨粉身全不怕,要留清白在人间。"诗中前三句讲的一种境界,就是勇敢。面临重大之事,身罹危难之时,努尔哈赤既勇敢,又沉静,这是政治家、军事家的基本素质。努尔哈赤在作重大决策时,能高瞻远瞩,力排非议,扫除障碍,夺得成功。万历二十一年(1593 年),叶赫纠合哈达、乌拉、辉发等九部联军,兵三万,分三路,向建州古勒山而来。其时努尔哈赤兵不满万,侦骑报警,建州官兵,闻之色变。但努尔哈赤得到警报后，就寝酣睡。其妻富察氏把他推醒后，问道："尔方寸乱耶，惧耶？九国兵来攻，岂酣寝时耶？"努尔哈赤从容答道："人有所惧，虽寝，不成寐；我果惧，安能酣寝？前闻叶赫兵三路来侵，因无期，时以为念。既至，吾心安矣！"①努尔哈赤说完之后，安寝如故。寻获古勒山大捷。

独立人格。努尔哈赤十岁丧母，继母对他寡恩。后其父听从继母之言，分户出居，予产独薄。他少年便没有依赖心理，独立走上生活道路。努尔哈赤在挖人参、采蘑菇、拾松子等劳动中，加强了独立心态；在往来抚顺"马市"和同朝鲜贸易中，磨练了独立意志；在同蒙古人、汉人等交往中，增强了独立性格。独立人格与驯顺奴性是两种绝然不同类型的心态——后者会使人庸碌无为，前者则使人奋发进取。独立人格是努尔哈赤一生功业的起点，也是他事业大成的内因。努尔哈赤因具备这种健康的独立人格，才能够超脱凡俗，卓然独立，以父、祖"十三副遗甲"愤然起兵，大战于萨尔浒，遐迩闻名，自践汗位，建元天命。而迁都沈阳，诸贝勒反对，他一人独行，后众臣附随。历史证明，他的卓见，既超前，又深远。

文犷武骨。文犷武骨底蕴，源自丰富阅历。孔子说："父母在，不远游，游必有方。"②不远游，囿于狭境；思想封闭，难做大事。朱元璋不为游僧，恐其后来未必成为明太祖。努尔哈赤囿于赫图阿拉，必定成不了天命汗。他不仅到抚顺贸易，还亲自到北京朝贡，先后八次，长途跋涉二千里，熟悉汉区情状，目睹京城繁华。这对于一个后来有所作为的强者来说，是有巨大影响的。他还在明辽东总兵李成梁帐下做过仆从，又会蒙古语文，并略通汉语。传说他喜读《三国演义》。其胞弟舒尔哈齐大门对联以汉字书写："迹处青山"，"身居绿林"③。在与努尔哈赤同时代的女真诸首领中，像他这样的文犷涵蕴与见识阅历，武骨兵韬与精于骑射，是没有二例的。

心智韬略。努尔哈赤有心智，多韬略。如他攻抚顺：佯称赴市，潜以精兵，外攻内应，计略取胜。又如他对女真各部，远交近攻，分化瓦解，联大制小，各个征抚，逐步完成女真诸部的统一。再如他对明朝的两面政策：既朝贡称臣，又暗自称雄。此前的女真首领，哈达王台，只称臣不称雄，病老而死，未能完成女真的统一；建州王杲，只称雄

① 《清太祖高皇帝实录》，第2卷，第14页，万历二十一年（1593年），中华书局影印本，1986年。

② 《论语·里仁》，宋十三经注疏附校勘记本，中华书局影印，1980年。

③ ［朝］申忠一：《建州纪程图记》，图版9，《兴京二道河子旧老城》，日文本，建国大学刊印，1939年。

不称臣,身首异处,也未能完成女真的统一。努尔哈赤则吸取女真先人历史经验,依据彼、己力量变数,对称臣与称雄的关系,分作四个时期,施行动态策略:初始,只称臣、不称雄;继而,明称臣、暗称雄;尔后,既称臣、又称雄;最后,不称臣、只称雄。总之,努尔哈赤采取了既称臣又称雄的策略,暗自坐大,形成气候,建元称汗,夺占辽东。

胸襟宽弘。努尔哈赤襟怀大度,不计小怨。他率兵攻翁科洛城时,先被守城的鄂尔果尼以矢射中,血流至足;又被守城的洛科以矢射颈,血流如注。伤愈后兵破此城,擒获鄂尔果尼与洛科,众将请对其施以乱箭穿胸之酷刑,以雪前恨。努尔哈赤说:两敌交锋,志在取胜。彼为其主,乃射我,今为我用,不又为我射敌耶! 如此勇敢之人,若临阵死于锋镝,犹将惜之,奈何以射我故,而杀之乎[1]! 于是,命给二人释缚,授为牛录额真。由于他胸怀宽广,知人善任,逐渐形成以五大臣、八大贝勒为核心的坚强领导群体,率官将,统军民,完成女真一统大业。

刚毅坚韧。成大事业者,必受大磨难。努尔哈赤的人生之路,多历坎坷,几经劫难。如古勒山之战、萨尔浒之战,建州都面临"灭顶之灾"的险境。努尔哈赤凭借其刚毅坚韧的性格,亲率军民,奋力拼打,以少胜多,化险为夷。又如他迁都辽阳之议,受到群臣的"苦谏";再迁都沈阳之议,又受到群臣的"拒迁"。特别是后者,使他很难过。他阐明沈阳在地理、政治、经济、军事、交通等方面的重要地位后,不顾诸大臣反对,愤然自出东京辽阳,夜宿虎皮驿,翌日到沈阳。诸贝勒大臣无奈,只好随迁。历史事实证明,迁都沈阳是正确的重大决策。一个人在前进道路上受到了劫难——知难而退,终将无成;迎难而上,才能有成。努尔哈赤性格的一大特点是,屡受挫折,愈挫愈奋。这是他成为英雄人物的重要性格因素。

善于协调。一个领袖人物的力量所在是,统率群体,协调关系,相互制衡,各展所长。史载:"太祖创业之初,日与四大贝勒、五大臣讨论政事得失,咨访士民疾苦,上下交孚,鲜有壅弊,故能扫清群雄,肇兴大业。"[2]在他的麾下,不同民族,不同部落,不同旗分,不同地域,各路英雄豪杰,文武能臣名将,目标齐一,长期奋战。先说军功贵族,他们的代表是五大臣——费英东、额亦都、何和礼、安费扬古和扈尔汉,努尔哈赤对这些开国柱石,信任始终,同甘共苦;他们也都身经百战,遍体伤痕——共同亲密走完人

---

① 《清太祖努尔哈赤实录》,第 1 卷,第 7 页,故宫博物院印本,1932 年。

② 《清史稿·济尔哈朗传》,第 215 卷,第 8949 页,中华书局标点本,1977 年。

生之路。举一例。《清史稿·额亦都传》记载：额亦都之子达启，受太祖养育宫中，尚公主为额驸，但恃宠而骄。一日，额亦都集诸子宴，行酒之间，命执达启，曰："天下安有父杀子者？顾此子傲慢，及今不治，他日必负国败门户，不从者血刃！"于是，"引达启入室，以被覆杀之"。额亦都谢报，努尔哈赤惊惋嗟叹，谓："额亦都为国深虑，不可及也！"次是宗室贵族，虽有逼死胞弟舒尔哈齐、处死长子褚英的惨痛之事，但他并未广肆株连，滥杀无辜，而是团结亲族，赏罚分明，同心协力，一致奋斗。再是蒙古贵族，他极尽笼络之能事，已服官将，未再叛离。最后是对汉军贵族，也能妥善对待，使他们尽职尽忠。努尔哈赤对军功贵族、宗室贵族、蒙古贵族和汉军贵族，能在四十余年中，上下凝聚，和衷共济，没有内讧，未生裂变，从而完成女真统一和奠基清朝的大业。

综上所述，努尔哈赤成为杰出的英雄人物，历史条件与自身条件，既相互制约，又错综连结。而历史条件与自身条件，所编织网络的集结点，就是努尔哈赤在通往伟大人物道路上获得成功的秘密。而他个人的成功，又推动了历史的前进。

四

清太祖朝的历史贡献，举其大端，如下十项：

第一，女真各部整合。女真自金亡之后，各部纷争，不相统属，元、明三百年来，未能实现统一。建州女真自万历十一年（1583年）起始，于万历四十七年（1619年）吞并叶赫，经过三十六年的征抚，"顺者以德服，逆者以兵临"[①]，基本统一了建州女真、海西女真、东海女真和黑龙江女真。后天聪、崇德时期，又继续扩大和巩固这种统一。女真各部的统一，结束了元、明三百年来女真内部彼此杀伐、骨肉相残的混乱局面，促进了女真地区诸部的生产发展与经济交往，也有利于女真文化的发展。后金在统一女真各部的过程中，依其不同情况，采取不同策略。对东海女真的招抚，办法很是高明。东海虎尔哈部长纳喀达等率军民归附，努尔哈赤在衙门宴会后，让要留住的站一行，愿回家的另站一行，然后优赏留住者。许多原说回家的人，见如此厚赏，便留下不回去了[②]。

---

① 《清太祖武皇帝弩儿哈奇实录》，第1卷，第3页，故宫博物院印本，1932年。

② 《满文老档·太祖》，册Ⅰ，第112页，天命三年十月初十日，东洋文库本，1955年。中文另译，下同。

留下的人托回去的人捎口信给家人乡亲说："上以招徕安集为念，收我等为羽翼，恩出望外，吾乡兄弟诸人，其即相率而来，无晚也！"①后来出现"望风争附"后金的局面。后金促成女真—满洲的民族大统一，确实是一件非常了不起的大事情。

第二，东北地区统一。明初在东北地区设有奴儿干都司和辽东都司（山东北部除外），以实施对这一地区的管辖。但明中期以后皇权衰落，已不能对东北广大地区实行有效管辖。满洲兴起后，不仅基本统一了女真各部，而且基本统一了东北地区。后，皇太极继续统一东北地区。崇德七年即崇祯十五年（1642 年），皇太极诏告天下：

> 予缵承皇考太祖皇帝之业，嗣位以来，蒙天眷佑，自东北海滨，迄西北海滨，其间使犬、使鹿之邦，及产黑狐、黑貂之地，不事耕种、渔猎为生之俗，厄鲁特部落，以至斡难河源，远迩诸国，在在臣服。②

就是说，东自鄂霍茨克海，西到巴尔喀什湖，西北迄贝加尔湖，南濒日本海，北跨外兴安岭，东北达库页岛（今萨哈林岛）的广阔地域，明奴儿干都司、辽东都司（山东北部除外）辖境内的各族人民，以及漠南蒙古等部民，均已被置于清初东北疆域的管辖之内。这就为后来康熙二十八年（1689 年）中俄《尼布楚条约》的签订奠下了基础。若无清初对东北的统一，后来沙俄东侵，日本西进，东北疆域，外强争逐，谁人占有，实在难卜。

第三，八旗制度创立。先是女真人狩猎时，各出一支箭，十人中立一总领，称为牛录（大箭的意思）额真（首领的意思），后以其为官名。努尔哈赤起兵，后将部众分为若干牛录。万历二十九年（1601 年），建州军队进行整编，每三百人为一牛录，设牛录额真一员，共设四旗，分别以黄、白、红、蓝为标志。万历四十三年（1615 年），建州军队又进行扩编，将原有四旗析为八旗。规定每三百人设一牛录额真（佐领）。每旗约有七千五百人，八旗共约有五六万人。增添的四旗，将原来旗帜的周围镶边，黄、白、蓝三色旗帜镶红边，红色旗帜镶白边。这样，共有八种不同颜色的旗帜，称为八旗，即八旗满洲。后来又逐渐增设八旗蒙古和八旗汉军，共二十四旗，但统称为八旗。八旗制度"以旗统

---

① 《清太祖高皇帝实录》，第 5 卷，第 26 页，天命三年十月乙亥，中华书局影印本，1986 年。
② 《清太宗文皇帝实录》，第 61 卷，第 3 页，崇德七年六月辛丑，中华书局影印本，1985 年。

军，以旗统民"①，同时还是统管行政、经济和宗族的组织。八旗的兵丁，"出则为兵，入则为民"②，平时耕猎，战时出征。后金以八旗制度为纽带，把女真社会的军事、政治、经济、行政、司法和宗族统制起来。女真的部民，按照军事方式，分为固山、甲喇、牛录三级，加以编制，从而使分散的女真各部，连结成为一个组织严密、生气蓬勃的社会机体。八旗制度是努尔哈赤的一个创造，也是清朝定鼎北京、入主中原、统一华夏、稳定政权的一个关键。

第四，满洲文字制定。金亡后，通晓女真文者日少，至明中期已逐渐失传，邻近蒙古地区的女真人使用蒙古文。满洲兴起后，建州与朝鲜、明朝的公文，由汉人龚正陆用汉字书写。在向女真人发布军令、政令时，则用蒙古文，一般女真人既看不懂，又听不懂。努尔哈赤为适应其社会与文化的发展，遂倡议并主持创制满文。万历二十七年（1599 年），努尔哈赤命巴克什额尔德尼和扎尔固齐噶盖，用蒙古字母拼写满语，创制满文，这就是无圈点满文（老满文）。但满文初创，不甚完备。天聪六年（1632 年），皇太极又命巴克什达海等对老满文加以改进，在字母旁加圈点，改进和固定了字母的发音与书写形式，并设计了十个拼写外来语（主要是汉语）借词的特定字母。这种改进后的满文叫加圈点满文（新满文）。满语属阿尔泰语系，满文是拼音文字。它有六个元音字母，二十二个辅音字母，十个特定字母。字母不分大小写，在构成音节出现于词首、词中和词尾时，均有不同的形式。满文书写形式自上而下，行款自左至右。满语文成为后金—清朝官方语言和文字。其时，东北亚满—通古斯语族的诸民族，除满族外都没有文字。满文记录下东北亚地区文化人类学的珍贵资料。满文通行后，成为满汉、中西文化交流的重要桥梁。所以，满洲文字创制，是满族发展史上的一块里程碑，是中华文化史上、也是东北亚文明史上的一件大事。

第五，满洲民族形成。女真各部的统一，东北地区的统一，满文的创制，八旗的创建，使得新的满族共同体出现在中华民族大家庭之中。满族是以建州女真为核心，以女真为主体，吸收部分汉人、蒙古人、达斡尔人、锡伯人、鄂伦春人、鄂温克人、赫哲人、朝鲜人等组成的一个新的民族共同体。为了反映这个民族共同体的事实，需要将民族名称规范化。皇太极于天聪九年十月十三日（1635 年 11 月 22 日），诏谕满洲的名称：

①　《清朝文献通考》，第 179 卷，第 6391 页，浙江古籍出版社影印本，1988 年。
②　《清太宗文皇帝实录》，第 7 卷，第 3 页，天聪四年五月壬辰，中华书局影印本，1985 年。

　　我国原有满洲、哈达、乌喇、叶赫、辉发等名，向者无知之人，往往称为诸申。夫诸申之号，乃席北超墨尔根之裔，实与我国无涉。我国建号满洲，统绪绵远，相传奕世。自今以后，一切人等，止称我国满洲原名，不得仍前妄称。①

　　从此，满洲的名称正式出现在中国，也出现在世界的史册上。顺治元年（1644年）清军入关，入主中原，满洲成为清朝的主体民族。满洲初由东北边隅小部，继而形成民族共同体，以至发展到当今千万人的大民族，先后涌现出一大批灿如星汉的政治家、军事家、文学家、艺术家、科学家、语言学家等。满洲在斗争中经受考验与磨练，变得更加自信、更加勇敢、更加凝聚、更加坚强，谱写了民族发展史上最辉煌的篇章。

　　第六，后金政权建立。努尔哈赤怀有"射天之志"，要建立政权。他在起兵征战之后，初步统一建州女真。于万历十五年（1587年），在佛阿拉建城，并在此接见朝鲜使者。万历四十四年（1616年），努尔哈赤作为一个局处边境一隅的满洲首领，参照蒙古政权，特别是中原汉族政权的范式，在赫图阿拉，自践汗位，建立后金（大金）。从而确立巩固的基地，以支持其统一事业的进一步发展。两年之后，他发布"七大恨"告天，向明进攻，此时他已起兵三十三年。尔后，陷抚顺、败杨镐，取开原、下铁岭，克沈阳、占辽阳，夺广宁、据义州，都城先迁辽阳，继迁沈阳。皇太极于天聪十年（1636年）四月，即皇帝位，改元崇德，国号大清。顺治元年（1644年），多尔衮和济尔哈朗辅佐顺治帝入关，后统一全国。清自天命元年（1616年）至宣统三年（1911年），共历二百九十六年。清太祖朝的历史，是清朝历史的开创时期，为大清帝国奠下基石。

　　第七，兵坛经验丰厚。满洲杰出的首领努尔哈赤，自二十五岁起兵，至六十八岁去世，戎马生涯长达四十四年，史称他"用兵如神"②，是一位优秀的军事统帅。他缔造和指挥的八旗军，号令严肃，器械精利，纪律整肃，赏罚严明，兵马精强，勇猛拼搏，在十七世纪前半叶，不仅是中国一支最富有战斗力的军队，而且是世界上一支最强大的骑兵。努尔哈赤统师这支军队，先后取得古勒山之役、乌碣岩之役、哈达之役、辉发之役、乌拉之役、抚清之役、萨尔浒之役、叶赫之役、开铁之役、沈辽之役、广宁之役和觉华岛之役③十

---

①　《清太宗文皇帝实录》，第25卷，第19～20页，天聪九年十月庚寅，中华书局影印本，1985年。

②　《李朝光海君日记》，第144卷，第3页，十一年九月甲申，日本学习院东洋文化研究所影印本，1959年。

③　阎崇年：《论觉华岛之役》，《清史研究》，1995年，第2期。

二次大捷。其中古勒山之战、萨尔浒之战、沈辽之战、广宁之战和觉华岛之战,他在军事谋略上,在指挥艺术上,集中兵力、各个击破、围城攻坚、里应外合、以逸待劳、铁骑驰突,发挥高超智慧,为其精彩之笔。他在萨尔浒之战中,采取"凭你几路来,我只一路去",就是"集中兵力,各个击破"兵略,成为中国军事史上以少胜多的经典战例。他在军队组织、军队训练、军事指挥、军事艺术等方面,都为军事史的发展作出了贡献。特别是他在作战指挥艺术上,对许多军事原则——重视侦察、临机善断、诱敌深入、据险设伏、巧用疑兵、驱骑驰突、纵向强攻、横向卷击、集中兵力、各个击破、一鼓作气、速战速决、用计行间、里应外合等,都能熟练运用并予创新,极大地丰富了中华古代军事思想的宝库。

第八,绥抚蒙古政策。后金制定绥服蒙古的政策,是清廷对蒙古治策的基石。先是,自秦、汉以降,清朝以前,匈奴、蒙古一直是中央王朝北部的边患。为此,秦始皇帝连接六国长城而为万里长城。至有明一代,己巳与庚戌,京师两遭北骑困扰,甚至明英宗也做了蒙古瓦剌也先的俘虏。明代蒙古问题始终未获彻底解决,徐达与戚继光为巩固边防而大修长城,包城砖,建敌台。满洲兴起后,对蒙古采取了完全不同于中原汉族皇朝的做法。天命朝先绥服漠南东部蒙古,后天聪、崇德时期又征抚了漠南西部蒙古。康熙朝绥定了漠北喀尔喀蒙古。经康、雍、乾三朝,再定漠西厄鲁特蒙古。而清廷对蒙古的基本政策,是天命朝奠定的。这是中央政权(元朝除外)对蒙古治策的重大创革。天命朝用编旗、联姻、会盟、封赏、围猎、赈济、朝觐、重教等政策,加强对蒙古上层人物及部民的联系与辖治。漠南蒙古编入八旗,成为其军政的重要支柱;喀尔喀蒙古实行旗盟制;厄鲁特蒙古实行外扎萨克制。联姻不同于汉、唐的公主下嫁,而是互相婚娶,真正成为儿女亲家。重教也是一样,清尊奉喇嘛教,以加强同蒙、藏的联盟。清朝对蒙古的绥服,"抚驭宾贡,夐越汉唐"①。似可以说,中国两千年古代社会史上的匈奴、蒙古难题,到清朝才算得解。后来康熙帝谈到外蒙古即喀尔喀蒙古时说:"昔秦兴土石之工,修筑长城。我朝施恩于喀尔喀,使之防备朔方,较长城更为坚固。"②而清朝对蒙古的抚民固边政策,其经始就在天命朝。

第九,社会生产发展。努尔哈赤认为,建州女真不同于食肉衣皮的蒙古,而是以种

---

① 《清史稿·藩部一》,第 518 卷,第 14319 页,中华书局标点本,1977 年。
② 《清圣祖仁皇帝实录》,第 151 卷,第 13 页,康熙三十年五月壬辰,中华书局影印本,1985 年。

田吃粮、植棉做衣为生。他重视种粮植棉,规定出征不违农时,如牛马毁坏庄稼,牧者要受惩罚,部民收成好或坏的额真要受到奖励或惩处,按丁授田,种植粮棉等。他注重采猎经济,发明人参煮晒法,使部民获得厚利,"满洲民殷国富"①。他关注采矿和冶炼业,万历二十七年(1599 年),建州"始炒铁,开金、银矿"②,开始较大规模地采矿、冶炼。他尤为重视手工业生产,包括军器、造船、纺织、制瓷、煮盐、冶铸、火药等。明朝也称其"制造什物,极其精工"③。他对进入女真地区的工匠"欣然接待,厚给杂物,牛马亦给"④。他曾说:"有人以为东珠、金银为宝,那是什么宝呢! 天寒时能穿吗? 饥饿时能吃吗? ……收养能制造出国人所制造不出物品的工匠,才是真正之宝。"⑤他还关切商品交换,铸造"天命汗钱",加强建州同明朝、蒙古和朝鲜的贸易,促进内外经济交流,推动女真经济发展。

第十,社会不断改革。后金不断地进行着社会改革。在政权机制方面,逐步建立起以汗为首,以五大臣、八大贝勒为核心的领导群体,并通过固山、甲喇、牛录三级组织,将后金社会的军民统制起来。其间,努尔哈赤曾发生幽胞弟舒尔哈齐、杀长子褚英的惨痛事件。作为政治家的努尔哈赤而言,他同胞弟、长子的关系有多元性——既是血缘亲情关系,又是君臣政治关系,后者或会激化成敌对关系。当这种血缘亲情关系与君臣政治关系发生冲突,并危及到皇权时,或囚或杀,不足为怪,先朝史例,多不胜举。他从上述痛苦教训中,不断地探索朝政议决、汗位举废之制度。尔后,创立八和硕贝勒共议国政制——并肩同坐,共议大政,断理诉讼,举废国汗,八旗共主,而非独裁,即实行贵族共和制。这是自秦始皇帝以降两千年中国皇朝史上,朝政议决与皇位继承制度的重大创举。他及其子皇太极死后的汗位继承,虽实行公推制,但这项制度在定鼎北京后未能贯彻下去。在经济体制方面,后金曾下令实行牛录屯田、计丁授田和按丁编庄制度,将牛录屯田转化为八旗旗地,奴隶制田庄转化为封建制田庄,从而形成封建八旗军事土地所有制。在社会文化方面,随着

① 《清太祖武皇帝实录》,第 1 卷,第 25 页,台北故宫博物院藏,广文书局影印本,1970 年。
② 《满洲实录》,第 3 卷,第 2 页,辽宁通志馆影印本,1930 年。
③ 《明清史料》,甲编,第 1 册,第 50 页,中央研究院历史语言研究所集刊,1930 年。
④ 《李朝宣祖大王实录》,第 134 卷,第 29 页,三十四年二月己丑,日本学习院东洋文化研究所影印本,1959 年。
⑤ 《满文老档·太祖》,册Ⅰ,第 339 页,天命六年六月初七日,东洋文库本,1955 年。

八旗军民迁居辽河流域,女真由渔猎经济转化为农耕经济,初步实现了满洲社会由森林文化向农耕文化的转变。

综上所述,后金太祖朝为时短暂,十项成绩,实属不易!

五

清太祖朝的历史,有许多学术问题长期争论,没有形成一致的意见。这些可以归纳为六个问题:一是清帝先世谱系问题,二是满族发祥地问题,三是满洲族名问题,四是八旗形成问题,五是建国称汗问题,六是天命汗所废大福晋姓氏问题。

第一,清帝先世谱系问题。清太祖努尔哈赤先祖的世系问题,是清史界长期争论而没有解决的问题。《清太祖高皇帝实录》记载:清肇祖原皇帝为都督孟特穆,孟特穆有二子,其长子为充善,充善有三子,其第三子为锡宝齐篇古;锡宝齐篇古有一子,为兴祖直皇帝都督福满;福满有六子,其第四子为景祖翼皇帝觉昌安;觉昌安有五子,其第三子为显祖宣皇帝塔克世;塔克世有五子,其长子为清太祖努尔哈赤。这样算来,从都督孟特穆到努尔哈赤共七世。朝鲜《李朝实录》公开出版以后,学者根据此书相关记载缕述,发现有所差异。学者整理努尔哈赤先世谱系为:清肇祖原皇帝猛哥帖木儿即都督孟特穆,其子董重羊(童秦羊、秦羊、褚宴)即《清太祖实录》中的除烟,董重羊子失保(石报奇、石豹奇),失保子福满即都督福满,福满子觉昌安(叫场)即景祖翼皇帝,觉昌安子塔克世(他失)即显祖宣皇帝,塔克世子努尔哈赤。从猛哥帖木儿到努尔哈赤共七世,其中第五世觉昌安、第六世塔克世、第七世努尔哈赤,文献俱在,没有争议。所争论的为其第一世猛哥帖木儿、第二世(董重羊)、第三世(失保)和第四世(福满)。以上四世,史料所限,见解分歧,很难作出令多数人心服的结论。因此,仁者见仁,智者见智,"信以传信,疑以传疑"。

第二,满族发祥地问题。关于满族发祥地的问题,二十世纪上半叶,发表不少论著。章炳麟《清建国别记》、孟森《清始祖布库里英雄考》,内藤虎次郎《清朝开国期の史料》、岩本一夫《清朝的兴起及其传说》、和田清《论清祖发祥的地域》等都触及到这个问题。二十世纪下半叶,探讨有所深入。日本国松村润教授发表《论清朝开国的传说》一文,文中主要根据《满洲实录》和《天聪九年档》等记载,皇太极派军出征位于黑龙江中游地域虎尔哈部,以及《盛京舆图》即《盛京吉林黑龙江等处标注战迹舆图》中"薄科里山"、"薄科里湖"的载注,指证《满洲实录》、《清太祖武皇帝实录》中的"布库哩山"和"布勒和哩湖",在黑龙江中游北岸地区,从而认为满族发祥地在黑龙江北岸今俄罗斯阿穆尔州布拉戈维申斯克(海兰泡)地带。后来,李鸿彬教授也提出相似的观点。这个神话传说,本是女真虎尔哈部的一个神话故事,与女真斡朵里部的神话传说,或有联系,或为两事。另一种观点是,满族发祥地在黑龙江三姓(今依兰)地方,即牡丹江入松花江口一带地区。其重要文献依据是《龙飞御天歌》中的一段注文,此为今见女真斡朵里部的最早文献记载。再一种意见是,满洲源起之地在今吉林省集安市境,因为这里在明代建州女真南迁之时,成为女真诸部的故乡,因之今吉林集安就成为满族的发祥地。还有一种见解是,满洲的核心部分为建州女真,其发祥、崛兴之地,在长白山图们江两岸地方,即中国珲春、朝鲜会宁一带。所以,长白山图们江一带地域是满洲的发祥之地。

第三,满洲族名的问题。满洲一词来源诸说,有不下十六种之多,其中主要有九种说法。一是明珠说。此说认为其地因产明珠而名满珠,满珠又同满洲音近,故名满洲。二是神箭说。此说认为"满"的满语意为"神","洲"的满语意为"箭",合意就是"神箭"之意。三是人名说。此说认为女真历史上有著名人物满住,满洲就是从满住语音转化、继承而来的。四是佛名说。此说认为出自梵文"文殊师利",也译作"曼殊师利",是满洲为佛名"曼殊师利"中"曼殊"的音转。五是酋长说。此说征引《北史》、《隋书》、《新唐书》等记载"靺鞨即古肃慎是也,所居多依山水,渠帅大莫弗瞒咄"云云,认为"瞒咄"——"满住"——"满洲"是一脉相承的。"瞒咄"不是具体个人的名字,而是女真人对大酋长的尊称。六是诸申说。此说认为女真就是诸申,其满文为 jushen,即诸申——女真——满洲。七是建州说。此说认为建州音转而为满洲,以建州名其部,建州就是满洲。八是地名说。此说认为建州女真居住地域有名为"蔓遮"的,朝鲜人申忠一在《建州纪程图记》中七次记载"蔓遮",或为川名、洞名、岭名、地名、部落名等。在蔓遮的许多女真地方,称其部民为"蔓遮胡人",称其酋长为"蔓遮酋胡",称其部落为"蔓遮诸部"等。满文创立之后,"满洲"写作"manju",所以,"蔓遮"就是"满洲"的同音异译。孙文良在《满族名称的由来》文中认为:"满洲为明代女真的部落名称,起源于他们居地蔓遮山、川,长期在民间流传,至努尔哈赤时见诸满文,朝鲜人发音蔓遮,皇太极时写成汉文满洲。"九是部名说。此说认为"满洲"为女真的一个部名,天聪九年(1635年),以其部名为满洲族名,等等。

第四,八旗形成的问题。八旗制度的创立和发展,是一个漫长的过程。八旗创立的时间,学界看法,并不一致。主要歧见有:(1)辛丑年说。辛丑年为万历二十九年(1601 年)。(2)甲寅年说。甲寅年为万历四十二年(1614 年)。(3)乙卯年说。乙卯年为万历四十三年(1615 年)。八旗形成的过程,可以分为创制、建制和定制三个阶段。八旗满洲形成值得注意的两点争论:

其一,八旗定制在甲寅年(1614 年),还是在乙卯年(1615 年)?两说各有文献根据。乙卯说的文献根据是《清太祖实录》、《满洲实录》和《无圈点老档》(即《旧满洲档》或《老满文原档》)。甲寅说的文献根据是《清朝通典》和《八旗通志》。《清朝通典》记载:"甲寅年,定八旗之制,以初设四旗为正黄、正白、正红、正蓝,增设四旗为镶黄、镶白、镶红、镶蓝(黄、白、蓝均镶以红,红镶以白),合为八旗。"此书为乾隆三十二年(1767 年)敕修。其后《八旗通志》也踵此说。郭成康教授对此根据"老档"作了详细考证,指出:甲寅年的六月朔日是壬午而非丙子,十一月朔日是己酉而非癸酉;同样,乙卯年的六月朔日是丙子而非壬午,十一月朔日是癸酉而非己酉。从而考证出由于史官的疏忽,误将乙卯年的史事抄录成甲寅年的史事。从而"把'乙卯年'误写为'甲寅年',阴差阳错,铸成了一个离奇的大错"[1]。

其二,"纛"与"旗"的辨释。有学者认为:八旗制度创建的年代不是辛丑年即万历二十九年(1601 年)。其主要论据是《满洲实录》中的"纛"(tu),汉译为"旗"(gūsa)。就是:"原旗"的"旗"是指"旗纛"(tu)而言,并非后来汉语所谓的军政合一组织——"旗"。后人之所以认为《满洲实录》中原有四旗(固山)的证据,显然是以"旗纛"之"旗"误作"固山"之"旗"所致。那么,查一下《满洲实录》的记载:

dade suwayan fulgiyan lamun šanggiyan duin boco tu bihe duin boco tu
原　　黄　　红　　蓝　　白　　四　颜色　纛　曾有　四　颜色　纛
be kubume jakūn boco tu obufi uheri jakūn gūsa obuha
把　镶　　八　颜色　纛　成为　共　　八　旗　成了

上文的汉译是:"原有黄、红、蓝、白四种颜色的旗纛,将其四种颜色的旗纛镶边,共成为八种颜色的旗纛。"

为着便于比较、分析,下面将《满洲实录》(满、汉、蒙三体文本)、《清太祖武皇帝实录》和《清太祖高皇帝实录》的相关文字,加以引录。《满洲实录》(满、汉、蒙三体文本)

---

[1] 张晋藩、郭成康:《清入关前国家法律制度史》,第 159 页,辽宁人民出版社,1988 年。

的汉文是:"原旗有黄、白、蓝、红四色,将此四色镶之为八色,成八固山。"《清太祖武皇帝实录》记载:"原旗有黄、白、蓝、红四色。将此四色镶之为八色,成八固山。"《清太祖高皇帝实录》记载:"初设有四旗,旗以纯色为别,曰黄、曰红、曰蓝、曰白。至是,添设四旗,参用其色镶之,共为八旗。"

由上,可以作出如下分析。

一是,"纛"字的音与义。"纛"字汉语有多种读音:(1)《集韵》等为杜皓切,读若道,音 dào;(2)《韵会》等为大到切,读若导,音 dǎo;(3)《广韵》等为徒沃切,读若毒,音 dú;(4)《集韵》等又为杜谷切,读若图,音 tǔ;(5)《正韵》等为徒刀切,读若陶,音 táo。在满语中,"纛"音译作"tǔ",同《集韵》杜谷切、读若图、音 tǔ,完全相同。显然,满文"tǔ"是汉语"纛"字的译音借词。"纛"字的涵义,《辞海》释作:"古时军队或仪仗队的大旗。"《集韵》曰:"皂纛,军中大旗也。"《六部成语・兵部・纛旗》注解:"元帅之大旗,曰纛旗。"显然,满文中"tu"的词义,也是从汉语转借来的。

二是,"纛"字与"旗"字之词义,初始在满语中没有严格的区分。后来逐渐将一般的军旗称为"旗",而将军中大旗称作"纛"。《大清会典图》中绘有"纛旗",是后者的一个力证。满洲的"tǔ"(纛)与"gūsa"(旗),其初意就是军队的一种标志,先以黄、白、蓝、红四色旗子"为别",后增以镶黄、镶白、镶蓝、镶红八色旗子"为别"。但是,牛录、甲喇、固山的涵义,随着建州—后金社会的发展变化,而不断地丰富其涵义。"固山"——"旗"这个概念,是不断发展变化的,其内涵则不断拓展、不断延伸。

三是,在《满洲实录》、《清太祖武皇帝实录》中,"gūsa"都音译作"固山";而在《清太祖高皇帝实录》中,将"gūsa"都意译作"旗"。因为从天聪十年(1636 年)《清太祖武皇帝实录》告成,中经康熙二十五年(1686 年)重修《清太祖高皇帝实录》告竣,到雍正年间对其"重加校订",至乾隆四年(1739 年)十二月《清太祖高皇帝实录》缮录定稿,其间历时一百零三年。因此,其中某些译语的改动、斟酌、润色、划一是不可避免的。诚然,在满文名词汉译的过程中,会有些名词丧失原意,但多数名词的汉译并没有失真。在汉语中用"旗"替代"纛",以指代固山,自然后来在满文档案、官书及其他著述中,凡表述军政合一组织——"gūsa",都用"旗",而不用"纛"。

四是,在辛丑年即万历二十九年(1601 年),清太祖初始整编建制四旗时,"tǔ"(纛)与"gūsa"(旗)的涵义,没有严格的、原则的区别。当时,努尔哈赤尚在草昧时期,许多词汇除源自满语外,其他或借用汉语、或借用蒙古语、或满语与外来语混用。所以，当时的满洲文献或汉译满文文献，既不够规范，也未能划一。因为"旗"是汉字，自然是汉语中特有的现象，也是在满语中不存在的。

总之，满洲八旗从初创到定制，其间整三十年，经过三个时期。这就是：八旗满洲的初制——清太祖起兵之初，具体地说在甲申年即万历十二年（1584 年），始设牛录组织与牛录额真。八旗满洲的建制——辛丑年即万历二十九年（1601 年），在牛录的基础上整编为四旗。八旗满洲的定制——乙卯年即万历四十三年（1615 年），在原四旗的基础上扩编为八旗。至此，标志着八旗满洲制度正式确立，臻于完善。其以后的发展与变化，不在本书讨论范围之内。

第五，建国称汗——其建国、国号、年号的问题。

关于清太祖建国、年号、国号，学者提出如下三点见解：

其一，关于建国。万历四十四年（1616 年）正月，努尔哈赤根本没有建立国家政权。其根据是：《旧满洲档》（《老满文原档》）、《清太祖高皇帝实录》、《清太祖武皇帝实录》、《满洲实录》四种清朝官方经典文献，都是只记载该年正月初一日，群臣给努尔哈赤上尊号，而没有关于建国号的记载。至于后来清朝官方文献记载该年正式建国是靠不住的；其时朝鲜、明朝的官私文献记载该年努尔哈赤建国，因系间接史料，也是不可信的。对此，大多数学者持相反见解。他们认为万历四十四年（1616 年）正月，努尔哈赤在赫图阿拉建国称汗，这是确定无疑的。一个新皇朝建立的标志，通常为定尊号、国号、年号。努尔哈赤确实在万历四十四年（1616 年）正月，借鉴蒙古成吉思汗的汗制，定为"天授覆育列国英明汗"。

应当说，女真—满洲政权，草昧初创，极不完善，也不规范。不能以中原王朝建国的范型，去套努尔哈赤之建国。也不能以当时努尔哈赤只有尊号，没有国号、没有年号，而不承认努尔哈赤建国。其国号、年号有个逐步完善的过程，到皇太极时改国号为大清、改年号为崇德，才算是比较完善，标志着此过程的完结。因此，万历四十四年（1616 年）正月，努尔哈赤在赫拉阿拉建国称汗，史料证据充分，当是确定无疑。

其二，关于年号。万历四十四年（1616 年）正月，努尔哈赤建国时根本没有使用"天命"年号。孟森《明清史讲义》说："太祖之建号天命，本自称为金国汗，而亦用中国名号，自尊为天命皇帝，其实并非年号"，"待帝业自太祖开始创，在清史自当尊为开国之帝，入关后相沿以天命为太祖之年号"。后亦有学者赞同此说。概括地说，其根据是：《旧满洲档》（《老满文原档》）万历四十四年（1616 年）正月初一日记载努尔哈赤只上尊号,而没有定年号;其后,无圈点满文编年体《旧满洲档》记事,仍用干支纪年或用努尔哈赤年龄纪年,而不用天命纪年。这说明当时"天命",只是努尔哈赤的尊号,而不是后金的年号。有的学者对后金时期六件文物——"天命汗钱"、信牌"天命金国汗之宝"、"大金天命云板"、"天命金国汗之印"和东京辽阳城门石额"大金天命壬戌年仲夏立"与"大金天命壬戌年吉辰立",一概解释为"不论是满文的'天命'(abkai fulingga),还是汉文的'天命',都是努尔哈赤的尊号,而不是后金的年号"。

不赞成上述意见的学者郭成康,在《从清入关前年号的演变看满洲统治者的帝王意识》一文中,列举两件历史文献驳辩孟森先生的论点:(一)《天命丙寅年封佟延敕》照片,其末署汉文"天命丙寅年六月 日"和老满文"abkai fulingga fulgiyan tasha aniya ninggun biyai"。(二)《明清档案存真选辑》(初集)载"天命丙寅老满文诰命",其末署汉文"天命丙寅年 月 日"、满文"abkai fulingga fulgiyan tasha aniya i ninggun biyai"。(三)《旧满洲档》里的"刘学成奏本"的纸质行间空白处书写满文,奏本末署汉文"天命辛酉年拾贰月 日"。所以,作者结论是:"天命作为努尔哈赤的年号,不仅以汉文的形式,而且以老满文'abkai fulingga'形式通行国内臣民,孟森先生所说有误。"

应当说,万历四十四年(1616年)正月,努尔哈赤建国称汗时,没有确定年号。因为至今没有看到一条可信的史料,证明他在称汗建国时确有年号。既然努尔哈赤于万历四十四年(1616年)正月建国称汗,自立国家,背弃大明,应建年号;但是,《无圈点老档》即《旧满洲档》(《老满文原档》)用的是干支纪年。其时,最早的满文文献,用干支纪元、用努尔哈赤年龄纪元、用太祖起兵之年纪元。这种纪年,既不规范,也不方便。后来纂修的《清太祖武皇帝实录》、《满洲实录》和《清太祖高皇帝实录》,才用天命纪年,已成通例,约定俗成,相沿应用,不必更动。

其三,关于国号。清太祖朝所建国号的争论,有"满洲"、"金"、"后金"、"大金"四说。(一)清太祖国号"满洲"说。魏源在《圣武记·开国龙兴记》载述:"太祖高皇帝天命元年,受覆育列国英明尊号,国号满洲,时明万历四十有四年,太祖年五十有八矣。"经笔者查阅统计,在《清太祖高皇帝实录》中,出现"满洲"或"满洲国"字样共三十五处;在《清太祖武皇帝实录》中,出现"满洲"或"满洲国"字样共八十一处;在汉文本《满洲实录》中,出现"满洲"或"满洲国"字样共九十二处。甚至到天聪年间,还称其国号为"满洲"。皇太极于天聪九年十月十三日(1635年11月22日),诏谕满洲的称名:"我国建号满洲,统绪绵远,相传奕世"云云。无疑,上述统计与载述,是清太祖国号为"满洲国"

说者的重要依据。(二)清太祖建国号"金"说。稻叶君山《清朝全史》记载:"万历四十四年正月,奴尔哈赤自登可汗之位,国号金国,建元天命,或以区别于前代之金,称为后金。"后李燕光、关捷《满族通史》与李洵、薛虹《清代全史》(第一卷)等,均主"国号金国"之说。(三)清太祖建国号"大金"说。李鸿彬《清朝开国史略》记述:万历四十四年(1616年)努尔哈赤"称汗登位,建立'大金'(史称后金),改元天命"。金启孮、张佳生《满族历史与文化简编》等都为此说。(四)清太祖建国号"后金"说。拙著《努尔哈赤传》:"努尔哈赤在赫图阿拉称汗,建立后金政权,其后金为自称,并非后来史称后金。"周远廉《清朝开国史》、黄彰健《清太祖天命建元考》等都持此说。其主要根据为当时的朝鲜四条文献史料和明朝六条文献史料。

应当说,努尔哈赤所建的国号,称金、后金、大金都有文献和文物依据。大金的"大"字,是"金"的修饰词。这在中国皇朝史上屡见不鲜,大唐、大宋、大元、大明、大清都是史例。后金的"后"字,则是同阿骨打的"金"相区别。金、大金、后金三者,都共有"金"字。如用"金",则同阿骨打建立的金朝容易混淆;如用"大金",也容易同阿骨打所建的金朝混淆。后来史家用"后金",已成通例,约定俗成。

第六,天命汗所废大福晋姓氏问题。努尔哈赤所离弃的大福晋,是后金汗位争夺中的一个重要人物。《满文老档》未载所废大福晋的姓氏。此事发生在天命五年(1620年)三月二十三日,《清太祖高皇帝实录》《清太祖武皇帝实录》和《满洲实录》,都不载此事。《满文老档·太祖》天命五年三月所载大福晋,也未明言其姓氏。因有两种看法:一种认为大福晋为富察氏衮代,即莽古尔泰、德格类和莽古济格格的生母;另一种认为大福晋为大妃乌拉纳拉氏阿巴亥,即阿济格、多尔衮和多铎的生母。

主张大福晋为富察氏者,据《清史稿·后妃列传》载继妃富察氏,生子二、女一,即为莽古尔泰、德格类、莽古济之生母,"天命五年,妃得罪死"。其死期及所生子女之数,与废大福晋基本相符。由此可知,所废大福晋是富察氏而非有的论者所指纳拉氏。天命汗当时并未杀富察氏,只是将其废黜,何以又得罪死?原来富察氏之死,是莽古尔泰希宠于其父而弑其母。

主张大福晋为纳拉氏者,其根据之一是年龄。富察氏衮代的生年,一说生于嘉靖四十二年(1563年),于万历十三年(1585年)嫁给努尔哈赤,时年二十二岁(比努尔哈赤小四岁),两年后生莽古尔泰。如此算来,天命五年事发时,富察氏五十八岁,莽古尔泰三十三岁。而纳拉氏阿巴亥生于万历十八年(1590年),天命五年事发时,纳拉氏三十一岁，幼子多铎八岁。这一年，大贝勒代善三十八岁，纳拉氏比代善小七岁即三十一岁，富察氏则比代善大二十岁即五十八岁。根据之二是档案。《旧满洲档》记载天命汗不杀大福晋的一个原因是"幼子患病，令其照顾"。《玉牒》记载多铎为努尔哈赤幼子，由大福晋纳拉氏所出，时年八岁。而富察氏所生最小儿子德格类时年二十五岁，既非幼子，且已成人。根据之三是文献。《清史稿·后妃列传》记载太祖只有一位大妃即大福晋，就是乌拉纳拉氏，孝慈高皇后死后被立为大妃，是为阿济格、多尔衮、多铎之生母；而富察氏为继妃。根据之四是《玉牒》。努尔哈赤曾在《汗谕》中，说明大福晋生有三个儿子。在《清史稿·后妃列传》记载天命汗十六位妻子中，生育三个儿子者，只有乌拉纳拉氏阿巴亥一人。根据之五是《满文老档》天命六年四月十五日记载，天命汗得辽阳城后，"前汗之大福晋来辽东城"云云，努尔哈赤自宁远战败回归，召大妃出迎。可证努尔哈赤后来复立纳拉氏为大福晋。天命汗死，大妃纳拉氏殉葬，故所废大福晋应是乌拉纳拉氏阿巴亥。

以上就天命朝史争论诸多问题中，列举六个，仅供参考。

六

清朝历史的开创者与奠基者——清太祖努尔哈赤，像历史上一切走完其事业旅程的杰出人物一样，他一生的事业，有准备期、兴始期、发展期、鼎盛期和衰暮期。努尔哈赤在二十五岁起兵之前，是其政治、军事生涯的准备时期。从万历十一年（1583年）含恨起兵，至万历二十一年（1593年）打败联军，攻克图伦，统一建州，建佛阿拉，大战海西，是其政治、军事生涯的兴始时期。从万历二十一年（1593年）打败联军，至万历四十四年（1616年）登极称汗，统一海西，绥服蒙古，创建八旗，创制满文，是其政治、军事生涯的发展时期。从天命元年（1616年）黄衣称朕，至天命七年（1622年）进占广宁，大败杨镐，夺取辽、沈，迁都辽阳，进兵辽西，是其政治、军事生涯的鼎盛时期。从天命七年（1622年）辽西移民，至天命十一年（1626年）强令剃发，迁民占田，辽民反抗，兵败宁远，是其政治、军事生涯的衰暮时期。同样的，建州和后金的历史，也经历了这样的阶段。努尔哈赤在晚年，犯下严重的错误。

剃发迁民，治策失当。八旗军攻陷沈阳、辽阳后，占据辽东，进兵辽西，所向披靡，十分顺利。但是，后金在顺势之中，实行了两项失当之策：一是命令汉人剃发，另一是强令汉人迁移。先是,金初女真进占汉人居住区后,并未以汉人剃发作为降服的标志。努尔哈赤占领辽东后,强迫汉人剃发,引起镇江(今辽宁省丹东市振安区九连城镇)等地汉民的反抗,辽东汉民成千上万地遭到屠杀。后,多尔衮在关内强行剃发易服之策,造成了一场民族的大悲剧。先是,建州兵每攻破一部,即毁其城而迁其民。对迁来的部民,编丁入旗,均作安置。努尔哈赤占领广宁后,强迫辽西的大量汉民,扶老携幼,背井离乡,哭声震野,迁往辽东。这就既剥夺了辽西汉民的生存手段,又侵犯了辽东汉民的切身利益,破坏了全辽正常的社会秩序,引起辽东地区的社会动荡。

分田占房,清查粮食。八旗军攻占沈阳、辽阳后,下令在辽海地区实行"按丁授田",即将汉民农田,以所谓"无主之田"之名,加以没收,分给八旗官兵。这种做法,虽给移居辽东地区的广大八旗官兵以田地,但对辽东众多汉民自耕农来说,无疑是一种剥夺。后,多尔衮率清军入关,沿袭乃父遗策,在京师占房,在京畿圈地。前述辽西汉民东迁后,无亲无友,无房无粮,命大户同大家合,小户同小家合,"房合住,粮合吃,田合耕"。实际上,大量迁居的汉民,耕无田,住无房,寒无衣,食无粮,他们"连年苦累不堪"①,生活甚为悲惨。同时又命令清查粮食,申报存粮,按口定量,不许私卖。辽东汉民地区为自给自足的自然经济,房、田、粮是他们最基本的生存资料。后金在这三项关系汉民生计的重大问题上,举措轻率,严重错误,造成辽东地区的社会震荡。

轻薄文士,屠杀汉儒。后金弓马起家,崇尚骑射。虽创制满文,但厚武薄文,对巴克什珍视不够。额尔德尼创制满文,兼通蒙古文、汉文,赐号"巴克什",为满洲之"圣人",后来被杀②;满文另一创制者扎尔固齐噶盖,也在创制满文的同年被杀③。他们是否有该杀之罪,姑且不论,即或有之,高墙圈禁,让其继续研究满洲文字与满洲文化,教书授徒,翻译汉籍,亦能对社会有所裨益。后金进入辽沈地区后,虽对汉族工匠加以保护,给以优遇;但对汉族儒士未能给予特殊的保护与重用或重视,屠杀过多,吃了大亏。史称努尔哈赤"诛戮汉人,抚养满洲"④。抚养满洲,重用满员,于理可通;而诛戮汉人,屠杀汉儒,实为大错。努尔哈赤不懂一条道理——"治天下在得民心,士为秀民;

---

① 《明清史料》,甲编,第 8 册,第 765 页,中央研究院历史语言研究所集刊,1930 年。
② 《满文老档·太祖》,上册,第 474 页,天命八年五月初五日,中华书局译注本,1990 年。
③ 《清史稿·噶盖传》,第 228 卷,第 9254 页,中华书局标点本,1977 年。
④ 《清太宗文皇帝实录》,第 64 卷,第 8 页,崇德八年正月辛酉,中华书局影印本,1985 年。

士心得，则民心得矣!"①皇太极承袭汗位后，懂得"士心失则民心失"的道理，调整了对汉官、汉儒、汉军、汉民的政策，他们逐渐受到重用。后来，汉族知识分子受到清廷重用并参与决策，是清夺取并巩固全国政权的一个重要因素。

骄傲轻敌，兵败宁远。努尔哈赤一生戎马驰骋四十四年，几乎没有打过败仗，可谓历史上的常胜统帅。但他占领广宁后，年事已高，体力衰弱，志满意得，疏于信息。他对宁远城守将袁崇焕没有真知灼见，对宁远城设红夷大炮也没有侦知实情。只看到明朝经略由孙承宗易为高第②等因素，而未全面分析彼、己，便贸然进兵，图刻期攻取。但是，宁远不同于广宁，袁崇焕也不同于王化贞。袁崇焕守宁远，"凭坚城、用大炮"；努尔哈赤则用战马去冲深堑坚城，用皮弦弓箭去射红夷大炮，以短击长，以矛制炮，吞下了骄帅必败的苦果。后金有一位叫刘学成的人，上书分析宁远之败的原因说："因汗轻视宁远，故天使汗劳苦。"③刘学成直言陈明：努尔哈赤因骄傲轻敌，而兵败宁远。《左传》曰："君以此始，必以此终。"④努尔哈赤以兵马起家称汗，又以兵败宁远身死，这是历史的偶然，还是历史的必然?!

胜利会腐蚀聪明，权力会冲昏头脑。努尔哈赤的晚年，被胜利和权力，腐蚀了聪明，冲昏了头脑，犯了错误，吞下苦果。努尔哈赤上述的弊政与错误，不仅殃及当世、祸及自身，而且埋下清军入关后治策弊病、体制弊端的根因。

我曾经说过：有人把杰出的人物称作创始人。因为他的见识要比别人的远大些，他的胸怀要比别人的宽广些，他的洞察力要比别人的深邃些，他的毅力要比别人的坚韧些，他的愿望要比别人的强烈些，为实现其愿望所采取的手段要比别人的高明些，所付出的努力要比别人的更多些，而他对人类的影响要更比别人的深远些。清太祖努尔哈赤正是如此。他把女真社会生产力发展所造成的各部统一与社会改革的需要加以指明，把女真人对明朝专制者实行民族压迫的不满情绪加以集中，并担负起满足这些

①　《清史稿·范文程传》，第 232 卷，第 9352 页，中华书局标点本，1977 年。

②　《明清进士题名碑录索引》载：明代进士有四位高第：一为福建瓯宁籍，一为四川绵州籍，一为云南太和籍，另一为直隶滦州籍。后者即为辽东经略高第，字登之。《三十三种清代传记综合引得》载：清代有三位高第：一为直隶阜平人，一为浙江萧山人，另一为陕西榆林人。后者《清史列传》载："高第，陕西榆林人，籍河南商丘，明山海关总兵。本朝顺治元年四月投诚，授原官，敕守关门。"所以，明末清初与山海关兵事有关者为两高第：一是辽东经略高第，另一是山海关总兵高第。

③　《满文老档·太祖》，上册，第 694 页，天命十一年三月十九日，中华书局译注本，1990 年。

④　《左传·宣公十二年》，宋十三经注疏附校勘记本，中华书局影印，1980 年。

社会需要的发起者责任。他在将上述的社会需要、群体愿望,由可能转变为现实、由意向转化为实际的过程中,能够盱衡大局,正确判断,刚毅沉着,豁达机智,知人善任,赏罚分明,组成坚强、协和、稳定的领导群体。他对女真、蒙古、朝鲜、明朝,分别采取不同的政策。其时,建州南有明朝,西有蒙古,东有朝鲜,北有海西,陷于四面包围之中。但努尔哈赤没有四面出击,而是佯顺明朝,结好朝鲜,笼络蒙古,用兵海西;对海西女真扈伦四部又采取远交近攻,先弱后强,联大灭小,各个吞并的策略。努尔哈赤形势坐大,黄衣称朕,挥师西进,移鼎沈阳。他通过建立八旗和创制满文,以物质和精神这两条纽带,去组织、协调、聚结、激发女真的社会活力,实现历史赋予女真各部统一与社会改革的任务,并为大清帝国建立和清军入关统一中原奠下基石。因此,努尔哈赤是中国历史上,也是世界历史上杰出的政治家和军事家。

　　太史公司马迁曰:"原始察终,见盛观衰。"[1]研究清代天命时期历史,满洲崛兴,开创清朝,其历史意义,其社会价值,拙著《努尔哈赤传·前言》中说过:"对努尔哈赤的研究表明,努尔哈赤建立的大金(后金),实际上是清朝的雏形。后来清朝重大的治策与典制、善举与弊政、承敝与通变、率旧与维新,在这里都能找到它的历史影子。原始而察终,见兴而观衰。在努尔哈赤建立大金(后金)的初始胚胎里,便已蕴含其后来兴盛与衰败的基因。从而得到一点启示:努尔哈赤是一把历史的钥匙,它可以打开清朝堂奥宫殿之门。"[2]我在《正说清朝十二帝》一书中又说过:"清太祖努尔哈赤,既播下康、乾盛世的种子,也埋下光、宣衰世的基因。"[3]所以,"原始察终,见盛观衰"——这应是研究清太祖朝历史的价值与意义之所在。

---

①　《史记·太史公自序》,第 130 卷,第 3319 页,中华书局校点本,1959 年。

②　阎崇年:《努尔哈赤传·前言》,北京出版社,1983 年。

③　阎崇年:《正说清朝十二帝·序》,中华书局,2004 年。

一　满洲之源流

满洲之源流,历史久远,流派纷呈,分合迁徙,错综复杂。兹据史料,择其大端,分其阶段,析其部落,选其重点,概述如下。

(一)满族久远历史

满洲名称的钦定出现,是在后金天聪九年即明崇祯八年(1635 年)。《清太宗实录》记载:

> 我国原有满洲、哈达、乌喇、叶赫、辉发等名,向者无知之人,往往称为诸申。夫诸申之号,乃席北超墨尔根之裔,实与我国无涉。我国建号满洲,统绪绵远,相传奕世,自今以后,一切人等,止称我国满洲原名,不得仍前妄称。①

这一天是后金天聪九年即明崇祯八年十月庚寅,农历十月十三日,公历 1635 年 11 月 22 日。从此,"满洲"一名经过钦定,正式出现在中国历史典册上②。

在清朝,有八旗满洲、八旗蒙古、八旗汉军,他们都在旗,统称其为"旗人";其他民众,包括汉人、藏人、回人、苗人、彝人等,他们都不在旗,统称之为"民人"。所以,清朝有"只分旗民,不分满汉"之说。清朝亡,民国兴,八旗蒙古多称自己为蒙古人,八旗汉军也多称自己为汉人,而八旗满洲怎样称谓呢? 时称纷繁,不一而足:有称旗人者,有称旗民者,有称满洲者,有称满旗者,也有称满民者等。时孙中山倡汉、满、蒙、回、藏"五族共和",以民族称谓,怎样称法呢? 如在汉、满、蒙、回、藏中,汉族、蒙族(蒙古族)、

---

① 《清太宗文皇帝实录》,第 25 卷,第 19～20 页,天聪九年十月庚寅,中华书局影印本,1985 年。
② 陈捷先:《满洲丛考·说"满洲"》,第 24 页,台湾大学文学院印行本,1963 年。

回族、藏族都已有统称，而满洲呢？八旗满洲亦随之称为满洲族，简称"满族"，于是，
"满族"的称谓也就逐渐通行开来，成为后来，也是当今的通称。

八旗满洲，在清朝统称为满洲。乾隆四十二年（1777年），乾隆皇帝"命辑《满洲源
流考》"①。组成以时任或后任大学士阿桂、于敏中、和珅、董诰、王杰为总裁，以麟喜等
四十余人为纂修、纂校的一批官员、学者，经年合撰而成。乾隆帝敕编的《满洲源流
考》，是第一部自肃慎至满洲三千多年，全面梳理、系统汇集、广泛考据、深入阐述满洲
历史源流的重要文献。有学者统计，《满洲源流考》全书的"资料共有一千四百五十余
条，标明来自八十余种文献图书"。其按注"少则一字，多则九百余字，全书总计约有一
千八百六十余条"②。《满洲源流考》是对满族的历史与地理，文化与风俗，作了全面系
统、资料详细、博采广稽、缜密考据的满洲历史文化的经典之作。自然，也有其时代与
视角的局限。

满族是中华多民族中一个历史悠久的民族。在中华大地上，以语系来说，其区域
往往错综复杂，大体上以长城作为约略的界线——长城以南主要属汉藏语系，以北主
要属阿尔泰语系。在语言学上，阿尔泰语系，在中国主要分为三个语族，就是突厥语
族、蒙古语族和满—通古斯语族。蒙古语族和满—通古斯语族的大致东西地理界线为
大兴安岭，当然也有交错和变迁之处。

大兴安岭迤西，巴尔喀什湖以东，南至长城、天山一线，北为贝加尔湖及其迤西一
线，主要为草原文化。"天苍苍，野茫茫，风吹草低见牛羊"，正是草原文化的诗证。在
元、明、清强盛时期，统称为蒙古，草原文化面积大约有三百万平方公里。草原文化主
要经济类型为"逐水草而居"的游牧经济。其语言属于阿尔泰语系蒙古语族。我国西
北草原文化蒙古语族的民族，现在主要有蒙古族、达斡尔族、裕固族（东部）、土族、东乡
族和保安族等（突厥语族的也有部分属草原文化）。

大兴安岭以东，长城以北，东到大海，西北邻贝加尔湖，北达外兴安岭，东北到库页
岛（今萨哈林岛），东南起长白山，主要是满—通古斯语族活动、生息、繁衍的区域，森林
覆盖，蔽天遮日，一望无际，属于森林文化，其面积大约有三百万平方公里。森林文化
主要经济类型为渔猎经济，后来也兼采集、农耕、放牧等多种经济元素。草原文化与森

---

① 《清高宗纯皇帝实录》，第1039卷，第4页，乾隆四十二年八月壬子，中华书局影印本，1985年。

② 孙文良：《满洲源流考·前言》，第6页，辽宁民族出版社，1988年。

林文化,东西相应,彼此联系,土地面积,约略相近。我国东北森林文化满—通古斯语族的民族,现在主要有满族、鄂温克族、鄂伦春族、锡伯族、赫哲族等。在古代森林文化各族中,诸族之间,分合来往,既有冲突,也有融合。参酌《满洲源流考》的载述,博采其他文献,其大致的脉络是:商周的肃慎,秦汉的挹娄,魏晋的勿吉,隋唐的靺鞨,辽金的女直,明朝的女真,清朝的满洲,民国的满族等,一脉相承,流派清晰,文献可稽。考古发掘出土的大量资料,也充分印证了这一点。

但是,满族的历史与肃慎、挹娄、勿吉、靺鞨、女真的历史,既有密切联系,又有显著区别。《满族简史》撰者认为:"肃慎的历代后裔和满族是既有关联又有区别的,不应该把肃慎、挹娄、勿吉、靺鞨、女真的发展过程作为满族自身的发展过程;但是,在满族史中如果把肃慎以下迄明代女真的世代相承的联系割裂开来,也是不能正确地反映满族悠久的历史渊源的。"①满洲历史的根源,依据文献记载,最早是为肃慎。

先说肃慎。从文献资料看,满族先民最早见于文献记载的是肃慎,或记载作息慎、稷慎。息慎、稷慎与肃慎为同音异译。《满族通史》撰者引述:"《满洲源流考》记载:'金国本名珠理真。谨案:本朝旧称满珠,所属曰珠申,与珠理真相近,但微有缓急之异,实皆肃慎之转音也。'又《满洲源流考》云:'北音读肃为须,须、朱同韵;里、真二字合乎之音近慎,盖即肃慎转音。国初旧称所属曰诸申,亦即肃慎音转也。'按珠申又称诸申,为女真之音转,也就是肃慎之音转。"②满洲先人为女真,音转为珠理真、诸申、肃慎。肃慎即息慎、稷慎。所以,满洲族名上溯,即为周之肃慎。

肃慎与诸申,语音很相近。乾隆帝既通满语,又通汉语,他说:"史又称:金之先出靺鞨部,古肃慎地。我朝肇兴时,旧称满珠,所属曰'珠申',后改称满珠,而汉字相沿,讹为满洲。其实即古肃慎,为珠申之转音,更足征疆域之相同矣。"③珠申,又作诸申、珠理真,音相同,译不同,其实所指,为同一族群。

肃慎,文献记载,屡见于册,例如:

(1)《史记·五帝本纪》载:"……北山戎、发、息慎",《集解》郑玄曰:"息慎,或谓之肃慎,东北夷。"

---

① 《满族简史》(初稿),第2页,《少数民族史志丛书》,铅印本,1963年。
② 李燕光、关捷主编:《满族通史》(修订版),第2页,辽宁民族出版社,2003年。
③ 《清高宗纯皇帝实录》,第1039卷,第4页,乾隆四十二年八月壬子,中华书局影印本,1985年。

（2）《尚书·周书·周官》载："武王既伐东夷，肃慎来贺。王俾荣伯作《贿肃慎之命》。"

（3）《春秋经传集解》（晋杜预集解）载："肃慎、燕、亳，吾北土也。肃慎，北夷，在玄菟北三千余里。"

（4）《大戴礼记·少间》载："海外肃慎、北发、渠搜、氐、羌来服。"

（5）《国语·鲁语》载："肃慎氏贡楛矢石砮，其长尺有咫。"

（6）《逸周书·王会解》载："稷慎大麈。"晋孔晁解："稷慎，肃慎也；贡麈，似鹿。"

（7）《竹书纪年·周纪一》载："成王九年……肃慎氏来朝。王使荣伯锡肃慎氏命。"

（8）《史记·周本纪》载："成王既伐东夷，息慎来贺，王赐荣伯，作《贿息慎之命》。"①

（9）《史记·孔子世家》载："有隼集于陈廷而死，楛矢贯之，石砮，矢长尺有咫。"② 陈潞公使使问仲尼。仲尼曰：'隼来远矣，此肃慎之矢也'。"

（10）《史记·司马相如列传》载："邪与肃慎为邻。"《正义》曰："邪，谓东北接之。"《括地志》云："靺鞨国，古肃慎也，亦曰挹娄，在京东北八千四百里，南去夫余千五百里，东及北各抵大海也。"

（11）《汉书·武帝纪》载："周之成、康，刑错不用，德及鸟兽，教通四海。海外肃慎、北发渠搜，氐、羌徕服。"晋灼注引《东夷传》曰："肃慎，今挹娄地是也，在夫余之东北千余里大海之滨。"

（12）《后汉书·东夷列传》载："及武王伐纣，肃慎来献石砮、楛矢。康王之时，肃慎复至。"

以上记载，吉光片羽。到唐朝房玄龄撰《晋书》，才第一次为肃慎作传，就是《晋书》第九十七卷《四夷列传》内的《肃慎氏传》。

肃慎，居住在"白山黑水"地域，白山即长白山，黑水即黑龙江③。早在旧石器时期，这一地域留下大量的历史遗迹。在黑龙江右岸呼玛县十八站境内，首次发现了旧

---

① "成王"：前引《尚书》作"武王"；"贿"，《集解》孔安国曰："贿，赐也。"

② 《史记·孔子世家》裴骃《集解》引韦昭曰：八寸曰咫。

③ 《钦定满洲源流考·上谕》，《清高宗纯皇帝实录》，第 1039 卷，第 4 页，乾隆四十二年八月壬子，中华书局影印本，1985 年。

石器时代的遗址,距今约一万年,出土石器有一千零七十件①。新石器时期遗址,这一地域,也有多处发现。

文献记载,满族的先民肃慎人,约在公元前1066年,周武王克商,肃慎来贡"楛矢石砮"②。"楛矢"是以楛木做箭杆,"石砮"是用青石做箭镞。这种楛木和青石,是由当地所产,为当时制造弓箭与矢镞的上好质材,受到中原王朝的喜爱,因此肃慎人以"楛矢石砮"向周朝进贡。周人重视肃慎贡献的"楛矢石砮",而"铭其栝曰'肃慎氏之贡矢'"。上文的"砮",《说文解字》云:"砮,石可以为矢镞,从石,奴声。"这里,司马迁在《史记·孔子世家》里,记载了一个故事:

> 孔子遂至陈,主于司城贞子家。……有隼集于陈廷而死,楛矢贯之,石砮,矢长尺有咫。陈湣公使使问仲尼。仲尼曰:"隼来远矣,此肃慎之矢也。昔武王克商,通道九夷百蛮,使各以其方贿来贡,使无妄职业。于是肃慎贡楛矢石砮,长尺有咫。先王欲昭其令德,以肃慎矢分大姬,配虞胡公而封诸陈。分同姓以珍玉,展亲;分异姓以远方职,使无忘服。故分陈以肃慎矢。"试求之故府,果得之。③

上文的"咫",韦昭说"八寸为咫";"方",为方物,就是地方特产;贿,指贡献;大姬,韦昭说是"武王元女";展,是重的意思;"无忘服",王肃说是"使无忘服从于王也";"故府",就是旧府。

其时人们对楛矢石砮已然不熟悉。孔子博学多识而熟悉掌故,讲了楛矢石砮的历史故事。这说明:早在周朝,肃慎与中原王朝,就有了交往,并成了贵族的美好记忆。

次说挹娄。秦汉时期,肃慎人后裔为挹娄。挹娄主要居住区域:"在不咸山北,去夫余可六十日行。东滨大海,西接寇漫汗国,北极弱水。"④寇漫汗国即乌桓,不咸山即长白山,弱水即黑龙江。就是说,挹娄居住的地域,南起图们江和长白山,东滨大海,西抵乌桓,北至黑龙江迤北的广大地域。两汉时,挹娄臣服汉朝属国夫余(今吉林省农安县境),隶汉玄菟郡管辖,经常遣使,贡献方物。1950年,在黑龙江省依兰县挹娄人的

---

① 《人民日报》,1978年1月24日,第4版。
② 徐元诰:《国语集解·鲁语下》(修订本),第204页,中华书局,2002年。
③ 《史记·孔子世家》,第47卷,第1922页,中华书局校点本,1959年。
④ 《晋书·四夷列传·肃慎氏传》,第97卷,第2534页,中华书局校点本,1974年。

遗址中,发现各式玉佩和精美玉石,这些正是黄河流域汉族常用的玉器①。考古之外,
史籍记载,内容丰富,略加引述。范晔《后汉书》记载:

> 挹娄,古肃慎之国也。在夫余东北千余里,东滨大海,南与北沃沮接,不知其
> 北所极。土地多山险。人形似夫余,而言语各异。有五谷、麻布,出赤玉、好貂。
> 无君长,其邑落各有大人。处于山林之间,土气极寒,常为穴居,以深为贵,大家至
> 接九梯。好养豕,食其肉,衣其皮。冬以豕膏涂身,厚数分,以御风寒。夏则裸袒,
> 以尺布蔽其前后。其人臭秽不洁,作厕于中,圜之而居。自汉兴已后,臣属夫余。
> 种众虽少,而多勇力,处山险,又善射,发能入人目。弓长四尺,力如弩。矢用楛,
> 长一尺八寸,青石为镞,镞皆施毒,中人即死。便乘船,好寇盗,邻国畏患,而卒不
> 能服。东夷夫余饮食类(此)皆用俎豆,唯挹娄独无。法俗最无纲纪者也。②

这一地域的挹娄、夫余、高句骊等,秋冬的祭祀活动,对后来女真、满洲影响深远。
同书又记载:

> 武帝灭朝鲜,以高句骊为县,使属玄菟,赐鼓吹伎人。其俗淫,皆洁净自熹,暮
> 夜辄男女群聚为倡乐。好祠鬼神、社稷、零星,以十月祭天大会,名曰“东盟”。其
> 国东有大穴,号禭神,亦以十月迎而祭之。其公会衣服皆锦绣,金银以自饰。大
> 加、主簿皆著帻,如冠帻而无后;其小者著折风,形如弁。无牢狱,有罪,诸加评议
> 便杀之,没入妻子为奴婢。其昏姻皆就妇家,生子长大,然后将还,便稍营送终
> 之具。③

夫余的祭祀活动,浓重而热烈,史书记载,征引如下:

> 以腊月祭天,大会连日,饮食歌舞,名曰“迎鼓”。是时,断刑狱,解囚徒。有军

---

① 李文信:《依兰倭肯哈达的洞穴》,《考古学报》,第7册,1954年。
② 《后汉书·东夷列传》,第85卷,第2812页,中华书局校点本,1965年。
③ 《后汉书·东夷列传》,第85卷,第2813页,中华书局校点本,1965年。

事亦祭天，杀牛，以蹄占其吉凶。行人无昼夜，好歌吟，音声不绝。其俗用刑严急，被诛者皆没其家人为奴婢。盗一责十二。男女淫皆杀之，尤治恶妒妇，既杀，复尸于山上。兄死妻嫂。死则有椁无棺。杀人殉葬，多者以百数。①

东汉末暨三国，二世纪初，挹娄不能忍受夫余"租赋重"的盘剥，脱离夫余自立，直接同中原王朝建立联系。三国时青龙四年（236 年），"肃慎氏向魏明帝"贡楛矢"②。曹魏景元三年（262 年），挹娄又向魏元帝入贡：

> 景元三年夏四月，辽东郡言肃慎国遣使重译入贡，献其国弓三十张，长三尺五寸，楛矢长一尺八寸，石弩三百枚，皮骨铁杂铠二十领，貂皮四百枚。③

挹娄贡使受到魏元帝的隆重接待。由于挹娄同中原往来频繁，不断交流文化，于是既传布中原文化到挹娄，也将挹娄文化传到中原。

三国时期，中原与挹娄的关系，没有因中原地区战火频仍、社会动荡而中断、而减弱，相反，史书对挹娄的记载，既更详细，也更具体：

> 挹娄在夫余东北千余里，滨大海，南与北沃沮接，未知其北所极。其土地，多山险。其人形似夫余，言语不与夫余、句丽同。有五谷、牛、马、麻布。人多勇力，无大君长，邑落各有大人。处山林之间，常穴居，大家深九梯，以多为好。土气寒，剧于夫余。其俗好养猪，食其肉，衣其皮。冬以猪膏涂身，厚数分，以御风寒。夏则裸袒，以尺布隐其前后，以蔽形体。其人不洁，作溷在中央，人围其表居。其弓长四尺，力如弩，矢用楛，长尺八寸，青石为镞，古之肃慎氏国也。善射，射人皆入目。矢施毒，人中皆死。出赤玉、好貂，今所谓挹娄貂是也。自汉以来，臣属夫余，夫余责其租赋重，以黄初中叛之。夫余数伐之，其人众虽少，所在山险，邻国人畏其弓矢，卒不能服也。④

① 《后汉书·东夷列传》，第 85 卷，第 2811 页，中华书局校点本，1965 年。
② 王钦若：《册府元龟》，第 968 卷，《外臣部·朝贡第一》，中华书局影印本，1960 年。
③ 《三国志·魏书·三少帝纪》，第 4 卷，第 149 页，中华书局校点本，1959 年。
④ 《三国志·魏书·乌桓鲜卑东夷传》，第 30 卷，第 847～848 页，中华书局校点本，1959 年。

上文，《后汉书》与《三国志》有关载述比较，略有雷同，亦有差异。如上引述，便于比对。择其要者，如下六则，影响后世，极为深远：

其一，地在极北，气候寒冷。冬天为避风寒，取半地穴屋居。以洞的深浅大小，显示财富之多寡与地位之高下。

其二，多好养猪，食肉衣皮。这个传统，直到清朝，猪肉是其主要家畜食品，也是其主要祭祀宰牲。清入关后，定都北京，宫廷萨满祭祀，仍然宰杀肥猪，日日祭祀，经年不断。

其三，兄死之后，弟妻其嫂。至今人们仍在以此民俗为据，比附寡嫂孝庄太后下嫁了夫弟睿亲王多尔衮。

其四，树立木杆，祭神祭天。满洲神杆，既是对树林的敬仰，也是对天神的崇拜。在古代日本，曾有"御柱祭"，这"柱子是神与人通过它往来于天地之间的神圣的通路"①。满洲堂子的祭祀神杆，也含有神庙里祭祀森林之意。所以，满洲堂子神杆祭祀是满洲先人来自森林文化的一个重要佐证。

其五，勇力骑射，尚武好战。挹娄人骁勇坚强，体魄壮实，驰骋山林，长于弓箭，能耐饥寒，不畏艰苦，是一个骑射尚武的族群。

其六，秋冬祭天，载歌载舞。这就是后来满洲萨满祭祀的风俗之源。清先在赫图阿拉，继在东京辽阳，又在盛京沈阳，后在皇都北京，都建八角形堂子，沿袭旧俗，祭神祭天②。

东汉后期，三国两晋，中原地区，战乱不已。两晋时，挹娄曾多次遣使到内地来贡献"楛矢石砮"③。

关于汉魏时期的挹娄，不仅有诸多的文献记载，而且有丰富的考古遗迹。在今黑龙江的佳木斯市、双鸭山市等地区，近年以来，多有发现。如佳木斯市郊区发现一批古代城堡遗址，呈圆形或椭圆形，半地穴居址④。又如双鸭山市地区发现的汉魏城址和

① ［日］梅原猛著，卞立强、李力译：《森林思想——日本文化的原点》，第 34 页，中国国际广播出版社，1993 年。

② 《钦定满洲祭神祭天典礼》，台湾商务印书馆影印《文渊阁四库全书》本，1986 年。

③ 《晋书·武帝纪》，第 3 卷，第 70 页，中华书局校点本，1974 年。

④ 魏国忠、贾伟明：《挹娄的考古学文化》，载王学良主编：《追寻远古》，第 205 页，双鸭山市文物考古资料汇编委员会印本，2008 年。

遗址，分为国家级、省级和市级进行文物保护。国家级如双鸭山市三江平原汉魏仁和遗址群二十四处，集贤县滚兔岭城址和东辉城遗址各一处，宝清县三江平原青龙山城遗址一处、民富遗址群三十处，友谊县长胜遗址群四十二处、兴隆山遗址群十五处。省级如双鸭山市七一城遗址一处，集贤县古城山遗址群二十九处、索伦岗遗址群二十八处，宝清县四新遗址一处、大脑袋山遗址群六处，友谊县青峰东南山城遗址一处，饶河县宝顶山遗址群四处等。还发现有土城墙遗址，半地穴式房遗址，以及陶罐、陶碗、陶盘、陶钵、陶杯、陶豆、陶马、陶猪，石砮，玉器等①。这个地区发现的古城遗址，分布较广，尤为丰富。主要有集贤县滚兔岭城遗址、友谊县凤林城遗址、双鸭山宝山区七星镇保安二号城遗址、宝清县炮台山城遗址等。其中如炮台山古城遗址"系三城环套，外城作椭圆形，周长近 3000 米，也系土筑，残高 1 至 2 米，有四个城门"②。又如滚兔岭遗址，位于双鸭山市尖山区与集贤县交界处的滚兔岭上，发现近百座半地穴房屋遗址。其遗物陶器有陶罐、陶碗、陶壶、陶钵、陶杯等，石器有石刀、石镞、石磨、石臼等，铁器有刀、镞等③。滚兔岭遗址的族属，张忠培教授说："滚兔岭文化的族属问题，黑龙江学者认为是挹娄，似乎也成为黑龙江史学界的共识。"④

文献与考古所揭示的挹娄，经过演进之后，被勿吉所取代。

再说勿吉。西晋短暂统一不久，中原地区又现战乱。北魏太和十七年（493 年），勿吉人推翻夫余政权，一部分勿吉人迁徙到松花江中游地带的夫余故地。尔后，勿吉人逐渐发展扩大。在东北地域，秦汉挹娄人的后裔，被称作勿吉。

勿吉之名称，始之于北魏。挹娄后裔，史书记载："元魏时，曰勿吉。"⑤北朝常以勿吉称呼挹娄的后裔。虽然当时中国南北争战，烽火不熄，军阀割据，四分五裂，王朝更迭，非常频繁，但勿吉和中原地区，仍保持着朝贡关系。如南朝宋大明三年（459 年），

---

①　王学良主编：《再现文明》，第 9～10 页，双鸭山市文物考古资料汇编委员会印本，2008 年。

②　魏国忠、王学良：《两汉魏晋时期黑龙江东部地区的古城堡》，载王学良主编：《追寻远古》，第 191 页，双鸭山市文物考古资料汇编委员会印本，2008 年。

③　黑龙江省文物考古研究所：《黑龙江省双鸭山市滚兔岭遗址发掘报告》，载王学良主编：《荒原觅古踪》，第 11～24 页，双鸭山市文物考古资料汇编委员会印本，2008 年。

④　张忠培：《黑龙江考古学的几个问题的讨论》，载王学良主编：《追寻远古》，第 5 页，双鸭山市文物考古资料汇编委员会印本，2008 年。

⑤　《新唐书·北狄列传》，第 219 卷，第 6177 页，中华书局校点本，1975 年。

勿吉遣使向宋孝武帝刘骏"献楛矢石砮"①。此期,勿吉与北朝北魏、东魏的关系,因距离较近,往来更密切,贡使不绝,络绎于路。北魏孝文帝要他们各部之间,相谐共处:"宜共和顺,勿相侵扰。"②勿吉与中原的关系,《北史》记载:

> 太和初,又贡马五百匹。
>
> 太和十二年,勿吉复遣使贡楛矢、方物于京师。
>
> 十七年,又遣使人婆非等五百余人朝贡。
>
> 景明四年,复遣使侯力归朝贡。③

由上可见,在魏晋北朝时期,勿吉与中原皇朝,使臣往来,朝贡不绝,其关系也是密切的。

在隋唐时期,勿吉后裔,称为靺鞨。

复说靺鞨。隋代,勿吉又称靺鞨。隋文帝开皇年间,靺鞨多次"相率遣使贡献"④。隋文帝杨坚得知靺鞨"与契丹相接,每相劫掠"后,向靺鞨来使诚谕道:"宜各守土境,岂不安乐?何为辄相攻击,甚乖我意!"靺鞨使者听命,"高祖因厚劳之"⑤。隋炀帝时,靺鞨头领瞒咄"率其部内属于营州"。营州,今约为辽宁省朝阳市⑥。瞒咄死后,弟突地稽"代总其众,拜辽西太守,封夫余侯"⑦。到唐武德初,突地稽因战功,封耆国公;贞观初,进右卫将军,赐姓李。突地稽后"徙部到幽州的昌平城定居"⑧。突地稽死后,子李谨行继,又以战功,封燕国公,死后赠幽州都督,陪葬于唐高宗李治的乾陵⑨。

---

① 王钦若:《册府元龟》,第 968 卷,《外臣部·朝贡一》,中华书局影印本,1960 年。

② 《魏书·勿吉传》,第 100 卷,第 2220 页,中华书局校点本,1974 年。

③ 《北史·勿吉传》,第 94 卷,第 3125 页,中华书局校点本,1974 年。

④ 王钦若:《册府元龟》,第 970 卷,《外臣部·朝贡二》,中华书局影印本,1960 年。

⑤ 《隋书·靺鞨传》,第 81 卷,第 1822 页,中华书局校点本,1973 年。

⑥ 《资治通鉴》胡三省注:"《隋志》辽西郡,营州,并治柳城县。龙山本和龙城,自后魏以来,营州治焉。开皇元年,改为龙山县,十八年改为柳城。"见司马光:《资治通鉴》,第 180 卷,第 5621 页,中华书局校点本,1956 年。

⑦ 王钦若:《册府元龟》,第 970 卷,《外臣部·朝贡三》,中华书局影印本,1960 年。

⑧ 《旧唐书·靺鞨传》,第 199 卷,第 5359 页,中华书局校点本,1975 年。

⑨ 《新唐书·李谨行传》,第 110 卷,第 4123 页,中华书局校点本,1975 年。

在唐朝,靺鞨与中原皇朝的关系,进入新的时期。先是,靺鞨内部,彼此独立,"各自有长,不相统一"①。其时,靺鞨分为粟末、伯咄、安车骨、拂涅、号室、白山、黑水七部。黑水靺鞨的地理位置与民族特点是:"最处北方,尤称劲健。"②黑水靺鞨主要分布在黑龙江流域。自唐初以来,黑水靺鞨,通使唐廷,往来密切,连续不断。唐贞观十四年(640年),唐朝在黑水靺鞨地区,建立行政机构"黑水州"③。唐玄宗开元十年(722年),黑水靺鞨酋首倪属利稽来朝,唐在黑龙江和乌苏里江汇合处地区设置勃利州,任命当地靺鞨首领倪属利稽为勃利州刺史④。勃利州治伯力(今俄罗斯哈巴罗夫斯克),其地名一直延续至今。从此,唐朝中央政府逐步加强对黑龙江流域的管辖。开元十四年(726年),唐增设黑水都督府,任命当地靺鞨首领为都督、刺史等官职。开元十六年(728年),唐玄宗授黑水都督姓李名献诚,为云麾将军兼领黑水经略使,都督、刺史皆归幽州都督统辖,后改由平卢军节度使辖制⑤。同时,唐朝政府通过设置机构,委派官员,征收贡赋,进行贸易,开辟交通,相互往来,行使主权,加以管辖,这一地域为大唐版图的一部分。

靺鞨粟末部,位于靺鞨七部的最南端,分布在松花江及其支流一带。粟末部首领乞乞仲象,被武则天封为震国公,他死后由其子大祚荣接替。粟末首领大祚荣,统其部众,兼并各部,日益壮大,建立震国,自号震国王。神龙元年(705年),唐中宗李显派遣御史张行岌,宣谕皇威,前往招抚。大祚荣为表对唐帝的诚意,"遗子入侍"⑥。先是,开元元年(713年),唐玄宗李隆基在粟末地区设置忽汗州,特派鸿胪卿崔忻前往,并授大祚荣为忽汗州都督。《新唐书》记载:"睿宗先天中⑦,遣使拜祚荣为左骁卫大将军,渤海郡王,以所统为忽汗州,领忽汗州都督,自是始去靺鞨号,专称渤海。"⑧由此可见,史载"渤海国"是因唐朝册封而得名。关于这次册封活动,当崔忻完成使命回京时,路

---

① 《北史·勿吉传》,第94卷,第3123页,中华书局校点本,1974年。
② 《旧唐书·靺鞨传》,第199卷,第5358页,中华书局校点本,1975年。
③ 王溥:《唐会要》,第96卷,第8页,清武英殿聚珍本,乾隆三十八年(1773年)刻本。
④ 《新唐书·黑水靺鞨传》,第219卷,第6178页,中华书局校点本,1975年。
⑤ 《旧唐书·靺鞨传》,第199卷,第5359页,中华书局校点本,1975年。
⑥ 《新唐书·北狄传》,第219卷,第6180页,中华书局校点本,1975年。
⑦ "先天":《新唐书》"睿宗先天中"注云:"《册府》卷九六四作'玄宗先天二年',《通鉴》卷二一〇合。此误。"然崔忻返回时是在开元二年(714年),也就是说,从先天元年(712年)到开元二年(714年),其间相距三年,故似误。
⑧ 《新唐书·北狄传》,第219卷,第6180页,中华书局校点本,1975年。

经旅顺,在金州旅顺口黄金山之麓的井栏上刻石留念,其文曰:"敕持节宣劳靺鞨使鸿胪卿崔忻井两口,永为记验,开元二年五月十八日。"①这个崔忻奉使返程文物,是唐朝政府此次册封的历史见证。

渤海全盛时期,管辖地区东抵日本海,西至辽东开原,北邻黑水靺鞨,南接高丽。境内有五京、十五府、六十二州。渤海政权存在了二百多年。

于政治,渤海政权与唐朝保持臣属关系,渤海经常派王子或特使入贡述职,唐朝政府也不断派人前往渤海,册封其王或官吏,交往频繁。据统计,此间渤海"朝于唐者,凡一百三十二次;朝于梁者,凡五次;朝于后唐者,凡六次"②。朝贡使多达一百四十三次之多,而唐朝派往渤海的正式敕使前后共有十九次。如太(大)和七年(833年)秋,唐文宗遣幽州卢龙节度押奚、契丹两番副使张建章等人赴忽汗州,时陆路为契丹所阻,他们"方舟而东",第二年秋到达挹娄故地忽汗州,渤海王彝震得知张建章"赍书来聘",以"重礼留之"。张建章"岁换而返",临行前"王大会,以丰货、宝器、名马、文革以饯之",太(大)和九年(835年)年八月,回到内地。张建章返回后,将沿途见闻,尤其是在渤海耳闻目睹情状,奏报朝廷,并著《渤海国记》三卷③。记中"备尽岛夷风俗,宫殿官品,当代传之"④。渤海向唐朝,"遣使朝贡"、"遣使来朝"、"又遣使来"、"亦修职贡"等,往来频繁,"朝贡不绝"⑤。

于文化,渤海"数遣诸生诣京师太学,习识古今制度"⑥。并参加考试。还派专员和留学生到唐朝,抄写汉文书籍,如《汉书》、《三国志》、《晋书》、《十六国春秋》、《唐礼》等。唐朝著名诗人温庭筠有赠渤海王子的诗。当时渤海习用汉字,在通行的文字中,"大抵汉字居十之八九"⑦。

于工美,渤海也模仿唐朝。其时唐朝盛行的佛教,也被传入渤海地区,寺庙建筑,如同内地。近年吉林敦化六顶山出土的《渤海贞惠公主墓碑》,提供了文物例证。贞惠

①　罗福颐:《满洲金石志》,第1卷,第23页,满日文化协会印行本,1937年;又见《辽东志》,第1卷,《金州卫》鸿胪二井;再见《东北古史资料汇编》(下册),第773～774页,铅印本,1964年。

②　金毓黻:《渤海国志长编》,第16卷,第359页,《社会科学战线》杂志社刊印,1982年。

③　《新唐书·艺文志二》,第58卷,第1508页,中华书局校点本,1975年。

④　《唐张公建章墓志铭》,拓片,北京市文物研究所藏。

⑤　《旧唐书·勿吉传》,第199卷下,第5359页,中华书局校点本,1975年。

⑥　《旧唐书·北狄传》,第199卷,第5362～5363页,中华书局校点本,1975年。

⑦　金毓黻:《渤海国志长编》,第16卷,第377页,《社会科学战线》杂志社刊印,1982年。

公主是渤海王大钦茂的二女,碑文用汉文写成,文体也为唐代风格,如把王女称公主,王墓称陵,国王称圣等,这些都是学习唐朝的。1971 年,吉林省和龙地区渤海古墓出土的金器,金饰品的形制,显示唐代特色。由上可见,渤海和中原地区在政治、经济、文化、工艺等方面,联系密切,影响深远。这正如唐朝温庭筠《送渤海王子归本国》诗云：

> 疆里虽重游,诗书本一家。
> 盛勋归旧国,佳句留中华。①

唐末以后,中原地区,四分五裂,史称五代十国。此期,靺鞨人后裔,被称为女直。

末说女直。契丹建立辽朝,辽天显元年(926 年),辽太祖耶律阿保机,率领大军,"拔夫余城"②。大辽兴,渤海亡。后黑水靺鞨转属于辽。契丹人称靺鞨人为女真③。辽金时期,肃慎后裔称女直。女直,本应作女真,为肃慎、诸申的音转,但是,辽兴宗名耶律宗真,为避其名"真"字之讳,而改"真"作"直"。所以,称女真作女直。《元史》记载："初号女真,后避辽兴宗讳,改曰女直。"④在明朝一段时期,文献也称作女直。满洲兴起后,称作诸申,即女真。后来,如本章开头所述,自皇太极谕令,其族名一律称为满洲。

辽朝按女真人居住地域与经济习俗的不同,分女真为"熟女真"和"生女真"。"熟女真"主要生活在松花江以南地带,气候较为温暖,经济较为先进;"生女真"主要生活在松花江以北,东达大海,这一广阔地带,以渔猎为主,有少量采集和农作。

金政权由女真人建立,取代辽朝之后,仍称为女直。金太祖完颜阿骨打说："女直、渤海,本同一家。"⑤女真的先人,《金史·世纪》记述：

> 金之先,出靺鞨氏。靺鞨本号勿吉。勿吉,古肃慎地也。元魏时,勿吉有七部:曰粟末靺鞨部,曰伯咄部,曰安车骨部,曰拂涅部,曰号室部,曰黑水部,曰白山部。隋称靺鞨,而七部并同。唐初,有黑水靺鞨、粟末靺鞨,其五部无闻。……

① 《全唐诗》,第 583 卷,第 9 册,第 6811 页,中华书局,1999 年。
② 《辽史·太祖本纪》,第 2 卷,第 21 页,中华书局校点本,1974 年。
③ 《辽史·太祖本纪》,第 1 卷,第 2 页,中华书局校点本,1974 年。
④ 《元史·地理志二》,第 59 卷,第 1399～1400 页,中华书局校点本,1976 年。
⑤ 《金史·太祖本纪》,第 1 卷,第 2 页,中华书局校点本,1975 年。

五代时，契丹尽取渤海地，而黑水靺鞨附属于契丹。其在南者籍契丹，号熟女直；其在北者不在契丹籍，号生女直。生女直地有混同江、长白山，混同江亦号黑龙江，所谓"白山、黑水"是也。①

到北宋初（十世纪末），生女真中的完颜部，逐渐迁徙到按出虎水（今阿什河）流域定居。后农耕、冶铁、畜养、采集等经济都有新的发展。北宋政和四年（1114年），完颜阿骨打建立猛安谋克组织。"猛安"、"谋克"为女真语音译，猛安意为千、千夫长；谋克意为百、百夫长。定三百户为一谋克，十谋克为一猛安。猛安谋克为女真人的社会组织，具有军事、政治、经济、行政等多元功能。建立猛安谋克组织的翌年，金太祖收国元年即北宋政和五年（1115年），完颜阿骨打建立金朝。天辅九年即北宋重和二年（1119年），阿骨打命完颜希尹参考汉字和契丹字，创制女真字。后到金熙宗时，又创制女真新字。完颜希尹创制的女真字，称为女真大字；熙宗所创制的新字，称为女真小字。女真跨进有文字记载历史的新时期。

金太宗天会五年即北宋宣和七年（1125年），金与北宋联合灭辽。金海陵王完颜亮于金贞元元年（1153年），由金上京（今黑龙江省哈尔滨市阿城区），迁鼎中都（今北京）。此项决策，《金史》记载：

> 三月辛亥，上至燕京。……乙卯②，以迁都诏中外。改元贞元，改燕京为中都，府曰大兴，汴京为南京，中京为北京。③

这是女真第一次在中原建都，并第一次与中原政权南宋对峙，而拥有半壁山河。女真建立金朝是女真演进史上的一个转折点，也是女真史上的划时代事件。金的地域，南达淮河，北到黑龙江迤北，东临大海，西接蒙古。

元灭金和南宋后，建立大元帝国。元朝在东北地区，设辽阳等处行中书省，以辽阳为治所，管辖"路七，府一，属州十二，属县十"④。其所领七路为：辽阳路（辽阳地方），

---

① 《金史·世纪》，第1卷，第1～2页，中华书局校点本，1975年。

② 贞元元年三月乙卯，乙卯为二十六日，合公历为1153年4月21日。

③ 《金史·海陵本纪》，第5卷，第100页，中华书局校点本，1975年。

④ 《元史·地理志二》，第59卷，第1395页，中华书局校点本，1976年。

广宁府路(广宁地方),大宁路(辽西、热河等地方),东宁路(朝鲜平安道等地方),沈阳路(沈阳等地方),开元路(开原、会宁等地方),合兰府水达达等路(沿海州、松花江、黑龙江地带),各路设万户府、军民万户府、总管府等官进行管辖。

原金属东北地区的女真人,转而成为附属于元朝辽阳等处行中书省所辖各路下的臣民。其中,散居于水达达等路的女真人,元朝政府,设官辖治。

综上,考古文物和文献记载,资料丰富,有力证明:满洲先世肃慎、挹娄、勿吉、靺鞨、女直,两千多年间,不论王朝更迭,不论部族分合,他们和中原地区一脉相承,保持着密切的联系。其影响所及,直至满洲。

到了明代,女真南徙,政治地图,重新绘制。此为满洲兴起,提供历史条件。

(二)明代女真迁徙

明代的女真史,有着重要特点:一是国际环境,二是臣属明朝,三是大量迁徙,四是重新统合。概略阐述,分列于下。

国际环境。在明代二百七十六年间,影响女真迁徙、加速满洲兴起的国际环境,主要有朝鲜、日本和俄国。

朝鲜。高丽末期,社会危机,动荡不安,异常严重。洪武元年(1368年),明太祖朱元璋即皇帝位后,高丽恭愍王王颛遣使表贺,到应天(今南京),贡方物,且请封①。洪武二年(1369年),明封高丽王颛为国王,并赐金印、诰文和《大统历》等②。朝鲜恭愍王停用故元至正年号,改用洪武年号。恭愍王"反元亲明"。洪武七年(1374年),恭愍王王颛被弑身亡。于是,"庙堂亲明派多被清除"。③ 此后,高丽王朝,王权更替,二十余年,三易其主。此期,高丽王趁辽东政权交替之际,曾多次出兵,越过鸭绿江,兵至辽阳、五老山城(今桓仁境)④。

---

① 《明史·朝鲜传》,第320卷,8279页,中华书局校点本,1974年。
② 《明太祖实录》,第44卷,第5～6页,洪武二年八月丙子,台北中央研究院历史语言研究所校勘本,1962年。
③ [日]河内良弘:《明代女真史の研究》,第12页,同朋舍出版,1992年。
④ [朝]郑麟趾:《高丽史》,第43卷,第644页,恭愍王二十年九月辛亥,国书刊行会出版,明治四十一年(1908年)。

朝鲜政变势力同"故元遗兵"相联系,辽东军政事态更为复杂。洪武二十年(1387年),明廷命户部咨高丽王:"以铁岭北、东、西之地,旧属开元,其土著、军民、女直、鞑靼、高丽人等,辽东统之;铁岭之南,旧属高丽,人民悉听本国管属。疆境既正,各安其守,不得复有所侵越。"①高丽国王接到明朝户部咨文后,高丽王禑上明朝表言:"文高和定等州,本为高丽旧壤,铁岭之地,实其世守,乞仍以为统属。"明洪武帝因谕礼部尚书李原名曰:

　　数州之地,如高丽所言,似合隶之;以理势言之,旧既为元所统,今当属于辽。况今铁岭已置卫,自屯兵马,守其民,各有统属。高丽之言,未足为信。且高丽地壤,旧以鸭绿江为界,从古自为声教,然数被中国累朝征伐者,为其自生衅端也。今复以铁岭为辞,是欲生衅矣。远邦小夷,固宜不与之较,但其诈伪之情,不可不察。礼部宜以朕所言,咨其国王,俾各安分,毋生衅端。②

明洪武二十四年(1391年),高丽大将军李成桂发动政变,夺取权力,自立为王。此事,《明史·太祖本纪三》记载:"高丽李成桂幽其主瑶而自立,以国人表来请命,诏听之,更其国号曰朝鲜。"③但是,《明太祖实录》将此事分作两条著录:其一,洪武二十一年十月庚申条记载:"高丽国王王禑遣其臣禹仁烈等,上表请逊位于其子昌。上曰:前者闻其王被囚,今表请逊位,必其臣李成桂之谋,东夷狡诈,多类此,姑俟之,以观其变。"其二,洪武二十五年闰十二月乙酉条记载:"高丽权知国事李成桂,欲更其国号,遣使来请命。上曰:东夷之号,惟朝鲜之称最美,且其来远矣,宜更其国号曰朝鲜。"④河内良弘教授的《明代女真史の研究·年表》,也将其析为两条载录:洪武二十五年七月十七日,李成桂即位;洪武二十六年二月十五日,定国号为朝鲜⑤。由此可证,《明史·

---

① 《明太祖实录》,第187卷,第6页,洪武二十年十二月壬申,台北中央研究院历史语言研究所校勘本,1962年。

② 《明太祖实录》,第190卷,第3页,洪武二十一年四月壬戌,台北中央研究院历史语言研究所校勘本,1962年。

③ 《明史·太祖本纪三》,第3卷,第50页,中华书局校点本,1974年。

④ 《明太祖实录》,第223卷,第4页,洪武二十五年闰十二月乙酉,台北中央研究院历史语言研究所校勘本,1962年。

⑤ [日]河内良弘:《明代女真史の研究》,第752页,同朋舍出版,1992年。

太祖本纪》误将发生在两年的两件事,合并在一年,并作一件事加以记述。从此,"朝鲜"这一国名出现在朝鲜的史册上,也出现在明清的史册上。朝鲜的李朝,从太祖李成桂始,经历明清、两个朝代,特别是在明朝,臣属于明,用明正朔,王朝统一,政权稳定。李朝的建立,清除了高丽末期"亲元反明"的势力。朝鲜李朝及其与明朝的关系,对女真的兴衰分合,迁徙变化,有着直接而重大的影响。

日本。明代女真崛兴之时,日本发生重大变化。先是,日本国在元末明初,处于分裂状态,即所谓"南北朝时期"(1336—1396年),达六十年之久。尔后,军阀割据,内战不休,日本国的历史,进入"战国时期"(1467—1573年),长达百年之久。到明嘉靖时,日本地方实力派织田信长(1534—1582年),军事实力不断强大,兼并各部,进占京都。他在统一日本过程中,于明朝万历十年(1582年),也就是清太祖努尔哈赤起兵前一年,在本能寺被其家臣明智秀光谋杀。其部将丰臣秀吉,继续进行统一事业。丰臣秀吉(1536—1598年),以大阪为基地,加强集权,四处征战,不断胜利,统一全国。丰臣秀吉初步统一日本之后,迈出对外侵略的步伐,矛头所向,首指朝鲜,而后明朝。明万历二十年(1592年),在努尔哈赤统一海西女真扈伦四部之时,丰臣秀吉发起大规模的侵略朝鲜战争。朝鲜受到日军的突然袭击,力不能抵,节节败退,八郡尽失。明朝接到朝鲜国王请求,以唇亡齿寒,遂决定派军,进行抗倭援朝的战争。从万历二十年(1592年)到二十六年(1598年),明朝军队,"七年之间,丧师十余万,縻金数千镒"①。此期,明军关外主力过江,辽东军事防务空虚,主将赴朝抗倭,无暇顾及女真,且明朝的军力、物力、财力,损失巨大,国力亏损,这对满洲努尔哈赤兴起,提供了难得的历史机遇。

俄国。在公元十四到十六世纪,俄罗斯迅速发展。明弘治元年(1488年),伊凡三世自称全俄罗斯大君主。相当于明朝前期,建立莫斯科大公国,以莫斯科为中心,成为俄罗斯集权国家,合并东北和西北的罗斯全部领土。明嘉靖二十六年(1547年),伊凡四世(17岁)改称号大公为沙皇。他在两年后,召开首届俄罗斯全国议会。五年后,伊凡四世开始征服喀山等地。明正德五年(1510年),俄国菲洛费伊向大公瓦西里三世呈奏,提出第一罗马(罗马城)和第二罗马(君士坦丁堡)已经衰落,只有第三罗马(莫斯科)巍然屹立,永远不倒,激发了俄国的自信雄心和扩张野心②。尔后,瓦西里三世开始加快俄罗斯

---

① 谷应泰:《明史纪事本末·援朝鲜》,第62卷,第980页,中华书局校点本,1977年。

② 雷丽平:《俄罗斯文化的历史变迁》,《光明日报》,2013年7月4日第1版。

疆土拓张的步伐。继之，俄罗斯东部疆土向西伯利亚扩张。明万历十年，即是努尔哈赤起兵前一年，俄国以叶尔马克为首的哥萨克，越过乌拉尔山，进入西伯利亚地区。随后，在明朝，辽东建州发生古勒山之战，努尔哈赤的祖、父死于兵火。万历十五年（1587年），俄国建托博尔茨克，这里后来成为俄国在西伯利亚的一个中心。万历四十一年（1613年），俄国罗曼诺夫为沙皇，从而开始了罗曼诺夫王朝，加速了对西伯利亚的扩张。三年后，努尔哈赤在赫图阿拉建立后金，自称昆都仑汗。天聪六年即崇祯五年（1632年），俄国在勒拿河畔建立勒拿堡，即今雅库茨克。崇德三年即崇祯十一年（1638年），哥萨克人才听到索伦人即鄂温克人说有一条大河叫黑龙江（即阿穆尔河）。崇德八年即崇祯十六年（1643年），俄国人波雅科夫带军到达黑龙江支流精奇里江（今结雅河）地带，侵入达斡尔人住地。清顺治七年（1650年），俄国哈巴罗夫带领七十余人，翻越外兴安岭，侵入黑龙江地域。不久，他们占领达斡尔人居住的雅克萨（今阿尔巴津）。翌年，哈巴罗夫侵占索伦（鄂温克）头目托尔金的住地。托尔金是清太宗皇太极额驸巴尔达齐的亲戚。由上，大历史背景，充分地说明，如果东北地区各个民族或部族之间，分裂争战，不相统一，那么，就不能共同抵御沙皇俄国的扩张势力；相反，努尔哈赤和皇太极父子对东北地域，沿袭元、明疆域，加以接管，重新统一，为其子孙后来抵御沙俄侵略提供了重要的历史条件。

满洲崛兴，不仅有国际环境，而且有国内环境，受到国内诸多因素的影响。

国内环境。明朝初期，辽东地区主要有四种军政势力——明朝势力、"北元"势力、朝鲜势力、女真势力，相互交错，彼此分合，使当时辽东局势错综复杂、争战纠葛。就建州女真的国内环境来说，在明代二百余年间，东北区域内影响女真迁徙，加速满洲兴起，主要有蒙古势力、"野人"女真和海西女真三大要素。

蒙古势力。明洪武元年（1368年），明太祖朱元璋派大将军徐达率军北进，攻占大都（今北京），元亡。但是，故元势力，仍踞东北。洪武三年（1370年），朱元璋派断事①黄俦等前往辽东，"诏谕辽阳诸处官民，帅众归附"②。诏谕之后，继之以兵。朱元璋派遣大军，前往辽东。洪武四年（1371年）二月，《明太祖实录》记载："故元辽阳行省平章

---

① 断事：《中文大辞典》释文：宋、元以后，置留守司、断事司，设断事、副断事等官。又明初于中书省、五军都督府设断事，后废。《明太祖实录》（卷十四）记载：朱元璋即吴王位，建百司官属：置中书省左右相国为正一品，平章政事从一品，左右丞正二品，参知政事从二品，左右司郎中正五品，员外郎正六品，都事、检校正七品，照磨、管勾从七品；参议府参议正三品，参军、断事官从三品，断事、经历正七品，知事正八品等。

② 谷应泰：《明史纪事本末·故元遗兵》，第10卷，第131页，中华书局标点本，1977年。

刘益,以辽东州郡地图并籍其兵马钱粮之数,遣右丞董遵、金院杨贤奉表来降。"①于是,明设置辽东卫指挥使司,以刘益为指挥同知。同年秋,设辽东都指挥使司管辖辽东,后来达到二十五卫、一百三十八所、二州、一盟②。

朱元璋在东北地区,首要之务是清除辽东"故元遗兵"。先是,明军逼近大都,元顺帝等北走上都(今内蒙古自治区锡林郭勒盟正蓝旗东境)。洪武二年(1369年),明派常遇春、李文忠率军攻占元上都,元顺帝败走应昌(今内蒙古克什克腾旗达里诺尔湖西)。洪武三年(1370年),元顺帝于四月二十八日病死,太子爱猷识理达腊继位,称必力克图汗,年号宣光。不久,徐达军大破扩廓帖木儿于沈儿峪,李文忠军攻占应昌。"北元"爱猷识理达腊在随从数十骑陪同下,逃往和林③。虽然蒙古地区故元势力大为削弱,但是辽东地区故元势力仍很强大。明洪武帝决心要接管故元疆土。洪武八年(1375年),"北元"中书右丞相、河南王扩廓帖木儿死。洪武十一年(1378年),"北元"爱猷识理达腊死。这两件事情,标志着辽东"北元"势力大衰。同时,明朝加紧对辽东的征抚活动。同年,故元枢密副使高家奴等归明。洪武十四年(1381年),明大将军徐达出兵大胜,辽东"北元"势力动摇。同年,故元将校刘敬祖等三十余人降明,随之故元军官不断降明。在此大势之下,部分女真头人也纷纷投明。洪武十八年(1385年),明将粮米七十五万二千二百余石海运往辽东④。这对改善生计、救济斯民有积极意义。翌年,故元降将高家奴从朝鲜以绮缎、布匹购马⑤,达三千匹。洪武二十年(1387年),大将军冯胜率二十万大军北征,到达伊通河一带,故元洪伯颜帖木儿等投降。不久,故"元太尉纳哈出拥众数十万屯金山,数为辽东边害"⑥。明降纳哈出,得其部众三十余万人,"羊、马、驴、驼、辎重,亘百余里"⑦。

① 《明太祖实录》,第61卷,第5页,洪武四年二月壬午,台北中央研究院历史语言研究所校勘本,1962年。
② 万历《四镇三关志·辽镇》,第1卷,明万历四年(1576年)刻本,国家图书馆藏。
③ 和林:今蒙古国乌兰巴托西南,一名喀喇和林。元太祖时曾都于此。
④ 《明太祖实录》,第173卷,第2页,洪武十八年五月己丑,台北中央研究院历史语言研究所校勘本,1962年。
⑤ 《明太祖实录》,第179卷,第6~7页,洪武十九年十二月戊子,台北中央研究院历史语言研究所校勘本,1962年。
⑥ 《明史·冯胜传》,第129卷,第3798页,中华书局校点本,1974年。
⑦ 《明太祖实录》,第182卷,第6页,洪武二十年六月丁未,台北中央研究院历史语言研究所校勘本,1962年。

故元遗兵,相继降附,东北地区,归属明朝。明对"北元",经过二十年征抚,取得重大胜利。大将军冯胜奏报,获纳哈出暨降附将校四千七百余人,国公、郡王、太尉、司徒、平章、行省丞相、参知政院等大小官员六千四百余人,以及金银铜印一百颗、金银虎符及牌面一百二十五等,取得兵民来归,"喜溢臣民,欢腾远迩"的局面①。

"野人"女真。明朝在东北地区接管故元土地,引发"野人"女真的社会变动。明朝对女真主要采取以招抚为主、征抚兼施的"羁縻"政策,设立大量羁縻卫所。特别是在黑龙江入海口处,即元代奴儿哥征东元帅府的故地,设立了奴儿干都司,加封女真大小首领以不同的官职,有都督、都指挥使、指挥佥事、千户、百户、镇抚等,给予印信、敕书,并定期进京朝贡。明廷对女真各部,实行"各自授以官职而不相统属,各自通贡而不相纠合"的策略,女真诸部,"各有雄长,不使归一"②,以贻中国之安。

明朝随着征抚兼施策略的实行,军事的不断胜利,在辽东女真等地区,设立卫所,进行统辖。如洪武二十年(1387年):

> 置辽东三万卫指挥使司,以千户侯史家奴为指挥佥事。③

朝鲜《李朝实录》也记载:

> 礼部参议安鲁生,回自京师,赍礼部咨文。……洪武二十一年间,都指挥使史家奴等,于斡朵里,开设衙门。④

千户侯史家奴指挥佥事开设衙门的地点在斡朵里,也就是三姓地方的马大屯(后文另述)。

以上两条史料说明:洪武中期,明朝势力已经达到并控制建州女真的故乡之地。

---

①　《明太祖实录》,第184卷,第5~6页,洪武二十年八月丁丑,台北中央研究院历史语言研究所校勘本,1962年。

②　杨道宾:《杨宗伯奏疏》,《皇明经世文编》,第453卷,第4977页,中华书局影印本,1962年。

③　《明太祖实录》,第187卷,第6页,洪武二十年十二月庚午,台北中央研究院历史语言研究所校勘本,1962年。

④　《李朝太宗大王实录》,第13卷,第12页,七年三月己巳,日本学习院东洋文化研究所影印本,1959年。

元末明初斡朵里女真，既是明代建州女真史的起点，也是明代满洲兴起史的原点。

永乐年间，明廷对女真的招抚，获得重大成绩，取得重大突破。主要是加强了对整个东北地区女真的管辖，重大事件，列举如下：

永乐元年（1403 年），永乐帝派遣邢枢等官员，"往谕奴儿干，至吉烈迷诸部招抚之"[①]。

永乐二年（1404 年），《明太宗实录》记载："忽剌温等处女直野人头目把剌答哈来朝，置奴儿干卫，以把剌嗒哈、剌孙[②]等四人为指挥同知，古驴等为千户所、镇抚，赐诰印、冠带、袭衣及钞币有差。"[③]同年，又派辽东千户王可仁前往豆满江（图们江）等地，安抚建州女直[④]。

尔后，"北越辽河而亘沙漠，又东北至奴儿干，涉海有吉烈迷诸种部落，东邻建州、海西、野人女直，并兀良哈三卫，永乐初相率来归"[⑤]。

永乐三年（1405 年），《明太宗实录》记载："奴儿干卫指挥同知把剌苔哈及兀者左卫头目木答忽等九十七人来朝，赐之钞币。"[⑥]同年，《明太宗实录》又记载："赐女直及奴儿干黑龙江忽剌温之地野人女直把剌答……等宴于会同馆。"[⑦]

永乐七年（1409 年）四月，在黑龙江下游奴儿干地域居住的"野人"女真向明朝贡。闰四月，明朝设置立奴儿干都指挥使司，任命康旺为都指挥同知，王肇舟为都指挥佥事[⑧]。奴儿干都司的所在地点，曹廷杰、间宫林藏、内藤虎次郎、和田清、杨旸等都考定在黑龙江入海口附近，并有永宁寺碑遗迹为证。奴儿干都司设置之后，"野人"女真与

---

① 严从简：《殊域周咨录·女直》，第 24 卷，第 733 页，中华书局校点本，1993 年。

② 《明实录·太宗实录校勘记》："把剌苔哈来朝，抱本哈作嗒；把剌嗒哈剌孙，旧校改嗒作苔，抱本哈作嗒，广本哈下有阿字。"查《明太宗实录》永乐三年三月己亥作"把剌苔哈"，永乐三年三月癸亥作"把剌苔"。又"把剌嗒哈剌孙"为一人或二人，待考。

③ 《明太宗实录》，第 28 卷，第 1 页，永乐二年二月癸酉，台北中央研究院历史语言研究所校勘本，1962 年。

④ 《李朝太宗大王实录》，第 7 卷，第 11 页，四年三月戊辰，日本学习院东洋文化研究所影印本，1959 年。

⑤ 毕恭：《辽东志·序》，《辽海丛书》影印本，第 1 册，第 348 页，辽沈书社，1985 年。

⑥ 《明太宗实录》，第 40 卷，第 1 页，永乐三年三月己亥，台北中央研究院历史语言研究所校勘本，1962 年。

⑦ 《明太宗实录》，第 40 卷，第 4 页，永乐三年三月癸亥，台北中央研究院历史语言研究所校勘本，1962 年。

⑧ 《明太宗实录》，第 91 卷，第 1 页，永乐七年闰四月己酉，台北中央研究院历史语言研究所校勘本，1962 年。

明廷往来更为密切。

永乐九年(1411年),永乐帝派太监亦失哈、都指挥同知康旺等,"率军一千余人,巨船二十五艘"前往该地,实施建置"奴儿干都司"①。奴儿干都司的辖区,东濒海,西接兀良哈,南邻朝鲜,北至奴儿干北海②。明奴儿干地区所辖的卫所,时有变化,或因疏漏,各书记载,亦显差异。根据《明实录》记载统计,从永乐初到嘉靖间,先后在上述地区共设立三百七十个卫、二十个所③。在这些卫所中,留下诸多重要文物,其中有四块重要碑记:

一、永乐十一年(1413年),明朝官员在奴儿干都司治所之地竖立的《敕修奴儿干永宁寺碑记》石碑,碑高五尺三寸六分,广二尺五寸,三十行,行六十四字。题额"永宁寺记",正书。

二、宣德八年(1433年),重修永宁寺竖立的《重建永宁寺记》石碑,碑高六尺二寸,广三尺六寸七分,三十行,行四十四字。额题"重建永宁寺记",正书。

三、宣德元年(1426年),《昭勇将军崔源墓志铭》记载:"宣德元年,同太监亦信下奴儿干等处诏谕,进指挥佥事。"④

四、《明威将军宋国忠墓志铭》记载,其高祖宋卜花,曾在明初奉命诏谕奴儿干的事迹⑤。

以上四通碑记和墓志,印证文献资料,有力证明:明朝在黑龙江下游地域设立军政机构,任命官员,开通站赤,适时朝贡,派员巡视,进行管辖,从而证明黑龙江下游地域,直至黑龙江入海口及口外库页岛(今萨哈林岛)是明朝所辖的疆土。

永乐十年(1412年),《明太宗实录》记载:奴儿干等处女直野人头目准土奴、塔失等百七十八人来朝,贡方物,设置十一卫,"命准土奴等为指挥、千百户,赐诰印、冠带、袭衣及钞币有差"⑥。同年,《明太宗实录》又记载:"置辽东境外满泾等四十五站,敕其提

---

① 《敕修永宁寺记》,载于《历史的见证》附录,见《历史研究》,1974年第1期。
② 陈循等:《寰宇通志》,第118卷,明景泰刻本,天津图书馆藏,又见《玄览堂丛书》本。
③ 李鸿彬:《清朝开国史略》,第11页,齐鲁书社,1997年。
④ 罗福颐:《满洲金石志》,第6卷,第36页,满日文化协会印,1937年。
⑤ 《黑龙江流域自古以来就是我国领土的又一铁证》,《辽宁日报》,1975年1月5日。
⑥ 《明太宗实录》,第131卷,第2页,永乐十年八月丙寅,台北中央研究院历史语言研究所校勘本,1962年。

领那可孟常等曰:朝廷说奴儿干都司并各卫,凡使命往来,所经之地,旧有站赤者,复设各站头目,悉恭命毋怠。"①就是对故元的站赤加以整顿、完善、管理和使用。同年,《明太宗实录》再记载:"奴儿干都司都指挥同知康旺等来朝,贡貂鼠皮等物,赐赏有差。"②

永乐十二年(1414年),永乐帝允奴儿干都指挥使司都指挥同知康旺之请,向奴儿干都司增派兵三百名③。

永乐十八年(1420年),明在吉林松花江畔船厂造船④。船只沿松花江而下,直达黑龙江口。后遣中官亦失哈等往奴儿干等处,又"令都指挥刘清领军松花江造船、运粮"⑤,也运送物资和军兵。

永乐十九年(1421年),《明太宗实录》记载:"奴儿干等处都指挥王肇舟等……五百六十五人来朝,贡马。赐宴及钞币有差。"⑥

永乐二十年(1422年),《明太宗实录》记载:"奴儿干等处都指挥王肇舟等来朝贡马。"⑦同年,《明太宗实录》又记载:"奴儿干等处都指挥王肇舟……等辞还,赐宴及钞币有差。"⑧

永乐帝死后,其孙宣德帝继承祖业,奴儿干都司按期朝贡,并受朝廷赐赏。如宣德三年(1428年)、五年(1430年)、七年(1432年),太监亦失哈、都指挥康旺都往来于北京和奴儿干⑨。到宣德九年(1434年),亦失哈奉旨回京。史载:"兀者卫指挥佥事猛

---

① 《明太宗实录》,第133卷,第2页,永乐十年十月丁卯,台北中央研究院历史语言研究所校勘本,1962年。

② 《明太宗实录》,第155卷,第1页,永乐十二年九月辛未朔,台北中央研究院历史语言研究所校勘本,1962年。

③ 《明太宗实录》,第156卷,第2页,永乐十二年闰九月壬子,台北中央研究院历史语言研究所校勘本,1962年。

④ 《吉林阿什哈达摩崖》,《文物》,1973年第8期。

⑤ 《明宣宗实录》,第90卷,第2页,宣德七年五月丙寅,台北中央研究院历史语言研究所校勘本,1962年。

⑥ 《明太宗实录》,第242卷,第1页,永乐十九年十月癸巳,台北中央研究院历史语言研究所校勘本,1962年。

⑦ 《明太宗实录》,第251卷,第3页,永乐二十年九月壬午,台北中央研究院历史语言研究所校勘本,1962年。

⑧ 《明太宗实录》,第252卷,第3页,永乐二十年十月戊子,台北中央研究院历史语言研究所校勘本,1962年。

⑨ [日]江嶋寿雄:《明代清初の女直史研究》,第61页,[日]中国书店,1999年。

可秃等三人,随内官亦失哈归自奴儿干,赐之彩币、表里、金织纻丝袭衣等物。"①

从永乐到宣德期间,明朝南北有两件大事:一件是太监郑和七下西洋,另一件是太监亦失哈七下奴儿干。至少七次下奴儿干的太监亦失哈,其重大意义可与七下西洋的太监郑和相媲美②。郑和为回回人,亦失哈为海西人③。《明史》郑和有传,亦失哈仅在《曹吉祥传》后附载。郑和下西洋与亦失哈下奴儿干,都是"明初盛事"④。此后,奴儿干都指挥使司的历史转入新的时期。

明代女真地区的官员,包括都督、都指挥、指挥、千户、百户、镇抚等职,仍照旧俗,各统其属,按期朝贡,"给与印信"⑤。其官职世袭,父死子继、父老子替,都须由明廷谕准。

"野人"女真的朝贡,因路途遥远,不固定期限。朝贡的物品,主要是土特产,如海东青、马匹、貂皮、猞猁孙皮等。回赐的物品有彩缎、衣物、钞币等。

"野人"女真的变动,也影响海西女真。

海西女真。明兴元亡,女真又在明帝国的管辖之下。此期女真人的一大特点是逐渐向南迁徙。迁徙原因,择要有四:

其一,气候之因。地球上气候周期性寒暖交替,自辽、金到元、明的几个世纪,中国东北地区,处于相对寒冷时期。黑龙江、松花江地带的女真等部居民,为了避寒趋暖,举部向南迁徙。女真各部的分布地图,重新变动绘制。

其二,时局之因。先是元朝中央政局变动,如从蒙古太祖成吉思汗元年(1206年),中经太宗、定宗、宪宗、世祖(初期)等,到世祖至元十六年(1279年),综合统计,七十三年,战云弥漫,矢镞纷飞。尔后,元世祖忽必烈两次用兵日本,征用女真军兵。元末明初,东北地区,战火不息,社会动荡。这也促使部分女真人避乱趋安,举部迁徙。

其三,战争之因。元末明初,中国历史又处于一个大动荡时期。明正统十四年(1449年),蒙古瓦剌部首领也先,兵犯京师,明军迎击,发生"土木之变"。明朝军队惨

---

① 《明宣宗实录》,第108卷,第12页,宣德九年二月壬申,台北中央研究院历史语言研究所校勘本,1962年。

② [日]江嶋寿雄:《明代清初の女直史研究》,第62页,[日]中国书店,1999年。

③ 《明英宗实录》,第186卷,第4页,正统十四年十二月壬子,台北中央研究院历史语言研究所校勘本,1962年。

④ 《明史·郑和传》,第304卷,第7768页,中华书局校点本,1974年。

⑤ 《明英宗实录》,第43卷,第6页,正统三年六月戊辰,台北中央研究院历史语言研究所校勘本,1962年。

败,正统皇帝被俘。蒙古瓦剌部势力,一度东达鸭绿江。中央皇朝虚弱,内部自顾不暇,东北地区之内,各个不同部族,各个不同集团,借机抢掠,进行争夺,彼此冲突,残酷厮杀,逼迫在松花江地域的女真人,进行迁徙。

其四,部族之因。女真不同部落、不同地域、不同集团、不同家族,互相纷争,彼此冲突,出现强凌弱、众暴寡的混乱局面。特别是"野人"女真,时常侵袭建州女真和海西女真:"数与山寨仇杀,百十战不休。"①争战,抢掠,兼并,厮杀,促使海西女真、建州女真为躲避"野人"女真的侵扰,并加强同辽东及关内的经济联系,避害趋利,向南迁移。

所以,元末明初以来,散居于松花江、黑龙江地域的女真部落,频繁迁徙,动荡不定。

海西女真在建州女真南迁的同时也向南移徙。永乐初年,海西女真诸部归附明朝,明廷广设卫所,封官赏赍,定期朝贡,进行管辖。海西女真即扈伦四部——叶赫、哈达、乌拉、辉发,与明廷关系及其迁徙,依据史料,分别叙述。

先说叶赫部。永乐四年(1406年),明廷在松花江北岸设塔鲁木卫,任命打叶为该卫指挥。《明太宗实录》记载:

> 女直野人头目打叶等七十人来朝,命置塔②木、苏温河、阿速江、速平江四卫,以打絮③等为指挥、卫镇抚、千百户等官,赐诰印、冠带、袭衣及钞币有差。④

约在成化十九年(1483年)前,打叶的后人不再袭职,改由的儿哈你⑤为塔鲁木卫指挥。尔后,的儿哈你因"入寇被杀",其子竹孔革⑥"听抚入贡"⑦。竹孔革对明朝时

---

① 卢琼:《东戍见闻录》,《辽海丛书》影印本,第456页,辽沈书社,1985年。

② 《明实录·太宗实录校勘记》:"塔等木",广本、抱本"等"作"鲁",是也。

③ 《明实录·太宗实录校勘记》:"絮",广本、抱本作"菓"(叶),疑是也。

④ 《明太宗实录》,第51卷,第5页,永乐四年二月庚寅,台北中央研究院历史语言研究所校勘本,1962年。

⑤ 的儿哈你:《明实录》作"的儿哈你",《清太祖高皇帝实录》和《满洲实录》均作"齐尔噶尼",《清太祖武皇帝实录》作"奇里哈尼",为同一人名的异译。

⑥ 竹孔革:一名多译,《清太祖武皇帝实录·诸部源流》作"出孔格",《满洲实录·诸部源流》作"楚孔革",《清太祖高皇帝实录》卷6作"褚孔格",而《明武宗实录》卷5作"祝孔革",《明世宗实录》卷103则作"竹孔革"等。

⑦ 《明武宗实录》,第103卷,第2页,正德八年八月己亥,台北中央研究院历史语言研究所校勘本,1962年。

顺时犯。以正德八年（1513 年）为例，正月，海西女真竹孔革等屡犯边，阻各夷朝贡①。六月，明兵部侍郎石玠到开原，遣大通事马俊出境，抚谕诸夷。竹孔革等听抚，率部二千人入关，各修职贡②。八月，竹孔革到北京入贡，《明武宗实录》记载：

> 兵部奏：海西卫夷人竹孔革等四人，听抚入贡，辄求升袭，并给印与敕，从之则示弱，不从则兴怨，臣等会廷臣议，以为竹孔革之父的儿哈你，本塔鲁木卫指挥金事，以入寇被杀，今竹孔革既悔罪归顺，宜免勘，暂准袭其父职，以敕付辽东镇巡官收贮，俟一年以上不扰边境方许给之。③

明廷对竹孔革要考察一年，如不犯边，忠顺朝廷，才能给予敕书与印信。

武宗正德帝死，世宗嘉靖帝立。塔鲁木卫都督竹孔革的名字，出现在嘉靖朝的史册上。嘉靖三年（1524 年），竹孔革赴京朝贡，升为都督金事，史载：

> 以塔鲁木卫都督金事竹孔革升职久，给金带、大帽各一，从其请也。④

尔后，海西女真各部，向明廷朝贡，《明世宗实录》之记载，往来不断，下举三例：

> 海西塔鲁木卫女直都督竹孔革等三百七十八人来朝，贡马，赐宴，及彩币、袭衣、绢、钞有差。⑤

> 海西塔鲁木卫女直都督金事竹孔革等，法因河卫女直都指挥金事土剌等，建

---

① 《明武宗实录》，第 96 卷，第 3 页，正德八年正月戊子，台北中央研究院历史语言研究所校勘本，1962 年。
② 《明武宗实录》，第 101 卷，第 5 页，正德八年六月辛亥，台北中央研究院历史语言研究所校勘本，1962 年。
③ 《明武宗实录》，第 103 卷，第 2 页，正德八年八月己亥，台北中央研究院历史语言研究所校勘本，1962 年。
④ 《明世宗实录》，第 36 卷，第 7 页，嘉靖三年二月己未，台北中央研究院历史语言研究所校勘本，1962 年。
⑤ 《明世宗实录》，第 36 卷，第 1 页，嘉靖三年二月庚子，台北中央研究院历史语言研究所校勘本，1962 年。

州卫女直都指挥佥事广武等凡二百五十人,各来贡马,赐宴赉如例。[1]

海西塔鲁木、建州等卫女直都督方巾撒哈、竹孔革等七百五十二人入贡,诏宴赉如例。[2]

不久,竹孔革率领部众,由松花江往南迁徙,到开原迤北叶赫河一带定居。该部驻牧范围,大致在叶赫河流域,东北达伊通河上游,以及东辽河上游等地。该部因地近叶赫河而得名,称之为叶赫部。叶赫部贝勒居住在山城。这就是海西女真扈伦四部之一的叶赫部。

次说哈达部。永乐四年(1406年),明政府在松花江北岸呼兰河流域设塔山卫,命塔剌赤为指挥同知。正统十一年(1446年),明廷为协调塔山卫内部的矛盾,而增设塔山左卫,命弗剌出为都指挥。该卫的地理特点,既地处冲要,"为北江上诸夷入贡必由之路"[3];又势踞形胜,为东部蒙古攻略海西女真的必争之地。因此,成化年间,塔山左卫在蒙古势力的胁迫下,开始往南迁移,寻求明廷保护。弘治初年,该卫迁到今扶余、农安一带。不久明廷命速黑忒为都指挥,掌印管事。嘉靖十二年(1533年),塔山左卫发生内乱,速黑忒被杀,克什纳袭职,后家族内讧遇害,由其子王忠任塔山左卫都督。因受"野人"女真侵袭,王忠率部由今扶余、农安一带南下,迁到小清河上游地域,今开原靖安堡广顺关外,哈达地方定居。该部驻牧范围,由哈达河中上游,拓延到柴河中游以东地区。该部因地近哈达河,因河得名,称之为哈达部。哈达部贝勒居住在山城。这就是海西女真扈伦四部之一的哈达部。

再说乌拉部。正当塔山左卫都督王忠率部南下时,他的叔伯侄子补烟(即布颜)也率其部众南下,在乌拉河沿岸定居,筑城称雄。该部驻牧范围,在今吉林省吉林市乌拉街以北,松花江以南,以及拉发河流域。该部因地近乌拉河,因河得名,称之为乌拉部。

　　① 《明世宗实录》,第48卷,第6页,嘉靖四年二月甲辰,台北中央研究院历史语言研究所校勘本,1962年。
　　② 《明世宗实录》,第110卷,第9页,嘉靖九年二月乙亥,台北中央研究院历史语言研究所校勘本,1962年。
　　③ 《明世宗实录》,第123卷,第16页,嘉靖十年三月甲辰,台北中央研究院历史语言研究所校勘本,1962年。

乌拉部贝勒居住在临水平原之城。这就是海西女真扈伦四部之一的乌拉部。

复说辉发部。永乐七年(1409年)三月,明朝在依兰设忽儿海卫,命恼纳、塔失为指挥使,一卫二雄,争夺卫印。五月,明从忽儿海卫中分出弗提卫,令恼纳掌忽儿海卫,塔失领弗提卫。塔失死后,传至王机砮。嘉靖时期,王机砮率众迁到辉发河畔的扈尔奇山,筑城居住。该部驻牧范围,由辉发河沿岸,南达柳河流域。该部因地近辉发河,因河得名,称之为辉发。辉发部贝勒居住在山城。这就是海西女真扈伦四部之一的辉发部。

总之,叶赫、哈达、乌拉、辉发,史称海西四部,又称扈伦四部①。扈伦四部的南迁、兴衰、分合、争战,都同建州女真的兴起,有着直接而重大的关系(后面专述)。

海西女真与明朝贡贸关系,直接关系其兴衰分合,也直接影响建州女真崛兴。女真朝贡,略述如下。

朝贡制度。明朝政府规定,女真诸部,"本朝悉境归附,自开原迤北,因其部族所居,建置都司一、卫一百八十四、所二十,官其酋长,为都督、都指挥、指挥、千百户、镇抚等职,各与印信,仍旧俗,各统其属,以时朝贡"②。所以"自永乐年间俱来朝贡",直到后金建立前,各部朝贡,连续不断。他们要向明朝政府交纳贡赋,明廷对"贡到方物,例不给价"③。这实际上是明政府向女真征收的赋税。明朝规定:建州女真和海西女真"令岁以冬月,从开原入朝贡,唯野人女真僻远无常期"④。据统计,仅嘉靖十五年(1536年)入京的女真贡使,就达二千一百四十余名⑤。女真各卫所的朝贡人员到京后,由礼部会同馆官员负责接待,凡女真贡使"俱在此馆安顿"⑥。明朝皇帝接见贡使时,贡使除了报告所辖卫所的情状外,便向朝廷贡献方物,贡品都是地方出产的名贵土特产,如马匹、貂鼠皮、猞猁孙皮、人参、海东青等。明廷对朝贡者,按其官秩大小给予

①　扈伦:为忽喇温的转音,忽喇温即海西女真驻牧地。这从一个侧面说明扈伦四部原是由海西迁来的。

②　李贤等:《大明一统志》,第89卷,《女直》,第5页,明天顺五年(1461年)刻本,万寿堂刊,首都图书馆藏。

③　申时行:万历《大明会典》,第107卷,第579页,中华书局影印本,1989年。

④　苕上愚公:《东夷考略·女直》,潘喆、孙方明、李鸿彬编:《清入关前史料选辑》,第1辑,第46页,中国人民大学出版社,1984年。

⑤　参见《明世宗实录》,第184卷、第185卷、第187卷、第189卷,台北中央研究院历史语言研究所校勘本,1962年。

⑥　申时行:万历《大明会典·会同馆》,第145卷,第735~736页,中华书局影印本,1989年。

抚赏,进行回赐①。各卫所贡使来京所带除贡品外的货物,允许在京师指定的市场上出售,分官市和私市两种,朝廷所需货物由官家收购,剩余的物资可在私市上交易,换取他们所需的生产资料和生活用品——如瓷器、丝绸、盐茶、衣物等。

朝贡人数:《明会典》规定:海西女真、建州女真大体上每岁一贡,其人数,常变化。万历赠礼部尚书杨道宾于朝贡人数说:“海西一千,建州五百。”大致每卫十五六人,海西女真二百卫,总数约三千人,建州女真约五六百人,每年女真朝贡总计约三四千人②。

马市贸易。马市具体情形,分作八点阐述。

其一,设市。明朝政府在辽东通往女真地区的交通重镇开设“马市”③,以便于女真和汉人以及东北各族之间进行交易。永乐初,由于军事所需马匹数量大,这成为贡贸的重要物资。如永乐三年(1405年),福余卫指挥使喃不花等,率“其部属欲来货马,计两月始达京师。今天气向热,虏人畏夏”,经奏准,于永乐四年(1406年)三月,在广宁、开原设立马市。此事,《明太宗实录》记载:

> 上谓兵部臣曰:福余卫指挥使喃不花等奏,其部属欲来货马,计两月始达京师。今天气向热,虏人畏夏,可遣人往辽东谕保定侯孟善,令就广宁、开原择水草便处立市,俟马至,官给其直,即遣归。④

翌年,在开原、广宁开设马市二所。后又增加一所。其时,辽东马市有三处:“一于开原城南,以待海西女直;一于开原城东,一于广宁,以待朵颜三卫,各去城四十里。”⑤尔后

---

① 申时行:万历《大明会典》卷111载,礼部回赐东北夷女直条记载:都督每人给彩段四表里,折钞绢二匹,织金纻丝衣一套,靴袜各一双;都指挥每人给彩段二表里,绢四匹,折钞绢一匹,织金纻丝衣一套,靴袜各一双;指挥每人给彩段一表里,折钞绢一匹,素纻丝衣一套,靴袜各一双;千百户、镇抚、舍人、头目每人给纻丝衣二件,彩段一表里,折钞绢一匹,绢四,靴袜各一双。赏毕之后,许于会同馆开市买卖三日。

② [日]江嶋寿雄:《明代女直朝贡贸易の概观》,[日]《史渊》第77辑,1958年12月。

③ 马市:初为买卖马匹的市场,故称马市,后贸易多种物品,习俗相沿,仍称马市。早在唐、宋,即开马市,以金帛、茶盐等市马。至明代,《明史·兵志·马政》载:“马市者,始永乐间。辽东设市三,二在开原,一在广宁,各去城四十里。”

④ 《明太宗实录》,第40卷,第2页,永乐三年三月癸卯,台北中央研究院历史语言研究所校勘本,1962年。

⑤ 毕恭:《辽东志》,第3卷,第29页,《辽海丛书》影印本,辽沈书社,1985年。

陆续增设马市,如天顺八年(1464年)为建州女真开设抚顺马市。《明宪宗实录》记载:

> 敕辽东镇守总兵等官,遇有建州等卫女直到边,须令从抚顺关口进入,仍于抚
> 顺城往来交易。务在抚驭得宜,防闲周密,以绝奸究之谋。毋或生事阻当,致失夷
> 情,及纵令窥瞰,引起边患。①

后于成化时,在古城堡南(后迁庆云堡北)对海西女真增设马市一处。万历三年
(1575年),在宽甸、瑷阳、清河增设马市。万历二十三年(1595年),在义州开设木市。
开原马市,后有广顺关、新安关、镇北关。广顺关在开原县东的貂皮屯,新安关在开原
县庆云堡西北十里处,镇北关在开原县东北莲花屯②。

其二,日期。马市贸易日期,开始是定期,如每月一次或两次,每次三天或五天,而
后是每旬一次或两次,每次三天或五天,再后是几乎成为日市,每天都开市交易③。

其三,人数。女真前来马市交易的人数增多,每次入市的人少则数十,多则数千。
如海西女真部督猛骨孛罗、歹商等从广顺关入市,一次竟达一千一百人④,建州女真朱
长革等一次进入抚顺关互市的就有二百五十人⑤。

其四,馆舍。女真朝贡人员,在军民家住宿,易生事端。以建州女真为例,明巡抚
辽东副都御使滕绍的奏疏,说明当时情形,以及改进举措:

> 抚顺千户所乃建州诸夷入京朝贡之路,其来多或五六百人,少亦二百余,俱于
> 城中军民家憩宿,间有觇知边情虚实,或内应为奸者,且孤城绝远,猝难赴援,请于
> 本所城南置一马驿,拨馆夫十名,以备接待。……兵部会官议,以为便,从之。⑥

① 《明宪宗实录》,第4卷,第4页,天顺八年四月乙未,台北中央研究院历史语言研究所校勘本,
1962年。

② [日]河内良弘:《明代女真史の研究》,第19～20页,同朋舍出版,1992年。

③ 《明辽东档案汇编》,下册,《马市》,辽沈书社,1985年。

④ 《明档》,乙107号,万历十二年《广顺、镇北、新安等关易换货物抽分银两表册》,辽宁省档案馆藏。

⑤ 《明档》,乙105号,万历六年《定辽后卫经历呈报经手抽收抚偿夷人银两各项清册》,辽宁省档案
馆藏。

⑥ 《明宪宗实录》,第17卷,第2页,成化元年五月乙卯,台北中央研究院历史语言研究所校勘本,
1962年。

其五，物品。在马市上，女真人买入食盐、茶叶、瓷器、粮食、布匹、丝绢、袄裤、铁锅、铁铧、耕牛等，特别是大量耕牛和铁器工具。卖出人参、兽皮、木耳、蘑菇、松子、蜂蜜等。根据《明辽东残档·抽分清册》107 号记录统计，运进海西女真的耕牛二百一十六头，铧子四千二百九十二件①。女真等从北京市买的瓷器，数量大，运输巧，如《夷人市瓷器》记载：

> 余于京师，见北馆伴当馆夫装车，其高至三丈余，皆鞑靼、女真诸虏，及天方诸国贡夷归装所载。他物不论，即瓷器一项，多至数十车。予初怪其轻脆，何以陆行万里。既细叩之，则初买时，每一器内纳少土，及豆麦少许，叠数十个，辄牢缚成一片。置之湿地，频洒以水，久之则豆麦生芽，缠绕胶固，试投之荦确之地，不损坏者，始以登车。临装驾时，又从车上掷下数番，其坚韧如故者，始载以往。其价比常加十倍。②

其六，税收。明朝政府对马市货物征税不断增加，有的增加几成，也有的增加几倍。辽宁省档案馆现存明档共计一千零八十卷，在《明代辽东档案汇编》中，"财税"为其十个部分之一③，分量之重，可见一斑。

其七，纠纷。马市贸易不断有摩擦和纠纷。因马市人员多寡、抽分轻重、官员勒索、头目骄横而引发的冲突，时有发生，故马市也时有关闭等情况。

其八，制度。先是，马市时有摩擦和纠纷，甚至出现顶替、讹诈等乱象。如女直通事王臣言：海西女直夷人，阳顺阴逆，贡使方出，寇骑即至。今会同两馆，动有千数。臣等引领约束，颇知情弊，谨条陈上请。于是，条陈规则，制定制度。

> 一、海西都督速黑忒，虽号强雄，颇畏法度，彼处头目，亦皆慑伏，宜降敕切责，及差廉干官一员，同往抚顺。节次犯边竹孔革等部落，如无效将差去官，并速黑忒治罪。

---

① 《明档》，乙 107 号，万历十二年《广顺、镇北、新安等关易换货物抽分银两表册》，辽宁省档案馆藏。

② 沈德符：《万历野获编·夷人市瓷器》，第 780 页，中华书局校点本，1959 年。

③ 《明辽东档案汇编》，上册，《叁财税》，辽沈书社，1985 年。

一、夷人敕书，多不系本名，或伊祖父，或借买他人，或损坏洗改，每费审驿。宜令边官，审本敕亲子孙，实名填注，到京奏换。

一、夷人升袭，自有旧例，往往具奏行边，年久不报，怀怨回家，致生边衅。宜再行定规，到边催缴。

一、夷人宴赏日期，自有定例，即今积聚数多，宴赏迟误，及至领赏，又多滥恶，故不怀惠。

一、速黑忒、牙令哈、阿剌哈等，俱自称有招抚边夷功，宜查实升赏。

上命该部议行。①

随着明代东北地区经贸交易多，朝贡人员多，往来次数多，文化交流多，水陆交通，随之发展。明在元站赤的基础上，延长路线，增辟线路，新建驿站。特别是对黑龙江、松花江一带，明廷为保证辽东同奴儿干等地区的交通运输，永乐十年（1412 年）十月，自松花江到黑龙江下游，设置满泾等四十五个驿站。

置辽东境外满泾等四十五站，敕其提领那可孟常等曰：朝廷说奴儿干都司并各卫，凡使命往来，所经之地，旧有站赤者，复设各站头目，悉恭命毋怠。②

据《辽东志》记载，时从辽东通往东北各地交通，以开原为起点，交通干线，分布六条。其中，纳丹府东北陆路七站，开原西陆路四站，开原北陆路九站，海西西陆路十站，海西东水路二十七站，乞列迷等狗站二十四站，共计八十一站③。盛明时期，东北地区，交通网络，四通八达：东到朝鲜，东北达特林地区的满泾；西达蒙古，西北通往今满洲里以北。

总之，明朝前期，在东北地区，增设驿站，创建船厂，开设马市，交通运输，有利于东北各部之间交往，有利于其经济发展，有利于其文化交流，更有利于中央政权对东北地

---

① 《明世宗实录》，第 12 卷，第 3 页，嘉靖元年三月乙卯，台北中央研究院历史语言研究所校勘本，1962 年。

② 《明太宗实录》，第 133 卷，第 2 页，永乐十年十月丁卯，台北中央研究院历史语言研究所校勘本，1962 年。

③ 毕恭：《辽东志》，第 9 卷，第 10～11 页，《辽海丛书》影印本，辽沈书社，1985 年。

域的管辖。

海西女真的南迁，到嘉靖时期，基本稳定下来，形成满洲兴起时的扈伦四部——叶赫部、哈达部、乌拉部和辉发部的格局地图。海西女真的南迁稳定，既给建州女真树立了竞争目标，也为满洲崛起充实了巨大能量。

明朝的建州女真，其早期历史演变，兹略作如下叙述。

（三）建州女真演变

建州女真史的研究，二十世纪有突破性进展。其原因与成果，概略叙述如下：

第一，辛亥鼎革，解除禁锢。明代女真历史，限于官方研究，民间著述，不占主流。清朝几部重要满洲历史著作，都冠以"钦定"二字，如《钦定满洲源流考》、《钦定满洲祭神祭天典礼》、《钦定八旗满洲氏族通谱》、《钦定八旗通志》等。清亡民兴之后，大量官私著作，相继问世，出现一批成果。

第二，资料开放。明清内阁密档，皇家文献，陆续开放，利用研究。主要是"三录两档"的开放，即《清实录》、《明实录》、《朝鲜李朝实录》和清内阁大库档案、《老满文原档》（即《旧满洲档》、《无圈点档》、《满文老档》），以及一批清朝遭禁的私家著作可以公开出版、插架和利用。

第三，一批成果。日本国如稻叶岩吉的《建州女直の原地及び迁住地》（1913 年），池内宏的《鲜初の东北境と女真とづ关系》（1916 年），园田一龟的《明代建州女直史研究》（《正编》1948 年、《续编》1953 年），和田清的《建州本卫の移动について》（1955 年），三田村泰助的《清朝前史の研究》（1965 年），河内良弘的《明代女真史の研究》（1992 年），江嶋寿雄的《明代清初の女直史研究》（1999 年）等。韩国如李仁荣的《丽末鲜初豆满江流域の女真分布》（1973 年），徐炳国的《宣祖时代女直交涉史研究》（1970 年）等。中国如孟森的《清朝前纪》（1930 年）和二十世纪三十年代《满洲开国史》（1992 年），陈捷先的《满洲丛考》（1963 年），杨旸、傅朗云的《明代奴儿干都司及其卫所研究》（1982 年），孙进己、蒋秀松等的《女真史》（1987 年），杨旸的《明代辽东都司》（1988 年），李燕光、关捷的《满族通史》（2003 年）等。

在明初女真迁徙各部中，直接影响后来满洲兴起的主要因素，根植于元朝合兰府水达达等路的女真各部。

明初,女真分化,依其地域,概略区分为四大部:建州女真、海西女真、东海女真和黑龙江女真。建州女真分布在牡丹江、绥芬河及长白山一带;海西女真分布在松花江流域;东海女真分布在图们江、乌苏里江以东沿海地区;黑龙江女真分布在黑龙江中下游流域和库页岛(今萨哈林岛)等地。

历史演变。建州卫在元末明初,生长点在松花江与牡丹江会流处地带,今黑龙江省依兰县境。这里居住着女真胡里改部。先是,元兴金亡,东北地区的女真人转而成为元帝国的臣民。女真各部中,原属于"熟女真"的部分,同汉族等不断融合,逐渐汉化;原属于"生女真"的部分,主要散居于元朝合兰府水达达等路,即以今黑龙江依兰为中心,松花江下游流域。在这一区域,元政府"设官牧民",设置桃温、胡里改、斡朵怜、脱斡怜、孛苦江等五个万户府。这些女真人,经过漫长的历史演进,后来成为建州女真的主体,也是满洲的先世所在。这五个万户府,其中三个万户府,即桃温、胡里改、斡朵怜三部实力更大,部众更多,首领更强,影响更广。在这三个万户府中,最先同明朝发生联系的是胡里改部的阿哈出。

金末帝天兴三年即南宋理宗端平元年(1234 年),蒙古兴,金朝亡。《元史·地理志二》记载:

> 合兰府水达达等路,土地旷广,人民散居。元初设军民万户府五,抚镇北边。一曰桃温,距上都四千里;一曰胡里改,距上都四千二百里、大都三千八百里(有胡里改江并混同江,又有合兰河流入于海);一曰斡朵怜;一曰脱斡怜;一曰孛苦江。各有司存,分领混同江南北之地。其居民皆水达达、女直之人,各仍旧属,无市井城郭,逐水草为居,以射猎为业。[①]

元朝在后称建州女真的地区,设置五个万户府,任命五个万户(官名)。到了明初,居住在三姓(今黑龙江省依兰县境)附近有五个万户中的三个万户,朝鲜《龙飞御天歌》记载:

> 如女真,则斡朵里、豆漫、夹温·猛哥帖木儿,火儿阿、豆漫、古论·阿哈出,托

---

① 《元史·地理志二》,第 59 卷,第 1400 页,中华书局校点本,1976 年。

温、豆漫、高·卜儿阔。朵,都果切;斡朵里,地名,在海西江之东,火儿阿江之西。火儿阿,亦地名,在二江合流之东,盖因江为名也。托温,亦地名,在二江合流之下,二江皆自西而北流,三城相次沿江。夹温,姓也;哥,居何切,猛哥帖木儿,名也。古论,姓也;阿哈出,名也。高,姓也;阔,阿葛切,卜儿阔,名也。①

上文,斡朵里、火儿阿、托温,为地名,分别是三城。豆漫的汉译是万户,就是三个万户。夹温·猛哥帖木儿、古论·阿哈出、高·卜儿阔,其中的夹温、古论、高分别是姓,猛哥帖木儿、阿哈出、卜儿阔分别是人名,就是三个万户,分领其地,分统其众。前引斡朵里万户夹温·猛哥帖木儿,火儿阿万户古论·阿哈出,托温万户高·卜儿阔,他们的所在地——斡朵里猛哥帖木儿部,在牡丹江入松花江江口以西;火儿阿即胡里改阿哈出部,在牡丹江入松花江江口以东;托温部在二江合流以下。三地因江而名,三个万户,互相为邻。三江都自西向北流,斡朵里、火儿阿(胡里改)、托温三城,相次沿江,相互联系。

这里由于元末明初的社会变动,北面兀狄哈人的不断侵袭,部族动荡,不得安宁。猛哥帖木儿约于明洪武五年(1372年)前后,率领部众,离开故土,溯牡丹江而上,南徙到珲春河流域居住。约到洪武九年(1376年)至十七年(1384年)之间,又离开珲春河畔,南渡豆满江(即图们江),进入朝鲜境东北庆源、镜城一带居住。其时,朝鲜李成桂对猛哥帖木儿举行酒宴,进行拉拢。洪武二十一年(1388年),猛哥帖木儿又率部南移到阿木河(斡木河)即吾音会(今朝鲜会宁)地方,耕种牧猎,安家居住。移住的人口,据《李朝太宗大王实录》记载:"猛哥帖木儿、答失等并管下一百八十余户,见居公嶮镇迤南镜城地面。"②其人口,若以一户七口计,总人口约为一千二百六十名③。

与此同时,洪武五年(1372年)前后,阿哈出也率领部众,背井离乡,沿着牡丹江南进,迁徙到豆满江(即图们江)以北,珲春河以西地域居住。

永乐帝取得皇位之后,不仅对"野人"女真,对海西女真,而且对建州女真,采取积

---

① 朝鲜《龙飞御天歌》,第7卷,第52章,朝鲜古书刊行会本。
② 《李朝太宗大王实录》,第9卷,第19页,五年五月庚戌,日本学习院东洋文化研究所刊影印本,1959年。
③ [日]河内良弘:《明代女真史の研究》,第37页,同朋舍出版,1992年。

极招抚的政策。永乐元年（1403 年），永乐帝登位伊始，阿哈出等就到明朝都城应天（南京）朝贡。朝廷接待阿哈出，并在胡里改（火儿阿）部住地设置建州卫，任命阿哈出为建州卫指挥使。于此，《明太宗实录》记载：

> 女直野人头目阿①哈出等来朝，设建州卫军民指挥使司，阿哈出为指挥使，余为千百户所、镇抚，赐诰印、冠带、袭衣及钞币有差。②

明朝正式设立建州卫指挥使司，任命阿哈出为指挥使司指挥使，以及经历司署经历等官员。

明廷又升阿哈出之子释家奴为都指挥佥事，并赐汉姓。《明太宗实录》记载：

> 升建州卫指挥使释家奴为都指挥佥事，赐姓名李显忠……释家奴者，指挥阿哈出之子，皆以从征有功也。③

不久，清太祖努尔哈赤的始祖、建州左卫首领猛哥帖木儿，出现在明朝和朝鲜的史册上。猛哥帖木儿（约 1370—1433 年），其父挥厚，元末为万户，是女真的大家巨族；其母名也吾巨。猛哥帖木儿兄弟四人，其另三人为同母异父弟於虚里、於沙哥（於沙介）和凡察。猛哥帖木儿之弟，有同父同母，有同母异父，还有异父异母，情状复杂，此不细述④。猛哥帖木儿的生年不详⑤。猛哥帖木儿初始生活在松花江与牡丹江会流处偏西的马大屯附近。前引朝鲜《龙飞御天歌》记载其事。该部首领也曾向明廷朝贡：

---

　　① "阿"：《明太宗实录》卷 25 永乐元年十一月辛丑条原文作"呵哈出"，《明实录·太宗实录校勘记》该条对"呵"字未作校勘记。据同条任命"阿哈出为指挥使"，又查《明太宗实录》卷 107 永乐八年八月乙卯作"阿哈出"，再查《李朝实录》相关记载也作"阿哈出"，故在此处改"呵"字作"阿"字。

　　② 《明太宗实录》，第 25 卷，第 6 页，永乐元年十一月辛丑，台北中央研究院历史语言研究所校勘本，1962 年。

　　③ 《明太宗实录》，第 107 卷，第 4 页，永乐八年八月乙卯，台北中央研究院历史语言研究所校勘本，1962 年。

　　④ ［日］河内良弘：《明代女真史の研究》，第 35 页，同朋舍出版，1992 年。

　　⑤ 《李朝世宗大王实录》，第 82 卷，第 12 页，二十年七月辛亥，日本学习院东洋文化研究所刊，1959 年。

建州等卫都指挥李显忠、指挥使猛哥帖木儿等来朝,贡马及方物,特厚赍之。①

上文李显忠,就是阿哈出之子释加奴。

永乐三年(1405年)三月,明朝敕谕猛哥帖木儿曰:

敕谕万户猛哥帖木儿等:前者阿哈出来朝言,尔聪明识达天道,已遣使赍敕谕尔。使者回复言,尔能恭敬朕命,归心朝廷,朕甚嘉之。今再遣千户王教化的等,赐尔等彩段表里,尔可亲自来朝,与尔名分、赏赐,令尔抚安军民,打围牧放,从便生理。其余头目人等,合与名分者,可与同来。若有合与名分、在彼管事、不能来者,可明白开写来奏,一体给与名分、赏赐。故敕。②

其实,猛哥帖木儿和永乐帝除同阿哈出参加北征有功外,还有一层特殊的关系,就是阿哈出的女儿是永乐帝"三后之父也",所以猛哥帖木儿也算是永乐皇帝的姻亲③。

猛哥帖木儿,皇后之亲也。遣人招来者,皇后之愿欲也。骨肉相见,人之大伦也。④

猛哥帖木儿同明朝的关系,忠顺朝廷,来往密切,史书记载,择举如下:

永乐三年(1405年)九月,猛哥帖木儿随明使到应天,觐见永乐皇帝,明廷授他为建州卫指挥使。

永乐四年(1406年)春,阿哈出因与朝鲜关系恶化,再加上兀狄哈南下侵扰,便率领部众,由图们江北岸,西迁到辉发河上游的凤州(今吉林省梅河口市山城镇)居住。

①　《明太宗实录》,第104卷,第2页,永乐十一年十月甲戌,台北中央研究院历史语言研究所校勘本,1962年。

②　《李朝太宗大王实录》,第9卷,第8页,五年三月丙午,日本学习院东洋文化研究所刊,1959年。

③　《李朝太宗大王实录》第21卷,第17页,十一年四月丙辰,日本学习院东洋文化研究所刊,1959年。

④　《李朝太宗大王实录》,第10卷,第13页,五年九月己酉,日本学习院东洋文化研究所刊,1959年。

　　永乐九年（1411 年）四月，猛哥帖木儿也因与朝鲜关系不谐，加之兀狄哈侵袭，便率领部众，前往凤州，与建州卫阿哈出同住一地。同年，阿哈出逝世，由其子释家奴（即李显忠）袭官。

　　永乐十年（1412 年），猛哥帖木儿入京朝贡，明廷因其与阿哈出原先都是元朝万户，故增设建州左卫，命猛哥帖木儿领左卫，任指挥使。后《明太宗实录》记载：

　　　　赐……建州左卫指挥猛哥帖木儿等宴。①

猛哥帖木儿又奏举本部其他重要头目，请求明廷授予其官职：

　　　　建州左卫指挥猛哥帖木儿，奏举其头目卜颜帖木儿、速哥等堪任以职，命为指挥、千百户。②

　　建州左卫住地，后经明廷允准，举部搬移到朝鲜斡木河③地带居住、耕农、牧猎和生息。

　　约于永乐十八年（1420 年），释家奴（即李显忠）去世，由其子李满住（阿哈出之孙）承袭，统辖建州卫。

　　永乐二十年（1422 年）九月，建州左卫猛哥帖木儿因凤州地方常遭蒙古骑兵侵扰，向明廷请求迁往他地定居。永乐帝谕准许其复还朝鲜境内阿木河（斡木河）地面居住。

　　永乐二十一年（1423 年），猛哥帖木儿率领部众回到阿木河（斡木河）驻牧、耕农，仍同明廷保持臣属关系，为明廷悉心任事。

　　宣德八年（1433 年）十月，猛哥帖木儿协同明军反击杨木答兀叛乱而遇害。

　　建州左卫首领猛哥帖木儿死后，其子董山即童仓（1419—1479 年）被兀狄哈掳去，时年十五岁，明廷命凡察（猛哥帖木儿异父同母弟）执掌建州左卫事务。他深感

---

　　①　《明太宗实录》，第 173 卷，第 1 页，永乐十四年二月壬午，台北中央研究院历史语言研究所校勘本，1962 年。

　　②　《明太宗实录》，第 185 卷，第 2 页，永乐十五年二月己巳，台北中央研究院历史语言研究所校勘本，1962 年。

　　③　《东国舆地胜览》记载：会宁府，胡言"斡木河"，又称阿木河、阿木火，一云吾音会，后为会宁镇。

在阿木河（斡木河）实难久居，故想返回明境定居，由于朝鲜的阻挠，几经周折，于正统五年（1440 年）六月，才率部经过婆猪江（佟家江、浑江），九月达到苏子河与李满住汇合。明廷得知后，将凡察所领建州左卫，也安置在以苏子河上游赫图阿拉（今辽宁省新宾满族自治县永陵镇赫图阿拉村）为中心的地域，包括桓仁县以西的丘陵地带居住。

董山（童仓）被掳后，由毛怜卫指挥哈儿秃等将其赎回，明廷授他为建州左卫指挥使，随其叔父一同迁到苏子河。不久董山（童仓）与凡察为争夺建州左卫的卫印，叔侄之间发生"卫印之争"。正统七年（1442 年），明政府析分建州左卫为二，增设建州右卫，董山（童仓）领左卫事，凡察掌右卫事。于是，建州卫、建州左卫和建州右卫，史称建州三卫。

同期，建州卫的阿哈出之孙李满住也经过曲折迁徙：

永乐二十年（1422 年），建州卫李满住向明廷请求迁往别处安居。

永乐二十一（1423 年）初，明廷准许李满住迁往婆猪江（佟家江、浑江）多回坪等处居住。

永乐二十二年（1424 年）四月，李满住率领部众到达婆猪江西岸兀敕山南麓瓮村（今辽宁省桓仁满族自治县境）一带居住。

宣德八年（1433 年）六月，李满住因遭朝鲜侵袭，由瓮村迁到兀敕山北的吾弥府（今辽宁省桓仁县古城子）。

正统三年（1438 年）初，李满住又率部迁徙到浑河上游。六月，再移住灶突山（今辽宁省新宾满族自治县赫图阿拉烟筒山）地带。

于是，建州女真建州卫三部——建州卫、建州左卫、建州右卫，合居一处，迅速发展。

到清太祖努尔哈赤起兵之前，建州女真和海西女真的大体分部与位置，梗概而言，大致如下：

建州女真，分为两大部、八小部：

（1）建州本部五部，即苏克素浒河部、浑河部、完颜（王甲）部、栋鄂部、哲陈部。分布在今抚顺以东，鸭绿江迤西，清源以南，桓仁以北，以浑河、苏子河（苏克素浒河）流域为主的地域。

（2）长白三部，即鸭绿江部、讷殷部、珠舍里部，分布在鸭绿江以北，图们江以南，长白山迤西地带。

海西女真又称扈伦四部,分为:

(1)叶赫部;

(2)哈达部;

(3)乌拉部;

(4)辉发部。

明朝建州女真的经济形态,主要为:

(1)捕鱼;

(2)狩猎,猎获走兽,食其肉、取其皮——貂鼠皮、猞猁孙皮、狐狸皮等;

(3)采集,如挖人参、采松子、拣蘑菇、取蜂蜜、拾木耳;

(4)农耕——建州女真,早已"解耕纴,室居火食"①,女真在今桓仁兀喇山北隅兀弥府地方原野,农耕情形,目击者说:"见水两岸大野,率皆耕垦,农人与牛,布散于野。"②粮食产量,"春种即谷一亩,收十石"③。

(5)手工业,工具有铧、铲、锄、锛、斧等,有风炉,有冶工,加工箭镞、铠甲,有弓人,匠人。有贫富的差别:富者马匹"千百为群",贫者沦为"阿哈"即奴仆。被掳掠汉人或朝鲜人,长期不得解脱,有的二十余年,也有的终身。他们的生活,如同牛马,十分悲苦。下面引述一段对话(略有改动),以重现当时当地情景。

问:贼马何如?

答:人马皆壮健矣。

问:弓箭何如?

答:弓矢皆强劲,设风炉造箭镞,皆淬之。

问:作室何如?

答:其作室之形,一梁通四五间。如僧舍,以大铜釜排置左右,一釜炊饭而食,一釜

---

① 茗上愚公:《东夷考略·建州》,第62页,潘喆、孙方明、李鸿彬编:《清入关前史料选辑》,第1辑,中国人民大学出版社,1984年。

② 《李朝世宗大王实录》,第77卷,第35页,十九年六月己巳,日本学习院东洋文化研究所刊,1959年。

③ 《李朝世宗大王实录》,第77卷,第37页,十九年六月辛未,日本学习院东洋文化研究所刊,1959年。

用秕糠作粥以养马。

问：饭食何如？

答：食犬马之食，而非人之食也。

问：计活何如？

答：多储匹段（缎）、布物，一人所有貂鼠皮可至三百余张。

问：所事何事？

答：鸡初鸣始起，终日舂米。每日斫木负来，手足皆裂流血。痛苦呼泣，主人曰："谁能使汝坐费饮食乎！如此，则将杀之。臣畏，不敢复言。"云云①。

明代建州女真史上，不仅个人，而且部族，先后遭受过五次大磨难。

建州女真历史上的五次大磨难：一是宣德癸丑之难，二是成化丁亥之难，三是成化己亥之难，四是万历癸未之难，五是万历己未之难。后两次发生在万历朝，同建州崛兴有直接关联，在本书上卷有专章阐述。前三次发生在努尔哈赤兴起之前，下面分别阐述。

宣德癸丑之难。事变发生在明宣德八年（1433 年），这一年为癸丑年，故史称宣德癸丑之变；又因事情发生在斡木河，故又称"斡木河之变"。

先是，永乐二十一年（1423 年）四月，猛哥帖木儿随从永乐帝北征后，得到谕旨，携子权豆（阿古），率正军一千名，妇女儿童六千二百五十名，到达斡木河，耕农牧猎，生活安定。不久，猛哥帖木儿之同母异父弟於沙哥、凡察也到达斡木河。他们受到朝鲜耕地、谷种、鱼盐、衣物等支给。随后，女真杨木答兀等也来到这一地带。杨木答兀原住开原，为女真豪族，明授为千户，谋叛剽掠，四处焚抢，杀人越货，受到追捕②，逃往斡木河。猛哥帖木儿年老，子权豆（阿古）受李朝国王李芳远的接见，欲授其为上将军，权豆（阿古）以"私交之嫌"而拒绝。宣德八年（1433 年）明升猛哥帖木儿为右都督，官位正一品，并授凡察为都指挥使。不久，明廷给与杨木答兀以新使命。

　　　　敕建州左卫掌卫事、右都督猛哥帖木儿，都指挥使凡察等，令以初随杨木答兀

---

① 《李朝成宗大王实录》，第 255 卷，第 19～20 页，二十二年七月丁亥，日本学习院东洋文化研究所刊，1959 年。

② 《明宣宗实录》，第 13 卷，第 13 页，宣德元年正月癸亥，台北中央研究院历史语言研究所校勘本，1962 年。

> 漫散官军,悉送京师。①

明派指挥同知裴俊,带领官兵六十一名,到斡木河。闰八月十五日,杨木答兀等抢掠裴俊所带赏赐物品及马匹等。十月十九日,杨木答兀纠合"七姓野人"等八百余人,骑马持械,突袭猛哥帖木儿住地,放火焚寨,抢掠财物。猛哥帖木儿、权豆(阿古)等进行抵御。在激战中,猛哥帖木儿、权豆(阿古)等,因突遭袭击,众寡不敌而被杀。这就是"斡木河事件"。

斡木河事件后,建州左卫衰落、分散。因猛哥帖木儿及其长子权豆(阿古)已死,明升建州左卫都指挥金事凡察为都督金事,仍掌建州左卫事。

> 升建州左卫都指挥金事凡察为都督金事,仍掌卫事,余升秩有差。先是遣都指挥裴俊往斡木河招谕,遇寇与战,而众寡不敌,凡察等率众往援,杀贼有功,故超升之。②

猛哥帖木儿之子(童仓)在斡木河事变时,被掳去,经赎回,幸躲一劫,后也搬移与叔父凡察同住。但董山(童仓)上奏明廷,请求准许前往辽东居住:

> 建州左卫都督猛哥帖木儿子童仓奏,臣父为七姓野人所杀,臣与叔都督凡察,及百户高早化等五百余家,潜住朝鲜地,欲与俱出辽东居住,恐被朝鲜国拘留,乞赐矜悯。上敕朝鲜国王李祹,俾将凡察等家送至毛怜卫,复敕毛怜卫都指挥同知郎卜儿罕,令人护送出境,毋致侵害。③

后几经曲折,冲破磨难,董山(童仓)终于迁到辽东,与凡察住在一起。其间,发生

　　①　《明宣宗实录》,第99卷,第6页,宣德八年二月戊申,台北中央研究院历史语言研究所校勘本,1962年。

　　②　《明宣宗实录》,第108卷,第12页,宣德九年二月癸酉,台北中央研究院历史语言研究所校勘本,1962年。

　　③　《明英宗实录》,第36,第3页,正统二年十一月戊戌,台北中央研究院历史语言研究所校勘本,1962年。

纠纷,遭遇困难。《明英宗实录》敕谕朝鲜国王李祹言:

> 今凡察等奏,将率众还,为王军马追逐抢杀,内有一百七十余家阻当不放。朕惟凡察疑惧不还,此小人之心,无足怪者,而使其父子、兄弟、夫妇离散,情则可悯。此或下人所为,王不知也。敕至,可遣人覆实,果有所遗人民一百七十余家,即遣去完聚;如凡察妄言,或其人在彼不欲去者,王善加抚恤,俾遂其生,亦用奏来。①

同时,诫谕凡察、董山(童仓)等,不要生衅抢掠扰边,不许侵犯王之边境。

但是,建州左卫印信发生争执,情节曲折生动。《明英宗实录》记载:

> 敕建州左卫都督凡察及故都督猛哥帖木儿子指挥董山曰:往闻猛哥帖木儿为七姓野人戕害,掠去原降印信,宣德年间又复颁降,令凡察掌之。前董山来朝云,旧印已获。近凡察来朝又奏,欲留新印。一卫二印,于法非宜,敕至,尔等即协同署事,仍将旧印遣人送缴,庶几事体归一,部属信从。②

朝廷一纸敕谕,没有解决问题。建州左卫的印信,猛哥帖木儿死后,应当归其子董山(童仓)继承,时董山(童仓)失踪,卫印丢失,朝廷便命铸造新印,归凡察执掌。现在朝廷要收回旧印,新印归凡察掌管,董山(童仓)不服,又上奏文。明廷依然维持原敕,不予变更:

> 谕建州左卫都督凡察、指挥董山曰:比尔凡察奏,本卫印为七姓野人抢去,朝廷给与新印。后董山来朝,奏已赎回旧印。凡察来朝又请留新印,已允所言。令凡察暂掌新印,与董山同署卫事,遣人进缴旧印。今尔凡察又奏旧印传自父、祖,欲俱留之。朕惟朝廷自祖宗建立天下,诸司无一卫二印之理。此必尔二人以私意相争,然朝廷法度已有定制,尔等必当遵守。敕至,尔凡察仍掌旧印,尔董山护封

---

① 《明英宗实录》,第73卷,第9页,正统五年十一月乙丑,台北中央研究院历史语言研究所校勘本,1962年。

② 《明英宗实录》,第38卷,第8页,正统三年正月癸丑,台北中央研究院历史语言研究所校勘本,1962年。

如旧，协心管事，即将新印遣人进缴，不许虚文延缓，以取罪愆。①

一卫新旧两印，叔侄纷争不已，互不相让，如何解决？此时，建州左卫部民意愿，朝鲜派官进行了解。朝鲜咸吉道节制使金宗瑞访查后报：

> 今闻凡察非猛哥帖木儿同父弟，而童仓幼弱之时，犹领管下以为一部酋长。今童仓年满二十，体貌壮大，一部人心，咸归童仓，而轻凡察。②

朝鲜国王李祹接启后，为了慎重，命金宗瑞再行访查，备细启达。金宗瑞回启达曰：

> 凡察之母，金伊（官名）甫哥之女也吾巨，先嫁豆万（官名）挥厚，生猛哥帖木儿。挥厚死后，嫁挥厚异母弟容绍（官名）包奇，生於虚里、於沙哥、凡察。包奇本妻之子吾沙哥、加时波、要知，则凡察与猛哥帖木儿非同父弟明矣③。然猛哥帖木儿生时，如有兴兵之事，则必使凡察领左军、权豆领右军、自将中军，或分兵与凡察，故一部之人，素不贱恶。
>
> 猛哥帖木儿死后，童仓与权豆妻皆被掳未还，凡察乘其隙，亟归京师，受都督佥事之职，又受印信而还，斡朵里一部人心稍附之。及权豆妻与童仓生还，且得遗腹之子，一部人心归于权豆之子与童仓。其后，权豆之妻轻薄、善骂詈，童仓愚弱，一部稍稍失望。其赴京也，朝廷薄童仓而厚凡察，赐凡察以玉带，且令凡察曰："汝生时管一部，死后并印信与童仓。"以此，一部之人不得已附于凡察，然其心则或附童仓，或附权豆之子，时未有定。④

---

① 《明英宗实录》，第73卷，第9～10页，正统五年十一月乙丑，台北中央研究院历史语言研究所校勘本，1962年。

② 《李朝世宗大王实录》，第82卷，第12页，二十年七月辛亥，日本学习院东洋文化研究所刊，1959年。

③ 此句标点：一、吴晗辑《朝鲜李朝实录中的中国史料》作"包奇本妻之子吾沙哥加时波要知，则凡察与猛哥帖木儿非同父弟明矣"。二、或作"包奇本妻之子吾沙哥、加时波要知，则凡察与猛哥帖木儿非同父弟明矣"。三、亦可作"包奇本妻之子吾沙哥、加时波、要知，则凡察与猛哥帖木儿非同父弟明矣"。以上三者，尚待酌定。

④ 《李朝世宗大王实录》，第82卷，第12～13页，二十年七月辛亥，日本学习院东洋文化研究所刊，1959年。

上文,权豆为猛哥帖木儿之子,在斡木河事变中死于难,其妻怀有遗腹子。这样,董山(童仓)和权豆之妻遗腹子,都属于猛哥帖木儿的直系血脉。尽管凡察家族势力很大,他有"七子二女"①,但是建州左卫部民之心,自然倾向于董山(童仓)和权豆妻遗腹子的一方。又因权豆妻性格粗俗及儿子幼小,部民自然更倾向于董山(童仓)。

明朝也要了解建州左卫的实情和民心。明辽东总兵官曹义,受命在开原同凡察、董山(童仓)面对面调解,并据历史经验,提出解决办法,奏报朝廷旨定。《明英宗实录》记载:

> 辽东总兵官、都督佥事曹义言:比奉敕旨,以凡察、董山争掌卫印,宜审其所部人情所属者授之。臣即遣人奉宣诏旨,而二人各执一词,纷纭不已,遂同至开原。臣反复谕以朝廷法制,凡察乃黾勉出其新印,且欲身自入朝,陈伦已省。令暂还本卫,至秋后赴京。臣窃观其部落,意向赖在董山,而凡察怏怏,终难安靖。永乐中,海西野人都指挥恼纳、塔失,叔侄争印。太宗皇帝令恼纳掌忽鲁哈卫,塔失掌弗提卫,其人民各随所属。今兹事体,与彼颇同,请设建州右卫,以处凡察,庶消争衅,以靖边陲。上命俟其来朝议之。②

最后,经明正统帝谕准,将建州左卫,加以拆分,设建州右卫:

> 分建州左卫,设建州右卫。升都督佥事董山为都督同知,掌左卫事;都督佥事凡察为都督同知,掌右卫事。董山收掌旧印,凡察给新印收掌。③

叔侄印信之争,得到妥善解决。于是,出现建州三卫——建州卫、建州左卫和建州右卫。建州三卫,经过挫折,辗转迁徙,合住一处,开始建州女真发展的新阶段。然而,

---

①　《李朝世宗大王实录》,第77卷,第34页,十九年六月乙丑,日本学习院东洋文化研究所刊,1959年。

②　《明英宗实录》,第82卷,第5页,正统六年八月丁丑,台北中央研究院历史语言研究所校勘本,1962年。

③　《明英宗实录》,第89卷,第6页,正统七年二月甲辰,台北中央研究院历史语言研究所校勘本,1962年。

建州女真又遭到成化三年（1467 年）的丁亥之难。

　　成化丁亥之难。事变发生在明成化三年（1467 年），故史称成化之变。这一年为丁亥年，故又称成化丁亥之变。是役的缘起是，建州三卫合住后，部族旺盛，势力强大，对明朝和朝鲜，时而进行抢掠和骚扰，受扰害的地方，都向明朝和朝鲜抱怨。于是，成化帝决定出动大军，会同朝鲜军队，合剿建州女真的驻地。先是，敕封曾在两广军事立功的中军都督府都督同知赵辅为武靖伯①。成化三年（1467 年）九月，明廷命监军太监黄顺、左都御使李秉、武靖伯赵辅等统兵八万，分作五路——黄顺、李秉、赵辅率军二万六千，出鸦鹘关往苏子河为中路；总兵官韩赟统兵一万三千向通远堡（今辽宁凤城）为右翼；总兵裴显统军一万三千向碱厂为左翼；总兵王英和参将孙璟各率军一万三千，分兵向抚顺和铁岭为后军。朝鲜以绫城君具致宽为都体察使，康纯、鱼有沼等为大将，分作右厢和左厢，领兵一万五千，分为五路，进攻建州。建州女真腹背受敌，左右遭击，势弱力寡，处于被动；虽尽力抵御，却遭到惨败。

　　是役，明军大胜，史载：

　　　　神枪发而火雷迅击，信炮举而山岳震摇。尽虏酋之所有，罔一夷而见逃。剖其心而碎其脑，焚其骨而涂其膏。强壮尽戮，老稚尽俘。若土崩而烬灭，犹瓦解而冰消。空其藏而潴其宅，杜其穴而火其巢。②

　　此役，据不完全统计，明军擒掳九十五人，斩杀五百九十六人，并"尽焚其屯落，尽杀其头畜"，焚毁房屋仅其中一路即达千余家，牛马、粮食、财产无算。

　　与明军遥相配合的朝鲜军，分作两路，进攻建州：右厢由大将康纯等率领，左厢由大将鱼有沼等率领，过鸭绿江，攻剿捣巢。康纯率朝鲜右厢军，进攻建州左卫驻地苏子河（今辽宁省新宾满族自治县永陵镇赫图阿拉村）地带；鱼有沼率朝鲜左厢军，进攻建州卫驻地吾弥府（今辽宁省桓仁满族自治县西古城子）地带李满住及其子古纳哈等驻地，建州右卫驻地兀剌山城（今辽宁省桓仁满族自治县五女山）地带。建州三卫，遭受

　　　① 《明宪宗实录》，第 36 卷，第 4 页，成化二年十一月庚辰，台北中央研究院历史语言研究所校勘本，1962 年。

　　　② 李辅：《全辽志》，第 6 卷，第 25 页，《辽海丛书》影印本，辽沈书社，1985 年。

重创,城破人亡,家舍被焚。

朝鲜史书,作了记载。右厢大将康纯和左厢大将鱼有沼,分别奉书于承政院以启曰:

自满浦入攻婆猪江,斩李满住及古纳哈、豆里之子甫罗充等二十四名;擒满住、古纳哈等妻子及妇女二十四口;射杀未斩头一百七十五名;获汉人男一名、女五口,并兵械、器仗、牛马;焚家舍积谷。……左厢大将鱼有沼自高沙里入攻阿弥府,斩二十一级,射杀未斩头五十,获汉女一口,并兵仗、器械、牛马,焚家舍九十七区。①

朝鲜军得胜之后,砍斫大树,剥去树皮,露出白木,大字书曰:

"朝鲜大将康纯领精兵一万,攻建州!""世祖对康纯曰:'攻'字未快,'灭'字最好!"②

总之,成化丁亥之变,建州三卫遭受到建州女真史上,继斡木河事变后又一次沉重打击。建州女真厄运,十二年后重演。

成化己亥之难。事变发生在明成化十五年(1479 年),故史称成化之变。这一年为成化己亥年,故又称己亥之变,也称成化己亥之变。成化己亥之变,事出之因,各有诠释。

其一,明廷说建州肆行抢掠。大太监王直、辽东巡抚陈钺奏请发兵,扫荡建州,以靖边陲。他们说:"〔建州〕声言来寇辽东,且言往年建州三卫,构海西、毛怜,累犯边境,朝廷授以都督、都指挥之职,诸夷因起争端,纷纷扰乱,亦欲挟制以求显职,与其加升而招侮,莫若整兵而征讨。"③

其二,建州说明朝禁止贸易。在朝廷会议上,兵部尚书余子俊等则认为:"驭夷之道,守备为本。我太祖载诸祖训,永以为法。建州女直,叛服不常,朝廷或开马市、以掣

① 《李朝世祖大王实录》,第 44 卷,第 6 页,十三年十月壬寅,日本学习院东洋文化研究所刊,1959 年。

② 《李朝世祖大王实录》,第 44 卷,第 42 页,十三年十一月辛巳,日本学习院东洋文化研究所刊,1959 年。

③ 《明宪宗实录》,第 195 卷,第 2 页,成化十五年十月丁亥,台北中央研究院历史语言研究所校勘本,1962 年。

其党，或许买铁器、以结其心，皆羁縻之义，非示之弱也。今钺等历数其罪，意欲捣其巢穴，此军国大务，非臣等所敢专。"①在这里，"开马市"和"买铁器"两端，都是说的贸易。可见，边衅的原因之一，是贸易渠道不畅。

其三，前事之因为后事之果。先是，赵辅贪功，留下后果："往年已招降都督董山等，而又杀之，已为失信；近复捣其巢穴，概杀无辜，故彼仇恨不服"云云②。建州女真骚扰辽东，既有经济原因，也有政治原因。前赵辅征建州，上奏报功称："征建州叛贼，斩首七百三十五级。"③赵辅等因军功，由伯升为侯，却留下后患。历史教训，经常重复。辽东监察御史强珍的奏疏，则提供了历史反思：

> 巡按辽东监察御史强珍奏：建州班师之后，虏即入暧阳、清河二堡之境，四散杀掠男妇五百余名、头畜无算，实由前巡抚都御史、今户部尚书陈钺启衅邀功，以致虏报复旧怨。其守堡指挥王英、白祥，及分守副总兵、都指挥吴瓒，右参将崔胜等，俱不能防御，而镇守总兵等官、太监韦朗、都督缑谦等，又各畏罪贪功，隐匿前事，直待朝廷论功升赏。陈钺回京之后，始以奏闻，实为欺罔，请皆逮问，以正其罪。兵部尚书余子俊等复奏，引《皇明祖训》，参钺累犯死罪，不宜再纵，当从珍言。上命吴瓒、崔胜戴罪杀贼，韦朗停岁赐食米半年，缑谦、陈钺各停俸一年，余皆属珍逮问之。④

强珍后遭汪直报复，械至京，受拷掠，戍辽东。汪直败，珍复官。

其四，文官说武官邀立边功。时大太监汪直执掌司礼监，左都御史、兼提督团营王越，辽东巡抚陈钺等，党附汪直，内外勾结，"启衅召敌"⑤，请求征讨；成化帝采信汪直、王越、陈钺之言，决定发兵，征讨建州。汪直，《明史·宦官列传》记载：

①　《明宪宗实录》，第195卷，第2页，成化十五年十月丁亥，台北中央研究院历史语言研究所校勘本，1962年。

②　《明宪宗实录》，第179卷，第3页，成化十四年六月戊戌，台北中央研究院历史语言研究所校勘本，1962年。

③　《明宪宗实录》，第211卷，第3～4页，成化十六年十二月己未，台北中央研究院历史语言研究所校勘本，1962年。

④　《明宪宗实录》，第204卷，第3页，成化十六年六月戊午，台北中央研究院历史语言研究所校勘本，1962年。

⑤　《明史·强珍传》，第180卷，第4776页，中华书局校点本，1974年。

十五年秋,诏直巡边,率飞骑日驰数百里,御史、主事等官迎拜马首,篁挞守令。各边都御史畏直,服橐鞬迎谒,供张百里外。至辽东,陈钺郊迎蒲伏,厨传尤盛,左右皆有贿。直大悦。……兵部侍郎马文升方抚谕辽东,直至不为礼,又轻钺,被陷坐戍,由是直威势倾天下。①

陈钺激变辽东,为御史强珍所劾,御史许进也率同官论之。"汪直怒,构珍下狱,摘进他疏伪字,廷杖之几殆。"②自然,御史谏言,无助于事。

此役,事变经过,简述如下。

庙堂争议。对建州三卫,是剿是抚,庙堂之上,意见不一。大太监汪直、辽东巡抚陈钺等主剿。巡抚辽东、右副都御史陈钺奏:"宜复调军,捣其巢穴,以除边患。"事下廷议,兵部尚书余子俊等主抚。他奏言:"建州、海西诸虏,比蒙恩谕,多已改悔。今钺以传闻之故,复请加兵,恐起旧衅。乞令钺等严敕所部,如侦了虏众犯边情状,不妄则击之;出境既远,可勿穷追。"③余子俊在同奏中并建议,对女真诸部应区别对待:"诸夷有来朝不犯边者,勿令惊疑。"而汪直、陈钺等"乃遣使招诱建州夷人郎秃等四十人来贡,欲置之死。且言建州三卫,法当殄灭,若今日纵还,明日复为边患。……直等械郎秃等至,遂令都察院锦衣卫禁锢之"④。虚构事实,制造事端,开启边衅,兴师求功。

决策征剿。大太监汪直与左都御使王越、辽东巡抚陈钺等勾结,"越急功名。汪直初东征,越望督师,为陈钺所沮"⑤。汪直和陈钺受到成化帝的信任。明对建州决策,主战派的意见,终得成化帝的谕准,发兵征讨建州女真。明成化十五年(1479年)十月丁亥(初五日),明廷命太监汪直监督军务,抚宁侯朱永佩靖虏将军印、为总兵官,后命陈钺以巡抚辽东、右副都御史参赞军务,统帅大军,征剿建州,攻其不备,捣其巢穴⑥。

① 《明史·宦官列传·汪直传》,第 304 卷,第 7780 页,中华书局校点本,1974 年。

② 《明史·许进传》,第 186 卷,第 4925 页,中华书局校点本,1974 年。

③ 《明宪宗实录》,第 183 卷,第 2～3 页,成化十四年十月辛丑,台北中央研究院历史语言研究所校勘本,1962 年。

④ 《明宪宗实录》,第 196 卷,第 3～4 页,成化十五年闰十月壬申,台北中央研究院历史语言研究所校勘本,1962 年。

⑤ 《明史·王越传》,第 171 卷,第 4574 页,中华书局校点本,1974 年。

⑥ 《明宪宗实录》,第 195 卷,第 2 页,成化十五年十月丁亥,台北中央研究院历史语言研究所校勘本,1962 年。

丙申(十四日),命朝鲜国王李娎出兵,配合明军,夹击建州。敕文曰:

> 建州女直,逆天背恩,累寇边陲,守臣交请剪灭,朕念彼中亦有向化者,戈铤所至,玉石不分,爰遣大臣抚谕,贷其反侧之愆,听其来京谢罪,悉越常例,升赏宴待而归。曾未期岁,贼首伏当加等,复纠丑类,侵犯我边,虽被官军驱逐出境,而未遭挫衄。廷议皆谓此贼冥顽弗悛,罪在不宥,已令监督总兵等官,选领精兵,刻期征剿。我师压境,王宜遣兵,遥相应援。贼有奔窜至国境者,必擒而俘献之。逆虏既除,则王敌忾之功愈茂,而声名永享,于无穷报酬之典,朕必不尔缓也。①

朝鲜国王李娎接到敕文后,派陪臣右赞成鱼有沼等,出兵策应,行至满浦、镇江,因江河冰封而后期。后继遣左议政尹弼商等率军从侧翼进攻建州。

这场征讨建州女真之役,自十月丁亥(初五日)命将出征,中经闰十月,到十一月丁未(二十六日),其结局,《明宪宗实录》载抚宁侯朱永等奏报:

> 建州贼巢,在万山中,山林高峻,道路险狭,臣等分为五路,出抚顺关,半月抵其境。贼据险迎敌,官军四面夹攻,且发轻骑,焚其巢穴,贼大败,擒斩六百九十五级,俘获四百八十六人,破四百五十余寨,获牛马千余,盔甲、军器无算。②

此役,汪直领头功,陈钺由右副都御使升为右都御使,升官、晋级、加俸、纪功、受赏等,受赏者达二千六百六十二人③。

朝鲜国王李娎也向明廷奏捷称:

> 遣左议政尹弼商、节度使金峤等引兵渡江,进捣贼巢,斩首十六级,生擒男妇

---

① 《明宪宗实录》,第195卷,第5页,成化十五年十月丙申,台北中央研究院历史语言研究所校勘本,1962年。

② 《明宪宗实录》,第197卷,第6页,成化十五年十一月丁未,台北中央研究院历史语言研究所校勘本,1962年。

③ 《明宪宗实录》,第198卷,第5页,成化十五年十二辛未,台北中央研究院历史语言研究所校勘本,1962年。又,《明实录·宪宗实录校勘记》卷198校勘记:"一十五百,旧校改十为千。"依校改数字统计。

十五人,并获辽东被虏妇女七人,及驱其牛马,毁其庐舍。①

成化丁亥之变,是建州女真史上,继宣德癸丑之变、成化丁亥之变后,建州女真再一次受到沉重打击。建州女真三部,遭受三次重击,从此之后,衰落百年。

边事体大,不可不慎。或抚或剿,理宜慎重。朝廷发兵,有理有节,征讨过当,引发报复。明成化时,马文升、余文俊等主抚,汪直、陈钺等主剿。成化年间,两次建州之役,兵部尚书余子俊等曾忠直奏言:

> 今推诚抚安,事将就绪,若欲加兵,则抚安成命,不足为恩,适足为仇,无以示信。况六月兴师,兵法所忌,宜令总兵、巡抚等官,按兵境上,以戒不虞,仍与文升等协和定议,以抚安为主,少苏边困,果有深入为寇,方许征讨。②

明兵部尚书余子俊于辽东的边政,几次奏言,提出建议:其一,推诚抚安,边事慎重;其二,以抚为主,勿轻用兵;其三,区别良莠,玉石分清;其四,陈兵边上,犯则击之;其五,有理有节,不轻捣巢;其六,不以小事,开启边衅。《明史·余子俊传》详其西北之功,而略其东北之绩,但撰者公允评论道:"余子俊尽心边计,数世赖之。"③

对于边事,必须十分用心,不许纤毫任意,免贻后患。鉴于此,于谦说:"刚柔兼济,宽猛适宜;本之以廉明,济之以通便;毋生事而激变,毋纵恶而长奸;毋贪小利以堕贼计,毋邀近功而防远图。"④

总之,有明一代,辽东边政,有得有失,其弊在于:庙堂不明,太监擅政,文官求荣,武官邀功,招衅边事,遗下后患。明朝一系列的边政失当,最后引发努尔哈赤起兵,加速朱明皇朝覆亡,拉开满洲兴起帷幕。

---

① 《明宪宗实录》,第200卷,第5页,成化十六年二月壬申,台北中央研究院历史语言研究所校勘本,1962年。

② 《明宪宗实录》,第179卷,第3页,成化十四年六月戊戌,台北中央研究院历史语言研究所校勘本,1962年。

③ 《明史·余子俊传》,第178卷,第4746页,中华书局校点本,1974年。

④ 于谦:《于谦集》,第119页,中国文史出版社,2000年。

附：

建州女真兴起年表

时　　间	事　件
洪武元年(1368 年)	明朝建立,明军攻占大都,元亡。
洪武二年(1369 年)	明军攻陷元上都。 明封王颛为高丽国王即恭愍王,用洪武年号,停用元至正年号。
洪武三年(1670 年)	元顺帝在应昌死。
洪武四年(1671 年)	明设辽东卫指挥使司。
洪武十八年(1385 年)	猛哥帖木儿因松花江地带动乱,迁住朝鲜东北境。明封王祸为高丽国王。
洪武二十年(1387 年)	明大将军冯胜出兵辽东,故元丞相纳哈出降。
洪武二十一年(1388 年)	明蓝玉率军达捕鱼儿海(呼伦贝尔境),获故元嗣君家眷等数万人。
洪武二十二年(1389 年)	明设泰宁、福余、朵颜三卫。
洪武二十五年(1392 年)	朝鲜李成桂幽其主恭让王王瑶自立,奏报明廷,请更国号。
洪武二十六年(1393 年)	明太祖谕李成桂:"更其国号曰朝鲜。"
永乐元年(1403 年)	女真首领阿哈出受明招抚,明设建州卫。
永乐三年(1405 年)	猛哥帖木儿朝贡,明封其为建州卫都指挥使。
永乐四年(1406 年)	明设开原、广宁马市。
永乐七年(1409 年)	明设奴儿干指挥使司。
永乐九年(1411 年)	猛哥帖木儿移住凤州。 明派太监亦失哈率官军千人、巨船二十五艘到奴儿干。
永乐十年(1412 年)	明分设建州左卫,以猛哥帖木儿为都指挥使。
永乐十一年(1413 年)	明敕修奴儿干永宁寺碑。
永乐二十年(1422 年)	永乐帝率军北征,猛哥帖木儿率军从征。
永乐二十一年(1423 年)	猛哥帖木儿迁住朝鲜会宁斡木河地方居住。
永乐二十二年(1424 年)	李满住移往婆猪江瓮村(今辽宁省桓仁境)地带。
洪熙元年(1425 年)	李满住到北京朝贡。
宣德元年(1426 年)	明封李满住为都指挥佥事。
宣德七年(1432 年)	猛哥帖木儿遣弟凡察到京,贡马及方物,受赏赐钞币、绢布等。 明派太监亦失哈等率官军二千、巨舡五十艘,再至奴儿干。

续表

时　间	事　件
宣德八年(1433年)	明升建州左卫猛哥帖木儿为右都督、凡察为都指挥使。 朝鲜军万余人袭击婆猪江(今桓仁地方)李满住居住地。 猛哥帖木儿及子权豆(阿古)等在斡木河事变中遇难。 明重建永宁寺碑。
宣德九年(1434年)	建州左卫凡察袭建州左卫印信。
正统二年(1437年)	朝鲜军七千余人袭击李满住在吾弥府的住地。
正统三年(1438年)	李满住向浑河灶突山赫图阿拉地带移住。
正统四年(1439年)	明廷规定女真朝贡的贡期、人数,并禁止贸易耕牛、铁器。
正统五年(1440年)	建州左卫董山(童仓)、凡察等奏准,移向李满住处同住。
正统六年(1441年)	董山(童仓)与凡察叔侄争夺建州左卫印事,奏向明廷。
正统七年(1442年)	明廷析置建州左卫,设建州右卫。叔凡察领建州左卫印,侄董山(童仓)领建州右卫印。从此始有"建州三卫"。
正统八年(1443年)	明始建辽东边墙。
正统七年(1442年)	修筑自宁远北,经广宁、白土厂、牛庄至开原的边墙。
正统十四年(1449年)	明发生土木之变。
景泰二年(1451年)	李满住移居婆猪江兀喇山城瓮村(今辽宁桓仁境)。
天顺四年(1460年)	朝鲜申叔舟率军八千余袭击女真部落。
天顺八年(1464年)	明开设抚顺马市。
成化三年(1467年)	三月,建州卫李古纳哈、左卫董山(童仓)、右卫纳朗哈等到北京朝贡。 六月,董山(童仓)回程经广宁被囚禁,后解送北京。 九月,明赵辅、李秉率军五万,联合朝鲜军,血洗建州,李满住及子李古纳哈等被杀。后董山(童仓)在北京被杀。
成化五年(1469年)	建州卫(完者秃)、建州左卫(脱罗),次年建州右卫(卜花秃)重建。
成化十二年(1476年)	明兵部侍郎马文升出关,整饬辽东军务,禁女真贸易耕牛、铁器等。
成化十五年(1479年)	正月,建州左卫都指挥重羊等到京师朝贡,赐宴并衣服彩缎等物。 十月,明朝军与朝鲜军对建州女真进行攻剿。
成化十七年(1481年)	明筑辽东凤凰山等处城堡。
成化十九年(1483年)	建州左卫都督脱罗等朝贡马及貂皮,赐宴并金织衣彩缎等物有差。
成化二十年(1484年)	明马文升为左副都御史,巡抚辽东,凡三至辽。

时　　间	事　　件
嘉靖八年（1529年）	建州女真首领王杲约于是年生。
嘉靖十五年（1536年）	日本国丰臣秀吉生，后发动侵朝战争。
嘉靖二十六年（1547年）	俄国伊万四世被立为沙皇。
嘉靖三十八年（1559年）	清太祖努尔哈赤生。
嘉靖四十一年（1562年）	建州王杲结土蛮犯东州、凤凰，明辽东副总兵黑春兵败死。王杲又犯辽阳，掠抚顺。
隆庆二年（1568年）	明升险山参将李成梁为辽阳副总兵。
隆庆四年（1570年）	明升李成梁为辽东总兵。
隆庆六年（1572年）	明再开抚顺马市。
万历元年（1573年）	建州都指挥王杲诱杀明备御裴成祖，李成梁谋讨之。
万历二年（1574年）	明辽东总兵李成梁率军火攻王杲古勒寨，王杲兵败遁走。
万历三年（1575年）	建州卫、建州左卫、建州右卫都督到北京朝贡。 七月，哈达首领王台缚王杲献明，槛车送北京，旋磔死。明授王台龙虎将军。 同年，在开原、抚顺、清河、瑷阳、宽甸始通市盐、布。
万历八年（1580年）	李成梁征讨王兀堂，大胜。王兀堂由是不振。
万历十年（1582年）	九月，李成梁围攻王杲子阿台于古勒寨。 哈达贝勒王台病死。 俄国叶尔马克等哥萨克越过乌拉尔山，进入西伯利亚地带。
万历十一年（1583年）	正月，王杲子阿台等犯辽东，李成梁提兵败之。 二月，李成梁率军攻古勒寨。阿台、阿海战死。努尔哈赤祖父觉昌安、父塔克世在寨中遇难。 五月，努尔哈赤起兵，时年二十五岁。

二　建州女真整合统一

清朝的兴起，明朝的灭亡，从中国辽东建州女真古勒寨揭开了历史的序幕。一座高楼大厦被大火焚毁，往往是从一点火星引发的；一个庞大王朝被推翻，往往是从一件小事引起的。星火燎原，蚁穴溃堤，古今中西，概莫能外。这点火星，这个蚁穴，在萌发时，细如芥末，对立的双方，都没注意到。然而，它燃烧为熊熊烈火，汇合为奔腾洪水，能将大厦吞噬，会将王朝冲垮。这个小小的火星，这个小小的蚁穴，就发生在明朝辽东建州女真一个普通的村屯——古勒寨。这里是清朝焚烧明朝熊熊烈焰的火星，也是清朝冲垮明朝滚滚江河的蚁穴。

（一）清兴明亡的历史起点

在中国东北地区，有很多少数民族，其中最重要的有两个：一个是蒙古，另一个是满洲。满洲的先世是女真，天聪时改称满洲，民国改称满族。在明朝后期，女真分为四大部：建州女真、海西女真、东海女真和黑龙江女真。

先是，元末明初，在三姓（今黑龙江省依兰县）地区，有五个万户，其中住居在胡里改（火儿阿）城的万户阿哈出，居住在斡朵里城的万户猛哥帖木儿，同后来建州女真兴起有着重要的直接关系。明永乐元年（1403年），女真胡里改（火儿阿）首领阿哈出到应天（今江苏南京）朝贡。第二年明设建州卫，以阿哈出为建州卫指挥使。这是建州女真名称的由来。永乐十年（1412年），女真斡朵里首领猛哥帖木儿到应天（南京）朝贡。明增设建州左卫，以猛哥帖木儿为指挥使。阿哈出死后其子释加奴袭官，释家奴死后又由其子李满住袭建州卫指挥使。建州卫女真几经迁徙，到明正统三年（1438年），李满住率部自婆猪江（今浑江）瓮村，迁至浑河支流苏克素浒河（苏子河）灶突山（烟筒山）一带居住（后又迁回瓮村）。猛哥帖木儿也经过多次迁徙，到朝鲜斡木河即阿木河（今朝鲜会宁)居住。明宣德八年(1433年)，发生"斡木河之变"，猛哥帖木儿被杀，长子阿谷(权豆)战死、次子董山被俘，弟凡察负伤出逃，寨破人亡，损失惨重。明廷命猛哥帖木儿之弟凡察执掌建州左卫事务。他经明朝允准，艰难地迁徙到苏克素浒河(苏子河)一带居住。后董山被赎出，也来到灶突山(烟筒山)居住，被明廷授为建州左卫指挥使。不久，叔侄二人，争夺卫印。正统七年(1442年)，明廷将建州左卫析出建州右卫，由董山掌左卫印，凡察掌右卫印。于是出现建州卫、建州左卫、建州右卫，这就是建州三卫的由始。建州三卫，会合联姻，部族势力，日渐强大。明成化三年(1467年)，建州女真的著名首领董山和李满住，前者被明边官羁縻广宁(今辽宁省北镇市)而杀害，后者被明军与朝鲜军合攻而身亡寨破，建州女真遭到一场浩劫。

建州三卫合住，不断联姻融合，建州女真逐渐形成为两大部——建州本部和长白山部。建州本部又分为苏克素浒河部、浑河部、完颜部、董鄂部和哲陈部；长白山部又分为讷殷部、朱舍里部和鸭绿江部。当时建州各部的形势，如《满洲实录》所载："各部蜂起，皆称王争长，互相战杀。甚且骨肉相残，强凌弱，众暴寡。"①其时，建州女真的巨族小族、强部弱部，或各据城寨，或自主屯堡，争雄长，相攻掠。《听雨丛谈》记载：数十姓世族，则各据城寨，小族亦自主屯堡，互相雄长，各臣其民，均有城郭②。明朝辽东总兵李成梁，利用蒙古与女真、海西女真与建州女真以及建州女真内部的各种矛盾，纵横捭阖，分化瓦解，拉彼打此，威胁利诱，以实现明廷对辽东地区的统治。

其时，在建州女真诸部中，以王杲的势力最强。王杲为建州右卫指挥使，史称他"生而黠慧，通番、汉语言文字，尤精日者术"。他勇敢多谋，文武超群，"建州诸酋，悉听杲调度"③，成为当时建州女真的著名首领。王杲曾率兵"犯辽阳，劫孤山，略抚顺、汤站，前后杀指挥王国柱、陈其孚④、戴冕、王重爵、杨五美，把总温栾、于栾、王守廉、田耕、刘一鸣等，几数十辈"⑤，枭雄诸部，辽东大震。明万历二年(1574年)，王杲以明廷断绝贡市、部众坐困为借口，大举犯辽阳、沈阳。王杲率诸部三千余骑入五味子冲，明军四面突起；诸部兵悉走，退保王杲寨。李成梁自认为声势强大，俘获王杲，可以坐待。

① 《满洲实录》，第1卷，第6页，辽宁通志馆影印本，1930年。
② 福格：《听雨丛谈》，第1卷，第2页，中华书局校点本，1984年。
③ 瞿九思：《万历武功录·王杲列传》，中华书局影印本，1962年。
④ 瞿九思《万历武功录·王杲列传》作"陈其学"。
⑤ 《清史稿·王杲传》，第222卷，第9124页，中华书局标点本，1977年。

但王杲寨在山上,形势阻险,城高堑深,易守难攻。明总兵李成梁率领六万车骑,携带炮石、火器,分路围攻王杲寨。明军先挥斧砍断数重城栅,又用火器进攻。王杲督率守寨军兵,施放矢石,奋力据守。李成梁令军士冒矢石,攀险崖,登寨垣。王杲以三百勇士登城堞,射明军。明军纵火,寨内房屋、粮秣焚毁,烟火蔽天,守军大溃。明辽东总兵李成梁令明军纵击,"毁其巢穴,斩首一千余级"①。王杲势绌,突围遁走。明军车骑六万,杀掠人畜殆尽。翌年,王杲再出兵犯边,为明军所败。王杲兵败无依,逃到觉昌安六弟保实之子阿哈纳寨隐匿。后明军得讯来攻捕,阿哈纳穿戴王杲蟒挂红甲,伪装掩护王杲出逃。王杲投奔海西女真哈达部首领王台。王台素忠于明朝,率子虎尔罕赤,缚王杲,献朝廷。明万历三年(1575年)八月,万历帝御午门城楼,受辽东守臣献王杲俘,命将其"磔尸剖腹"。这就是史籍记载的建州女真首领王杲被"槛车致阙下,磔于市"。王杲为努尔哈赤的外祖父,王杲之死给努尔哈赤埋下不满的种子。王杲之子阿台,逃脱而去。阿台之妻为努尔哈赤伯父礼敦之女。努尔哈赤父亲塔克世(他失)、祖父觉昌安(叫场),曾参与此事。先是,觉昌安、塔克世父子通于明辽东总兵李成梁。侯汝谅在《东夷悔过入贡疏》中载述:"建州贼首差草场、叫场等部落之王胡子、小麻子等四名到关"②,联系本部与明朝通好之事。觉昌安和塔克世父子两代,都同李成梁结好,故史称李成梁同他们"有香火之情"③。另如《筹辽硕画》亦载:"叫场、他失皆忠顺,为中国出力。"④可见他们父子均忠顺于明朝。特别是在明军进攻王杲寨时,塔克世对明军有所贡献。史称塔克世以助明征讨王杲之功,受封为建州左卫指挥使⑤。

王杲死后,其子阿台(阿太)驻古勒寨,另一头人阿海(阿亥)驻莽子寨,两寨相依,互为犄角,彼此联络,互援固守。哈达部王台缚献王杲以后,受明封为龙虎将军,但于万历十年(1582年)死去,其子扈尔干(虎尔罕赤)怯弱。阿台、阿海怨王台缚献王杲,要向王台之子扈尔干(虎尔罕赤)报仇。同年,阿台、阿海约叶赫部清佳努贝勒和杨佳

①　《明神宗实录》,第2卷,第18页,万历二年十一月辛未朔,内阁文库本。

②　《东夷悔过入贡疏》,《清朝全史》,上一,第79页,商务印书馆,1913年。

③　《明神宗实录》,第580卷,第17页,万历四十七年三月癸卯,台北中央研究院历史语言研究所校勘本,1962年。

④　程开祜:《筹辽硕画》,首卷,《东夷奴儿哈赤考》,1936年影印本,首都图书馆藏。

⑤　马晋允:《皇明通纪辑要》,第19卷,高丽活字本,北京大学图书馆藏。

努贝勒共攻哈达。明辽东总兵李成梁提兵至曹子谷,大破之,斩俘一千五百六十三级。

万历十一年(1583年)正月,李成梁以"阿台未擒,终为祸本"①,督兵攻阿台驻地古勒寨与阿海驻地莽子寨:"总督周咏、巡抚李松与宁远伯李成梁,决策往征之。成梁乃勒兵从抚顺王刚台出塞百里,直捣古勒寨。寨势陡峻,三面壁立。李成梁麾诸军火攻两昼夜,射阿台殪。而别将秦得倚已破阿海寨,诛阿海。"②时苏克素浒河部图伦城主尼堪外兰,受到明朝的扶植。明辽东总兵李成梁利用尼堪外兰为傀儡,企图通过他加强对建州女真各部的控制。尼堪外兰为讨好李成梁,引导明军至古勒寨,攻打阿台。古勒寨在苏克素浒河南岸、扎喀关西南,今新宾上夹河镇古楼村。阿台之妻是觉昌安的孙女(努尔哈赤伯父礼敦之女)③。觉昌安见古勒寨被围日久,想救出孙女免遭兵火,又想去劝说阿台归降,就同他的儿子塔克世到了古勒寨。塔克世留在外面等候,觉昌安独身进入寨里。因伫候时间较久,塔克世也进到寨里探视。明军攻城益急,双方交战激烈,觉昌安和塔克世父子都被围在寨内。

明宁远伯、辽东总兵李成梁,攻城不克,颇为恼怒,要绑缚尼堪外兰,问师老兵折之罪。尼堪外兰害怕,愿身往城下招抚。他到古勒寨下,高声喊话赚道:"天朝大兵既来,岂有释汝班师之理!汝等不如杀阿太(阿台)归顺。太师有令,若能杀阿太(阿台)者,即令为此城之主!"④太师就是李成梁。阿台部下有人信以为真,便杀死阿台,打开寨门,投降明军⑤。李成梁虽然占领古勒寨,但因攻城,损兵折将,极为生气,以杀泄愤。他在古勒寨降顺后,下令"诱城内人出,不分男妇老幼尽屠之"⑥。古勒寨内,男女老

---

① 《明神宗实录》,第133卷,第12页,万历十一年二月戊戌,台北中央研究院历史语言研究所校勘本,1962年。

② 彭孙贻:《山中闻见录》,《王杲》,上虞罗氏刻本,1924年。

③ 孟森《清太祖起兵为父祖复仇事详考》载:"阿台前妻,生女为景祖第四子妇;阿台后妻,又为景祖长子之女也。"此述有一信二疑:一信为阿台之妻是觉昌安子礼敦之女,史言凿凿。二疑为,阿台前妻后妻说,未见记载,当属推论;阿台之女是景祖第四子塔克世之妻,即努尔哈赤之生母。《万历武功录·王杲传》载,王杲死于万历三年(1575年),时年四十七岁。努尔哈赤生于嘉靖三十八年(1559年),其时王杲三十岁。其子之女为努尔哈赤之生母,于情理不合,故此断存疑。

④ 《满洲实录》,第1卷,第7页,辽宁通志馆影印本,1930年。

⑤ 阿台之死,诸书记载不一,另如《明史纪事本末·补遗》第1卷载:"成梁用火攻,冲其坚,经两昼夜,阿台中流矢死。"《万历武功录》第11卷载:"李成梁出边百余里,追袭至古勒寨,击破之,斩阿台、阿海等首房。"

⑥ 《清太祖武皇帝实录》,第1卷,第10页,北平故宫博物院本,1932年。

幼,均遭屠戮。全寨兵民,无一幸免,尸横屯巷,血流成河。努尔哈赤的祖父觉昌安和
父亲塔克世,也在混乱中被攻陷古勒寨的明军所误杀。此事,《明神宗实录》据蓟辽总
督周咏奏报作了记载:"建州逆呆子阿台,复诱虏酋阿海等,从靖远、榆林入寇。总兵李
成梁督兵破之,二酋就戮,荡扫巢穴,斩获者二千三百有奇。"①

是役,古勒寨与莽子寨共破,阿台与阿海并死。明军共得二千二百二十二级,并曹
子谷之战,总共三千余级。明以此功,告捷郊庙,录周咏、李松、李成梁之功。

古勒寨之役,努尔哈赤父、祖死于寨内。《清太祖武皇帝实录》载述,较明人记述为
详,现将全文,引录如下:

> 宁远伯李成梁,攻古勒城主阿太、夏古城主阿亥。成梁于二月,率辽阳、广宁
> 兵,与尼康外郎约,以号带为记,二路进攻。成梁亲围阿太城;命辽阳副将围阿亥
> 城,城中见兵至,遂弃城遁,半得脱出,半被截困,遂克其城,杀阿亥。复与成梁合
> 兵,围古勒城。其城倚山险,阿太御守甚坚,屡屡亲出,绕城冲杀。围兵折伤甚多,
> 不能攻克。成梁因数尼康外郎谗构,以致折兵之罪,欲缚之。尼康外郎惧,愿往招
> 抚,即至城边,赚之曰:"天朝大兵既来,岂有释汝班师之理,汝等不如杀阿太归顺。
> 太师有令,若能杀阿太者,即令为此城之主。"城中人信其言,遂杀阿太而降。成梁
> 诱城内人出,不分男妇老幼,尽屠之。
>
> 阿太妻,系太祖大父李敦之女。祖觉常刚,闻古勒被围,恐孙女被陷,同子塔
> 石,往救之。既至,见大兵攻城甚急,遂令塔石候于城外,独身进城,欲携孙女以
> 归,阿太不从。塔石候良久,亦进城探视。及城陷,被尼康外郎唆使大明兵,并杀
> 觉常刚父子。②

上引《清太祖武皇帝实录》文字,古勒城即古勒寨,夏古城即莽子寨,阿太即阿台,
阿亥即阿海,觉常刚即觉昌安,塔石即塔克世,李敦即礼敦,尼康外郎即尼堪外兰。在
古勒寨之役中,努尔哈赤的祖父觉昌安和父亲塔克世,均被明军所杀。

努尔哈赤惊闻父、祖蒙难的噩耗,捶胸顿足,悲痛欲绝。他往诘明朝边吏道:"我

---

① 《明神宗实录》,第 133 卷,万历十一年二月壬子,台北中央研究院历史语言研究所校勘本,1962 年。

② 《清太祖武皇帝实录》,第 1 卷,第 9～10 页,台北故宫博物院藏,广文书局影印本,1970 年。

祖、父何故被害？汝等乃我不共戴天之仇也！汝何为辞？"明朝遣使谢过，称："非有意也，误耳！"遂还努尔哈赤祖、父遗体，并与"敕书三十道，马三十匹，复给都督敕书"①。大明皇朝万历帝，辽东总兵李成梁，屠一座边塞小城，杀若干东夷草民，易如反掌，如耍儿戏。但是，人心不可欺，民志不可辱。怨，可化不可聚；仇，可解不可结。明朝万历帝、总兵李成梁，一次一次地焚掠女真屯寨，一次一次地屠杀女真部民，同女真各部，同女真民众，积下民族之怨，结下民族之仇。女真与明朝，边民与明军，其怨其仇，其愤其恨，集中表现在努尔哈赤身上。努尔哈赤同大明皇朝结下四重仇恨——外祖父王杲、姑父（亦为舅父）阿台、祖父觉昌安、父亲塔克世，都死于明朝官军之手。从此，努尔哈赤与大明皇朝，积下不可化解之怨，结下不共戴天之仇。万历帝、李成梁杀了觉昌安、塔克世，在他们子孙努尔哈赤心里，点燃起燎原之复仇星火，挖掘开溃堤之复仇蚁穴。努尔哈赤将复仇的星火，逐渐燃烧成为焚毁大明皇朝的燎原大火；将复仇的穴水，逐渐汇聚成为冲毁大明皇朝的滔滔洪水。最终，以清代明，江山易主。

明军杀害觉昌安、塔克世后，一面抚慰努尔哈赤安定其情绪，一面扶植尼堪外兰做"建州主"。当时建州女真的许多部，见尼堪外兰势力很大，又受到明朝的支持，都投归尼堪外兰。即使努尔哈赤同族的宁古塔诸祖的子孙，也对天立誓，要杀害努尔哈赤，投附尼堪外兰。努尔哈赤对明朝扶持尼堪外兰极为不满，但又无力兴兵攻明，便将杀死其祖、父之仇，倾泄到尼堪外兰身上。他对明朝边官说："杀我祖、父者，实尼康外郎唆使之也，但执此人与我，即甘心焉！"②明边吏婉辞拒绝了他的要求。努尔哈赤便椎牛祭天，起兵复仇。

（二）努尔哈赤起兵

灾难突然地降临到头上，会刺激有大志大勇者，奋扬精神，整顿内部，积聚力量，夺取胜利。努尔哈赤正是这样一位满族的大志大勇者。

努尔哈赤，姓爱新觉罗，明嘉靖三十八年（1559 年）生于建州左卫苏克素浒河部赫图阿拉（今辽宁省新宾满族自治县永陵镇赫图阿拉村）。他的祖父觉昌安（叫场），曾任

---

① 《清太祖高皇帝实录》，第 1 卷，第 10 页，中华书局影印本，1986 年。
② 《清太祖武皇帝实录》，第 1 卷，第 10 页，台北故宫博物院藏，广文书局影印本，1970 年。

建州左卫都指挥;父塔克世(他失),曾任建州左卫指挥。他的父祖,忠于明朝,实心任事,对努尔哈赤产生很大的影响。他的母亲是建州右卫都督王杲的女儿,姓喜塔拉氏,名额穆齐。喜塔拉氏诞育三子一女:长子努尔哈赤,三子舒尔哈齐,四子雅尔哈齐和一个女儿。他的继母纳喇氏,名肯姐(恳哲),是哈达贝勒万所养的族女,为人刻薄,只生育一个儿子,即第五子巴雅喇。他的庶母李佳氏,为古鲁礼之女,也养育一个儿子,即第二子穆尔哈齐。努尔哈赤身为长兄,待弟宽厚,聪明机智,喜爱骑射,勤于劳作,体格强壮,勇敢果断。他十岁时,生母不幸病逝。继母纳喇氏,心胸狭隘,待人刻薄,经常嫉妒、虐待他。父亲常偏听偏信,他幼年便经受世态炎凉。他曾到外祖父王杲家暂住,也受到表兄弟的冷遇。这些都锻炼他顽强自立的品格。万历五年(1577 年),努尔哈赤娶本部塔本巴颜之女佟佳氏、名哈哈纳札青为妻,这年他十九岁。他成家后,分立门户;但是,"家产所予独薄"。第二年,生下长女东果格格。为着维持小家庭的生活,他常到抚顺马市去出卖自己采集的松子、蘑菇、木耳、人参等。在马市贸易中,他同汉人、蒙古人、朝鲜人等广泛接触,磨练意志,增长见识。他还到李成梁部下,"每战必先登,屡立战功"[1]。他勤奋好学,"好看《三国》、《水浒》,自谓有谋略"[2]。当然,努尔哈赤在同汉人交往中,会说汉语、喜听《三国》、《水浒》故事,应是不成问题的。至于他是否会汉文、能读汉文书籍,还是值得再研究的。正当努尔哈赤在人生轨道上前进的时候,外祖父、姑(舅)父,特别是祖父和父亲蒙难的噩耗,改变了他人生的道路。努尔哈赤为报父、祖之仇,在赫图阿拉起兵,拉开满洲崛兴、反抗明朝的历史帷幕。

赫图阿拉是努尔哈赤起兵的根据地。赫图阿拉坐落在一座平顶冈丘上,北濒苏克素浒河(苏子河),东临苏克素浒河的支流皇寺河、加哈河,南为里加河(其水注索尔科河后汇加哈河入苏克素浒河)。赫图阿拉四面近水,三壁陡峭,平地兀凸,冈顶平展,是一座鬼斧神工的山寨城。它四面环水之外,又四面临山:东为皇寺山,南为鸡鸣山,西为烟筒山(呼兰哈达),北面则群峰起伏。建州的苏克素浒河部,因地处苏克素浒河而得名。苏克素浒河发源于今五凤楼岭,流到今抚顺东营盘地方与浑河汇合后,南注辽河,泻入辽东湾。苏克素浒河穿过千沟万壑与茂密丛林,到赫图阿拉附近形成一片宽敞的河谷平原。苏克素浒河其时水量较大,可以行船,水产丰富。苏克素浒河谷地,土

---

① 彭孙贻:《山中闻见录》,第 1 卷,《建州》,上虞罗氏刻本,1924 年。

② 黄道周:《博物典汇》,第 20 卷,第 18 页,明崇祯八年(1635 年)抄本。

层深厚,土壤肥沃,雨量充沛,气候宜农。沿河的两岸大野,谷地丘陵,都被垦殖。平原谷地,春日融融的季节,耕牛布散,禾谷丰茂。山坡丘陵,树木繁盛,人参、松子、榛子、山禽、野兽,给人们提供了丰富的山珍、林产、肉兽与毛皮。

生于赫图阿拉的努尔哈赤,要报祖、父之仇,杀尼堪外兰,需组成一支队伍。他巧妙地把对尼堪外兰不满的人,拉到自己一边。如苏克素浒河部萨尔浒寨主卦喇,曾因尼堪外兰诬陷,受到明朝抚顺边关的责治。卦喇之弟诺米纳、嘉木湖寨主噶哈善、沾河寨主常书及其弟扬书等,都忿恨尼堪外兰。他们投归努尔哈赤后说:"念吾等先众来归,毋视为编氓,望待之如骨肉手足。"①努尔哈赤同四位寨主对天盟誓,共同反抗尼堪外兰。

万历十一年(1583年)五月,努尔哈赤借报祖、父之仇为名,以塔克世"遗甲十三副",率兵百余人,向尼堪外兰的住地图伦城发动进攻。图伦城,其满文体为 turun ho-ton,turun(图伦)汉意为矗,hoton 汉意为城。据《盛京吉林黑龙江等处标注战迹舆图》二排四上所标:图伦城在苏克素浒河与浑河会流处东南,萨尔浒城之东,界凡渡口之南。图伦在今辽宁省新宾满族自治县汤图附近。是役,打败尼堪外兰,攻克图伦城②。努尔哈赤胜利而归,时年二十五岁。

但是,此战并未达到目的,让尼堪外兰逃跑了。原因是诺米纳违约,并未率兵会攻图伦城。先是,索长阿(努尔哈赤之三伯祖父)子龙敦言于诺米纳兄弟,尼堪外兰筑甲版城,得到明朝的支持和哈达的帮助,你们为何附和努尔哈赤,而去攻打尼堪外兰呢?所以,诺米纳背盟而不以兵来会,尼堪外兰又预知消息,携带妻子离开图伦城,逃至甲版城。同年秋,尼堪外兰又携妻子、近属及部众等,从甲版城徙至鹅尔浑,并筑城驻居。

鹅尔浑城,属浑河部。在浑河北岸,西通抚顺,近明边墙,易受明军庇护。万历十四年(1586年)七月,努尔哈赤率兵征取尼堪外兰驻地鹅尔浑城。时努尔哈赤起兵已经三年,仇人尼堪外兰尚未擒获,埋藏在心底中的仇恨并未消除。擒斩尼堪外兰,洗雪父祖之仇,成为努尔哈赤下一个奋斗目标。由是,努尔哈赤心急如焚,星夜兼驰,率兵往攻鹅尔浑城。努尔哈赤督兵径攻,城攻陷后,因尼堪外兰外出而没有将其索获。努

---

①　《满洲实录》,第1卷,第8页,辽宁通志馆影印本,1930年。

②　萧一山:《清代通史》上卷第15页云:"遂克图伦,得兵百人,甲十三副。"《实录》载:"上克图伦城而归。当是时,兵百人,甲三十副而已。"是知,《实录》所载为努尔哈赤其时所有之兵械,而非所获之兵械。

尔哈赤登城遥望,见城外逃遁的四十余人中,为首一人头戴毡帽,身穿青绵甲,疑为尼堪外兰。他下城纵骖,眼冒仇火,单骑直入,身陷重围。他被乱矢中胸贯肩,受创三十余处,仍奋勇力战,射死八人,斩杀一人。他在余敌溃散后,返回鹅尔浑城。回到鹅尔浑城以后,当努尔哈赤得知尼堪外兰被明军保护起来的消息时,愤怒的乌云遮住了理智之光。努尔哈赤因仇恨而失去理智,杀死城内十九名汉人,对捉住六名中箭伤的汉人,把箭镞重新插入伤口,让他们带箭去向明朝边吏传信,索要尼堪外兰:"执送尼堪外兰;不然,且兴兵征明矣!"

明朝辽东边将并不害怕努尔哈赤的威胁,因为他的力量还很弱小;但是,明朝认为努尔哈赤势力日渐强大,留着尼堪外兰这个傀儡已成赘疣,就决定抛弃他。于是,明朝边吏派人答复道:"尼堪外兰既已归我,岂便执送? 尔自来杀之可也!"

努尔哈赤是个足智多谋的人,不肯轻易相信明朝边吏的许诺。他说:"尔等叵测,将诓我耶!"明使者又言:"毋亲往,以少兵来,即执与汝!"于是,努尔哈赤派斋萨率四十人去索取尼堪外兰。斋萨到后,尼堪外兰见到斋萨,要登台躲避。明边吏撤去梯子,将尼堪外兰绑缚,送给斋萨。斋萨斩杀尼堪外兰,向努尔哈赤跪献其首级。

明朝将尼堪外兰送给努尔哈赤,建州斩杀尼堪外兰;建州同明朝的矛盾,暂时得到缓解。《清太祖高皇帝实录》记载:"明自此岁输银八百两、蟒缎十五匹,通和好焉!"

努尔哈赤克图伦城、鹅尔浑城,杀尼堪外兰,开始了统一建州女真的战争。这是清太祖努尔哈赤崛兴的起点,是满洲崛兴的起点,也是清朝崛兴的起点。从此,崭露头角的努尔哈赤,采取"顺者以德服,逆者以兵临"的策略,拉开了统一建州女真各部战争的帷幕。

努尔哈赤起兵之初,势力很单薄,需团聚宗族,形成合力,共同对敌。其祖父兄弟六人,共有子二十二人;其父兄弟五人,又有子多人,所以其父祖、伯叔、兄弟、宗侄多至数十人。努尔哈赤起兵初始,宗族之内,多人不服。如努尔哈赤伯祖德世库、刘阐、索长阿,叔祖宝实等之子孙,忌其才能,"誓于堂子,同谋害上"。又如其叔祖宝实之子康嘉等三人同谋,纠合外部势力,"劫上所属瑚济寨而去"。努尔哈赤采取宽宏态度,嘉善斥恶,团聚本族,发展实力。《满文老档》后来载述:"聪睿恭敬汗自幼生活贫苦,心存公正,沉默寡言,善于劝阻族人殴斗。劝而不从,则责其用壮逞强者,并科以重罪。其知错认错、听从劝告者,则嘉之。重罪从轻,从容完结。其见善者,纵是仇敌,论功擢之。其犯罪者,即为亲戚,亦必杀之。因一贯公正善良,故此本族伯叔、兄弟等无论何事,俱委聪睿恭敬汗予以了结。"①

努尔哈赤在起兵之时，既团结宗族，又知人善任。他身边有两个重要人物，如同左膀右臂，即额亦都和安费扬古。

额亦都，钮祜禄氏，嘉靖四十一年（1562年）生，小努尔哈赤三岁。额亦都世居长白山地方，"幼时父母为仇家所害"②，藏匿邻村，得以免死。额亦都十三岁，拔刀杀死仇人后，逃往建州苏克素浒河部嘉木瑚寨主穆通阿。穆通阿是他的姑父，依靠姑父、姑母，勤劳度日。万历八年（1580年），努尔哈赤到嘉木瑚寨，夜宿穆通阿家。额亦都同努尔哈赤交谈，言语投契，要跟从努尔哈赤，但他的姑母不允。额亦都说："大丈夫生世间，能碌碌终乎？"③第二天，额亦都不告而别，跟从努尔哈赤而去。他之所以断然跟从努尔哈赤，史载："太祖过其地，额亦都识为真主，请事太祖。"④这显然有所渲染，但额亦都当时确已认识到，努尔哈赤并非常人，跟随他能够做出一番事业。这年努尔哈赤二十二岁，额亦都十九岁。努尔哈赤起兵攻图伦城，额亦都奋勇先登。额亦都对努尔哈赤，忠心效力，患难与共，曾小心护卫努尔哈赤，甚至夜间和努尔哈赤互换睡处，以防努尔哈赤遭到暗算⑤。努尔哈赤多次遇险，赖额亦都护卫左右，而消弭灾难。后努尔哈赤以第四女穆库什嫁给额亦都。额亦都对努尔哈赤的赤诚，《清史稿·额亦都传》记载一个很生动的故事。额亦都次子达启，少年英武，聪明伶俐，深受努尔哈赤喜欢。努尔哈赤将达启养育在汗宫里，后将第五女指婚给他。达启恃宠而骄，甚至对努尔哈赤诸子也无礼貌。额亦都对达启很气愤，深恐成为日后之害。一日，额亦都在野外别墅，召集诸子前来饮酒。酒行正兴，命执达启，众皆惊愕。额亦都抽刀道："天下安有父杀子者？顾此子傲慢，及今不治，他日必负国、败门户。不从者，血此刃！"说完之后，将达启引入室内，用被覆面杀之。杀完达启，额亦都向努尔哈赤谢罪。努尔哈赤既惊愕，又惋惜，沉思良久，乃叹息道："额亦都为国深虑，不可及也！"额亦都跟随努尔哈赤四十余年，骁勇百战，身先士卒，"屡被重创，遍体疮痍"⑥，深受努尔哈赤信任，后为开国五大

---

① 《满文老档·太祖》，上册，第41～42页，中华书局译注本，1990年。

② 《八旗满洲氏族通谱》，第5卷，第1页，辽沈书社，1989年。

③ 《清代碑传全集·额亦都传》，第3卷，第24页，上海古籍出版社，1997年。

④ 《清史列传·额亦都》，第4卷，第2页，中华书局，1928年。

⑤ 《镶黄旗满洲钮祜禄氏弘毅公家谱》，哈佛燕京图书馆藏本。

⑥ 《弘毅公额亦都碑文》，李凤民：《清弘毅公额亦都残碑简报》，《沈阳故宫博物院论文集》，1983年。

臣之一。

安费扬古,觉尔察氏,与努尔哈赤同岁,世居瑚济寨。他的父亲完布禄,跟从努尔哈赤,有章甲、尼麻喇人诱其背叛,不从;又劫其孙以相要胁,但终无贰志。努尔哈赤含恨起兵,安费扬古即跟从努尔哈赤。努尔哈赤率兵克图伦,攻甲版,安费扬古皆临阵,率先奋勇,不畏矢石。安费扬古跟随努尔哈赤四十余年,每遇强敌,挺身突入,冲锋陷阵,尤为杰出,后为五大臣之一。

努尔哈赤起兵之初,人数很少,军纪涣散。以攻打兆佳城为例。万历十七年(1589年)正月,征兆佳城。此战,《清太祖武皇帝实录》记载:"太祖率兵,往攻赵家城酋长宁谷钦章京。太祖伏兵赵家城下。城内兵百余,出遇伏兵,射之。敌兵直冲太祖所立之处,欲奔入城。太祖独入百人中,手刃九人,余众四散,未得进城。围四日,其城将陷,我兵少懈,四出掳掠牲畜、财物,喧哗争夺。太祖见之,解甲与大将奈虎曰:'我兵争此微物,恐自相残害,尔往谕禁之。'奈虎至,不禁人之掳掠,亦随众掠之。太祖将己绵甲,复与把尔代,令往取奈虎铁甲来,以备城内冲突。把尔代复随众掳掠。忽城内十人突出。有族弟王善,被敌压倒于地,跨其身,将以枪刺之。太祖一见,身无甲胄,挺身驰往。发一矢,中敌面额,应弦而死。救起王善,克其城,杀宁谷钦而回。"[1]但是,《清太祖高皇帝实录》却作了如下记载:

> 上率兵征兆佳城主宁古亲,伏兵城下。时城内兵百人出,伏兵不即击,引弓射之。敌知有伏,大惊,欲奔入城,冲至上前。上独入百人中,手刃九人,击败其众,悉溃走。攻四日,城将下。我兵遂弛备,争俘获,聚而哗。上见之,解甲授侍卫鼐护被之,曰:"我兵互争,恐自相蹂躏,尔往禁之。"鼐护往,弗为禁,亦争取焉。上又以绵甲,授巴尔太被之,曰:"敌将遁,趣取吾甲。"巴尔太往,亦争俘获,不即至。适敌兵十人突出。上有族弟王善者,敌揿之仆地,踞其身,欲刺。时上未甲,奋身直入,发矢中敌人额,应弦而踣,救王善,克其城,斩宁古亲而还。[2]

以上记载,可以看出:

---

① 《清太祖武皇帝实录》,第2卷,第25~26页,台北故宫博物院藏,广文书局影印本,1970年。
② 《清太祖高皇帝实录》,第2卷,第9页,中华书局影印本,1986年。

第一，《高录》文字，明显修饰。《武录》为"我兵少懈，四出掳掠牲畜、财物，喧哗争夺"，《高录》将其改为"我兵遂弛备，争俘获，聚而哗"，可以明显看出，《高录》将"四出掳掠牲畜、财物"，改为"争俘获"。这样一改，就把其军队同百姓的利益冲突，变为其军队内部利益的均衡矛盾，从而掩饰了建州初期军队掳掠的野蛮行为。

第二，努尔哈赤之兵，纪律太差。军兵掳掠财物，下令而不能止；派官前往宣谕，官员同流合污；再派官前去，复随之掳掠。一而再，再而三，令不行，禁不止。努尔哈赤力图整顿军队纪律，没有收到实效。这时他还没有建立起首领的权威。后来在战争中逐渐加强军队纪律，树立起首领的权威。

第三，夺取赵家城，主要靠智谋。先是围城设伏，继是诱敌出城，次是以静击动，复是围而困之，再是打疲惫之敌，最后是攻而下之。这种作战的方法和韬略，后来一再重复，并不断地丰富和完善。

在这里，附带说明有关清太祖起兵的历史文献。现行清廷官修记载清朝开国之初的文献，主要为三种"实录"，就是《清太祖武皇帝实录》、《清太祖高皇帝实录》和《满洲实录》。《清太祖实录》，始修于清太宗皇太极时。天聪九年(1635年)八月，命画工张俭等合绘清太祖实录图告成。因这同历代皇帝实录体例不合，寻命内国史院大学士希福、刚林等，对《清太祖实录》去图加谥，以满、蒙、汉三体文字改编。崇德元年(1636年)纂辑告成，题名为《清太祖武皇帝实录》，共四卷。这是《清太祖实录》的初纂本。清世祖顺治初年，命重缮《清太祖武皇帝实录》，初纂本遂佚。顺治重缮《清太祖武皇帝实录》，现存台北故宫博物院。这个本子，1932年北平故宫博物院出版其铅印本。1970年台北故宫博物院出版、广文书局刊行其影印本。康熙朝特开史局，仿《清太宗实录》体例，重修《清太祖实录》。历经五年，厘为十卷，题名为《清太祖高皇帝实录》。雍正十二年(1734年)再加校订，历时五载，到乾隆四年(1739年)告成，亦为十卷。是为《清太祖高皇帝实录》的定本，也是至今通行的版本。另外还有满、蒙、汉三体文字的《满洲实录》。《清太祖实录》的三次重修，虽然每次都匡正疏误、润饰文字；但《清太祖实录》，屡经重修，"尽删所讳，湮没史迹"。上述引文，可见一斑。以上所述三种实录，其史料之来源，为满文《无圈点老档》(又称《旧满洲档》、《老满文原档》、《满文老档》、《满文旧档》)。然而，《无圈点老档》从明万历三十五年(1607年)开始，其前断简，文献残阙。其间，缺载从清太祖起兵的明万历十一年(1583年)到万历三十四年(1606年)，共二十四年的历史记载。这段历史，清朝官方文献主要靠《清太祖武皇帝实录》顺治重缮本的记载。所以,顺治重缮本《清太祖武皇帝实录》是清朝官修清太祖起兵最重要、最基本的史料。

(三)整合建州女真

努尔哈赤起兵后,东西征战,南北驰突,重新整合女真的事业一步步地取得进展。他当时没有战略规划,也没有总体部署,而是因时、因地、因部、因人,变换攻守,机动灵活,积累小胜,逐步推进。对苏克素浒河部、董鄂部获取重大胜利后,又兵指哲陈部,在统一建州女真的道路上策马奔驰。万历十一年(1583 年),努尔哈赤带领额亦都、安费扬古等百人的队伍,以打败尼堪外兰、夺取图伦城为起点,开始统一苏克素浒河部。努尔哈赤家族所在的苏克素浒河部,分布于苏克素浒河(即苏子河)下游到该河注入浑河处的一带地方。苏克素浒河部萨尔浒城主诺米纳、鼐喀达,曾同努尔哈赤歃盟,但因见尼堪外兰依恃明朝而势力较强,便背弃盟誓,"阴助尼堪外兰,漏师期,尼堪外兰得遁去"①。努尔哈赤对诺米纳、鼐喀达虽怀恨在心,但他不用力攻,而用计取。他暗自定下破诺米纳、鼐喀达而取萨尔浒城之计。

时值诺米纳、鼐喀达派人来约,会攻浑河部巴尔达城。努尔哈赤佯同诺米纳等约盟,合兵攻巴尔达城。临战时,他要诺米纳先攻,诺米纳不从。这时,努尔哈赤便使用预定之计,轻而易举地除掉了诺米纳。据记载:"太祖曰:'尔既不攻,可将盔甲、器械与我兵攻之。'诺米纳不识其计,将器械尽付之。兵器既得,太祖执诺米纳、鼐喀达杀之,遂取萨尔浒城而回。"②

努尔哈赤杀了诺米纳、鼐喀达后,派安费扬古率兵攻克其城。努尔哈赤虽夺取萨尔浒城,但对诺米纳、鼐喀达的部民不加伤害,让他们照旧住在萨尔浒城,并修整城栅。在统一女真各部战争中,努尔哈赤用兵的一个特点是,不仅用步骑强攻,而且以计谋智取。他很快地统一苏克素浒河部,势力渐强,威信日增。

万历十二年(1584 年),努尔哈赤起兵一年后,对附近城寨主动出击。

正月,努尔哈赤伐李岱,攻兆佳城。其时,天寒地冻,大雪纷飞,岭高路险,城在山

---

① 《清史稿·安费扬古传》,第 225 卷,第 9186 页,中华书局标点本,1977 年。

② 《满洲实录》,第 1 卷,第 10 页,辽宁通志馆影印本,1930 年。

上。努尔哈赤督众凿山为蹬,鱼贯攀登。但李岱已预知有备,严守以待。兵士中有人畏难,要罢兵返回。努尔哈赤不允,曰:"吾固知其有备而来,何遽回耶?"①遂督兵猛攻,克之,获李岱。

六月,努尔哈赤又伐萨木占,攻马尔墩寨②。先是,努尔哈赤的妹夫噶哈善,被其继母之弟萨木占等邀杀于路。努尔哈赤闻讯后,披甲跃马,引弓疾驰,抢回其遗体殓葬之。努尔哈赤为给噶哈善复仇,率兵四百,往攻马尔墩寨。寨踞山顶,势险备严。努尔哈赤设木牌、蔽矢石,分三组、并列进。寨上飞石檑木齐下,兵士难以迎面仰攻,连战三日,损兵折将。努尔哈赤冒矢石,发矢射中寨上一头目讷申,穿面贯耳,又射倒四人,守兵遂怯。努尔哈赤连攻四日,不能攻克马尔墩寨。安费扬古夜间乘敌疏防,率兵从间道,跣足缘崖,崎岖而上,两面夹攻,破马尔墩。这是努尔哈赤起兵一年来,继图伦、兆佳之后夺取的第三座城寨。

但是,努尔哈赤既要攻取外部的敌人城寨,又要应付内部的身处逆境。他在内部的不利条件下,也能善机变,少树敌,逐渐由弱变强。

如在四月初一日半夜,努尔哈赤听到窗外有脚步声,便起身佩刀执弓,将子女藏在僻静处,让他的妻子装作上厕所,他紧跟在后面,用妻子的身体作掩护,潜伏在烟囱的侧后。努尔哈赤借闪电见一人逼近,以刀背击仆,喝令近侍洛汉把他捆起来。洛汉把那人捆绑后要将他杀掉。努尔哈赤暗想:要是杀了他,其主人会以我杀人为名,派兵攻我,而我兵少难敌,于是佯言道:"尔必来偷牛!"那人回答道:"偷牛是实,并无他意。"近侍洛汉插话道:"此贼实害我主,诈言偷牛,可杀之,以戒后人。"努尔哈赤高声道:"此贼实系偷牛,谅无别意!"③于是将那人释放。

又如在五月一个阴云密布的黑夜,有一个叫义苏的人,潜入努尔哈赤的住宅栅内。努尔哈赤发觉后,着短甲,持弓矢,假装外出如厕,藏在烟囱的后面。闪电一烛,他看见贼人逼近,扣弦一箭,被贼人躲过;再发一箭,射中其足,后把义苏捆缚鞭挞。族中兄弟要把义苏杀死,努尔哈赤道:"我若杀之,其主假杀人为名,必来加兵,掠我粮石。粮石被掠,部属缺食,必至叛散。部落散,则孤立矣。彼必乘虚来攻,我等弓箭、器械不足,

---

①　《清太祖高皇帝实录》,第1卷,第16页,中华书局影印本,1986年。

②　马尔墩寨:今辽宁新宾上夹河乡马尔墩村,寨在马尔墩岭上。

③　《满洲实录》,第1卷,第12页,辽宁通志馆影印本,1930年。

何以御敌？又恐别部，议我杀人启衅，不如释之为便。"①

说完便把义苏释放。努尔哈赤释义苏、少树敌，临事机变、深沉大度，是为着积蓄力量，准备条件，继统一苏克素浒部之后，将董鄂等部吞并。

董鄂部与苏克素浒河部为邻，位置在董鄂河（今浑江）流域及其诸支流一带，东北邻讷殷部，西界苏克素浒河部，南接鸭绿江部，北抵辉发部。九月，努尔哈赤得知董鄂部"自相扰乱"的消息后，要乘时往攻。诸将谏阻说："兵不可轻入他人之境，胜则可，倘有疏失，奈何？"努尔哈赤力排众议，说："我不先发，倘彼重相和睦，必加兵于我矣！"②他说服诸将后，率兵五百人，携带蟒血毒箭，往征董鄂部主阿海巴颜驻地齐吉答城。阿海巴颜聚兵四百，闭门守城。努尔哈赤统兵围攻城栅，并纵火焚毁城上悬楼和城外庐舍。城将陷，天降大雪，遂命还师。

在还师途中，又进攻翁科洛城。翁科洛人得知消息，敛兵城里，紧闭城门。努尔哈赤兵临城下后，下令放火焚烧城上悬楼和环城房屋。他登房跨脊，往城里弯射。城中有一人叫鄂尔果尼，引弓发矢，射中努尔哈赤，穿胄伤肉，深有指许。他拔下箭镞，血流至脚。即用所拔之箭，反射城下，一人应弦而倒，表现了顽强的战斗精神。努尔哈赤虽负箭伤，仍弯射不止。城中另一人名洛科，乘浓烟潜近，暗发一箭，正中努尔哈赤项部，箭镞穿透锁子甲围领，镞卷如双钩，伤创寸余。他拔下矢镞，带出两块血肉，血涌如注。别人见努尔哈赤负重伤，要登房把他搀扶下来。努尔哈赤说："尔等勿得近前，恐敌知觉，待我从容自下。"③他一手捂住伤口，一手挂弓下房。努尔哈赤从容下来后，因箭镞创伤静脉血管，血流不止，几次昏迷，只得弃城而回。

努尔哈赤伤创愈合后，又率兵攻打翁科洛城。城陷后，俘获鄂尔果尼和洛科。众将把鄂尔果尼和洛科绑缚，让他们跪在努尔哈赤面前，请求对二人施以乱箭穿胸的酷刑，以雪翁科落城之恨。但是，努尔哈赤说：

> 两敌交锋，志在取胜。彼为其主，乃射我；今为我用，不又为我射耶！如此勇敢之人，若临阵死于锋镐，犹将惜之，奈何以射我故而杀之乎！④

---

① 《清太祖武皇帝实录》，第1卷，第16页，北平故宫博物院刊印本，1932年。
② 《满洲实录》，第1卷，第14页，辽宁通志馆影印本，1930年。
③ 《满洲实录》，第1卷，第15页，辽宁通志馆影印本，1930年。
④ 《清太祖高皇帝实录》，第1卷，第21页，中华书局影印本，1986年。

　　努尔哈赤没有杀掉鄂尔果尼和洛科,亲自给他们释缚,并授为牛录额真(后称佐领),加以厚养。努尔哈赤不计私怨、宽宏大度的襟怀,深深地感动了诸将,加强了其统治群体内部的团结,也加快了其统一建州女真的步伐。

　　万历十三年(1585年),伐哲陈部。哲陈部分布于浑河上游,东接王甲部(完颜部)、南邻苏克素浒河部、西界浑河部、北邻哈达部。这年二月,努尔哈赤率披甲之士二十五人、士卒五十人攻哲陈部界凡(界藩)寨。因敌人预知有备,毫无所获。当回军至界凡南的太兰岗时,萨尔浒、界凡、东佳和巴尔达四城的城主,合兵四百余追袭努尔哈赤,到达界凡南太兰岗的原野。界凡城主讷申、巴穆尼疾驰逼近,努尔哈赤单骑拨马迎敌。讷申从军中疾驰而出,策骑猛扑,砍断努尔哈赤马鞭。努尔哈赤拨转马头,奋力挥刀,将讷申砍为两段;又转身回射,巴穆尼中箭落马毙命,追兵也因之惊怯呆立。努尔哈赤见敌众已寡,乘敌惊魂未定,一面指挥步骑退却,一面驻马讷申尸旁。讷申部众呼叫道:"人已死,何不去? 欲食其肉耶! 汝回,我辈欲收主尸!"努尔哈赤回答道:"讷申系我仇〔人〕,幸得杀之,肉亦可食!"①言毕,他作殿后,缓骑退却。努尔哈赤率七人,如埋伏之状,将身体隐蔽,仅"露其盔,似伏兵"②。敌军丧其首领,又疑有伏兵,边喊边退。努尔哈赤引兵徐返,敌兵未敢再追。

　　四月,努尔哈赤率马步兵五百人再征哲陈部。因途中遇大水,他令步骑回军,只留绵甲五十人、铁甲三十人,共八十人继续前进。到浑河畔时,因嘉哈的苏枯赖虎密报消息,于是托漠河、章甲、巴尔达、萨尔浒、界凡五城的城主,急集兵八百余人,凭浑河、依南山、阵界凡,声势强盛,驻兵以待。敌人兵力,十倍于己,气势汹汹,颇为险恶。努尔哈赤的部属、五叔祖包朗阿之孙扎亲、桑古里③,见敌兵众多,势焰高涨,吓得解下身上甲胄,交给别人,准备逃跑。努尔哈赤怒斥道:"汝等平昔在家,每自称雄于族中,今见敌兵,何故心怯解甲与人?"④说罢,亲自执纛,率弟穆尔哈齐和近侍颜布禄、兀凌噶,总共只有四人,往前冲击,奋勇弯射,杀二十余人。敌兵惊惶阵乱,涉河争遁回奔。

---

　　①　《满洲实录》,第2卷,第3页,辽宁通志馆影印本,1930年。

　　②　《清太祖武皇帝实录》,第1卷,第7页,北平故宫博物院刊印本,1932年。

　　③　《满洲实录》第2卷,第4页:"有札亲、桑古哩二人(宝朗阿之孙也)";《清太祖武皇帝实录》第1卷,第7页:"有夹陈、桑古里二人(豹郎刚之孙也)";《清太祖高皇帝实录》第2卷,第3页:"包郎阿孙札亲、桑古里二人";中华书局校点本《清史稿·太祖本纪》作"包朗阿之孙札亲桑古里",误。

　　④　《满洲实录》,第2卷,第2页,辽宁通志馆影印本,1930年。

经过一阵厮杀,努尔哈赤汗流浃背,气喘吁吁。他用手断扣,卸甲稍憩。旋又见一股退敌,即着胄纵骑疾追,斩杀四十五级。驰至界凡险隘吉林崖,登崖遥望敌兵十五人一股,气势汹汹,奔崖而来。努尔哈赤取下盔缨,隐身待敌。等敌人逼近时,他先倾力射出一箭,敌中为首一人中箭,穿脊而倒。穆尔哈齐继发一箭,又射死一人。余敌溃乱,逃至山崖,无路可走,坠崖而死。努尔哈赤全胜回师。

两军相逢,勇者胜。勇敢,是战胜强敌的一个法宝,是努尔哈赤的重要品质,也是他夺取浑河之役胜利的基本原因。浑河之役,努尔哈赤展示勇敢与机智的品质,运用伏击与猎射的战法,创造了女真战争史上以少胜多的奇迹。他在总结浑河之役时说:"今日之战,以四人而败八百之众,此天助我以胜之也!"[1]有人认为"以四人而败八百"是无论如何也不可能的。说它无,没根据;说它有,为夸张。然而,以少胜多的奇例,史书里不胜枚举。应当说,《清太祖高皇帝实录》的浑河之役记载,不仅有夸张的笔墨,也有神秘的色彩。

两年之后,努尔哈赤派额亦都率兵复征哲陈部巴尔达城。额亦都夺取巴尔达城之战,打得异常勇敢、顽强、激烈、精彩。《满文老档》作了如下载述:

> 巴图鲁姑夫独攻巴尔达城,克之。取该城时,骑墙鏖战,身被敌乱箭射中,贯于城上,不能下,挥刀断之,遂乃入城。于该城所获敕书、户口、诸申,尽赐与彼。其离城逃往哈达复来归附于汗之户口,乃以彼户口缺,尽赐与彼。因克该城,汗亲来迎,杀二牛赐宴,又以巴尔达城备鞍辔之栗色名马,赐与彼。该城之役,受透皮肉伤五十处,且红肿伤处甚多。[2]

上文中的巴图鲁姑夫,就是额亦都。因额亦都娶努尔哈赤之女为妻,故尊称之。这段文字后加修饰,成为额亦都生平的传记资料。《清史列传·额亦都》中有一段生动的记述:

> (额亦都)督兵取巴尔达城,至浑河,河涨不能涉,以绳联军士,鱼贯而渡。夜薄其城,率骁卒先登。城中兵猝惊起拒,跨堞而战,飞矢贯股著于堞,挥刀断矢,战

---

① 《清太祖高皇帝实录》,第 2 卷,第 4 页,中华书局影印本,1986 年。

② 《满文老档·太宗》,下册,第 1221～1222 页,中华书局译注本,1990 年。

益力。被五十余创,不退,卒拔其城而还。[1]

额亦都率师凯还,努尔哈赤亲迎于郊,行抱见礼,大宴劳师,将所有俘获赐赏之,并赐号"巴图鲁"。巴图鲁,为满文 baturu 的对音,是大力士、勇士或英雄的意思。

至此,灭掉哲陈部。

九月,攻苏克素浒河部,克安土瓜尔佳城,其城主诺一莫浑被斩。

万历十四年(1586 年),五月,攻克浑河部播一混寨。

七月,招抚哲陈部托漠河城。

万历十五年(1587 年)六月,征哲陈,克阿尔泰寨,获寨主阿尔泰并斩之。

八月,攻克洞城,降其城主扎海。

万历十六年(1588 年)九月,又克完颜(王甲)城,斩城主戴度墨尔根,灭完颜(王甲)部。

万历十七年(1589 年)正月,征兆佳城。克其城,斩城主宁古亲。

建州在统一过程中,巧妙地处理同明朝的关系。同年九月,蓟辽总督张国彦、辽东巡抚顾养谦等疏请对女真各部采取转剿为抚、"以夷制夷"的策略,并疏议让努尔哈赤做女真之哈达王台。万历皇帝从其请,以努尔哈赤为都督金事。从此,努尔哈赤得到明廷的信任,既同明贡赏互市、充实军力,又加快统一步伐、避开干扰。

这样,努尔哈赤历时五年,先后吞并苏克素浒河部、董鄂部、浑河部、哲陈部和完颜部,重新整合了建州女真本部。

此后,对长白山三部的经营又延续了几年。

万历十九年(1591 年),努尔哈赤派兵攻略长白山之鸭绿江部,"尽收其众",兼并其部。到万历二十一年(1593 年),又先后夺取长白山三部中的另两部——讷殷部和朱舍里部。

至此,明建州左卫都督金事努尔哈赤,在十年之间,将蜂起称雄环建州而居的各部皆削平,实现统一:

　　　　上招徕各路,归附益众。环境诸国,有逆命者,皆削平之,国势日盛。明亦遣

---

①　《清史列传·额亦都》,第 4 卷,第 2 页,中华书局,1928 年。

使通好，岁以金币聘问。我国产东珠、人参、紫貂、元(玄)狐、猞猁狲，诸珍异之物，足备服用。于抚顺、清河、宽奠、瑷阳四关口互市，以通商贾。自此，国富民殷。①

建州女真五部及长白山三部完全归一，建州女真实现了自元末以来二百多年空前大一统的局面。

在努尔哈赤统一建州女真过程中，万历十六年(1588年)有苏完部长索尔果及其子费英东、董鄂部长克辙巴颜之孙何和里、雅尔古寨扈喇虎及其子扈尔汉，各率其所属军民族众，到佛阿拉归顺。费英东、何和里、扈尔汉，后来同额亦都、安费扬古共为开国五大臣。额亦都和安费扬古，前已略述；费英东、何和礼和扈尔汉，下作概述。

费英东，瓜尔佳氏，苏完部人，为苏完部长索尔果次子。"瓜尔佳为满洲著姓，而居苏完者尤著"②。苏完部长索尔果有十八子，其族繁盛。万历十六年(1588年)，费英东随其父索尔果率五百户，归顺努尔哈赤。这年费英东二十五岁，比努尔哈赤小六岁。努尔哈赤后将长子褚英之女，予费英东为妻。费英东年轻英武，聪颖机智，体强力大，精于骑射。史称其"自少从征诸国，三十余年。身先士卒，摧锋陷阵，战必胜，攻必克，屡奏肤功"③。费英东在归附努尔哈赤之后，赤诚忠耿，自励直言。《清史列传·费英东》记载："见人不善，必先自斥责，而后劾人；见人之善，必先自奖劝，而后举之。被劾者，无怨言；被举者，亦无骄色。"④费英东深得努尔哈赤的信任，并建立了殊勋。

何和礼，又作何和里、何和理，董鄂氏，以地为姓。其祖克辙巴颜、父额勒吉、兄屯珠鲁，世为部长。万历十年(1582年)，何和里代兄长其部。何和里所部素强，兵精马壮。其归附之事，《啸亭杂录》载："高皇初起兵时，满洲军士尚寡。时董鄂温顺公讳何和理者，为浑春部长，兵马精壮，雄长一方。上欲藉其军力，乃延之，至兴京，款以宾礼，而以公主妻之。公乃率众归降，兵马五万余，我国赖以缔造。"⑤

上文所记述，其兵马数字，颇有张饰。何和礼的祖先是瓦尔喀人，地在今图们江、乌苏里江一带，后迁到建州董鄂地方，以地为姓。何和礼的祖父克辙巴颜兵强部众，与

---

① 《清太祖高皇帝实录》，第2卷，第7~8页，中华书局影印本，1985年。
② 《八旗满洲氏族通谱·费英东传》，第1卷，第1页，辽沈书社，1989年。
③ 《八旗满洲氏族通谱·费英东传》，第1卷，第1~2页，辽沈书社，1989年。
④ 《清史列传·费英东》，第4卷，第1页，中华书局，1928年。
⑤ 昭梿：《啸亭杂录》，第2卷，第24~25页，上海文瑞楼印行本，1909年。

建州章甲城主阿哈纳相仇杀。阿哈纳为努尔哈赤堂伯父（或堂叔父），是"宁古塔六贝勒"之一。阿哈纳向哈达借兵，同克辙巴颜互相攻掠。努尔哈赤出兵后，对何和礼备加尊重，优礼相待。万历十六年（1588年），努尔哈赤娶哈达贝勒扈尔干女哈达纳喇氏为妻，特邀何和礼率三十骑卫行。此行，何和礼与努尔哈赤加深友情。回到佛阿拉后，何和礼归附努尔哈赤。努尔哈赤后以长女东果格格给何和礼为妻，何和礼比努尔哈赤小三岁。何和礼原妻长于骑射，闻其尚主，怒率兵马，"扫境而出，欲与之战，高皇面谕之，然后罢兵降"。经努尔哈赤谕和，其原妻始罢兵降附①。后来世袭何和礼爵位者，都为公主所出，其前夫人所生者，不许列名。何和礼后随努尔哈赤征战三十六年，拼死征战，温顺勇勤，功绩显赫，位列元勋。

扈尔汉，佟佳氏，父为扈喇虎，世居雅尔古寨②。万历十六年（1588年），扈喇虎同族人相仇，率部众投奔努尔哈赤。这年，扈尔汉十三岁，被努尔哈赤收为养子。稍长，努尔哈赤收其为侍卫，尤加恩宠。扈尔汉"感上抚育恩，誓以戎行效死，每出战，辄为先锋"③。扈尔汉忠心耿耿，效力内外，后列为五大臣之一。

努尔哈赤其时三十岁，诸子尚幼，赖额亦都、安费扬古、费英东、何和礼、扈尔汉等诸将，素忠悃，同甘苦，共赴难，并死生。筚路蓝缕，三十余年，"辅成大业，功绩灿然"！自努尔哈赤起兵，仅五六年的时间，使建州女真的内外发生了变局：

第一，攻克图伦城，斩尼堪外兰，洗雪父、祖被害之仇，开始了统一女真各部的军事活动。

第二，统一建州部，即统一建州女真本部和长白山三部，加强了建州女真的军事、政治、经济与社会的实力，使建州女真后来成为满洲的核心。

第三，改善同明廷关系，明廷给努尔哈赤以赐封，又"岁输银八百两、蟒缎十五匹，通和好焉"④。努尔哈先后到北京朝贡。

第四，明开设关市，于抚顺、清河、宽奠、瑷阳四关口设市，以通商贾，互市交易，加强了建州女真的经济实力。

总之，《清太祖武皇帝实录》对努尔哈赤起兵五年后的建州女真社会，及其同明朝

---

① 《清史稿·何和礼传》，第225卷，第9183页，中华书局标点本，1977年。

② 《清代碑传全集·扈尔汉传》，第3卷，第27页，上海古籍出版社影印本，1987年。

③ 《清史列传·扈尔汉》，第4卷，第3页，中华书局，1928年。

④ 《清太祖高皇帝实录》，第2卷，第6页，中华书局影印本，1986年。

的关系,作了如下的记述:

> 太祖遂招徕各部,环满洲而居者,皆为削平,国势日盛。与大明通好,遣人朝贡,执五百道敕书①,领年例赏物。本地所产,有明珠、人参、黑狐、玄狐、红狐、貂鼠、猞猁狲、虎、豹、海獭、水獭、青鼠、黄鼠等皮,以备国用。抚顺、清河、宽奠、瑷阳四处关口,互市交易,照例取赏。因此,满洲民殷国富。②

上录稍作夸张的文字,如"满洲民殷国富"等云,不需讨论,以此作为本节"整合建州"的终结和下节"建佛阿拉"的铺垫。

附:

建州统一军事活动表

时间(万历)		重要军事活动
十一年(1583)	二月	觉昌安、塔克世在古勒寨被明军误杀。
	五月	起兵征尼堪外兰,克图伦城。
	八月	取萨尔浒城。复叛。
十二年(1584)	正月	征李岱,克兆佳城。
	六月	攻取马尔墩寨。
	九月	攻董鄂部齐吉答城,寻罢。
十三年(1585)	二月	攻界凡,斩其城主讷申、巴穆尼。
	四月	征哲陈,中途战于界凡南山之野。
	九月	攻苏克素浒河部安土瓜尔佳城,斩其城主。
十四年(1586)	五月	克浑河部播一混寨。
	七月	攻哲陈部托漠河城,遇雨罢兵。
	同月	克鹅尔浑城,寻斩尼堪外兰。
十五年(1587)	正月	兴筑佛阿拉城。
	六月	征哲陈部克山寨,获并斩其寨主阿尔泰。
	八月	克巴尔达城。
	同月	攻克哲陈部洞城,城主扎海降。

---

① 其时努尔哈赤所执有的敕书不足五百道。

② 《清太祖武皇帝实录》,第1卷,第24～25页,台北故宫博物院藏,广文书局影印本,1970年。

时间(万历)		重要军事活动
十六年(1588)	九月	克完颜(王甲)城,斩城主戴度墨尔根。
十七年(1589)	正月	克兆佳城,斩城主宁古亲。
十九年(1591)	正月	收鸭绿江部。
二十一年(1593)	十月	收服朱舍里部。
	闰十一月	攻讷殷部佛多和山城,围战三月而下。

三 统一海西女真扈伦四部

建州兴起,日渐强盛,同海西女真扈伦四部的矛盾日益加剧。统一海西女真扈伦四部,成为女真历史发展之必然。海西女真在明初住居松花江流域,其经济较建州女真、东海女真和黑龙江女真为发达。到明朝中叶以后,海西女真南迁到开原边外一带地域。分为哈达、辉发、乌拉、叶赫四部,称为扈伦四部。其周边形势为建州女真对海西女真的统一,有着特殊的、难得的历史机遇。

(一)周边的形势

明代的海西女真,住居嫩江以东到倭肯河的松花江及其支流地域。松花江在元、明两代又称为海西江,所以统称其为海西女真。海西女真支派纷繁,居住分散。后不断地南移、兼并。到明嘉靖年间,海西女真逐渐整合为四大部,总称为扈伦四部,即哈达部、辉发部、乌拉部、叶赫部。扈伦四部南迁后的地域范围,东邻东海女真、朝鲜,东南接建州女真,南界明开原、铁岭边墙,西为漠南蒙古科尔沁部、喀尔喀部、郭尔罗斯部,北至混同江一带。其俗重耕稼,善驰猎,有室庐,作山寨[①]。这与乐住种、善绩纺、长骑射、喜治生的建州女真之俗,没有大的差异。自明成化以降,建州与海西的势力,几经曲折,此消彼长。此际,建州女真在攻抚海西女真扈伦四部之前,其面临的周边形势,是有利于建州女真而不利于海西女真的。

第一,蒙古部落受明打击,内部互相征战厮杀,自身力量削弱。

明初,辽东地区,蒙古仍有很大的势力。经过洪武、永乐两朝的多次北征,蒙古各部受到严重军事打击。蒙古势力削弱,女真各部南迁,使辽东地区的蒙古与女真之力量消

---

① 卢琼:《东戍见闻录》,《辽东志》第 7 卷《艺文志》,《辽海丛书》本,1934 年。

长,有了明显的变化。到明正统年间,蒙古瓦剌部兴起,辽东女真再遭重大打击。蒙古瓦剌部也先骑兵东犯,土木堡一战,不仅俘虏明英宗皇帝,而且直接威胁北京,史称"土木之变"。蒙古脱脱不花部大掠辽东,深入海西女真各部蹂躏,致使海西女真许多著名首领死于兵荒马乱之中。蒙古瓦剌部的骑兵,横扫辽河流域,直到鸭绿江边。这不仅沉重打击了女真各部,而且打击了漠南蒙古各部。到隆庆末、万历初,蒙古察哈尔部也逐渐走向衰落。漠南蒙古各部衰落,逐渐退出军事政治舞台的主角地位,而先给海西女真、后给建州女真兴起,让出了辽东地区历史舞台。特别是建州女真兴起后,漠南蒙古各部在辽东逐渐退到配角地位。由于漠南蒙古各部,不同建州女真接壤,中间隔着海西女真哈达、叶赫与乌拉等部,也减少了建州女真同漠南蒙古的直接冲突。因而,建州女真登上辽东地区历史舞台之初,面对的竞争对手不是漠南蒙古与海西女真两个,而只是海西女真一个。

第二,海西诸部内讧厮杀,消耗部落军事实力,改变了其同建州的力量对比。

先是,建州阿哈出、董山称雄女真。成化三年(1467年),明军征剿,首领被杀,寨焚部破,建州遭到重大打击。尔后,海西女真活跃起来。海西女真中以哈达和叶赫二部最强。叶赫部首领褚孔格(竹孔革)等,屡犯边,阻贡道。而哈达部首领速黑忒,恭谨修贡,日益强盛;又杀猛克而保贡路,进右都督、受金带大帽。哈达、叶赫两强相争,哈达首领王忠,计杀叶赫首领褚孔格。王忠死,侄王台继为贝勒,忠于明朝,盛极一时。但是,王台于努尔哈赤起兵前一年忧病而死,其长子扈尔干(扈尔罕赤)亦相继死。王台死后,"王台之四子又起内讧,甚至里通北关"①。与王台同时,北关叶赫有褚孔格之孙清佳努(逞加努)、杨佳努(仰家努)兄弟日益强大,欲借王台死后其部内讧之机,报王忠杀其祖父之仇,并雄长于海西。但他们兄弟未能保持权力归一②,以同南关哈达相抗衡,而身死寨破。其继承者卜寨和纳林布禄,前者被杀,后者病死。至于扈伦四部中的另两部——辉发部原本较弱,又内讧不休;乌拉部距开原较远,部长满泰又荒淫无度,毫无谋略。所以,在扈伦四部中,明朝或借哈达,或借叶赫,以钳制建州。但由于李成梁之政策错误,哈达之内争不已,叶赫之二部角立,海西女真形不成民族核心力量。女真力量中心的转移,经过历史的轮回,即由建州董山转向叶赫褚孔格,由褚孔格转向哈达王台,再由哈达王台转向建州努尔哈赤。于是,新的形势使建州努尔哈赤逐渐成为女真军政力量的中心。

---

① 〔日〕鸳渊一:《海西女真の发展》,《海西女真史料》,第552页,吉林文史出版社,1986年。
② 《清朝开国方略》,第6卷,第12页,清乾隆五十一年(1786年)刻本。

第三，明对海西残酷袭杀，削弱南关哈达与北关叶赫的军政实力，突出了建州女真的军事地位。

在扈伦四部中，以叶赫、哈达势力为强，是明朝用以牵制、抗衡建州的主要力量。但是，正当建州崛兴之时，明军却在五年之间，连续给叶赫、哈达以三次沉重打击。

万历十一年（1583 年）十二月，明辽东巡抚李松、总兵李成梁，利用叶赫贝勒清佳努和杨佳努到开原进行马市贸易的机会，在开原中固城设"市圈计"①，诱其入伏，而袭杀之②。是计，明辽东巡抚李松、总兵李成梁，令"三军皆解甲易服"③，设伏以待叶赫贝勒清佳努和杨佳努。清佳努和杨佳努率二千余骑，身擐甲胄，到镇北关。明边官及通事责问贝勒清佳努和杨佳努：你们既来听抚，为何骑甲数千如林？清佳努和杨佳努请以三百余人随从，获允。清佳努和杨佳努入中固城市圈之后，信炮鸣，伏兵起，贝勒清佳努和杨佳努及其三百余随从，全被斩杀。李成梁闻炮声，拥精兵突然进攻其在"市圈外"的骑兵，共斩俘一千二百五十二级，夺马一千零七十三匹。故史载：明"抚臣宣谕不从，因潜兵四起，当阵斩获仰加奴、逞加奴等首级共三百一十一颗，及外应李总兵伏兵斩获塞上屯贼首级一千二百五十二颗，并获马匹、夷器、衣甲等物无算"④。叶赫首领清佳努和杨佳努被杀害并死一千五百六十三人，部族蒙受空前灾难。是为建州女真崛兴以来，明朝对海西女真的第一次重大打击。

万历十五年（1587 年）十月，辽东巡抚顾养谦引兵攻哈达孟格布禄。孟格布禄为王台妾温姐所生，王台死后其外妇子康古陆娶其父妾温姐为妻。温姐又为叶赫部所出，所以他们俱亲叶赫，而与王台之孙歹商（扈尔干之子）有隙。明廷按照既往支持哈达的理念——支持哈达贝勒王台、王台死后支持其长子扈尔干、扈尔干死后支持其长孙歹商，又恐孟格布禄同叶赫联结势大难制，决计以兵相攻之。顾养谦以降丁为向导，引兵出塞，攻哈达部孟格布禄。孟格布禄依恃叶赫，负固坚守。明军奋力强攻，"拔其

① "市圈计"：明辽东巡抚李松、总兵李成梁利用诸部到圈定市场，伪以赐赏约会，诱杀叶赫贝勒清佳努等三百余人，称"市圈计"。

② 康熙《开原县志》上卷："中固城，（开原）城南四十里，明永乐五年建，为抚顺站。弘治十六年，参将胡忠奏，展筑高一丈八尺，周围七百三十五丈，池深二丈八尺。"

③ 瞿九思：《万历武功录·逞加奴仰加奴列传》，第 11 卷，第 23 页，《国学文库》本，1935 年。

④ 《明神宗实录》，第 145 卷，第 5 页，万历十二年正月癸卯，台北中央研究院历史语言研究所校勘本，1962 年。

二栅,斩首五百余级"①。明廷又革除孟格布禄原袭其先父王台龙虎将军之崇勋②,使其势单力孤。是为建州女真崛兴以来,明朝对海西女真的第二次重大打击。

万历十六年(1588年)三月③,李成梁率兵攻打叶赫布寨和纳林布禄。叶赫贝勒清佳努和杨佳努被明军计杀后,清佳努子布寨、杨佳努子纳林布禄,分别袭为叶赫的贝勒,率其所部,驻东西二城,元气日渐恢复,军力日益强盛。李成梁以哈达势弱,谋伐叶赫以杀其势。于是,李成梁率师直捣叶赫山城。山城数重,累攻不下。明军发巨炮,破外郭,进拔二城,共"斩首五百五十四颗,得获马、器以七八百计"。叶赫罹受重难,城中老少,昼夜号泣。是为建州女真崛兴以来,明朝对海西女真的第三次重大打击。

海西女真中最强大的哈达、叶赫两部,恰在建州完成其本部统一的六年间,连遭明军三次重大打击,著名首领或被杀、或亡故,精壮战死,良马被获,兵械丧失,房舍遭焚,已经大伤元气,无力抗衡建州。

第四,明朝辽东主力入朝,进行援朝抗倭战争,松弛了对建州的军事遏制。

正当辽东建州女真崛兴之时,朝鲜李朝发生抗倭战争。朝鲜北部邻国日本,其关白丰臣秀吉削平割据诸侯④,统一日本之后,积极向外扩张,于万历二十年(1592年),发动了侵略朝鲜的战争。这年为壬辰年(1592年),所以又称这场战争为壬辰战争。日本丰臣秀吉进攻朝鲜之目的,是要奴役朝鲜,并以朝鲜为跳板,进一步侵略明朝。丰臣秀吉派十五万日军,从釜山登陆,"倭奴猖獗,大肆侵凌,攻陷王城,掠占平壤"⑤。朝鲜生民蒙受涂炭,八道几乎全部沦陷。朝鲜国王李昖出奔义州,并遣使向明朝告急求援。明廷鉴于同朝鲜为"唇齿之国,有急当相救"⑥,派李应昌为经略,李如松为征东提督,率士马四万余⑦,

① 谷应泰:《明史纪事本末·辽左兵端》,第1404页,中华书局本,1977年。

② 《明神宗实录》(《内阁文库》本)第15卷万历十五年十月丁丑:"擒获夷人一骑并收猛骨部夷八百余名口,其猛骨原授龙虎将军抚赏所应革除。"

③ 《明史·李成梁传》作"五月"。

④ "关白"是丰臣秀吉的官衔。

⑤ 《李朝宣祖大王实录》,第30卷,第1页,日本学习院东洋文化研究所影印本,1959年。

⑥ 《李朝宣祖大王实录》,第27卷,第18页,日本学习院东洋文化研究所影印本,1959年。

⑦ 明朝出兵数字,各书记载不同,如《明史纪事本末·援朝鲜》载明廷遣"如松将诸镇士马四万余"援朝鲜;《李朝宣祖实录》二十五年十月壬子载"天兵共计四万八千五百名,将领、中军、千把总不计在数内";《光海君日记》即位年二月甲戌载,明朝"派文武大臣二员,统帅辽阳各镇精兵十万,往助讨贼";《明史·朝鲜传》作"扬言大兵十万且至";《李朝宣祖实录》二十五年九月甲戌载"宋应昌率兵马七万,今月初七日辞朝"等。

大举入朝。翌年正月,李如松援朝之师与朝鲜军民配合作战,复平壤、克开城、攻王京,旋败绩于碧蹄馆①。

努尔哈赤闻朝鲜遭到日军侵略,也禀报明兵部尚书石星,请求领兵驰援。据朝鲜史籍记载:

> 今朝鲜既被倭奴侵夺,日后必犯建州。奴儿哈赤部下原有马兵三、四万,步兵四、五万,皆精勇惯战。如今朝贡回还,对我都督说知,他是忠勇好汉,必然感怒,情愿拣选精兵,待严冬冰合,即便渡江,征杀倭奴,报效皇朝。②

上述建州的骑兵、步兵总数,显然有所张饰。但是,努尔哈赤援朝杀倭之请,受到明廷和朝鲜两方拒绝。这是因为明廷和朝鲜双方,都不愿意看到建州在这场壬辰战争中得到壮大。后来努尔哈赤说:"壬辰(1592年)年间,朝鲜被侵于倭奴,吾欲领兵驰救,禀报于石尚书,不见回答,故不得相援。"③明廷不允建州援朝抗倭的请求,而"诏如松提督蓟、辽、保定、山东诸军"渡江赴朝。在前后六年援朝抗倭战争期间,明朝以东征调发,而"库藏空乏,边饷无措"④;兵入朝鲜,"辽阳精锐,尽死于此"⑤。

第五,建州女真实现统一,利用全部整合力量,成为兼并扈伦四部内因。

建州女真迁徙到苏克素浒河(苏子河)、佟家江一带后,三卫合一,势力渐大。在努尔哈赤兴起前,建州女真主要有三位著名的首领,即李满住、董山、王杲。李满住为初设建州卫指挥使阿哈出之孙,明正统六年(1441年)他派指挥赵歹因哈奏:"旧住婆猪江,屡被朝鲜国军马抢杀,不得安稳。今移住灶突山东南浑河上,仍旧与朝廷效力,不敢有违。"获准后,建州卫女真定居在苏克素浒河(苏子河)流域。后建州左卫董山也迁居过来。不久,建州左卫析置出右卫,三卫合住,势力日大。建州部众,左邻朝鲜,右接明朝。朝鲜与明朝都不愿意看到建州女真的统一与强大,于是,建州女真受到明朝和朝鲜的联合攻剿。明成化三年(1467年),明朝将入京朝贡的

---

① 碧蹄馆:朝鲜京畿道高阳郡之馆邑,地处朝鲜通中国交通之要冲,李朝赴明朝之使节于此驻息。

② 《李朝宣祖大王实录》,第30卷,第16页,日本学习院东洋文化研究所影印本,1959年。

③ 《李朝宣祖大王实录》,第72卷,第19页,日本学习院东洋文化研究所影印本,1959年。

④ 《明神宗实录》,第347卷,第11页,万历二十八年六月庚寅,台北中央研究院历史语言研究所校勘本,1962年。

⑤ 《东林事略》,不分卷,第2页,清刻本,首都图书馆地方文献部藏。

建州左卫首领董山在回程途中羁于广宁(今辽宁省北镇市)。明朝同朝鲜合军攻建州。李满住及其子李古纳哈身死,寨破人亡,损失惨重:"尽虏酋之所有,罔一夷而见逃。剖其心而碎其脑,焚其骨而涂其膏。强壮尽戮,老稚尽俘。若土崩而烬灭,犹瓦解而冰消。空其藏而潴其宅,杜其穴而火其巢。"百多年后,经过恢复,建州女真又出现一位著名首领王杲。《三朝辽事实录》记载:"嘉靖间,王杲为建州右卫都指挥使,黠慧剽悍,数犯边。"明副总兵黑春率军捣王杲寨。王杲在媳妇山设伏,生擒黑春,磔而杀之,震动朝野。王杲进而深入辽阳,掠孤山、扰抚顺。终被明辽东总兵李成梁击败,逃到哈达,被擒送京,神宗亲御,午门献俘。可见这在明廷算是一件大事。建州女真虽经过以上两次打击,却终于在努尔哈赤时完成统一。由是,建州以新的生气,新的整合,登上辽东地区军政舞台。

漠南蒙古的衰落,海西女真的内讧,明军主力的入朝,辽东总兵的错误,都是建州女真灭亡扈伦四部的外在原因,其内在原因则是建州女真的统一与强大。这就为建州女真出兵海西、征抚扈伦四部,提供了一个难得的历史机遇。

总之,在十六世纪八十年代至九十年代初,辽东明军、扈伦四部和建州女真三种力量之间的关系,发生着急剧的变化。明朝不仅辽东主力赴朝、精锐受创,而且自李成梁解任后,"十年之间,更易八帅,边备益弛"[1];扈伦四部屡遭明军重创,内讧自耗,趋向衰落;建州女真却诸部归一,生机盎然,兵强马壮,崛起辽东。建州女真先以佛阿拉、后以赫图阿拉为基地,利用本部统一后的合力,抓住明朝辽东军力虚弱,哈达、叶赫受创与辉发、乌拉内讧之机,以古勒山之战为先导,顺利地进行了统一海西女真即扈伦四部的战争。

建州女真统一海西女真的战争,开始于古勒山之战。

(二)古勒山之战

建州女真的重新整合与统一,影响着海西女真内部相互关系,及其同建州的军政关系。这种复杂的矛盾,在运用政治、通使、联姻等手段无法解决时,便诉诸武力,爆发了古勒山之战。

---

[1]　《明史·李成梁传》,第238卷,第6191页,中华书局校点本,1974年。

古勒山之战的爆发,并不是偶然的。建州、哈达、叶赫之间的矛盾,是导致古勒山之战发生的一个重要原因。其时,哈达贝勒孟格布禄诸兄弟俱已死,只有其长兄扈尔干之子歹商(戴善)同他角立争局①。且叔侄不和,势同水火。孟格布禄亲叶赫,而歹商亲建州。叶赫贝勒布寨和纳林布禄欲图哈达,其障碍就是歹商,歹商则依附建州努尔哈赤。于是,叶赫二贝勒布寨与纳林布禄将矛头指向努尔哈赤,企图达到一石二鸟之目的:既削弱建州,又驯服哈达。所以,叶赫贝勒布寨和纳林布禄便以弹石投向建州。

万历十九年(1591年)正月,叶赫贝勒纳林布禄遣使宜尔当阿和摆斯汉②到佛阿拉,对努尔哈赤道:"乌喇、哈达、叶赫、辉发、满洲,言语相通,势同一国,岂有五主分建之理? 今所有国土,尔多我寡,尽将额尔敏、扎库木二地,以一与我!"努尔哈赤回答道:"我乃满洲,尔乃扈伦;尔国虽大,我岂肯取? 我国即广,尔岂得分? 且土地非牛马比,岂可割裂分给? 尔等皆执政之臣,不能各谏尔主,奈何腼颜来告耶!"③说毕,令叶赫使臣返回。

叶赫贝勒纳林布禄碰了钉子之后,仍不甘心。于是,叶赫、哈达、辉发三部贝勒合谋,决定各部同时遣使到建州。叶赫贝勒纳林布禄遣尼喀里、图尔德,哈达贝勒孟格布禄遣戴穆布,辉发贝勒拜音达里遣阿喇敏,到达建州佛阿拉。努尔哈赤在客厅里宴请三部使臣。酒席间,叶赫贝勒纳林布禄的使臣图尔德,同努尔哈赤展开一场激烈的舌战。图尔德曰:"我主有言,欲相告,恐触怒见责,奈何?"努尔哈赤曰:"尔不过述尔主之言耳! 所言善,吾听之;如出恶言,吾亦遣人于汝主前,以恶言报之。吾岂尔责乎!"图尔德曰:"我主云:'欲分尔地,尔不与;欲令尔归附,尔又不从。倘两国兴兵,我能入尔境,尔安能蹈我地耶!'"努尔哈赤闻听这番政治讹诈之言,勃然震怒,举刀断案,道:"尔叶赫诸舅,何尝亲临阵前,马首相交,破胄裂甲,经一大战耶! 昔哈达国孟格布禄、戴善,自相扰乱,故尔等得以掩袭之。何视我若彼之易也? 况尔地岂尽设关隘,吾视蹈尔地,如入无人境,昼即不来,夜亦可往,尔其奈何? 昔吾以先人之故,问罪于明。明归我丧,遗我敕书、马匹;寻又授我左都督敕书,已而又赏龙虎将军大敕,岁输金币。汝父

①　冯瑗:《开原图说》,下卷,《玄览堂丛书》本,1940年。

②　《清史稿·杨吉砮传》(中华书局标点本)载:"十九年,纳林布禄令宜尔当、阿摆斯汉使于太祖。"《清太祖高皇帝实录》作:"叶赫贝勒纳林布禄遣使宜尔当阿、摆斯汉来告。"

③　《清太祖高皇帝实录》,第2卷,第10页,中华书局影印本,1986年。

见杀于明,曾未得收其骸骨。徒肆大言于我,何为也!"①

会后,努尔哈赤命人写出回帖,派阿林察巴克什持书前往叶赫。行前,努尔哈赤对阿林察说:你将此书送到叶赫贝勒布寨和纳林布禄面前,并向他们当面诵读;你要是害怕不敢当着他们面诵读,你就留在那里,不要回来见我。说完遣送阿林察往叶赫。叶赫贝勒布寨得知阿林察到来,派人迎他到家中。阿林察果然当面诵读文书。布寨听完之后说,你不必见我弟纳林布禄贝勒。阿林察说:我主有令,此书二位贝勒都未见到,就不让我回去。布寨说:我弟脾气不好,要是他出言不逊,惹你主发怒,该如何是好?我是怕他发脾气伤害了你! 于是,布寨将来书收下。阿林察返回建州。

阿林察回到佛阿拉后,长白山之讷殷部、朱舍里部引叶赫兵,劫掠建州所属洞寨。消息传来,努尔哈赤说:"任彼劫之可也。此不过我同国(部)之人,远附叶赫,劫掠我寨耳! 水岂能越山而流? 火岂能逾河而燃乎? 盖水必下流,火必上燃。朱舍里、讷殷二路,终当为我有也!"这不仅表现努尔哈赤胸怀大度,而且反映他谋略深远——叶赫力量强大,暂时不要硬碰。先咽下这口气,将来自可吐出。

建州对叶赫的暂时忍让,助长了叶赫的野心。叶赫对建州,既不能用联姻手段笼络,又不能以政治讹诈压服,便只有诉诸武力。由是,狡猾的纳林布禄先放一把小火对建州进行试探。

万历二十一年(1593年)六月,叶赫纠合哈达、乌拉、辉发三部兵马,劫掠建州户布察寨。努尔哈赤闻讯后率兵往追,直抵哈达部富尔佳齐寨。建州兵与哈达兵在富尔佳齐相遇。努尔哈赤令步骑前行,独身殿后,以诱敌入伏。这时追兵突至,前一人举刀猛扑,努尔哈赤回身扣弦,射中马腹,敌骑遁去;另三个联骑举刀冲来,当努尔哈赤坐骑惊跃几乎坠地之际,"三骑挥刀来犯,安费扬古截击,尽斩之"②。努尔哈赤赖右脚扳鞍得以复乘,并急发一矢,孟格布禄坐骑中箭倒地。他的侍从把自己的马让给主人,二人纵骑逃回。努尔哈赤化险为夷后,率马兵三人,步兵二十人迎敌,杀敌兵十二人,获甲六副、马十八匹,胜利而归。这场富尔佳齐战斗,吹响了古勒山大战的螺号。

叶赫贝勒没有从对建州政治失算和军事受挫中汲取教训,想以九部联军的强大兵

① 《清太祖高皇帝实录》,第2卷,第11页,中华书局影印本,1986年。

② 《清史稿·安费扬古传》,第225卷,第9186页,中华书局标点本,1977年。

力,制服建州,实现其称雄女真的目的。九月,以叶赫贝勒布寨、纳林布禄为首,纠集哈达贝勒孟格布禄、乌拉贝勒满泰之弟布占泰、辉发贝勒拜音达里四部,长白山朱舍里、讷殷二部,蒙古科尔沁部,以及锡伯、卦尔察部,共有九部,结成联盟,合兵三万,分作三路,向建州军政中心佛阿拉,摇山震岳而来。

由叶赫贝勒统率的九部联军,自青龙山西麓三道关即扎喀关①东进。入夜,九部联军到浑河北岸,举火煮饭,火密如星。建州探骑武理堪驰报:敌军饭罢起行,夜渡沙济岭,向古勒山②而来。古勒山,今新宾满族自治县上夹河镇古楼村境,又称古楼岭,位于苏克素浒河南岸,扎喀关西南,图伦城东南,山麓有古勒寨。《兴京厅乡土志》记载:"古楼岭在治城西一百里,古楼村界内。山位西而偏南,为大河南一带保障。苏子河贴其背下流,水势至此甚大。山络纵横,四披断崖峭壁,语难形状。其阵式如枕,酷类驼背。斜横即为南支干路,逾岭往萨尔浒等处要路。古楼村河南,一半依附其下。"③

敌军蜂拥而来,拂晓将要压境,其时态势极为严重。

《孙子兵法·地形》篇云:"夫地形者,兵之助也。"④努尔哈赤根据地形险隘,进行了军事部署:在敌兵来路上,道旁埋伏精兵;在高阳崖岭上,安放滚木礌石;在浓密丛林里,砍树留下木桩;在沿河峡路上,设置横木障碍。布置就绪后,待天明率军出战,努尔哈赤就寝酣睡。其妻富察氏把他推醒后,问道:"尔方寸乱耶,惧耶? 九国兵来攻,岂酣寝时耶?"努尔哈赤答道:

> 人有所惧,虽寝,不成寐;我果惧,安能酣寝? 前闻叶赫兵三路来侵,因无期,时以为念。既至,吾心安矣。吾若有负于叶赫,天必厌之,安得不惧? 今我顺天命,安疆土,彼不我悦,纠九国之兵,以戕害无咎之人,知天必不佑也!⑤

说完,安寝如故。不难看出,沉着是努尔哈赤身临险境的一种宝贵的品格。他说"天"

① 章太炎:《清建国别记》,第 37 页,民国铅印本,1924 年。
② 民国《兴京县志》,第 11 卷,第 56 页,油印本,1925 年。
③ 光绪《兴京厅乡土志》,第 3 卷,第 39 页,光绪三十三年(1907 年)修,民国年间油印本。
④ 《孙子兵法·地形》篇,上海广益书局石印本,1912 年。
⑤ 《清太祖高皇帝实录》,第 2 卷,第 14～15 页,中华书局影印本,1986 年。

不佑海西而佑建州,自然是个天命主义者。如果抛弃"天命"的外壳,那么沉着的内核却蕴含着对形势的观察,敌我的分析,军力的计算,胜负的判断。这使他深信:即将降临的古勒山恶战——对建州可能是喜剧,而对海西必定是悲剧。

第一天拂晓,用完早饭,努尔哈赤率领诸贝勒大臣祭堂子①。拜祝曰:"皇天后土,上下神祇,弩尔哈齐与叶赫,本无衅端,守境安居,彼来构怨,纠合兵众,侵凌无辜,天其鉴之。"又拜祝曰:"愿敌人垂首,我军奋扬,人不遗鞭,马无颠踬,惟祈默佑,助我戎行!"②

努尔哈赤借助天神的威灵,发布檄文,鼓舞士气,统率兵马,出征杀敌。

但是九部联军的压境,引起建州军民的惊慌。《清太祖实录》记载,建州军兵先后三次"闻之色变"。武理堪驰报敌情,建州军"闻之色变"是其一。建州军行到扎喀城,城守萧护、山坦报告:九部联军于辰时已至,先围攻扎喀城,不克;又退攻墨济格城,且敌兵众多,建州军"闻之色变"是其二。时叶赫营中有一名来降者,报告称:"叶赫贝勒布寨、纳林布禄兵万人,哈达贝勒孟格布禄、乌喇贝勒布占泰、辉发贝勒拜音达里兵万人,蒙古科尔沁贝勒翁阿代、莽古思、明安及席北部、卦尔察部兵万人,凡三万人。"③建州军"闻之复色变",则是其三。以上三次记载"闻之色变",说明当时态势之严重。

是夕,九部军与建州军均在做第二天决战的准备。

兵法云:合军聚众,务在激气;临境强敌,务在厉气④。就是说,在统兵迎敌,临战之前,要激励士气,鼓舞斗志。努尔哈赤是懂得这个道理的。他深知强敌逼境,将士怯畏,要激励士气,光靠祈祷神祇保佑是不够的。应当向将士们分析军事形势,以增强其必胜信心。他说道:

> 尔众无忧!我不使汝等至于苦战。吾立险要之处,诱彼来战——彼若来时,吾迎而敌之;诱而不来,吾等步行,四面分列,徐徐进攻。来兵部长甚多,杂乱不一。谅此乌合之众,退缩不前。领兵前进者,必头目也。吾等即接战之,但伤其一

---

① 祭堂子:堂子是满族举行祭神祭天的地方,凡元旦、出征、凯旋等均在堂子祭神祭天,叫作祭堂子。
② 《清太祖高皇帝实录》,第2卷,第15页,中华书局影印本,1986年。
③ 《清史列传》,第4卷,第7页,中华书局,1928年。
④ 《孙膑兵法·延气》,第72页,文物出版社,1995年。

二头目,彼兵自走。我兵虽少,并力一战,可必胜矣![1]

上述兵略,可以看出:

第一,占据险要:在古勒山之战中,建州军队为守,九部联军为攻;或者说,建州军队为主,九部联军为客。这种主客关系,使建州处于主动地位。建州利用这种主动地位,占据有利地势,借助地势困敌。于是,在古勒山一带的险要之处,先已被建州军队所占据并布防,使九部联军从进入古勒地带就开始陷于被动挨打的局面。

第二,诱敌入伏。在古勒山之战中,建州军队人少,九部联军人多。这是此次战役建州最为不利之处,也是建州最为被动之处。要变不利为有利,变被动为主动,其中重要一条是,利用地势,诱敌入伏。只要敌军进入设定的埋伏圈,对建州来说,局势就会发生变化:不利向有利方向转化,被动向主动方向转化。

第三,伤其头目。"擒贼先擒王"、"打蛇先打头"。在战争中,最难擒的是王,是统帅。因为统帅被保护在最核心的部位。在古勒山之战中,最精彩、最要害之笔,就是"先擒王"、"打蛇头"。战争事实证明,建州军队获胜的关键,九部联军失败的枢机,就是两军刚一交锋,建州军队向九部联军"打蛇头",杀统帅,夺其魁,摧其坚。叶赫贝勒布寨被杀后,九部联军,群龙无首,全线崩溃,败局已定。

第四,并力攻战。九部联军虽然人数多,但来兵部长多——叶赫两贝勒,蒙古科尔沁三贝勒,哈达、乌拉、辉发、讷殷、朱舍里、锡伯、卦勒察各一首领,九部共十二位首领,各自率兵,不相统领,不能攥成拳头,难以形成合力。建州军队人数虽少,却指挥高度集中统一。所以,"兵虽少,并力一战",就是集中兵力,合击九部联军。

借地以困之,设计以诱之,魁首以夺之,并力以击之——这就是在古勒山之战中,建州军队对付九部联军的军事策略。

努尔哈赤正确地分析了己之所长:据险设伏,以逸待劳;彼之所短:贝勒甚多,乌合之众。他又制定了战术原则:据险诱敌,伤其头目,集中兵力,奋勇合击。这就安定了军心,激励了士气,并为夺取古勒山之战胜利制定了兵略。

建州兵士,口衔枚,马勒口,准备迎接一场血战。努尔哈赤统帅建州军队,朝发虎兰哈达,夕宿扎喀城。

---

[1] 《满洲实录》,第2卷,第14页,辽宁通志馆影印本,1930年。

第二日拂晓，努尔哈赤率领护军上古勒山，对着黑济格城，据险面城结阵。时九部联军又攻墨济格城，仍未下。叶赫贝勒布寨和纳林布禄求进图胜心切，但两城未克，进军受阻，急烦难耐。胸有成算的努尔哈赤，派巴图鲁额亦都率精骑百人，径直冲向九部联军营阵。叶赫兵见建州兵来，罢攻城之勇，转向额亦都。额亦都佯败，且战且退。叶赫贝勒布寨和蒙古科尔沁贝勒翁阿代、莽古思、明安等，率领联军，并力合追，乘机前进，但沿途受障碍所阻，兵马不能成列，首尾像长蛇似地缓进。叶赫贝勒布寨和纳林布禄、蒙古科尔沁贝勒明安、乌拉贝勒布占泰等统率九部联军，中了努尔哈赤派额亦都诱布寨至古勒山下之计，追击额亦都于古勒山下隘口。叶赫贝勒布寨和纳林布禄等统率九部联军，"围古勒山，并力杀来，势如潮涌，其锐莫当"①。额亦都拨转马头，"以百骑挑战，敌悉众来犯，奋击斩九人"②。敌军受挫，前锋稍却。叶赫贝勒布寨被额亦都挑战激怒，策马挥刀，直前冲入。努尔哈赤遥见布寨勇猛冲杀，正在仓皇之际，布寨驱骑过猛，战马触木墩踣倒。建州兵士武谈迅猛扑去，骑在布寨身上，将他杀死。纳林布禄贝勒见其兄被杀，惊呼一声，昏倒在地。叶赫官兵见其一个贝勒被杀，另一个贝勒昏倒，惊慌失措，恸哭失声。联军无首，顿时慌乱。叶赫军急忙救起贝勒纳林布禄，裹携贝勒布寨尸体，调转马头，夺路而逃。其他贝勒、台吉、部长心胆俱丧，弃众奔溃。蒙古科尔沁贝勒明安"马被陷，弃鞍，赤身体，无片衣，骑骣马"③，仅以身免，狼狈逃脱。

两军相逢，夺其魁，摧其坚，以解其体，这是瓦解敌军的重要手段。努尔哈赤见叶赫贝勒布寨被杀，九部联军四散溃乱，便督率古勒山上之精兵和古勒山谷之伏兵，山上的官兵往下冲杀，林中的伏兵四起横击，满山遍野，丛林峡谷，结绳截路，邀杀败兵。如山崩，似河决，一刹那间，横向卷击，骑涛呼啸，矢石如雨，杀得尸横马倒，整个山谷殷红。九部联军溃败的惨象是目不忍睹的——弃马丢盔，四散逃命，被屠戮，被蹂躏，积尸沟壑，血染莽野④。激战进行了一天一夜。

---

① 《正白旗满洲叶赫纳喇氏宗谱》，不分卷，清抄本。

② 《清代碑传全集》，第3卷，《钮祜禄氏弘毅公传》，上海古籍出版社影印本，1987年。

③ 《满洲实录》，第2卷，第14页，辽宁通志馆影印本，1930年。

④ 《李朝宣祖实录》三十八年七月戊子："如许（叶赫）酋罗里（纳林布禄）、忽温（乌拉）酋卓古（布占泰）等，往在癸巳年间相与谋曰：'老可赤（努尔哈赤）本以无名常胡之子，崛起为酋长，合并诸部，其势渐至强大，我辈世积威名，羞与为伍。'不意合兵来攻老酋，期于荡灭之际，老酋得谍大惊，先使精兵埋伏道旁，又于岭崖多设机械以待。而沿江峡路阻隘，故敌兵不得成列，首尾如长蛇而至。老酋之兵所在放石。兵马填江而死者不知其数，后军惊溃，先锋悉为老酋所获。于是罗里兄夫者（布寨）战死，忽酋卓古亦被擒而来。"

到天明,乌拉贝勒满泰之弟布占泰,被一名建州兵擒获,押送到努尔哈赤面前。努尔哈赤问:你是何人?布占泰答:我是乌拉贝勒满泰之弟布占泰,恐怕被杀,未敢言明身份;今日兵败被擒,死生惟贝勒之命!布占泰说完之后,就叩头。努尔哈赤说:汝等九部会兵,侵害无辜,天厌汝等。昨已擒斩布寨,彼时获尔,亦必杀矣!今既见汝,何忍杀?语曰:"生人之名,胜于杀;与人之名,胜于取。"①遂解其缚,赐猞猁孙裘,豢养布占泰。

前面叙述的叶赫部军兵裹携布寨尸体而逃。但王在晋的《三朝辽事实录·总略》中记载:"北关(叶赫)请卜寨(布寨)尸,奴儿哈赤剖其半归之。北关、建州遂为不解之仇。"看来叶赫部兵败后,只得到其贝勒布寨半个遗体,从而使建州同叶赫的两部之仇不共戴天。

古勒山之役的战果是,建州军斩杀叶赫贝勒布寨及其以下四千人,俘虏乌拉贝勒满泰之弟布占泰,缴获战马三千匹,铠甲一千副。古勒山之役,努尔哈赤据险诱敌,"先斩蛇头",纵向强击,横向卷击,集中兵力,以少敌多,大败九部联军。就军事指挥艺术而论,古勒山之战的两个统帅——布寨和努尔哈赤,一个是愚蠢,鲁莽,焦躁,骄傲,图侥幸,凭声势,暗己彼,无谋智,狎玩命运,乌合之众,不讲战术,兵败身死;另一个是机智,沉着,冷静,谨慎,务实际,靠劲旅,明彼己,有韬略,部署周密,据险诱敌,以逸待劳,获得胜利。古勒山之役表明,既然叶赫贝勒布寨不是建州左卫都督努尔哈赤的对手;那么,布寨之死不仅是其个人的悲剧,也不仅是叶赫女真的悲剧,而且是海西女真扈伦四部各部贝勒的阴影。

著名的古勒山之战,是明代女真各部统一战争史的转折点。它打破九部军事联盟,改变建州女真和海西女真的力量对比,标明女真力量核心由海西而转为建州。建州女真取得古勒山之战的胜利,成为海西女真扈伦四部灭亡的决定点。努尔哈赤自此"军威大震,远迩慑服"②。他利用古勒山之战的有利形势,对扈伦四部——哈达、辉发、乌拉、叶赫的关系,以联姻与联盟开始,以征抚与吞并告终。建州女真对扈伦四部,在古勒山之战以后,展开攻势,软硬兼施,近交远攻,先弱后强,征抚并用,逐个吞并。

---

① 《满洲实录》,第2卷,第91页,辽宁通志馆影印本,1930年。

② 《清太祖高皇帝实录》,第2卷,第18页,中华书局影印本,1986年。

(三)征抚哈达

古勒山之战后,建州女真又致力于征抚海西女真哈达部。

哈达部,先居于松花江海西地域①。明在松花江呼兰河一带设塔山卫,后析置塔山左卫。明正统"土木之变"后,海西女真遭到蒙古骑兵骚扰,损失惨重。明成化、弘治、正德年间,重新聚合,数次南牧。哈达始祖为纳齐卜禄。纳齐卜禄生尚延多尔和齐,尚延多尔和齐生嘉玛喀硕珠古,嘉玛喀硕珠古生绥屯,绥屯生都勒喜。都勒喜子二:速黑忒、古对朱颜②。速黑忒,其汉译名又作克什纳、克世纳、克习讷,为都指挥,掌印管事。至嘉靖初,速黑忒始显于世。《全边略记》载:"嘉靖十年三月,女真左督速黑忒,自称有杀猛克功,乞蟒衣、玉带等物。诏赐狮子彩绊一袭,金带、大帽各一。猛克者,开原城外山贼也,常邀各夷归路,夺其赏,速黑忒杀之。速黑忒居松花江,离开原四百余里,为迤北江上诸夷必由之路,人马强盛,诸部畏之。往年各夷疑阻,速黑忒独至,顷又有功,朝廷因而抚之,示特赍之意。"③

速黑忒为海西女真首领之一,以斩猛克功,得晋右都督。《东夷考略》记载:"嘉靖初,海西夷酋速黑忒强,以修贡谨及捕叛夷猛克,特进右都督,赐金带、大帽。"④嘉靖十二年(1533年),速黑忒为族人巴代达尔汉所杀。其子二:长子彻彻穆,次子旺济外兰。时彻彻穆之子万,逃往锡伯之绥哈城居住;而旺济外兰奔往哈达,成为哈达贝勒。旺济外兰又作王住外郎,明人称为王忠或王中。后其部众叛,旺济外兰(王忠)被杀。其子博尔坤舍进,杀死仇人,为父报仇;并到绥哈城迎回堂兄万,为哈达贝勒。万能用部众,攻取附近弱小部落,抚绥远者较大部落,日渐强盛,部号哈达,遂自称汗,称为万汗。明人以"台"、"万"音相近,而译为王台。明对辽东部落酋长称汗者,多译为"王"某,万亦为其例,于是称其为王台。苕上愚公《东夷考略》说:"王台益强,能得众。居开原东北,

---

① 《全辽志》第6卷载:"我朝永乐二年,头目来朝,置海西卫云。"

② 《乌拉哈萨虎贝勒后辈档册》载乌拉世系:纳齐布禄生子尚延多尔和其(多拉胡其),尚延多尔和其生二子佳玛喀、撮托(硕朱古),佳玛喀生四子,长子都勒希(都尔机)、次子扎拉布、三子速黑忒、四子绥屯。参见赵东升:《扈伦四部世系匡谬》,载《满族研究》,1991年,第4期。

③ 方孔炤:《全边略记》,第10卷,《辽东略》,钞本,国家图书馆善本部藏。

④ 苕上愚公:《东夷考略·女直》,钞本,国家图书馆善本部藏。

贡市在广顺关,地近南,称南关。"①据《全辽志》记载:广顺关在开原城东六十里处。因哈达贝勒王台居住地在扈伦四部中,比较靠南,贡市在广顺关,所以明人称哈达为南关,"为迤北江上诸夷入贡必由之路"②。哈达贝勒旺济外兰常纳其赏,夺其敕书,又受明廷支持,日渐强盛。时叶赫贝勒褚孔格与哈达贝勒旺济外兰争雄,褚孔格被旺济外兰执而杀之。从此,叶赫转衰,并同哈达结下冤仇。

哈达,为满语 hada 的对音,其意译为山峰、石崖。哈达部以住山城而得部名,其时明人称之为南关,而女真人称之为哈达。哈达部南徙至开原广顺关外,居住在东辽河支流哈达河(今大、小清河)流域。或言哈达部迁居哈达河一带之后,遂以河名为部名。也有一部分居住在柴河一带。它东邻辉发,西近开原,南接建州,北界叶赫。哈达部的治所,是坐落在哈达河北岸的哈达城(今辽宁省西丰县境)③。

哈达部民,姓纳喇氏,又作那拉氏。部民南迁后,过着定居农耕的生活,"颇有室屋、耕田之业,绝不与匈奴逐水草相类"④。哈达地近开原,扼控贡道,收诸部入贡过路参、貂"居停"之利。万历初年,哈达贝勒王台,善驭部众,势力强大,所领控土地,东则辉发、乌拉,西则蒙古,南则建州,北则叶赫,"延袤千里,保塞甚盛"⑤。王台忠顺明朝,"北收二奴,南制建州"⑥。也就是向北控制叶赫清佳努和杨佳努,向南控制建州。在建州各部中,苏克素浒河部同哈达部的关系更近。王台之女嫁给建州努尔哈赤三伯祖索长阿之子吴泰为妻,其抚养族女为努尔哈赤的继母。王台又纳叶赫贝勒清佳努之妹温姐为妾,同南北邻部联姻。王台盛时的舆图,"东尽灰扒、兀喇,南尽汤河、建州,北尽仰、逞二奴,延袤几千余里"⑦。其时,王杲称雄建州,欲同鞑靼东西遥应窥塞。但王台

---

① 苕上愚公:《东夷考略·海西》,钞本,国家图书馆善本部藏。

② 《明世宗实录》,第 123 卷,第 16 页,嘉靖十年三月甲辰,台北中央研究院历史语言研究所校勘本,1962 年。

③ 哈达城有三:哈达新城、哈达旧城和哈达石城。《盛京通志》第 15 卷第 9 页:"哈达新城在衣车峰之上";《吉林通志》第 18 卷第 25 页:"哈达石城在衣车峰山下";《盛京吉林黑龙江等处标注战迹舆图》二排四上:哈达旧城在哈达河北岸,哈达石城西南。哈达旧城系哈达贝勒王台之治城。

④ 瞿九思:《万历武功录·王台列传》,第 11 卷,第 1 页,中华书局影印本,1962 年。

⑤ 《清史稿·万传》,第 223 卷,第 9131 页,中华书局标点本,1977 年。

⑥ 《明神宗实录》,第 203 卷,第 7 页,万历十六年九月戊寅,台北中央研究院历史语言研究所校勘本,1962 年。

⑦ 瞿九思:《万历武功录·王台列传》,第 11 卷,第 6 页,中华书局影印本,1962 年。

效忠明廷,支柱其间,不令相合。王台忠于明廷的明显一例,是他在万历甲戌即二年(1574年)向明朝擒献王杲:"万历甲戌,东房王台擒叛首王杲以献。台,官已为都督,当加一品勋阶。吏部议上,拟加柱国。有旨,加台龙虎将军。台大感悦。"①

王台受明封为右柱国、龙虎将军、勋阶一品,官二子都督金事,赐黄金二十两、大红狮子纻丝衣一袭。特别是受封为龙虎将军,对于女真各部首领来说,是难得的殊荣。王台想依靠明廷的支持,居部近南关的地利优势,以统一女真各部。但是,明廷坚持"分而治之"的政策,并不予以支持。王台晚年贪婪暴戾,部内有诉讼事,以贿赂有无、多少定其是非曲直。上行而下效,骄恣无忌,求贿鹰、犬、鸡、豚,为所欲为,诸部贰心。时叶赫部长清佳努、杨佳努兄弟势力日渐强大,王台娶清佳努妹温姐,又以女妻杨佳努。王台年老多病,其子扈尔干暴躁无能,部众或投奔叶赫。叶赫又挑唆乌拉与扈尔干为仇,并离间辉发同扈尔干的关系。自是辉发、乌拉诸部,皆不受哈达约束。王台势益绌,地日蹙,内外交困,忧愤不已。《满洲实录》记载:"贿赂公行,是非颠倒,反曲为直。上既贪婪,下亦效尤。凡差遣人役,侵渔诸部,但见鹰犬可意者,莫不索取。得之,即于万汗前誉之;稍不如意,即于万汗前毁之。万汗不察民隐,惟听谮言,民不堪命,往往叛投叶赫,并先附诸部尽叛,国势渐弱。"②王台部属叛离,忧病交加,于万历十年(1582年)即努尔哈赤起兵前一年死去。

王台有六子:长子扈尔干③,次子三马兔,三子煖太,四子纲实,五子孟格布禄和外妇子康古鲁(康古六)④。其二子三马兔和三子煖太前死。王台死后,长子扈尔干继为哈达贝勒。扈尔干袭受贝勒后,"外迫强敌,内虞众叛"⑤,面临着四个层面上的困难与复杂的局面。第一个层面是家庭内部兄弟叔侄的矛盾与纷争;第二个层面是女真内部的矛盾与纷争,主要是同左邻建州、右邻叶赫的关系;第三个层面是同邻近蒙古诸部的关系与争斗;第四个层面是同明朝的矛盾与纷争——在四个层面之间,相互交叉,盘根错节。

遗产之争,是王台殁后哈达走向衰落的初兆。王台死,康古鲁与扈尔干争夺父业。

①　于慎行:《穀山笔麈》,第11卷,第121页,中华书局本校点本,1984年。

②　《满洲实录》,第1卷,第6页,辽宁通志馆影印本,1930年。

③　扈尔干:又称虎儿罕赤、虎儿罕、忽儿罕、虎儿哈赤。

④　《清史稿·万传》作王台五子,或未计其外妇子康古鲁(康古六)。

⑤　《明神宗实录》,第131卷,第4页,万历十年十二月壬辰,台北中央研究院历史语言研究所校勘本,1962年。

扈尔干怒道:"若,阿翁奸生儿也,岂以若,今欲与我颜行而处乎? 若不善避我,我杀若。"①扈尔干以康古鲁是其父非婚生子,加以蔑视,拒绝同他共分乃父遗产。于是,康古鲁逃往叶赫,叶赫贝勒清佳努以女妻之。这时努尔哈赤正起兵。万历十一年(1583年)八月,扈尔干之兵由建州兆佳城长李岱为向导,劫努尔哈赤所属瑚济寨而去。努尔哈赤部将安费扬古和巴逊以十二人追击,杀哈达兵四十人,复归还其所掠②。扈尔干继位八个月遭暗杀。孟格布禄的二、三、四兄皆前死,长兄又死,便继为哈达贝勒,时年十九岁,并袭龙虎将军、左都督。康古鲁得知扈尔干已死,遂返还哈达,烝温姐。温姐,为叶赫贝勒清佳努之妹,王台之妾,孟格布禄生母。王台衰暮,而温姐盛年,有姿色,颇荒淫③,常与康古鲁私通。至是,康古鲁见父王台、兄扈尔干都已死,便娶温姐为妻。

　　叶赫攻掠,是扈尔干殁后哈达更趋衰落的征兆。扈尔干死后,其子歹商(戴善)与孟格布禄、康古鲁三人,将王台遗产鼎析为三。但是,康古鲁为报扈尔干之怨,释憾于其子歹商;孟格布禄以母之故,助康古鲁,同攻歹商。于是,在家族内部,以歹商为一方,以康古鲁、孟格布禄为另一方,叔侄三人进行争斗。叶赫贝勒清佳努、杨佳努兄弟,也借机谋攻王台子孙,以报哈达贝勒杀父之仇。万历十一年(1583年),叶赫贝勒清佳努和杨佳努,值哈达贝勒王台、扈尔干两丧连报之机,先后纠合蒙古科尔沁贝勒瓮阿岱等,率领万骑,攻掠哈达。哈达不敌,兵败。自此,叶赫兵屡至,恣肆焚掠不已。但是,翌年,明总督侍郎周咏念歹商弱,孟格布禄年少,请加敕部诸酋,万历帝许之。不久,杨佳努等复挟蒙古科尔沁贝勒瓮阿岱等万骑攻哈达,孟格布禄及歹商以二千骑迎战而败。明廷鉴于支持哈达、控制女真的定则,万历十二年(1584年),总兵李成梁诱杀清佳努、杨佳努兄弟,所部詟服,誓受孟格布禄约束。哈达屡受叶赫之难,得以暂纾。

　　内讧外扰,导致哈达部一蹶不振。孟格布禄虽袭父职龙虎将军、左都督,但年幼势弱,众心未附,便依附母族,亲善叶赫。康古鲁妻后母温姐,娶杨佳努女,同歹商结仇,也依附叶赫。且康古鲁既纳其父遗妾温姐,又娶叶赫贝勒清佳努之女,因弃室兄纳实之妻孙姐与其侄吉把太,再强夺其侄歹商之妻。内讧加剧,外敌益扰。叶赫清佳努子

　　① 瞿九思:《万历武功录·虎尔罕赤列传》,第11卷,第9页,中华书局影印本,1962年。
　　② 《清太祖高皇帝实录》,第1卷,第15页,中华书局影印本,1977年。
　　③ 瞿九思:《万历武功录·温姐列传》,第11卷,第24页,中华书局影印本,1962年。

布寨、杨佳努子纳林布禄分别继为贝勒后，部族势力，逐渐恢复。他们乘哈达内讧之隙，图报旧怨，争夺敕书。万历十五年（1587年），纳林布禄以恍惚太部数千骑攻哈达，并阴结其姑母温姐，唆使孟格布禄同康古鲁，共图歹商。万历十六年（1588年），歹商受到四重打击：康古鲁诱歹商所部叛歹商，掠其牲畜和赀财；孟格布禄将其妻孥从纳林布禄往叶赫，更急图歹商；恍惚太以数千骑围歹商；纳林布禄掠歹商妻而去。

明廷折衡，不能力挽哈达衰败之颓势。在歹商、孟格布禄和康古鲁之间，采取偏袒并支持歹商的政策。其目的是使歹商内倚明廷，东结建州，北折叶赫。明辽东督抚官张国彦分析哈达与辽东形势道："歹商不立，则无海西；无海西，则二孽南连北结，而开原危；开原危，则全辽之祸不可胜道。"①上文中的"二孽"为叶赫贝勒布寨和纳林布禄。

明廷鉴于上述政策，采取如下措施：

第一，打击叶赫。王台子孙不和的外因在于叶赫，削弱叶赫冀可使歹商立、哈达和。万历十六年（1588年）春，辽东大饥，诸部困难。辽东巡抚顾养谦决策值机征讨叶赫贝勒布寨和纳林布禄。总兵李成梁提兵至叶赫城下，攻城斩级，重创叶赫②。叶赫受到明军重创，其两贝勒愿同哈达均分敕书。

第二，分配敕书。叶赫与哈达之争，哈达的歹商、康古鲁和孟格布禄之争，主要是部民、牲畜和敕书，尤以敕书为甚。敕书是女真诸部首领权势与财富的标志。敕书愈多，其权势愈大；财富愈多，其威望愈高。敕书之争，《万历武功录》述其原委曰：

　　故事，两关皆海西遗种，国初收为属夷。给敕书凡九百九十九道——南关凡六百九十九道，北关凡三百道。每一道，验马一匹入贡。中间两关，互有强弱，故敕书亦因之以多寡有异耳。初逞、仰兵力强盛，以故北关敕书独多。后王台盛，复大半归南关，而北关才得四之一耳。及台与虎儿罕赤死，延及歹商，势亦衰落。而卜寨、那林孛罗强，先已得八十道，竟欲以百二为请。于是，制置使欲均平，南关凡五百道，北关凡四百九十九道。五百，以一百八十一道给康古六，以一百八十二道给猛骨孛罗，以一百三十七道给歹商。③

① 《明神宗实录》，第190卷，第6页，万历十五年九月癸丑，台北中央研究院历史语言研究所校勘本，1962年。

② 冯瑗：《开原图说·海西夷南关枝派图说》。此役，明人记载，多有张饰。

③ 瞿九思：《万历武功录·歹商列传》，第11卷，第21～22页，中华书局影印本，1962年。

就是说,九百九十九道敕书对各部之间的分配是一个变数。先是南关哈达多,而北关叶赫少;而后是北关叶赫多,而南关哈达少;再后是南关哈达多,而北关叶赫又少。大约到万历初年,南关哈达占六百九十九道,北关叶赫只占三百道。在南关哈达的六百九十九道敕书中,王台死后其子孙之间的分配也是一个变数。明廷欲在哈达与叶赫,哈达之歹商、孟格布禄与康古鲁之间,扶持歹商,摆平关系。

第三,扶持歹商。明廷在康古鲁、孟格布禄和歹商之间,支持歹商,使其内倚明朝,外结建州,阴折叶赫,控制辽东。明朝先派军袭击康古鲁营,执获康古鲁和温姐而归;又谕孟格布禄:"和岱善,还所掠,否则断若母头矣!"①但是,此计未能奏效。于是,明朝改议释谕康古鲁和孟格布禄,遂释康古鲁并谕之曰:"中国立岱善,以万故;因汝,以助北关侵岱善也。汝亦万子,不忍杀。今释汝,和诸酋,修父业。岱善安危,汝则任之。"上文中的"万",就是王台,岱善就是歹商。康古鲁听命,偕温姐归故寨。明并令歹商以叔父事康古鲁,以祖母事温姐,刑牲盟,相和解。又敕孟格布禄还掠歹商妻子、部民、牲畜。果然,康古鲁与温姐转向忠顺明朝。不久,康古鲁病危,握温姐手说:"戒部众,勿盗边,不负朝廷恩典,我魂魄不愧矣!"康古鲁死后,孟格布禄谋徙依叶赫,纵火燔其居,促温姐行,温姐不可,强扶持上马,郁郁不自得。寻,温姐患乳花病死,年未满五十。万历十九年(1591年),叶赫贝勒那林布禄诱杀歹商,而收其一百三十七道敕书。哈达部只剩下孟格布禄,在叶赫与建州之间求生存。

建州用兵,哈达灭亡。前述,在建州努尔哈赤兴起和哈达王台殁后的十年间,建州与哈达的历史轨迹,趋势相反——建州从分散到统一,从衰弱到强盛;哈达则由统一而分散,由强盛而衰弱。所以,在而后的十年间,内讧与衰弱的哈达,对抗统一与强盛的建州,必然导致一个结果:哈达由一次一次的失败,到一步一步的覆亡。

努尔哈赤对哈达采取分化的策略,瓦解哈达,壮大自己。如哈达的索塔兰率所部归建州,努尔哈赤把族女嫁给他为妻;雅虎十八户附建州,努尔哈赤授其为牛录额真。同时,对孟格布禄的骚扰也予以还击,富尔佳齐一战是为一例(前已述及)。但是,努尔哈赤并不取攻势。

建州势力强大后,康古鲁、温姐已死,哈达实际上只存在歹商与孟格布禄两股军政力量。孟格布禄亲近叶赫,歹商则偏近建州。先是,扈尔干以女许给努尔哈赤为妻。

① 《清史稿·万传》,第223卷,第9133页,中华书局标点本,1977年。

扈尔干死后,其子歹商于万历十六年(1588 年),亲送妹到佛阿拉,努尔哈赤设宴成礼。同年,叶赫贝勒纳林布禄也将妹孟古姐姐给努尔哈赤为妻。哈达与叶赫都在笼络建州,壮威自己。是年,纳林布禄纠集五千骑围歹商。孟格布禄则将其妻孥从纳林布禄送往叶赫。明边吏议绝孟格布禄市,以所部及土田、牲畜尽归于歹商。布寨、纳林布禄诱孟格布禄图歹商如故。明令诸酋释怨憾,并入贡。三年后,歹商被叶赫暗杀,亲叶赫的孟格布禄成为哈达的首领。叶赫自恃力量强大,就同日渐强盛的建州为难。叶赫贝勒布寨、纳林布禄决定组织联军遏制建州。

万历二十一年(1593 年)六月,叶赫纠集孟格布禄及乌拉、辉发四部合兵攻建州,略户布察寨。努尔哈赤率兵追之,设伏于中途,引兵略哈达富尔佳齐寨。哈达兵至,努尔哈赤欲引敌到设伏处,挥众使退,单骑殿后。孟格布禄以三骑相追,努尔哈赤回身发矢,射中马腹,遂逸去。突然三骑骤至,努尔哈赤马惊几坠,右足挂于鞍,复乘马上,遂射孟格布禄马蹄地,其从者秦穆布禄授以己马,挟之驱驰逃去。九月,哈达孟格布禄从叶赫布寨、纳林布禄,以九部之兵三万人攻建州,就是著名的古勒山之战(前已述及)。

古勒山之战以后,叶赫贝勒兵攻哈达,欲吞并之。哈达贝勒孟格布禄力不能敌,送三个儿子到佛阿拉做人质,向建州乞师①。努尔哈赤派费英东和噶盖领兵二千助哈达,驻防其地。叶赫不愿意哈达倒向建州一边,设法离间哈达与建州的关系。叶赫贝勒纳林布禄通过明朝开原通事,致书哈达贝勒孟格布禄称:"尔若执满洲来援二将,赎所质三子,尽歼其兵二千人,我妻汝以所求之女,修前好焉!"②孟格布禄应允,约于开原往议,但机密泄漏。努尔哈赤见时机已到,决定发兵征哈达。

万历二十七年(1599 年)九月,努尔哈赤统兵征哈达。其弟舒尔哈齐自请为先锋,领兵一千作前队,直抵哈达城下。哈达兵出城,迎战建州军。舒尔哈齐见哈达城坚兵盛,按兵不战,道:"彼兵出矣!"努尔哈赤怒道:"此来岂为城中无备耶!"③说毕,亲自带兵,沿城环攻。城上发矢投石,建州兵死伤很多。建州军团团围城,日夜猛攻。经过六

---

① 　孟格布禄质三子于建州:《满洲实录》、《清太祖武皇帝实录》系于万历二十七年,称"是时";《清史稿·万传》系于万历二十七年秋;但《清太祖高皇帝实录》于万历二十七年秋九月丁未朔称"先是",确切时间待定。

② 　《清太祖高皇帝实录》,第 3 卷,第 3 页,中华书局影印本,1986 年。

③ 　《满洲实录》,第 3 卷,第 3 页,辽宁通志馆影印本,1930 年。

昼夜激战,攻陷哈达城。建州军扬古利生擒哈达贝勒孟格布禄。孟格布禄匍匐进见努尔哈赤。努尔哈赤将自己的貂帽和豹裘,赐给孟格布禄,并把他带回佛阿拉监养。哈达部所属城寨,全被建州招服。建州对哈达的器械、财物、妻子秋毫无犯,降民迁之以归,编入户籍。

努尔哈赤将孟格布禄加以监养后,"寻诬猛奴私事,射杀之"①。孟格布禄被杀之讯报至明廷,万历帝宣谕建州,切责努尔哈赤夺取哈达、擅杀孟格布禄之事,并"革其市赏"。努尔哈赤表示遵从宣谕,忠顺明朝,愿意归还孟格布禄次子革把库及其部民一百二十户,并愿意以女莽古济给孟格布禄之子武尔古代为妻,且于抚顺关外刑白马盟誓,抚保武尔古代之寨。而叶赫那林布禄也归还原掳六十道敕书。

万历二十九年(1601年)正月,努尔哈赤将武尔古代送回哈达,并以女妻之。但叶赫贝勒纳林布禄,又乘机攻扰哈达。其时,哈达大饥,向明乞粮,开原守将不与,只得"以妻子、奴仆、牲畜易而食之"②。武尔古代既得不到明朝的实际支持,又受到叶赫的武力威胁,便投归建州。其三百六十三道敕书,全部归建州所有。努尔哈赤乘机将哈达灭亡,并其部众,据其屯寨,收其牲畜,夺其敕书③。

建州灭亡哈达,明朝失掉南关,扈伦四部被打开一个缺口。努尔哈赤吞并哈达,是他统一女真各部道路上的一块里程碑:"自此益强,遂不可制。"④

建州本部统一,又灭亡哈达,其结果正如熊廷弼所分析:"自建州之势合,而奴酋始强;自五百道贡赏入,而奴酋始富。"⑤建州既强又富,下一个争夺目标便是辉发部。

(四)攻破辉发

辉发部,为扈伦四部之一,其先世姓益克得里氏,居住在松花江与黑龙江交汇地

① 海滨野史:《建州私志》,上卷,北平图书馆刊印,1933年。

② 《清太祖武皇帝实录》,第2卷,第1页,台北故宫博物院藏,广文书局影印本,1970年。

③ 努尔哈赤灭哈达后所得哈达敕书为:原康古鲁的一百八十一道,孟格布禄的一百八十二道,共三百六十三道。

④ 《明神宗实录》,第366卷,第5页,万历二十九年十二月辛未,台北中央研究院历史语言研究所校勘本,1962年。

⑤ 熊廷弼:《答友人——查勘辽地》,《明经世文编》,第480卷,中华书局影印本,1962年。

域,属尼马察部人。

先是,明永乐七年(1409 年)三月,设忽鲁哈(即忽儿海)卫,以恼纳哈为都指挥。不久,其侄塔失与之争卫印,明析置弗提卫,令塔失掌卫事。其人臣各随所属,"庶消争衅,以靖边陲"①。据考证,弗提卫址在今黑龙江省富锦市西古城,地近松花江口。后,弗提卫内一部分人逆松花江往西南迁徙。嘉靖年间,其首领昂古里星古力,载木主,率部民,移居渣鲁②地方。时扈伦部噶扬噶、图墨土二人居张城,二人姓纳喇氏,昂古里星古力因附其族,宰七牛祭天③,改姓纳喇氏(那拉氏),是为辉发始祖。昂古里星古力子二:长留臣,次备臣。备臣生纳领噶和耐宽,纳领噶生拉哈都督,拉哈都督生噶哈禅都督,噶哈禅都督生齐讷根达尔汉,齐纳根达尔汉生王机褚(王机砮)。由昂古里星古力,七传至王机褚。王机褚收服邻近诸部,势力日盛。王机褚于辉发河畔扈尔奇山上(今吉林省辉南县辉发乡长春堡西南,县城东北十七公里处),筑城以居,部以河为名,因号辉发。辉发部由此开始兴盛。

辉发④,为满语 hoifa 的对音。hoifa 的汉译意为野茶汁,青色,可做染料。以意推求,辉发河水色青,似野茶之汁。以其临辉发河,因以其为部名。辉发部的地理条件,既有利于其生息,又受限于拓展。它临山依水,水草肥美,物产丰饶,宜农宜牧,或渔或猎。辉发部凭山筑城,形势极险⑤,城下临水,易守难攻。辉发部以辉发河流域为中心,东邻长白山讷殷、朱舍里部,西接哈达部,南邻建州部,东北邻乌拉部,西北连叶赫部,左右为分水岭和长白山所阻。辉发部介于哈达、叶赫、乌拉、建州四强之间,难以生存,更难发展。

王机褚死,其长子前死,其孙拜音达里杀了他的七个叔父,自立为辉发贝勒。由此,其堂兄弟及一些族人,逃到叶赫纳林布禄贝勒那里。他的部属,也在准备叛逃。拜音达里将其所属七臣之子送往建州做人质,乞请建州援兵。努尔哈赤借机拉拢辉发

---

①　方孔炤:《全边略记》,第 10 卷,《辽东略》,钞本,国家图书馆善本部藏。

②　渣鲁:又作张或璋,其地一说在今吉林省伊通县营城子南碱场;另一说在松花江北岸呼兰河一带。

③　《清太祖武皇帝实录》,第 1 卷,第 3 页,台北故宫博物院藏,广文书局影印本,1970 年。

④　辉发:又作回波、灰扒、晦发等。

⑤　《李朝宣祖大王实录》,第 217 卷,第 8 页,四十年九月丙午,日本学习院东洋文化研究所影印本,1959 年。

部,便发兵千人往援,攻破叛变的辉发村庄,抚定尚未叛逃去叶赫之人①。但是,拜音达里在建州兵帮助平息叛乱之后,并不想同建州联盟,而是想中立于建州与叶赫之间②。

万历二十一年(1593 年)六月,叶赫纠哈达、乌拉诸部侵建州,辉发贝勒拜音达里也以所部随从。九月,拜音达里与叶赫贝勒布寨和那林布禄、哈达贝勒孟格布禄、乌拉贝勒满泰之弟布占泰等,合兵九部,三万余人,进攻建州,就是古勒山之战,兵溃,败还。二十三年(1595 年)六月,建州为报古勒山之仇,兵攻辉发,取其所属多璧城(今吉林省梅河口市北山城子),歼其守将克充格、苏猛格二人,辉发通向建州的南门被打开。

叶赫贝勒纳林布禄见辉发质子于建州,便遣使告拜音达里道:"尔若撤回所质之人,吾即反尔投来族众。"③拜音达里胸无韬略,信以为真,乃曰:"吾其中立于满洲、叶赫二国之间乎!"他撤回在建州的七臣之子,并以其子与叶赫纳林布禄为质。但是,纳林布禄背弃诺言,不送还叛逃的辉发部众。拜音达里又派人去建州向努尔哈赤道:"我曾为叶赫纳林布禄所诳骗,今欲永赖聪睿恭敬汗谋生,请将尔许嫁给常书之女改适与我为婚。"④努尔哈赤为了争取辉发,孤立叶赫,便解除原来其女的婚约,改许给辉发贝勒拜音达里。但拜音达里又怕与建州联姻而得罪叶赫,所以迟迟不娶。拜音达里在建州与叶赫之间来回摇摆的错误政策,加速了辉发的灭亡。既而拜音达里背约不娶,努尔哈赤遣使诘问道:"汝昔助叶赫,再举兵侵我。我既宥尔罪,复许尔婚。今背约不娶,何也?"拜音达里诡对称:"吾子质于叶赫,须其归,娶尔女,与尔合谋。"就是说,等我辉发质子从叶赫回来,再娶回你的女儿,并商定合盟之事。同时,辉发筑城三重,加强自固,防备建州。后来,辉发在叶赫的质子归来,努尔哈赤复遣使往问。拜音达里倚恃城坚,想援兵即至,可固守,遂负盟。

辉发贝勒拜音达里患得患失,左盼右顾,出尔反尔,首鼠两端,招致身杀部亡之祸。万历三十五年(1607 年)九月,发生一件天象大事,就是初六日(丙申)彗星现于东方,八夜方灭。努尔哈赤借此天象,并以拜音达里两次"兵助叶赫"和"背约不娶"为借口,

---

① 《满文老档·太祖》,上册,第 4 页,中华书局译注本,1990 年。
② 《满文老档·太祖》,上册,第 4 页,中华书局译注本,1990 年。
③ 《满洲实录》,第 3 卷,第 9 页,辽宁通志馆影印本,1930 年。
④ 《满文老档·太祖》,上册,第 5 页,中华书局译注本,1990 年。

亲自统兵进攻辉发山城①。辉发山城,又称扈尔奇山城,三面环江,断崖绝壁,形势险峻,城垣坚固。城外仅西南面开阔,易守难攻。先时,蒙古察哈尔部"土门渣沙兔汗,自将来围其城,攻不能克,遂回"②。后为防御建州军队进攻,拜音达里令筑城三重,恃险固守。努尔哈赤于初九日(己亥)③,率兵往攻辉发城。兵至色和里岭,降雨一昼夜,继而启行。建州军至扈尔奇山城下,十四日(甲辰),外攻内应,取得胜利。此役,努尔哈赤早做内应准备,据《李朝宣祖实录》记载:

> 老酋欲图回波,暗使精兵数十骑,扮作商人,身持货物,送于回波,留连做商。又送数十人,依此行事。数十、数十以至于百余人,详探彼中事机,以为内应。后猝发大兵,奄至回波。内应者作乱开门,迎兵驱入,城中大乱,以至于失守。然回波兵以死应敌,极力大战,竟虽败没,老军亦多折损。④

回波即辉发,老酋即努尔哈赤,回波兵即辉发兵,老军即建州军。努尔哈赤督兵里应外合,攻破扈尔奇山城。建州军俘获辉发贝勒拜音达里父子而杀之,屠其兵,迁其民。建州师还,辉发部亡。

建州灭亡辉发后,又把统一扈伦四部的重点转向乌拉部。

(五)并取乌拉

乌拉部,为扈伦四部之一,姓纳拉(那拉)氏,居住在乌拉河(今松花江上游)流域。乌拉,为满语 ula 的对音,其汉意译为江或河。同哈达部依山而为部名一样,乌拉部邻乌拉河而为部名。乌拉部与哈达部的共同祖先为纳奇卜禄(纳齐卜禄),曾居于松花江

---

① 辉发山城:位于今吉林省辉南县治朝阳镇东北三十五里的辉发山上。

② 《清太祖武皇帝实录》,第1卷,第4页,台北故宫博物院藏,台湾广文书局影印本,1970年。

③ 《清史稿·拜音达里传》记载:"三十五年秋九月丙申,长星出东方指辉发,八夕乃灭。乙亥,太祖率师讨之。甲辰,合围,遂克之。"查:丙申为初六日,甲辰为十四日,是月无乙亥,《清太祖高皇帝实录》记为"己亥"(初九日),是知中华书局标点本《清史稿》此处错误。

④ 《李朝宣祖大王实录》,第217卷,第7~8页,四十年十月庚辰,日本学习院东洋文化研究所影印本,1959年。

海西地域。在明成化、弘治、正德年间,曾数次南徙。其南徙原因,主要有四:第一,部众繁衍而首领分裂;第二,被蒙古脱脱骑兵恣行侵逼;第三,新居地较暖而宜于耕牧;第四,新驻地近明边而便于贡市。

乌拉部始祖文献记载为纳齐卜禄。纳齐卜禄生尚延多尔和齐,尚延多尔和齐生嘉玛喀硕珠古撮托①,嘉玛喀硕珠古生绥屯,绥屯生都勒喜(都尔机)、扎布拉。都勒喜(都尔机)子二:速黑忒、古对朱颜。速黑忒,其汉译名又作克什纳或克习讷或克世纳,长哈达部。速黑忒生辙辙木,辙辙木生万(后为哈达汗);古对朱颜生太兰,太兰生布颜(补烟)。布颜(补烟)收附近诸部,筑城洪尼,日渐强盛:"补烟尽收兀喇诸部,率众于兀喇河洪尼处,筑城,称王。"②城滨乌拉河,因号乌拉,为贝勒。布颜子六:长子布干(补干)、幼子博克多③。布颜死,布干(补干)嗣为部长。布干(补干)子二:满泰(满太)、布占泰④。布干(补干)死,满泰(满太)嗣为部长。满泰(满太)死,其弟布占泰为部长。

乌拉部首领布颜(补烟),筑部城,称贝勒。乌拉部位于今吉林省吉林市北乌拉街镇为中心的松花江两岸地域,南邻辉发部,北连卦尔察、锡伯,东到朝鲜,西界蒙古,西南为叶赫。乌拉部城,位于乌拉河东岸,与金州城隔河相望,相距二里⑤。其地在今吉林省吉林市北七十里处乌拉街满族乡。后杨宾在《柳边纪略》中,目击乌拉城址,记载:"吴喇国旧城(人号大吴喇,以今之船厂亦名吴喇故也),周十五里,四门。内有小城,周二里,东西各一门。中有土台。城临江。"⑥康熙《盛京通志》的《城池志》亦载:"乌喇城(乌喇船厂城),城北七十里,混同江之东,旧布占泰贝勒所居。周围十五里,四面有门。内有小城,周围二里,东西各一门。有土台,高八步,周围百步。"⑦

乌拉部在建州兴起时,为扈伦四部中疆域最广,兵马最众,部民最多,治城最大者。

----

① 《乌拉哈萨虎贝勒后辈档册》与《满文谱图》将加麻喀朱古作兄弟二人,即佳玛喀和撮托。《清太祖武皇帝实录》《满洲实录》和《清太祖高皇帝实录》均作一人,即分别为麻哈劳朱户、嘉玛喀硕珠古、加麻喀朱古。

② 《清太祖武皇帝实录》,第1卷,第7页,台北故宫博物院藏,广文书局影印本,1970年。

③ 《满洲实录》和《清太祖武皇帝实录》未载布颜有几子。但《清太祖高皇帝实录》载其有二子:"长布干,次博克多"。《乌拉哈萨虎贝勒后辈档册》和《满文谱图》载布颜有六子,即布干、布勒希(布尔喜)、布三代(布三泰)、布云(布准)、乌三代(吴三泰)和博克多。

④ 《乌拉哈萨虎贝勒后辈档册》与《满文谱图》载:布干有三子,长子布丹、次子满泰、三子布占泰。

⑤ 《满文老档·太祖》,上册,第10～13页,中华书局译注本,1990年。

⑥ 杨宾:《柳边纪略》,第1卷,第7页,《辽海丛书》影印本,辽沈书社,1985年。

⑦ 康熙《盛京通志》,第10卷,第11页,康熙二十三年(1684年)刻本。

但是，乌拉在扈伦四部中，离建州本部最远。所以，在古勒山之战以前，建州忙于内部的统一，同乌拉的联系和矛盾较少。古勒山之战是建州同乌拉关系的一个转折点。明万历二十一年（1593年）六月，叶赫纠扈伦诸部犯建州，乌拉贝勒满泰以所部从。九月，叶赫再纠扈伦诸部，及蒙古科尔沁部等，九部联军，大侵建州。乌拉贝勒满泰派弟布占泰以所部从，与哈达贝勒孟格布禄、辉发贝勒拜音达里合军万人。战败，叶赫贝勒布寨死于阵，科尔沁贝勒明安单骑走，乌拉布占泰被俘。布占泰被缚跪见努尔哈赤道："今被擒，生死只在贝勒！"努尔哈赤在怒斥九部联军犯境之后，转为态度温和地对布占泰道："今既来见，岂肯杀汝！语云：'生人之名胜于杀，与人之名胜于取！'"①说毕，即令给布占泰释缚，并赐貂狐狲裘，留栅收养。于此，朝鲜《李朝宣祖实录》也作了记载："老酋解缚优待，拘留城中，作为少酋女婿。"②努尔哈赤不仅对布占泰加以优礼，还将其弟舒尔哈齐的女儿与之为妻。

自古勒山战后，努尔哈赤的铁骑驰出建州，踏向海西。海西女真扈伦四部，既实力很强，又彼此相连——乌拉与叶赫同祖，哈达与叶赫联姻，辉发与叶赫有约。建州北为辉发，西北为叶赫，西为哈达，东北为乌拉。建州首领努尔哈赤为着不使自己四面受敌，对扈伦四部采取远交近攻的策略，优礼布占泰，争取乌拉部。布占泰在佛阿拉留养三年，生活丰裕，优礼有加。其间，布占泰之兄乌拉贝勒满泰，欲以马百匹赎还其弟，努尔哈赤不许。布占泰在建州时，家眷上下等共二十余口。然而，乌拉的内乱，促使努尔哈赤将布占泰送还。万历二十四年（1596年）七月，建州遣还布占泰，派图尔坤煌占、博尔坤蜚扬古护行。未至，满泰及其子淫于所部，皆被杀。布占泰至，满泰叔兴尼雅欲杀之而夺其地，二使者严护之，兴尼牙谋不行，乃出奔叶赫。于是，布占泰为乌拉贝勒。此乱及布占泰返回乌拉原委，《满洲实录》记载：

　　　　先阵中所擒布占泰，恩养四载。至是七月，太祖欲放归，令图尔坤煌占、博尔坤斐扬古二人护送。未至其国时，布占泰兄满泰父子二人，往所属苏斡延锡兰处修边凿壕。父子淫其村内二妇，其夫夜入，将满泰父子杀之。及布占泰至日，满泰叔父兴

　　① 《清太祖武皇帝实录》，第1卷，第33页，台北故宫博物院藏，广文书局影印本，1970年。

　　② 《李朝宣祖大王实录》，第189卷，第14页，三十八年七月戊子，日本学习院东洋文化研究所影印本，1959年。

尼雅贝勒谋杀布占泰,欲夺其位。其护送二大臣,保守门户甚严,不能加害。于是,兴尼雅投叶赫而去。布占泰遂继兄位,为乌拉国主。护送二人辞回。十二月,布占泰感太祖二次再生,恩犹父子,将妹滹奈送太祖弟舒尔哈齐贝勒为妻,即日设宴成配。①

满泰被杀,可疑之点:

第一,满泰作为乌拉贝勒,看中部属女子,可纳为小福晋;毋需夜入村庄,闯进民宅,奸淫民妇。且父子同夜淫妇,同其身份不符,并于情理不通。

第二,乌拉贝勒满泰拥有侍卫、亲军,随侍左右。满泰贝勒父子同夜被村夫夜入而杀,事属蹊跷。

第三,乌拉贝勒满泰死后,其叔兴尼雅欲杀布占泰,夺其位而为乌拉贝勒,透露了兴尼雅阴谋其事的政治野心。

第四,布占泰继兄为乌拉贝勒,兴尼雅逃往叶赫,更表明他同满泰兄弟间是一场乌拉贝勒权位之争②。

第五,布占泰自己说:"我昔被擒,待以不死,俾我主乌喇"云云,表明布占泰当上乌拉贝勒,是由于建州的扶持。布占泰任乌拉贝勒后,同年十二月,以妹嫁给建州贝勒舒尔哈齐为妻,向建州表示酬谢。

第六,努尔哈赤恩养布占泰三年,以胞弟舒尔哈齐女妻之,又扶助其取得乌拉贝勒之位,从而密切了建州同乌拉的联盟,并强化了建州对乌拉的控制。

努尔哈赤为笼络布占泰,巩固建州与乌拉的联盟,曾先后与布占泰五次联姻③,七次盟誓。布占泰对努尔哈赤虽感不杀之恩、扶位之助,但外亲内忌,并不服输。他以世积威名自负,时值不惑盛年,羞与建州为伍,更不愿屈从于人。布占泰继兄为乌拉贝勒后,整饬部伍,施展谋略,朝鲜史书称"忽贼行军有纪律,为谋亦甚凶狡"④。乌拉贝勒布占泰想东山再起,形成乌拉、建州、叶赫鼎立的局面。布占泰西联蒙古,南结叶赫,东

---

① 《满洲实录》,第2卷,第15页,辽宁通志馆影印本,1930年。

② 《满泰被害真相》,《长白学圃》,1990年第6期。

③ 万历二十四年(1596年),布占泰以其妹与舒尔哈齐为妻;万历二十六年(1598年),以舒尔哈齐女娥恩哲与布占泰为妻;万历二十九年(1601年),布占泰以侄女阿巴亥与努尔哈赤为妻;万历三十一年(1603年),再以舒尔哈齐女顾实泰与布占泰为妻;万历三十六年(1608年),复以努尔哈赤第四女穆库什与布占泰为妻。

④ 《李朝宣祖大王实录》,第187卷,第14页,三十八年五月己亥,日本学习院东洋文化研究所影印本,1959年。

略六镇①，以与努尔哈赤争雄。布占泰采取阳奉阴违的策略：一方面讨好建州，另一方面讨好叶赫；同时拉拢蒙古，扩充乌拉军力。例一，万历二十五年（1597 年）正月，乌拉与叶赫诸部，遣使建州，请求结盟；盟誓刚完，布占泰就执建州所属瓦尔喀部安褚拉库、内河二路首领罗屯、噶石屯、汪吉努三人，送往叶赫，使其已招附部落，贰于建州。例二，布占泰以满泰妻都都祜的珍宝铜锤，送给纳林布禄，以取媚于叶赫。例三，万历二十六年（1598 年）正月，建州努尔哈赤长子褚英等伐安褚拉库路；十二月，布占泰来拜谒努尔哈赤，建州以舒尔哈齐女妻之，赐甲胄五十、敕书十道，礼而遣之。例四，万历二十九年（1601 年）十一月，布占泰以其兄满泰女归努尔哈赤。布占泰初聘布寨女，既又聘明安女，以铠胄、貂、猞猁狲裘、金银、驼马为聘，明安受礼后而不予其女。十三个月后，布占泰遣使建州告曰：“我孤恩，尝聘叶赫、蒙古女，未敢以告。今蒙古受聘而复悔，我甚耻之！乞再降以女，当岁岁从两公主来朝。”努尔哈赤允其请，又以舒尔哈齐女给布占泰为妻。例五，万历三十一年（1603 年），布占泰出兵钟城乌碣岩地域，铁骑如云，戈甲炫耀，“焚荡藩胡，烟火涨天”②。他俘获牛马五百余头匹、男女数千余名口。万历三十二年（1604 年），布占泰声势日隆，极其嚣张。万历三十三年（1605 年），布占泰出兵攻陷距钟城二十八里之潼关，“潼关乃六镇咽喉之地，一道成败所系。顷日全城陷没，极其残酷”③。这表明努尔哈赤在招抚图们江地域女真诸部时，布占泰也在这一地区扩张势力。于是，布占泰与努尔哈赤的争夺，在图们江地带，势同水火。朝鲜咸镜道观察使李时发驰启道：

> 臣近观老酋所为，自去年以来，设置一部于南略耳，囊括山外，以为己有，其志实非寻常。今又诱胁水下藩落，欲使远近之胡尽附于己。江外诸胡积苦于忽胡之侵掠，无不乐附于老酋。故去冬以后，投入于山外者，其数已多，而此后尤当望风争附。此胡举措，实非忽胡之比。④

---

① 六镇：今朝鲜咸镜北道的会宁、稳城、钟城、庆源、庆兴和茂山，史称六镇。

② 《李朝宣祖大王实录》，第 166 卷，第 2 页，三十六年九月甲寅，日本学习院东洋文化研究所影印本，1959 年。

③ 《李朝宣祖大王实录》，第 186 卷，第 8 页，三十八年四月甲寅，日本学习院东洋文化研究所影印本，1959 年。

④ 《李朝宣祖大王实录》，第 209 卷，第 6 页，四十年三月庚辰，日本学习院东洋文化研究所影印本，1959 年。

上述引文中的"老酋"为建州努尔哈赤,"忽胡"为乌拉布占泰。布占泰在图们江六镇地带的战掠,既使朝鲜深受其害,也使诸胡深切痛愤,更使建州深为忌恨。

建州同乌拉争夺图们江地域,还有一个重要的原因,这里曾是努尔哈赤先祖猛哥帖木儿耕牧之地,还有许多建州女真的族人。努尔哈赤要争取他们归附建州,而不要成为乌拉的部民。努尔哈赤在处理这个问题时,打着"保护藩胡、助卫朝鲜"的旗号。努尔哈赤说:"忽贼杀掠藩胡,寇犯朝鲜,我实痛之。"①然而,建州与乌拉军事冲突的爆发点,在于下述事件:万历三十四年(1606年),乌拉派兵"围县城诸处藩部,横行焚荡,所见痛愤"②。县城地域即瓦尔喀所居斐优城一带。斐优城主策穆特赫因受布占泰兵害,亲谒努尔哈赤,请求派兵往援。努尔哈赤派兵至斐优城,建州兵与乌拉兵在乌碣岩相遇,爆发了女真史上著名的乌碣岩大战。

万历三十五年(1607年)正月,东海瓦尔喀部斐优城③长策穆特赫谒努尔哈赤,自陈属乌拉,但不能忍受布占泰的酷虐,乞移家归附建州。努尔哈赤派弟舒尔哈齐、长子褚英、次子代善、大臣费英东、侍卫扈尔汉和将领扬古利等率兵三千,到东海瓦尔喀部斐优城,收环城屯寨五百户,并护送新归附的部众回建州。同时,又遣官往朝鲜,说明布占泰之兵,杀掠藩胡,殃及朝鲜;为避免乌拉之扰,其城主等相率已去云云④。建州遣使通书朝鲜,意在为借道朝鲜、搬接策穆特赫而取得朝鲜的谅解。但是,乌拉布占泰派其叔博克多和大将常柱、胡思布统兵万人,前往朝鲜钟城图们江地带阻截建州军。

①　《李朝宣祖修正实录》,第41卷,第1页,四十年二月甲午,日本学习院东洋文化研究所影印本,1959年。

②　《李朝宣祖大王实录》,第201卷,第11页,三十九年九月甲戌,日本学习院东洋文化研究所影印本,1959年。

③　斐优城遗址:在今珲春市西北8公里的三家子满族乡古城村的村民四组。古城遗址内种了庄稼,现有19户居民。它原是金代古城,其文物保护汉文碑记抄录如下:"斐优城为金代(1115～1234年)所筑,元明沿用。城址呈方形,城墙用土夯筑,周长2023米。东南墙及东北墙有瓮门,墙上有角楼、马面,墙外有护城河。城内曾出土刻有东夏国年号的官印等重要文物。"其遗址东城520米,西城521米,南城460米,北城522米,周长2023米。每城各有一门。城基约9米,残垣高处有6米。此城为东海瓦尔喀部主策穆特赫所居。明万历三十五年(1607年),努尔哈赤派弟舒尔哈齐和长子褚英、次子代善等带兵三千往斐优城搬接,回经钟城(今朝鲜钟城)乌碣岩,遭布占泰兵拦截,激战获胜。这就是《无圈点老档》即《旧满洲档》或《老满文原档》开篇所记载的史事。时斐优城及其周围屯寨有500户,全部归附努尔哈赤。斐优城在当时是一座很大的城(笔者1999年前往实地考察所记)。

④　《李朝宣祖大王实录》,第208卷,第3页,四十年二月己亥,日本学习院东洋文化研究所影印本,1959年。

建州军在搬接策穆特赫的回程路上，"布占泰变了心，要杀害护送人口和丈人的两位妻兄，因而在中途拦截"①。建州的三千军队和乌拉的一万军队，三月在图们江畔钟城附近的乌碣岩②展开大战，史称乌碣岩之战。布占泰与舒尔哈齐，"既为妇翁，又为两女之婿"③，舒尔哈齐临阵同常书和纳各布率兵止于山下，畏葸不前。时建州分兵三百，守护带来的五百户，以扈尔汉、扬古利为先行。日暮，扈尔汉、扬古利率兵，依山结寨，树栅扎营。翌晨，乌拉兵前锋进攻，扈尔汉、扬古利率兵击败之。乌拉兵引退，渡河陟山，结阵为固。随后褚英与代善各率兵五百，分为两翼，缘山奋击。褚英率先冲入敌阵，时天寒雪飘，驰突厮杀。代善擒斩乌拉主将博克多。建州兵骁勇冲杀，自午至暮，愈战愈烈，乌拉军将死兵败。乌拉兵丢马匹、弃器械，一败涂地，尸相枕藉。《李朝宣祖实录》记载努尔哈赤与布占泰两军大战云："老、忽两军，大战于江边。忽兵不能抵敌，其北走之状，如天崩地裂云。"朝鲜侦探人得闻："忽贼大败，尽弃器械、马匹，奔忙逃遁，死伤不知其几许。老兵则仍留战场，散遣军马，收拾忽兵遗弃杂物。"④

是役，建州兵杀乌拉主将博克多，俘其将常住、胡里布等，斩三千余级，获马五千匹、甲三千副，取得重大军事胜利。

在乌碣岩之战中，努尔哈赤和布占泰第一次单独地进行较量。它表明"悍勇无双"的布占泰，并不是"老谋深算"的努尔哈赤之对手。乌碣岩大战不仅进一步增强建州力量并削弱乌拉力量，而且打通了建州通向乌苏里江流域和黑龙江中下游流域的宽广长廊。

乌碣岩大战之后，建州兵威更盛，雄于诸部⑤。努尔哈赤要与叶赫抗衡，统一乌苏

　　①　《满文老档·太祖》，上册，丁未年（万历三十五年）三月，中华书局译注本，1990年。

　　②　乌碣岩一带，见有如下三种名称：

　　甲、乌碣岩：如《李朝宣祖修正实录》四十年二月甲午："建州卫胡酋老乙可赤与忽刺温大战于钟城乌碣岩，大破之。"

　　乙、门岩：如《光海君日记》元年三月辛卯，乌拉"门岩之败，一军涂地，僵尸相枕于我境者，本国边臣亲计其数，亦且二千六百余名，而舆尸远遁，老兵追奔逐北，深入而还，其死于胡地者，边人皆言五六千云。故至今传者，咸以为忽兵之败死不下七八千"。又如《光海君日记》元年十二月丙寅：努尔哈赤"自得利门岩之后，威行迤东诸部"。

　　丙、文岩：如《光海君日记》二年十一月己未：乌拉自"文岩大败之后，仅余六百，不暇自保，岂图他国乎"？

　　③　孟森：《明清史论著集刊》，上册，第179页，中华书局，1959年。

　　④　《李朝宣祖大王实录》，第209卷，第13页，四十年三月辛卯，日本学习院东洋文化研究所影印本，1959年。

　　⑤　《李朝光海君日记》，第14卷，第8页，元年三月辛卯，日本学习院东洋文化研究所影印本，1959年。

里江以东地区和黑龙江中下游流域,乌拉就成为其前进道路上的一棵大树,阻碍前进。砍倒大树,扫除障碍,才能打开通路。努尔哈赤把征服乌拉比作砍伐树木,说道:

> 欲伐大木,岂能骤折? 必以斧斤伐之,渐至微细,然后能折。相等之国,欲一举取之,岂能尽灭乎? 且将所属城郭,尽削平之,独存其都城。如此,则无仆何以为主? 无民何以为君?[①]

这是一个既生动形象又富于哲理的比喻。为砍倒乌拉这棵大树,从万历二十一年布占泰被擒,到万历四十一年(1613年)乌拉覆亡的整整二十年间,努尔哈赤交替使用联姻盟誓与武力征伐的两手政策。总的说来,可分为三个阶段:

第一阶段——政治怀柔。从古勒山之战到舒尔哈齐第二次以女与布占泰为妻,他以恩养、宴赏、婚媾、盟誓等手段,对乌拉施行"远交"之计,以腾出手来对哈达和辉发采取"近攻"之策。

第二阶段——政治怀柔与武力征伐并用。从舒尔哈齐等第二次嫁女给布占泰为始,至努尔哈赤将亲生女穆库什嫁给布占泰为终,中经乌碣岩和宜罕阿麟城两次大战。乌碣岩之战,前已述及;宜罕阿麟城之战,略作叙述。万历三十六年(1608年)正月,努尔哈赤命长子褚英及侄阿敏将五千人,进攻乌拉,克宜罕阿麟城,斩千人,获甲三百,俘其余众。布占泰纠集蒙古科尔沁贝勒瓮阿代,合军屯乌拉城外二十里,畏褚英等军强,不敢进,引军还。九月,布占泰遣使建州,再请修好。建州也遣使报问。布占泰将抓到的叶赫纳林布禄所部之人,交建州使者全杀之。同时又遣使到建州,请曰:"吾数背盟誓,获罪君父,诚为汗颜,若再以亲生之女妻我,抚我如子,吾乃永赖以生矣。"努尔哈赤再允其请,又以亲女妻之。但是,布占泰出尔反尔,食言无常。万历四十年,布占泰复背盟。九月,派兵侵建州所属虎尔哈路,复欲娶努尔哈赤所聘叶赫贝勒布寨女,又以鸣镝射所娶舒尔哈齐之女。努尔哈赤闻之大怒,决意发兵征讨乌拉。

上述两次交战,乌拉元气大伤,哈达、辉发又相继灭亡,形势对建州颇为有利。从而,建州开始并取乌拉的新阶段。

---

① 《满洲实录》,第3卷,第14页,辽宁通志馆影印本,1930年。

第三阶段——武力征伐。这一阶段中，努尔哈赤曾两次率兵亲征乌拉。

万历四十年（1612年）九月二十二日①，努尔哈赤借口布占泰屡背盟约和以鸣镝穿射侄女娥恩哲②，亲自披明甲，乘白马，率第五子莽古尔泰、第八子皇太极，统兵征乌拉。建州军盔甲鲜明，声威甚壮。二十九日，建州军兵临乌拉河，布占泰以所部迎战。乌拉兵隔河见建州军伍浩大、士马盛强，人人惴恐、不敢渡河。建州军沿乌拉河而下，连克河西六城，在距乌拉城西门二里的金州城驻营。

十月初一日，努尔哈赤以太牢告天祭纛，向乌拉城进军。军到乌拉，屯兵三日。布占泰引兵出城，晚又入城。建州军毁所下乌拉六城，庐舍、粮秣皆烬，移军驻伏尔哈河渡口。

建州兵放火烧庄，尽焚其粮秣。布占泰率其弟喀尔喀玛等乘舟出，乘独木舟到乌拉河中流，叩头恳求建州兵熄灭烧粮之火，撤退围城之兵。布占泰在舟中说："乌喇国即父国也，幸毋尽焚我庐舍、糗粮。"说完叩首请。

努尔哈赤乘马驰进水深齐马腹的乌拉河中，对布占泰发表了愤怒而长篇的讲话：

> 布占泰，你在战场上被擒应死，从宽收养，释回乌拉为贝勒。我把三个女儿嫁给你，你曾七次立誓说："天高地厚"，可竟变了心，两次袭击并掳掠我属下虎尔哈路。你布占泰扬言要强娶恩养父我给过聘礼的叶赫女子。我的女儿是给国主作福晋，才出嫁他国，岂是给你用骲箭射的吗？我的女儿如果做错了事，你要向我说明。你能举出动手打我爱新觉罗的先例吗？百世可能不知，十世以来的事也不知道吗？如果有人动手打我爱新觉罗的先例，那你是正确的，我兵来攻是错误的。如果没有那种先例，你布占泰为何用骲箭射我女儿呢？她死后还要蒙受被骲箭射过的恶名吗？活着就闷在心里吗？古人说："人若折名，甚于折骨。"如果看到绳子就以为是毒蛇，见到疮脓就以为是海水，这次出兵非所乐为。听到你用骲箭射我女儿的消息，十分愤恨，才领兵前来。③

---

① 《清太祖高皇帝实录》，第3卷，第15页，中华书局影印本，1986年。

② 《满洲实录》第3卷第14页和《清太祖武皇帝实录》第2卷第5页作"以骲箭射太祖侄女娥恩哲"，《满文老档·太祖》壬子年九月作"他用骲箭射汗给他为妻的娥恩哲格格"；但《清太祖高皇帝实录》第4卷第2页作"以鸣镝射所娶上女"，《清史稿·布占泰传》作"以鸣镝射所娶太祖女"。后二书记载不确。

③ 《满文老档·太祖》，册Ⅰ，第20～22页，壬子年（万历四十年）九月，东洋文库本，1955年。

努尔哈赤立马河中,数其罪。布占泰对曰:"此特谗者离间,使我父子不睦。我今在舟中,若果有此,惟天惟河神,其共鉴之!"努尔哈赤指责布占泰道:"河水无时,我兵来亦无时。汝口虽利,能齿我刃乎?"布占泰大惧,喀尔喀玛乞宥。

努尔哈赤斥责布占泰后,以布占泰子及所属大首领之子为质。建州军在乌拉河滨邑麻虎山上,以木为城栅。第六日,留千人戍守,大军返回建州。

诚然,努尔哈赤出兵乌拉,并非完全为其侄女受辱,如他多次受叶赫凌辱,未见兴师问罪;其主要的原因是,在建州的政治棋盘上,下一步要吃掉的棋子就是乌拉。

但是,布占泰不久又背盟。他幽禁努尔哈赤及舒尔哈齐女,将其所部首领子十七人质于叶赫,并将娶努尔哈赤所聘贝勒布寨女,即叶赫老女。

万历四十一年(1613年)正月,建州利用乌拉贵族众叛亲离,乌拉城孤立无援和部民"无不乐附于老酋"①的形势,再次征讨乌拉。建州出兵的借口有四:布占泰屡背盟约;幽禁努尔哈赤与舒尔哈齐之女;欲强娶努尔哈赤所聘叶赫贝勒布寨之女;送人质于叶赫。努尔哈赤带领次子代善、侄阿敏,大将费英东、额亦都、安费扬古、何和里、扈尔汉及将士三万人,张黄盖,吹喇叭,奏唢呐,打锣鼓,向乌拉进军。

建州军进攻乌拉,连克孙扎泰、郭多、俄漠三城。布占泰亲率三万兵马,越伏尔哈城,列阵以待。伏尔哈城在乌拉河东,宜罕阿麟城西,乌拉城南,宜罕河北岸,宜罕山上。在此紧要关头,领兵诸将欲奋勇抵敌。努尔哈赤却以"岂有伐大国,能遽使之无孑遗"②,并重申"砍伐大树"之前喻。努尔哈赤高估了敌方实力,而低估了己方力量。在两军相峙、攻而不欲、退而不忍、徘徊犹豫之际,代善冒着违背汗父聪睿贝勒之命的罪名,率领诸将强谏道:

> 初所虑者,如何诱布占泰兵出城。今其兵已至郊野,反不出击斩杀。若知如此,何必喂饱马匹,整备盔甲、鞍辔、弓箭、刀枪,即自家中前来。今日不战,俟布占泰得娶叶赫之女再征讨之,将何为耶? 其辱孰能忍之!③

---

① 《李朝宣祖大王实录》,第209卷,第6页,四十年三月庚辰,日本学习院东洋文化研究所影印本,1959年。

② 《清太祖武皇帝实录》,第2卷,第17页,台北故宫博物院藏本,广文书局影印,1970年。

③ 《满文老档·太祖》,上册,第16～17页,中华书局译注本,1990年。

努尔哈赤采纳代善等议，下令同乌拉兵郊原野战，速决取胜。诸贝勒、诸将领则欢欣雀跃，一军尽甲。努尔哈赤命令："胜即夺门，毋使复入！"乃率兵进战。

乌拉城，既高大，且坚固。城临松花江东岸，周围十五里，四面有门，内有小城，周围二里，东西各一门；有土台①，高八尺，周围百步。布占泰凭城布阵，以待建州军进攻。建州军与乌拉军相距百步左右，下马步战，厮杀一片，矢如风发电落，声似狂飚雷鸣。努尔哈赤率先乘骑突阵，挺身而入，诸将、军士坚甲利剑，铁骑驰突。两军激战时刻，努尔哈赤护军皆舍马步战，矢交如雨，呼声震天。建州军鼓勇纵击，乌拉军拼死抗敌。布占泰所率三万之军，力不能御，四散溃败。败散的乌拉兵，十损六七，抛戈弃甲，尸横遍地，血洒原野。建州兵越过伏尔哈城，乘胜进夺乌拉城门。布占泰次子达穆拉率兵守城，拒门坚御。代善乘枣骝马（克勒马）②，马高大，驰如飞，率红旗军，摧陷当冲。安费扬古率攻城军，一面用云梯登城，一面用准备好的土袋，由兵士们迅速地抛向城下，积土与城平。攻城军登上城墙，先锋军夺门而入。努尔哈赤登城，坐在西门城楼上，两旁树立旗帜。时布占泰领败兵不满百人，奔城而来。他见城已失陷，遂大惊，急回奔，遭代善领兵阻截。布占泰"见势不能敌，遂冲突而走，折兵大半，余皆溃散。布占泰仅以身免，投夜黑国去"③。后建州遣使叶赫，请交出布占泰，叶赫不允。后七年，建州克叶赫，布占泰已经前死。

乌拉城之役，努尔哈赤统率建州军，"破敌三万，斩杀万人，获甲七千副"④。建州军攻占乌拉城，灭亡乌拉部。乌拉部始建于永乐五年（1407 年），至此二百零六年，传九代，十贝勒，灭亡。

乌拉之役，布占泰失败与努尔哈赤获胜，原因固多，其中一点是：乌拉贝勒布占泰未取以逸待劳，避其锋锐，凭城固守，伺机克敌之策；努尔哈赤则取先击外围，引敌出城，利用机会，鼓勇速胜之策。在这里，机会尤关重要：

　　　　作天下之事，本乎机；而成天下之事，存乎会。机以动之，会以合之。古今之

---

①　杨宾：《柳边纪略》，第 1 卷，第 7 页："吴喇国旧城，周十五里，四门；内有小城，周二里，东西各一门；中有土台。"

②　陈康祺：《郎潜纪闻初笔》，第 8 卷，第 164 页，中华书局点校本，1984 年。

③　《清太祖武皇帝实录》，第 2 卷，第 18 页，台北故宫博物院藏，广文书局影印本，1970 年。

④　《满文老档·太祖》，上册，第 17 页，中华书局译注本，1990 年。

所有事,率由是也。①

努尔哈赤听纳代善等谏言,机动会合,悉锐速决,取得灭亡乌拉之大胜。

努尔哈赤灭亡乌拉部后,在乌拉城停留十天,赏赉将士,"分配俘虏,编成万户"②,带回建州③。

努尔哈赤在砍倒乌拉部这棵大树之后,又马不停蹄地将兼并的矛头指向扈伦四部中最后的一部——叶赫部。

(六)灭亡叶赫

叶赫部,为扈伦四部之一,源于海西女真塔鲁木卫。先是,明永乐四年(1406年),在松花江北岸,设置塔鲁木卫,以来朝头人打叶为指挥④。后历洪熙、宣德、正统、景泰、天顺五朝,塔鲁木卫指挥等官,向明廷朝贡不断。据记载:叶赫部始祖为星根达尔汉,后迁叶赫河地带。星根达尔汉生席尔克明噶图,席尔克明噶图生齐尔噶尼。成化十九年(1483年),塔鲁木卫指挥齐尔噶尼(或作奇里哈尼、的儿哈你)到京朝贡,翌年被授为官职。后他以"入寇"⑤,被斩于开原。其子褚孔格⑥汲取父亡之鉴,听抚入贡,后受封为都督金事⑦。嘉靖三年(1524年),褚孔格率三百七十八人入朝贡马,受赏彩币、袭衣、绢、钞有差⑧。据《明世宗实录》所载,这是嘉靖朝女真首领中数量最多的一

---

① 嘉靖《通州志略·杨序》,卷首,嘉靖二十八年(1549年)刻本,日本国尊经阁文库藏,首都图书藏复印本。

② 《满文老档·太祖》,上册,第18页,中华书局译注本,1990年。

③ 据载布占泰有八子,其第八子洪匡系舒尔哈齐女娥恩哲所出。建州灭亡乌拉后,洪匡图反抗,被杀。今存《乌拉哈萨虎贝勒后辈档册》即为洪匡后裔所保存。

④ 《明太宗实录》,第51卷,第5页,永乐四年二月庚寅,台北中央研究院历史语言研究所校勘本,1962年。

⑤ 《明武宗实录》,第103卷,第2页,正德八年八月己亥,台北中央研究院历史语言研究所校勘本,1962年。

⑥ 褚孔格:又作祝孔革、竹孔革、出空格、祝孔额。

⑦ 《明武宗实录》,第174卷,第1页,正德十四年五月己亥,台北中央研究院历史语言研究所校勘本,1962年。

⑧ 《明世宗实录》,第36卷,第1页,嘉靖三年二月庚子,台北中央研究院历史语言研究所校勘本,1962年。

次朝贡人马①。后褚孔格率部南迁到开原北叶赫河一带定居。叶赫褚孔格兴起，哈达速黑忒（克什纳）死去。速黑忒（克什纳）子旺济外兰（王忠）继为哈达贝勒。哈达贝勒旺济外兰与叶赫贝勒褚孔格"以敕书不平为争"②。褚孔格为旺济外兰（王忠）所杀，敕书与属寨等被哈达夺去。从此，叶赫与哈达两部结下多年不解之怨。褚孔格有三子：长子太杵（合住、合出）、次子台坦柱、三子捏泥哈。褚孔格死后，长子太杵继续经营叶赫部。太杵死后，其弟台坦柱子二：长清佳努（逞加奴），次杨吉努（仰加奴）。清佳努（逞加奴）和杨佳努（仰加奴）继位叶赫贝勒后③，分居东西二城，叶赫部复振兴。

　　叶赫，为满文 yehe 的对音，其汉意译为盔顶。它不似蒙古语的对音。叶赫部名称的来源，或因其居住山城，城高似盔顶而得名；或因其部民居于叶赫河畔，因叶赫河而得名。叶赫部地近北，向明朝贡，取道镇北关，所以明称之为北关。冯瑗《开原图说·海西夷北关枝派图说》记载："镇北堡十里为白马儿山，山有关，即镇北关也，关外即夷人境。东北三十里，曰啰啰寨。寨东北又三十里曰夜黑寨，即白羊骨寨。而金台失寨又在台住焉。自寨至关六十里，至堡七十里，至开原城一百二十里。以二酋巢在镇北关北，故开原人呼为北关。"就是说，叶赫部城距开原城一百二十里，距镇北关约六十里，是其到北京朝贡的必经之路。它东邻辉发，南接哈达，西南临开原，西界蒙古，北与乌拉相近。叶赫部民"屋居火食，差与内地同。而户知稼穑，不专以射猎为生，故不忌其近我边疆。又参、貂、马尾之利"④，而有着耕、猎、牧、渔、采的多种经济。叶赫自建东、西二城后，与南关哈达贡敕之争更为激烈。

　　叶赫部始祖的族属，史有四说。一是蒙古人说，《清太祖武皇帝实录》载："夜黑国始祖蒙古人，姓土墨忒，所居地名张，灭胡笼国内纳喇姓部，遂居其地，因姓纳喇。后移居夜黑河，故名夜黑。"⑤二是女真人说，魏源《圣武记》载："扈伦国之部四（扈伦亦作呼伦）——曰叶赫、曰哈达、曰辉发、曰乌拉，皆金代部落之遗，城郭、土著、射猎之国，非蒙古行国比也。"⑥

---

　　① 《明世宗实录》，嘉靖十五年五月癸亥："女直夷人海西朵林山等卫真哥等四百余人……俱贡马来朝。"此非一卫入朝贡马之数。

　　② 《明神宗实录》，第203卷，第7页，万历十六年九月戊寅，台北中央研究院历史语言研究所校勘本，1962年。

　　③ 额腾额：《叶赫那兰氏八旗族谱》载："二奴"为太杵二弟台坦柱之子。

　　④ 冯瑗：《开原图说·海西夷北关枝派图说》，第2页，清钞本，北京师范大学图书馆藏。

　　⑤ 《清太祖武皇帝实录》，第1卷，第8页，台北故宫博物院藏本，广文书局影印，1970年。

　　⑥ 魏源：《圣武记》，第1卷，第2页，中华书局，1984年。

魏默深所记与《清实录》所载,似为相左。三是首领为女真化蒙古人、部众以女真人为主说,《明代漠南蒙古历史研究》载:"我赞同其首领的家族是女真化的蒙古人,其部众以女真人为主的说法。"①四是蒙古入赘女真人说,《叶赫那兰氏八旗族谱》载:"叶赫地方贝勒始祖,原系蒙古人,姓土默特氏。初自明永乐年间,带兵入扈伦国招赘,遂有其地,因取姓曰纳兰氏。明宣德二年,迁于叶赫利河涯建城,故号曰叶赫国。"②在上述四说中,虽各有史料来源,也各有相当道理;但《清太祖武皇帝实录》记载过于疏略,《圣武记》书出甚晚且过于笼统;《叶赫那兰氏八旗族谱》以载述本族谱系,其史料价值尤应重视。根据记载,似可认为:叶赫与蒙古土地接壤,往来频繁。蒙古人招赘于女真,入其部,有其地,取姓纳喇氏,史有其事,不足为怪。这并非民族征服,而是民族赘姻。且叶赫有十五部,就其总体上看,从历史上说,主要是女真人,也有蒙古人。但其中一部,始祖有蒙古人血统,尔后孳衍繁盛,其子孙为叶赫贝勒③。到清佳努和杨佳努贝勒时,叶赫部复兴,势力渐强大。

叶赫贝勒杨佳努与清佳努,能抚驭部众,依险筑二城——清佳努居西城,杨佳努居东城④。康熙《盛京通志》载:叶赫城"旧叶赫贝勒所居,周围四里,东西各一门。叶赫山城,叶赫城西北三里,周围四里,南北各一门;内有一小城,周围二里,南北各一门。"⑤叶赫西城,地理形胜,临水依山⑥。它位置于叶赫河(今寇河)北岸三百米处山丘上。城依山兴筑,故称叶赫山城。城垣土石杂筑,分为内外二城。外城周约五里余,依地势围筑⑦。内城修建在外城之中东南部的平顶山丘上,随地势围筑,呈不规则形,周约二里。叶赫西城迤东三里处,为叶赫东城。它北临叶赫河(今寇河),南偎岭岗⑧。城依岗兴筑,城垣土石杂筑,亦有木栅垣,共为四重城。外城面水依山,形势优越,周长约七里。其中部偏南为内城,内城兴建在一个凸起的台地之上,高出地面约十米,再筑

---

① 达力扎布:《明代漠南蒙古历史研究》,第257页,内蒙古文化出版社,1998年。

② 额腾额:《叶赫那兰氏八旗族谱》,第1页,清钞本,国家图书馆善本部藏。

③ 阎崇年:《〈明珠及妻觉罗氏诰封碑文〉考述》,载《四平民族研究》,1987年,第2期。

④ 叶赫二城,今址在吉林省四平市铁东区叶赫满族镇寇河(叶赫河)两岸台地上。

⑤ 康熙《盛京通志》,第10卷,第11页,康熙二十二年(1683年)刻本。

⑥ 叶赫西城址,在今吉林省四平市铁东区叶赫满族镇张家村大窝堡屯东南三里、老爷庙屯东北一里处。

⑦ 《梨树县文物志》,《叶赫古城》,第124页,铅印本,1984年。

⑧ 叶赫东城址,在今吉林省四平市铁东区叶赫满族镇叶赫村西。

以高耸墙垣，突兀险峻，伟岸壮观。它周长近二里，墙随地形，颇不规整。外城之外，内城之内，各筑木城，以固御守。

叶赫贝勒杨佳努与清佳努，分据东、西二城，相距三里，实力渐强。隆庆末，杨佳努与清佳努尝率二万余骑，逐水草至上辽河，后又联土蛮汗，声势日隆。时哈达强，而叶赫弱。杨佳努与清佳努兄弟，事哈达贝勒王台恭谨。王台纳其妹温姐，又以女妻杨佳努。但是，叶赫贝勒杨佳努与清佳努兄弟，日夜思报先祖褚孔格（竹孔革）、父太杵（台出）被哈达贝勒王忠及其侄王台所杀之仇。

万历十年（1582 年），王台死，杨佳努与清佳努欲借机报世仇、索敕书，即洗雪褚孔格被王台所杀之怨恨，索回哈达所掠之敕书。王台死后不久，长子扈尔干也死，四子孟格布禄继为贝勒。时孟格布禄兄弟叔侄内讧，给叶赫进攻哈达造成机会。万历十一年（1583 年），叶赫四攻哈达：清佳努、杨佳努弟兄率白虎赤，并以煖兔、恍惚太所部万骑，袭败哈达贝勒孟格布禄，斩三百级，掠甲胄一百五十；又借猛骨太、那木塞兵，焚躏孟格布禄所部室庐、庄稼殆尽；复焚孟格布禄及其兄所分庄各十，其侄歹商庄一，携所属百余人而去；再以恍惚太二千骑驰广顺关，攻下沙大亮寨，俘三百人，挟兵邀贡敕。明朝见叶赫强兵攻略哈达，便遣使谕叶赫清佳努、杨佳努罢兵，不听。明以停止贡市相胁，但无济于事。杨佳努与清佳努又与建州阿台合，称兵汉塞。于是，明辽东总兵李成梁攻破建州阿台后，就把打击重点转向叶赫。

万历十二年（1584 年），由巡抚李松、总兵李成梁、备御霍九皋布设擒斩叶赫贝勒杨佳努与清佳努兄弟的"市圈计"。明制，凡诸部互市，筑墙规市场，称之为"市圈"。明辽东巡抚李松以赐敕抚赏为名，邀杨佳努与清佳努到距开原四十里的中固城。又命三军解甲易服，在城内四隅埋伏。巡抚李松则坐镇南楼上，与军士约定：叶赫贝勒如入圈听抚，则张旗帜为号，诸军按甲不起；否则，鸣炮为号，伏兵四起，桴而击鼓，围而歼之。杨佳努与清佳努提兵二千余骑，擐甲诣镇北关中固城领赏。霍九皋斥责其甲骑如林，杨佳努与清佳努请以精骑二千屯镇北关，而以三百余骑入圈，应允。杨佳努与清佳努入圈后，霍九皋谕叶赫贝勒。清佳努、杨佳努兄弟不知有计，仍请敕书等。霍九皋责问之，双方语急。杨佳努兄弟瞋目，出语不驯。霍九皋扯其下马，激其愤怒。杨佳努从者白虎赤拔刀击九皋，微伤右臂。九皋还击，伤其一骑，余骑群噪，攻击明兵。于是，信炮鸣，伏兵起，斩杀清佳努及其子兀孙孛罗、杨佳努及其子哈儿、哈麻以及白虎赤等共三百一十一级。是时，李成梁闻信炮声，已先自中固城至，围击叶赫军，斩杀一千五百二十一级,夺马千七百零三匹。又深入清佳努、杨佳努兄弟所居城寨。明师合围,叶赫两城,均被围攻。叶赫"诸虏皆出寨门叩头,愿从猛骨孛罗约束,即刑白马,钻刀歃血,誓称自今宁万死,不敢复入寨"①。明总督蓟辽、保定军务张佳胤以阵斩"二奴"报闻,李松、李成梁、霍九皋等进秩有差。

杨佳努子纳林布禄②、清佳努子布寨③,分别继为贝勒。数年之后,布寨、纳林布禄实力逐渐恢复,而哈达内讧亦剧(见前文)。他们兄弟,尤为狂悖,争贡敕,攻哈达,掠歹商,报世仇。时明支持歹商,袭执康古鲁,遏制叶赫逞强。

万历十六年(1588年)二月,明辽东巡抚顾养谦决策征讨叶赫贝勒布寨、纳林布禄。总兵李成梁认为攻击叶赫应利用月明,时月已下弦,出兵往攻。遂备粮秣,整训军队。三月十三日,李成梁至开原,令哈达部歹商军以白布缀肩为帜。鸡鸣,李成梁提兵发威远堡,行六十里,到叶赫城下。布寨弃西城,奔纳林布禄东城,合兵相拒。叶赫军与明军夹道相持,明军不敢先发。叶赫贝勒麾其骑兵突袭明军,杀三人。李成梁纵兵击杀,初战展开。明游击吴希汉先驱,流矢集于面,创伤甚烈;其弟希周奋起,斩敌骑射希汉者,也被创。明军如墙推进,叶赫兵退入城内,坚壁以守。城以石为郭,石郭内外,设重叠障,巨木为栅。城中有山,环山四周,凿坂绝峻。其上为罗城,外石内木,分为二重。中建八角楼,楼内置妻孥、财货。明师攻城二日,破郭外栅二重。城上木石杂下,先登者辄死。城坚不可拔,成梁乃敛兵。明军发巨炮轰城,炮弹穿楼坏城。叶赫兵中炮,死伤者很多。明军斩杀叶赫大将把当亥等五百五十四级,城中军民,号泣不已。明军运来车载云梯,将巨炮置在云梯上,向内城开炮。叶赫贝勒布寨、纳林布禄大惧,出城乞降,请与南关分敕入贡。明总兵李成梁下令停止攻城,燔毁云梯;戒诸军毋发其窖贮粮谷,遂引师还。

同年四月,明释放康古鲁,遣还哈达。又派遣使者到叶赫宣谕:往昔若效顺,朝廷赏不薄。江上远夷,以貂皮、人参朝贡马市,必借叶赫通行。若布帛、米盐、农器,仰给明朝,利于耕稼、围猎;还可坐收木材、松子、山泽之利,实惠很大矣!今贡事绝,江上夷道梗,都怨苦。明传檄诸部,斩二酋头来,可以为部长,无需兴兵诛杀。但是,今宽贷你

---

①　瞿九思:《万历武功录》,第11卷,《逞加奴、仰加奴列传》,第33页,《国学文库》本,1935年。

②　纳林布禄:又作那林孛罗、那林卜罗,《李朝实录》作罗里。

③　布寨:又作布斋,布戒,《李朝实录》作夫者。

们，你们自作何回报？于是，叶赫与哈达，均分敕书。先是，明永乐初，赐海西诸部敕书，共九百九十九道。至是，因哈达忠顺，分领五百道；叶赫则分领四百九十九道。

是役，《万历武功录》记载：

> 我军如墙而进，直捣其城下。虏退入壁，坚闭拒守。矢石如雨，我军多死伤。其外大城以石，石城外为木栅，而内又为木城，城内外大濠凡三道。其中坚，则一山特起，凿山坂，周回使峻绝，而垒石城其上。城之内又为木城，木城中有八角明楼，则其置妻子资财所也。上下内外，凡为城四层，木栅一层。其中控弦之士以万，甲胄者以千计，刀剑矢石滚木甚具。我兵攻之两日，撤其外栅，破其城二层。其中坚坚甚，不可破。而我仰攻，先登之士，辄死于大石滚木。大将军乃急下令收兵，而以大炮击其中坚，凡再发炮，内有铅弹，弹所经城坏板、穿楼、大木断、壁頹，而中多洞胸死者，斩把当亥等首凡五百五十四级，夺获被卤凡八人，胡马凡九十八匹，盔凡二百七十五顶，甲凡二百八十一副，臂手凡八千三副。我官军亡陈勋等五十三人，伤吴希汉等五百三十五人，汉马死者凡一百一十三匹。于是，城中老小皆号泣。我军复以车载云梯，如楼橹直立之，与其中城齐，欲置大炮其上，击中城。虏皆丧胆，二酋始出城下马，匍匐悲号，告大将军，幸哀怜我，敕除前过，即欲与南关分敕入贡。大将军于是许诺。已，二酋复疑贰，乃言将军果不欲即杀我，愿将军烧云梯，勿复击大炮，毋尽发我窖粮。大将军度云梯重，挽车者疲不能还，乃烧之；止大炮不复击；而令军中毋复发其窖粮。遂罢兵而还。①

以上长篇引文，可作三点分析。

第一，李成梁浮冒战功。上引《万历武功录》长文，扬武张饰，浮词溢美。《满洲实录》载，李成梁"率兵攻纳林布禄东城失利而回"。《开原图说》载："李宁远奉旨讨北关不克。"明御史胡克俭亦劾其割死军级报验，掩败冒功②。李成梁撤兵后，让哈达孟格布禄从其父王台遗下敕书中，拿出一百九十九道给叶赫，使南、北二关敕书均平，这也说明李总兵讨叶赫没有成功。

---

① 瞿九思：《万历武功录》，第11卷，《卜寨、那林孛罗列传》，第39～41页，《国学文库》本，1935年。

② 据《万历武功录》记载统计，明军死伤尚比叶赫军多三十四人。

第二，叶赫部受到重创。叶赫虽从哈达得到一百九十九道敕书，但较哈达少一道，即南关五百道，而北关四百九十九道。更有甚者，叶赫东城的城垣、楼宇受到严重破坏，军兵死伤惨重，受到继杨佳努与清佳努之后又一次沉重的打击。

第三，建州部坐收渔利。明朝、哈达、叶赫之间，矛盾错综，争夺繁杂，尤其是李成梁之攻战，使建州坐收其利。李成梁曾"大捷共计十次，斩首五六千级"①。先后杀王杲、王兀堂、阿台、阿海、清佳努和杨佳努等，在客观上为建州崛起扫清了道路。正如章太炎所云：

> 然成梁已戮王杲，数年复大破迤东都督王兀堂，诛阿台。无几，又与巡抚李松诛北关首领清佳砮、杨吉砮，斩其骑兵千五百人，群夷詟服。而奴儿哈赤以枭雄之姿，晏然乘诸部虚耗，蚕食以尽。藩翰既溃，祸及全辽。则是成梁之功，适为建州之驱除也。②

布寨和纳林布禄受李成梁重创，元气再损；因哈达受到明朝支持，而希望拉近同建州的关系。叶赫贝勒纳林布禄送妹孟古姐姐给建州努尔哈赤完婚，是叶赫想改善同建州关系的表现。

先是，努尔哈赤起兵前，路过叶赫，叶赫部长杨佳努见他聪颖大度，气宇不凡，说："我有幼女，俟其长，当使事君。"努尔哈赤说："君欲结姻盟，盍以年已长者妻我？"杨佳努又说："我虽有长女，恐未为嘉偶。幼女端重，始足为君配耳。"于是，努尔哈赤许聘。到万历十六年（1588年）九月，叶赫贝勒纳林布禄送其妹孟古姐姐归努尔哈赤为妻，努尔哈赤率诸贝勒迎亲，大宴成礼，是为孝慈高皇后、清太宗皇太极的生母。是年，努尔哈赤三十岁，孟古姐姐十四岁。

在叶赫纳林布禄送妹给努尔哈赤为妻的同年，哈达贝勒扈尔干也将女儿给努尔哈赤为妻。哈达扈尔干与叶赫纳林布禄都在通过联姻拉拢建州。此期，努尔哈赤已统一建州女真。但叶赫二贝勒对建州的实力估计不足，他们从万历十九年（1591年）开始，

---

① 《明神宗实录》，第141卷，第7页，万历十一年九月己亥，台北中央研究院历史语言研究所校勘本，1962年。

② 章太炎：《清建国别记》，第37页，铅印本，1924年。

不断地向建州挑战。叶赫贝勒布寨、纳林布禄兄弟对努尔哈赤，先谈判，后索地。

万历十九年（1591年），叶赫纳林布禄派宜尔当阿、摆斯汉使于建州，要建州将所属额尔敏、扎库木二地，以其一处给叶赫。努尔哈赤驳斥后，遣还叶赫使臣。随后，叶赫纳林布禄又令尼喀里、图尔德偕哈达、辉发二部使者再到建州，努尔哈赤举行招待宴会。图尔德道：我贝勒要分尔地，尔不给与。如两国兴兵，我能入尔境，尔能蹈我地乎？努尔哈赤大怒道：叶赫贝勒何曾马首相交，裂甲毁胄，经一剧战？因哈达内讧，故被乘隙掩袭。我建州并非哈达，不会像哈达那么容易！并诋讽叶赫贝勒布寨、纳林布禄，见父被明杀害，至今不得收其尸骨，奈何出此大言！建州以上述言论作书，派巴克什阿林察送往叶赫。叶赫贝勒布寨将阿林察遣还。建州与叶赫，三次使者往还，双方的矛盾，不但没有缓和，反而更加激化。一场大的战争风暴即将来临。

万历二十一年（1593年）六月，扈伦四部以叶赫贝勒布寨、纳林布禄为首，合兵攻建州，劫户布察寨，遭到建州的强力抵御。九月，叶赫又纠集哈达、辉发、乌拉，蒙古科尔沁以及席北、卦尔察、朱舍里、讷殷，九路之师，进攻建州。是时，叶赫兵万人，哈达、乌拉、辉发三部合兵万人，蒙古科尔沁三贝勒及锡伯、卦尔察三部又万人，凡三万人。建州兵少，态势严重。但是，叶赫以多败于少，以众败于寡。这就是著名的古勒山大战。此役，叶赫贝勒布寨被杀。布寨死，子布扬古（白羊骨）嗣为贝勒。布寨在古勒山下丧生，"北关请卜酋尸，奴酋剖其半归之。于是北关遂与奴酋为不共戴天之仇"[1]。布寨死后，"素性刚暴"的纳林布禄败回叶赫城，"因念兄仇，昼夜哭泣，不进饮食，郁郁成疾"，后来死去[2]。布寨子布扬古、纳林布禄弟金台石继为贝勒。布扬古、金台石分别继为叶赫贝勒后，叶赫、明朝、蒙古和建州呈现着错综复杂的关系。

第一，叶赫：一方面南靠明朝，西联蒙古，北结乌拉，以同建州抗衡；另方面又与建州结姻、歃盟、通使，以争取时间，积聚力量。如古勒山之败后，万历二十五年（1597年），叶赫等遣使至建州告曰："吾等不道，兵败名辱，自今以后，愿复缔前好，重以婚媾。"叶赫贝勒布扬古愿以其妹给努尔哈赤为妻，金台石愿以其女给努尔哈赤之次子代善为妻。努尔哈赤允诺，并备鞍马、甲胄作聘礼。他们杀牛宰马祭天，设卮酒、块土及

---

① 《明神宗实录》，第528卷，第12页，万历四十三年正月己亥，台北中央研究院历史语言研究所校勘本，1962年。

② 冯瑷《开原图说》下卷：那林布禄于万历三十六年病死。永禄《正白旗满洲叶赫纳喇氏宗谱》载："戊戌二十六年春二月，贝勒纳林布禄薨。"后者误。

肉、血、骨各一器皿,歃盟曰:"既盟以后,若弃婚姻,背盟好,其如此土,如此骨,如此血,永坠厥命;若始终不渝,饮此酒,食此肉,福禄永昌!"①叶赫二贝勒同建州的婚盟,作为达到其政治目的的一种权术,随着双方实力的消长,可以随意毁约背盟。

第二,明朝:先是支持哈达,利用哈达以左制叶赫,右控建州。但是,建州灭哈达后,辽东形势发生很大变化,明廷失去南关哈达,转而支持北关叶赫。明朝想利用强势的叶赫,以牵制崛起的建州。明礼部左侍郎何宗彦解释支持北关叶赫政策的原因说:"有北关在,可牵奴酋之后,辽、沈或可恃以无恙。"②后明廷甚至想通过叶赫贝勒金台石、布扬古擒斩努尔哈赤,其酬赏为原给与建州的敕书和龙虎将军封号,转赏给叶赫贝勒。明朝扶持北关叶赫,以便使叶赫在西,通过叶赫联络乌拉在北,协同朝鲜在东,同蒙古察哈尔部盟约在南,以辽军为轴心,形成一个对建州努尔哈赤的圆形包围圈。

第三,蒙古:漠南蒙古同叶赫的关系深远而密切,既血缘相连,又地缘相接。漠南蒙古恍惚太女儿嫁给杨佳努为妻,达尔汉贝勒娶叶赫贝勒布扬古的姐姐为妻,察哈尔林丹汗也娶叶赫贝勒金台什孙女为妻(即苏泰福金)。漠南蒙古又多次出兵援助叶赫掠哈达、攻建州。蒙古想联合叶赫,增强自身实力,增加对明讨赏筹码,增大对抗建州力量。叶赫也想联合蒙古,保持与扩大生存空间。叶赫联结蒙古得到两个后果:一个是叶赫延缓了城毁部亡的时间,另一个是叶赫导致了"自为刀俎"的结局。

第四,建州:努尔哈赤巧妙地臣属明朝,表面上朝贡驯顺,暗地里发展实力。建州对周边的策略是:结好朝鲜,姻盟叶赫,绥服蒙古,而灭哈达、并辉发、吞乌拉、略东海,壮大军事实力,解除后顾之忧。在扈伦四部中的哈达、辉发、乌拉相继灭亡之后,叶赫陷于孤立。建州对叶赫的策略变守势为攻势,变联姻结盟为军事打击。于是,建州以军事进攻,鲸吞叶赫,实现其统一扈伦四部之目的。

叶赫在古勒山战之后,调整对建州的策略:

万历二十五年(1597年)正月,叶赫等扈伦诸部遣使建州:"因吾等不道,以至于败兵损名,今以后,吾等更守前好,互相结亲。"布扬古请以妹给努尔哈赤为妻,金台石请

①《清太祖高皇帝实录》,第2卷,第20页,中华书局影印本,1986年。

②《明神宗实录》,第586卷,第9页,万历四十七年九月辛卯,台北中央研究院历史语言研究所校勘本,1962年。

以女给努尔哈赤次子代善为妻，建州应允，具礼以聘，宰牲告天，歃血盟誓。布扬古之妹，为清太祖高皇后之侄女，时年十四岁①。后叶赫贝勒纳林布禄背盟。不久，建州遣将穆哈达连侵蒙古，获马四十。叶赫邀击并夺其马，又执穆哈达送于蒙古。乌拉贝勒布占泰也背盟建州，结好叶赫纳林布禄。但是，两年后，建州派兵驻哈达；再过两年，建州灭哈达。叶赫因哈达亡而失去左臂，同建州的关系日益紧张。

万历三十一年（1603年）九月，努尔哈赤嫡福晋叶赫那拉氏病危，思见生母。努尔哈赤遣使往迎。叶赫贝勒纳林布禄不许，令其仆南太来视疾。努尔哈赤数之曰："汝叶赫诸舅，无故掠我户布察寨，又率九姓之同，合兵攻我。汝叶赫、哈达、乌喇、辉发四国，因起兵开衅，自服厥辜。刑马歃血，祭天盟誓，愿联姻通好。汝叶赫背盟，将许我国之女，悉嫁蒙古。今我国妃病笃，欲与母诀，又不许，是终绝我好也！"②不久，努尔哈赤嫡福晋叶赫那拉氏崩。建州同叶赫关系更为紧张。努尔哈赤决定以武力对叶赫进行报复。

万历三十二年（1604年）正月初八日，建州兵往攻叶赫。十一日至叶赫国张城和阿气郎城，俱克之。收叶赫二城七寨，人畜二千余，胜利班师。是为建州首征叶赫。

万历三十五年（1607年），叶赫贝勒纳林布禄闻辉发贝勒拜音达里背盟建州，建州因取辉发，纳林布禄不能救。叶赫为报复建州，而将布扬古年三十之妹（即叶赫老女），已许努尔哈赤，但十六年不遣，要给乌拉贝勒布占泰为妻。万历四十年（1612年），建州攻讨布占泰。

万历四十一年（1613年），乌拉亡后，布占泰逃往叶赫，建州三次遣使告叶赫贝勒，缚布占泰以献，但叶赫不从。时叶赫纳林布禄已死，其弟金台石嗣为贝勒，与布寨子布扬古分居东城与西城如故。先是叶赫贝勒布扬古欲以妹嫁布占泰，但布占泰逊谢不敢娶。努尔哈赤谋伐叶赫，先期遣第七子阿巴泰率所属阿都、干骨里等三十余人求质于明。阿巴泰等至广宁，谒巡抚都御史张涛，请敕叶赫遣送布占泰。张涛奏报朝廷，明万历帝下部议，以质子真伪不可辨，拒绝接纳。九月，努尔哈赤统兵四万，并会蒙古喀尔喀骑兵，再征叶赫。建州兵北入苏完境，迂回到北面攻入叶赫，收取张与吉当阿二路居民，继围兀苏城。城长山谈、扈石木，看到建州军"师众如林，不绝如流，盔甲鲜明，如三

① 《清史稿·杨吉砮传》，第223卷，第9410页，中华书局标点本，1977年。
② 《清太祖高皇帝实录》，第3卷，第7页，中华书局影印本，1986年。

冬冰雪",而开门迎降。努尔哈赤对降将赐东珠、金佛帽和衣物,并以金杯赐酒。随后,建州军又连下呀哈、黑儿苏、何敦等大小二十六座城寨,尽焚其庐舍、粮储。因建州逃卒泄漏师期,叶赫有备,乃焚庐舍、携降民而回。

建州进攻叶赫,叶赫贝勒金台石和布扬古(白羊骨)求诉于明:"哈达、辉发、兀喇已被尽取矣! 今复侵吾地,欲削平诸部,然后侵汝大明,取辽阳为都城,开原、铁岭为牧地。"①明派游击马时楠、周大岐率兵千人,携带火器,助叶赫戍守其东、西二城。同时,明遣使告诫努尔哈赤道:"自今以后,勿侵叶赫。若从吾言,是推吾之爱而罢兵也;若不从吾言而侵之,势将及我也!"②明廷的强硬态度与公开干预,迫使努尔哈赤只得缓图攻取叶赫之机。同年九月二十六日,努尔哈赤欲致书于明朝,遂亲到抚顺所。他在抚顺教场,见明抚顺所游击李永芳。努尔哈赤投书李永芳,长篇大论地述说其征伐叶赫之合情与合理:

> 昔叶赫、哈达、乌喇、辉发、蒙古、席北、卦尔察等九姓之国,于癸巳岁,合兵侵我,我是以兴师御之。天厌其辜,我师大捷。斩叶赫布寨,获乌喇布占泰以归。逮丁酉岁,刑马歃血,以相寻盟,通婚媾,无忘旧好。讵意叶赫渝弃前盟,将已字之女,悔而不予。至乌喇国布占泰,吾所恩育者也,反以德为仇,故伐之而歼其兵,取其国。今布占泰孑然一身,奔于叶赫,叶赫又留之不吾与。此吾所以征叶赫也。我与汝国,何嫌何怨,欲相侵耶!③

努尔哈赤的上述文书,主要解释进攻叶赫的原因,并表明要同明朝结好。建州想割断明朝与叶赫的联系,以免在进攻叶赫时腹背受敌。但由于他们的各自利益所在,这是难以办到的。努尔哈赤不仅向明申说其兵攻叶赫的理由,而且派其第七子阿巴泰率所属阿都等三十余人求质于明,以缓解关系,但遭明廷部议拒绝。

叶赫深感建州势力日渐强大,既诉求明朝支持,又联姻蒙古借助。在万历二十五年(1597 年),叶赫将原许聘于努尔哈赤次子代善的金台石之女,嫁给漠南蒙古内喀尔

---

① 《清太祖武皇帝实录》,第 2 卷,第 7 页,台北故宫博物院藏,广文书局影印本,1970 年。

② 《清太祖高皇帝实录》,第 4 卷,第 10 页,中华书局影印本,1986 年。

③ 《清太祖高皇帝实录》,第 4 卷,第 11 页,癸丑年(万历四十一年)九月庚辰,中华书局影印本,1986 年。

喀翁吉剌部宰赛。万历四十三年(1615 年)，叶赫既得到明朝的公然支持，就想依恃明朝，联姻蒙古，以对抗建州。叶赫贝勒金台石将长女嫁给蒙古察哈尔部脑毛大黄台吉之孙桑阿尔寨，又将其次女嫁给察哈尔林丹汗。叶赫贝勒极力拉拢蒙古察哈尔部和内喀尔喀部，同他们共同对付建州的军事威胁。在这一年，叶赫贝勒做了一件令努尔哈赤、也令建州女真非常没有面子、非常恼怒的事情，这就是将已许聘给努尔哈赤的"叶赫老女"，改适蒙古内喀尔喀部巴哈达尔汉(明作煖兔)贝勒之长子莽古尔岱台吉。这个年已三十三岁的尚未出嫁的"叶赫老女"，串连着哈达、辉发、乌拉、叶赫、建州和蒙古的戏剧性故事。

先是，万历二十五年(1597 年)，叶赫与建州睦和，仰扬古贝勒以妹(布寨之女)许给努尔哈赤。旋悔婚，不于归，闺留叶赫，后为老女。此老女姻涉哈达、辉发、乌拉、蒙古和建州。

其一，哈达。叶赫贝勒诱哈达贝勒孟格布禄云："尔若执满洲来援二将，赎所质三子，尽歼其兵二千人，我妻汝以所求之女。"①此女即原许与努尔哈赤而未娶之"叶赫老女"。孟格布禄惑其言，努尔哈赤得其情，出兵哈达，攻破南关。

其二，辉发。贝勒拜音达里求努尔哈赤赐女为婚，既获允准，背约不娶；而欲娶叶赫老女。努尔哈赤以此借口启戎，亲率兵，灭辉发。

其三，乌拉。《清太祖努尔哈赤实录》载，努尔哈赤闻"布占泰以其女萨哈廉、子绰尔启鼐及十七臣之子，送叶赫为质，娶上所聘女，又幽上二女。上遂亲率大兵往征之"②。此女即叶赫老女。

其四，蒙古。叶赫见哈达、辉发、乌拉已亡，便拉蒙古，对抗建州，其办法之一，是利用"叶赫老女"，以笼络蒙古。此事之原委是：叶赫金台石有女，育于其兄纳林布禄，嫁介赛；金台石既为贝勒，杀纳林布禄妻，介赛假为外姑复仇，觊得布扬古之妹以和解。布扬古之妹，誓死不愿行。介赛兵攻叶赫，时喀尔喀贝勒巴哈达尔汉为其子莽古尔岱请婚，布扬古将许之。叶赫贝勒既将金台石女嫁蒙古介赛，又将布扬古妹嫁蒙古莽古尔岱。《东夷考略》载："四十三年五月，白羊骨竟以老女许婚煖兔子蟒谷儿大，且执建州夷六人开原。谕止不听。七月，遂成婚。奴儿哈赤发兵三千屯南关，气氛甚恶。御

---

① 《清太祖高皇帝实录》，第 3 卷，第 3 页，中华书局影印本，1986 年。
② 《清太祖努尔哈赤实录》，第 4 卷，第 22 页，北平故宫博物院铅印本，1932 年。

史王雅量疏称：'向救北关，恐藩篱一撤，奴酋与煖兔合，而辽不支。今奴、煖争昏，势不骤合，而北关依强援于煖兔，适为中国利。请设防辽东，按甲不动，以观奴酋进止。奴或不听宣谕，我督北关阴约煖兔从南关入，大兵从清河、抚顺分道而东，兼以东山之民张牙露爪，思甘心奴利其貂、参，顺呼响应。金、白角之，朝鲜、我兵犄之，奴亡可翘足待。'已而，奴儿哈赤罢构，北关获全。"①

其五，建州。明边吏告谕叶赫贝勒，姑留此女，不要出嫁，以便不使努尔哈赤与介赛望绝，冀相羁縻；而以兵分屯开原、抚顺及镇北堡为犄角，卫护叶赫。当然，叶赫贝勒不听。这就引起介赛与努尔哈赤两方的怨恨，特别是后者。努尔哈赤的态度是："此女不祥，哈达、辉发、乌喇三部，以此女搆怨，相继覆亡。今明助叶赫，不与我而与蒙古，殆天欲亡叶赫，以激其怒也。我知此女流祸将尽，死不远矣！"

果然，叶赫老女嫁给蒙古莽古尔岱，未一年而死亡，年三十四。这一年恰为后金天命元年（1616 年）。上面所说努尔哈赤对叶赫以"老女"作政治筹码，采取"戒急用忍"的态度，主要是以理智制感情，以谋略制莽撞。

然而，上述"叶赫老女"，最后嫁蒙古喀尔喀部巴哈达尔汉（明作煖兔）之子莽古尔岱。万历四十三年（1615 年）五月，布扬古以其妹许给莽古尔岱，七月成婚。为此，《清太祖武皇帝实录》万历四十三年（1615 年）六月书云：

> 初，夜黑布羊姑以妹许太祖，受其聘礼。又欲与蒙古胯儿胯部蟒孤儿太台吉（乃八哈搭儿憨子也）。诸王臣曰："闻夜黑将汗聘之女欲与蒙古，所可恨者，莫过于是。当此未与之先，可速起兵。若已与之，乘未嫁时，攻其城而夺之。况此女汗所聘者，非诸王可比。既闻之，安得坐视他适？"皆力谏兴兵不已。
>
> 太祖曰："或有大事，可加兵于彼；以违婚之事兴兵，则不可。盖天生此女，非无意也，因而坏哈达、辉发、兀喇，使各国不睦，干戈扰攘至此。大明助夜黑，今其女不与我而与蒙古，是坏夜黑，酿大变，欲以此事激我忿怒，故如是也。今尽力征之，虽得其女，谅不久而亡，反成灾患。无论与何人，亦不能久。启衅坏国已极，死期将至矣！"
>
> 诸王臣反复谏之，必欲兴兵。太祖曰："吾以怒而兴师，汝等犹当谏之。况吾

---

① 苕上愚公：《东夷考略·海西》，不分卷，清抄本，国家图书馆善本部藏。

所聘之女，为他人娶，岂有不恨之理？予尚弃其忿恨，置身局外以罢兵；汝等反苦为雠校，令吾怨怒，何也？聘女者不恨，汝等深恨何焉①？岂因忿遂从汝等之言乎？汝等且止。"

言毕，令调到人马皆回。其女聘与蒙古，未及一年果亡。诸王臣奏曰："此女迄今三十三岁，已受聘二十年矣。被大明遣兵为夜黑防御，夜黑遂倚其势，转嫁与蒙古。今可侵大明。"太祖不允。②

努尔哈赤以理制情，据理谕众，不以"叶赫老女"兵兴蒙古，也不以"叶赫老女"兵犯明朝。此忿之源，在于叶赫。

在扈伦四部中，以叶赫部最强，又受明朝的支持。建州继对叶赫两次征讨之后，于万历四十七所即天命四年（1619年），再次发兵攻打叶赫。正月初二日，努尔哈赤命大贝勒代善率将十六员、兵五千人，驻守扎喀关，防止明军偷袭建州；亲率倾国之师起行，初七日深入叶赫界。建州兵自克亦特城、粘罕寨，焚掠至叶赫城东十里，俘获大量人民、畜产、粮食和财物，尽焚叶赫城十里外之大小屯寨二十余处。叶赫向明乞师，明开原总兵马林率合城兵驰救。建州军为避免两面受敌，班师而回。叶赫为报答明朝，派兵二千应援萨尔浒之战（后文叙述）的明军。时努尔哈赤密谋遣使诈降叶赫贝勒金台石，但金台石不应。于是，建州在取得萨尔浒大捷之后，乘机发兵再征叶赫。

善于捕捉战机是一个军事家必备的军事素质。所谓战机，是利于己而不利于敌的争战时机。它可以是战场上已经显现的，也可以是通过奋力创造的。捕捉战机，需要军事家独具慧眼；创造战机，需要军事家运筹帷幄。经过建州与叶赫的多次较量，建州向叶赫发起总攻击的时机已经成熟。这些条件主要是：第一，扈伦四部仅存之叶赫，既势力孤单，又力量削弱；第二，辽东明军在萨尔浒之役中一败涂地，无力增援叶赫；第三，蒙古各部，矛盾复杂，势力衰弱，不能全力支援叶赫；第四，建州的态势，如张弦之弓，似待扣之箭。于是，努尔哈赤决定亲率倾国之师，攻击叶赫，洗雪"叶赫老女"之耻，了此叶赫未结之局，解除进兵明朝后顾之忧，实现统一扈伦四部之愿。

叶赫同建州关系，发生了转折点。其主要标志是：一为努尔哈赤建立后金政权，二

---

① "焉"：北平故宫博物院刊本《清太祖武皇帝弩儿哈奇实录》作"爲"字，误。

② 《清太祖武皇帝实录》，第2卷，第22～23页，台北故宫博物院藏，广文书局影印本，1970年。

为后金取得萨尔浒大捷。

天命四年即明万历四十七年（1619年）三月，明杨镐指挥十万大军进攻后金都城赫图阿拉，叶赫派兵二千人响应。这更加深了建州同叶赫的矛盾。六月，建州攻开原，叶赫又以二千人增援明军。虽叶赫兵至而开原已陷，却激怒建州加快灭掉叶赫的步伐。九月，因明经略杨镐派使催叶赫发兵进攻后金，金台石之子德尔格勒率兵攻建州，克一寨、俘四百零七人、斩八十四级，受到明廷白金二千两、彩缎二十表里的赏赐。这些说明，明朝在哈达被建州吞并之后，其方针改变为：由扶持哈达、控制叶赫，而为扶持叶赫、遏制建州。但是，叶赫贝勒没有认识到在扈伦四部中哈达、辉发、乌拉三部灭亡，特别是萨尔浒大战后，后金军政实力发生的根本变化。上述叶赫对后金的小攻小击，只会加速自身灭亡。

八月，努尔哈赤召集诸王贝勒大臣会议，商讨对叶赫的作战计划，并誓言："此举如不克平叶赫，吾必不反国也！"[1]时叶赫贝勒金台石住东城，贝勒布扬古住西城，两城相距三里。诸王贝勒大臣会议决定：大贝勒代善、二贝勒阿敏（舒尔哈齐之子）、三贝勒莽古尔泰、四贝勒皇太极等率护军健骑，扬言征讨蒙古[2]，绕路潜行，直奔叶赫贝勒布扬古驻地西城；又命额亦都等率领前锋军，"扮为蒙古兵"，驰奔叶赫贝勒金台石驻地东城；努尔哈赤亲督大军，随后进围金台石城。大军于十九日出发，即断绝往来信息，声言向蒙古，以欺骗明师。

叶赫贝勒金台石驻地东城，又称叶赫山城，依山修筑，坚固险要。原为金台石之兄纳林布禄住地，瞿九思记述东城言：

> 其外大城以石，石城外为木栅，而内又为木城。城内外大壕凡三道，其中坚则一山特起，凿山坂，周回使峻绝，而垒石城其上。城之内，又为木城，木城中，有八角明楼，则其置妻子、资财所也。上下内外，凡为城四层，木栅一层。其中控弦之士以万，甲胄者以千计，刀剑、矢石、滚木甚具。[3]

---

①　徐乾学：《叶赫国贝勒家乘》，第14页，清钞本，国家图书馆善本部藏。

②　《清史稿·杨吉砮传》作"声言向沈阳，以缀明师"；《三朝辽事实录》第1卷第35页作"奴酋佯缀我师，拥众数万骑，直抵金台失寨"。沈阳在建州西，叶赫在建州北；而蒙古在建州西、北，故"声言向沈阳"不合情理。

③　瞿九思：《万历武功录·卜寨那林孛罗列传》，第11卷，第40页，《国学文库》本，1935年。

东城为叶赫城之役攻坚所在。

二十二日,后金军进至叶赫城下,叶赫贝勒金台石、布扬古各统兵出城,鸣角操鼓,准备迎战。后金军盔甲鲜明,剑戟林立,钲鼓相闻,山河震荡。两军混战多时,叶赫贝勒见势不能敌,令鸣角收兵,入城坚守。代善等四大贝勒督率护军围布扬古所住西城。努尔哈赤率领额亦都等督军围金台石所住东城。建州军至叶赫城郊,布扬古与其弟布尔杭古率军出西城,鸣角而噪,望后金军盛,遂敛兵入城。代善等贝勒遂督军合围西城,努尔哈赤则围东城。

金台石东城被围后,八旗军毁其栅城,堕其外城。后金军呼金台石投降,不听,答道:"吾非明兵比,等丈夫也,肯束手归乎? 与其降汝,宁战而死耳!"[①]东城守军誓死拒战,坚守城垣。后金兵攻城,两军矢交发。努尔哈赤见敌军负险顽抗,激励将士道:"今日仍不克,则罢兵归矣!"众军齐喊道:"愿赴死战!"努尔哈赤命军士拥楯车,陟山麓,冒矢镞,将穴城;城上射矢镞,发巨石,推滚木,掷火器。后金军二三十人,布楯列梯,冒矢登城。但城上发木石,掷火器;后金军死伤惨重。努尔哈赤又命穴其城。费英东和军士们冒飞矢,迎礌石,奋力攻城,鼓勇而前。史载:费英东"从征叶赫,城上矢石雨下,公奋臂先登,遂拔其城"[②]。又载:军兵们"于城下掘穴,置药,乃陷"[③]。努尔哈赤指挥后金官兵,穴城,登城,上下交攻,攻陷内城。内城陷后,后金兵士拥入城中冲杀,守军迎战。叶赫兵不敌,四面溃散。努尔哈赤命执旗帜,约军士,毋妄杀,降者免死,城民请降。金台石见内城陷,携妻孥与幼子登禁城八角楼。

后金军进围禁城台楼。金台石求见四贝勒皇太极盟誓而后下。四贝勒为皇太极,高皇后所出,金台石的外甥。时四贝勒皇太极正攻西城,努尔哈赤派人往召。皇太极从西城驰骑至东城,向金台石劝降。金台石曰:"我未尝见我甥,真伪乌能辨?"费英东、达尔汉在旁,曰:"汝视常人中有奇伟如四贝勒者? 且曩与汝通好时,尝以媪往乳汝子德尔格勒,盖使媪辨之!"金台石曰:"何用媪为也! 观汝辈辞色,特诱我下,杀我耳。我石城铁门,既为汝破,纵再战,安能胜? 但我祖、父,世长斯土,我生于斯,长于斯,则死于斯可已!"四贝勒皇太极尽力规劝,金台石似有心动。金台石派阿尔塔石先见努尔哈

　　① 《清太祖高皇帝实录》,第6卷,第25页;徐乾学:《叶赫国贝勒家乘》,第16页,清钞本,国家图书馆善本部藏。

　　② 《开原关氏宗谱序》,载《盛京开原关氏宗谱》,不分卷,1943年刊本。

　　③ 徐乾学:《叶赫国贝勒家乘》,第16页,清钞本,国家图书馆善本部藏 。

赤,努尔哈赤复令谕降。四贝勒皇太极尽力劝说,金台石对皇太极道:听到你说收养的一句善言,舅父我就下来;如果说不收养,要杀我怎么能下去呢?死就死在家里①。皇太极给金台石以"生杀惟父皇命"的回答。金台石又请求让近臣阿尔塔石往见努尔哈赤,观察其脸色后做决定。阿尔塔石被允准带至努尔哈赤面前,努尔哈赤怒数其罪责以后,以鸣镝射之。阿尔塔石回去后,金台石仍不降。金台石又求见其子德尔格勒,德尔格勒到后,金台石仍不下。四贝勒皇太极将缚德尔格勒,德尔格勒说:"我年三十六,乃今日死耶!杀可也,何缚焉?"皇太极携德尔格勒见努尔哈赤,努尔哈赤撤所食食之,命四贝勒与共食。皇太极再派金台石子德尔格勒至台楼下劝降,金台石终不从。皇太极要将德尔格勒缚而杀之,努尔哈赤说:"子招父降而不从,父之罪也;父当诛,勿杀其子。"②金台石三次拒降,后金兵持斧毁台楼。金台石走投无路,对皇太极道:

> 大丈夫岂肯受制于人乎?吾甥庶念汝母及诸舅氏骨肉至戚,弟全吾子孙足矣。吾誓不生也!③

言毕,金台石之妻将其幼子沙浑下台楼降。金台石引弓,其从者复擐甲。后金军进毁楼台。金台石引弓杀守台军士,夺路直入后室,举火焚楼,屋宇皆烬。金台石自焚未死,被俘而缢杀之。

东城既陷,西城闻风丧胆。布扬古孤城无援,军心涣散;四大贝勒督兵匝围,攻城益急。诸贝勒围西城,布扬古闻东城破,令其堂叔吴达哈(布寨之胞弟)领兵巡御四门,吴达哈见东城陷落,大势已去,遂"携妻孥开门出降"。四大贝勒兵由是得以长驱而入,径围布扬古居所。西城形势,更加危急。布扬古与布尔杭古派使请降,并请盟誓不死。大贝勒代善道:"汝辈畏死,盖以汝母先来,汝母我外姑也,我宁能杀之?"布扬古之母到军前,代善向布扬古作了降后不杀的保证。但是,布扬古因疑惧而不敢出来。代善以刀划酒盟誓道:

> 今汝等降,我若杀之,殃及我;汝俾我誓,饮誓酒而仍不降,惟汝等殃。汝等不

---

①　《满文老档·太祖》,上册,第111页,中华书局译注本,1990年。
②　《清太祖高皇帝实录》,第6卷,第28页,中华书局影印本,1986年。
③　徐乾学:《叶赫国贝勒家乘》,第16页,清钞本,国家图书馆善本部藏。

降，破汝城，必杀无赦！①

代善自饮誓酒一半，送给布扬古饮另一半。布扬古命开居所门，乃降。

大贝勒代善同布扬古往见天命汗努尔哈赤。布扬古上马后，勒马不前。代善挽其马的缰辔，劝他不要沮丧。布扬古见天命汗，以一膝跪，不拜而起。天命汗取金杯授酒给布扬古，布扬古又以一膝跪，酒不竟饮，不拜而起。努尔哈赤命大贝勒代善将布扬古引下。努尔哈赤因扈伦四部全亡，留着布扬古无用，便借跪拜礼节不恭为由，当晚命将他缢杀。又命贷布尔杭古不死。后布尔杭古分隶正红旗，授三等副将。

叶赫东西二城降后②，其所属各城俱降。时明游击马时楠，率助守叶赫二城兵一千人，也被后金军歼灭。明经略杨镐闻警，派总兵李如桢率军自抚顺出，虚张疑兵，为叶赫声援，仅得十余级而退。后明万历帝命给事中姚宗文行边，求叶赫子孙，德尔格勒有女二人，已嫁蒙古，各赐白金二千。明臣请为金台石、布扬古立庙；哈达余裔王世忠为金台石妻侄，授游击，将联络诸部，时叶赫已亡。

后金对叶赫降民，父子兄弟不分，亲戚不离，原封不动地带来了，不动女人的衣襟，不夺男子带的弓箭，各家的财物，由各主收拾保存③。叶赫部民被迁徙到建州，入籍编旗，成为后金的臣民。

努尔哈赤同叶赫打交道历时三十六年，终于将共传八世十一贝勒的叶赫部灭亡。叶赫的灭亡，是女真—满洲发展史上的一块里程碑，它标志着女真统一海西女真扈伦四部的完成。叶赫部灭亡，明失去北关。

努尔哈赤相继灭亡哈达、辉发、乌拉和叶赫四部。《清史稿》论及此段史事曰："太祖渐强盛，四部合攻之，兵败纵散，以次覆灭。太祖与四部皆有连，夺其地，歼其酋，显庸其族裔。"④这段话论述了两层意思：其一，努尔哈赤灭亡扈伦四部之原因；其二，努尔哈赤安置扈伦部民之政策。前者，所论空泛；后者，所论略是。努尔哈赤对破灭扈伦四部，其首，皆为其所歼；其救，皆为其所夺；其地，皆为其所有；其畜，皆为其所获；其

---

① 《清太祖高皇帝实录》，第 6 卷，第 29 页，中华书局影印本，1986 年。

② 《明神宗实录》，第 586 卷，万历四十七年九月甲申："据辽东总兵李如桢塘报称：奴酋于前月二十一日寅时攻陷金台失、白羊骨二寨，各到部为照，北关已破。"北关灭亡之日，应以《满文老档》记载为据。

③ 《满文老档·太祖》，册Ⅰ，第 188 页，东洋文库本，1955 年。

④ 《清史稿》，第 223 卷，第 9151 页，中华书局标点本，1977 年。

财,皆为其所得;其民,皆为其所籍。

海西女真扈伦四部——哈达、辉发、乌拉、叶赫,在古勒山之役以后,相继被建州灭亡。努尔哈赤之所以能够灭亡扈伦四部,除了客观上有利条件之外,就主观条件来说,是他精神专注,不敢旁骛,志在必取,谨慎从事,壮大自身,孤弱敌人;采取了先弱后强,由近及远,利用矛盾,联大灭小,集中兵力,各个击破的谋略。他攻破扈伦四部,像伐树一样,目标集中,倾尽全力,一斧一斧地砍,一棵一棵地伐。如利用哈达与叶赫的矛盾及王台死后子孙内讧的忧困局面,先砍倒近邻哈达。继哈达之后,又砍倒四部中最弱的辉发。对实力雄厚的乌拉则谨慎一些。最后放倒的一棵大树,是扈伦四部中最强盛的叶赫。努尔哈赤就是这样有策略、有步骤地统一了海西女真。

努尔哈赤以战争手段,统一了扈伦四部。这是女真族的内战。同一民族的内战,有的造成民族分裂,有的则促成民族统一。如果有杰出的政治家、军事家出现,削平割据群雄,取得最后胜利,那么民族内部分裂局面就会结束,而实现其民族统一。在中国古代社会史上,出现民族分裂局面,通过民族战争,达到民族统一,各朝各族,例不胜举。有战争,才有统一;无战争,难有统一。建州女真利用女真族内战争,统一扈伦四部,完成了女真一统的大业。

努尔哈赤在统一海西女真的同时,又逐步并附"野人"女真——东海女真与黑龙江女真。

四 征抚东海女真与黑龙江女真

"野人"女真,依其居住地域来说,主要分布在东海地区和黑龙江地区,居住在东海地区的称作东海女真,居住在黑龙江地区的称作黑龙江女真。建州女真在完成其内部统一之后,在逐步兼并海西女真的同时,又向东海女真和黑龙江女真用兵。

(一)对东海女真与黑龙江女真的征抚

努尔哈赤在基本统一建州女真之后,就开始了对"野人"女真的经营,先后约有三十年。这三十年大致可以分作三个阶段:第一个阶段,从建州统一到乌碣岩之战,大约十年。这个阶段建州用兵的重点,是东海女真邻近建州和乌拉的部落。其目的是:壮大建州,削弱乌拉。第二个阶段,从乌碣岩之战到后金建立,大约十年。这个阶段建州用兵的重点,是征抚东海女真滨海地区的诸部。其目的是:扩充兵源,掠夺财富。第三个阶段,从建立后金到天命朝结束,也大约十年。这个阶段后金用兵的重点,是东海女真与黑龙江女真交替进行。其目的是:拓展地域,扩大影响。下面分三个阶段叙述。

第一阶段:从万历二十四年(1596 年)至万历三十四年(1606 年)。这个时期形势的特点是:建州女真内部基本实现统一,而建州外部受着东为朝鲜、西为叶赫、南为明朝、北为乌拉的四面包围。在整个女真内部,海西女真的哈达与辉发已经灭亡,女真形势出现新的军政格局:建州同叶赫、乌拉,实力相当,鼎立争雄。叶赫:既受明朝支持,又距建州较远,所以建州对其不做轻举妄动。乌拉:既以东海女真为后方,又在东海女真地区同建州争夺势力范围,所以对其重点征抚。因此,建州此期用兵的一个特点是,征抚东海女真。建州在图们江流域蚕食东海女真时,动作谨慎,以抚为主,未敢动用大军,举兵远征攻击。这样做的目的,一是同乌拉争雄,先争取东海女真站到建州方面,以孤立乌拉;二是在乌拉的后背,拉拢与征服乌拉的邻部,对其后方造成压力与威胁;

三是夺取人口、牲畜,壮大自身实力;四是避开同明朝的正面冲突。所以,对东海女真用兵,就成为建州军政棋盘上的一着高棋。

东海女真是"野人"女真的重要一支,主要居住在黑龙江支流松花江和乌苏里江流域及乌苏里江以东滨海地区。东海女真主要有三部,如《清太祖高皇帝实录》所载:"东海之渥集部,瓦尔喀部,库尔喀部。"①渥集部又称窝集部、兀吉部②,为满语 weji 的对音,是密林的意思。渥集部历史久远,"汉、魏之沃沮,元之乌者、吾者,明之兀者,其部族不一,而地甚广袤,以音与地求之,盖即窝集也"③。明永乐元年(1403 年),兀者部长西阳哈、锁失哈等贡马一百三十匹,设置兀者卫,以西阳哈为指挥使,锁西哈为指挥同知④。渥集部主要居住在松花江与乌苏里江汇流处以上两江之间的广大流域地区。东濒乌苏里江,西接乌拉部,南界朱舍里部等,北邻使犬部。瓦尔喀部主要居住在图们江流域及乌苏里江以东滨海地区,东迄海滨及沿海岛屿之地。库尔喀部的居住区域,文献记载疏略,各书所述不一。

《清开国初征服诸部疆域考》载:"虎尔喀部在渥集部之西北,其所属路城名称,稀见于史籍。《战迹舆图》置'库尔喀部'于黑龙江中流,精奇里江与呼玛尔河间之黑龙江流域。呼玛尔河上源有库尔喀河,盖因河得名也。其地有呼玛尔城、乌鲁苏城、穆鲁苏苏城及额苏哩城(今海兰泡附近)等。又《东华录》所记天聪间征虎尔喀部收取壮丁,常呼之曰:'黑龙江地虎尔喀部';大抵虎尔喀部包括自松花江与黑龙江会流处以北,呼玛尔河黑龙江会流处以南,其东南接渥集部,东北接萨哈连部,西抵小兴安岭,接索伦部。"⑤

但也有人意见相左,将库尔喀部置乌苏里江以东滨海地区⑥。其实,库尔喀、虎尔喀、胡儿胯、瑚里哈等在《满文老档》中作 hurha,即虎尔哈。在文献记载中,常出现"黑龙江虎尔哈"、"渥集虎尔哈"、"东海虎尔哈"以及松花江虎尔哈等,分布区域很广。大

①　《清太祖高皇帝实录》,第 1 卷,第 8 页,中华书局影印本,1986 年。

②　《清太祖高皇帝实录》第 1 卷第 8 页作"渥集";《满洲实录》第 1 卷第 6 页作"窝集"部;《清太祖武皇帝实录》第 1 卷第 3 页作"兀吉"。

③　《满洲源流考》,第 13 卷,第 4 页,辽宁民族出版社,1988 年。

④　《明太宗实录》,第 26 卷,第 3 页,永乐元年十二月辛巳,台北中央研究院历史语言研究所,1962 年。

⑤　刘选民:《清开国初征服诸部疆域考》,《燕京学报》,1938 年,第 23 期。

⑥　[俄]格·瓦·麦利霍夫:《满洲人在东北》,第 43 页,商务印书馆,1974 年。

体说来，黑龙江虎尔哈部主要居住地区，东邻渥集部，西接索伦部，南界乌拉部，北抵萨哈连部。前引刘选民《清开国初征服诸部疆域考》中虎尔哈部居住地区，即主要指黑龙江虎尔哈。总之，东海女真除女真族之外，还有赫哲人等。建州统一东海女真，就要并服东海地区女真及其他民族各部落。

统一东海女真，先从建州女真的近邻瓦尔喀部开始。东海女真渥集部王格、张格二位路长到建州入贡，瓦尔喀部蜚悠城主策穆特赫越过乌拉投附建州，是建州主抚政策初获成效的例证。

约在万历二十四年（1596年），建州派费英东率兵"初征瓦尔喀，取噶嘉路"①。这是建州女真首次对东海女真地区用兵。瓦尔喀部一部分居民住在图们江下游地带，其中包括斡朵里地域。努尔哈赤曾说："邻朝鲜境瓦尔喀部众，皆吾所属。"建州对瓦尔喀用兵，拉开建州女真兼并图们江、乌苏里江流域及其以东滨海地区诸部的帷幕。

万历二十六年（1598年）正月，建州派努尔哈赤的五弟巴雅喇、长子褚英和将领噶盖、费英东等，领兵一千，出征瓦尔喀的安褚拉库路（今松花江上游二道河一带），星夜兼驰，兵到后攻取二十个屯寨，收服从属屯落。这次出兵，建州获得重大战绩。《清史稿·巴雅喇传》记载："取屯寨二十，降万余人。"《清太祖武皇帝实录》记载："获人畜万余而回。"《满洲实录》也记载："获人畜万余而回。"由上可知，《清史稿》记载有误。这次进攻安褚拉库路，获得人口和牲畜共一万余，实在是建州的一个很大胜利。同时，建州军又攻取内河路（今松花江上游一带）。因他们立下功劳，赐巴雅喇为卓礼克图，褚英为洪巴图鲁。后努尔哈赤上书万历帝，请敕令朝鲜国王查出并归还散居其境内的瓦尔喀部民一千户，得到谕准。经过征讨、绥抚、招降、外交等手段，瓦尔喀部民先后归附建州。

万历二十七年（1599年）正月，东海渥集部虎尔哈路路长王格、张格归附努尔哈赤，贡纳"黑、白、红三色狐皮，黑、白二色貂皮"②。自此，渥集部之虎尔哈路，每岁向建州交纳贡献。他们中的部长博济里等六人求婚，努尔哈赤因其率先归附，将六位大臣之女分别嫁给他们做妻子，以联姻方式巩固建州女真与东海女真的关系。

王格、张格向建州贡纳的貂皮，是东海女真的重要特产。在乌苏里的莽林中，有古

① 《清史列传·费英东》，第4卷，第1页，中华书局，1928年。

② 《清太祖高皇帝实录》，第3卷，第1页，中华书局影印本，1986年。

老的红松、柞树、杨树、桦树和杉树等,树木杂陈,风景如画。丛林中的貂鼠,因其皮毛珍贵,是女真人的最佳狩猎物。秋天——捕貂的季节,人们或用猎犬捕貂,或编栅结网捕貂。猎犬捕貂,《朔方备乘》中有如下记载:"捕貂以犬,非犬则不得貂。虞者往还,尝自减其食以饲犬。犬前驱停嗅深草间即貂穴也,伏伺擒之;或鹜窜树末,则人、犬皆息以待其下。犬惜其毛,不伤以齿;貂亦不复戕动,纳于囊,徐俟其死。"①编栅结网捕貂,是用树枝编成栅栏,栅栏中留一小口,口中吊着一个用马尾结的活套。捕貂人把栅网安放在貂鼠经过的路上,当貂鼠从栅网的圆口中穿过时,便被马尾网套住。捕貂人将捕捉到的貂,把其皮剥下晾干,用桦树皮包好收藏,以备交易和贡纳。王格、张格用部民狩猎的纯黑上等貂皮纳贡,表明了渥集部虎尔哈路对建州的归服。从此,建州加速了对乌苏里江流域各部的兼并进程。

万历二十九年(1601 年)春,朝鲜《李朝宣祖实录》记述建州对渥集用兵情状载:"老酋选勇行赏之说,尤为可虞";并载:城底藩胡"队队成群,携妻挈子,显有撒家移入之状"②。这说明努尔哈赤对瓦尔喀诸部恩威兼施的措置,产生了石击波涌的影响。

此后五年间,建州集中人力、物力兴建赫图阿拉城,同时与叶赫关系紧张,而同乌拉关系缓和,所以没有对东海女真进行大的军事行动。

第二阶段:从万历三十五年(1607 年)至万历四十三年(1615 年)。这个时期以乌碣岩之战为转折点,建州军长驱直入,由两面夹击、到灭亡乌拉,其势力进而伸向图们江下游以及乌苏里江以东滨海地区,征抚兼施,成果辉煌。

万历三十五年(1607 年)正月,东海女真瓦尔喀部斐优城(今珲春北二十里古城)主策穆特赫至建州,对努尔哈赤说道:"吾等因地方遥阻,附乌喇;乌喇贝勒布占泰,遇吾等虐甚,乞移家来附。"③努尔哈赤决定派兵往图们江地域,前去搬接他们到建州。

同年,建州兵在搬接斐优城部众的归途中,受到乌拉贝勒布占泰军队的阻截,两军进行了乌碣岩之战,建州军击败乌拉军队,遂乘胜夺取高岭会宁路,打开了通往乌苏里江流域及其以东地区的大门(详见乌拉部分)。此后,建州以宁古塔(今黑龙江省宁安市境)为基地,向北往黑龙江中下游,向东往乌苏里江流域进军。

---

① 何秋涛:《朔方备乘》,第 45 卷,第 6 页,宝善书局石印本,光绪七年(1881 年)。

② 《李朝宣祖大王实录》,第 135 卷,第 8 页,三十四年三月辛亥,日本学习院东洋文化研究所,1959 年。

③ 《清太祖高皇帝实录》,第 3 卷,第 9 页,中华书局影印本,1986 年。

在乌碣岩之战以后，渥集部的赫席黑、俄漠和苏鲁与佛讷赫拖克索三路①，仍然服从乌拉贝勒布占泰。努尔哈赤说：

> 我们是一国人，因往相离很远，被乌拉国阻隔。你们至今服从乌拉国过活。今天我们同国人已有了汗，打败乌拉兵。现在你们要服从我们同国人的汗。②

但他们仍不归附建州。建州为孤立乌拉，这年五月，派巴雅喇、额亦都、费英东、扈尔汉等统兵一千，征讨东海渥集部，攻取赫席黑、俄漠和苏鲁与佛讷赫拖克索三路③，"获人、畜二千而回"④。

同年，努尔哈赤又以政治与外交手段，向朝鲜收回瓦尔喀部众。先是，在金朝时，瓦尔喀部众失散，进入朝鲜，沿边境而居。他上书明万历帝称：将我瓦尔喀部众，悉行查还。万历帝谕朝鲜国王后，朝鲜国王查出瓦尔喀部众一千户，遣归建州。建州未费一矢一镞，而取得瓦尔喀部众回归的重大成果。

万历三十六年（1608年）九月，建州兵向东北进击，受到渥集部虎尔哈路部民的抗拒。何秋涛在《东海诸部内属述略》中载："戊申年九月，窝集部之呼尔哈路千人，侵我宁古塔城。我驻萨齐库路兵百击败之，斩百人，生擒十二人，获马四百匹、甲百副，余众悉降。既降人有逃至窝集部之瑚叶路者，匿弗以献。"⑤此段史事，《清太祖实录》阙载，而《满文老档》载述较详："前己酉年九月，获悉呼尔哈路之一千兵，来侵聪睿恭敬汗所属之宁古塔城。驻萨齐库之聪睿恭敬汗兵百人，即前往迎战。击败呼尔哈之一千兵，生擒其大臣十二人，斩人一百，获马四百匹、甲百副。其后，呼叶路人收留由已降聪睿恭敬汗之国中出逃之人。"⑥上述戊申年为万历三十六年，己酉年为万历三十七年，两者相差一年，应以"老档"所记为是。由此，努尔哈赤以瀍野路收纳其已降之虎尔哈路

<hr>

① 《吉林通志》第12卷载，赫席黑在敦化县境，俄漠和苏鲁即敦化北之额默和索罗站，佛讷赫托克索在敦化西北、宁古塔（宁安）西南。

② 《满文老档·太祖》，册Ⅰ，第4页，东洋文库本，1955年。

③ 《图本档》，第2卷，第13页，中国第一历史档案馆藏。

④ 《清太祖武皇帝实录》第2卷第3页和《满洲实录》第3卷第8页均作"获人畜二千而回"；但《清太祖高皇帝实录》第3卷第12页作"俘二千人而还"。

⑤ 何秋涛：《朔方备乘》，第1卷，第2页，宝善书局石印本，光绪七年（1881年）。

⑥ 《满文老档·太祖》，上册，第8页，中华书局译注本，1990年。

人为由,派兵前往征讨。

　　万历三十七年(1609 年)十二月,建州在臣服邻朝鲜而居的瓦尔喀部之后,派侍卫扈尔汉统兵千人,向东北深入,伐取渥集部所属潭野路,以报复其收纳降人的怨恨。潭野为满文 huye 的对音,意为射雕的隐身穴。潭野路即明正统年间设置的呼夜(兀也)卫,在珲春东北,乌苏里江上游支流瑚叶河(今俄罗斯滨海边疆区刀毕河)一带①。扈尔汉击取潭野路,俘虏二千②。他们在那里过了年节后,二月返回建州。扈尔汉因这次军功而被赏给甲胄、马匹,并被赐号达尔汉侍卫。

　　万历三十八年(1610 年)十一月,因绥芬路路长图楞降附建州后,被渥集部雅揽路人掳掠,建州遂派额亦都率兵千人,到图们江北岸,绥芬河和牡丹江一带,招服渥集部的那木都鲁、绥芬、宁古塔、尼马察四路。其首领康武理(康果礼)、喀克都里、明安图巴颜、阿尔松阿、伊勒古、苏尔休、哈哈纳、翁格尼、绰和诺、噶尔达、叶克书等,率丁壮千余降附,并举家迁至建州,归顺了努尔哈赤。额亦都又在回程中,乘胜率官兵,击取雅揽路。雅揽路以河得名,《吉林通志》载:"雅兰河出锡赫特山,南行二百余里入海。"先是,明永乐六年(1408 年),设牙鲁卫③。卫设在临近海边的牙鲁河流域,牙鲁河清代称雅兰河。雅揽路即今俄罗斯符拉迪沃斯托克(海参崴)东北雅兰河一带。额亦都击取雅揽路,"获人、畜万余而回"④。

　　万历三十九年(1611 年)七月,努尔哈赤派其第七子阿巴泰和费英东、安费扬古带兵千人,征讨渥集部之乌尔古宸、木伦二路。《吉林通志》载:"乌尔古宸路,一作库尔布新,河名也;在兴凯湖东北入乌苏里江,路亦以河名也。"⑤木伦路因穆棱河得名,《满洲源流考》载:"穆伦河在宁古塔城东四百里,出穆伦窝集,东流入乌苏里江。"⑥木伦路部

　　①　《盛京吉林黑龙江等处标注战迹舆图》,三排上,辽宁大学历史系铅印本,1981 年。

　　②　《满文老档·太祖》,上册,己酉年(万历三十七年)十二月。但《清太祖武皇帝实录》第 2 卷第 4 页和《满洲实录》第 3 卷第 10 页均作"获人畜二千而还";《清太祖高皇帝实录》第 3 卷第 16 页和《清史列传·扈尔汉》均作"收二千户而还"。

　　③　《明太宗实录》,第 77 卷,第 5 页,永乐六年三月丁卯,台北中央研究院历史语言研究所,1962 年。

　　④　《清太祖武皇帝实录》第 2 卷第 4 页、《满洲实录》第 3 卷第 11 页和《图本档》第 2 卷第 17 页均作"获人畜万余而回";《清太祖高皇帝实录》第 3 卷第 16 页作"俘万余人而还";《清史列传·额亦都》和《满文老档·太祖》庚戌年十二月均作"俘万人而还"。

　　⑤　《吉林通志》,第 12 卷,第 21 页,光绪十七年(1891 年)刻本。

　　⑥　《满洲源流考》,第 13 卷,第 6 页,辽宁民族出版社,1988 年。

民居住在今穆棱河流域及穆棱河与乌苏里江会流处附近。所以《圣武记》载："穆林河会乌苏里江，入混同江，在宁古塔东北。"①木伦路就在穆棱河流域。

先是，努尔哈赤赏给宁古塔路首领僧格、尼喀礼的甲四十副放在绥芬路，但被乌尔古宸、木伦路的人袭击绥芬路时夺去。努尔哈赤派博济里去通知他们说："将那四十副甲，用四十匹马驮来！"②但他们没有这样做。建州兵到之后，将乌尔古宸和木伦二路收取，"共俘获一千"③。

同年十二月，建州派额驸何和礼、巴图鲁额亦都、侍卫扈尔汉率兵二千，征伐东海虎尔哈部扎库塔城。扎库塔城在图们江北岸，珲春河、海兰河之西，距珲春城一百二十里④。这次征讨扎库塔城的原因，是因其城主对建州和乌拉采取中立态度。努尔哈赤要求东海女真各部，在建州与乌拉之间，只能支持建州，不许倒向乌拉，也不许中立。他发兵惩罚扎库塔城主，兵到之后，围城三天，遭到守城军民顽强抵抗。建州军奋勇攻城，城陷后，"斩千余级，获俘二千人"⑤。并招抚环近诸路，收附近地区居民五百户而还。

万历四十二年（1614年）十一月，建州派兵五百人，十二月袭击了锡林路；随后前进，袭击雅揽路⑥。雅揽路的位置前已叙及，锡林路的位置，各书记载不一："西临路亦以河得名，《吉林通志》谓在珲春东南境西林河；实应改作珲春东境。《满洲源流考》谓在宁古塔境，尤属支离。《盛京吉林黑龙江等处标注战迹舆图》以西璘路在西璘河流域，南流入海，在雅兰河之西。"⑦锡林为满文 sirin 的对音，意为铜。锡林路之位置，以《盛京吉林黑龙江等处标注战迹舆图》所指为是。锡林路在锡林河流域，因河得名。锡林河在海参崴（符拉迪沃斯托克）之东，雅兰河以西，南流入日本海。前引《满文老档》所记进军路线，即为证据。这次出征，建州军"收降民二百户，人、畜一千而回"⑧。

万历四十三年（1615年）十一月，建州派兵二千人，征讨东海渥集部额赫库伦。额赫库伦部民"住在东边的东海之北"，即今俄罗斯乌苏里江以东滨海边疆区纳赫塔赫河

① 魏源：《圣武记》，第1卷，第7页，中华书局本校点本，1984年。
② 《满文老档·太祖》，册Ⅰ，第15页，东洋文库本，1955年。
③ 《满文老档·太祖》，上册，第11页，中华书局译注本，1990年。
④ 《吉林通志》，第24卷，第28页，光绪十七年（1891年）刻本。
⑤ 《清史稿·扈尔汉传》，第225卷，第9188页，中华书局标点本，1962年。
⑥ 《满文老档·太祖》，上册，第27页，甲寅年（万历四十二年）十一月，中华书局译注本，1990年。
⑦ 刘选民：《清开国初征服诸部疆域考》，《燕京学报》，1938年，第23期。
⑧ 《清太祖武皇帝实录》，第2卷，第7页。又见《满文老档·太祖》，第3册，第27页。

地方。建州兵行进到顾纳喀库伦（又作固纳喀库伦、顾纳哈枯棱），招降不服，分兵两路，越壕三道，拆毁栅栏，攻入城内。建州军阵斩八百人，俘获万人，收抚其居民，编户五百而回。但是，"俘获万人"，《满洲实录》和《清太祖武皇帝实录》均作"俘获万余"，显然这是包括人口和牲畜在内。此役，争战相当激烈。《满文老档》做了详细载述，兹引如下：

> 十一月，遣兵二千；十二月二十日，征额赫库伦。横跨自河口以上至河源以下一百三十里处。八旗兵分两路并进，招固纳喀库伦人降服。是夜宿营，至次日仍未降。时又有四旗兵来会，乃复招之曰："愿降则降，不降即攻之！"夫其城民宣称投降，却聚其城外之兵入城。聚兵三日，仍不投降。六旗兵遂披甲，执旗，分翼，吹螺，列一字阵，越三层壕，拆毁其栅，攻入城中，歼其城内五百兵。有三百兵逃出，即选精骑追赶，杀之于郊野。是役，俘获万人，乃编户五百。①

此前，额赫库伦人曾对其周边诸部夸言道："据言满洲兵强勇。若言强勇乃我也！可捎信告之，遣兵来战。"建州派兵来攻，却未获胜，部破地空。额赫库伦之部，"所谓库伦，其意曰城"，就是额赫城。

额赫城虽部众兵强，却以失败告终。

此后，后金对"野人"女真的军事行动，不仅派往东部沿海地区，而且发往黑龙江地域。从此开始了征抚东海女真和黑龙江女真的第三个阶段。

第三阶段：从天命元年即万历四十四年（1616 年）至天命十一年即天启六年（1626年）。这个时期，建立后金政权，统一海西女真，取得萨尔浒大捷。努尔哈赤虽把注意力转向明朝，却继续对"野人"女真——东海女真和黑龙江女真用兵。

对东海女真的征抚，后金取得重大进展。

天命二年即万历四十五年（1617 年）正月，后金派兵四百人，攻取沿海散居未服诸部②。二月，"遂将东海沿岸散居之民尽取之"③。三月，造大刀船，渡过海湾，逮住占

---

① 《满文老档·太祖》，上册，第 33 页，中华书局译注本，1990 年。
② 《满文老档·太祖》，上册，第 45 页，中华书局译注本，1990 年。
③ 《清太祖武皇帝实录》，第 2 册，第 10 页，故宫博物院本，1932 年。

据海岛未服的诸部人①。

天命三年即万历四十六年（1618 年）十月，后金派兵东海虎尔哈部地域，搬接纳喀达为首的百户降顺部民至建州。后金对东海女真政策取得重大成果。

天命四年即万历四十七年（1619 年），后金在正月和六月，先后两次派穆哈连带兵千人，收取东海虎尔哈部居民。六月初八日，穆哈连返回，"携户一千、男丁二千、家口六千"②。努尔哈赤亲自出城迎接，并命搭八个凉棚，摆二百桌酒席，杀二十头牛，举行盛宴款待穆哈连及归顺的各部大小首领。

天命十年即天启五年（1625 年），后金在集中精力夺取辽沈地区并巩固对其统治，连续六年未曾大规模地向东海女真用兵。此期，明以大学士孙承宗经略辽东。孙承宗整饬防务，加强实力，后金军未得机会向明辽西进军。而于本年集中力量，先后六次发兵征讨东海女真。这是努尔哈赤对东海女真用兵最勤的一年。如：

第一次，正月，派遣博尔晋侍卫"带兵二千，征讨住在东海边的瓦尔喀"③。

第二次，先是，上年十二月，派喀尔达等统兵征讨瓦尔喀，"初九日进入柯伊，逮住和勒必、齐什纳、彻木德和三人，以后在柯伊获男子一百，新、旧人口三百七十"④。至三月初四日⑤，喀尔达、富喀纳、塔羽等率兵招降瓦尔喀部等三百三十二人而回，受到努尔哈赤的接见。

第三次，四月初四日，努尔哈赤迎接族弟王善、副将达朱户、车尔格，统兵一千五百人征讨瓦尔喀部凯归。努尔哈赤与三臣行抱见礼后，宴赏军士及降民，旋又命宰牛羊四十头，摆四百桌酒席，备四百瓶烧酒、黄酒，宴劳出征将士和编户降民。后又赐出征

---

① 《满文老档·太祖》，上册，第 50 页，中华书局译注本，1990 年。

② 《满文老档·太祖》，上册，第 90 页，中华书局译注本，1990 年。

③ 《满文老档·太祖》，册Ⅲ，第 958 页，东洋文库本，1958 年。

④ 《满文老档·太祖》，册Ⅲ，第 961 页，东洋文库本，1958 年。

⑤ 《清太祖高皇帝实录》第 9 卷第 11 页载："庚午，上自东京启行，夜驻虎皮驿。辛未，至沈阳。初，上命喀尔达、富喀纳、塔羽引兵征东海瓦尔喀部。是日，率降附之众三百三十人归。"案：庚午为二十二日，辛未为二十三日。但是，(1)《满洲实录》第 8 卷第 2 页载："于初三日出东京，驻虎皮驿。初四日，至沈阳。是日，有前遣去喀尔达……"(2)《清太祖武皇帝实录》第 4 卷第 6 页载："于初三日出东京，宿虎皮驿。初四日，至沈阳，是日，有前遣去刚儿搭……"(3)《满文老档·太祖》天命十年载："三月初三，汗向沈阳迁移，在辰刻从东京出发。给他的父祖坟墓，供杭州细绸，在二衙门杀牛五头，烧了纸钱。随后向沈阳去。在虎皮驿住宿。初四……在沈阳的河渡口，出征瓦尔喀的培羽、喀尔达、富喀纳向汗叩头谒见了。"据上可知，《清太祖高皇帝实录》此条所系日期误。

的披甲兵士每名银五两,跟马人每名银二两①。

第四次,八月,努尔哈赤出城至浑河岸,迎接宴劳前遣博尔晋侍卫等统兵二千,往征东海南路虎尔哈,招降五百户而还的诸将及其招来的头目。

第五次,同月,努尔哈赤再出城宴迎前遣雅护、喀穆达尼,率兵征东海北路卦尔察部,获其部民二千而还的诸将等②。

第六次,十月初四日,努尔哈赤出城迎接其第三子阿拜、第六子塔拜、第九子巴布泰,统兵一千征东海北路虎尔哈部,获一千五百部民而归,并赐宴犒师③。

对东海女真和黑龙江女真采取交叉征抚的策略——除继续并服东海女真外,开始征讨黑龙江女真。后金军的势力扩展到黑龙江中下游地区,从而达到其经营"野人"女真的极盛时期。

对黑龙江女真的征抚,是此阶段的一个重点和特点。

黑龙江女真是"野人"女真的另一支,因居住在黑龙江及其支流地域而得名。在黑龙江流域居住着黑龙江虎尔哈部、萨哈连部、萨哈尔察部、使犬部、使鹿部、索伦部和茂明安部等。他们分属多种民族,而不仅是女真。在这个广大的地域里,分布着许多村屯,住居着女真人、达斡尔人、鄂温克人、鄂伦春人、赫哲人、索伦人和蒙古人等。索伦主要为鄂温克人的先民,有时文献中的索伦,泛指鄂温克、达斡尔、鄂伦春人等,因为他们生活在黑龙江及其支流地带,所以统称他们为黑龙江女真。尽管他们属于不同的民族,但是他们的语言都属于阿尔泰语系,又都信仰萨满教,还有相似的生活习俗。

黑龙江流域有水量丰沛的河流,广阔茂密的丛林,水中的鱼虾蚌蛤,林中的飞禽走兽,山中的野果人参,为这个地区的部民提供衣食之源。他们靠狩猎、畜牧、采集、种植和捕鱼为生。捕鱼之外还采东珠。《满洲源流考》记载:"东珠出混同江及乌拉、宁古塔诸河中,匀圆莹白,大可半寸,小者亦如菽颗,王公等冠顶饰之,以多少分等秩,昭宝贵焉。"④在长满水藻、绿苔的河汊里,是捞采东珠的好地方。采珠人在每年四月至八月的采珠季节里,乘葳瓠(独木舟)并负袋潜水采珠。他们潜在水中,捞出河蚌,装入袋中,上岸取暖后,再潜到水里。将捞取的河蚌敲开,寻找珍珠。往往在几十个、几百个

---

① 《满文老档·太祖》,上册,第628页,中华书局译注本,1990年。
② 《清太祖高皇帝实录》,第9卷,第13页,中华书局影印本,1986年。
③ 《清太祖高皇帝实录》,第9卷,第18页,中华书局影印本,1986年。
④ 《满洲源流考》,第19卷,第1页,辽宁民族出版社,1988年。

甚至几千个蚌壳里才能挖出一颗东珠。把采到的东珠装在鱼皮袋囊或桦树皮盒里，以备交易与贡赋。

上述地区的部民，元亡后受明廷的管辖。后金在统一东海女真的同时，为控制对黑龙江流域的统治权，曾多次发兵征讨黑龙江女真。后金军首先兵指萨哈连部。

萨哈连部因居住在萨哈连乌拉流域而得名，萨哈连为满语 sahaliyan 的对音，是黑色的意思；乌拉为满语 ula 的对音，是江或河的意思。《满洲源流考》解释："满洲语萨哈连乌拉，即黑龙江。"所以，萨哈连乌拉就是黑龙江，又称"黑水"。萨哈连部的居住区域，《东三省舆地图说》载："萨哈连部在今黑龙江瑷珲城以下至黑河口西岸，及自三姓音达穆河以下至乌苏里口松花江南岸地方。"[①]《盛京吉林黑龙江等处标注战迹舆图》将其标注在精奇里江瑷珲城东、黑龙江北岸一带。《清开国初征服诸部疆域考》载，萨哈连部分布在精奇里江和牛满河流域。萨哈连部居住在黑龙江中游流域[②]。其部东至乌苏里江口，接使犬部，西邻索伦部，南至黑龙江虎尔哈部，北界使鹿部。

后金对黑龙江女真用兵，从萨哈连部开始。

天命元年即万历四十四年（1616 年），后金派兵征讨萨哈连部。关于这次兵事，不仅《满文老档》、《清太祖实录》和《满洲实录》均有载述，证明确有其事[③]；而且《满文老档》留下更详细的记载：

第一，征讨原因。后金发兵征讨萨哈连部，是因为萨哈连部杀害了后金派往该部做生意的部民。萨哈连乌拉的萨哈连部和虎尔哈部商议说："我们把来这里做生意的三十人，并同我们兄弟带来的四十人，全部杀死，一同叛乱。"在五月，把那七十人杀了。那时有九人脱逃，使这个惨杀的消息，在六月二十八日传到天命汗的耳中。天命汗愤慨地说："派兵征讨！"天命汗得报自己的部民被萨哈连部杀死后，决定派军前去报复。

第二，会议师期。后金军征讨萨哈连部的决定做出之后，出师的时间发生争论。

---

①　曹廷杰：《东三省舆地图说》，第 28 页，《辽海丛书》影印本，辽沈书社，1985 年。

②　黑龙江全长二千九百余公里，从石勒喀河与额尔古纳河汇流处至精奇里江（结雅河）同黑龙江会流处一段，为黑龙江的上游；乌苏里江与黑龙江会流处以下至海一段，为黑龙江的下游；中间的一段，为黑龙江的中游。

③　[俄]格·瓦·麦利霍夫《满洲人在东北》第 47～48 页载："尽管在像《努尔哈赤实录》这样的文献资料中有证明此次远征（引者注：指后金征讨萨哈连部）的记载，仍不免令人产生一定疑问：此次远征是否确有其事。"见商务印书馆译本，1974 年。

一种意见认为按照惯例在冬季出兵为宜,而不赞成努尔哈赤在夏季出兵的决定。诸贝勒大臣谏阻说:"夏季多雨泥泞,大兵行动不便,最好在冬季结冰再进攻。"另一种意见则认为夏季出兵为宜。努尔哈赤不同意诸贝勒大臣的意见:"在夏天如果不去,到秋天他们把粮食埋藏各处,自己抛弃屯寨去阴达珲塔库喇喇部。我们的兵回来后,他们又返回故地,取出埋藏的粮食吃……这个夏天,我们兵如果去,他们只顾自己逃避,没有时间埋藏粮食。他们以为在这个夏季大兵不会来,他们将安闲不备,所以现在出兵,能一举全胜。"最后决定在夏季出兵。

第三,军事准备。征讨萨哈连部的出师时间决定之后,便着手进行准备。准备工作主要为三项:备马、造船和会军。

关于备马。七月初一日,努尔哈赤发布命令:"从每一牛录挑选强壮的马各六匹,把一千匹马放在田野中养肥。"

关于造船。初九日,努尔哈赤又发布命令:"从每牛录派出制造独木船者各三人。派六百人去兀尔简河发源处的密林中,造独木船二百艘。"

关于会军。努尔哈赤再发布命令:从各牛录抽调披甲骑兵,会合待命。

在上述准备工作大体就绪后,便开始征讨萨哈连部的军事行动。

第四,作战经过。七月十九日,命令:"达尔汉侍卫扈尔汉、硕翁科罗巴图鲁安费扬古率兵二千人,到兀尔简河后,领兵一千四百名,乘独木船二百艘前进;另六百名骑兵在陆上行走。"当日出发,第八天到达造独木船的地方。扈尔汉和安费扬古率兵乘独木船在乌拉河上前进,骑兵在陆上前进。出师后的第十八天,前进的水陆兵会合。又前进二昼夜,八月十九日到达目的地。袭击茂克春大人居住在河北岸的十六个屯寨,全部夺取了。博济里大人居住在河南岸的十一个屯寨,也全部夺取了。将在萨哈连江南岸的萨哈连部的九个屯寨夺取了。一共夺取了三十六个屯寨。在萨哈连江南岸的佛多罗衮寨驻营。……从前萨哈连江和松阿里江在十一月十五日至二十日后才结冰。大英明汗出兵那年,十月初就结冰了,所以汗的兵在初五日渡过了萨哈连乌拉。……夺取了萨哈连部内十一个屯寨,然后全部返回。

第五,胜利班师。在十一月初七日,扈尔汉、安费扬古带领路长四十人,回到后金都城赫图阿拉①。

---

① 《满文老档·太祖》,上册,第48页,天命元年七月至十一月,中华书局译注本,1990年。

后金在这一年，还向黑龙江女真萨哈尔察部用兵。

萨哈尔察，为满语 sahalca 的对音，是黑色貂皮的意思。萨哈尔察的部民，居住在萨哈连部之北，活动在黑龙江中游北岸精奇里江（今结雅河）、牛满河（今布列亚河）流域的广阔地区。其部长萨哈连归附了后金，并成为后金的额驸[1]。先是，天命三年即万历四十六年（1618 年），后金军攻打抚顺，萨哈连额驸随军从征，备受器重。在野营的夜晚，天命汗努尔哈赤向萨哈连额驸讲述"金朝往事"[2]。天命十一年即天启六年（1626 年）十二月，黑龙江二十六人[3]，携带名犬及黑狐、元狐，红狐皮、黑貂皮、水獭皮、青鼠皮等物，到沈阳朝贡[4]。翌年，"萨哈尔察部落六十人来朝，贡貂、狐、猞猁孙皮"[5]。萨哈尔察部向后金称臣、朝贡，表明其承认努尔哈赤为他们的最高统治者，部民已归附后金管辖，土地已列入后金版图。以上说明，满洲的势力已经达到黑龙江中游地带，从原明朝辖下而重新统一这一地区。

后金在征讨萨哈连部的同时，又征抚使犬部。《清太祖高皇帝实录》记载："招服使犬路、诺洛路、石拉忻路路长四十人。"[6]后金军水陆并进，深入千里，兵锋所指，"莫不慑伏"[7]。

使犬部，其满文体为 indahūn takūrara golo，汉文音译作阴答珲塔库拉拉果罗。Indahūn 意为犬，takūra（mbi）意为使，golo 意为路。所以，indahūn takūrara golo，其汉译为使犬部或使犬路。使犬部或使犬路名称的来源，是因为该部使用狗（犬）来狩猎、拉船和拖爬犁，作为代步工具和运输工具，因以得名。使犬部的居住范围相当广泛，大致主要在乌苏里江下游地区，松花江与黑龙江会流处以下沿混同江两岸地带，北面同使鹿部相接。主要分为三部：奇雅喀喇部、赫哲喀喇部和额登喀喇部[8]。奇雅喀

---

① 额驸：后金和清代制度，皇族女儿之夫称为"额驸"。

② 《清太宗文皇帝实录》，第 1 卷，第 14 页，中华书局影印本，1985 年。

③ 王先谦：《东华录·天聪一》，第 1 卷，第 24 页，光绪二十五年（1899 年）石印本。

④ 《清太宗文皇帝实录》，第 1 卷，第 20 页，中华书局影印本，1985 年。

⑤ 《清太宗文皇帝实录》，第 3 卷，第 38 页，中华书局影印本，1985 年。

⑥ 《清太祖高皇帝实录》，第 5 卷，第 7 页，中华书局影印本，1986 年。

⑦ 《李朝宣祖大王实录》，第 142 卷，第 19 页，三十四年十月壬辰，日本学习院东洋文化研究所影印本，1959 年。

⑧ 何秋涛：《朔方备乘》，第 1 卷，第 7 页，宝善书局石印本，光绪七年（1881 年）。

喇部,其地在乌苏里江口以南一带①。赫哲喀喇部,《满洲氏族源流考》载:"自宁古塔东北行千五百里,居松花江、混同江两岸者曰赫哲喀喇;又东北行四五百里,居乌苏里、松花、混同三江汇流左右者,亦曰赫哲喀喇。"②额登喀喇部,其地在赫哲喀喇之东北,混同江两岸③。

居住在黑龙江下游一带的使犬部,包括奇雅喀人、赫哲人、鄂伦春人等。他们畜犬,而且数量很大,一户能畜养几十只、几百只犬。犬的主要食物是鱼,也食野兔、田鼠等。犬被用来狩猎、拖拽爬犁和行船拉纤。狗拉爬犁的历史很久远。元代有狗站,就是用狗拉爬犁的驿站。陶宗仪在《南村辍耕录》中记载:"征东行省每岁委官至奴儿干,给散因粮,须用站车,每车以四狗挽之。"④明人罗曰褧《咸宾录》记载:"狗车形如船,以数十狗拽之,往来递运。"⑤这种狗车,形状各异,俗称爬犁,又称法喇。《满洲源流考》记载:"法喇,似车无轮,似榻无足,覆席如龛,引绳如御,利行冰雪中,俗呼扒犁,以其底平似犁。盖土人为汉语耳。"狗拉纤行船多在夏季,冰融河开,逆水而行,用犬拉纤行船。以犬拉纤行船时,用四只或六只犬,犬脖子上戴着套圈,套圈系着皮条,皮条的另一端系在船上,犬拖着船在逆水中航行。犬拉爬犁也是一样的,猎人要行猎时,将食品、猎具等装在爬犁上,爬犁前部拴上皮条,皮条的另一端系在犬的颈套上。在数条拉爬犁的犬中,有一条"辕犬"被套在最前面作为先导,其他犬相随而行。犬会伶俐而协同地听着主人的吆喝声,按着御手的意思拖着爬犁左右、快慢、行止。因此,狗在使犬部的部民中有着特殊的地位,他们的习俗是不吃狗肉、不穿狗皮,有的甚至把狗当作图腾而加以崇拜。

使犬部民的主要经济生活是狩猎和捕鱼。狩猎除捕捉野猪、驼鹿⑥、猞猁狲等外,也猎捕水獭。水獭喜栖息在多鱼的河里,胆小、狡猾、伶俐,月夜时常叼着鱼在河中嬉游。水獭排粪时要钻出水面,而且经常到固定的地点去。猎人摸着水獭这一习性,在

---

① 刘选民:《清开国初征服诸部疆域考》,《燕京学报》,1938年,第23期。

② 《满洲氏族源流考》,见《圣武记》,第1卷,第8页,中华书局据古微堂原刻本校刊本,1985年。

③ 曹廷杰:《东三省舆地图说》,第28页,《辽海丛书》影印本,辽沈书社,1985年。

④ 陶宗仪:《南村辍耕录》,第8卷,第97页,中华书局,1959年。

⑤ 罗曰褧:《咸宾录》,第47页,中华书局,1983年。

⑥ 驼鹿:满语 kandahan,即堪达汉、犴达罕,是鹿的一种,体形壮大,颈短尾秃,耳长角白,鼻长下垂。因其肩上凸起很高一块,状似驼峰,故汉语称作驼鹿。

其排粪时经过河滩的路上安放夹子。水獭从中往返,被猎人捕获。猎人捕到水獭后,把皮剥落风干,装在用桦树皮制作的箱子里,以备交换或贡献用。但他们主要靠捕鱼为生。黑龙江鱼产丰富,其中有鲟鱼、鲶鱼、鲤鱼、鳇鱼、狗鱼等,为他们提供了丰富的资源。他们既用鱼叉捕鱼,也用鱼网捕鱼。鱼的用处很多,鱼肉用作食物,鱼骨制作器物,鱼油可以点灯,鱼皮能缝制衣服。他们用各色的鱼皮,经过鞣制变软,缝合成色彩鲜艳的鱼皮衣。因其以鱼皮为衣,所以使犬部又叫鱼皮部,俗称鱼皮鞑子。

后金努尔哈赤、皇太极父子,对"野人"女真——东海女真、黑龙江女真的用兵,取得了明显的效果。

(二)对东海女真与黑龙江女真的政策

后金天命朝对"野人"女真——东海女真和黑龙江女真的征抚,其成果,其政策,都是很重要的,取得积极的成果,有着重要的意义。

第一,后金对东海女真前后用兵达三十年,基本上统一了东海女真。日本稻叶君山说:"在西纪一六一六年(万历四十四年,天命元年)以前,太祖之兵,及于乌苏里江东方沿海。"[①]朝鲜《光海君日记》当年记述努尔哈赤在东海一带势力时指出:"东至北海之滨,并为其所有。"[②]后金在东起日本海,西迄松花江,南达摩阔崴湾、濒临图们江口,北抵鄂伦河这一广大疆域内,基本上统一了东海女真诸部等,并取代明朝而实行统辖。后来皇太极多次征抚,东海女真岁岁入贡,完全臣服。后金对东海女真的统一,展拓了地域,补充了财富,增多了丁壮,扩充了牛录。

第二,后金对黑龙江女真地区用兵开始的时间,日本学者阿南惟敬说:"可以认为,天聪八年清太宗征服虎尔哈,是清朝对黑龙江之最初用兵。这比俄国的波雅科夫出现在黑龙江,早了约有十年。"[③]阿南惟敬教授指出,后金军队在黑龙江流域出现比俄国波雅科夫为早,这无疑是正确的。然而,后金在黑龙江地区的最初用兵,是天命元年即万历四十四年(1616年),而不是天聪八年即崇祯七年(1634年)。这充分表明,早在后

①　[日]稻叶君山:《清朝全史》,上(一),第 88 页,中华书局,1914 年。

②　《李朝光海君日记》,第 23 卷,第 5 页,元年十二月丙寅,鼎足本、太白山本,俱同。

③　[日]阿南惟敬:《清の太宗の黒龍江征討について》,《清初军事史论考》,甲阳书房,昭和五十五年(1980 年)。

金天命元年即明万历四十四年（1616 年），后金—清朝就开始从明朝手中接管对黑龙江流域广大地区的管辖权。

第三，后金军征讨黑龙江女真的意义在于：

一是，努尔哈赤的战略眼光，由东方的东海女真、西方的海西女真，转向北方的黑龙江女真，表明后金兼并女真各部视野的扩大。

二是，军种的构成，由骑兵、步兵而扩大为水兵。《清史稿·兵志六》载："天命元年，以水师循乌勒简河，征东海萨哈连部。"《清史稿》撰者按："此为清水师之始。"后金不仅有骑兵、步兵，而且有水兵。当然，这次水师的组成带有临时性质，还没有形成一个水师的军种；但它毕竟是后来清朝水师的滥觞。

三是，征讨萨哈连部的胜利，为后金—清朝对黑龙江地区用兵打开一扇大门，并增强了夺取和管辖该地区的信心。

四是，后金派军征讨萨哈连部，他们认为这是女真内部之事，也是逐步地替代了明廷对这一地区的管辖。

五是，后金用兵黑龙江地域，是自元朝后期以来二百多年所没有的重大军事行动，显示出满洲的政治志向与军事雄心、胸怀远略与进取精神。

综上，后金天命年间，对东海女真和黑龙江女真多年用兵，版图其土地，籍录其部民，从而在乌苏里江和黑龙江中下游广大地域，迅速而有效地取代了明朝的统治。

后来，皇太极又继续对黑龙江女真地域用兵。经过努尔哈赤、皇太极父子两代半个世纪的征抚，最终统一了黑龙江流域广大地区。为此，皇太极于崇德七年即崇祯十五年（1642 年），诏告天下：

> 予缵承皇考太祖皇帝之业，嗣位以来，蒙天眷佑，自东北海滨，迄西北海滨，其间使犬、使鹿之邦，及产黑狐、黑貂之地，不事耕种、渔猎为生之俗，厄鲁特部落，以至斡难河源，远迩诸国，在在臣服。[①]

就是说，东自鄂霍茨克海，西北迄巴尔喀什湖，南濒日本海，北跨外兴安岭的广阔地域，明奴儿干都司、辽东都司（山东北部除外）和部分蒙古辖境内的各族人民，均已被置于

---

① 《清太宗文皇帝实录》，第 61 卷，第 3 页，崇德七年六月辛丑，中华书局影印本，1985 年。

清初的管辖之内。

后金对"野人"女真的征服，之所以取得巨大成绩，因为其对"野人"女真采取且征且抚、征抚兼施的正确政策。

建州—后金在上述经营"野人"女真的整个过程中，贯穿着"征抚并用、以抚为主"的政策。这种政策的基本出发点是：壮大自己，孤立敌人。要壮大自己，必先树羽翼于同部。"野人"女真与建州女真为同族类、同语言、同水土、同宗教、同习俗。因此，天命汗为着丰满羽翼，壮大军力，稳固后方，崛起辽东，就要并取"野人"女真。魏源在《圣武记》中说：

> 夫草昧之初，以一城一旅敌中原，必先树羽翼于同部。故得朝鲜人十，不若得蒙古人一；得蒙古人十，不若得满洲部落人一：族类同，则语言同，水土同，衣冠、居住同，城郭、土著、射猎、习俗同。[1]

因为努尔哈赤含恨起兵，其恼恨集中于明朝统治者，所以他对同族的"野人"女真诸部，始终采取征抚并用、以抚为主的策略。这种政策，后来皇太极得以继承和发展。《清太宗实录》对这一政策有很好的说明。如皇太极对霸奇兰等率军往征黑龙江地方时，谕之曰：

> 尔等此行，道路遥远，务奋力直前，慎毋惮劳，而稍怠也。俘获之人，须用善言抚慰，饮食甘苦，一体共之。则人无疑畏，归附必众。且此地人民，语音与我国同，携之而来，皆可以为我用。攻略时，宜语之曰："尔之先世，本皆我一国之人，载籍甚明，尔等向未之知，是以甘于自外。我皇上久欲遣人，详为开示，特时有未暇耳！今日之来，盖为尔等计也。"如此谕之，彼有不翻然来归者乎？尔等其勉体朕意。[2]

皇太极对上述政策在不同情况下的实施，有过具体阐述。他对萨尔纠等率兵往攻库尔喀时说："如得胜时，勿贪得而轻杀，勿妄取以为俘。抗拒者，谕之使降；杀伤我兵者，诛

---

① 魏源：《圣武记》，第 1 卷，第 9 页，中华书局，1984 年。

② 《清太宗文皇帝实录》，第 21 卷，第 9～10 页，天聪八年十二月壬辰，中华书局影印本，1985 年。

之;其归附者,编为户口,令贡海豹皮。"①显然,前述政策的最初制定者是天命汗努尔哈赤。

后金对"野人"女真的征讨,前已略及;其安抚策略——如联姻、筵宴、赏赐、移民、安置、封官、入旗等,在这里加以简述。

努尔哈赤对"野人"女真各部上层人物,总是千方百计地施以恩惠,争取他们归附自己。对前来归顺的各部首领,先是亲自迎接,大摆筵宴;接着是赏赐奴仆、绸缎、牛马、房田、甲胄;继又授予各种不同的官职;还把宗室的女儿嫁给他们做妻子;并且答应在他们返回之后,如果受到别部的欺凌和掠夺,会派兵给予保护。建州同"野人"女真各部,逐渐地建立起亲戚关系和臣属关系。如虎尔哈部博济里等路长归附建州时,《满文老档》记载:想到在寒冷时博济里要穿好衣服,所以大英明汗将自己穿的前胸吊貂皮、后背吊猞猁狲皮的皮端罩给他;还想到博济里从远处来,乘马疲惫了,所以给有鞍辔的马以便骑来②。路长们到达建州之后,《清太祖高皇帝实录》又记载:"路长各授官有差,其众俱给奴仆、牛马、田庐、衣服、器具,无室者并给以妻。"③他的这一套争取各部上层人物归顺的办法,百试百中,屡行屡效。

努尔哈赤对"野人"女真的招抚政策,同乌拉贝勒布占泰的杀掠政策,形成鲜明对照。如朝鲜咸镜道观察使李时发在驰启中,对比努尔哈赤(老酋)和布占泰(忽胡)政策时说:

> 臣近观老酋所为,自去年以来,设置一部于南略耳,囊括山外,以为己有,其志实非寻常。今又诱胁水下藩落,欲使远近之胡尽附于己。江外诸胡积苦于忽胡之侵掠,无不乐附于老酋。故去冬以后,投入于山外者,其数已多,而此后尤当望风争附。此胡举措,实非忽胡之比。④

显然,乌拉贝勒布占泰对"野人"女真之贪婪侵暴政策,与努尔哈赤对"野人"女真

---

① 《清太宗文皇帝实录》,第48卷,第5页,崇德四年八月甲午,中华书局影印本,1985年。
② 《满文老档·太祖》,册Ⅰ,第112~113页,东洋文库本,中华书局译注本,1955年。
③ 《清太祖高皇帝实录》,第5卷,第10页,天命三年二月,中华书局影印本,1986年。
④ 《李朝宣祖大王实录》,第209卷,第6页,四十年三月庚辰,日本学习院东洋文化研究所影印本,1959年。

之安抚招徕政策，胸中格局不同，策略手法也不同。努尔哈赤对"野人"女真的这一政策，《满文老档》中有两段记述：

其一，天命三年即万历四十六年（1618年）二月，后金赏给阴达珲塔库拉喇部人妻子、阿哈、马牛、衣服、粮食、房屋以及生活用品碗、碟、盘、缸、瓶、柜等。

其二，同上年十月初十日，努尔哈赤对东海女真首领的策略，虽文字较长，但并不乏味。文中大意说：天命汗听说东海女真虎尔哈部长纳喀达，率民百户来归，派二百人去迎接，于二十日到达。天命汗去衙门，虎尔哈部人叩头谒见。然后，天命汗赐宴，招待虎儿哈部的头人。宴毕，将要回家去的人站一行，愿留住的人另站一行。天命汗优厚赏给愿留者为首八人，每人阿哈（男女）各十对、牛马各十头，用豹皮镶边的挂蟒缎面的皮袄、长皮端罩、貂皮帽、皂靴、雕花腰带、蟒缎无扇肩朝衣、蟒缎褂，四季穿的衣服、布衫、裤和褥、衾等；其次的给阿哈（男女）各五对、牛马各五头、衣服各五件；再次的给阿哈（男女）各三对、牛马各三头、衣服各三件；最末的给阿哈（男女）各一对、牛马各一头、衣服各一件。来后金的百户人，不论长幼都按等充足地赏给。天命汗亲自去衙门颁赏，先后五天，把房屋和生活用品——锅、席、缸、瓶、杯、碗、碟、匙、筷子、桶、箕、盆等，全都充足地赏给。上述赏赐产生良好效果，原来想回家的人，"看见那样赏给，原说回家的人，又有许多留下不回去了"[1]。留下的人捎回去的人，捎口信给家乡父老兄弟亲友说："（乌拉）国之军士欲攻伐，以杀我等、俘掠我家产，而上以招徕安集为念，收我等为羽翼，恩出望外。吾乡兄弟诸人，其即相率而来，无晚也！"[2]

上引清初官方文献的记载，虽不免有粉饰之词，但从中可以看出努尔哈赤的招抚，确实获得了惊人的成功。

努尔哈赤还对归附的"野人"女真部民，给予永久的政治与经济特权，以笼络其更多的部民降顺。如他对虎尔哈部归顺部民说：

> 阿尔奇纳、彻齐克墨尔根、巴木布里、色勒文，是虎尔哈路的部长，住在东海的岛上，与鱼、鸟共同生活。抛弃父祖的坟墓、出生地、喝的水，翻山涉水地走一个月的路程来，还有比这更可怜的吗？这来投顺的功劳，从那里跟随来的人，其子孙万

---

①　《满文老档·太祖》，上册，天命三年十月初十日，中华书局译注本，1990年。

②　《清太祖高皇帝实录》，第5卷，第26页，天命三年十月丁卯，中华书局影印本，1986年。

代都免纳贡赋；若误犯死罪，免死；若犯罚财物的罪，免罚。永沐仁爱之道。①

努尔哈赤宣布上述《汗谕》之后，接着公布了一张享有这种特权的四十七人的名单。按照当时的制度，"把这《汗谕》写在文书上，八贝勒以下，诸备御以上，挂在脖子上"②。俨然像一枚大胸章。

努尔哈赤对招抚的"野人"女真，迁其部民，编丁入旗，首领授官，分辖其众。建州由对抗海西、蒙古，进而对抗明朝，其兵源严重不足。努尔哈赤将征抚的"野人"女真部民，大量迁至建州，编牛录，设额真。如万历三十七年（1609 年）间，他命在东海地区"尽撤藩胡，得精兵五六千，作为腹心之军"③。这些兵士悍勇、健壮、娴弓马、耐饥寒，为建州军补充了新生力量。他尤为信用其首领，如库尔喀部长郎柱，率先附建州。其子扬古利"日见信任，妻以女④，号为'额驸'。旗制定，隶满洲正黄旗"⑤。扬古利位仅亚于八贝勒，为一等总兵官；后来其子塔瞻擢内大臣，孙爱星阿官至领侍卫内大臣。其弟冷格里为左翼总兵官⑥；幼弟纳穆泰后为八大臣之一；从弟谭布在崇德四年即崇祯十二年（1639 年），与索海等率兵攻取雅克萨，败索伦部长博穆博果尔⑦。

"野人"女真的另一屯长哈哈纳，归附建州之后，被努尔哈赤妻以宗女，后任满洲镶红旗调遣大臣。其子费扬古以平定吴三桂叛乱功，被康熙帝授为副都统⑧。而尼马察部长泰松阿子叶克书，归附后授为牛录额真。皇太极时位列十六大臣，为固山额真（都统）；其子道喇，康熙时任固山额真（都统）。

另以东海女真那木都鲁氏为例。在《八旗满洲氏族通谱》中，东海女真的那木都鲁氏，分为那木都鲁地方十三人、珲春地方七人、绥芬地方二十三人、其他地方十人，以上四个地方的那木都鲁氏，共有五十三人入传。其中康武理，《清史稿》作康果礼，原为那木都鲁地方的部落首领，投顺建州后，努尔哈赤以其弟穆尔哈齐之女给他为妻，封为额

① 《满文老档·太祖》，册Ⅲ，第 1055～1057 页，东洋文库本，1958 年，中华书局译注本，1990 年。

② 《满文老档·太祖》，册Ⅲ，天命十年，辽宁大学历史系译本，1990 年。

③ 《李朝光海君日记》，第 23 卷，第 5 页，元年十二月丙寅，日本学习院东洋文化研究所影印本，1959 年。

④ 《清皇室四谱·皇女》载：清太祖生女八、养女及养孙女二，无一嫁与扬古利，疑误，应为"妻以族女"。

⑤ 《清史稿·扬古利传》，第 226 卷，第 9191 页，中华书局校点本，1977 年。

⑥ 《清史稿·冷格里传》，第 227 卷，第 9241 页，中华书局校点本，1977 年。

⑦ 何秋涛：《朔方备乘》，第 14 卷，第 4 页，宝善书局石印本，光绪七年（1881 年）。

⑧ 《清史稿·康果礼传》，第 227 卷，第 9225 页，中华书局校点本，1977 年。

驸。将其部民编为两个牛录(佐领),康武理同其第三弟喀克都理各领一个牛录。后康武理官户部尚书、护军统领兼佐领。康武理的长子洪科,任前锋参领;次子色琥德,任佐领;第三子莽色,任护军参领;第四子赖塔(赉塔),功绩卓著,后面单述;第五子昂阿安巴,任前锋参领;第六子赖图库任头等侍卫兼佐领。康武理的二弟昂武任参领。其子玛克图任参领兼佐领。康武理三弟喀克都理初任佐领,后亦受重用。绥芬等四路屯长率兵壮千余归附建州,"分其众为六牛录,以康武理(康果礼)、喀克都里、伊勒占、苏尔休、哈哈纳、绰和诺世领牛录额真"①。后又以康武理(康果礼)"能管辖兵,为三等总兵官,免三次死罪"②。皇太极时,康武理位列十六大臣,任护军统领,为三等总兵官,后列八大臣,任都统,领蒙古正白旗。其子松兴额任佐领,希佛讷任侍卫。其家族到乾隆时已五代,共有四十八人入传,其中位列十六大臣一人、大将军一人、一等公三人、尚书二人、都统三人、统领五人、参领十二人、佐领十六人、侍卫九人、员外郎二人、六品官二人、笔帖式三人、国子监生二人(有的兼职)。康武理家族中,以其第四子赖塔(赉塔)武功最为显著。赖塔(赉塔),年十四,任三等侍卫。皇太极时,大兵入塞,赖塔在登梯攻新城、霸州、高阳时,第一先登,身中五创,被授为前锋侍卫。在攻山海关、进北京诸战中,都作战勇猛,建立功勋。顺治八年(1651年),任正白旗蒙古都统。康熙十三年(1674年)征耿精忠,挂平南将军印,后取建宁、薄延平、降精忠。十六年(1677年)讨郑锦,二挂平南将军印,后战漳州、克海澄,郑氏军退守台湾。十九年(1680年),四月为正白旗满洲都统;九月,挂平南大将军印,率师进云南。二十年(1681年),连战皆捷,云南大定。二十一年(1682年),平南大将军赖塔凯旋,康熙帝率领群臣到卢沟桥郊迎,行抱见大礼。两年后死,雍正帝以"赖塔克云南,功绩懋著",追封其为一等公,封号为褒绩公③。

再如东海女真一部长克彻尼,为东京城(今辽宁省辽阳市)守臣,《清太宗实录》载述:"庚戌,车驾过东京,由城外行。守臣克彻尼夫妇,迎至河口,朝见,请上幸其第。上曰:'朕尝谕诸贝勒大臣,凡出行之次,各裹馐粮,毋得于民间取给饮食,致滋扰累。已誓诸天地,朕奈何自蹈之耶!'克彻尼夫妇叩头固请,曰:'臣家生业,皆蒙恩赐与,非民

①　《满文老档·太祖》,上册,第651页,天命十年,中华书局译注本,1990年。
②　见《清史稿·康果礼传附哈哈纳传》,与《清列传·扬古利》并非一人。
③　《八旗满洲氏族通谱》,第21卷,第11~13页,辽沈书社影印本,1989年。

间比也。'上不忍拒,遂幸其家。克彻尼夫妇具膳以进。克彻尼者,东海一部长也。其妻乃太祖舅氏之女,于上为表姑云。"①

复如东海瓦尔喀一部长阿哥巴颜,《清雍正朝镶红旗档》载记,署理镶红旗满洲都统事务、尚书孙查齐等为补授佐领事谨奏:

> 臣旗佐领兼二等阿达哈哈番②钟海病故。窃查:该佐领,初阿哥巴颜率瓦尔喀部来投太祖,以肇兴之功编为牛录,委以阿哥巴颜之长子、首位十扎尔固齐阿兰柱管理。嗣后,依次由阿兰柱之次子布兰柱,布兰柱之三子布尔哈,阿兰柱之三子谭泰,谭泰之子图理,阿兰柱之四子恩和讷之孙齐勒管理。其后,齐勒之孙钟海继之。今钟海出缺,为补授佐领谨奏。③

实际上,后金对"野人"女真降民中授官之人,远不止以上数例;且其授官影响所及,至有清一代。仅据《满文老档》第六十七至第七十卷的不完全统计,仅天命十年即天启五年(1625年),对"野人"女真各部首领及其部民晋官和恩赏的名单多至四百九十二人,约占升赏名单总人数七百八十四人的百分之六十二强。可见努尔哈赤"征抚并用、以抚为主"政策的明显效应。

但是,在征抚"野人"女真时,其军纪并不像后金汗所《谕旨》的那样,而是异常残酷。如一次出征瓦尔喀的八旗军士,行至必音屯,将居民四人砍去手脚后杀死,又穿刺十九人的耳、鼻。

总之,后金在统一建州女真和海西女真之后,运用且战且抚、征抚并用、绥抚为主、征讨为辅的策略,绥服"野人"女真,取得很大成绩。后来其继承者皇太极,又经过多次征抚,统一了整个乌苏里江和黑龙江流域。明代曾设奴儿干都司,在清初则完全被置于后金——清朝的管辖之下,清朝取代明朝,有力地统治着乌苏里江和黑龙江流域的广大地区。

天命汗努尔哈赤在完全统一建州女真、海西女真和基本统一"野人"女真的同时,便着力征抚漠南蒙古诸部。

---

① 《清太宗文皇帝实录》,第5卷,第7页,天聪三年二月庚戌,中华书局影印本,1985年。

② 阿达哈哈番:汉译为轻车都尉。

③ 刘厚生译:《清雍正朝镶红旗档》,第4页,东北师范大学出版社,1985年。

五　抚绥与征讨漠南蒙古

（一）蒙古各部分合兴衰

在明朝中后期，东北地区主要存在三种军事政治力量——明朝、蒙古、女真。女真实现统一、建立后金，就要同明朝争夺在辽东的统治权。蒙古当时实际上处于明朝与后金的中间地带。明朝与后金双方在辽东胜败的关键，是争取和控制蒙古。后金争取并控制蒙古，就可能在辽东站住脚，进而叩打关门，问鼎燕京，入主中原。然而，蒙古诸部的分合与盛衰，时间漫长、地域广阔、纵横捭阖、情况复杂。

明兴元亡，是蒙古历史的根本性转折。明军占领大都，元主自大都出塞，遁回蒙古草原。但故元势力仍有"引弓之士，不下百万众"[①]。元主退回漠北地区，自称"大元"，史称北元。北元蒙古贵族仍维持其旧日统治，实行割据。他们不甘心于自己的失败，不时犯扰内地，企望重新入居中原，图谋恢复元朝。明朝为解除蒙古在北方的威胁，曾多次出兵朔漠，力图消灭北元势力。明初，徐达四次北伐[②]、朱棣七次亲征[③]，曾取开平，攻占应昌，败王保保，降纳哈出。明朝击败北元势力，蒙古各部逐渐地分别与明朝建立了臣属关系。

北元势力虽被击败，但未被消灭。这同明太祖对故元势力的政策不无关系。当明太祖派右丞相徐达北攻元大都时，徐达奏问道："元都克，而其主北走，将穷追之乎？"洪武帝朱元璋答道：

[①]　谷应泰：《明史纪事本末·故元遗兵》，第10卷，第149页，中华书局，1977年。

[②]　《明史·太祖本纪二》载徐达四次北伐为：洪武三年、洪武五年、洪武六年和洪武十四年。

[③]　《明史·太祖本纪三》和《明史·成祖本纪二》、《明史·成祖本纪三》载朱棣七次亲征为：洪武二十三年、洪武二十九年、永乐八年、永乐十二年、永乐二十年、永乐二十一年和永乐二十二年。

元起朔方,世祖始有中夏。乘气运之盛,理自当兴。彼气运既去,理固当衰。其成其败,俱系于天。若纵其北归,天命厌绝,彼自渐尽,不必穷兵追之。但其出塞之后,即固守疆围,防其侵扰耳。①

但是,蒙古贵族势力并未因其气运衰败,而自渐自尽。明太祖朱元璋也认识到:为巩固明朝江山,必须对北元蒙古势力进行军事打击。于是,明太祖朱元璋对蒙古的北元势力,在西北、正北、东北三个方向,派遣大军,进行征讨。

当时,北元势力主要有三支:其一是扩廓帖木儿,元末大将,拥众十万,退居西北,不久被明军击败,部众溃散。其二是惠宗脱欢帖木儿及其宗室、重臣、部众,先退上都(开平),继退应昌,后驻牧于捕鱼儿海(今贝尔湖)一带。其三是太尉、丞相纳哈出,驻牧嫩江地域。蒙古三支势力,被明军区隔,难以联合集中,遭致各个击破。北元的后两支主力部众,主要分布在东北,即大兴安岭两侧到呼伦贝尔的广阔地区。这两支蒙古势力,在东北方面,既为北元主力,又同女真有关,依时依地,分合盛衰,多用笔墨,略加叙述。

第一,洪武、永乐年间。明军在东北方面,对蒙古军力,有七次较大的军事行动,其中有五次给蒙古以极其沉重的打击。第一次,洪武七年(1374年),将军李文忠出兵大宁(今宁城大明镇)、全宁(今翁牛特旗),斩元鲁王,平其属部。第二次,洪武十四年(1381年),大将军徐达率军至北黄河(今西拉木伦河),获全宁四部而归。第三次,洪武二十年(1387年),宋国公、大将军冯胜统军攻故元丞相纳哈出于金山,降其部众。先是,纳哈出是元臣木华黎的后裔,元末明初任太尉、丞相,"拥二十万众据金山,数窥伺辽"②。金山在今东、西辽河汇流处一带。此次明朝降服纳哈出,先后降其部属二十余万人,获其辎重、畜马绵亘百余里,对辽东形势产生重大影响。第四次,洪武二十一年(1388年),大将军蓝玉率军在捕鱼儿海(今贝尔湖),袭破故元脱古思帖木儿汗营帐,获其部众七万余,马羊十万余。故元主脱古思帖木儿汗兵败西奔和林,中途被叛臣也速迭尔所弑,大臣纷降,部众离散,一蹶不振。第五次,洪武二十四年(1391年),傅

<hr>

① 《明太祖实录》,第32卷,第3页,洪武元年六月庚子朔,台北中央研究院历史语言研究所校勘本,1962年。

② 《明史·鞑靼传》,第327卷,第8465页,中华书局校点本,1974年。

有德、郭英统军进攻故元辽王阿扎失里，师至洮儿河流域。

以上明军对辽东蒙古势力的五次重大打击，其中最重要的两次：一次是洪武二十年（1387 年）大将军冯胜金山之战，击败纳哈出。这次战役，摧毁了北元在辽东地区的军事主力，掌握了在辽东地区的主动权。另一次是洪武二十一年（1388 年），大将军蓝玉捕鱼儿海之战，攻破北元脱古思帖木儿汗营帐。这次战役，摧毁了北元蒙古军政势力的中枢，掌握了在整个蒙古地区的控制权。总之，通过以上五次重大军事行动，使明朝力量伸展到大兴安岭以东、呼伦贝尔以南、嫩江流域的广阔地域，并在这个地区设立兀良哈三卫。

洪武期间，明在东北设立兀良哈三卫。前述洪武二十一年（1388 年），明军在捕鱼儿海（今贝尔湖）一带打败蒙古军，而后故辽王阿扎失里、会宁王塔宾帖木儿等部落归附明朝。次年，明在其地设兀良哈三卫，就是朵颜卫、福余卫、泰宁卫。其名称的来源，和田清在《兀良哈三卫的根据地》中解释：由于此三卫部民曾归元臣兀良哈人折里麦后裔所辖，为首的朵颜卫部民有兀良哈人后裔，所以习称其为兀良哈三卫。兀良哈三卫驻地在大兴安岭东侧，东抵嫩江流域。具体地说，朵颜卫在今绰尔河地域，福余卫在今乌裕尔河地带，泰宁卫在今洮儿河流域。后朵颜卫长昂强盛，与土蛮结合，屡为辽东祸患。此项举措，不仅改画了该地区政治与行政的地图，阻止蒙古势力南下，而且隔绝了蒙古与女真的联系，利于女真发展。

明成祖永乐帝对蒙古的政策，重点放在西北的漠西蒙古和正北的漠北蒙古。永乐初年，因刚取得政权，巩固尚需时日，而如连年用兵，消耗财力过大。所以，永乐帝对蒙古改采羁縻为主、征伐为辅的政策。永乐元年（1403 年），分派大臣招抚漠西蒙古瓦剌和漠北蒙古鞑靼的首领；同时招抚女真部落，设置卫所。后瓦剌部首领应召到京朝贡，永乐帝以高官厚爵相酬，封马哈木为顺宁王、太平为贤义王、把秃孛罗为安乐王。至于鞑靼部，其新可汗本雅失里（额勒锥特穆尔汗）态度强硬，拒不服从。从永乐七年（1409 年），明成祖派丘福等五位将军，率精骑十万，攻本雅失里，结果被围困，五将军皆死。永乐帝先后连续发动六次进攻，其中有五次是御驾亲征，予蒙古以三次沉重打击，史称"五出三犁"。明军深入到胪朐河（饮马河）即今克鲁伦河、斡难河即今鄂嫩河。到永乐二十二年（1424 年），时本雅失里已被瓦剌马哈木所杀，明成祖朱棣亲征其知院阿鲁台，死于榆木川（今多伦西北）。《明史·鞑靼传》记载：后阿鲁台为瓦剌所败，"乃率其属东走兀良哈，驻牧辽塞"；阿鲁台后被瓦剌脱欢所杀。漠北蒙古受到沉重打击，兀良哈三卫随之摆脱其控制。

总之,明朝初期,洪武、永乐二帝,雄才大略,国力强盛,蒙古各部势力,没有大举内犯。但中期以后,局势有变化。蒙古贵族势力在不断地骚扰北陲,破墙而入,内犯中原,困围京师。尤以正统之后,明代北患益甚。《明史·鞑靼传》载:

> 当洪、永、宣世,国家全盛,颇受戎索,然衅服亦靡常。正统后,边备废弛,声灵不振。诸部长多以雄杰之姿,恃其暴强,迭出与中夏抗。边境之祸,遂与明相终始云。[1]

第二,正统、景泰年间。明朝正统年间,漠西蒙古瓦剌部崛起,直接影响辽东女真各部。瓦剌游牧于今蒙古西部及俄罗斯境内。瓦剌部的首领,在明初为猛可帖木儿。猛可帖木儿死,其部众由马哈木、太平、把秃孛罗分领。时蒙古汗室衰微,瓦剌崛起,问鼎蒙古。马哈木死后,子脱欢袭顺宁王。脱欢攻杀北元主本雅失里,又袭杀其属臣阿鲁台。不久,脱欢内杀贤义、安乐两王,并其部众,统一瓦剌三部,立元裔脱脱不花为可汗,称太师,为丞相。脱欢的势力,遍及整个蒙古。明正统四年(1439年),脱欢死,子也先(额森)继位。正统十一年(1446年),也先攻兀良哈。十四年(1449年),也先内犯,在土木之役中,俘获明英宗朱祁镇,并进攻北京城。后也先再出兵兀良哈,兵及建州女真。也先强大,景泰二年(1451年),自立为可汗,称大元天盛(天圣)可汗。明廷称也先为瓦剌可汗。第二年,也先军到"可阑海子、卜鱼儿海子等处地面驻扎"[2]。可阑海子即今呼伦湖,卜鱼儿海子即今贝尔湖。瓦剌盛时,席卷辽东。后瓦剌内讧,也先杀脱脱不花汗,阿剌知院杀也先,孛来复杀阿剌知院。《明史·瓦剌传》载:"自也先死,瓦剌衰,部属分散。"[3]但是,也先有两件事,对历史影响很大。其一是,正统十四年(1449年),也先率瓦剌军南下攻明。明英宗朱祁镇亲征,兵败土木堡,也先俘获明英宗,后登上汗位。其二是,也先瓦剌军横扫辽东,破兀良哈三卫,东及海西、建州,兵锋直到鸭绿江。也先在辽东进攻兀良哈三卫,杀死泰宁卫都督拙赤、朵颜卫都指挥乃尔

---

① 《明史·鞑靼传》,第327卷,第8494页,中华书局校点本,1974年。
② 于谦:《兵部为边情事》,《于谦集》,第10卷,第344页,中国文史出版社,2000年。
③ 《明史·瓦剌传》,第328卷,第8503页,中华书局校点本,1974年。

不花,福余卫也惨遭屠戮。三卫残部向南逃窜乞求救济,明廷准许他们"在辽东宽便处安插"。于是兀良哈三卫残部,往南转徙,自觅住地。自宣德年间兀良哈三卫开始南迁,再经此次较大转徙,到正统以后,兀良哈三卫驻地大体固定:朵颜自大宁抵喜峰口;泰宁自锦(州)、义(州)、广宁至辽河口;福余自黄泥洼、沈阳、铁岭至开原。兀良哈三卫南迁,对女真产生多元影响:一则是兀良哈三卫历经此次创痛、迁徙元气大丧,二则是女真各部受到重大打击,三则是海西女真也往南迁徙,四则是女真直接同兀良哈三卫相邻。

第三,正德、嘉靖年间。到明正德、嘉靖年间,辽东蒙古又发生重大变化。明正德五年(1510 年),满都鲁汗小夫人满都海,扶持成吉思汗后裔巴图蒙克(1464～1543 年)登上汗位,称大元可汗,即达延汗。达延汗值瓦剌分裂与衰微之际,控弦之骑十万,统一各部蒙古,在祭祀成吉思汗的八白室(今鄂尔多斯市伊金霍洛旗成吉思汗陵地),宣布大汗称号,分封诸子,建六万户。这就是左翼三万户:察哈尔(察罕儿)万户、喀尔喀(哈剌哈)万户、兀良哈万户(后因叛乱被击灭);右翼三万户:鄂尔多斯万户、土默特万户、应绍不(永邵卜)万户。达延汗统一蒙古各部,结束蒙古诸部各自为政的混乱局面。达延汗死后,长子早丧,嫡孙年幼,汗权衰微,相互争斗。经过各部消长,分化重组,驻地转移,形成明末蒙古诸部落。到后金兴起时,同天命朝直接有关的重要蒙古部落有:

(1)察哈尔(察罕儿)万户,由达延汗及其长子铁力摆户(图鲁博罗特)统领。达延汗年八十乃死,长子铁力摆户(图鲁博罗特)先死,由铁力摆户(图鲁博罗特)之子博迪(卜赤)嗣为汗。时博迪汗专辖漠南蒙古东半,以其地近长城,故称察哈尔。但有的学者认为,"察哈尔原本是部族名而非地名"①。博迪之子为打来孙汗(达赉逊库登汗)。打来孙汗(达赉逊库登汗)东迁到老哈河以西、广宁(今辽宁省北镇市)以北地域。打来孙汗(达赉逊库登汗)后裔,形成浩齐特(蒿齐特)、苏尼特、乌珠穆沁、敖汉、奈曼、克什坦(克什克腾)等部。因达延汗和其长子铁力摆户(图鲁博罗特)既领察哈尔万户,又统左翼三万户,故此系自诩为正宗嫡系,且为诸部之雄长。

(2)喀尔喀(哈剌哈)万户,由达延汗第九子纳力布剌和第十一子格列山只分领,共有十二个鄂托克(部)。他们的后裔分成两支:第十一子格列山只统领的七个鄂托克往西北发展,进入今蒙古国境内,驻牧在贝尔湖迤南、河套迤北的漠北地域,形成外喀尔

---

①　[日]和田清:《明代蒙古史论集》,上册,第 387 页,商务印书馆,1984 年。

喀蒙古,即外蒙古(喀尔喀蒙古);第九子纳力布剌后裔统领的五个鄂托克向东北发展,在内蒙古境区,形成内喀尔喀。内喀尔喀到虎喇哈赤时,其五子分牧,形成五部,各领其所属军民:长子兀把赛(乌巴什),领扎鲁特部;次子速把亥(苏巴海),领巴林部;三子兀班,领瓮吉剌部;四子索宁岱青,领巴岳特(巴约特)部;五子炒花自领大营,领乌齐叶特部,为泰宁卫都督。他们驻牧在开原、铁岭、沈阳、广宁边外,和泰宁卫地域大致相符,直接同海西女真为邻。后兀班之孙宰赛(斋赛)所领扎鲁特部移近福余卫,与开原北关叶赫女真交往,同后金发生不少纠纷。

(3)兀良哈万户,虽因叛乱被击灭,却对满洲兴起产生重要影响:海西女真扈伦四部乘其虚而据其地,部分兀良哈牧民融入海西女真。

(4)应绍不(永邵卜)万户,其后裔一部分西牧青海,另一部东牧今赤峰一带,就是喀喇慎(喀喇沁)部。主要在清太宗朝,后金同喀喇慎(喀喇沁)部发生较多的关系。

(5)鄂尔多斯万户,也是主要在清太宗朝双方发生较多的关系。

(6)土默特万户,由达延汗之子巴尔斯博罗特统领。巴尔斯博罗特之子俺答汗,在明隆庆年间,同明"盟约",受明封为顺义王(后面叙述)。土默特后来分为归化土默特和东土默特。

此外,科尔沁部,驻牧在内喀尔喀北面,是成吉思汗之弟合萨尔的后裔,自立于六万户之外。科尔沁部主要分为两大部分:以大兴安岭为界,岭西称阿噜科尔沁(阿禄科尔沁),岭东称嫩江科尔沁(通称嫩科尔沁或科尔沁)。后来嫩科尔沁或科尔沁分衍出郭尔罗斯、杜尔伯特、扎赉特等部。科尔沁部同后金相邻,成为后金最先绥服的漠南蒙古部落。

以上,达延汗统一蒙古,分封子孙,为六万户,重新绘制了蒙古各部的历史地图。在上述六个万户中,对天命朝历史产生重大影响的是:察哈尔万户、土蛮万户、喀尔喀万户的内喀尔喀五部以及自立于六万户之外的科尔沁部等。

第四,隆庆、万历年间。隆庆时,俺答汗(阿勒坦汗)是一位重要人物。俺答汗(1507—1581年),其祖父为达延汗,其父为巴尔斯博罗特。巴尔斯博罗特分领土默特部万户。巴尔斯博罗特死后,他于嘉靖二十九年(1550年)称汗,时年四十三岁。俺答汗曾率军内犯,进薄京师,史称"庚戌之变"。隆庆四年(1570年),俺答汗纳娶外孙女即三娘子(1550—1612年)。他先后多次遣使明朝,要求互市。隆庆帝采纳王崇古议,成"隆庆和议",准俺答汗朝贡、互市、抚赏、封爵。诏封俺答汗为顺义王,后封三娘子为忠顺夫人。《明史·鞑靼传》记载:俺答汗"自是,约束诸部无入犯,岁来入贡,西塞以宁"。俺答汗还把藏传佛教格鲁巴派即喇嘛教引入蒙古,对蒙古社会发展和满蒙关系有着极为重要的影响。俺答汗死后,长子黄台吉即汗位,又娶三娘子,袭顺义王,改名乞庆哈,三年后死。其子撦力克继汗位,再娶三娘子。《明史·鞑靼传》记载:三娘子"历配三王,主兵柄,为中国守边保塞,众畏服之,乃敕封为忠顺夫人。自宣、大至甘肃,不用兵者二十年"。实际上,三娘子"历配四王"。据《明史》记载,撦力克死后,撦力克之孙卜失兔求婚于三娘子,遭拒绝。后"卜失兔始婚于忠顺,东、西部长皆具状为请封。忠顺夫人旋卒,诏封卜失兔为顺义王"。俺达受封,西部较宁;东部土蛮,频频扰犯。

隆庆帝死后,万历帝继位。时为努尔哈赤青少年时期,辽东蒙古势力枝蘗纷繁,先后凌替,相互交错,举其大者,主要有:

土蛮汗(1539—1592年),为达延汗后裔达赉逊库登汗(打来孙汗)的长子,又称图们、小王子,嘉靖三十七年(1558年)即汗位,领察哈尔万户。嘉靖年间,因俺答汗强大,两部有隙,惧为所并,举部东移,由宣镇以北,迁至蓟、辽。从此不仅增多辽东边患,而且形成察哈尔同后金的摩擦。其弟为委正,其长子为布延(卜言台周),其弟为介赛,从弟煖兔、拱兔等。时土蛮(小王子)部众兵强,"控弦十余万"[1],最为精壮,屡躏辽东,"大人小人,岁为边患"[2]。《穀山笔麈》亦载:"土蛮部落,故元之后裔,于顺义王,君也。直蓟、辽边,从数十万,其下有六酋。自西虏通贡以来,惟三卫、海西诸夷,假土蛮之势,以扰蓟、辽,故东北多事耳。"[3]上文"西虏"、"顺义王"指俺答汗。俺答汗势力强大,驻牧河套,土蛮则徙帐辽东地域。土蛮汗联络东部各支蒙古,西结海西女真,东联建州女真,几乎年年扰边,月月犯辽。

林丹汗,名库图克图,明谐音称虎墩兔。林丹汗是建州兴起时漠南蒙古最强大的势力。林丹汗企图用武力迫使各部承认其大汗的地位和权威,反而加剧了各部的离心

---

① 《万历武功录·土蛮列传上》载:"土蛮,打来孙长男也,所部皆朵颜蟒惠、伯户、鹅毛、壮兔等,控弦之士六万,最精壮。嘉靖中,移徙黄河北,常引速把亥入海、盖、开原。顷之,大会矮塔必、兀鲁台周十余万骑,祭旗纛,声欲入河东、广宁。后从长勇堡、静远堡入,杀略沈阳迤南、辽阳迤北。……是岁嘉靖三十八年也。"是岁即清太祖努尔哈赤出生之年。

② 瞿九思:《万历武功录·黄台吉列传》,第10卷,第178页,文殿阁书社本,1935年。

③ 于慎行:《穀山笔麈》,第18卷,第127页,中华书局本校点本,1984年。

倾向,这给后金提供对漠南蒙古各部实行分化瓦解政策的机会。林丹汗同天命汗的关系,本章有专节论述。

此外,辽东蒙古有一定势力者:

速把亥(苏巴海),为内喀尔喀虎喇哈赤(和尔朔齐哈萨尔)次子,又称苏巴海,泰宁部长,其兄为乌巴什,其季弟为炒花,其妹夫为花大。速把亥在嘉靖时徙至辽阳北,连结土蛮等,累略辽塞:"嘉、隆以来,虏患何岁亡之? 甚至杀大将军,如艾草菅。甚哉!速把亥之为祸首也。"①

黑石炭,为孛只(博迪汗)第五子,土蛮叔父,与速把亥等联骑,剽掠辽左。瞿九思在《万历武功录·黑石炭列传》后评论曰:黑石炭"贻我辽左数十年大患,介胄至生虮虱"。②

董狐狸,又称董忽力,为喀喇沁(哈喇慎)部,移帐在明朵颜卫故地。其重要首领为长昂、董忽力等。董忽力为革兰台第五子,其兄为影克,弟为兀鲁思罕、长秃(獐兔)。他们驻牧宁前外边,牧马辽河,屡犯蓟门。

阿牙台皮,为达赉逊库登汗(打来孙汗)之堂弟,有十子,分十支,其第十子拱兔为强。另有内喀尔喀翁吉喇部首领煖兔,为虎喇哈赤第三子兀班之长子,即巴哈达尔汉,于万历初年"两兔尤桀骜甚"③。

此外,还有青把都、哈卜慎、长昂等诸部。

总之,其时在辽东地域,漠南蒙古的察哈尔部、内喀尔喀部、科尔沁部等,同明朝、后金发生着直接而重要的影响。

以上史料,可以看出:明万历年间,辽东地区强大的蒙古势力,主要有两股:其一是土蛮汗,其二是林丹汗。

土蛮汗于嘉靖三十七年(1558 年)即汗位,时年二十岁(虚岁)。他血气方刚,朝气蓬勃,主要活动在嘉靖三十七年(1558 年)到万历十六年(1588 年)的三十年间。土蛮汗于万历二十年(1592 年)死去。土蛮汗横行辽东时,天命汗则尚未兴起,双方没有利害纠葛,也没有正面冲突。到土蛮汗兵锋稍减时,天命汗忙于统一建州女真,两者没有利益矛盾,也没有马颈相交。

①　瞿九思:《万历武功录·速把亥列传》,第 12 卷,第 114 页,文殿阁书社本,1935 年。
②　瞿九思:《万历武功录·黑石炭列传》,第 13 卷,第 11 页,文殿阁书社本,1935 年。
③　瞿九思:《万历武功录·煖兔拱兔列传》,第 13 卷,第 23 页,文殿阁书社本,1935 年。

　　土蛮汗死后，其曾孙林丹汗于万历三十二年（1604年）即汗位，时年十二岁。林丹汗即位二十年后，当其正值盛年时，天命汗已经成了气候——吞并扈伦四部，创立八旗制度，建立天命政权，取得萨尔浒大捷。这时双方力量对比发生巨大变化，林丹汗已经不是天命汗的对手。所以，天命政权恰在辽东蒙古两股强大势力的高峰之间的低谷期，得以诞生、发展、壮大。当土蛮汗强大时，主要对手是明朝辽东总兵李成梁，斗争的结局是两败俱伤——既重击了蒙古土蛮军力，也削弱了明朝辽军实力。到林丹汗强大时，明朝拉林丹汗共同对付后金，说明他们任何一方都不能战胜后金。后金则拆散二者的联盟，先吃掉漠南蒙古，再同蒙古联盟，共同对付明朝（详见后文）。

　　由上可见，严格说来，明朝万历初期，蒙古衰微，满洲初兴，故明朝北境之扰，重在蒙古，不在女真。

　　《明史·李成梁麻贵传》评曰："自俺答款宣、大，蓟门设守固，而辽独被兵。"此期，明廷在西北，同俺答汗与三娘子封贡，就是封俺答汗为顺义王、封三娘子为忠顺夫人，加以赏赐，开关通市，蒙古犯边形势大为缓解，"自宣、大至甘肃，不用兵者二十年"。在正北，戚继光镇守蓟门，修缮长城，整饬部伍，固若金汤。在东北，蒙古土蛮等大肆犯扰辽东。所以，当时在辽东地区，同明朝相对抗的政治势力，主要有蒙古和女真。而对辽东掳掠甚者，则为蒙古诸部贵族的铁骑。在努尔哈赤起兵的前十年，即从万历元年至十年，蒙古土蛮、速把亥等部贵族，对辽东地区的扰犯，据《明神宗实录》、《万历武功录》和《明史·鞑靼传》等史料，编年缕列如下：

　　万历即位年（1572年），土蛮骑兵在旧辽阳北河建营，欲大举犯辽。上年，土蛮拥众犯辽塞，同李成梁战于卓山。土蛮军败退，遁骑腾山穿林，明军斩获五百八十八级。先是，隆庆五年（1571年），明廷准俺答"封贡"，封俺答为顺义王。俺答死后，子黄台吉立，三年又死。其部四十二支，各相雄长，不统于一。此后，西塞较为安宁，东塞烽烟迭起。

　　万历元年（1573年），正月，黑石炭、速把亥犯辽阳。四月，土蛮犯铁岭。十月，董狐狸之弟兀鲁思罕犯寺儿山台。十一月，土蛮略辽阳。十二月，董狐狸之弟长秃犯边。同年，明廷升赏辽东获功阵亡官兵一千一百四十员名，并修筑城堡边墙①。

---

　　① 《明神宗实录》，第15卷，万历元年七月丙申：兵部侍郎汪道昆奏："阅过辽东全镇，修完城堡一百三十七座，铺城九座，关厢四座，路台、屯堡、门角、台圈、烟墩、山城一千九百三十四座，边墙二十八万二千三百七十三丈九尺，路壕二万九千九百四十一丈，俱各坚固，足堪经久。"

万历二年(1574年),土蛮、黄台吉、速把亥等"虏骑二万,佯言略建州,以示汉不备",而犯辽东,金、复、盖三卫被"杀掠数万,村堡荡然"①。

万历三年(1575年),正月,土蛮、速把亥十万骑驰辽阳。四月,土蛮连结科尔沁;又以马牛等送叶赫杨佳努寨,并向哈达王台请婚;叶赫、哈达均报土蛮以礼。于是,土蛮声言合二十万众,秋高略锦(州)、义(州),河冻略海(州)、盖(州)。十一月,土蛮、速把亥、炒花等以二万骑犯锦(州)、义(州)。

万历四年(1576年),正月,土蛮长子卜言台周会速把亥、黑石炭、黄台吉、歹青、长兔、煖兔等十一部,六万余骑踏冰辽河。二月,建州王杲会土蛮,五万骑略广宁。五月,太监冯保在会极门传旨,得报"虏贼数十万,欲犯辽东"。十月,速把亥、炒花、委正等三万骑犯威远堡。

万历五年(1577年),二月,土蛮等五万余骑饮马辽河。五月,二十万众走大、小凌河。六月,略开原。十月,三万余骑犯掠辽东。是年,土蛮等几乎无月不犯。

万历六年(1578年),正月,黑石炭、土蛮等六部大举窥塞,分犯广宁,李成梁提兵迎击,斩四百三十五级。二月,土蛮骑至辽阳。三月,明军又斩四百七十余级。四月,土蛮会速把亥等六部,数万骑掠铁岭。不久,土蛮等五万余骑欲入辽阳。五月,土蛮等会众二十万从锦州入,走大凌河,声势浩大,烟尘蔽天。时天降暴雨,风烈雷鸣,土蛮大惊,拨马退军。十二月,速把亥等三万余骑犯东昌堡,明军斩八百四十级,李成梁因受封宁远伯。

万历七年(1579年),正月,犯丁字泊。二月,犯宁远。三月,土蛮"征黑石炭等,大率三十余万治兵,期草长而大举"。十月,土蛮以四万骑攻锦州营。总兵李成梁决策进剿,斩四百六十七级,夺马、牛、羊、驼三千零一十三头匹。明廷以辽东大捷,告祭郊庙。十一月,土蛮等请明开马市,否则陈兵塞上。十二月,土蛮等会十余万,声言略广宁、犯辽阳。李成梁等率军出击,斩八百二十级,获马一千二百四十八匹。

万历八年(1580年),八月,土蛮等十余部会于兀炭,声言略广宁。不久,聚四万余骑,刑马祭纛,然后"人牵牛二角、羊三头",充粮食,走锦州。十月,辽东大雪,马牛冻馁,土蛮会黑石炭等部,"二十余万,空巢而来,略广宁"②。十一月,土蛮、黑石炭等聚

① 《明神宗实录》,第30卷,第4页,万历二年十月丁巳,台北中央研究院历史语言研究所校勘本,1962年。

② 瞿九思:《万历武功录·土蛮列传上》,第10卷,第132页,文殿阁书社本,1935年。

二万余人，欲略广宁。李成梁提兵出塞，抵其大营，斩七百五十级。此前，戚继光率军出山海关应援辽军。因获大捷，明廷告祭郊庙，戚继光、李成梁等皆受封赏。

万历九年（1581年），正月，王兀堂犯宽奠。土蛮聚九部，兵十万，声言略开原。李成梁提兵出塞，败土蛮于袄郎兔，先后斩三百四十级。四月，土蛮、黑石炭等万余骑入辽阳，明军在长安堡遇伏大败，死三百一十七人，伤一百五十八人，马死四百六十四骑。但明军杀辽民男妇二百九十八人、掳民间马、牛、驴三百九十七头报功。九月，蒙古贵族流言犯蓟门，"京师鼎沸，民携家赴安定门者，争门而入，多踩践死；通州民而夺渡者，多漂溺死；玉田散走林薄，多饥寒死"。十月，土蛮等十余万犯义州、大凌河，围广宁。

万历十年（1582年），正月，土蛮、黑石炭等合兵祭天，聚众四万，犯锦州，过小凌河。二月，土蛮等深入大、小凌河，所过辽地，"焚略几尽"。李成梁率军迎击，斩三百四十三级，获马四百三十骑；而明军死马六百八十骑。虽明军伤亡惨重，万历帝却派官祭告郊庙，庆贺胜利。三月，速把亥率弟炒花、子卜言兔犯义州，中李成梁埋伏。速把亥中箭坠马，被斩死。炒花等恸哭败去。《明史·李成梁传》记载："速把亥为患辽左二十年，至是死。"九月，蒙古五万骑犯掠。十月，土蛮等围广宁，攻义州。

以上史实说明，辽东地区蒙古贵族势力连年攻掠，兵连祸结，形势严重。但是，万历初年，张居正为相，"用李成梁镇辽，戚继光镇蓟门"①。据《明史·李成梁传》等资料统计：李成梁在任辽事二十二年间，率骑迎击蒙古兵，力战却敌，斩杀五千一百八十八级。蒙古骑兵屡受重创，土蛮、速把亥等又相继死去。《万历武功录·土蛮列传下》记载："土蛮老而厌兵，边患稍戢。久之以狗马死。"土蛮汗死后，其余部分支众多，各相雄长。明廷采取的策略是：分其支，纳其款，顺者市赏，犯边攻剿。东蒙古地区的势力，或受挫，或分化，逐渐地走向衰落，这个历史趋势一直持续到明朝灭亡。

到十六世纪末，辽东地区明朝军队同蒙古骑兵斗争的结果，历史在朝着他们各自愿望相反的方向发展——蒙古贵族骑兵兴师屡犯，严重地削弱明朝辽军的力量；明朝辽东总兵李成梁"前后大捷共计十次，斩首五六千级"②，又沉重地打击了蒙古诸部。他们相互争斗的结果，尤其是李成梁的战功，恰为后金兴起做了"嫁衣裳"。因为蒙古

---

① 《明史·张居正传》，第213卷，第5646页，中华书局校点本，1974年。

② 《明神宗实录》，第141卷，第7页，万历十一年九月己亥，台北中央研究院历史语言研究所校勘本，1962年。

土蛮等部和明朝李成梁等军厮杀的结局,不仅双方都退出了角斗场,而且为后金崛兴铺平了道路。

因此,漠南蒙古的科尔沁部、内喀尔喀部、察哈尔部同后金接壤,清太祖朝同此三部发生错综复杂、极为重要的历史关系。下面分节,加以论述。

(二)对科尔沁部的姻盟

明代后期,后金兴起,其时生活在蒙古草原东部、大漠以南的漠南蒙古,西北为游牧于黄河河套地区的鄂尔多斯,正北为住牧在山西偏关塞外的归化土默特,东北则为蓟辽边外的喀喇沁、察哈尔、内喀尔喀和科尔沁等部。漠南蒙古的东、北、西诸部,介于明朝与后金之间。漠南蒙古的科尔沁部,同后金最早发生政治联系。

建州女真初兴,以"十三副"遗甲起兵,军队数量少,其实力远不足以同蒙古抗衡。但是,辽东地区的蒙古诸部,经过万历初期同明朝的战争以及其内部的变化,出现以下几个特点:

第一,蒙古残破凋敝。漠南蒙古自明初以来,已经遭受二百余年兵燹之难。明朝政府与北元势力之间,蒙古各部与各部之间,长期进行无休止的战争。特别是明初的残酷战争,导致辽东地区蒙古社会经济的破坏和部民生活的贫困;而蒙古各部贵族对明朝的犯边,也遭致明军的报复,其部民、马匹受到重大损失;蒙古各部之间的争斗,失利者携帐远徙,造成生活的剧烈动荡,从而使得蒙古族部民要求结束战乱割据局面,渴望得到安定统一。

第二,明朝拒绝互市。漠南蒙古的土蛮汗等,向明廷要求同俺答汗一样,请贡市,通贸易。明朝既腐败,又僵化,拒而绝之。如万历六年(1578年),土蛮、速把亥率五万骑,略辽阳,挟贡市。李成梁以"亲临兵,疾力战"作回答。七年,黄台吉到关,言"土蛮复请比宣、大,开马市,索林麓绵絮等什物;不则陈兵塞上",明廷严加拒绝。八年,土蛮派骑到关,求卖马、买布匹。明朝"关吏闭关,谢绝甚严"。土蛮愈却愈求,明则愈求愈却。土蛮等声言:"汉不许我,我破乃城堡。"土蛮等得不到铁锅、布匹等,许多贫苦牧民陷于"爨无炊"、"衣无帛"的悲惨境地。

第三,各部内讧争战。蒙古自达延汗以后,先分封诸子为六万户,其下又析分为若干部,部下再析分为若干支。蒙古有的部,其部长的兄长、长子等领有大支若干,其弟侄子孙等领有小支若干,其女婿等领有余支若干。大支小支,六十余股,支蘗纷繁,各成体统。蒙古各万户、各部、各支之间,为权力、牲畜、女人、牧场,不断地进行争战。各部贵族长期内讧,无法实现其内部统一,也无力重新统一蒙古地区。在蒙古的各万户、各部、各支之间,王公贵族从一己利益出发,忽而联合一些王公贵族去反对另一些王公贵族;忽而翻云覆雨,昨天的盟友变成了今天的敌人,昨天的敌人又变成了今天的盟友。不断的内部争斗,既削弱了蒙古各部的实力,也加重了部民的负担。

因此,后金绥抚漠南蒙古,既利用了蒙古人民渴求统一的愿望,又利用了蒙古贵族对明朝的不满,也利用了蒙古王公分裂割据的因素。天命汗利用漠南蒙古同明廷的结盟与矛盾、各部之间的分裂与内讧,对于各部王公贵族,有的联姻笼络,有的分化瓦解,有的武力征讨,也有的征抚并用,先后逐一绥服东部漠南蒙古。

后金兴起,努尔哈赤之所以决意绥抚漠南蒙古,从后金内部来说,还因为:

其一,孤立海西女真。漠南蒙古同海西女真关系密切。如土蛮汗向哈达部王台请婚,向叶赫贝勒清佳努、杨佳努送布帛、马牛、貂皮等物,还结好科尔沁[1];又如叶赫贝勒"金台什孙女为虎墩兔妇"[2];再如蒙古内喀尔喀介赛贝勒夺娶努尔哈赤"已聘叶赫金台石贝勒之女"[3],绥抚漠南蒙古有助于女真内部的统一。

其二,夺取经济利益。先是,漠南蒙古土蛮、恍惚太(翁阿岱)曾控制过海西女真。海西女真曾向恍惚太贡纳貂皮,土蛮汗也曾掠夺海西女真的产品。他们还通过海西女真同明朝间接进行贸易,甚且曾拦阻海西女真贡路而影响女真的贡市贸易。《东夷考略》记载明谕南关、北关曰:"江上远夷,以参、貂之属至,必藉尔通。若布帛、盐米、农器仰给汉,耕田围猎,坐收木耳、松子山泽之息,为利大矣。今贡市绝而江夷道塞,藉后恍惚太以首,虏以千骑盛气抵,若有德色,需索无艺,部夷多怨"云云。恍惚太即漠南蒙古巴岳特部首领翁阿岱。可见蒙古的强大与掠扰,直接影响女真的利益。

其三,解除后顾之忧。漠南蒙古位置于后金的右翼,只有征抚漠南蒙古,才能解除进入辽沈地区的后顾之忧。特别是漠南蒙古察哈尔林丹汗,与明朝缔结了共同抵御后

①　瞿九思:《万历武功录》,第 10 卷,文殿阁书社本,1935 年。
②　《明史·鞑靼传》,第 327 卷,第 8492 页。中华书局校点本,1974 年。
③　《满文老档·太祖》,册 I,第 192 页,东洋文库本,1955 年。

金的盟约,插刀歃血,立有盟词:"愿助兵灭奴,并力恢复天朝疆土。若奴兵到,憨兵不到,断革旧赏;倘奴酋通赂,背盟阴合,罹显罚。"①只有拆散这个联盟,才能南犯明朝。

其四,扩充八旗兵源。后金为同明朝对抗,夺取山海关外地域,深感兵力不足,需要绥抚蒙古,扩充八旗兵源。努尔哈赤曾说:"蒙古与满洲,语言虽各异,而衣饰风习,无不相同,兄弟之国。"②魏源又说:"夫草昧之初,以一城一旅敌中原,必先树羽翼于同部。故得朝鲜人十,不若得蒙古人一。"③即是此理。

其五,开辟进军通路。后金军要攻打山海关,难以突破明军关锦防线。因此,要开辟新的进军通路。后皇太极突袭龙井关,由今法库、彰武,经土默特、内喀尔喀,再入喀喇沁,行军路线漫长。若能在锦、义之间,直接进入喀喇沁,必有利于进军塞内。

其六,延伸战略走廊。后金沿长城边外建立一条安全行军走廊,有赖于蒙古合作。而能够为此协力者,只有内喀尔喀五部和喀喇沁部。其管辖区域从蓟州喜峰口到宣化,过此便是察哈尔部林丹汗的势力范围。察哈尔部林丹汗同明订有共同对付后金的盟约,自然不肯屈从其所请。后天聪汗击败林丹汗,此后这条战略性走廊全线畅通。

鉴于以上因素,后金对待蒙古,耐心培养各部向心力,其目的在于联合蒙古以壮大自己、对抗明朝。所以,天命汗对待蒙古一反明廷以尊凌卑、视同草芥的姿态,而遣使报聘,互相联姻,建立同盟,平等相处;对于少数肆行侵掠或违反盟约者,也断然予以惩罚,逐渐树立其主导地位。

后金绥服漠南蒙古,先从其近邻科尔沁部开始。

漠南蒙古的科尔沁部,其首领为成吉思汗之弟合萨尔的后裔。先是,明永乐年间,蒙古主要分为鞑靼与瓦剌,东西对峙。后瓦剌败鞑靼,鞑靼合萨尔十三世孙为图美尼雅哈齐,十四世孙为奎蒙克塔斯哈喇率部东走,驻牧于嫩江流域。所部称科尔沁,或称嫩江科尔沁,明人称好儿趁。科尔沁地域原为明太祖所设的福余卫,福余卫区域,内原有蒙古人、女真人,也有鲜卑、契丹、奚人的后裔。哈萨尔后裔移帐嫩江流域称科尔沁后,蒙古人同当地原住民有摩擦,也有融合。他们两地无天然蔽障,以河流贯穿,且交

---

①　王在晋:《三朝辽事实录》,第 11 卷,第 10 页,天启二年二月,江苏省立国学图书馆藏本。

②　《满文老档·太祖》,册Ⅰ,第 192 页,东洋文库本,1955 年。

③　魏源:《圣武记》,第 1 卷,《开国龙兴记一》,中华书局校点本,1984 年。

通便利,都信奉萨满教,同属于阿尔泰语系,也有相似的习俗。所以建州女真同科尔沁蒙古比较容易沟通,这也是他们后来联姻的一个重要基础。奎蒙克塔斯哈喇定居嫩江流域称科尔沁后,其子博第达喇,有子九人,分掌诸部:长子齐齐克、次子纳穆赛,袭领科尔沁部;又次子乌巴什,领所部号为郭尔罗斯;又次子爱纳噶,领所部号为杜尔伯特;又次子阿敏,领所部号为扎赉特。齐齐克,号巴图尔诺颜,其子为翁果岱贝勒,翁果岱子奥巴贝勒。纳穆赛,子莽古斯贝勒,莽古斯子宰桑贝勒;子明安贝勒,明安子栋国尔贝勒;子洪果尔贝勒。科尔沁部东邻乌拉,东南近哈达、叶赫,西南界扎鲁特,南接内喀尔喀,北临嫩江上游地区。魏源《圣武记》载:

> 科尔沁部在喜峰口外,东西距八百七十里,南北距二千有百里,南界盛京边墙,北界索伦①。本元太祖弟哈萨尔之后,明初置兀良哈三卫之一也,后自立国曰科尔沁。明洪熙间,为厄鲁特所破,东避嫩江,以同族有阿鲁科尔沁,因号嫩江科尔沁以自别。其扎赉特、杜尔伯特、郭尔罗斯三部,皆科尔沁一部所分,兄弟同牧,皆属插汉部。②

插汉部即察哈尔部,同科尔沁部,二部久不睦,"好儿趁与憨有不共之仇"③。科尔沁部为同察哈尔部争雄,就与势力较强的叶赫、乌拉结盟。万历二十一年(1593年),科尔沁部明安贝勒等率蒙古兵万骑,同叶赫、哈达、乌拉、辉发、锡伯、卦尔察、朱舍里、讷殷共九部之师,直指建州。攻赫济格不下,陈兵古勒山。九部兵大败,明安贝勒骑着失落马鞍的裸马尴尬地逃回。建州对俘获的蒙古科尔沁人,做出宽厚而友善的处理:"奴酋选所获蒙古人二十,被锦衣,骑战马,使还其巢穴。二十人归,言奴酋威德。故刺八令次将晚者等二十余名,卒胡百十余名,持战马百匹,橐驼十头,来献马六十匹、驼六头与奴酋;马四十匹、驼四头与小酋。其将领等,奴酋皆厚待,给与锦衣。"④上文中的"刺八"当为奥巴。建州对待蒙古科尔沁部俘获,不仅不杀,而且遣返;遣返时,赏还战马,还给锦衣。此举感动科尔沁部贝勒奥巴,派官前往佛阿拉答谢。

---

① 参见《清史稿·藩部列传一·科尔沁部》,指其最盛时之疆界。
② 魏源:《圣武记》,第3卷,第97至98页,中华书局校点本,1984年。
③ 王在晋:《三朝辽事实录》,第9卷,第61页,天启二年六月,江苏省立国学图书馆藏本。
④ [朝]申忠一:《申忠一书启与图录》,图版20,日文本,建国大学刊印,1939年。

翌年，"北科尔沁部蒙古贝勒明安、喀尔喀五部贝勒老萨，始遣使通好"①。科尔沁部初次遣使建州。此后，蒙古各部贝勒，遣使往来不绝。

科尔沁部右翼翁阿岱、左翼莽古思和明安，虽然在古勒山之役遭到失败后，遣使建州，互通贸易，但并不认输。万历三十六年（1608 年）三月，建州兵往乌拉部的宜罕阿麟城，"科尔沁蒙古翁阿岱贝勒与乌拉布占泰合兵"②，科尔沁部遥望建州兵强马壮，自知力不能敌，便撤兵请盟，联姻结好。努尔哈赤从总的斗争利益出发，不念科尔沁两次动兵旧恶。他说："俗言：'一朝为恶而有余，终身为善而不足'。"③建州同意与科尔沁弃旧怨，结姻盟。万历四十年（1612 年），努尔哈赤闻科尔沁贝勒明安的女儿博尔济吉特氏"颇有丰姿，遣使欲娶之。明安贝勒遂绝先许之婿，送其女来"④。努尔哈赤以礼亲迎，大宴成婚。科尔沁左翼明安贝勒是蒙古王公贵族中第一个与建州联姻者，对后世影响深远。万历四十二年（1614 年），科尔沁左翼莽古思嫁女给努尔哈赤第八子皇太极为妻。此女即后来孝端文皇后。莽古思后来被授予扎尔固齐贝勒。万历四十三年（1615 年）正月，努尔哈赤又聘科尔沁左翼莽古思之弟孔果尔贝勒女博尔济锦吉特为妻⑤。其后，明安第四子桑噶尔寨台吉送马三十匹，前往叩见。同年，明安长子伊尔都齐台吉，又送马四十匹，建州回赐盔甲、布帛、绸缎。天命元年即万历四十四年（1616 年），明安派次子哈坦巴图鲁到后金。次年正月，明安亲自到赫图阿拉，受到盛大欢迎。后授予明安达尔汉巴图鲁。同年十月，明安派第五子巴都玛率五十人，带马五十匹到后金。这些都说明蒙古科尔沁部明安贝勒同后金的密切关系。蒙古巴岳特部也同后金交好。天命九年即明天启四年（1624 年），蒙古科尔沁右翼翁阿岱贝勒之子奥巴，率众归附后金。天命十一年即天启六年（1626 年），后金封奥巴为土谢图汗。后金册封漠南蒙古各部首领，喀喇沁、内喀尔喀五部等不过号贝勒、洪台吉、岱青，唯独封科尔沁部右翼奥巴称土谢图汗。并以天命汗之侄女许奥巴为妻，奥巴则成为后金的额驸。

恩格斯有一句名言：对王公贵族说来，"结婚是一种政治的行为，是一种借新的联

① 《清太祖高皇帝实录》，第 2 卷，第 19 页，中华书局影印本，1986 年。
② 《满文老档·太祖》，册Ⅰ，第 9 页，东洋文库本，1955 年。
③ 《满洲实录》，第 3 卷，第 10 页，辽宁通志馆影印本，1930 年。
④ 《清太祖武皇帝实录》，第 2 卷，第 13 页，台北故宫博物院藏，广文书局影印本，1970 年。
⑤ 《满文老档·太祖》，册Ⅰ，第 41 页，东洋文库本，1955 年。

姻来扩大自己势力的机会；起决定作用的是家世的利益，而决不是个人的意愿"①。建州女真贵族同科尔沁蒙古王公联姻，便是一个很好的例证。努尔哈赤不仅娶科尔沁两贝勒的女儿为妻，他的儿子也相继纳蒙古王公的女儿做妻子。仅万历四十二年（1614年），努尔哈赤的四个儿子，即次子代善娶扎鲁特部钟嫩贝勒女为妻，第五子莽古尔泰娶扎鲁特部纳齐贝勒妹为妻，第八子皇太极娶科尔沁部莽古思贝勒女为妻②，第十子德格类娶扎鲁特部额尔济格贝勒女为妻。尔后，第十二子阿济格娶科尔沁部孔果尔女为妻，第十四子多尔衮娶桑阿尔寨台吉女为妻。努尔哈赤在位时，同科尔沁联姻十次，其中娶入九次，嫁出一次。其子皇太极继续实行上述联姻政策，皇太极在位时，同科尔沁联姻十八次，其中娶入十次，嫁出八次。皇太极的两位皇后，都是莽古斯贝勒之女，其中孝庄后辅育顺治、康熙两代皇帝，定鼎中原，功在社稷。努尔哈赤之孙顺治帝，两位皇后也都出自科尔沁。蒙古科尔沁部与后金政权，通过联姻，巩固同盟，以加强自己的势力，来对抗察哈尔部。总之，由于蒙古科尔沁部归附后金最早，博尔济吉特与爱新觉罗氏世为懿亲。清太祖、太宗、世祖和圣祖先后有四位皇后、十三位皇妃，出自蒙古科尔沁等部。蒙古科尔沁部博尔济吉特氏影响清初五朝（天命、天聪、崇德、顺治、康熙）四帝（太祖、太宗、世祖、圣祖）的政治与血缘，其中以皇太极孝庄文皇后博尔济吉特氏尤为突出。

但是，科尔沁同后金的摩擦不断发生。天命八年即天启三年（1623年），后金阿布泰的家人前往原乌拉地方捕貂，获貂七十六只，但被科尔沁蒙古人夺去；后金放网捕鹰人，其进网之鸟及鹰网，也被科尔沁蒙古人掠去。后金没有对科尔沁进行报复惩罚，而是通书相责。《满文老档》记载：我之人若去尔处有所猎获，尔当没收，其前往之人我亦拟罪。乌拉、叶赫乃我管辖之地，尔科尔沁蒙古人为何来我地夺取我所获之物？我之

---

① 《马克思恩格斯全集》，第21卷，第91～92页，人民出版社，1965年。
② 《清皇室四谱》第2卷载：清太宗皇太极后妃十四人，其中蒙古族七人：孝端文皇后，博尔济锦氏，科尔沁贝勒莽古思女；孝庄文皇后，博尔济锦氏，科尔沁贝勒塞桑女，为孝端文皇后之侄女，是清世祖福临的生母；敏惠恭和元妃，博尔济锦氏，为孝庄文皇后之姐；懿靖大贵妃，博尔济锦氏，阿霸垓额齐克诺颜贝勒女；康惠淑妃，博尔济锦氏，阿霸垓博第塞楚祜尔塔布囊女；侧妃，博尔济锦氏，扎鲁特巴雅尔图戴青女。另有庶妃，奇垒氏，察哈尔部人。清世祖福临后妃十九人，其中蒙古族六人；废后，博尔济锦氏，科尔沁吴克善亲王女，孝庄文皇后之侄女；孝惠章皇后，博尔济锦氏，科尔沁贝勒绰尔济女，为世祖废后之从侄女；恭靖妃，博尔济锦氏，鄂尔特尼郡王博罗特女；淑惠妃，博尔济锦氏，孝惠章皇后之妹；端顺妃，博尔济锦氏，阿霸垓布达希台吉女；悼妃，博尔济锦氏，科尔沁曼珠习礼亲王女，孝惠章皇后之姑。蒙古科尔沁博尔济锦氏，影响清太祖、太宗、世祖和圣祖四朝政治，尤以世祖、圣祖两朝为甚。

人若往尔科尔沁之地游牧,尔当如何? 上面的话,责得有理,有利,也有节。此前,后金对科尔沁收纳乌拉、叶赫的逃人、马匹,既免追索,又不开罪,表现出宽容的政策。同年,科尔沁蒙古奥巴、洪果尔、乌克善等二十五位台吉的使臣到后金,孔果尔又送其女儿到东京辽阳与天命汗完婚。天命汗派兵将杀死科尔沁使臣的扎鲁特部昂阿父子处置。当然,要完全绥服科尔沁蒙古,光靠克制的态度和宽容的政策是不够的,后金自身势力的强大,察哈尔对科尔沁的侵逼,是后金同科尔沁结盟的重要因素。

天命九年即天启四年(1624 年)二月,为了对付察哈尔林丹汗的征讨,科尔沁与后金建立联盟。但是,过了一段时间,林丹汗没有发兵东征。科尔沁奥巴对后金态度有所变化,天命十年即天启五年(1625 年)三月,科尔沁首领奥巴与科尔沁的杜尔伯特首领阿都齐台吉,向后金派遣使臣,并送一犬为礼物,要同天命汗相见。不久天命汗送回其使臣,并回赠厚礼,表示后金愿同科尔沁结盟。六月,努尔哈赤到了同奥巴约见的地点,但奥巴使臣前来说奥巴不能如约,原因是他同察哈尔结了亲。同年十月,奥巴突然得到内喀尔喀乌济耶特部首领炒花报信,察哈尔要东征科尔沁。奥巴不得不向后金求援,于是后金同科尔沁的关系发生转折。

察哈尔部林丹汗为统一漠南蒙古,行使大汗权力,防止后金扩张,先后讨伐与后金结盟的科尔沁等部。这种为渊驱鱼的做法,更加促使科尔沁投附后金。奥巴台吉致书天命汗,要同后金结好。据《无圈点老档》即《旧满洲档》、《老满文原档》记载:

> 汗如晴天日出,众星皆暗。咸震国民,众主宾服。嫩江科尔沁诸贝勒,皆以汗言为是。我等唯恐察哈尔、喀尔喀率先兴兵,望汗英明,预悉其计!

科尔沁部翁果岱贝勒之子奥巴台吉,于天命十年即天启五年(1625 年)八月,遣使送信至建州,报告察哈尔部在"草枯前将夹击科尔沁"[①],请求天命汗努尔哈赤出兵援助。不久,林丹汗派兵指向科尔沁,围攻奥巴台吉的驻地格勒珠尔根城。奥巴向后金告急,努尔哈赤派其子莽古尔泰、皇太极率精骑五千前往援救。时林丹汗"围鄂巴城已数日,攻之不下。闻满洲援兵至,仓皇夜遁,遗驼马无算,围遂解"[②]。后奥巴台吉亲自跪见天命汗,努尔哈赤将舒尔哈齐第四子图伦之女嫁给奥巴做妻子。天命十一年即天启

---

① 《满文老档·太祖》,册Ⅲ,第 980 页,东洋文库本,1958 年。
② 《满洲实录》,第 8 卷,第 34 页,中华书局影印本,1986 年。

六年(1626 年)六月初六日,努尔哈赤与奥巴刑白马黑牛,祭告天地,盟誓结好。从奥巴台吉的誓词中,可以看出蒙古贵族内部的纷争及奥巴台吉投附后金的原因。其誓词曰:

> 我以公忠之心,向察哈尔、喀尔喀。自扎萨克图汗以来,我科尔沁诸贝勒,无纤微过恶,欲求安好,而不可得。杀伐我,侵掠我,殆无已时。将我科尔沁诸贝勒翦除无遗。其后我达赖台吉,以无辜被杀。介赛又以兵来,杀我六贝勒。我欲相安无事,而彼不从。将无辜之人,恣行杀掠;吾等拒之,又谓我敢于相抗。察哈尔、喀尔喀,合兵而来,欲行杀掠,仰蒙天佑,又赖皇帝助我,幸而获免。我不敢忘天佑及皇帝助,以故来此,与皇帝会,昭告天地,订盟好。①

努尔哈赤的誓言则明确地表示,他同奥巴结盟,是为了对抗察哈尔部及与察哈尔订有盟约的明朝。其誓言曰:

> 我以公直处世,被明及察哈尔、喀尔喀,辄肆陵侮,不能堪,乃昭告于天,天佑我。又察哈尔、喀尔喀合兵,侵掠科尔沁奥巴台吉,奥巴台吉亦蒙天佑。今奥巴台吉怨恨察哈尔、喀尔喀二部落,来此同谋国事,乃天以我两人被困厄,俾相合也。②

奥巴与努尔哈赤俱以"受害者"的身份,在浑河岸,对天焚香,贡献牺牲,行三跪九叩首礼,宣誓言,结盟好。

努尔哈赤还以召见、赏赉、赐宴等形式,抚绥科尔沁王公贵族。万历四十年(1612年)正月,明安送女到赫图阿拉,与努尔哈赤完婚。努尔哈赤隆重礼迎,设宴成婚。万历四十三(1615 年)九月,科尔沁贝勒明安第四子桑噶尔斋台吉到建州,送马十匹,叩头谒见。努尔哈赤赐给甲十副,并厚赏缎、布③。同年十月,明安贝勒长子伊尔都齐台吉又到建州,送马四十匹,叩头谒见。努尔哈赤赐给甲十五副,并厚赏缎、布④。天命元年即万历四十四年(1616 年)十二月,明安贝勒次子哈坦巴图鲁台吉带马匹到建州

① 《清太祖高皇帝实录》,第 10 卷,第 13 页,中华书局影印本,1986 年。
② 《清太祖高皇帝实录》,第 10 卷,第 12 页,中华书局影印本,1986 年。
③ 《满文老档·太祖》,册Ⅰ,第 48 页,东洋文库本,1955 年。
④ 《满文老档·太祖》,册Ⅰ,第 48 页,东洋文库本,1955 年。

叩谒①。次年，明安贝勒第五子巴特玛台吉带僚友五十人，送马五十匹，到建州叩谒②。他们都受到努尔哈赤的赏赐。天命二年即万历四十五年（1617 年）正月，科尔沁明安贝勒到建州"朝贡"，努尔哈赤对其岳翁，郊迎百里，行马上抱见礼，设野宴洗尘。入城后，"每日小宴，越一日大宴"③，留住一月。当明安返回时，他又送行三十里，骑兵列队，夹道欢送，厚赠礼物，至为隆重。天命六年即天启元年（1621 年），科尔沁明安派使臣到后金。翌年，明安老人同天命汗仍有使臣往来。但是，漠南蒙古有两位明安：一位是科尔沁明安，另一位是察哈尔部兀鲁特明安，《清史稿·明安传》误将两位明安的事迹撮合在同人同篇④。

　　由努尔哈赤奠定的对蒙古科尔沁部的政策，后来得到了完全的成功。对此，魏源在《国朝绥服蒙古记》中评论道：

　　　　科尔沁从龙佐命，世为肺腑，与国休戚。孝端文皇后、孝庄文皇后、孝惠章皇后皆科尔沁女，故世祖当草创初，冲龄践阼，中外帖然，翳蒙古外戚扈戴之力。自天命至乾隆初，额驸尚主者八，有大征伐，辄属橐前驱，劳在王室，非直亲懿而已。故顺治十有一年，上以诸札萨克蒙古久不见，恐壅上下之情，特赐敕存问，令有所欲请，随时奏闻，"朕世世为天子，尔等亦世世为王，屏藩百世"。⑤

因此，漠南蒙古科尔沁部成为后金的政治同盟和军事支柱，也成为清朝的帝室懿亲和军政屏藩。后赐封亲王，岁俸也最高。天命汗采用分化抚绥与武力征讨的两手政策，在蒙古科尔沁部取得成功。

　　天命汗在与科尔沁部姻盟之同时，又与内喀尔喀部会盟。

（三）同内喀尔喀五部会盟

　　漠南蒙古内喀尔喀五部，即五鄂托克喀尔喀部。前面已述，达延汗第九子纳力布

────────────

①　《满文老档·太祖》，册Ⅰ，75～76 页，东洋文库本，1955 年。
②　《满文老档·太祖》，册Ⅰ，第 78 页，东洋文库本，1955 年。
③　《清太祖武皇帝实录》，第 2 卷，第 10 页，北平故宫博物院影印本，1932 年。
④　达力扎布：《明代漠南蒙古历史研究》，第 126 页，内蒙古文化出版社，1998 年。
⑤　魏源：《圣武记》，第 3 卷，第 99 页，中华书局校点本，1984 年。

刺(阿尔楚博罗特)统领的五个鄂托克,在内蒙古境区,形成内喀尔喀。内喀尔喀到虎喇哈赤时,其五子分牧,形成五部,各领其所属军民:长子兀把赛(乌巴什),领扎鲁特部;次子速把亥(苏巴海),领巴林部;三子兀班,领翁吉剌特部;四子索宁岱青,领巴岳特(巴约特)部;五子炒花自掌大营,领乌齐叶特部,为泰宁卫都督。由是,内喀尔喀分裂为五个鄂托克,即内喀尔喀五部。他们主要驻牧在西拉木伦河和老哈河一带,即今辽宁省阜新蒙古族自治县一带地区。东界海西女真叶赫部,西接察哈尔部,南近广宁(今辽宁省北镇市),北为科尔沁部,在开原、铁岭、沈阳、广宁边外,和明泰宁卫地域大致相符。后兀班之孙宰赛(斋赛)所领扎鲁特部移近福余卫,与开原北关叶赫女真交往,同后金发生不少纠纷。内喀尔喀部其外有明朝、察哈尔和后金,同他们既相互利用,又彼此矛盾,或争或贡,亦盟亦分。其内五部之间,时而互相联合、联兵攻战,时而彼此倾轧、内讧不休,大大地削弱了自身的力量。天命汗利用其内外的困境与彼此的矛盾,进行分化瓦解,逐部争取,以吞而并之。《清太祖高皇帝实录》记载,努尔哈赤指着天上云雨,对贝勒大臣说明其对蒙古的策略:

> 蒙古之人,犹此云然,云合则致雨。蒙古部落,合则成兵;其散犹云收,而雨止也。俟其散时,我当蹑而取之耳。[1]

上述天命汗的话说明,后金对漠南蒙古诸部的基本策略是:运筹谋略,力使其分;乘其分散,逐一取之。后金对前述科尔沁诸部是如此,对下述内喀尔喀五部也是如此。

内喀尔喀巴岳特(巴约特)部达尔汉贝勒之子恩格德尔,率先归附建州。先是,万历二十二年(1594年),内喀尔喀部老萨贝勒同科尔沁明安贝勒,最早遣使通聘努尔哈赤:"甲午年,蒙古廓儿沁部明安贝勒、胯儿胯部捞扎贝勒,始遣使往来。"[2]万历三十三年(1605年),恩格德尔向建州努尔哈赤朝聘献马,"蒙古喀尔喀把岳忒部落达尔汉巴图鲁贝勒之子台吉恩格德尔来朝,献马二十匹"[3]。万历三十四年(1606年)十二月,恩

①　《清太祖高皇帝实录》,第8卷,第20页,中华书局影印本,1986年。

②　《清太祖武皇帝实录》,第1卷,第33页,台北故宫博物院藏本,1970年。

③　《清太祖高皇帝实录》,第3卷,第9页,中华书局影印本,1986年。

格德尔又引领内喀尔喀五部之使到建州："进驼马来谒,尊太祖为昆都仑汗(即华言恭敬之意),从此蒙古相往不绝。"①努尔哈赤为进一步笼络恩格德尔,天命二年即万历四十五年(1617年),将舒尔哈齐第四女嫁给他做妻子,称巴岳特(巴约特)格格。恩格德尔成为后金的第一位蒙古"额附"②,受到天命汗的特殊礼遇。天命九年即天启四年(1624年)正旦,恩格德尔与巴岳特(巴约特)格格来朝,天命汗御八角殿,其朝拜顺序,《满文老档》记载:"大贝勒先叩头,第二恩格德尔额驸率众蒙古贝勒叩头,第三阿敏贝勒、第四莽古尔泰贝勒、第五四贝勒(皇太极)、第六阿济格阿哥、第七多铎阿哥、第八阿巴泰阿哥……"③恩格德尔朝觐后,要求偕公主留居建州。天命汗允其所请,并与之盟誓,誓词曰:

> 皇天眷佑,俾恩格德尔,远离其父及昆弟,怀德而来,以我为父,以我诸子为昆弟,弃其生长之乡,视我土如其土焉。若不念其归附,抚以恩,穹苍不佑,殃必及矣。今天作之合,俾为我婿,以恩抚之,天其眷佑。④

天命汗对恩格德尔台吉等,除联姻、赐券⑤、盟誓和宴赏外,还赐给庄田和奴仆:赏给恩格德尔及其弟莽果尔代,"七男丁的诸申庄各二个,十男丁的尼堪庄各二个,在手下使唤的诸申(男女)各五对,担水砍柴的尼堪(男女)各五对"⑥。又赐其子侄岱青等六个台吉四男丁的诸申庄四个,三男丁的诸申庄二个,十男丁的尼堪庄六个。上文中的诸申庄即女真庄,尼堪庄即汉人庄。天命汗使他们成为后金的军事封建主。

恩格德尔及其弟莽果尔代被授为总兵官,后隶满洲正黄旗⑦。恩格德尔子额尔克

----

① 《清太祖武皇帝实录》,第2卷,第7页,台北故宫博物院藏本,1970年。

② 《满洲实录》作"二月,以皇弟达尔汉巴图鲁郡主逊戴与蒙古喀尔喀巴岳特(巴约特)部恩格德尔台吉为妻";《清太祖武皇帝实录》作"二月,以皇弟打喇汉把土鲁郡主孙带与蒙古胯儿胯部巴岳特卫(巴约特)恩格得里台吉为妻";《清太祖高皇帝实录》作"二月丙申朔,上以弟达尔汉巴图鲁贝勒舒尔哈齐女,妻蒙古喀尔喀把岳忒部落索台吉恩格德尔。"

③ 《满文老档·太祖》,册Ⅱ,第881页,东洋文库本,1956年。

④ 《清太祖高皇帝实录》,第9卷,第2页,华文书局影印本,1962年。

⑤ 赐券:即免罪券,其制词曰:"若罪尔恩格德尔,惟篡逆,乃罪;此外一切罪属误犯,念异地来归之婿,俱勿罪。"

⑥ 《满文老档·太祖》,册Ⅱ,第908页,东洋文库本,1956年。

⑦ 《清史稿·恩格德尔传》,第229卷,第9277页,中华书局标点本,1977年。

戴青，初任侍卫，顺治时位列议政大臣，管銮仪卫，擢领侍卫内大臣，爵至一等公。

但是，内喀尔喀诸部对后金的政治态度并不完全一致。努尔哈赤对蒙古喀尔喀五鄂托克，既利用他们内部的矛盾，又利用他们同察哈尔及其同明朝的矛盾，区别对待，逐部瓦解。后金瓦解内喀尔喀的一个重要办法是，对其逃人或归附者宴迎、赏赉、安置、封官、结亲。他们来到建州后，经济生活、政治权利和社会地位，均较前有着明显的提高，这就吸引更多的蒙古人逃归或投附后金。《满文老档》中这类记载触目皆是。如天命六年（1621年）十一月二十一日，有蒙古喀尔喀部男女九十六人，带马一匹、牛三十六头、羊四十七只、车二十六辆，逃到后金；天命汗"亲御衙门，宴所来之逃人"①。内喀尔喀五部中的扎鲁特部和巴林部，后金对其归附者也优礼相待。先是，扎鲁特在我折黄台吉（阿尔楚博罗特）之孙乌巴什时号所部为扎鲁特。乌巴什长子巴颜达尔伊勒登之孙内齐、次子都喇勒诺颜之子色本，因怕察哈尔林丹汗侵袭，往依科尔沁。天命汗利用内喀尔喀扎鲁特部和巴林部的上述特点，争取将以上两部拉到自己一边。所以，天命汗对待扎鲁特古尔布什台吉和巴林莽果尔台吉，极为隆重，也极为礼遇。

内喀尔喀扎鲁特部，在万历四十二年（1614年），其右翼首领钟嫩（忠嫩）嫁女给努尔哈赤次子代善。同年，其左翼首领内齐（内七）嫁妹给努尔哈赤第五子莽古尔泰。其另一台吉额尔济格，也嫁女给努尔哈赤第十子德格类。扎鲁特部同建州发生婚姻与贸易关系。天命六年（1621年）十一月，内喀尔喀的扎鲁特部古尔布什台吉和巴林部莽果尔台吉率所属六百户，驱赶牲畜，投附后金。《清太祖高皇帝实录》对这件事作了详细记载：

> 上御殿，二台吉朝见毕，大宴之。各赐貂裘三，猞猁狲裘二，虎裘二，貉裘二，狐裘一，貂镶朝衣五，镶獭裘二，镶青鼠裘三，蟒衣九，蟒缎六，缎三十五，布五百，金以两计者十，银以两计者五百，雕鞍一，沙鱼皮鞍七，玲珑撒袋一，撒袋兼弓矢者八，甲胄十，僮仆、牛马、房舍、田亩及一切器具等物毕备。上以女妻台吉古尔布什，赐名青卓礼克图。给以满洲牛录一，凡三百人，并蒙古牛录一，授为总兵。又以族弟济白里杜济获女妻台吉莽果尔，亦授为总兵。②

---

① 《满文老档·太祖》，上册，第258页，天命六年十一月二十一日，中华书局译注本，1990年。
② 《清太祖高皇帝实录》，第8卷，第10页，中华书局影印本，1986年。

上引文字说明，努尔哈赤不惜爱女、珍裘、金银、官爵、财物、房田、器物和奴仆，以瓦解内喀尔喀各部。但内喀尔喀部的扎鲁特部、扎鲁特部内的各首领，对后金的态度既前后不一，又忽此忽彼。扎鲁特有的贝勒参与同后金盟誓，又潜通于明。洪巴图鲁贝勒说："我子孙俱有二心，我虽训之，不能制，然我身必不负盟也！"不久，昂安以兵拦截后金使臣，掠夺其所携牛羊、所乘马匹。天命八年即天启三年（1623 年），后金派阿巴泰、德格类、岳讬统兵三千，乘夜行，渡辽河，攻昂安。后金前锋戴穆布率锐直抵昂安大营，昂安率骑直冲戴穆布。昂安部下一人以枪直刺戴穆布，正中其口，落马而死。后金参将雅希禅、侍卫博尔晋奋勇冲击，杀昂安及其子与从者，尽获其妻孥、军民、牲畜而还。天命十一年即天启六年（1626 年）八月，努尔哈赤死，皇太极即汗位。十月，后金新汗皇太极以扎鲁特贝勒鄂尔斋图出兵阻止后金派往科尔沁使臣为由，命大贝勒代善、二贝勒阿敏统兵征扎鲁特。十一月，代善、阿敏等擒获扎鲁特巴克等十四位贝勒而还。至是，扎鲁特所属诸部皆服后金。

内喀尔喀翁吉刺特部，其首领为宰赛（介赛）。宰赛为虎喇哈赤子兀班之孙，驻牧于开原西北新安关外。在内喀尔喀五部中，宰赛骑兵众，牲畜多，实力大，最强盛。宰赛同叶赫联姻，对抗建州女真，攻掠科尔沁部。后金虽已经强大，宰赛尚自我陶醉。他在明朝与后金之间，对明朝既挟赏又靠扰，对后金既恃强又仇视。内喀尔喀翁吉刺特部贝勒宰赛，不理睬后金对内喀尔喀诸部初奏效验的瓦解，继续与后金对抗。史载："蒙古喀尔喀五部，兵众、畜旺、部富，原属斋赛统辖。用是逞强，藐视各国，欺压攘夺，刑戮已甚。各国嫌斋赛鬼魅，斋赛也不视己为人，喻己为飞翔于天涯之鸷鹰，兽中之猛虎。"①

宰赛自恃兵强马壮，曾与明朝"三次立誓"②。万历二十五年（1597 年），宰赛娶叶赫贝勒金台石已许聘给努尔哈赤次子代善之女。万历四十三年（1615 年），宰赛堂兄弟煖兔之子莽古尔岱又娶叶赫贝勒金台石原许聘努尔哈赤的"叶赫老女"（前已述及）。宰赛又袭击建州村屯，囚系后金使臣。天命四年即万历四十七年（1619 年）七月，天命汗在统兵夺取铁岭时，宰赛、巴克等领兵万人，埋伏在城外高粱地里，配合明军同八旗军作战。努尔哈赤命众贝勒大臣，率兵奋击宰赛军。宰赛兵败，八旗军追至辽河。是

---

① 《满文老档·太祖》，上册，第 105 页，中华书局译注本，1990 年。
② 《满文老档·太祖》，册Ⅰ，第 336 页，东洋文库本，1955 年。

役,擒获宰赛①及其两个儿子、两个弟弟、三个女婿、诸贝勒、诸将二十余人,兵二百人②。后金获取大胜。但努尔哈赤没有杀死宰赛,而是把他囚在城楼内,作为人质,以争取同该部结盟③。两年后,喀尔喀部以牲畜万头赎宰赛,并送其二子一女为质。天命汗与宰赛盟誓,设宴赐赏,命诸贝勒送宰赛至十里以外,并以其所质之女与大贝勒代善为妻,结为姻盟。

经过对喀尔喀诸部的笼络、瓦解、征讨、结姻等,终于使喀尔喀五部在政策上发生了重大变化:由联合明朝抗御后金,转变为联合后金对抗明朝。这集中地表现为后金与喀尔喀五部的会盟。天命四年(1619年)十一月,努尔哈赤命大臣额克星格、绰护尔、雅希禅、库尔缠和希福五人,携带誓词,与喀尔喀五部贝勒的使臣,会于冈干色得里黑孤树处,对天刑白马,对地宰黑牛,设酒一碗、肉一碗、土一碗、血一碗、骨一碗,对天地盟誓曰:

> 今满洲十旗执政贝勒,与蒙古国五部执政贝勒,蒙天地眷佑,俾我两国相与盟好,合谋并力,与明修怨。如其与明释旧恨,结和好,亦必合谋,然后许之。若满洲渝盟,不偕五部落贝勒合谋,先与明和,或明欲败二国之好,密遣离间,而不相闻,皇天后土,其降之罚,夺满洲十旗执政贝勒算,溅血蒙土,暴骨以死。若明欲与蒙古五部落贝勒和好,密遣离间,不以其言告我满洲英明皇帝者,五部落执政贝勒:杜棱洪巴图鲁、奥巴戴青、厄参、巴拜、阿索忐晋、芒古尔代、厄布格德衣台吉、乌巴什杜棱、古尔布什、代达尔汉、莽古尔代戴青、毕登土、叶尔登、绰虎尔、达尔汉巴图鲁、恩格德尔、桑阿拉寨、布他齐杜棱、桑阿喇寨、巴呀喇土、朵勒济、内齐、卫徵、俄尔寨土、布尔哈土、额膝、厄尔济格等众贝勒,皇天后土,亦降之罚,夺其算,溅血蒙土,暴骨以死。吾二国同践盟言,天地佑之,其饮是酒,食是肉,二国执政贝勒,尚克永命,子孙百世,及于万年,二国如一,共享太平。④

---

① 《清太祖高皇帝实录》第6卷第21页载:"上一夕梦天鹅、白鹤及众鸟,翱翔上下。上罗之,得白鹤一,曰:'得蒙古介赛矣!'呼未竟,遂觉。……翼日,复语众贝勒,皆对曰:'此吉兆也'!"后果擒介(宰)赛。这说明努尔哈赤把擒获介(宰)赛看作是一件大事。

② 《满文老档·太祖》,册Ⅰ,第225页,东洋文库本,1955年。

③ 祁韵士:《皇朝藩部要略》,第1卷,《内蒙古要略》,浙江书局刻本,光绪十年(1884年)。

④ 《清太祖高皇帝实录》,第6卷,第33～35页,中华书局影印本,1986年。

上面所引后金与喀尔喀五部誓词,色彩神秘,但它清楚地表明,努尔哈赤的策略是满蒙联合,共同抗明。他们战和同步——"如征明,愿合议而征;如讲和,愿合议而和"①。虽然后来这个联盟有过反复,但所列内喀尔喀五部二十七位贝勒、台吉的长名单,确是努尔哈赤对漠南蒙古政策的一个胜利。

内喀尔喀先后降服后金的贝勒、台吉等,在明末清初的明清角逐中,发挥了重要的作用。以恩格德尔为例。恩格德尔归附后金,努尔哈赤以胞弟舒尔哈齐女与其为妻,号为额驸。天命九年(1624 年)授为三等总兵官。长子囊努克袭其爵,后封为一等奉义侯。子额尔克戴青,初任侍卫。多尔衮摄政时不阿附,顺治帝亲政进其为一等侯,列议政大臣、领侍卫内大臣,又进一等公。后再加少保,兼太子太保。子索尔噶、门都,答哈,《清史列传》中都有记载。恩格德尔之弟莽果尔代,与其兄同授三等总兵官,后进封为一等子。内喀尔喀的古尔布什、莽果尔,天命六年即天启元年(1621 年),率所属六百户,并驱赶牲畜投归后金。他们受到非常的礼遇。《清史稿·恩格德尔传附古尔布什传》记载:

> 太祖御殿,入谒与宴,各赐裘:貂三,猞狸狲、虎、貊皆二,狐一;缘貂朝衣五,缘獭裘二,缘青鼠裘三,蟒衣九,蟒缎六,缎三十五,布五百,黄金十两,白金五百两,雕鞍一,鲨鞍七,玲珑撒袋一,撒袋实弓矢八,甲胄十,僮仆、牛马、田宅、杂具,毕备。上以女妻古尔布什为额驸,赐名青卓礼克图,畀满洲、蒙古牛录各一,授一等总兵世职,隶满洲镶黄旗。②

莽果尔因与古尔布什同行投附后金,所以同受赏赉。努尔哈赤并以族弟济白里杜济获女给莽果尔为妻,也授其为总兵。

努尔哈赤对蒙古古尔布什和莽果尔的接待、赏赐、封官、联姻、入旗,可谓隆重、丰厚。这表明:后金不同于明朝,他们对待蒙古归附的首领,看作是朋友,也是亲戚。满洲要同蒙古联盟,共同对付明朝。

然而,漠南蒙古的察哈尔部,却仍联合明朝,抗御后金。因此,努尔哈赤对漠南蒙古的注意力转向察哈尔部。

———————————

① 《旧满洲档译注》,第 1 册,第 164 页,天聪元年正月,台北故宫博物院刊印本,1977 年。
② 《清史稿·恩格德尔传附古尔布什传》,第 229 卷,第 9278 页,中华书局标点本,1977 年。

(四)对察哈尔部灵活政策

漠南蒙古的察哈尔部,即插汉、察汉、擦汉儿、擦汉脑儿等①。察哈尔为蒙古语"边"的音译;明嘉靖时打来孙汗(达赉逊库登汗),受俺答汗的逼迫,徙牧于辽东边外,以地近边而得部名。但日本学者和田清认为:"察哈尔原本是部名而非地名,它原来的根据地并不是今察哈尔地方。"②前面已述,元太祖成吉思汗的第十五世孙巴图蒙克被推举为大元可汗,即达延汗。达延汗统一东部蒙古各部,迫使瓦剌西迁,以漠南、漠北地区为左右翼六万户分封子弟,并设帐于察哈尔。此后,察哈尔部领主世袭蒙古汗位,号称蒙古各部的共主。后来蒙古可汗实际上成了察哈尔部的汗。努尔哈赤在满洲建元称汗,库图克图也在蒙古登位称汗。库图克图汗就是林丹汗。

林丹汗(1592—1634年),又称陵丹汗,名库图克图,明人称作虎墩兔。《明史·鞑靼传》载:"虎墩兔者,居插汉儿地,亦曰插汉儿王子,元裔也。其祖打来孙,始驻牧宣塞外。俺答方强,惧为所并,乃徙帐于辽,收福余杂部,数入掠蓟西,四传至虎墩兔,遂益盛。"③先是,达延汗长子铁力摆户(图鲁博罗特)掌管察哈尔万户,并统领左翼三万户,驻帐察哈尔。铁力摆户(图鲁博罗特)之子博迪(博迪阿喇克),博迪(博迪阿喇克)子为打来孙汗(达赉逊库登汗)。打来孙汗(达赉逊库登汗),又称库登汗,因躲避俺答汗的威胁,移帐西拉木伦河流域。打来孙汗(达赉逊库登汗)一传其子土蛮(图们),二传其孙布延(卜言台周),三传其曾孙莽和克,四传其玄孙林丹(库图克图)④,驻帐在广宁(今辽宁省北镇市)以北。万历三十二年(1604年),林丹即汗位⑤,年十二岁,号库图克图汗,明人谐其音称为虎墩兔憨。林丹汗登汗位比努尔哈赤登汗位时早十二年,但年龄比努尔哈赤小三十三岁。此期,虽各部名义上尊林丹汗为大汗,却实际上各自为政。所以,林丹汗实际只统辖察哈尔部,因之称他为察哈尔汗。然而,林丹汗是建州兴起前漠南蒙古最强大的势力。林丹汗鉴于:一则察哈尔部是"漠南蒙古诸部的宗主

---

① 《明神宗实录》,第373卷,万历三十年六月戊申:"擦汉脑儿,原系元裔,住牧旧大宁熬母林等处,部落繁衍,介在蓟、辽之间。"

② [日]和田清:《明代蒙古史论集》,上册,第387页,商务印书馆,1984年。

③ 《明史·鞑靼传》,第327卷,第8491页,中华书局校点本,1974年。

④ 高文德、蔡志纯:《蒙古世系》,第24页,中国社会科学出版社,1979年。

⑤ 张穆:《蒙古游牧记》,第7卷,台湾商务印书馆影印《文渊阁四库全书》本。

部"①,二则其登临汗位又极盛一时,三则少年得志、血气方刚,四则崇拜其七世祖达延汗,力图继承大元可汗的事业,号令漠南蒙古,并与后金争雄。

当时明朝、后金和察哈尔部,都要统一辽东地区。但后金势力的扩张威胁着察哈尔部,察哈尔部的强大又妨碍后金抚绥漠南蒙古;而在明朝看来,察哈尔部与后金相比较,主要威胁来自后金。因此,在明朝、后金和察哈尔部的三角矛盾中,明廷与后金的矛盾是主要的。后金为对抗明朝,必须先征抚察哈尔部;明朝为了对付后金,便利用林丹汗与努尔哈赤的矛盾,同察哈尔部联合抵御后金的进攻。明朝联合林丹汗,共同抵御后金,其条件是增加对林丹汗的岁币②,并把原由明朝直接给予漠南东部蒙古诸部的岁币,转交给林丹汗控制。明廷每年给林丹汗银四千两,后增至四万两,再增至八万两。

林丹汗与万历帝之关系变化,时阴时晴,十分微妙。林丹汗兴起之日,恰逢俺答汗衰落之时。俺答汗于万历十年(1582年)死,其子黄台吉继承汗位,但立三年而死。黄台吉子撦力克登汗位。未几,撦力克又死。撦力克之孙卜失兔袭封爵,继汗位。其时,配四汗、主兵柄的三娘子死,卜失兔汗徒建空名,部势衰落。卜失兔衰,林丹汗兴。林丹汗借后金军陷抚顺、下开原之机,向明廷提出"助明朝,邀封赏"。天命三年即万历四十六年(1618年),明蓟辽总督文球、巡抚周永春等,给林丹汗白金四千两,使其"联结炒花诸部,以捍大清"。第二年,明廷加林丹汗赏银至四万两。天命九年即天启四年(1624年),林丹汗近属歹青因领赏不满在边关哗噪而被杀。明朝边臣议每年给偿命银一万三千两,而林丹汗怏怏不悦,对明若即若离。未几,后金军袭破炒花,其部半降后金,半投察哈尔。不久,林丹汗攻哈喇嗔、卜言台周、卜失兔诸部;哈喇沁部多被掳,卜言台周仅以身免,卜失兔败走河套。察哈尔势力日盛,明廷商讨其对策。王象乾密奏抚赏察哈尔之计,崇祯帝命王象乾往与袁崇焕督师共商对策。《明史·鞑靼传》记载:"象乾至边,与崇焕议合,皆言西靖而东自宁,虎不款,而东西并急。因定岁予插金八万一千两,以示羁縻。"就是明廷以牛羊、茶果、米谷、布匹、金银为附金,换取察哈尔林丹汗不犯边,而求得西边安靖;明廷得以集中力量对付东边后金。

天命汗与林丹汗之关系,既受明朝同察哈尔"抚赏"的制约,也受后金同察哈尔利

---

① 周清澍主编:《内蒙古历史地理》,第214页,内蒙古大学出版社,1994年。

② 岁币:即明朝每年以赏赐的名义,给蒙古王公定额的物资和金银。

害的影响。天命汗与林丹汗的关系变化，可分为初期、中期和后期三个阶段。

初期，努尔哈赤进入辽沈地区之前，忙于统一女真诸部，无暇顾及察哈尔部。其时，察哈尔部实力雄厚。其势力范围，"东起辽东，西至洮河，皆受此虏约束"①，拥有八大部、二十四营，号称四十万蒙古。《山中闻见录》也作了类似载述："东起辽西，西尽辽河，皆受插［汉］要约。"②林丹汗"帐房千余，牛羊倍是"③，牧地辽阔，牧畜孳盛，部众繁衍，兵强马壮，依恃明朝，对后金态度骄横。天命四年即万历四十七年（1619年）十月，林丹汗遣使后金，称"统四十万众蒙古国主巴图鲁成吉思汗，问水滨三万人满洲国主"云云。诸贝勒大臣见来书大怒，要将其来使一半斩杀，另一半劓鼻馘耳放归。天命汗说使者无罪，暂加扣留，待派使臣返回后再做处理。天命五年即万历四十八年（1620年）正月，天命汗遣使赍书报察哈尔部林丹汗。其书曰：

> 阅察哈尔汗来书，称四十万蒙古国主巴图鲁成吉思汗，致书水滨三万满洲国主、神武英明皇帝云云。尔奈何以四十万蒙古之众，骄吾国耶？我闻明洪武时，取尔大都，尔蒙古以四十万众，败亡殆尽，逃窜得脱者，仅六万人。且此六万之众，又不尽属于尔，属鄂尔多斯者万人，属十二土默特者万人，属阿索忒、雍谢布、喀喇沁者万人，此右三万之众，固各有所主也，于尔何与哉？即左三万之众，亦岂尽为尔有？以不足三万人之国，乃远引陈言，骄语四十万，而轻吾国为三万人，天地岂不知之！

其书又曰：

> 吾固不若尔四十万之众也，不若尔之勇也，因吾国之少且弱也。遂仰蒙天地眷佑，以哈达、辉发、乌喇、叶赫暨明之抚顺、清河、开原、铁岭等八处，悉授予焉！……
>
> 昔吾未征明之先，尔曾与明构兵，尽失其铠胄、驼马、器械，仅得脱去。其后再

---

① 沈曾植：《蒙古源流笺证》，第8卷，海日楼遗书，屠守斋校补本，1932年。

② 彭孙贻：《山中闻见录》，第8卷，《西人志》，上虞罗振玉刊本，1924年。

③ 《明神宗实录》，第373卷，第9页，万历三十年六月戊申，台北中央研究院历史语言研究所校勘本，1962年。

构兵,格根戴青贝勒之从臣,并十余人被杀,毫无所获而回。尔侵明者二,有何虏获,克何名城,败何劲旅乎?夫明岂真以此赏厚汝耶?以我征伐之故,兵威所震,男子亡于锋镝,妇女守其孤嫠。明畏我,姑以利诱汝耳!且明与朝鲜,言语虽殊,服制相类,二国尚结为同心;尔与我,言语虽殊,服制亦类,尔果有知识,来书宜云:"明,吾深仇也,皇兄征之,天地眷佑,俾堕其城,破其众,愿与天地眷佑之主合谋,以伐深仇之明。"如是立言,岂不甚善与!①

这封笔锋犀利的赏书,天命汗试图祭起元顺帝的亡灵,并历数其兵败之辱,以激发林丹汗的隐愤,拆散察哈尔部与明朝的联盟;并通过炫耀八旗军威,拉拢察哈尔部倒向后金一边,共同对抗明朝。但是,林丹汗与天命汗在辽东地区现实利益的冲突,涂抹了孛儿只斤氏与朱姓贵族历史矛盾的旧账。林丹汗以囚械其来使,对努尔哈赤赏书作出回答。努尔哈赤误闻其使臣被林丹汗所杀,要杀前羁留的林丹汗来使;他又派使臣往约,互还使臣,但林丹汗不答。努尔哈赤怒杀其使,而后金使臣以贿赂守者逃归。后金同察哈尔的关系,在后金攻占辽阳后发生新的变化。

中期,即努尔哈赤进入辽沈地区,下沈阳,占辽阳,陷广宁。后金势力渐大,明朝力渐不支。明朝重要官员如辽东经略王在晋、总督王象乾、宁前道袁崇焕等,都先后主张加紧对蒙古抚款,并与之结盟,以抗击后金。明廷面对东部后金与西部蒙古,其东西策略即东对后金、西对蒙古的策略,后来袁崇焕概括为:"外战东夷,内抚西虏。"②袁崇焕在给天启帝的上疏中,详细分析了明朝、后金、蒙古的三方关系,并提出明廷应采取之对策:

虎带甲可数十万,强与弱,奴非虎敌;然奴百战枭雄,虎无纪律,乱与整,虎又非奴敌。臣故亲出,厚遗其领赏之人,嘱其无与奴野战,脱有急,移于我之近边,彼此声势相倚。量虎感皇上多年豢养之恩,且自图存,必不折而入奴。若哈喇慎之三十六家,最称狡猾。自督臣王象乾一抚之后,顺多逆少。今日之计,我方有事于东,不得不修好西虏,即未必可用,然不为我害,即已为我用矣。岁费金钱数十万,

---

① 《清太祖高皇帝实录》,第7卷,第2~4页,中华书局影印本,1986年。
② 佚名:《今史》,第4卷,崇祯元年七月二十三日,清钞本。

　　其亦不虚掷乎! 西款不坏,我得一意防奴。①

　　上文中的"虎",即虎墩兔,也就是林丹汗;"奴",即努尔哈赤,也就是天命汗。疏中对"外战东夷,内抚西虏",作了简明而深刻的分析与精练而透彻的表述。

　　在此期间,总督王象乾曾令王喇嘛、游击张定,往致三十六家。天命七年即天启二年(1622年)四月,明与喀喇沁结盟。寻,祖大寿与察哈尔首领之一拱兔,朱梅与敖汉部首领结盟。林丹汗"见各部内附,亦孤而求款"。同年八月,明朝与察哈尔部结盟。八月,王在晋令山海道阎鸣泰、宁前道袁崇焕同抚夷官李增等出关,与林丹汗的使臣贵英哈盟誓,盟词曰:"愿助兵灭奴,并力恢复天朝疆土。若奴兵到,憨兵不到,断革旧赏;倘奴酋通赂,背盟阴合,罹显罚。"②袁崇焕致书林丹汗,晓之以大义;吊唁汗母忧,通之以殷勤;贻书其喇嘛,用之以影响——"保得边疆无事,便是本性圆明"③。这就加强和延续了明朝与蒙古的联盟。

　　然而,林丹汗却作茧自缚。他掠土地,劫牛羊,穷奢极欲,暴虐无道,"枭然悖慢,耳目不忍睹闻"④。他自恃士马强盛,横行漠南,破喀喇沁,灭土默特,逼喀尔喀,袭科尔沁。但是,察哈尔内部分崩离析。史载察哈尔部属五路头目的妻子,被林丹汗重臣贵英哈强占,受害头目含愤投巴林部首领炒花,"炒花不能养,投奴酋。奴酋用之守广宁"⑤。

　　察哈尔的敖汉部、奈曼部,因对林丹汗不满,其使者往来于后金⑥。《旧满洲档》又载:兀鲁特部一位丧夫的福晋,率领其幼子及四百六十人等归顺后金。察哈尔兀鲁特部贝勒明安投附后金则是一个突出的例子。天命七年即天启二年(1622年)二月,明安带领兀尔宰图、锁诺木、绰乙喇札尔、达赖、密赛、拜音代、噶尔马、昂坤、多尔济、顾禄、绰尔齐、奇笔他尔、布彦代、伊林齐、特灵等十六贝勒,及内喀尔喀五部台吉石里胡那克等"各率所属军民,三千余户,并驱其畜产"⑦,归附后金。从此别立兀鲁特"蒙古

　　① 《明熹宗实录》,第72卷,第18页,天启六年六月戊子,台北中央研究院历史语言研究所校勘本,1962年。

　　② 王在晋:《三朝辽事实录》,第7卷,天启二年八月,江苏省立国学图书馆藏本。

　　③ 陈伯陶:《东莞五忠传》,第10卷,《袁崇焕传》,《袁崇焕资料集录》,广西民族出版社,1984年。

　　④ 《明史·鞑靼传》,第327卷,第8493页,中华书局校点本,1974年。

　　⑤ 王在晋:《三朝辽事实录》,第11卷,第12页,天启二年九月,江苏省立国学图书馆藏本。

　　⑥ 《满文老档·太祖》,册Ⅱ,第560页,东洋文库本,1956年。

　　⑦ 《清太祖高皇帝实录》,第8卷,第14页,中华书局影印本,1986年。

一旗"①,是为首设独立蒙古旗,奠定了尔后八旗蒙古的基础②。次年七月,蒙古兀鲁特诸贝勒同后金诸贝勒共同盟誓,以巩固双方的关系。

察哈尔蒙古兀鲁特部明安贝勒,是察哈尔蒙古降服后金的一个代表人物,也是清初满蒙关系的一个家族典型:明安先为初设兀鲁特蒙古旗,后改隶满洲正黄旗。后明安多次随军征战,在大凌河之战中立有大功。是役,明总兵祖大寿出城作战,明安贝勒同和硕图固山额真(都统)等夹击,祖大寿兵失利退入城内。后金军伪装成明军增援,祖大寿误中其计出战,明安等齐进奋击。祖大寿败阵,后率众投降,顺治初,进二等伯,雍正晋其为一等侯。其子昂洪、多尔济、纳穆生格、朗素等多有军功,地位显赫。长子昂洪,天命朝从征巴林、扎鲁特,后在大凌河战役中立功,进三等副将。昂洪子鄂齐尔,官内大臣,后授为领侍卫内大臣,乾隆追封为三等男。子多尔济,为额驸,伐扎鲁特、征克什克腾,皆有战功。设六部,为刑部承政,专管蒙古事。后授内大臣,预议政。子纳穆生格,清军入关后,从征福建,没死于海。幼子朗素,袭明安职。孙马兰泰,雍正进其为一等侯、署前锋统领,后官参赞大臣、领侍卫内大臣、军机大臣。科尔沁部的布颜代贝勒,天命七年(1622年)同明安率所属归后金,娶公主,为额驸,后隶满洲镶红旗。他在觉华岛之役中率蒙古骑兵,同武讷格立有奇勋,以军功晋镶红旗固山额真。《清史稿·明安传附布颜代传》赞扬他的英勇精神:布颜代在一次战斗中,"身被数伤,所乘马亦创,犹力战冲锋殪敌,遂以创卒。年六十有一"。布当亦随明安投后金,后授二等参将世职,隶满洲正蓝旗,晋三等男。

林丹汗为抵御努尔哈赤对其附近部落的瓦解,从天命十一年即天启六年(1626年)起,先后征伐与后金结为姻盟的科尔沁部等。科尔沁等部在后金等援助下,打退了林丹汗的军事进攻。

后期,即天命朝的后期,其时,孙承宗、王象乾、袁崇焕或引退,或去职,明"抚西虏"之策未能继续,明朝、后金和蒙古之间的关系,发生了明显的变化。明朝与蒙古不稳固的同盟,被后金打开了缺口,林丹汗更加孤立。林丹汗之孙扎尔布台吉、色楞台吉逃往

---

① 《清史稿·明安传》,第229卷,第9272页,中华书局标点本,1977年。
② "蒙古牛录":始见于《满洲实录》第7卷第6页载:天命六年十一月,喀尔喀古尔布什台吉归后金,努尔哈赤"以聪古图公主妻古尔布什,赐名青卓礼克图,给满洲一牛录三百人,并蒙古一牛录,共二牛录,授为总兵"。

科尔沁，又从科尔沁至后金，向天命汗叩首行礼①。这表明林丹汗更加虚弱和孤立。天命十年即天启五年（1625 年），林丹汗率兵围科尔沁。及后金军来援，乃退。林丹汗扩张势力，冯陵邻部，惹起诸部不满。天命汗凭借有利的形势，向漠南蒙古发动军事攻势。天命十一年即天启六年（1626 年）四月，天命汗努尔哈赤督令诸贝勒率领大军，八路并进，攻击巴林部。后金军前锋渡西拉木伦河，"获畜产无算，驱之不尽，乃还"②，是为后金军事进攻蒙古之始③。不久，敖汉部首领都令、色令与奈曼部首领黄把都儿"折入于奴"。努尔哈赤殁后，其子皇太极继续征抚漠南蒙古。天聪元年即天启七年（1627 年），喀喇沁部与后金会盟，双方"刑白马乌牛，誓告天地"④。林丹汗已多部叛离，四面楚歌。于是，皇太极先后四征察哈尔。

　　努尔哈赤之子皇太极对林丹汗的四次军事进攻，在后金、明朝与蒙古的关系史上，是重大的历史事件。天聪二年即崇祯元年（1628 年）二月，皇太极率精骑进攻察哈尔部，先兵至敖木伦地方，击其所属多罗特部落，俘获一万一千二百余人⑤。同年九月，皇太极再率精骑攻击察哈尔军，兵至兴安岭，十月返回沈阳⑥。天聪六年即崇祯五年（1632 年），皇太极统领满洲八旗和投顺后金的科尔沁、内喀尔喀、敖汉、奈曼和喀喇沁等部蒙古骑兵，大举进攻察哈尔部⑦。后金军过西拉木伦河，越兴安岭，次大儿湖之古里河，又进至都勒河。察哈尔林丹汗闻后金军来攻，"大惧，谕部众弃本土西奔，遣人赴归化城，驱富民及牲畜渡黄河，国人仓卒逃遁，尽委辎重而去"⑧。林丹汗闻讯而溃，"星夜西遁"⑨。皇太极回师东返，旋归沈阳。天聪八年即崇祯七年（1634 年），林丹汗败遁后，众离亲叛，走投无路，"杀人以食，自相屠戮"⑩，后逃至青海打草滩，患病而死。

　　①　《满文老档·太祖》，册Ⅲ，第 983 页，东洋文库本，1958 年。

　　②　《清太祖高皇帝实录》，第 10 卷，第 9 页，中华书局影印本，1986 年。

　　③　祁韵士：《皇朝藩部要略》，第 1 卷，《内蒙古要略一》，筠渌山房本，全国图书馆文献缩微复制中心，1993 年。

　　④　《清太宗文皇帝实录》，第 4 卷，第 17 页，中华书局影印本，1986 年。

　　⑤　《清太宗文皇帝实录》，第 4 卷，第 7 页，中华书局影印本，1986 年。

　　⑥　王先谦：《东华录·天聪一》，天聪二年十月，光绪二十五年（1899 年）石印本。

　　⑦　蒋良骐：《东华录·天聪朝》，天聪六年四月，清木刻本。

　　⑧　王先谦：《东华录·天聪七》，天聪六年四月，光绪二十五年（1899 年）石印本。

　　⑨　《清太宗文皇帝实录》，第 12 卷，第 2 页，中华书局影印本，1986 年。

　　⑩　《清太宗文皇帝实录》，第 19 卷，第 4 页，中华书局影印本，1986 年。

天聪九年即崇祯八年(1635 年)，后金军继续追击察哈尔部余众，林丹汗遗孀苏泰福金率子额哲降顺后金，并献"制诰之宝"①。多尔衮等率领后金军先后四征察哈尔部，察哈尔部被后金吞并。随着林丹汗的走死，漠南蒙古西部的鄂尔多斯部、土默特部等也相继降附后金(本书下卷另有专述)。

察哈尔部被后金征服，明朝失去北面屏障，边事越发不可收拾。《明史·鞑靼传》记载：

> 明未亡，而插先毙，诸部皆折入于大清。国计愈困，边事愈棘，朝议愈纷，明亦遂不可为矣！②

在征抚漠南蒙古过程中，后金天命朝同漠南蒙古重交结，重盟谊，不事诈诈，也少征讨③。而到崇德朝时，既进而动员八旗蒙古实行联合作战，又对抗颜拒从者进行军事征讨。努尔哈赤对漠南蒙古的一个大手段是：不仅利用蒙古诸部王公贵族之间的矛盾，而且利用该部各个王公贵族之间的内讧，采取不同策略，加以区别对待，从而一个王公一个王公、一个部落一个部落地加以绥服。漠南蒙古降顺后金，进"九白之贡"④，表示臣服。"九九之数"，为蒙古大礼之数，当年不儿罕谒见成吉思汗，以"九九金银器皿、九九童男童女、九九骒马骆驼等物，皆以九九为数来献"⑤。后金征服漠南蒙古，逐渐组成八旗蒙古，打通从西北进入中原的道路，改变后金与明朝的力量对比，占领更为广阔的地域，拥有更为雄厚的兵员，在战场上取得更为优势的地位。

伴随着统一女真各部和征抚漠南蒙古事业的发展，努尔哈赤着手主持制定满洲文字与创建八旗制度，为满洲崛兴做了两件具有划时代意义之创举。

---

① 蒋良骐《东华录》，第 3 卷，天聪九年八月："多尔衮等凯旋，获历代传国玉玺。相传兹玺元顺帝携逃沙漠，后遂遗失。越二百余年，牧羊者见羊三日不食，以蹄刨地，掘得之。后归林丹汗，今得于苏泰太后所。其文汉篆'制诰之宝'四字，璠玙为质，蛟龙为纽，光气焕烂，洵至宝也。"

② 《明史·鞑靼传》，第 327 卷，第 8494 页，中华书局校点本，1974 年。

③ 《明清档案与蒙古史研究》，第 179 页，内蒙古人民出版社，2000 年。

④ 福格《听雨丛谈》，第 2 卷，《九白》："蒙古地在沙漠，罕有出产，每爵献白马八匹、白驼一匹，谓之九白贡。"

⑤ 谢再善译：《蒙古秘史》，第 180 页，开明书店，1951 年。

六 创制满洲文字

（一）满文的初制

满文的创制，是我国满族发展史上、中华文明史上、东北亚文化史上的一件大事，也是人类文明史上的一件大事。

满文是满族语言的文字符号。满语，属阿尔泰语系满—通古斯语族。我国同属于阿尔泰语系北方少数民族的语言，分成三个语族：即阿尔泰语系突厥语族，包括维吾尔语、哈萨克语、柯尔克孜语、乌孜别克语、塔塔尔语、撒拉语、西部裕固语等；阿尔泰语系蒙古语族，包括蒙古语、达斡尔语、土族语、东乡语、保安语、东部裕固语等；阿尔泰语系满—通古斯语族，包括满语、鄂伦春语、鄂温克语、锡伯语、赫哲语等。满族的先世女真人，讲的就是阿尔泰语系满—通古斯语族的语言。

女真族在金代参照汉字创制了女真文，有女真大字和女真小字两种。女真大字为完颜希尹所造，金太祖于天辅三年(1119 年)颁行。《金史·完颜希尹传》载：

> 金人初无文字，国势日强，与邻国交好，乃用契丹字。太祖命希尹撰本国字，备制度。希尹乃依仿汉人楷字，因契丹字制度，合本国语，制女直字。天辅三年八月，字书成，太祖大悦，命颁行之。赐希尹马一匹、衣一袭。其后熙宗亦制女直字，与希尹所制字俱行用，希尹所撰谓之女直大字，熙宗所撰谓之小字。①

金熙宗在天眷元年(1138 年)，制成"女真小字"②，后杀完颜希尹。皇统五年

---

① 《金史·完颜希尹传》，第 73 卷，第 1684 页，中华书局校点本，1975 年。
② 《金史·熙宗本纪》，第 4 卷，第 72 页，中华书局校点本，1975 年。

(1145年),"初用御制小字"①,女真小字颁行。大定四年(1164年),金世宗"诏以女直字译书籍"②,后设女真进士科,而"用女直文字以为程文"③,并在中都设女真国子学,诸路设女真府学,以新进士充教授。到大定二十三年(1183年)九月,译"《易》、《书》、《论语》、《孟子》、《老子》、《扬子》、《文中子》、《刘子》及《新唐书》"④成,命颁行之。而所译《史记》、《汉书》和《贞观政要》等书,也已流行。

女真字是仿照汉字、契丹大字、契丹小字而创制的一种独特的文字。有些女真字采用了汉字的字义和字形,其读音则是女真语的;有些女真字对汉字笔画作了增减改动,其读音也是女真语的。所以,女真字是一种表音与表意相结合的方块字,但也有学者认为,女真大字是方块字,而女真小字是拼音字。所以,女真字与蒙古拼音文字有所不同。

在金代,由于汉族文化影响广泛而深远,女真字本身固有弱点而难以普及,以及女真贵族垄断文化,广大女真民众多不会女真字,加上女真族接触中原文化后,学习汉语和汉字的人逐渐增多,因而到金朝后期,使用女真文的人已经不是很多。随着金亡元兴,蒙古族成为主导民族,蒙古语与女真语又同属于阿尔泰语系,在女真地区先是蒙古文和女真文并行,有不少女真人学会蒙古语和蒙古文,而真正会女真文的人日趋减少。到元朝末年,懂女真文的人已经为数不多。尔后女真文逐渐衰落。

元亡明兴,明初著名的《永宁寺碑记》,是用汉文、蒙古文和女真文三种文字镌刻的,其中女真文的书写人为"辽东女真康安"⑤。明成祖招抚女真吾都里、兀良哈、兀狄哈时,"其敕谕用女真书字"⑥。到明宣德九年(1434年),据朝鲜《李朝世宗实录》记载:"建州左卫指挥童凡察遣管下人,用女直文字献书。"⑦说明此时建州女真还使用女真文。而在朝鲜的女真人子弟中,也不乏"解女真文字者"。

但是,明朝中叶以后,女真人已经不懂女真文。如《明英宗实录》记载:"玄城卫指

①　《金史·熙宗本纪》,第4卷,第81页,中华书局校点本,1975年。

②　《金史·徒单镒传》,第99卷,第2185页,中华书局校点本,1975年。

③　《金史·选举志一》,第51卷,第1130页,中华书局校点本,1975年。

④　《金史·世宗本纪下》,第8卷,第184页,中华书局校点本,1975年。

⑤　《明代奴儿干永宁寺碑记校释》,《中央民族学院学报》,1976年第1期。

⑥　《李朝太宗大王实录》,第5卷,第31页,三年六月辛未,日本学习院东洋文化研究所影印本,1959年。

⑦　《李朝世宗大王实录》,第65卷,第20页,日本学习院东洋文化研究所影印本,1959年。

挥撒升哈、脱脱木答鲁等奏：'臣等四十卫无识女直字者，乞自后敕文之类第用达达字。'从之。"①达达字即蒙古字。这说明到十五世纪中叶，女真文字已失传，而使用蒙古文字。不仅明朝与女真的敕书用蒙古文，而且朝鲜同建州的公文也用蒙古文。如弘治三年（1490年），朝鲜兵曹通书右卫酋长罗下的公文，"用女直字，[以]蒙古字翻译书之"②。到明末，"凡属书翰，用蒙古字以代言者，十之六七；用汉字以代言者，十之三四。初未尝有清字也"③。由此可见，女真人已完全丢弃了女真文字。

努尔哈赤兴起之后，建州与明朝、蒙古、朝鲜的公文，由汉人龚正陆用汉文书写，"凡干文书，皆出于此人之手"④。努尔哈赤通女真语，会蒙古文，又粗知汉文，唯独缺少女真文字。所以，他在女真社会中的公文和政令，则先由龚正陆用汉文起草，再译成蒙古文发出或公布；或用蒙古文发布。"时满洲未有文字，文移往来，必须习蒙古书，译蒙古语通之"⑤。女真人讲女真语，写蒙古文，这种语言与文字的矛盾，已不能满足女真社会发展的需要，更不能适应飞速发展军事形势的需要，甚至已经成为满族共同体孕育、发展中的一个文化障碍。努尔哈赤为适应建州社会军事、政治、经济和文化迅速发展的需要，遂倡议并主持创制作为记录满族语言的符号——满文。

万历二十七年（1599年）二月，努尔哈赤"欲以蒙古字编成国书"⑥，命扎尔固齐噶盖和巴克什额尔德尼创制满文。《清太祖高皇帝实录》载：

> 　　上欲以蒙古字制为国语颁行。巴克什额尔德尼、扎尔固齐噶盖辞曰："蒙古文字，臣等习而知之。相传久矣，未能更制也！"
>
> 　　上曰："汉人读汉文，凡习汉字与未习汉字者，皆知之；蒙古人读蒙古文，虽未习蒙古字者，亦皆知之。今我国之语，必译为蒙古语读之，则未习蒙古语者，不能

　　①　《明英宗实录》，第113卷，第5页，正统九年二月甲午，台北中央研究院历史语言研究所所校勘本，1962年。

　　②　《李朝成宗大王实录，》，第241卷，第4页，二十一年六月戊子，日本学习院东洋文化研究所影印本，1959年。

　　③　福格：《听雨丛谈·满洲字》，第11卷，第216页，中华书局校点本，1984年。

　　④　《李朝宣祖大王实录》，第127卷，第25页，三十三年七月戊午，日本学习院东洋文化研究所影印本，1959年。

　　⑤　《满洲实录》，第3卷，第2页，辽宁通志馆影印本，1930年。

　　⑥　《图本档》，中国第一历史档案馆藏。

知也！如何以我国之语制字为难,反以习他国之语为易耶?"

额尔德尼、噶盖对曰:"以我国语制字最善,但更制之法,臣等未明,故难耳!"

上曰:"无难也！但以蒙古字,合我国之语音,联缀成句,即可因文见义矣。吾筹此已悉,尔等试书之。何为不可?"

于是,上独断将蒙古字制为国语,创立满文,颁行国中。满文传布自此始。①

前录引文,努尔哈赤说明两点:

其一,创制满文之必要在于,汉族人无论是识汉字者或不识汉字者,诵读汉文都能听懂;同样蒙古人无论是识蒙古字者或不识蒙古字者,诵读蒙古文也都能听懂;但是蒙古语与女真语不同,女真人说女真语,再译成蒙古语诵读,不会蒙古语的人就听不懂。创制满文可以使满族的语言与文字相统一。

其二,满文创制的方法是,参照蒙古文字母,协合女真之语音,制成满文,拼读成句,就可以使语言和文字统一。

究竟怎样以蒙古文字母,联缀女真之语音呢？据《无圈点老档》(《旧满洲档》、《老满文原档》)天聪七年即崇祯六年(1633年)记载:

初无满洲字。父汗在世时,欲创制满洲书,巴克什额尔德尼辞以不能。父汗曰:"何谓不能？如阿字下合妈字,非阿妈乎？额字下合谟字,非额谟乎？吾意已定,汝勿辞。"

上述记载,《满洲实录》和《清太祖武皇帝实录》均录入,但《清太祖高皇帝实录》对用蒙文拼写的记述,付诸阙如。上面引文中的"父汗"即努尔哈赤,"阿妈"即满语父亲,"额谟"即满语母亲。由是,满洲人无论是识满文者或不识满文者,诵读满文都能听得懂。

于是,额尔德尼和噶盖遵照努尔哈赤提出的创制满文的原则和方法,仿照蒙古文字母,根据满洲语音特点,创制满文。这种草创的满文,没有加圈点,后人称之为"无圈点满文",或"老满文"。从此,满族有了自己的拼音文字。满文制成后,努尔哈赤下令在统一的女真地区施行。

_____

① 《清太祖高皇帝实录》,第3卷,第2页,台湾华文书局影印本,1962年。

额尔德尼和噶盖，在努尔哈赤指导下创制满文，他们是满族杰出的语言学家，也是中华民族杰出的语言学家。

额尔德尼，满洲正黄旗人，姓纳喇氏，世居都英额，少年明敏，通晓蒙古语文，兼通汉语文。他投归建州，后被赐号巴克什。巴克什，为满语 baksi 的对音，是学者、文儒、博士的意思。源于蒙古语，原义为师傅。努尔哈赤起兵后，对通语言、识文墨的归附者赐号巴克什。额尔德尼随从努尔哈赤"征讨蒙古诸部，能因其土俗、语言、文字，传宣诏令，招纳降附，著有劳绩"①。额尔德尼一生虽建树武勋，但其主要功绩为创制满文。

噶盖，姓伊尔根觉罗氏，世居呼纳赫，屡次立功，"位亚费英东"②。他受命创制满文，同年因哈达孟格布禄之事牵连被杀。噶盖死后，额尔德尼"遵上指授，独任拟制"③。

满文的初创，有一个酝酿、切磋和研讨的过程。噶盖在"正法"之前，同额尔德尼共同擘画、磋商满文创制的方案。当时噶盖已是扎尔固齐，额尔德尼才是十九岁的青年。噶盖死后，才由额尔德尼独任之。所以说，满文的创制，是以额尔德尼为主，噶盖和额尔德尼共同拟制的，不能说仅出自额尔德尼一人之手。由额尔德尼、噶盖创制的满文，后称为"无圈点满文"或称"老满文"。满文制成，后额尔德尼亦被杀，年仅四十三岁④。但是，《八旗通志·额尔德尼传》记载："天聪八年，额尔德尼巴克什奉命迎察哈尔归附之众"⑤云云。《无圈点老档》即《旧满洲档》、《老满文原档》载额尔德尼死于天命八年即天启三年（1623 年），《八旗通志》却载其于天聪八年（1634 年）尚在人世。二者孰正孰误？先列举史料，再进行分析。

其一，《清太宗实录》天聪七年（1633 年）载："……额尔德尼遂遵谕编成满书。我国初无满字，额尔德尼乃一代杰出之人，今也则亡，彼所造之书，义或有在，其后巴克什库尔缠所增。"⑥上文载明，天聪七年（1633 年）额尔德尼已死。

其二，《清代碑传全集·额尔德尼传》载："初，奉命偕理事大臣噶盖创制国书。后哈达贝勒孟格布禄以谋逆伏诛，噶盖坐其党死，额尔德尼遂独任之。既成，颁行国中，

① 《清史列传·额尔德尼》，第 4 卷，第 9 页，中华书局，1928 年。
② 《清史稿·额尔德尼传附噶盖传》，第 228 卷，第 9254 页，中华书局标点本，1976 年。
③ 《清史列传·额尔德尼》，第 4 卷，第 9 页，中华书局，1928 年。
④ 《满文老档·太祖》，上册，第 474 页，中华书局译注本，1990 年。
⑤ 《八旗通志·额尔德尼传》，第 236 卷，第 5326 页，东北师范大学出版社，1985 年。
⑥ 《清太宗文皇帝实录》，第 16 卷，第 4 页，台湾华文书局影印本，1962 年。

国书传布自此始。额尔德尼既卒,太宗复命儒臣达海、库尔缠等述其义而增益之。"①达海改进老满文事在天聪六年(1632年),上文载额尔德尼此时已死。

其三,《清史列传·额尔德尼》所载与上引《清太宗实录》文同。《清史稿·额尔德尼传》载:"太宗时,额尔德尼前卒。"明确载记其天聪八年时已不在人世。

其四,《清太宗实录》天聪八年(1634年)十一月戊辰载:"先是,遣额尔德尼囊苏喇嘛、哈尔松阿,往迎察哈尔国归附之众。至是还,奏称渡黄河三日,方遇塞冷车臣寨桑、祁他特车尔贝寨桑、塞冷布都马尔寨桑、沙布古英寨桑、阿玉石台吉、巴特玛台吉、古鲁思希布台吉兄弟、班第库鲁克……等,计五千户、二万口。"②

其五,《旧满洲档》记载:天命八年(1623年)五月,额尔德尼家婢女告发额尔德尼曾受朝鲜送献的绸绢,还将所获珍珠、金银等藏匿井中。天命汗召额尔德尼谈话,说将其缴出,可赦免无罪。但额尔德尼称东珠系其妻从亚苏家要来研末敷治牙病,而拒不承认藏匿,也不全数缴出。因此,命将额尔德尼夫妇处死。这条老满文档案说明,巴克什额尔德尼于天命八年(1623年)五月被处死。

显然,《八旗通志·额尔德尼传》中"天聪八年,额尔德尼巴克什奉命迎察哈尔归附之众",源自上引《清太宗实录》之文。但是,《八旗通志·额尔德尼传》的修纂者,误将额尔德尼囊苏喇嘛与额尔德尼混为一人,由是铸成史文之疏误。实际上,应据《无圈点老档》即《旧满洲档》、《老满文原档》所载,额尔德尼死于天命八年(1623年)五月。额尔德尼虽以微末之罪受诛,其功业却与世长存。清太宗皇太极曾谕文馆儒臣云:"额尔德尼乃一代杰出之人!"③这个评价是公允的。

从此,满族有了记录本民族语言与思维的拼音文字——满文。满文的创制,是满族发展史上的划时代事件。但是,满文初创,很不完善,亟需加以改进。

(二)满文的改进

努尔哈赤主持下由额尔德尼和噶盖创制的无圈点满文,在统一的女真地区推行三

---

① 《清代碑传全集》,第3卷,第28页,上海古籍出版社影印本,1987年。

② 《清太宗文皇帝实录》,第21卷,第5~6页,中华书局影印本,1985年。

③ 《清太宗文皇帝实录》,第16卷,第4页,中华书局影印本,1985年。

十三年,发挥了巨大的作用。然而,初创满文缺乏经验,蒙古语和满洲语的语音又存在差别,因而无圈点满文有一些亟待改进的问题。这些问题主要是:

第一,字母书写,没有画一。同一个字母,往往有几种书写形式,常引起疑惑,不便于使用。

第二,一字多音,时常混乱。老满文的元音和辅音,音位比较混乱,字母互相假借,很难辨识。

第三,汉语借词,难以拼写。在满语中有大量的汉语借词,但老满文在拼写汉语借词中的人名、地名、官名、爵名、书名时,原有的语音、字母不够用。

第四,相互假借,不够规范。《八旗通志·初集》记载:老满文"不仅无圈点,且又有假借者,若不将上下字相合会意详究,则不易辨认"。

总之,老满文"形声规模,尚多未备"。老满文字母数量不够,辅音清浊不分,上下字无别,字形不统一,语法不规范,结构不严谨。所以,改进老满文,使之益臻完善,以便更加广泛地学习和使用,乃是势在必行之事。因此,天聪六年即崇祯五年(1632年),皇太极发布关于改进老满文的《汗谕》,《满文老档》记载:

　　十二字头,原无圈点,上下字无别,故塔达、特德、扎哲、雅叶等字,雷同不分,如同一体。书中平常语言,视其文义,尚易通晓。至于人名、地名,常致错误。①

皇太极命达海等对无圈点满文,"可酌加圈点,以分析之,则音义明晓,于字学更有裨益矣"②。

老满文改进的时间,因史料记载的不一,学界观点也有不同:一说是在天命八年(1623年),其史料依据为《八旗通志·初集》;一说是在天聪三年(1629年),其史料依据为乾隆年间重抄《满文老档》;一说是在天聪六年(1632年)正月,其史料依据为《满文老档译注》;一说是在天聪六年三月,其史料依据为《清太宗实录》。应当说,满文初创之后,设立师傅,教授满文;但在满文的教学与使用过程中,发现许多初始创制所没有想到的问题,这就在实践中产生改进老满文的需要。但是,将无圈点满文改进为加

---

① 《满文老档·太宗》,下册,第1196页,中华书局译注本,1990年。
② 《清太宗文皇帝实录》,第11卷,第13页,中华书局影印本,1985年。

圈点满文,即由老满文改进为新满文,不会一蹴而就,而是有个过程。这个过程从上述文献记载看,大约经过十年的时间。从老满文到新满文的改进,主要经过问题提出、思想酝酿、设计方案、反复实验和谕准实行五个阶段。天聪六年(1632年)三月,天聪汗皇太极发布《汗谕》,正式颁布、推行达海主持改进的新满文,表明这一改革的基本完成。对老满文进行改革做出重大贡献者,是满族杰出的语言学家达海。

达海(1595～1632年),又作大海,满洲正蓝旗人,世居觉尔察,以地为氏。他九岁读书,能通满、汉文义。弱冠,太祖高皇帝召直文馆①。凡满洲与明及蒙古、朝鲜词命,悉出其手;有诏旨应兼汉文音者,亦承命传宣,悉当上意。旋奉命译《明会典》及《素书》、《三略》②。天命五年即泰昌元年(1620年),达海与纳扎通奸,拟罪当死;但努尔哈赤惜才,命杀死纳扎,将达海锁柱拘禁,后释放③。天命七年即天启二年(1622年),达海因罪受到"贯耳鼻"之刑。有学者推断,达海在受刑期间开始对老满文进行改进。清太宗时,达海被重新启用,为文馆领袖,正式受命改进无圈点满文。他"酌加圈点,又以国书与汉字对音未全者,于十二字头正字之外增添外字,犹有不能尽协者,则以两字连写,切成其切音,较汉字更为精当,由是国书之用益备"④。达海又有未完译稿《通鉴》、《六韬》、《孟子》、《三国志》⑤、《大乘经》等⑥。达海因劳成疾,未竟而卒,时在天聪六年(1632年)七月十四日⑦,年仅三十八岁。达海一生勤敏清廉,死殓时"求靴无完者"⑧,连一双完好的靴子也没有。达海短暂而勤奋的一生,对满、汉文化交流做出了重大贡献。尤以改进无圈点满文为有圈点满文,则是其一生中最杰出的业绩。所以史载:"达海以增完国书,满洲群推为圣人。"⑨后至康熙时,勒石

①　《清史稿·达海传》载:"太宗始置文馆,命分两直:达海及刚林、苏开、顾尔马浑、托布戚译汉字书籍;库尔缠、吴巴什、查素喀、胡球、詹霸记注国政。"是知清太祖时尚未置文馆。

②　《清史列传·达海》,第4卷,第10页,中华书局,1928年。

③　《满文老档·太祖》,上册,第134页,中华书局译注本,1990年。

④　《清史列传·达海》,第4卷,第10页,中华书局,1928年。

⑤　实为罗贯中的《三国演义》。

⑥　《清太宗文皇帝实录》,第12卷,第14～15页,台湾华文书局影印本,1962年。

⑦　达海卒之月、日:《满文老档》载八月一日奏闻;《清太宗实录》载为七月十四日;《八旗通志·大海巴克什传》载为七月二十日;《清史列传·达海》载为"六月卒";《清史稿·达海传》载为"六月,达海病,逾月病殛。……数日遂卒。"本书从《清太宗实录》所记。

⑧　《清史稿·达海传》,第228卷,第9257页,中华书局标点本,1977年。

⑨　《清史稿·达海传》,第228卷,第9258页,中华书局标点本,1977年。

纪绩。康熙帝旨称:"达海巴克式,通满、汉文字,于满书加添圈点,俾得分明。又照汉字,增造字样,于今赖之。念其效力年久,著有劳绩,着追立石碑。"①其碑文,今存世②。

库尔缠在改进老满文的过程中也作了贡献。库尔缠,又作库尔禅,钮祜禄氏,少时,努尔哈赤养育宫禁。喜读书,嗜学问。稍长,在文房办事,参与机密。他通蒙古语、汉语。天聪三年即崇祯二年(1629 年),后金兵临滦州,库尔缠用汉语谕令开城投降。城守降,兵入城。这说明他懂汉语。天聪五年即崇祯四年(1631 年),皇太极谕:"库尔缠、大海学习汉书,训诲诸人,于国家大有裨益,着赐巴克什名。"其时满洲巴克什只有达海和库尔缠两人(额尔德尼已死)。据《盛京通志》记载:额尔德尼既卒,皇太极复命达海、库尔缠对老满文"述其义而增益之",这证明库尔缠参与了对老满文的改进。库尔缠之死,却是个故事。先是,辽东开原人刘兴祚(爱塔)降后金,为副将,领盖、复、金三卫。库尔缠同刘兴祚交谊深厚。刘兴祚欲逃走,后金议严加管束,库尔缠极力保奏说:"断无逃理。"刘兴祚杀一酒醉盲人冒充自己身死,焚房舍,逸逃去。后在明金交战中被俘,斩杀。库尔缠脱下身上穿的衣服瘗埋刘兴祚尸。皇太极命挖其尸,寸磔之。库尔缠又偷葬其遗骨,被告发,遭处死。库尔缠重情义,遭杀害。但库尔缠协同达海对改进满文的功绩不可磨灭。

达海对额尔德尼、噶盖所创制的无圈点老满文,主要作了如下改进:

第一,编制"十二字头"。《国朝耆献类征》记载:"达海继之,增为十二字头。"③《清史稿·达海传》也载:"达海治国书,补额尔德尼、噶盖所未备,增为十二字头。"④达海为便于教授满文,编制了"十二字头"⑤(详见后文)。

第二,字旁各加圈、点。就是在字旁添加圈(○)、点(·),使之与原来字母不再雷同,做到一字一音。例如,蒙古文"ha"与"ga"读音没有区别,但满语"aha"(阿哈)意为"奴",而"aga(阿戛)意为"雨"。达海在"ha"与"ga"旁各加圈、点,即把老满文的"aha"和"aga",就是"奴"和"雨"两字有所区别。

---

①　《清圣祖仁皇帝实录》,第 29 卷,第 2 页,台湾华文书局影印本,1962 年。

②　《清代碑传全集·达海传》,第 4 卷,第 28 页,上海古籍出版社影印本,1987 年。

③　李恒:《国朝耆献类征·达海传》,第 1 卷,第 14 页,光绪十六年(1890 年)刻本。

④　《清史稿·达海传》,第 228 卷,第 9257 页,中华书局标点本,1977 年。

⑤　舞格:《清文启蒙》,清刻本。

第三,固定字形。对字母的书写形式加以固定,使之规范化。如在老满文中,元音u的词首、词中、词尾共有十余种写法;但在新满文中,其词首、词中、词尾基本上各有一种写法。书写形式画一,消除老满文一字多种书写形式的杂乱现象。

第四,确定音义。改进字母发音,固定文字含义。如在老满文中,元音 o、u、ū 经常相互混用,辅音 k、g、h 书写有时完全相似;在新满文中,o、u、ū 则加以区别,k、g、h 的字形书写也各不相同。

第五,创制特定字母。设计了十个专为拼写外来语(主要是汉语)借词的特定字母,以拼写人名、地名等。解决了拼写一些外来语借词在语言学上的困难。

第六,施用切音。《清史稿·达海传》记载:"旧有十二字头为正字,新补为外字,犹不能尽协,则以两字合音为一字,较汉文翻切尤精当。"翻切即反切,是汉语传统的一种注音方法,用两个字拼合成另一个字的音,就是反切上字与所切之字声母相同,下字则取韵和声调。达海将汉文的反切引入满文,解决了对一些人名、地名、官名等音译易错的问题,对老满文的改进起了一定的作用。

经过达海改进后的满文,后人称之为"有圈点满文"或"新满文",于是新满文较老满文更为完备①。

改进后的满文,按语言学音素来说,有六个元音字母,二十二个辅音字母,十个专门用作拼写外来语的特定字母,共三十八个字母。字母不分大小写,但元音字母以及辅音与元音相结合所构成音节,出现在词首、词中、词尾或单独使用时,大多数有不同的书写形式。

还有过去习称满语"十二字头",即六个元音和辅音与元音拼成的复合音节(约相当于汉语拼音的音节),共一百三十一个,这就是"第一字头";而"第一字头"内的各个音节分别与元音及辅音 ᠊ [i]、᠊ [r]、᠊ [n]、᠊ [ng]、᠊ [y]、᠊ 或 ᠊ [q'或 k']、᠊ [s]、᠊ [t]、᠊ [b]、᠊ [o]、᠊ [l]、᠊ [m]相结合所构成的音节,共十一个字头。以上总合为十二个字头。"十二字头"笼统地包括了满文中的元音、辅音、特定字母以及其他音节。

---

① 清军入关后,满族人民逐渐采用汉文,满文的使用范围越来越小。现在满族都使用汉语文,只有黑龙江省的爱辉区、富裕县等地的部分满族老人还能讲满语。但满文图书国内今存一千零一十五种,满文档案仅中国第一历史档案馆藏即为一百五十二万八千二百二十八件(册)。

【附】满文字母表

满文元音字母表

拉丁字母 转写	a	e	i	o	u	ū
国际音标	ɑ	ə	i	ɔ	u	ɯ
独立形式						
词首						
词中						
词尾						

满文辅音字母表(一)

拉丁字母	词头形式	词 中	词 尾
n	᠊᠊	᠊᠊ ᠊	᠊ ᠊
k	᠊ (ao ū)	᠊ ᠊	᠊
	᠊ (ei u)	᠊	᠊
g	᠊ (ao ū)	᠊	
	᠊ (ei u)	᠊	
h	᠊ (ao ū)	᠊	
	᠊ (ei u)	᠊	
b	᠊	᠊	᠊
p	᠊	᠊	
s	᠊	᠊	᠊
s	᠊	᠊	᠊
t	᠊ (ao i)	᠊ ᠊	᠊
	᠊ (eu)	᠊	
d	᠊ (ao i)	᠊	
	᠊ (eu)	᠊	
l	᠊	᠊	᠊
m	᠊	᠊	᠊

满文辅音字母表(二)

拉 丁 字 母	词 头 形 式	词 中	词 尾
c	ᠴ	ᠴ	
j	ᠵ	ᠵ	
y	ᠶ	ᠶ	
r		ᠷ	ᠷ
f	ᠹ (a e)	ᠹ	
	ᠹ (i o u ū)	ᠹ	
w	ᠸ (a e)	ᠸ	
ng		ᠩ	ᠩ

满文特定字母表

拉丁字母	k'	g'	h'	ts'	ts'y	dz	ž	sy	cy'	jy
词头形式	᠊	᠊	᠊	᠊	᠊	᠊	᠊	᠊	᠊	᠊
词中	᠊	᠊	᠊	᠊	᠊	᠊	᠊	᠊	᠊	᠊
词尾										

　　满文的语法,名词有格、数的范畴,动词有体、态、时、式等范畴。句子成分的顺序是,"主—宾—谓",谓语在句子最后,宾语在动词谓语之前,定语在被修饰词语之前。

　　满文的书写方式为竖行直写,字序从上到下,行序从左向右。

　　满文的标点符号。标点符号在书面语中是用作表示停顿、语气以及语词的性质和作用的符号。满文因其创制时间晚、使用时间短,因而只有两个标点符号,即"·"号和"··"号。一般地说,"·"号相当于汉语的逗号(,)和顿号(、),"··"号相当于汉语的句号(。)和冒号(:)等。"·"号常用于句子的结构停顿和行文的语气停顿,"··"号常用于句子的末尾或段落的结束。满文的标点符号同古汉语相比,它比古汉语丰富,因为古汉语只有"句读",其符号或为圈或为点(作用一样)。它比现代汉语又显得简略,因为现代汉语的标点符号,1951年国家定为十四种。满文的标点符号在实际应用中,使用极不规范。在满文书籍、档案里,通篇没有一个标点符号的例子是屡见不鲜的。

　　满文的创制和颁行,使满族从此有了本民族的文字,亦可交流思想,记载政事,传达政令,翻译汉籍等,对推动女真社会的发展和政权建设起了重要作用。

　　由努尔哈赤主持、额尔德尼和噶盖撰制的无圈点老满文,流传至今的历史文献主要为《无圈点老档》即《旧满洲档》、《老满文原档》[①]。据《满文老档》记载,创制满文为学校教育提供了重要手段,努尔哈赤下达文书,在八旗中选择师傅,举办学校,令青少年入学读书。《满文老档》载努尔哈赤的文书云:"钟堆、博布赫、萨哈连、吴巴泰、雅兴噶、阔贝、扎海、洪岱,选为八旗的师傅。要对你们的徒弟们,认真地教书,使之通文理。这便是功。如入学的徒弟们不勤勉读书,不通文理,师傅要治罪。入学的徒弟们如不

---

　　① 《无圈点老档》即《旧满洲档》、《满文原档》,是用无圈点老满文为主、兼以加圈点新满文并间杂蒙古文和个别汉文书写的,记载满洲兴起和清朝开国的史事档册,是现存最为原始、系统、详尽、珍贵的清太祖朝和太宗朝的编年体史料长编。后在乾隆三十九年(1774年),命将原来《无圈点老档》重钞,共钞成七部:《无圈点字档》(底本)、《无圈点字档》(内阁本)、《无圈点字档》(崇谟阁本)和《加圈点字档》(底本)、《加圈点字档》(内阁本)、《加圈点字档》(崇谟阁本)、《加圈点字档》(上书房本),每部装订为一百八十本,分装成二十六函。其中《无圈点字档》(底本)、《无圈点字档》(内阁本)和《加圈点字档》(底本)、《加圈点字档》(内阁本)四部,由清内阁大库庋藏,现藏中国第一历史档案馆;《加圈点字档》(上书房本)藏上书房,今已佚;《无圈点字档》(崇谟阁本)、《加圈点字档》(崇谟阁本)藏盛京崇谟阁,今藏沈阳辽宁省档案馆。重钞工作于乾隆四十五年(1780年)告竣。《无圈点老档》即《旧满洲档》、《老满文原档》原档一部,四十册,现存台北故宫博物院。参见阎崇年《〈无圈点老档〉及乾隆钞本名称诠释》(载《历史研究》,1998年,第3期)和《〈无圈点老档〉乾隆朝办理钞本始末》(载《国学研究》,第5卷,北京大学出版社,1998年)。

勤勉学习,师傅要向诸贝勒报告。八位师傅不参与各种的事。"①

满文的创制,促进了后金教育事业的发展。

人们通常所说的满文,是指"新满文"而言。"新满文"推行后,正式用以记载档案,据史料所载,始于崇德元年。

> 太宗丁卯,建元天聪,自元年至九年乙亥。至十年丙子四月,改元崇德,即为崇德元年。此后《老档》始有圈点。

上文中的丁卯年为天聪元年(1627年),乙亥年为天聪九年(1635年),丙子年为崇德元年(1636年)。从崇德元年开始,满文档案开始使用加圈点满文即新满文记载。所以,《无圈点老档》即《旧满洲档》、《老满文原档》的记载终于崇德元年(1636年)。此事,乾隆三十八年(1773年),《无圈点老档》即《旧满洲档》、《老满文原档》进行整理、重钞,在向满本堂调阅《无圈点老档》即《旧满洲档》、《老满文原档》时,崇德元年以后没有《无圈点老档》即《旧满洲档》、《老满文原档》。大学士舒赫德、于敏中命国史馆向满本堂详查:

> 国史馆移付满本堂:"照得本馆奉旨办理《无圈点老档》,先经贵堂付送《老档》三十七本在案。今奉舒、于中堂谕:恭阅《老档》内止有崇德元年《老档》二本,其二年至八年《老档》,有无存贮之处,着即查。"

此事在乾隆四十年(1775年)闰十月,大学士舒赫德和于敏中两位中堂,连续发出三道速查谕。二十一日谕:"彻底清查,立等覆奏。"二十二日谕:"着即查。"二十三日谕:"事关紧要,幸无刻迟。"结果得到的答复是:《无圈点老档》即《旧满洲档》、《老满文原档》只有崇德元年一年,"其二年至八年并无此档"②。

以上说明,加圈点满文即新满文的推广,大约用了十年的时间。到崇德年间,人们对"新满文"的使用基本上达到了熟练、规范的程度。因之,从崇德二年即崇祯十年(1637年),始用加圈点的新满文书写档案。尽管在以后的个别满文档案和文献中,有时也会见到"老满文"的痕迹,但这只是个别的现象,就同天聪六年以前的档案偶见加

---

① 《满文老档·太祖》,册Ⅰ,第353页,东洋文库本,1955年。

② 《〈无圈点老档〉乾隆朝办理钞本长编》,《满学论集》,民族出版社,1999年。

圈点满文一样。

(三)满文的价值

满文创制并使用后,在关外发展时期,它是官方文字;在定都燕京时期,它成为"国书",与汉文并用,是行使国家权力和谕敕外事咨文的官方文字。因此,满洲文字的创制,具有重要的价值①。撮其大要,列举十点:

第一,进行满语文教育。在满洲兴起以前,建州女真、海西女真都没有学校。满文创制之后,天命汗规定,设立师傅,教授满文。《满文老档译注》记载:"汗谕曰:命准托依、博布黑、萨哈廉、乌巴泰、雅星阿、科贝、札海、浑岱八人,为八旗师傅。八位巴克什应精心教习尔等门下以及所收的弟子。教习通晓者赏之,弟子不勤学习、不通晓书文者罪之。门下弟子如不勤学,尔等可告于诸贝勒。该八位师傅,不需做他事。"后金出现专职满语文的教师。

第二,发布满文的政令。在创制满文之前,建州的政令、军报、文书,用蒙古文或汉文记载。在发布这些军令、政令时,还要再转译成女真语(满语)。有了满文,便可以直接用满文记载政事、发布军令与传宣政令。由是后金政权同贵族、诸申的关系沟通,更加快捷、简明,极大地提高了办事的效率。满文创制与使用后,在关外发展时期,它是官方文字;在定都燕京时期,它成为"国书"与汉文并用,是行使国家权力和御敕外事咨文的官方文字。

第三,促进满族的强盛。满文创制之后,得到迅速推广。满族有了满文,既提高满洲的民族文化素质,又汲取汉族的高度文化营养。满文创制和八旗创建——这两条纽带将满族部民联结在一起,加速满族共同体的形成,增加巨大精神的和物质的力量,带来了满族的发展和强盛,后清军入关,定鼎燕京,统一华夏。

第四,记录了满族语言。在中国历史上,许多少数民族,曾叱咤风云,建立过政权。如匈奴、鲜卑、羌、氐等,都没有文字,其民族语言的状况,后人无从知晓。满族有了自己民族的文字,虽其语言现已基本消失,但赖有满文存在,尚可了解其语言状况。

第五,记载了满文档案。有清一代,满文的使用非常普遍,从中央到地方各级机构

---

① 阎崇年:《满文的创制与价值》,《故宫博物院院刊》,2002年,第2期。

在办理政务时,重要事件多用满文书写。尤其是天命、天聪、崇德、顺治、康熙、雍正、乾隆七朝更是如此。现存最早的满文档册,为清入关前的《无圈点老档》(即《旧满洲档》、《老满文原档》)。它保存着满洲最原始的史料,为汉文记载所无,具有极高史料价值。关于边疆、民族、宫廷、军机的满文档案,多为汉文档案所阙。中国第一历史档案馆、辽宁省档案馆、内蒙古自治区档案馆以及台北故宫博物院、台北中央研究院历史语言研究所等,现存满文档案约二百余万件(册),是中国历史上保存数量最大、史料价值最高的少数民族文字历史档案。

第六,记录了口头文学。据有人初步调查,现有大量满文萨满教《神词》流散在民间。这些满文《神词》,没有汉文译本。满文《尼山萨满传》,也仅有满文本,但近年已有汉文、英文、意大利文、韩文等译本。赖有满文,才使许多满族民间的祭祀文学、民俗文学、口头文学等被记录并留传下来。此外,还有大量的满文碑刻和谱书等。

第七,保留了满译汉籍。早在关外时期,满洲学者就用满文大量翻译汉文典籍,尔后满译汉籍更多。经部如《孟子》,史部如《资治通鉴纲目》、《辽史》、《金史》、《元史》、《明会典》,子部如《孙子兵法》、《六韬》、《三略》、《三国演义》、《水浒传》、《西厢记》、《樵史演义》、《红楼梦》、《聊斋志异》、《金瓶梅》,佛教经典如《大乘经》、《满文大藏经》,集部如唐陆贽的《陆宣公集》。据统计,现存满文册籍有一千余种①。这对于促进满、汉及其他少数民族的文化、政治、经济之相互交流、相互提高,起着重要的桥梁作用。

第八,为别族文字借鉴。在满—通古斯语族诸民族中,有的使用满文,也有的没有文字。他们在创制本民族的文字时,简单而便捷的途径,就是借鉴满族文字。满—通古斯语族的锡伯族,在清代和民国初期通用满文。到二十世纪四十年代,锡伯族的学者,在满文基础上略加改动而成为锡伯文。现新疆察布查尔锡伯族自治县,锡伯族用锡伯文进行教学、出版报刊,还将锡伯语用于广播、电视,以及其他形式的文艺演出。此外,达斡尔族也曾有过满文字母的达斡尔文字。满文为这些民族文字的制定,起着重要的借鉴作用。

第九,利于文化人类学的研究。在中国东北和东北亚满—通古斯语族诸民族中,最早是十二世纪创制的女真文,既早已失传,且留存文献罕见。尔后直至二十世纪,在

---

① 屈六生、黄润华:《全国满文图书资料联合目录》,书目文献出版社,1991年;又见吴元丰等主编:《北京地区满文图书总目》,辽宁民族出版社,2008年。

中国，1947 年据满文稍加改动而创制的锡伯文，其时间短，使用面窄，影响有限；在俄罗斯，上世纪二三十年代虽创制埃文基文、埃文文、那乃文，但与满文历史价值无法比拟。可见，在中外满—通古斯语族诸民族中，唯有满族留下大量满文的档案与文献。这对于了解与研究满—通古斯语族各民族的语言、历史、宗教、民俗、文化、经济和社会，具有重要的价值。尤其是对于东北亚诸多没有文字、或文字不完善、或文字创制甚晚的民族，如鄂温克语、鄂伦春语、涅基达尔语、埃文语、埃文基语、赫哲语、那乃语、乌利奇语、奥罗克语、奥罗奇语、乌德盖语等，其人类文化群体之文化人类学的研究，更具有特殊的价值。

第十，国际文化交流桥梁。现今俄罗斯、意大利、日本、韩国、蒙古、哈萨克斯坦等国都有当时作为"国书"的满文档案。清前期来华的耶稣会士，出入宫廷并用满语向康熙帝讲述天文、数学、医学等知识，他们还借用满译汉文古籍来阅读和研究中国古代典籍。后来俄罗斯出版《满俄词典》，德国出版《满德词典》，日本出版《满日辞典》，美国出版《满英词典》等。在清代，一些兼通满、汉语文的专家学者，将汉文"四书"、"五经"等重要典籍译成满文，来华耶稣会士又将其译成拉丁文，尔后译成法文、英文、俄文、德文等，为中国传统文化在西方的传播，起着中西文化交流之桥的作用。在当代，许多西方学者不会汉文而径直阅读满文历史档案，因为满文同西方文字一样都是拼音文字，故而他们学满文比学汉文容易得多。在中国诸多的民族文字中，因多了一种满文，有利于外国学者了解与研究中国历史文化，更有利于国际间的学术与文化交流，从而增设起一座中西文化交流的桥梁①。

总之，满文的创制和颁行，是满族文化发展史上的里程碑②。从此，满族人民有了

---

① 阎崇年：《满文——中外文化交流的桥梁》，《中外文化交流》，1996 年，第 1 期。

② 满文的创制与演进过程，吴振棫《养吉斋丛录》第 21 卷有较详记述，征引如下："太祖天命四年，欲创造满书，命额尔德尼、噶盖，以蒙古字合我国语音，联缀成句，编为国语，满文盖自此始。达海继之，增十二字头。太宗复命加十二字头圈点。又以国书与汉字对音未全者，于十二字头正字之外，增添外字。犹有不能尽叶者，则以两字连切成。其后又有库尔缠增补之字。康熙间，御纂《清文鉴》成，付诸臣展译，并发朱笔稿本七函。盖于清文精研义蕴如是。至乾隆间，高宗以当时编纂诸臣未列三合切音汉字，且注中采撷经传，恐后人不明其义，妄行傅会。复命廷臣重加增订，凡二合、三合切音，不失毫黍。诠解务用常谈，今读者寥寥。又续入新定国语五千余句，若古官名、冠服、器用、花果、鸟兽等，别为《补编》四卷，附于末。而清文于是大备。此外尚有《满洲蒙古文鉴》、《同文韵统》、《清汉对音字式》、《清文启蒙》及翻译'四书'、'五经'，习国书者，皆当浏览。近时则稗官小说，多有翻译成书者矣。"上文中，满文创于天命四年，误，应为万历二十七年（1599 年）。

自己的文字,可以用它从书面上来交流思想,书写公文,记载政事,编写历史,传播知识,翻译汉籍。这不仅加强了满族人民的思想交流,而且促进了满、汉之间的文化交流。努尔哈赤主持创制满文后,在女真地区广泛推行,使女真各部和女真人民之间的交往更为密切,这对满族共同体的形成,无疑是一条重要的精神纽带。特别是后金执政者,下令用满文翻译大量的汉文典籍,汲取中原王朝治国经验,加速了满族社会的封建化。同时,满文记录和保存了大量的文化遗产,丰富了中华民族的文化宝库。

天命汗主持制定了无圈点老满文后,又创建了八旗制度。

七 创建八旗制度

（一）八旗制度的建立

后金创建的八旗制度，是满族史、清朝史上，也是中华民族发展史上的一项极其重要的社会制度。

八旗制度的发生和发展，有一个漫长的过程。它始于女真氏族的狩猎制度的生产组织。在女真社会的族寨部民中，或围猎，或出师，常有一定的组织形式，这就是后来八旗制度的萌芽。《满洲实录》记载八旗制度的起源道：

> 前此，凡遇行师出猎，不论人之多寡，照依族寨而行。满洲人出猎开围之际，各出箭一枝，十人中立一总领，属九人而行，各照方向，不许错乱。此总领呼为牛录（汉语大箭）额真（额真汉语主也），于是以牛录额真为官名。①

牛录，为满语 niru 的对音，是箭或大箭的意思；额真，为满语 ejen 的对音，是主的意思。牛录额真即大箭主，原是狩猎时的十人之长。它起源甚早，后"牛录"演变而成为组织，"额真"演变而成为官名。

随着女真社会生产的发展，部落活动范围的拓展，牛录的组织日益扩大，逐渐复杂。到女真社会出现贫富分化和利益对抗后，以及遭到外部攻击时，牛录不仅是狩猎的生产组织，而且是争战的军事组织——衍变成为部落贵族发动掠夺战争或进行军事防御的工具。

女真的军事组织，早见于《金史·兵志》记载："金之初年，诸部之民，无他徭役，壮

---

① 《满洲实录》，第 3 卷，第 3～4 页，辽宁通志馆影印本，1930 年。

者皆兵。平居则听以佃渔射猎习为劳事,有警则下令部内及遣使诣诸字董征兵,凡步骑之仗糇皆取备焉。"其军事组织形式,同打围射猎攸关。《三朝北盟会编》记载:女真"国中最乐,无如打围,其行军布阵,大概出此"。女真的军队,"部卒之数,初无定制,至太祖即位之二年,既以二千五百破耶律谢十,始命以三百户为谋克,谋克十为猛安。继而诸部来降,率用猛安、谋克之名,以授其首领而部伍其人"①。三百户为一谋克,十谋克为一猛安,形成猛安谋克组织。

建州女真的军事组织,在努尔哈赤先祖猛哥帖木儿时即已有之。时,其军队分为左军、右军和中军。据朝鲜《李朝世宗实录》记载:"猛哥帖木儿生时,如有兴兵之事,则必使凡察领左军,权豆领右军,自将中军,或分兵与凡察,故一部之人,素不贱恶。"②但是,这段记述过于简略,也未见牛录额真的记载。稍后《李朝成宗实录》记述女真作战的细节、组织与人数:"或挥剑挥杖,若为击刺之状;或抽矢弄弓,若如舍括之状。于是六十余人为先锋,三百余人为后援,作鹤翼阵,拥盾长驱也。"这里提到三百人的军事组织。到万历十一年(1583年),努尔哈赤起兵,攻克图伦城,"当是时,兵百人,甲十三副"③。这百人军队的组织细节,没有留下文字记载。

牛录额真成为官名,最早见于《满洲实录》和《清太祖实录》万历十二年(1584年)的记载。努尔哈赤起兵已经一年,他的军队至少发展到五百人:"上率兵五百,征董鄂部主阿海巴颜。"④因军队人数较多,便出现三百人一牛录的军事组织。《清太祖高皇帝实录》记载:"擢鄂尔果尼、罗科为牛录额真,统辖三百人。"⑤授鄂尔果尼、罗科为牛录额真当是史实,但其统辖军队的数量可能有所夸大。从此,牛录额真已经不仅是出师行猎的临时性的十人之长,而且成为女真的一种官名。牛录既是围猎组织,也是军事组织。

万历十七年(1589年),努尔哈赤统一建州女真的战争已经进行六年,随着统治区域的扩大,管辖部民的增多,以及王权的建立,他便组织了一支军队。当时这支军队分

---

① 《金史·兵志》,第44卷,第992页,中华书局校点本,1975年。

② 《李朝世宗大王实录》,第82卷,第13页,二十年七月辛亥,日本学习院东洋文化研究所影印本,1959年。

③ 《清太祖高皇帝实录》,第1卷,第13页,中华书局影印本,1986年。

④ 《清太祖高皇帝实录》,第1卷,第20页,中华书局影印本,1986年。

⑤ 《清太祖高皇帝实录》,第1卷,第22页,中华书局影印本,1986年。

为四个兵种:环刀军、铁锤军、弗赤①军和能射军。这仅见于朝鲜文献《李朝宣祖实录》,现抄录如下:"左卫酋长老乙可赤兄弟,以原建州卫酋长李以难等为麾下属。老乙可赤则自中称王,其弟则称船将。多造弓矢等物,分其军四运:一曰环刀军,二曰铁锤军,三曰弗赤军,四曰能射军。间间练习,胁制群胡。"②上文中的老乙可赤即努尔哈赤,以原建州卫酋长李亦难等隶之麾下。他多造弓矢,分为四军,练习骑射,严定军纪。四军编制,实即后来四旗、八旗的基础。

建州四军的官兵数量,《李朝宣祖实录》记载,万历二十年(1592年),"奴儿哈赤部下原有马兵三四万,步兵四五万,皆精勇惯战"③。但这话出自建州贡民马三非等之口,显然有所夸大。三年后,朝鲜通事河世国到佛阿拉,大概目睹:"老乙可赤麾下万余名,小乙可赤麾下五千余名,常在城中,而常时习阵千余名,各持战马着甲,城外十里许练兵。而老乙可赤战马则七百余匹,小乙可赤战马四百余匹,并为考点矣。"④这时努尔哈赤已统一建州女真,上述目测数字较为可靠。万历二十四年(1596年),明朝官员余希元到佛阿拉,入城前,有建州骑兵四五千左右成列随行;又有"步兵万数,分左右列立道旁者,至建州城而止"⑤。由上推算,当时建州的步骑兵约有二三万人。这些军队,已按旗编制。《满洲实录》在记述万历二十一年(1593年)古勒山之役时,作如下记载:"太祖兵到,立阵于古垺山险要之处,与赫济格城相对。令诸王大臣等各率固山兵,分头预备。"⑥而《清太祖高皇帝实录》也作了同样记载:"上至古勒山,对黑济格城,据险结阵。令各旗贝勒大臣,整兵以待。"⑦据此可知,努尔哈赤早已将建州士兵编成各旗⑧,并已早有军旗。万历二十四年(1596年),朝鲜人申忠一到佛阿拉,所见建州军

① 〔朝〕李民寏:《建州闻见录》:铁皮弗牌,以张牛皮四五重为牌,矢不能穿。"弗赤"可能就是铁皮弗牌。

② 《李朝宣祖大王实录》,第23卷,第6页,二十二年七月丁巳,日本学习院东洋文化研究所影印本,1959年。

③ 《李朝宣祖大王实录》,第30卷,第16页,二十五年九月甲戌,日本学习院东洋文化研究所影印本,1959年。

④ 《李朝宣祖大王实录》,第69卷,第17页,二十八年十一月戊子,日本学习院东洋文化研究所影印本,1959年。

⑤ 《李朝宣祖大王实录》,第73卷,第16页,二十九年三月甲申,日本学习院东洋文化研究所影印本,1959年。

⑥ 《满洲实录》,第2卷,第14页,辽宁通志馆影印本,1930年。

⑦ 《清太祖高皇帝实录》,第2卷,第17页,中华书局影印本,1986年。

⑧ 《清太祖武皇帝实录》,第1卷,第32页,台北故宫博物院藏,广文书店影印本,1970年。

旗:"旗用青、黄、赤、白、黑,各付二幅,长可二尺许。"①

努尔哈赤始设四旗一事,清朝有的史籍②系于万历二十九年(1601 年)。这一年,在八旗制度演变史上、在满族发展史上,发生一件大事,就是对满洲牛录的整编与改革。据《清太祖高皇帝实录》记载:

> 上以诸国来服人众,复编三百人为一牛录,每牛录设额真一。先是,我国凡出兵校猎,不计人之多寡,各随族党屯寨而行。猎时,每人各取一矢,凡十人,设长一,领之,各分队伍,毋敢紊乱者。其长称为牛录额真。至是,遂以名官。

实际上,努尔哈赤在这一年,对建州军队进行了一次整编,主要做了四件事情:

第一,规范牛录组织。此前,按族党屯寨组织牛录,族党屯寨大小不一,牛录人数多寡悬殊。这次整编,"复编三百人为一牛录",就是重新编设牛录,将每牛录定为三百人,虽实际上多寡难以划一,但作出大体整齐的规定。牛录既成为固山的基层组织,也成为政权的基层组织,还成为氏族的血缘组织。

第二,设立牛录额真。此前,虽有牛录额真名称,但实际上并不规范。这次整编,每牛录设额真一员,正式成为官名。牛录额真,大汗任免;牛录官员,整齐划一;额真职责,确定范围。

第三,松弛血缘关系。此前,许多牛录额真为部酋族长、城主寨首。他们有浓厚的血缘或地缘关系,父子兄弟,叔侄亲朋,关系盘根错节,不利权力集中。这次整编,虽保留很多酋长、城主为牛录额真,但他们都由努尔哈赤任命;努尔哈赤还任命一些新的军功贵族为牛录额真,从而松弛了牛录额真的血缘纽带,强化了牛录额真的军政色彩。

第四,划一旗纛颜色。此前,旗纛的颜色,如前文所述,初无红色,其青色与黑色,也不大容易区别。这次整编,以黄、白、红、蓝四色为旗纛的标志。

这次建州对牛录的整编,上距努尔哈赤起兵已经十八年,是清朝八旗演变史上,也是清朝发展史上具有重大意义的事件。此期建州的牛录数目,没有留下当时的记载。

---

① 《李朝宣祖大王实录》,第 71 卷,第 45 页,二十九年正月丁酉,日本学习院东洋文化研究所影印本,1959 年。

② 乾隆《清会典则例》第 171 卷载:"太祖高皇帝辛丑年,满洲生齿日繁,诸国归服人众,设四旗以统之,以纯色为辨,曰黄旗、曰白旗、曰红旗、曰蓝旗。"

据后来的档案所记，大约有四十个牛录①，实际上可能还多一些，是为努尔哈赤最基本的武装力量。这次建州对牛录的重大改革，为而后八旗制度的确立奠下了基础。

此期，在建州整编牛录时，是否已经建有四旗，学界看法，很不一致。主张万历二十九年（1601年）已经建有四旗者，主要根据是《清实录》、《清会典》的载述；主张万历二十九年（1601年）尚未建立四旗者，主要根据是当时的满文档案和明朝文献中没有固山、固山额真的记载。笔者认为在万历四十三年（1615年）以前，已具四旗雏形。因为：

第一，早在万历二十四年（1596年），朝鲜人申忠一到佛阿拉，所见建州军队用青、黄、赤、白等颜色作为军旗的标帜。说明在整编牛录五年之前，建州军队在牛录之上已经有旗的建制。

第二，建州的军队开始为一军，由努尔哈赤统领。继之一分为二，由努尔哈赤及其胞弟舒尔哈齐分别统领。《李朝宣祖实录》记载，万历二十三年（1595年），朝鲜通事河世国到佛阿拉，目睹建州军队"老乙可赤麾下万余名，小乙可赤麾下五千余名"云云，说明这时建州至少有两旗的军队。努尔哈赤长子褚英、次子代善成年后，建州军队又二分为四：努尔哈赤、舒尔哈齐、褚英、代善各领一支队伍，这就是四旗的基础。

第三，建州统一之后，朝鲜人记载建州的军队，分为四军，练习骑射，严定军纪，部伍整肃。此期的四军，同后来的四旗并不相同，但为后来建立四旗，准备了经验。

第四，史家论述舒尔哈齐被幽死后，其子阿敏掌镶蓝旗；褚英被处死后，其子杜度掌镶白旗；努尔哈赤将舒尔哈齐的另一部分军队改编、扩充为正蓝旗，由其第五子莽古尔泰掌管；又将褚英的另一部分军队改编、扩编为正白旗，由其第八子皇太极掌管。但舒尔哈齐、褚英都死于万历四十三年（1615年）正式设立八旗制度之前。这说明此时已有旗的军队建制。

总之，从牛录到四旗，从四旗到八旗，再从八旗到二十四旗，是一个长达五十余年的过程。可以说，万历二十九年（1601年）正式整编牛录，建立牛录制度；万历四十三年（1615年）正式整编八旗，建立八旗制度。八旗满洲建立后，又建立八旗蒙古，再建立八旗汉军，从而使八旗制度逐步完善。

作为八旗制度建立的标志，则是在万历四十三年（1615年）。

---

① 《历朝八旗杂档》，转引自《清入关前国家法律制度》，第139页，辽宁人民出版社，1988年。

万历四十三年(1615年)十一月,建州社会建立八旗制度的条件已经成熟。在内部,努尔哈赤胞弟舒尔哈齐、长子褚英均已死,努尔哈赤的权力更加集中;在外部,建州已吞并哈达、辉发和乌拉,史载其降俘乌拉卒骑,"不下数万人"①;又征抚大量东海女真部民。建州幅员益广,步骑增多,"归附日众,乃析为八"②。就是除原有四旗,再增设四旗,共为八旗。《清太祖高皇帝实录》记载:

> 上既削平诸国,每三百人设一牛录额真,五牛录设一甲喇额真,五甲喇设一固山额真,每固山额真左右设两梅勒额真。初设有四旗,旗以纯色为别,曰黄、曰红、曰蓝、曰白。至是添设四旗,参用其色镶之,共为八旗。③

固山是满洲户口和军事编制的最大单位。每个固山各有特定颜色的旗帜,所以汉语译固山为旗。原有的四旗,用黄、白、红、蓝四种颜色作旗帜;增添的四旗,用镶黄、镶白、镶红、镶蓝四种颜色作旗帜。然而,八旗的颜色有一个变化过程。据文献所载,初始为青、黄、赤、白、黑五种颜色旗帜,而后为黄旗无画、黄旗画黄龙、赤旗无画、赤旗画青龙、白旗无画、白旗画黄龙、青旗无画、青旗画黑龙八种颜色旗帜④。至于比较规范的八旗颜色,到天命七年即天启二年(1622年)二月始见之于《无圈点老档》即《旧满洲档》、《老满文原档》的记载:正黄、镶黄、正白、镶白、正红、镶红、正蓝、镶蓝共八种颜色的旗帜。其四镶旗为:将原来整黄、整白、整红、整蓝的旗帜周围镶上一条边,黄、白、蓝三色旗帜镶红边,红色旗帜镶白边,成了八种不同颜色的旗帜。不镶红边的黄色旗帜称为整黄旗,即整幅的黄旗,习称正黄旗;镶红边的黄色旗帜称为镶边黄旗⑤,习称镶黄旗,俗写厢黄旗;其他六色旗帜也是一样。于是形成正黄旗、镶黄旗、正白旗、镶白旗、正红旗、镶红旗、正蓝旗、镶蓝旗,合起来称为八旗⑥。

---

① 《李朝宣祖大王实录》,第69卷,第17页,日本学习院东洋文化研究所影印本,1959年。

② 昭梿:《啸亭杂录》,第10卷,第13页,中华书局校点本,1980年。

③ 《清太祖高皇帝实录》,第4卷,第20页,乙卯年即万历四十三年(1615年)十一月,中华书局影印本,1986年。

④ 《李朝光海君日记》,第169卷,第9页,三年九月戊申,日本学习院东洋文化研究所影印本,1959年。

⑤ 《明清史料》甲编第1本第5页载有《厢边红旗备御祝世胤奏本》即为一例。

⑥ 《满洲实录》,第7卷,第6页,辽宁通志馆影印本,1930年。

除上述八旗满洲之外，天命六年（1621年）始设蒙古牛录①，天命七年（1622年），始分设蒙古旗②。天聪三年（1629年），已有"蒙古二旗"③。天聪九年（1635年），始设蒙古八旗④，旗色与满洲八旗相同。

关于汉军八旗，天聪五年（1631年）正月，皇太极将满洲八旗中的汉人拨出，另编一旗⑤，以佟养性为固山额真。汉军初名乌真超哈，为满语 ujencooha 的对音。ujen 是重的意思，cooha 是兵的意思，ujencooha 意为重兵，因其多使用大炮等重型武器而得名，后称汉军，以黑色为旗帜。崇德二年（1637年）七月，分设汉军为二旗⑥，以马光远、石廷柱为固山额真。崇德四年（1639年）六月，又增设汉军二旗，旗色为纯皂（黑）、皂镶黄、皂镶白、皂镶红⑦，增王世选、巴颜为固山额真。崇德七年（1642年）六月，汉军四旗扩充为八旗⑧，旗色改为与八旗满洲、八旗蒙古相同，取消了黑色，其固山额真分别为祖泽润、刘之源、吴守进、金砺、佟图赖、石廷柱、巴颜和李国翰。从此，实际有八旗满洲、八旗蒙古、八旗汉军，共二十四旗⑨，但习惯上仍统称之为八旗⑩。

清太祖朝创建八旗制度，将国家的中枢机构，与基层的牛录组织，相联结，成网络。八旗制度把星散于深山密林间的满洲臣民，组成一个社会军事化、军事社会化的新型社会机体。这是满洲社会崛兴的一个关键，也是明朝失败的一个机缘。

（二）八旗制度的组织

八旗组织的一个重要特征，是对所属军民，既按不同地域，又按氏族部落，加以划分，进行组编。八旗的组织结构，主要分为三级：牛录、甲喇、固山。

---

① 《清太祖高皇帝实录》，第8卷，第10页，中华书局影印本，1986年。
② 《满文老档·太祖》，上册，第369页，天命七年三月二十九日，中华书局译注本，1990年。
③ 《清太宗文皇帝实录》，第5卷，第38页，中华书局影印本，1985年。
④ 《清太宗文皇帝实录》，第22卷，第17页，中华书局影印本，1985年。
⑤ 王先谦：《东华录》，天聪五年正月乙未，光绪二十五年（1899年）石印本。
⑥ 《清太宗文皇帝实录》，第37卷，第30页，中华书局影印本，1985年。
⑦ 《清朝文献通考》，第170卷，第7页，清刻本。
⑧ 《清太宗文皇帝实录》，第61卷，第7页，中华书局影印本，1985年。
⑨ 乾隆《清会典》第95卷载："始立四旗，重为八旗，合满洲、蒙古、汉军为二十四旗，制度备焉。"
⑩ 金德纯：《旗军志》，不分卷，第1页，《辽海丛书》本。

牛录，其长官初为牛录额真，后称牛录章京，入关后称佐领①。牛录额真为满语 niru i ejen 的对音，就是牛录长或牛录主，其音译为牛录额真。牛录额真下设岱子二人、章京四人、村拨什库四人。《满文老档》对牛录额真以下官员作了记载："牛录额真以下设岱子二人、章京四人和噶珊拨什库四人。四名章京分领三百男丁编成的达旦。"②岱子，为满语 daise 的对音，是副职的意思。章京，为满语 janggin 的对音，是办事员的意思。噶珊拨什库，噶珊为满语 gašan 的对音，是村的意思；拨什库为满语 bosokū 的对音，是领催的意思；噶珊拨什库即村领催（村长），后称领催。达旦，为满语 tatan 的对音，是窝铺的意思，相当于连，后被取消。

每牛录的丁数，多寡不均。如索尔果率苏完部众归顺努尔哈赤，其部民五百户并十子等人，编为五个佐领，平均每个佐领百户上下，清开国五大臣之一费英东就在其中。当然也有的人数较多。

八旗所属牛录、每牛录所属兵卒，也多未划一。据李民寏经眼所记：

> 胡语呼八将为八高沙，奴酋领二高沙，阿斗、于斗总其兵，如中军之制；贵盈哥亦领二高沙，奢夫羊古总其兵；余四高沙：曰红歹是，曰亡古歹，曰豆斗罗古（红破都里之子也），曰阿未罗古（奴酋之弟小乙可赤之子也，小乙可赤有战功、得众心，五六年前为奴酋所杀）。一高沙所属柳累（胡语柳累云者，如哨军之制）三十五，或云四十五，或云多寡不均。一柳累所属三百名，或云多寡不均。共通三百六十柳累云。③

高沙即固山，奴酋为努尔哈赤，阿斗为阿敦，于斗为额亦都，贵盈哥为代善，奢夫羊古为安费扬古，红歹是为皇太极，亡古歹为莽古尔泰，豆斗罗古为杜度，红破都里为褚英，阿未罗古为阿敏，小乙可赤为舒尔哈齐，柳累即牛录。努尔哈赤通过兄弟子侄及亲信，统领八旗军队。

经万历二十九年（1601 年）、四十三年（1615 年）两次整编，每个牛录的丁数，虽大

① 郑天挺：《探微集·牛录额真》，第 141 页，中华书局，1980 年。
② 《满文老档·太祖》，册Ⅰ，第 55 页，东洋文库本，1955 年。
③ ［朝］李民寏：《建州闻见录》，第 30 页，日本天理大学图书馆藏玉版书屋本。

体划一,却参差不齐。所以,《建州闻见录》记载:"一柳累所属三百名,或云多寡不均。"每牛录按三百丁计,其下设四个达旦,平均每个达旦七十五人(相当一个连),由四位章京分管。

牛录额真即佐领,随着八旗军队的扩大和满洲社会的发展,逐渐分为勋旧佐领、世管佐领、互管佐领和公中佐领等。《养吉斋丛录》记载:"国初,各部落长率属来归,授之佐领,以统其众者,曰勋旧佐领;率众归诚,功在旂常,赐户口者,曰优异世管佐领;仅同兄弟族里来归,授之以职者,曰世管佐领;户少丁稀,合编佐领,两姓三姓,迭为是官者,曰互管佐领;各佐领拨出余丁,增编佐领,为公中佐领。"①上文中的勋旧佐领,主要是天命汗起兵之初,满洲各部落酋长率属归顺,授为牛录额真即佐领,仍率其众,世袭罔替。世管佐领,主要是天命汗起兵之初,女真各部落长携族归附,授为牛录额真即佐领,仍统其民,世亦不替。互管佐领,主要是因本族户少丁稀,合编两姓三姓或数姓为一牛录,牛录额真即佐领的承袭,递世互袭,交叉继承。公中佐领,主要是"或世袭之家已绝,改为公中;或人户滋多,另编公中;或令庶姓之人,编为公中"②。公中佐领有增编、分编、抽编之例,其牛录额真即佐领的继任,按其户丁,轮流承袭。总之,不同牛录额真即佐领的承袭和权力都不完全相同③。

八旗中的佐领——勋旧佐领、世管佐领、互管佐领和公中佐领之官制,既是满洲兴起凝聚力量、由小到大、从弱到强的重大因素,也是清朝衰落外荣内枯、由活到僵、从鲜到腐的重大根因。

牛录额真的主要职责是:

第一,征调兵员。遇有战事,奉命向本牛录征调甲士,并自备马匹、干粮、器械。其兵员的器械完好、马肥膘壮,牛录额真受到淑勒贝勒的褒奖;否则,受到责罚。

第二,指挥征战。在天命朝,牛录额真的主要责任是带领所属官兵,冲锋陷阵,攻城略地,拼搏厮杀,夺取胜利。

第三,征派赋役。后金牛录的属民,要向后金汗缴纳赋税,还要负担徭役。以上两项,当时目击者记载:"凡有杂物收合之用,战斗力役之事,奴酋令于八将,八将令于所

---

①　吴振械:《养吉斋丛录》,第1卷,第2页,北京古籍出版社,1983年。

②　福格:《听雨丛谈》,第1卷,第28页,中华书局校点本,1984年。

③　《清史稿·职官志四》,第117卷,第3369页,中华书局标点本,1977年。

属柳累将,柳累将令于所属军卒,令出不少迟缓。"①"八将"为八固山额真,"柳累将"为牛录额真。

第四,督催耕作。八旗制下的部众,"出则为兵,入则为民;耕战二事,未尝偏废"②。即跨马从戎时,按军队的编制驰骋征战;解甲卸鞍后,又按民事的编制从事生产。军卒返屯后,修整器具,耕种田地,牧放马匹,采集狩猎。牛录额真又成为生产的管理者。万历四十一年(1613年),努尔哈赤命"一牛录各出男丁十人,牛四头,垦荒屯田,悉蠲贡赋"③。以后随着归并的土地和人口日渐增多,便组织庄田进行生产。牛录额真是本牛录生产的组织者,天命汗要牛录额真重视所属部民种粮植棉,规定:如额真所属诸申秋后衣食不足可以告状,然后将其从收成较差额真那里拨出,交给收成较好额真,以示奖惩。后来由于丁口增加,牛录下的民户"三丁抽一"④,即每户如有三名男丁,抽一人去作战,另二人称余丁,在家从事生产劳动。"无事耕猎,有事征调,战胜分俘受赏。人自为兵,人自为饷,无养兵之费,故用无不给"⑤。随着战争的频繁,兵士不再弃戈务农,而变成职业军人:"军卒则但砺刀剑,无事于农亩者。"⑥牛录额真指挥军事职能逐渐加强,组织生产职能日趋减弱。

第五,管理民事。凡婚丧嫁娶、户口登记、部民纠纷、抚恤孤寡、赈济贫困等事,该牛录额真,进行统辖。

第六,举荐官员。凡本牛录的官员,其有关举荐、询证、催办、具保等事宜,会同族长共同办理,等等。

牛录额真的任免权在天命汗,其时牛录额真位高、权重。

甲喇,为牛录与固山之间的一级组织机构,是牛录额真同固山额真机构运转的中间关节。甲喇额真,其满语体为 jalan i ejen,jalan,原意为草节、竹节之节,为承启固山额真与牛录额真之间的官职,辖五个牛录,所以满文又称 sunja niru i ejen,意为五牛录之主或五牛录之长,后称甲喇章京,入关后称参领。

---

① ［朝］李民寏:《建州闻见录》,第33页,日本天理大学图书馆藏玉版书屋本。
② 《清太宗文皇帝实录》,第7卷,第5页,中华书局影印本,1985年。
③ 《满文老档·太祖》,上册,第19页,癸丑年(1613年),中华书局译注本,1990年。
④ 《清太宗文皇帝实录》,第17卷,第15页,中华书局影印本,1985年。
⑤ 魏源:《圣武记》,第1卷,第21页,中华书局校点本,1984年。
⑥ ［朝］李民寏:《建州闻见录》,第31页,日本天理大学图书馆藏玉版书屋本。

固山，为八旗最高的编制单位。固山为满语 gūsa 的对音，是旗的意思；其满语体为 gūsa i ejen，意为旗之主，后称固山章京，入关后称都统。梅勒额真，梅勒为满语 meiren 的对音，是两侧、副手的意思；其满语体为 meiren i ejen，意为副（旗）主，后称梅勒章京，入关后称副都统。

八旗的管理，归固山额真。固山额真的地位，仅次于本旗的旗主贝勒、非旗主议政贝勒。固山额真负责本旗的管理，又称作管旗大臣。天命年间的固山贝勒，主要有开国五大臣、宗室觉罗和望族强宗者。开国五大臣如额亦都及其子车尔格、费英东、何和礼，宗室如阿敦、济尔哈朗、汤古代、铎弼、阿巴泰等；望族强宗如达尔汉额驸、喀克笃礼、博尔晋等。固山额真常在家族父子兄弟之间轮回担任，如开国元勋额亦都掌镶白旗，他的三个儿子车尔格、图尔格、伊尔登也都相继为镶白旗固山额真。车尔格，幼事天命汗，后进游击、总兵官、领镶白旗；图尔格，尚主为额驸，天命十一年即天启六年（1626 年）晋镶白旗固山额真，位列八大臣；伊尔登，幼年在天命汗宫中养育，后晋侍卫、游击、副将，图尔格被罢固山额真，以伊尔登任之。后伊尔登获罪，又以图尔格任镶白旗固山额真。他们父子四人，《清史稿》皆有传。后来清太宗皇太极谕："图尔格兄弟三人，俱为固山额真，并获罪。今复用尔为固山额真者，非从尔兄弟起见也。因尔才能，加恩特用。尔嗣后若不勉力，则用他人矣！"[1]从上可以看出，八旗固山额真在宗室贵族、军功贵族、勋旧贵族中联姻攀援、盘根错节，形成顽固而强大的势力。固山额真的职责，主要是执掌"八旗之政令，稽其户口，经其教养，序其官爵，简其军赋，以赞上理旗务"[2]。实际上固山额真掌管本旗的一切旗务，包括军事、政治、经济、司法、官爵、户籍、民政、赋役、族务、教育等。正如《清太宗实录》所言：八旗固山额真"入则赞襄庙谟，出则办理国事，上下中外，一切事宜，未有不知者"[3]。然而，八旗固山额真在天命大汗之下，只是为其本旗之旗主贝勒管理本旗事务而已。

八旗分设旗主，由旗主贝勒统领。旗主贝勒的满文体为 gūsa ejelehe beile，他们是八旗之主，所以称作为旗主贝勒，或称为主旗贝勒。八旗的旗主，经常有变动。天命六年（1621 年）九月，据《朝鲜李朝实录》记载：天命汗努尔哈赤领正黄、镶黄两旗，其次

---

① 《清太宗文皇帝实录》，第 29 卷，第 8 页，崇德元年五月己巳，中华书局影印本，1985 年。

② 光绪《钦定大清会典》，第 84 卷，第 1 页，光绪二十五年（1899 年）刻本。

③ 《清太宗文皇帝实录》，第 8 卷，第 14 页，中华书局影印本，1985 年。

子代善领正红、镶红两旗①,其八子皇太极领正白旗,其长子褚英之子杜度领镶白旗,其五子莽古尔泰领正蓝旗,其胞弟舒尔哈齐之子阿敏领镶蓝旗②。《无圈点老档》即《旧满洲档》《老满文原档》天命七年即天启元年(1621年)二月初五日记载如下:"大贝勒、豪格父贝勒自锦州,率红二旗及正白一旗,往驻义州;阿敏贝勒率镶蓝一旗,往驻白土厂;汗率黄二旗、镶白一旗、正蓝一旗,驻锦州。"

上文中的大贝勒为代善,豪格父贝勒为皇太极,而领正蓝旗的莽古尔泰因罪被皇太极惩治,故修《无圈点老档》时将他的名字删去。先是,舒尔哈齐领两蓝旗。舒尔哈齐死后,由其子阿敏领镶蓝旗;努尔哈赤将其另一部分产业分给自己第五子莽古尔泰,改编并组成正蓝旗。而褚英被处死后,他所领的旗,由其长子杜度领镶白旗;由皇太极领正白旗。这就表明,努尔哈赤兄弟及其儿侄掌握着八旗的军政大权。其弟、其长子死后,八旗中的七个旗归努尔哈赤及其子掌握,另一个旗归其侄子掌握,军政大权,更加集中。天命汗努尔哈赤则是八旗的最高统帅,也是八旗的最高领袖。

旗主贝勒,位高权重。

第一,进入最高决策集团。清初在建州时期或天命时期,在天命汗之下,由旗主贝勒等组成议政诸王贝勒大臣会议,决定汗位继承、军国大政、出师征讨、政策法令、重大审判等。

第二,分配经济利益。乾隆《大清会典》载述:"天命间,立八和硕贝勒,共议国政,各置官属,朝会燕飨,皆异其礼,锡赉比均及,是为八分。"③清初有"入八分"与"不入八分"的区别,就是在宗室中,只有极少一部分特权贵族,能享有"八份均分"的特权。凡是"入八份均分"者,才能享有"八份均分"的殊荣;而"不入八份均分"者,则不能享有"八份均分"的特权。清入关后,有"入八分公"和"不入八分公"的区别。天命时的旗主贝勒,都在"入八份均分"之列。将征战掳掠的财富往往按八份分之。

第三,总理三个旗分。后来八旗分设八旗满洲、八旗蒙古、八旗汉军,每旗分为满洲、蒙古、汉军三个旗分,虽有满洲、蒙古、汉军三个固山额真,但其旗主贝勒只有一个。同旗的满洲、蒙古、汉军三个固山额真,在其旗主贝勒的总领下,分管自己的旗分。

① [朝]李民寏《建州闻见录》载:代善掌黑旗。
② 《李朝光海君日记》,第169卷,第9页,十三年九月戊申,日本学习院东洋文化研究所影印本,1959年。
③ 乾隆《大清会典》,第1卷,《宗人府》,清乾隆武英殿刻本。

第四，管理本旗经济。大凡征战所获的土地、牲畜、财物、人口、布帛、金银等，八份或按八旗进行分配；赋税、徭役也按八旗分摊。重大招待宴会，也按八旗分摊举行。后来生员胡贡明关于八旗分配和税收的奏言，也反映天命朝的情状。他说：

> 我国地窄人稀，贡赋极少，全赖兵马出去抢些财物。若有得来，必同八家平分之；得些人来，必分八家平养之。譬如皇上出件皮袄，各家少不得也出件皮袄；皇上出张桌席，各家少不得也出张桌席。①

第五，管理司法诉讼。本旗内的重要案件，其诉讼、审理、判决等，都需经过旗主贝勒。一些重大事情，也需报告旗主贝勒。

第六，管理民事教育，等等。

八旗的组织同其功能密不可分。

（三）八旗制度的功能

八旗制度是满洲，也是清朝独特的、根本的社会制度。这个八旗社会制度，前古未有，后世也无。清代八旗制度是一个庞大而复杂的社会系统，其军事、政治、经济、文化、教育、行政、司法、祭祀、宗族等，都被涵盖在内。

八旗制度首先是军事制度。

八旗军在创立的初期，是一支勇敢善战的军队。史载："其俗勇悍，喜战斗，耐饥渴，善骑射。上下崖壁如飞，济江渡河不用舟楫，浮马而渡。"②《清太祖高皇帝实录》对八旗制度的军事性质，作了明确的记载：

> 行军时，地广，则八旗并列，分八路；地狭，则八旗合一路而行。队伍整肃，节制严明。军士禁喧嚣，行伍禁搀越。当兵刃相接时，被坚甲、执长矛大刀者，为前锋；被轻甲、善射者，从后冲击；俾精兵立他处，勿下马，相机接应。每预筹方略，了

---

① 《天聪朝臣工奏议》，上卷，第 10 页，辽宁大学历史系铅印本，1980 年。
② 罗曰褧：《咸宾录》，第 2 卷，第 47 页，中华书局标点本，1983 年。

如指掌，战则必胜。①

这里除记述八旗军的军容军纪整肃、攻战克敌制胜外，还记载八旗军在兵种上分为三等，即长甲军、短甲军和巴牙喇，后来演变成前锋、骁骑和护军等。护军即精兵，时称巴牙喇。巴牙喇，为满语 bayara 的对音，意为精兵或护军。其首领为 bayarai jalani janggin，汉语音译为巴牙喇甲喇章京，后称护军参领。朝鲜称巴牙喇为拜阿罗，据朝鲜人李民寏所见："胡语呼拜阿罗军者，奴酋之手下兵也，五千余骑，极精勇云（七将皆有手下兵，而未详其数）。"②巴牙喇是从各牛录中选拔的精壮，兵勇马骠，甲坚剑利，在后金夺取抚顺、沈阳、辽阳等战役中，发挥了重要的作用③。

八旗军是一支以骑兵为主的军队。兵书有言："国之大事在戎，兵之驰骋在马。"④八旗军虽然步兵众多，开始没有火器，用皮弦木箭、短剑钩枪，射程近，威力弱；但是，他却以铁骑角胜。八旗骑兵的战马饲养，栏里不蔽风雪溽暑，不喂菽粟，野外牧放，能耐饥渴。出征时，兵士乘马，带上自备军器和数天干粮，驱骑驰突，速战速决；利用行军或战斗的闲暇，脱缰放牧，不需后勤。李民寏又记载："胡中之养马，罕有菽粟之喂。每以驰骋为事，俯身转膝，惟意所适；暂有卸鞍之暇，则脱靮而放之。栏内不蔽风雪寒暑，放牧于野，必一人驱十马。养饲调习，不过如此。而上下山坂、饥渴不困者，实由于顺适畜性也。我国之养马异于是，寒冽则厚被之，雨雪则必避之，日夜羁縻，长在枥下，驰骋不过三四百步。菽粟之秣，昏昼无阙，是以暂有饥渴，不堪驰步，少遇险仄，无不颠蹶。且不作骟，风逸蹊啮，不顺鞭策，尤不合战阵也。"⑤

上引后金与朝鲜战马的对比，实际上也反映了后金同明朝战马的对比。后金骑兵，兵悍马壮，兵皆铁甲，马也披甲。据《咸宾录》载女真军法云："其军法，五十人为一队；前二十人披重甲，持戈矛；后三十人披轻甲，操弓矢。每遇敌，则两人跃马而出，观阵虚实，然后四面结阵驰击，百步之外，弓矢齐发。"⑥骑兵作战时，分作"死兵"和"锐

①　《清太祖高皇帝实录》，第 4 卷，第 20 页，中华书局影印本，1986 年。

②　[朝]李民寏：《建州闻见录》，第 31 页，日本天理大学图书馆藏玉版书屋本。

③　《满洲实录》，第 4 卷，第 10 页；第 6 卷，第 13 页；第 7 卷，第 3 页，辽宁通志馆影印本，1930 年。

④　戚继光：《练兵实纪》，第 3 卷，《练胆气》，《学津讨源丛书》本。

⑤　[朝]李民寏：《建州闻见录》，第 37 页，日本天理大学图书馆藏玉版书屋本。

⑥　罗曰褧：《咸宾录》，第 2 卷，第 44 页，中华书局标点本，1983 年。

兵"两种："死兵在前，锐兵在后。死兵披重甲，骑双马冲前，前虽死而后仍复前，莫敢退，退即锐兵从后杀之。待其冲动我阵而后，锐兵始乘其胜。"①这说明八旗军骑兵的勇敢与顽强。每当后金军吹角螺，鸣号炮，发动进攻时，八旗军的骑兵，冲锋，厮杀，摧坚，陷阵，铁骑奔驰，冲突蹂躏，无与争锋，所向披靡。

相反，明朝军队习于平原作战，长于施放火器。他们临阵时，摆列方阵，弯弓挥刀，士气不高，行动迟缓。但后金骑兵有两个显著的特点：一个是速度快，另一个是冲力大。从某种意义来说，战争就是作战双方速度与力量的竞赛。因此，行动慢、摆方阵的明朝步兵，与速度快、力量大的后金骑兵交锋之后，明军未及再装弹药时，后金的骑兵已冲陷方阵，倏来倏往，任意横行。所以，袁崇焕说：明朝"兵不利野战，只有凭坚城、用大炮一策"②。然而，八旗兵攻城时，先用楯车③运载登城士卒到城下，竖起罩着牛皮的简梯④，军士冒矢石沿简梯鱼贯登城。有时从城下挖洞，兵士穴城而入。也有时"则每于马上人持一袋土，一时俱进，积于城下，则顷刻与城平，而人马践踏逾越"⑤，取得攻城的胜利。

八旗军又是一支严格训练的军队。天命汗重视军事训练，提高军队素质，培养勇敢精神，熟谙弓马技艺。在佛阿拉有很大的操场，天天操练兵马。练兵时，他常亲自检查战马的膘情，马肥壮者赏酒，马羸瘦者责鞭。练兵除演习枪、刀、骑、射外，还进行"水练"和"火练"——练习跳涧的叫作水练，练习越坑的叫作火练；优秀者受赏，怯劣者受罚。天命汗之所以严格军训，是因为他深知武艺对一个兵士之重要。他自己便是一个弓马精熟、武艺超群的射手。如《清太祖高皇帝实录》记载一个努尔哈赤"百步穿柳"的故事：

> 初，上出迎时，至洞城之野，有乘马佩弓矢过者。上问左右曰："谁也？"左右曰："此董鄂部人，善射，部中无出其右，所称善射钮翁金是也。"上召钮翁金至，指

---

① 陈仁锡：《无梦园集·山海纪闻二·纪奴贼战法》，明刻本，崇祯八年（1635年），安徽省图书馆藏。

② 《明史·袁崇焕传》，第259卷，第6711页，中华书局校点本，1974年。

③ 楯车：是一种攻防两用的战车，形似双轮手推车，前面安设高厚木板，蒙以牛皮，以避矢镞。

④ 简梯：是一种攻城用的长梯，蒙牛皮、似简状，以蔽矢石；有轮，可拖动行进。

⑤ 《李朝宣祖大王实录》，第69卷，第22页，二十八年十一月庚寅，日本学习院东洋文化研究所影印本，1959年。

百步外柳,命之射。钮翁金发五矢,中其三,上下相错。上发五矢,皆中,众视之,五矢所集,仅五寸许,众共叹为神技云。①

上文称赞清太祖弯射神技,五箭环中,技艺超群。这个故事同金太祖阿骨打射艺超群的故事类似。《金史》记阿骨打射艺:"十岁,好弓矢。甫成童,即善射。一日,辽使坐府中,顾见太祖手持弓矢,使射群鸟,连三发皆中。辽使矍然曰:'奇男子也!'太祖尝宴纥石烈部活离罕家,散步门外,南望高阜,使众射之,皆不能至。太祖一发过之,度所至逾三百二十步。宗室谩都诃最善射远,其不及者犹百步也。"②

八旗军还是一支严军纪、明赏罚的军队。《易经·师》曰:"师出以律,失律凶也。"努尔哈赤从建军之初,便军律严、赏罚明。他制定不成文军令,并规定:"从令者馈酒,违令者斩头。"③到万历四十三年(1615年),努尔哈赤把军纪、赏罚制度化:

> 克城破敌之后,功罪皆当其实:有罪者,即至亲不贳,必以法治;有功者,即仇怨不遗,必加升赏。用兵如神,将士各欲建功。一闻攻战,无不忻然。攻则争先,战则奋勇,威如雷霆,势如风发。凡遇战阵,一鼓而胜。④

上述记载如"用兵如神"云云,出自清朝文人的讴歌。但是,他确有一套办法,在每次战后核查军士战功时,重赏勇者,以励兵卒。雅荪即为一例。"雅荪素微贱,因叶赫兵临兀扎鲁城时,有战功。太祖高皇帝擢为大臣,宠任特优。太祖在时,雅荪尝以殉葬自矢"⑤,以死相报,拼战必厉。又如据朝鲜满浦金使郑忠信至赫图阿拉所目击云:"军卒则盔上有小旗以为认。每部各有黄甲二统,青甲二统,红甲二统,白甲二统。临战则每队有押队一人,佩朱箭,如有喧呼乱次、独进独退者,即以朱箭射之。战毕查验,背有朱痕者,不问轻重斩之。战胜则收拾财畜,遍分诸部,功多者倍一分。"⑥

---

① 《清太祖高皇帝实录》,第2卷,第7页,中华书局影印本,1986年。
② 《金史·太祖本纪》,第2卷,第19~20页,中华书局校点本,1975年。
③ 《李朝宣祖大王实录》,第23卷,第6页,二十二年七月丁巳,日本学习院东洋文化研究所影印本,1959年,东京。
④ 《满洲实录》,第4卷,第6页,辽宁通志馆影印本,1930年。
⑤ 《清太宗文皇帝实录》,第5卷,第18~19页,中华书局影印本,1985年。
⑥ 《李朝光海君日记》,第169卷,第9页,十三年九月戊申,日本学习院东洋文化研究所影印本,1959年。

努尔哈赤在每次战后，"赏不逾日，罚不还面"①。按功行赏，依罪惩罚，兵士们齐一心志，统一战力，奋勇征杀，有进无退。

有人总结后金的骑兵，在作战时有进无退的原因，说道："只以敢进者为功，退缩者为罪（面带枪伤者为上功；凡大小胡人之所聚，面颈带搬（瘢）者甚多，其屡经战阵可知）。有功则尝之以军兵，或奴婢、牛马、财物；有罪则或杀，或囚，或夺其军兵，或夺其妻妾、奴婢、家财，或贯耳，或射胁下。是以临阵有进无退云。"②在某种意义上说，后金是以掠财赏功，酷刑罚罪，来维持一支强大的八旗铁骑劲旅。

关于后金军队的严酷刑罚，可从《满文老档》中选择两件事情加以说明：后金军攻抚顺城时，在前面的人竖梯登城，后面的人没有跟上，先上的人被射死，命将后面没有跟上的伊赖，削掉鼻子，罚为阿哈（奴仆）。又有苏克达的舒赛牛录的阿奇，擅离兵营，去杀鸡烧着吃，另四人知道后和阿奇一起吃烧鸡。他们五人被清河的明兵杀了。命割取阿奇尸体的肉，给各牛录传观，以儆效尤③。尽管八旗军的军纪严酷，但兵士因参战能得到物质利益，仍把出征视同节日："出兵之时，无不欢跃，其妻子亦皆喜乐，惟以多得财物为愿。如军卒家有奴四、五人，皆争偕赴，专为抢掠财物故也。"④因此，诱之以利，绳之以法，这是后金八旗军队战斗力强的两项重要因素。

八旗军不仅勇敢善战、长于骑射、勤加训练、号令严肃、卒伍整齐、赏罚分明，而且"最工间谍"⑤。后金为了刺探明军的指挥、部署、数量、军器、城邑、士气、粮秣等情报，曾利用明降将李永芳，每月花银一百两，收买与明辽东官员有交往的刘保，按月递送情报⑥。后金还曾派谍工男扮女装，设计焚烧明军在海州的粮草⑦。后金因善用谍工，对辽东明军的虚实动静了如指掌。在《三朝辽事实录》和《无梦园集》等书中，特别是明朝兵部尚书兼辽东经略王在晋，对努尔哈赤善用谍工屡有记述，如：

> 奴遣奸细探三岔，破联舡，阴图金酋寨。

---

① 银雀山汉墓竹简整理小组编：《孙膑兵法·将德篇》，第109页，文物出版社，1975年。

② ［朝］李民宬：《建州闻见录》，第34页，日本天理大学图书馆藏玉版书屋本。

③ 《满文老档·太祖》，上册，第60页，中华书局译注本，1990年。

④ ［朝］李民宬：《建州闻见录》，第33～34页，日本天理大学图书馆藏玉版书屋本。

⑤ 王在晋：《三朝辽事实录》，第1卷，第24页，江苏省立国学图书馆藏本。

⑥ 王在晋：《三朝辽事实录》，第4卷，第29页，江苏省立国学图书馆藏本。

⑦ 王在晋：《三朝辽事实录》，第1卷，第42页，江苏省立国学图书馆藏本。

开原未破,而奸细先潜伏于城中,无亡矢遗镞之费,而成摧城陷阵之功。

奴酋多遣奸细,潜伺内境。

奴中间谍,无地不有。

奴酋最狡,善用奸细,我之动静,无不悉知。

贼之奸细,混入其中,如沈阳攻陷,皆由降夷内应,其明验也。

奴自清、抚、开、铁,以及河东、西之陷,何者不由奸细之潜伏?其用计最诡,用财最广,用人最密,故破奴之法,莫要于查奸细。

此外,明人陈仁锡也说:

奴贼善愚我,而我无一事愚奴。[1]

后金军统帅努尔哈赤,用精心的策划,诡诈的计谋,丰厚的财物,秘密的手段,派遣谍工,刺探敌情,取得指挥战争的主动权。

八旗制度不仅是军事制度,而且是行政制度。后金政权既以旗统兵,又以旗统人。八旗的军事职能前已述及,其社会职能,包括政治、民政、氏族、司法和教育五个方面:

八旗是政权组织。后金的政权组织分为三级——固山、甲喇和牛录。固山额真、甲喇额真、牛录额真,既是军事长官,又是行政长官。他们出则统率军队,入则统领部民。八旗各有旗主,各置官衙,各领属民。基层单位为牛录,牛录额真是本牛录旗人的"父母官"。后金汗通过各级额真,管治其人民。

天命汗同各级额真是君臣隶属关系。天命六年即天启元年(1621年)二月,萨尔浒城营筑竣工,努尔哈赤升殿聚诸王大臣曰:"君明乃成国,国治乃成君。至于君之下有王,王安即民安,民安即王安。故天作之君,君恩臣,臣敬君,礼也。"[2]

可见后金八旗中的君臣等级是很森严的。后金政权依靠八旗的固山额真、甲喇额真和牛录额真等各级官吏,组成管理后金人民的国家机器。

八旗也是民政组织。固山、甲喇、牛录,既是军事编制单位,也是户口编制单位。

---

① 陈仁锡:《无梦园集·山海纪闻二·纪奴奸细》,明刻本,崇祯八年(1635年),安徽图书馆藏。

② 《满洲实录》,第6卷,第11页,辽宁通志馆影印本,1930年。

编入八旗的人户,称为旗人。牛录额真及其属下村领催等官员,掌管本牛录、本村屯的民政事务,诸如登记户籍,查勘田地,分配财物,经营房宅,收纳赋税,摊派劳役,管理治安,拘捕逃人,婚丧嫁娶,排解纠纷,清理卫生,送往迎来等①。

八旗又是宗族组织。女真族到努尔哈赤时代,仍保留有氏族残余形态。虽然牛录早已变成军事组织和行政组织,但牛录额真多为一族之长或众族之长。一个牛录往往是一个大宗族,牛录额真即成为该族的族长。如康果礼先世居那木都鲁,以地为氏。康果礼等率兵一千余人,归服努尔哈赤。努尔哈赤命康果礼等"分辖其众,为世管佐领六,隶满洲正白族"②。康果礼既统辖所属部众,又为其旗的族长。尤其是东海女真部民降服后,努尔哈赤即以其首领委任官职,统领所属部民。这种牛录额真,既为军事长官,也为行政长官,又为该族的族长。所以《光绪会典》载有:"每佐领下,每设族长,管束同族之人,其独小族,即令兼管。"③因此,牛录额真也是族长或总族长。但后来招服日众,情况有所不同,同一牛录内不仅有满洲人,也有蒙古人和汉人等。尽管如此,牛录额真仍管牛录内的宗族事务。

八旗也是司法组织。后金社会八旗下的牛录,是基本的司法单位,是由早期族长审判权而演化为牛录额真审判权,而牛录额真往往是本牛录的族长。牛录额真有着调解、裁断、审结本牛录属下人的一定权力。后随着国家权力的强化和司法制度的演化,牛录额真仅审理一般民事纠纷,事有大者交理事官审理。下面从《盛京刑部原档》中牛录章京布尔萨海等一案可以窥见后金时牛录额真的司法权力:"镶黄旗布尔萨海牛录下青吉儿,首告本牛录下额托齐于法司:先前,额托齐曾持腰刀砍我们,我青吉儿夺其所配之弓。此情告于牛录章京布尔萨海后,将额托齐鞭二十七;又夺青吉儿我所佩之弓。经审属实,鞭额托齐七十。牛录章京布尔萨海擅自审结持腰刀一罪,鞭五十,准折赎,罚银十六两六钱六分入官。"④

上录案例说明,牛录额真最初享有审判权;但在天聪五年(1631年)将民事纠纷以外之审判权交由刑部审理。牛录额真布尔萨海循旧章、违新制,遭到鞭责折赎之罚。

八旗还是教育组织。满文创制之后,在八旗的牛录里,进行满文的教习。每牛录

① 《满文老档·太祖》,上册,第436～437页,中华书局译注本,1990年。
② 《清史列传·康果礼》,第4卷,第12页,中华书局,1928年。
③ 《光绪会典》,第84卷,第10页,清光绪二十八年(1902年)刻本。
④ 《盛京刑部原档》,第166号,崇德三年四月,群众出版社,1985年。

设立师傅,教授其属民满文。清军入关后,按八旗设立学校,称八旗官学。

八旗制度不仅是军事制度、行政制度,而且是经济制度。这主要表现在天命汗和固山额真除指挥作战和管理行政外,还占有土地、奴仆、牲畜,坐拥田庄,管理生产,分配财物。八固山共同占有土地。胡贡明奏议称:"有人必八家分养之,地土必八家分据之"①。这虽是努尔哈赤死后六年的奏议,但反映其在世时八固山占有土地、奴仆和牲畜的史实。后面将较详地叙述后金的土地所有制问题,这里姑且从简。八旗还是分配财富的单位。如天命三年(1618年)四月十五日,攻取明抚顺诸城堡,次日,天命汗就在甲版②野地设营,按旗分配"俘获"三十万人畜③。每次战胜之后,"降者编为户口,所俘各照牛录,派数上献"④。他还将在战争中掳获的大量人口、牲畜、金银、布帛,按八旗分赐与贝勒和各级额真等。如萨尔浒之役后,将缴获的战利品堆放八处,按八旗进行分配⑤。

此外,八旗还是税收单位⑥。后金政权凡是需要征调兵员、差役、物资时,都是按八旗分摊,再由旗主贝勒按牛录在本旗内分派。根据天命汗的旨意,各旗主贝勒调发本旗所属牛录的披甲、壮丁、徭役、粮赋等。申忠一在佛阿拉所见记载:"前则一任自意行止,亦且田猎资生。今则既束行止,又纳所猎。"就是说,要缴纳田之所获、狩之所猎。至于行军作战,诸贝勒各领其军兵,而"军器、军粮,使之自备"。后胡贡明于天聪六年即崇祯五年(1632年)时奏言:"譬如皇上出件皮袄,各家少不得也出件皮袄;皇上出张桌席,各家少不得也出张桌席。"⑦以上见闻和奏言充分说明,八旗也是税收单位。

女真社会历史发展与生产关系形态所产生的独特社会结构——八旗制度,既有利于其社会生产力的发展,又有利于满族共同体的形成。天命汗通过八旗把分散的女真部民组织起来,管理女真的农业、畜牧业、采集业、渔猎业和手工业生产,促进了女真社会生产力的提高。同时,随着对瓦尔喀、虎尔哈、卦勒察、萨哈连、鄂温克、达斡尔、蒙古

---

①　《天聪朝臣工奏议》,卷中,第30页,《清初史料丛刊》本,辽宁大学历史系铅印本,1980年。

②　《清太祖高皇帝安录》作"甲版",《清太祖武皇帝实录》作"甲板",《满洲实录》则作"嘉班",其地为一,其译则异。

③　《满文老档·太祖》,上册,第59页,中华书局译注本,1990年。

④　《清代碑传全集·扬古利传》,第3卷,第26页,上海古籍出版社影印本,1987年。

⑤　《满文老档·太祖》,上册,第88页,天命四年四月初三日,中华书局译注本,1990年。

⑥　《剑桥中国明代史》,第622页,中国社会科学出版社,1992年。

⑦　《天聪朝臣工奏议》,卷上,第10页,《清初史料丛刊》本,辽宁大学历史系铅印本,1980年。

人、汉人等的征抚，得到一部人就编为一牛录。努尔哈赤把各部女真人等都包容在旗制之中，加速了满族共同体的形成。天命初年，已发展到约二百个牛录①。

天命汗创建八旗制度，以其为纲，把女真社会的军事、行政、生产统制起来，实行军事、行政、生产、教育、分配、财税、司法和氏族等八种社会职能一元化。女真各部的部民，被按军事方式，分为三级，加以编制。女真社会"是按军事方式组织成的，像军事组织或军队组织一样"②。努尔哈赤用军事方法管理行政、管理经济、管理社会、管理司法、管理民事、管理教育、管理祭祀、管理氏族，使女真社会军事化。因此，在清太祖朝，八旗制度使军事社会化，八旗制度也使社会军事化。这一点，正是天命汗统治时期女真社会的一个重要特征。

天命汗努尔哈赤，以八旗制作纽带，把涣散的女真各部连结起来，形成一个组织严密、生气勃勃的社会整体，在当时历史条件下是有积极意义的。克劳塞维茨在《战争论》中说："战斗与生活合一的民族与社会必强。"后金时期的女真民族和女真社会，是战斗与生活合一的民族，也是战斗与生活合一的社会，整个女真社会就是一座大兵营。这正是后金崛起东北地区，整合女真各部，统一东北地区，施行社会改革和屡败明朝军队的重要原因之一。

金朝以兵得国，后金亦以兵得国。后金与金朝的崛兴、胜利，有着相同、近似之处。《金史·兵志》论道：

> 金兴，用兵如神，战胜攻取，无敌当世。曾未十年，遂定大业。原其成功之速，俗本鸷劲，人多沉雄，兄弟子姓，才皆良将，部落保伍，技皆锐兵。加之地狭产薄，无事苦耕，可给衣食，有事苦战，可致俘获。劳其筋骨，以能寒暑；征发调遣，事同一家。是故将勇而志一，兵精而力齐。一旦奋起，变弱为强，以寡制众，用是道也③。

后来金亡元兴，究其原因之一，《金史·兵志》又论道：

> 岂非自坏其家法而致是欤！抑是道也可用于新造之邦，不可以保长久之天下欤！

①　孟森：《八旗制度考实》，《清史讲义》，第 30 页，中国文化服务社，1947 年。
②　［德］马克思：《资本主义生产以前各形态》，第 8 页，人民出版社，1956 年。
③　《金史·兵志》，第 44 卷，第 991 页，中华书局校点本，1975 年。

八旗制度的正面价值与负面价值,及其在清军入关前与入关后的作用,是有所区别的,亦是有所不同的。八旗制度关系着大清帝国的"荣枯盛衰"①。清军入关稳定统一政权之后,清帝"率祖旧章",未能对八旗制度加以改革,而使其日渐显现负面的因素。清朝终于由强而弱,由盛而衰,由荣而枯,由生而灭,未能逃脱"生者必灭"这一历史运行的法则。

天命汗通过八旗制度,加强了对女真诸申的军事统治和军事独裁,从而给女真劳动民众戴上了一副沉重的枷锁。而八旗军入关之后,对中原地区人民实行野蛮掠夺与军事统治,推行高压政策,影响了社会的前进。

满洲文字的创制,八旗制度的确立,从精神和物质上准备了后金政权的建立。

①　[日]阿南惟敬:《清初军事史论考》,第343页,甲阳书房,1980年。

八　金政权建立及社会结构

（一）建州军政势力的发展

金政权的建立，是满洲兴起的转折点，也是建州与明朝关系史上的转折点。在中国皇朝历史上，每当中央皇权衰微的时候，总会出现地方割据。其中有农民武装割据，有军阀武装割据，也有民族政权割据。万历朝廷的衰微，建州势力的崛兴，为建州冲决臣属关系的网罗，建立金民族割据政权，准备了条件。

就建州而言，从万历十一年（1583 年）努尔哈赤起兵，到万历四十四年（1616 年）建立大金，其间整整三十三年。在这段时间里，建州社会发生了巨大的变化。

第一，女真各部基本统一。建州兴起后，完成本部统一，又陆续吞并哈达、辉发、乌拉，还对长白山、图们江、乌苏里江等地域的女真部落大体进行了统一，对黑龙江中游女真等部落征讨取得重大成绩。这时建州的地域东到鸭绿江、图们江，东北到乌苏里江沿海，西达大兴安岭，南接明界。其地域远远超出建州的范围，并从地理上对明朝辽东重心——辽沈形成弧形包围圈。这就需要以新的名号来反映新的版图现实。

第二，满洲民族正在形成。满族的先世为女真，这是不争的史实。自努尔哈赤起兵后，以赫图阿拉为政治中心的军政势力，其居民成分已经不仅是女真人，还包括汉人、蒙古人、朝鲜人等等。无圈点满文创制且推行，民族意识、民族凝聚力加强，一个新的满洲族的民族共同体正在形成中。为反映上述新的客观现实，用建州早已不能够概括，这就需要以新的名号来反映新的民族现实。

第三，八旗军队已成气候。建州的军队，从开始的"十三副遗甲"，到千军万马，已经发展成为一支非常强大的铁骑。万历二十九年（1601 年），正式整编牛录，初编四旗；万历四十三年（1615 年），重新整编军队，设立八旗。满洲八旗的军队，大约有二百个牛录，大体有五六万军队。这支八旗军，勇猛善战，纪律严明，野战争锋，所向披靡。

这就需要以新的名号来反映新的军事现实。

第四，蒙古贵族奉上尊号。以漠南蒙古科尔沁为例。科尔沁贝勒明安曾参加九部联军进攻建州，结果兵败，落荒而逃。明安从失败中认识到建州的力量与前景，并将自己的爱女给努尔哈赤为妻。再以漠南蒙古内喀尔喀为例。早在万历二十二年（1594年），内喀尔喀部老萨贝勒同科尔沁明安贝勒，率先遣使通聘努尔哈赤。万历三十三年（1605年），恩格德尔向建州努尔哈赤朝聘献马。万历三十四年（1606年）十二月，恩格德尔又引领内喀尔喀五部之使到建州进献驼、马，"尊太祖为昆都仑汗"即恭敬汗的意思。这就需要以新的名号来反映新的政治现实。

由上，可以看出，努尔哈赤用新的名号，反映建州社会新的现实，不仅有现实的需要，而且有实现的可能。这是因为明朝的衰落与腐败，恰为努尔哈赤建国称汗提供了历史机遇。

就明朝而言，从万历十一年（1583年）努尔哈赤起兵，到万历四十四年（1616年）建立大金，其间整整三十三年。在这段时间里，明朝社会发生了巨大的变化。

第一，明廷内部更加腐败。万历朝后期，主昏臣庸，纲纪废弛，党争日烈，腐败至极。万历帝深居简出，二十几年不御朝政，以久病亏衰之躯，高卧内廷深宫之中，日与宫女、太监厮混。一切奏章，多留中不发；阁部大臣，亦遇事敷衍。即如朝廷会议，大都流为故套。朱国桢《涌幢小品》记载："朝廷会议，皆成故套。先一日，应该衙门于各该与议官，通以手本画知。至期集于东阙，该衙门印官，首发一言，或班行中一二人，以片言微语，略为答问，遂轮书题稿，再揖而退。既出阙门，尚不知今日所议为何事，或明知其事不言，出门啧啧，道其状以告人者。"[①]

明万历帝晚年及其以后，朝廷腐败突出的史例为"三案"。所谓"三案"是万历帝晚年及其殁后，明宫中发生的"梃击案"、"红丸案"和"移宫案"。万历帝晚年，宠幸郑贵妃，储立之争，久不能决，由是有"梃击案"的发生。万历四十三年（1615年），蓟州男子张差手执木棍，闯入太子朱常洛居住的慈庆宫，击伤守门太监。张差被执后，狱具，供系郑贵妃手下太监庞保、刘成引进。事连及郑贵妃及其内珰，时人因疑郑贵妃欲谋杀太子。万历帝与太子不愿深追，以疯癫奸徒为罪，"戮差于市，毙内珰二人于禁中"[②]。

---

① 朱国桢：《涌幢小品》，第8卷，第3页，上海进步书局石印本。
② 《明史·光宗本纪》，第21卷，第294页，中华书局校点本，1974年。

"梃击案"已结,后万历帝死,朱常洛继立,改元泰昌。泰昌元年(1620年),朱常洛即位后生病,司礼监秉笔太监兼掌御药房太监崔文昇下药,帝病愈剧,鸿胪寺丞李可灼进红色药丸,自称仙药,泰昌帝服药后死去。其在位时间,仅仅一个月。时人疑系神宗郑贵妃所指使,仅以崔文昇发遣、李可灼遣戌结案。这就是"红丸案"。泰昌帝死,天启帝立。天启帝朱由校,为光宗泰昌帝长子,其母为王选侍。他即皇位时,年十六岁,其生母已死。时抚养由校的李选侍居乾清宫(时有两位李选侍,为加区别,称其为"西李"),与心腹太监魏进忠(即魏忠贤)谋借机把持朝政。甚至有言郑贵妃欲"与李选侍同居乾清宫,谋垂帘听政"①者。朝臣杨涟、左光斗等疏请选侍移宫,两派推拉撕扯,闹得乌烟瘴气,寻选侍移仁寿殿②。后朱由校(熹宗)即皇帝位。这就是"移宫案"。"三案"事虽属内廷,但朝议汹汹,政治风波,久荡不息,成为党争的重要题目,朝廷更加腐败。

第二,明朝财政捉襟见肘。在外朝,万历朝的"三大征",开支巨大,浩繁亿万。在内廷,万历帝掷金如土,挥霍无度:郑贵妃生子,赐宫中赏银十五万两③;生日寿节,赏银二十万两;潞王就国,用珠宝银三十万两;营建定陵,费银至八百余万两;皇子诸王册封、冠婚、袍服费银一千二百余万两;采办珠宝用银,多至二千四百万两。

万历朝以皇帝、宦官、王公、佞臣为代表的贵族官僚集团,已成为统治阶级内部最反动、最顽固、最寄生、最腐朽的集团。腐朽集团,宗藩为甚,仅以其禄饷为例。御史林润言:"天下之事,极弊而大可虑者,莫甚于宗藩禄廪。天下岁供京师粮四百万石,而诸府禄米凡八百五十三万石。以山西言,存留百五十二万石,而宗禄三百十二万;以河南言,存留八十四万三千石,而宗禄百九十二万。是二省之粮,借令全输,不足供禄米之半,况吏禄、军饷皆出其中乎!故自郡王以上,犹得厚享,将军以下,多不能自存,饥寒困辱,势所必至,常号呼道路,聚诟有司。守土之臣,每惧生变。"④

朱明贵族,将军以下,多数不能自存,何遑平民百姓。一个皇朝,在财政上如果连宗室贵族都因贫困而不能自存,这个皇朝就已经到了垂死之期。

第三,边备废弛,辽军腐败。辽东巡按御史胡克俭曾在奏疏中指出:"国之大事在

---

①　《明史·后妃列传二》,第114卷,第3539页,中华书局校点本,1974年。

②　《明史·熹宗本纪》,第22卷,第297页,中华书局校点本,1974年。

③　《万历邸钞》,上册,第315页,江苏广陵古籍刻印社,1991年。

④　《明史·食货志六》,第82卷,第2001页,中华书局校点本,1974年。

边,边之大弊在欺。"①辽东军官上下欺诳,左右盘结,骄奢淫佚,克扣兵饷,杀民冒功,偷卖火药。

官兵偷卖火药,《李朝实录》载朝鲜平安道观察使朴东亮状启称:"自辽阳至镇江,其间许多镇堡,官上火药暗里偷出,或五六百斤,或千余斤。本国买卖人处夜间潜卖。以此,其价虽歇,所偷愈多。数年来辽阳一带火药,尽皆见失。镇堡之官,亦不以时点检,徒闭虚库。"官兵杀民冒功,据《万历邸钞》载:"若投诚之住牧者,与虏之所使住边及摆拨哨探者,投虏潜归,跋涉千里,饥饿数十日,历万死一生而来者,皆我黎民也,一切杀之。然此犹曰在外也,若往来怀挟之弊。民谣曰'带着人头去杀贼',盖葬者不能保其坟,独行者不能留其首,惨酷尤甚。又并其阵亡之军,一概割首以报数。"

明朝辽军在一次战斗中,攻围不克,死伤众多,"因无虏功,割死军五百五十余颗报验",竟以封赏。

第四,总兵官李成梁骄纵。明朝宁远伯、"辽东王"、总兵官李成梁,骄纵贪黩,苛索殃民。《万历邸钞》中记载阅视辽左给事中侯先春劾李成梁疏。这封万历二十年(1602年)四月的奏疏,因不多见,转录如下:

> 李成梁负国厚恩,敛民深怨。齿衰力惫,久惭专阃之司;发短心长,日事营家之计。在市场则岁选良马千匹,扣索官价四五万两,大司马输马价以入边,只填溪壑之欲;在盐课则岁占盐目万引,又受献纳三四万,大司农开盐引以充饷,徒供垄断之私。宽甸、靖(清)河等处,岁科军饷银三万两,买纳年例参五千余斤矣。又派民屯每家十斤或五七斤,计价银二三万两。科派者心腹夏守茂、谬(缪)惟等,收受者家人李定也。家之肥,民之瘠矣!开原、伍奠等处,岁献貂皮一千五百张,各将领家献沙金二十余两矣。又派住户金三千两,商贩貂皮三千张,计直不下二万余两。散派者心腹张文学及谢二等,收受者亦家人李定也。财之聚,怨之府矣!遇地方失事,则会各路将领,每出银五百,名曰谢部礼,计一次则收万金,尽入私囊;而谢部等费,或几千金,或万金,则出自本营将官。如李宁失事,则出银四蒲包可推也。遇朝廷赏赉,则以衣物、皮张等项,分给各军一半,名曰搭对。计每次所领万金,半充私囊。而升一官,封缺千两或五百两,各有定额。如近日戴良栋之升参

---

① 《万历邸钞》,上册,第556页,江苏广陵古籍刻印社影印本,1991年。

将,则得银一千两可质也。两年间凡虏入矣,而任其杀掠数日,掳去人民十余万,端坐海州城郭,何异门庭之寇? 三年内凡三出塞矣,而坑我劲卒千人,甲马奚止五六千;积尸遍野荒丘,谁招口外之魂? 怯战殃民,全镇恨深入骨;剥军耗国,两河地已无皮。惟是财足弥缝,智工结纳。是以杀擒日亟,生聚日疏,而报捷之封章,日肩摩于阙下;功名寝盛,爵禄寝崇,而生民之命脉,寝(寖)告瘵于边疆(疆)。①

疏入,李成梁解任。后他又任辽东总兵官。虽然李成梁早年战功卓著,但他居功骄横,穷奢极侈。下面摘录一段材料:"平辽伯李成梁父子五人,相继掌兵柄,劲卒数万,雄视绝塞,附郭十余里,编户鳞次,树色障天,不见城郭。妓者至二千余人,以香囊数十,缀于系袜带,而贯以珠宝,一带之费,至三四十金。数十步外,即香气袭人,穷奢极丽。每未、申时,夹道皆弦管声矣!"②

李成梁父子环任,骄奢淫逸,姑容羁縻,建州得益。明兵部尚书李化龙疏言:"然辽事之坏,自李成梁父子盘据三十余年,结构要津,羁媚奴房,部伍之籍,皆厮养之名,太仓半入私囊。间常袭杀近境屯种属夷,斩其首功,躐爵甘饵者,又从而拥戴之,以致养成祸患。奴得侦我虚实,愈肆骄逞。"③

努尔哈赤与李成梁的关系,是其时明边臣议论的一个话题。明辽东重臣熊廷弼洞悉辽东情状,尝言:"昔建州诸夷,若王兀堂、王杲、阿台辈尝分矣。而合之则自奴酋始,使之合之,则自李宁远始。何则? 正统间,海、建勾北房,也先为患,卒被夺去敕书,失贡市利,不能过活,乞哀守臣,复请补给,或十数道、三五道,各自入贡,势莫能一也。自宁远为险山参将,以至总兵,诱此间彼,诱彼间此,专以掩杀为事,诸部或绝或散。而是时,奴酋之祖曰教场、父曰他失。他失者,阿台婿也。其袭阿台也,宁远实诱使之。已而城下,并杀其父、祖,而奴酋请死。宁远顾思各家敕书无所属,悉以与奴酋,且请为龙虎将军以宠之。于是,奴酋得以号召东方,尽收各家故地遗民,归于一统,而建州之势合矣。自建州之势合,而奴酋始强;自五百道之贡赏入,而奴酋始富。"④就是说,李成梁的错误政策,使努尔哈赤得敕书、受封赏,相一相合,且富且强,号令东方;使女真诸

---

① 《万历邸钞》,上册,第661~664页,江苏广陵古籍刻印社影印本,1991年。

② 王一元:《辽左见闻录》,不分卷,清钞本,谢国桢先生藏本。

③ 《明神宗实录》,第40卷,万历四十年正月乙巳,内阁文库本。

④ 熊廷弼:《答友人》,《明经世文编》,第480卷,第5287页,中华书局,1962年。

部统合,而崛兴辽东。

然而,李成梁之错,还有徙宽奠等六堡。此事之原委:当万历初元时,兵部侍郎汪道昆阅边,成梁献议移建孤山堡于张其哈剌佃,险山堡于宽佃,沿江新安四堡于长佃、长岭诸处,仍以孤山、险山二参将戍之,可拓地七八百里,益收耕牧之利。道昆上于朝,报可。自是生聚日繁,至六万四千余户。及万历三十四年(1606年),成梁以地孤悬难守,与督、抚蹇达、赵楫建议弃之,尽徙居民于内地。居民恋家室,则以大军驱迫之,死者狼藉。成梁等反以招复逃人功,增秩受赏。兵科给事中宋一韩力言弃地非策。巡按御史熊廷弼勘奏如一韩所言,一韩复连章极论。帝素眷成梁,悉留中不下。

李成梁放弃宽甸等六堡,其结果是:第一,明失去广大辽土,而建州得到大片土地;第二,明丧失大量汉民,而建州得到大量劳力;第三,明辽军开始出现劣势之态,而建州军开始呈现上升之势。简而言之,这是明朝日后要失去辽东的一个历史信号。但是李成梁不仅未意识到其严重后果,反而一味虚侨、冒功、奢侈、欺上。《明史·李成梁传》载:"成梁镇辽二十二年,先后奏大捷者十,帝辄祭告郊庙,受廷臣贺,蟒衣金缯,岁赐稠叠。边帅武功之盛,二百年来未有也。其始锐意封拜,师出必捷,威震绝域。已而位望益隆,子弟尽列崇阶,仆隶无不荣显。贵极而骄,奢侈无度。军赀、马价、盐课、市赏,岁干没不赀,全辽商民之利,尽笼入己。以是灌输权门,结纳朝士,中外要人,无不饱其重赇,为之左右。每一奏捷,内自阁部,外自督抚而下,大者进官荫子,小亦增俸赉金。恩施优渥,震耀当世。而其战功,率在塞外,易为缘饰。若敌入内地,则以坚壁清野为词,拥兵观望;甚或掩败为功,杀良民冒级。阁部共为蒙蔽,督抚、监司稍忤意,辄排去之,不得举其法。先后巡按陈登云、许守恩,廉得其杀降冒功状,拟论奏之,为巡抚李松、顾养谦所沮止。既而物议沸腾,御史朱应毂、给事中任应徵、佥事李琯交章抨击。事颇有迹,卒赖奥援,反诘责言者。"[1]

这是一幅上下串通、左右逢源、是非混淆、功过倒衡的黑暗政治画图。朝廷、辽军如此黑暗,辽民无法生存,便逃往建州。

第五,辽东军民生活困苦。正值努尔哈赤建立后金政权的明朝万历年间,社会矛盾空前激化,土地兼并日益激烈。在关内,以皇帝、贵族、皖戚、权臣、缙绅为代表的大小地主集团,更加疯狂地掠夺土地。明神宗万历帝的皇庄占地二百一十万亩。其弟翊

---

① 《明史·李成梁传》,第238卷,第6190页,中华书局校点本,1974年。

镠，生四岁而封，占田"多至四万顷"①。而其子福王分封，"括河南、山东、湖广田为王庄，至四万顷。群臣力争，乃减其半"②。至于缙绅豪富，占田少者数百亩，多至数千亩，乃至数万亩。庄田侵夺民业，地主兼并土地，大量自耕农破产。致有田者什一，而无田者什九；富者连田阡陌，而贫者无立锥之地。在关外，土地高度集中的表现是军屯制的破坏。明初，辽东实行军屯制，各卫屯军领之于卫所。辽东卫所只有官舍与军余，正子为军，次子为余，都属于军屯。后来，边外屡遭兵燹，屯军多有逃死；屯田多为军官占夺，屯法尽坏。有的军官隐丁占地："一户之丁，以百口计矣；一官之地，以千亩计矣。"③军屯破坏，军余亦乱。其结果是："军失，是以无兵；屯失，是以无饷。"④而且，有司对军余惨毒搜括，渔敛无已，穷不堪言："沿边穷卒，月止粮银四钱，尚不及蓟镇台兵三分之一。且每岁修守，时时防虏，非如他边。虏来有时，其防有候，其苦奚啻数倍。况粮赏已薄，又每起三四个月不沾实惠，除揭贷出息外，而该管司又有公私使用之扣，名虽四钱，计所得不过一二钱。而一人在军，一家仰赖，其将何以为生？此相率而窜徙逃亡者十有八九矣。台堡虽存，士卒多空，谁与为守？"⑤未逃之卒，困苦不堪。他们除屯田、科粮、帮军、买马、修城、贴驿、排车、号头各正项杂差之外，每丁还要包纳矿税，每人多者二三两，少者一二两。以致富者日贫，贫者日逃，逃者不返，返者更逃。结果，"辽卒不堪，胁众为乱"⑥。辽东地区军屯破坏，兵无月粮，差役烦苛，悲苦万状。朝鲜领议政李元翼目睹辽东一带，疲弊已极之状："财殚力竭，万无生理，闻见惨然。"⑦辽东军民，怨声沸腾。再加上税监高淮，肆虐辽东，引发激变，聚众数千，攻围高淮："夫激变之事，不数月间，一见于前屯，再见于松山，三见于广宁，四见于山海关，愈猖愈近。又各镇额饷，屡请不发。以此饥军，合于乱众，臣等更不知其祸之所终极也。"⑧

① 《明史·诸王列传五》，第 120 卷，第 3648 页，中华书局校点本，1974 年。

② 《明史·食货志一》，第 77 卷，第 1889 页，中华书局校点本，1974 年。

③ 《明神宗实录》，第 37 卷，万历三十七年五月辛巳朔，内阁文库本。

④ 沈国元：《两朝从信录》，第 32 卷，天启六年十二月，明刻本。

⑤ 何尔健：《按辽御珰疏稿》，第 6 页，中华书局，1985 年。

⑥ 《明史·食货志一》，第 77 卷，第 1885 页，中华书局校点本，1974 年。

⑦ 《李朝宣祖大王实录》，第 108 卷，第 10 页，三十二年正月辛卯，日本学习院东洋文化研究所影印本，1959 年。

⑧ 《明神宗实录》，第 446 卷，第 6 页，万历三十六年五月甲寅，台北中央研究院历史语言研究所校勘本，1962 年。

第六，辽民纷纷逃往建州。汉民视辽东为苦海，以建州为乐土。辽民为鱼、为雀，建州为渊、为丛，而明朝官吏则为獭、为鹯。明万历年间辽东巡按御史何尔健给万历皇帝的上疏中，所奏实情更为悲惨："我等穷军，朝不保夕，典妻鬻子，析家荡产，苦苦赔纳，已经数年。今委实穷极，无所出办矣。乃今日说罢，今日也不见罢；明日说罢，明日也不见罢。看来官司只是哄我。我等上天无路，入地无门，再看几时不罢，也都钻入彝地，自在过活去罢。"①辽民难以忍受万般克剥，敲骨吸髓，年甚一年，走投无路，穷极计生，正如辅臣朱赓等疏云："遂率合营男妇数千人，北走投房。"②

辽东的汉民，无法生存，逃往建州；而建州似另有一番天地，诱汉人徙往："建州彝地有千家庄者，东西南北周回千余里，其地宽且肥。往年辽、沈以东，清河、宽奠等处，与彝壤相接，其间苦为徭役所逼者，往往窜入其中，任力开垦，不差不役，视为乐业。彝人利其薄获，阳谓天朝民也相与安之，而阴实有招徕之意。然矿税未行，人重故土，去者有禁，就者有限，即官司有事勾摄，犹未敢公然为敌也。乃今公私之差，日增月益，已不自支，而矿税之征，朝加夕添，其何能任。况在此为苦海，在彼为乐地。彼方为渊为丛，民方为鱼为雀，而我为獭为鹯。以故年来相率逃趋者，无虑十万有余。"③

总之，辽民之失，辽事之坏，责在明廷，咎在万历。后来清嘉庆帝在《谒明陵纪事》中，总结明朝灭亡之历史经验，在于皇帝之怠荒，尤其是万历帝之怠惰、天启帝之愚骏。这段文字稍长，但读来颇引人深思："勤政实为君之大本，怠荒实亡国之病源。可不慎其几与？夫明代诸君，洪武、永乐，皆大有为之主。中叶以后，荒淫失德者鲜，亦无暴虐放恣诸弊。然其大病，则在于不勤政、耽宴安。夫不勤，则上不敬天，下不爱民。人君为天之子，不敬则不孝，不孝之子，天必降罚；人君为民之父，不爱则不慈，不慈之父，民必背之。天罚民背，国事尚有为乎！前明亡于宦官，固不待言。然深信宦官之故，亦由于怠惰偷安，不亲朝政，使此辈乘机弄权。而外廷臣工，君门万里，抱忠者徒上弹章，恬壬者竞图富贵。上下不交，遂成倾否，不可救药矣。呜呼！明之亡，不亡于崇祯之失德，而亡于神宗之怠惰、天启之愚骏！"④

嘉庆帝论述明亡之机要，并不中肯綮；但指出万历帝之怠惰，为明亡之机要。后史

①　何尔健：《按辽御珰疏稿》，第 36 页，中华书局，1985 年。

②　《明神宗实录》，第 36 卷，万历三十六年四月丁丑，内阁文库本。

③　何尔健：《按辽御珰疏稿》，第 36～37 页，中华书局，1985 年。

④　《清仁宗睿皇帝实录》，第 127 卷，第 9 页，嘉庆九年三月壬寅，中华书局影印本，1986 年。

学家赵翼亦指出:"论者谓明之亡,不亡于崇祯,而亡于万历。"①所以,万历皇帝之懒惰怠政,努尔哈赤之勤奋勇武,实为明亡清兴之历史枢机。

然而,前述辽东总兵李成梁,毕竟是万历帝怠惰政事的产物,也是明朝溃烂肌体上的脓包。直到八十三岁才解任的辽东总兵官李成梁,曾多次集中兵力,将打击目标集中指向蒙古骑兵,而努尔哈赤以"退地、镌盟、减夷、修贡"赚取其信任,得以从容统一诸部女真,暗自发展,势渐强大。明朝有远见卓识的兵部尚书李化龙,在分析建州"列帐如云,积兵如雨,日习征战,高城固垒"的军事形势后断言:"中国无事必不轻动,一旦有事为祸首者,必此人也!"②此人,就是努尔哈赤!

果然,努尔哈赤建立了同明朝相对峙的金国(后金)政权。

(二)金国政权建立的过程

努尔哈赤在赫图阿拉称汗,建立后金政权,需要有两个相互依存、不可分割的基本因素:一个是明朝的腐朽衰败,另一个是女真的统一强大。明朝的腐朽衰败,是其建立政权的外部条件;女真的统一强大,则是其建元称汗的内在根据。但是,这两个基本因素的结合,既要有历史发展的机遇,也要有杰出人物的才能。努尔哈赤的杰出,在于他利用明朝衰败的历史趋势,制定出诸如对明廷采取两面策略等一系列行之有效的政策,促使满族崛起,从而实现了上述两个基本条件的统一。

建州女真从含恨起兵到建立金政权,走过了三十三年路程。在这段漫长的道路上,建州不仅要处理女真族内部的关系,而且要处理建州同明廷的关系。建州与明朝的关系是地方与中央的关系。这种关系的建立,要有两个前提:其一是双方存在共同利益,其二是两方力量对比悬殊。建州与明廷这种既同一又矛盾的关系,决定了建州与明朝各自的策略。总的说来,明朝对建州采取一面政策——封官晋爵,按敕纳贡;加以抚绥,不去征讨。建州对明朝则采取两面政策——既朝贡称臣,表示忠顺;又暗自称雄,发展势力。在这里,把建州同明朝的关系,作一简要的回述。

---

① 赵翼:《廿二史札记》,第35卷,第799页,中华书局,1984年。

② 《明神宗实录》,第484卷,第4页,万历三十九年六月丁亥,台北中央研究院历史语言研究所校勘本,1962年。

万历十一年(1583年),努尔哈赤父、祖被明军误杀,他表面上迁怒于尼堪外兰:"害我祖、父者,尼堪外兰所构也!"他在内心里虽埋藏着仇恨明朝的怒火,在表面上却接受明廷敕封指挥使职,而对明朝佯示忠诚。

万历十七年(1589年),努尔哈赤虽统一建州本部,但他仍表示"忠于大明,心若金石"①。并斩木札河部头人克五十以献。据《东夷考略》载:"有住牧木札河部夷克五十等,掠柴河堡,射追骑,杀指挥刘斧,走建州。宣谕奴酋,即斩克五十以献,乞升赏。"②努尔哈赤斩献克五十,以表示忠于明廷。明廷以努尔哈赤送归汉人,斩献叛夷,父、祖殉忠,晋升他为都督佥事③。关于明廷与建州的微妙关系,《明神宗实录》有如下记载:"惟建州奴酋者势最强,能制东夷。其在建州,则今日之王台也。既屡送回被掳汉人,且及牛畜,又斩犯顺夷酋克五十献其级,而慕都督之号益切,则内向诚矣!及查其祖、父,又以征逆酋阿台为我兵向导,并死于兵火。是奴儿哈赤者,盖世有其劳,又非小夷特起而名不正者也。查得《大明会典》内一款,建州、毛怜〔等〕三大卫夷人,如有送回抢掳男妇者,止许给赏,不愿赏〔者〕,量升千百户、指挥,存留都督名邑〔义〕,以待能杀犯顺夷酋,及执缚为恶夷人与报事、引路、杀贼有功者。此盟府之典,用以信外夷而安封疆者也。若录奴酋父、祖死之功,即当与之都督亦不为过,而献斩逆酋之级,则又与明例合矣。奏入,上从其请,准与都督佥事。此奴贼受我殊恩之始也。"④

上录蓟辽督、抚、按的奏文,至少说明两方面的问题:

明朝方面,蓟辽督抚张国彦、顾养谦曾言,对努尔哈赤的策略是:"因其势,用其强,加以赏赉,假以名号,以夷制夷,则我不劳而封疆可无虞也。"⑤努尔哈赤之"佯恭顺"⑥,迷惑了明廷官员。后来历史发展证明,这只是一厢情愿。

建州方面,努尔哈赤汲取王台、尼堪外兰与王杲、王兀堂的历史教训——前者依恃明朝来统一女真,终成泡影;后者对抗明朝去统一女真,兵败身殒。努尔哈赤则走着一

①　孟森:《明清史论著集刊》,上册,第210页,中华书局,1959年。

②　茅瑞征:《东夷考略·建州》,不分卷,第16页,国家图书馆善本部藏传抄本。

③　《明神宗实录》,第215卷,第2页,万历十七年九月乙卯,台北中央研究院历史语言研究所校勘本,1962年。

④　《明神宗实录》,第17卷,万历十七年九月辛亥,内阁文库本。

⑤　《明神宗实录》,第17卷,万历十七年九月辛亥,内阁文库本。

⑥　叶向高:《籨编》,第10卷,第89页,钞本,美国国会图书馆藏。

条同上述两种极端相折衷的道路。他从这种政策中得好处：既借明廷封赏，提高自己在女真诸部中的声威；又借明廷信任，几乎未受明军干扰而统一女真各部。努尔哈赤受明廷封为都督佥事表明，他对明朝采取的两面政策初奏成效。努尔哈赤为感激明廷的封赐，扬鞭策马，察视形胜，首入京师，进贡谢恩。

万历十八年（1590年）四月，都督佥事努尔哈赤率领一百零八人，装载着人参、貂皮、东珠、蜂蜜等贡市方物，经抚顺进山海关，到北京朝贡。《明神宗实录》记载："建州等卫女直夷人奴儿哈赤等一百八员名，进贡到京，宴赏如例。"①明廷的常例宴赏，如指挥使受赏彩缎一表里，绢四匹，折纱绢一匹，素纻丝衣一套，靴、袜各一双等；赏赐之外，又举行宴会。宴会后，开市贸易三天。努尔哈赤到北京朝贡，同时进行贸易，获取财货，开阔眼界，增长见识，了解明廷虚实，学习中原文化，而且也是他臣属明朝的标志。

万历二十年（1592年）八月，努尔哈赤奏文求封龙虎将军②。龙虎将军被女真视为崇勋，因为在努尔哈赤之前，只为哈达部长王台所膺。据《明神宗实录》记载："建州卫都督③奴儿哈赤等奏文四道，乞升赏职衔、冠服、敕书，及奏高丽杀死所管部落五十余名。命所司知之，并赐宴如例。"④这次努尔哈赤是否亲自入京求封，因记载疏略，无从确知。又据同书之内阁文库本记载："建州等卫都督等官奴尔哈赤等，进上番文，乞讨金顶大帽、服色及龙虎将军职衔，下所司议行。"⑤上录引文说明，明廷虽对努尔哈赤求封龙虎将军"下所司议行"，但因李成梁刚遭劾辞职，迟而未予实授。直到万历二十三年（1595年），努尔哈赤才得偿夙愿。如《明神宗实录》载蓟辽督臣蹇达疏言："奴儿哈赤忠顺学好，看边效力，于二十三年加升龙虎将军。"⑥孟森《清太祖由明封龙虎将

---

① 《明神宗实录》，第222卷，第7页，万历十八年四月庚子，台北中央研究院历史语言研究所校勘本，1962年。

② 《明史·职官志一》：龙虎将军为武职散阶正二品。

③ 张鸿翔在《燕京学报》第38期《奴儿哈赤受明封赏考实》一文中，据此及《清太祖武皇帝实录》辛卯年（万历十九年）"太祖曰，坐受左都督敕书"，以及《万历武功录·奴儿哈赤列传》的"赞曰"，认为努尔哈赤受明封为左都督。但征引瞿文"宜拜大都督而称忠顺也"时，将"宜"字删掉，而含义全非。又据《皇明通纪辑要》第20卷记载：万历二十三年八月，总督侍郎张国彦奏，"奴儿哈赤保塞有功，得升都督，上命升为龙虎将军"。"宜拜"与"得升"都是盖然之词，而不是实封。

④ 《明神宗实录》，第251卷，第5页，万历二十年八月丁酉，台北中央研究院历史语言研究所校勘本，1962年。

⑤ 《明宗神实录》，第20卷，万历二十年八月丁酉，内阁文库本。

⑥ 《明宗神实录》，第36卷，万历三十六年二月癸未，内阁文库本。

军考》一文,也力主万历二十三年封努尔哈赤为龙虎将军说:"而至龙虎将军之封,则《清实录》固未书,《明实录》亦不见①,惟明代诸家记载,皆言万历二十三年,加奴儿哈赤龙虎将军秩,视王台时。马晋允《皇明通纪辑要》且著其时为二十三年八月,茅瑞征《建州夷考》、沈国元《皇明从信录》则皆浑言二十三年,王在晋《三朝辽事实录》亦叙为二十年之后三年。"②此外,如《山中闻见录》、《建州私志》等书,也记载努尔哈赤于万历二十三年被加升为龙虎将军。努尔哈赤既表示忠顺明廷,便先后八次到北京进贡③。努尔哈赤在建立金政权之前的二十余年间,平均每三年到北京进贡一次。他一面向明廷朝贡称臣,表示忠顺;一面又兴兵统一女真各部,称王称汗。特别是努尔哈赤多次到京师,"往来窥探,夷险熟知"④。他亲见明朝政局虚实,熟悉明代典章制度,了解中原经济文化,察访辽东明军戍守,为实现其对明廷的两面政策而往来奔走。

努尔哈赤对明廷的两面政策,蒙住了明朝昏主庸臣的眼睛,不仅使明军在三十三年间未对建州军进行过一次"围剿",而且连蓟辽督抚到万历四十三年(1615年),还奏称他"惟命是从"!努尔哈赤对明朝一面"明里称臣",另一面却在"暗里称雄"。

努尔哈赤黄衣称汗,建立政权,有一个历史发展的过程。他沿着通向汗位宝座的阶梯,不声不响、一步一步地拾级而上。

第一步,"定国政"。万历十五年(1587年),努尔哈赤在起兵四年大体上统一建州本部之后,在佛阿拉围筑城栅,建衙门楼台。这年六月二十四日,《满洲实录》记载:"定国政,凡作乱、窃盗、欺诈,悉行严禁。"⑤

从此,努尔哈赤在苏克素浒河地区,初步建立起政治权力。这是后金政权的雏形。

第二步,"自中称王"。万历十七年(1589年),努尔哈赤一面受明封为都督金事,

　　① 《明神宗实录》屡载有关努尔哈赤为龙虎将军事,如:第251卷,万历二十年八月丁酉;内阁文库本,第20卷,万历二十年八月丁酉;内阁文库本,第36卷,万历三十六年二月癸未;第577卷,万历四十六年十月乙丑;第578卷,万历四十七年正月丁未,内阁文库本;第47卷,万历四十七年正月辛未;第580卷,万历四十七年三月癸卯;第580卷,万历四十七年三月戊申。

　　② 孟森:《明清史论著集刊》,上册,第187页,中华书局,1959年。

　　③ 阎崇年:《努尔哈赤入京进贡考》,《燕步集》,北京燕山出版社,1989年。

　　④ 《明神宗实录》,第373卷,第10页,万历三十年六月戊申,台北中央研究院历史语言研究所校勘本,1962年。

　　⑤ 《满洲实录》,第2卷,第7页,中华书局影印本,1986年。

一面在佛阿拉"自中称王"。朝鲜平安兵使转书建州女真人童坪者等言："老乙可赤则自中称王，其弟则称船将。"①

努尔哈赤在建州本部的女真人中，已经称王，建立王权。

第三步，称"女直国建州卫管束夷人之主"。努尔哈赤在大败叶赫等九部联军，受明封为龙虎将军，完全统一建州女真之后，万历二十四年（1596 年）在与朝鲜南部主簿申忠一回帖中称："女直国建州卫管束夷人之主佟奴儿哈赤禀，为夷情事：蒙你朝鲜国、我女直国，二国往来行走营好；我们二国，无有助兵之礼[理]。"②

努尔哈赤的王权范围已扩展到整个建州女真。但是，他既自称"女直国"，又署"建州左卫之印"，这个矛盾怎样解决呢？下一步就诠释这个矛盾。

第四步，自称"建州等处地方国王"。万历三十三年（1605 年），努尔哈赤在赫图阿拉称"建州等处地方国王"。努尔哈赤统一建州女真之后，万历二十七年（1599 年）创制满文，万历二十九年（1601 年）吞并哈达、整编牛录，万历三十一年（1603 年）迁至赫图阿拉："上自虎拦哈达南冈，移于祖居苏克苏浒河、加哈河之间赫图阿喇地，筑城居之。"③万历三十三年（1605 年）又在"赫图阿喇城外，更筑大城环之"④。赫图阿拉成为建州崛起与拓展的基地。同年，朝鲜《东国史略事大文轨》记载，努尔哈赤在赫图阿拉向明辽东总兵官李成梁呈文称："有我奴儿哈赤收管我建州国之人，看守朝廷九百五十余里边疆。"⑤同年十一月十一日，努尔哈赤又致书朝鲜边将，自称："建州等处地方国王佟，为我二国听同计议事，说与满浦官镇节制使知道……"⑥以上说明这时努尔哈赤既称"建州国"，也称"国王"，从而使其王权又提高一步。

第五步，称"昆都仑汗"。万历三十四年（1606 年）蒙古恩格德尔引领喀尔喀五部贝勒之使臣，到赫图阿拉谒见努尔哈赤，"尊太祖为昆都仑汗（即华言恭敬之意）"⑦。

① 《李朝宣祖大王实录》，第 23 卷，第 6 页，二十二年七月丁巳，日本学习院东洋文化研究所影印本，1959 年。

② [朝]申忠一：《建州纪程图记》，图版 15，《兴京二道河子旧老城》，日文本，建国大学印，1939 年。

③ 《清太祖高皇帝实录》第 3 卷，第 7 页，癸卯年（万历三十一年）正月，中华书局影印本，1986 年。

④ 《清太祖高皇帝实录》，第 3 卷，第 8 页，乙巳年（万历三十三年）三月，中华书局影印本，1986 年。

⑤ 朝鲜《东国史略事大文轨》，第 46 卷，第 16 页；转引自《清史论丛》，文海出版社，第 1 集，第 23 页。

⑥ 朝鲜《东国史略事大文轨》，第 46 卷，第 29 页；转引自《清史论丛》，文海出版社，第 1 集，第 24 页。

⑦ "即华言恭敬之意"，是解释"昆都仑"的，应在"昆都仑"三字后面、"汗"字前面；《清太祖武皇帝实录》和《满洲实录》比处均欠妥。

此前,努尔哈赤被称为"sure beile",其汉意为聪睿贝勒;现今,努尔哈赤则被尊为"kundulen han","昆都仑"为蒙古语,其汉意为"恭敬"①,合译就是"恭敬汗"。这既为他自称大汗作了舆论准备,又为他登临汗位作了政治预演。此后,万历三十七年(1609年)努尔哈赤将胞弟"二都督"舒尔哈齐幽禁死;万历四十三年(1615年)又将主持国政的长子褚英处死,并建立八旗制度。于是,昆都仑汗努尔哈赤的权力达到高峰。

至此,努尔哈赤在建州外部,初步具备了建立国家政权的条件;在建州内部,先后创制文字,兴建都城,设立法制,整编八旗,封官分职,贝勒议政,削弱分权,增强实力,也完成了建立国家政权的条件。

第六步,建元称汗。努尔哈赤建元称汗,是建州由小变大、由弱变强的一个根本性的政治标志。这就表明,努尔哈赤有"射天之志"②,要夺取明统。在《满文老档》中载有一份文书,记录女真贵族关于王朝兴替的大段议论:

> 由大变小,由小变大,这种古今兴亡的事例是很多的。过去桀王暴虐无道,仅有七十里的成汤起兵,获得了桀王的天下。纣王暴虐无道,仅有五百里的文王起兵,获得了纣王的天下。秦始皇暴虐无道,泗上亭长汉高祖起兵,获得了秦始皇的天下。大辽天祚帝,要我们的金太祖起舞,因没有起舞便要杀害他;金太祖愤恨起兵,获得大辽皇帝的天下。宋徽宗收容金汗征讨的辽臣张觉,因而导致宋金战争,徽宗、钦宗父子被俘,后送到东方的五国城。金末代帝在蒙古成吉思汗来叩见时,看到他的相貌,便要杀害他;成吉思汗起兵,获得金帝的天下。明朝万历皇帝暴虐无道,干涉异国的事务,以是为非,以非为是,背理裁断,天以为非。③

上述撰者力图从历史实例中,演绎出一个结论:万历帝实在暴虐无道,努尔哈赤应当建元称汗。

万历四十四年(1616年)正月,努尔哈赤在赫图阿拉称汗,建立金国政权。努尔哈

---

① 《清太祖高皇帝实录》第3卷第9页,将"昆都仑汗"译为"神武皇帝",似欠妥。

② 《李朝光海君日记》,第133卷,第14页,十年十月戊辰,日本学习院东洋文化研究所影印本,1959年。

③ 《满文老档·太祖》,册Ⅱ,第600～602页,天命七年四月十七日,东洋文库本,1956年。

赤的登极典礼，后来经过几次纂修的《清太祖高皇帝实录》，作了详细记载：

> 天命元年，丙辰，春正月，壬申朔，四大贝勒代善、阿敏、莽古尔泰、皇太极，及八旗贝勒大臣，率群臣集殿前，分八旗序立。上升殿，登御座。众贝勒大臣，率群臣跪。八大臣出班，跪进表章。近侍侍卫阿敦、巴克什额尔德尼接表。额尔德尼跪上前，宣读表文，尊上为覆育列国英明皇帝。于是，上乃降御座，焚香告天，率贝勒诸臣，行三跪九叩首礼。上复升御座，众贝勒大臣，各率本旗，行庆贺礼。建元天命，以是年为天命元年。①

努尔哈赤这年五十八岁。他在隆重的礼仪中，登上汗位，建元天命。

但是，据《旧满洲档》记载：

fulgiyan muduri aniya, sure han i susai jakūn sede, aniya biyai ice de
丙　　辰　　年，淑勒　汗的　五十　八　岁时，正　月　朔在
bonio inenggi, （amba）gūruni beise ambasa geren gemu acabi gisureme：
申日，（大）国的　诸贝勒　诸大臣　众人　皆　会　云：
musei gurun（han be waliyabubi）, han akū banjime joboho ambula obi。
我们的　国（汗将　失去），汗　没有　生活　极　因为。
abaka musei gūrun be jirgabukini seme banjibuhabidere。abka i banjibuha
天　我们的　国人　把　安居　欲　生养。天　的　使生
（geren）yadara joboro gūrun be gosire（mangga akū yadara niyalmabe ujire）
众　贫　苦　国　将　仁慈（难　不　贫　者将　养）
mergen, ujire faksi han de amba gebu hūlaki seme geren hebedeme gisureme
贤良，恩养　才智　汗于　大　名　尊　欲　众人　议　商
toktobubi, jakūn gusai beise ambasa gerembe gaibi duin fadarai duin hosio
定，八　旗的　诸贝勒　诸大臣　将众人　率　四　面的　四　隅
arame jakūn bade ilibi, jakūn gūsaci jakūn amban bithe jafabi gerenci tūcibi
分作　八　处　站立，八　自旗　八　大臣　文书　捧　从众人　出
jūleri niyakuraha manggi, jakūn gūsai beise ambasa geren be gaibi amala
前　跪　后，八　旗的　诸贝勒　诸大臣　众人　将率　后

---

① 《清太祖高皇帝实录》，第 5 卷，第 1～2 页，天命元年正月壬申朔，中华书局影印本，1986 年。

niyakuraha,　han i ici ergide iliha adūn hiya,　hashū ergide iliha　erdeni
跪，　　汗的右　侧　站立 阿敦 侍卫，　左　侧　站立　额尔德尼

baksi。（jūwe nobi） emte ergici okdome genebi，jakūn amban i jafabi
巴克什。（二个）　各一　侧　迎　前，　八　大臣　的　呈

niyakūraha bithe be alime gaibi，han i juleri tukiyehe （ambafulgiyan） dere i
跪　文书 把 接 受，汗的 前　捧　（大红）　桌 的

dele sindabi。erdeni　baksi han i hashū ergide juleri ilibi （han i susai
上面　放。额尔德尼 巴克什 汗 的　左　方　前 站立 （汗的 五十

jakūn se de fulgiyan mudrui aniya，aniya biyai ice de bonio inenggi muduri
八　岁于 丙　辰　年，　正 月 朔 在 申　日　辰

erinde amban），abka geren gurumbe ujikini seme sindaha （amba） genggiyen
于时 大臣），天　众　将国　抚育 欲　授命　（大）　聪睿

han seme gebu hūlaha，（hūlaha manggi），niyakū rahabeise ambasa geren gemu
汗 称　号 尊，　（呼颂 后），　跪 诸贝勒 诸大臣 众人 皆

iliha，tereci tuttu geren ba iliha manggi，han tehe sorinci ilibi yamunci
起立，由此 那 众人 处 站立 后，　汗 坐 从御座 起立 从衙门

tucibi，abka de ilanggeli hengkilehe。hengkilebi amasi bederebi soorinde tehe
出，　天 对 三次　叩头。　叩头 毕 回　御座 坐

manggi，jakūn gūsai beise ambasa ilhi ilhi se baha serne han de ilata
后，　八 旗的 诸贝勒 诸大臣 依次 岁 得 而 汗 向各三

jergi hengkilehe。①
次　叩头。

　　上述满文汉译："丙辰年，淑勒汗五十八岁，正月朔壬申（初一）日，大国中的诸贝勒、诸大臣等众人会议云：'因我们的国中（没有汗），没有汗的生活极苦。天欲使我们的国人安居乐业。天的仁慈使贫苦的国中生有贤明智能者，将贫苦之人恩养。欲给汗上尊号。'于是众人议定，八旗的诸贝勒、诸大臣等率领众人，分四面四隅，在八处站立，由八旗的八大臣捧文书，从众人中走出，跪于前面，八旗的诸贝勒、诸大臣等率众跪于后面。阿敦侍卫立于汗的右前，额尔德尼巴克什立于汗的左前，（汗五十八岁的丙辰年正月朔壬申日辰时），颂汗为'天命抚育列国（大）聪睿汗'。（呼颂后）跪着的诸贝勒、诸

① 《旧满洲档》，台北故宫博物院影印本，1969年。

大臣与众人皆起立，仍回其原处站立。汗自座位起立，走出衙门，对天三叩首。叩首毕回原座位坐定后，八旗的诸贝勒、诸大臣等，依次各向汗三叩首祝贺。"

在《清太祖武皇帝实录》和《满洲实录》中，所载文字与上引文字虽稍异，然大体相同。但是，前引《清太祖高皇帝实录》记载，与《旧满洲档》所载相较，有如下几点不同：

第一，突出"四大贝勒"的地位。《旧满洲档》、《清太祖武皇帝实录》及《满洲实录》，均只称"八固山的大臣"，而《清太祖高皇帝实录》却称"四大贝勒代善、阿敏、莽古尔泰、皇太极及八旗大臣，率群臣集殿前，分八旗序立"。

第二，称"覆育列国英明皇帝"。《旧满洲档》记载，尊努尔哈赤为 ambagenggiyen-han，汉意兼音译为"大庚寅汗"，汉意译为"大聪睿汗"或"大英明汗"，而《清太祖高皇帝实录》却译为"英明皇帝"。

第三，称"建元天命，以是年为天命元年"，但《旧满洲档》并无此记载。

努尔哈赤建立金国、建元天命的载录，直至天命四年即万历四十七年（1619 年），在建州夺得萨尔浒大捷之后，始出现在朝鲜和明朝的史册上：

其一，李民寏在《栅中日录》中同年三月十五日记载："后金国王敬达朝鲜国王七宗恼恨事。"①

其二，赵庆男在《乱中杂录》中，同年载三月二十一日②"后金国汗奉书于朝鲜国王"③。

其三，《光海君日记》同年四月十九日，载后金与朝鲜的文书，经朝鲜详察后回启："胡书中印迹，令解篆人申汝櫂及蒙学通事翻解，则篆样番字，俱是'后金天命皇帝[印]'七个字。"④

其四，沈国元《皇明从信录》和王在晋《三朝辽事实录》，都在同年五月记载后金天命政权建立事。王在晋于五月二十九日记："朝鲜咨报，奴酋僭号后金国汗，建元天命，指中国为南朝，黄衣称朕，词甚侮嫚。"⑤

---

①　［朝］李民寏：《栅中日录》，第 14 页，日本天理大学图书馆藏玉版书屋本。

②　《满文老档·太祖》，上册，第 88 页，中华书局译注本，1990 年。

③　［朝］赵庆男：《乱中杂录》，引自《清史论丛》，文海出版社。

④　《李朝光海君日记》，第 139 卷，第 15 页，十一年四月壬申，日本学习院东洋文化研究所影印本，1959 年。

⑤　王在晋：《三朝辽事实录》，第 1 卷，第 15 页，江苏省立国学图书馆藏本。

其五,《明神宗实录》同年六月十九日,载礼科给事中亓诗教《题奴儿哈赤僭号疏》云:"近如朝鲜咨报所云,辄敢建国、建元、称朕。"①

其六,傅国《辽广实录》同年夏记载:"奴始僭号,称后金国汗,改元天命。"②又记载其黄衣称朕,指明朝为南朝云云。

此外,朝鲜《光海君日记》六年即万历四十二年(1614年)六月,载述努尔哈赤建号之事。因这段记述较前引诸文早五年,故征录如下:"建州夷酋佟奴儿哈赤,本名东狨。我国讹称其国为老可赤,此本酋名,非国名,酋本姓佟。其后或称金,以女真种故也。或称雀者,以其母吞雀卵而生酋故也。今者国号僭称金,中原人通谓之建州。"③

查《光海君日记》,上述引文是光海君李珲同平安兵使李时言对话中的一段插文,当为《光海君日记》纂修者所加之言。光海君李珲在位十四年,被废。《光海君日记》为李朝仁祖时所修,故其所载上述文字不能视作努尔哈赤建国称号的原始史料。

以上数例说明,努尔哈赤在赫图阿拉登极称汗,至天命四年即万历四十七年(1619年),始见称后金的记载。而《旧满洲档》出现"后金国汗"的载录,则在天命六年即天启元年(1621年)三月二十一日④。因此,一些史书载称:万历四十四年(1616年),努尔哈赤建立"大金"(史称后金),是缺乏史实根据的。至于"大金"之号,见诸于史册文物,则更晚一些。

努尔哈赤所建的政权又作"大金",其史籍根据为李永芳于天命六年即天启元年(1621年)五月致朝鲜边将的三件文书:

第一件:"大金国驸马王李永芳谕朝鲜守边官知道:我大金皇帝收取辽东……"

第二件:"大金驸马王李,为招抚军民事,票仰义州节度使……"

第三件:"大金国驸马王李,谕义州节度使知道:昨天古河汉人过江,你地方收藏。叫你通送来,屡唤不应;送过文书又不看,我才发兵过江,你地方人心未不惊动。今我到镇江地方,军民安抚已定。中有畏法愚民,跟随韩参将,见在你义州地方,我故行文,

---

① 《明神宗实录》,第583卷,第8页,万历四十七年六月庚午,台北中央研究院历史语言研究所校勘本,1962年。

② 傅国:《辽广实录》,上卷,《清入关前史料选辑》(第1辑),中国人民大学出版社,1984年。

③ 《明代满蒙史料李朝实录抄》,册13,第358页,文海出版社有限公司印本;《朝鲜李朝实录中的中国史料》,册7,第2903~2904页,六年六月丙午,中华书局,1980年。

④ 《满文老档·太祖》,上册,第181页,中华书局译注本,1990年。

叫你送过江来,彼此两便。你又不接谕帖,不送过人来,反说满浦行文。昨你答通事来说,今后就何出此言?你乃礼义之邦,何为出言反吐?且辽东城堡,全归大金。镇江正朝鲜要路,已属大金。行文不由此地,而言满堡(浦),何也?此言甚是可笑。或者你以我大金尚未一统,非可统驭你国……"①

上引李永芳致朝鲜边官书帖,凡六见"大金",因其文繁,不赘全录。

文献记载之外,文物亦相印证。其文物根据主要是:

第一件,天命八年即天启三年(1623年)所铸云板铭文:"大金天命癸亥年铸。"②

第二件,东京辽阳城德胜门石额书"大金天命壬戌年仲夏立"。

第三件,东京辽阳城天佑门石额"大金天命壬戌年吉辰立"。

综上,努尔哈赤建立后金,是有衍变过程的。从万历十五年(1587年)"定国政",至天命十一年即天启六年(1626年)他的死,中经六变,似需历史地对待之。由后金、朝鲜、明朝三方面的文献记载与文物实证可知,万历四十四年(1616年)正月,努尔哈赤在赫图阿拉登极称汗,其时未称后金,亦未建后金。至万历四十六年即天命三年(1618年)闰四月,"奴儿哈赤归汉人张儒绅等,赍夷文请和,自称建州国汗,备述恼恨七宗"③,仍称"建州国汗"。尔后于万历四十七年即天命四年(1619年),才始见载称其年号天命,国号后金。至于"大金",据现有史料,则为天启元年即天命六年(1621年)以后之事。

但是,有些学者对后金之建国、年号、国号,提出如下三点见解:

第一,关于建国。万历四十四年(1616年)正月,努尔哈赤根本没有建立国家政权。

其根据是:《旧满洲档》、《清太祖高皇帝实录》、《清太祖武皇帝实录》、《满洲实录》四种清朝官方经典文献,都是只记载该年正月初一日,群臣给努尔哈赤上尊号,而没有关于建国号的记载。至于后来清朝官方文献记载该年正式建国是靠不住的;其时朝鲜、明朝的官私文献记载该年努尔哈赤建国,因系间接史料,也是不可信的。对此,大多数学者持相反见解,他们认为万历四十四年(1616年)正月,努尔哈赤在赫图阿拉建

---

① [朝]赵庆男:《乱中杂录续录》,第1卷,引自《清史论丛》,文海出版社。

② 沈阳故宫博物院藏"大金天命癸亥年云版"。

③ 沈国元:《皇明从信录》,第40卷,明刻本,国家图书馆善本部藏。

国称汗,这是确定无疑的。一个新皇朝建立的标志,通常为定尊号、国号、年号,努尔哈赤确实在万历四十四年(1616 年)正月,借鉴蒙古成吉思汗的汗制,定为"奉天覆育列国英明汗"。

应当说,女真—满洲政权,草昧初创,极不完善,也不规范。不能以中原王朝建国的范型,去套努尔哈赤之建国。也不能以当时努尔哈赤只有尊号,没有国号、没有年号,而不承认努尔哈赤建国。其国号、年号有个逐步完善的过程,到皇太极时改国号为大清,改年号为崇德,才算是比较完善,此过程的完结。因此,万历四十四年(1616 年)正月,努尔哈赤在赫图阿拉建国称汗,史料证据充分,当是确定无疑。

第二,关于年号。万历四十四年(1616 年)正月,努尔哈赤建国时根本没有使用"天命"年号。孟森《清史讲义》说:"太祖之建号天命,本自称为金国汗,而亦用中国名号,自尊为天命皇帝,其实并非年号,并未以'天命'二字为其国内臣民纪年之用,特帝业自太祖开始创,在清史自当尊为开国之帝,入关后相沿以天命为太祖之年号,则亦不足深辨。"①其后亦有学者赞同此说。概括地说,其根据是:《旧满洲档》万历四十四年(1616 年)正月初一日记载努尔哈赤只上尊号,而没有定年号;其后无圈点满文编年体《旧满洲档》记事,仍用干支纪年或用努尔哈赤年龄纪年,而不用天命纪年。这说明当时"天命"只是努尔哈赤的尊号,而不是后金的年号。有的学者对后金时期的六件文物——"天命汗钱"、信牌中"天命金国汗之宝"、"大金天命云板"、"天命金国汗之印"和东京辽阳城门石额"大金天命壬戌年仲夏立"与"大金天命壬戌年吉辰立",一概解释为"不论是满文的'天命'(abkai fulingga),还是汉文的'天命',都是努尔哈赤的尊号,而不是后金国的年号"。

不赞成上述意见的学者郭成康在《从清入关前年号的演变看满洲统治者的帝王意识》一文中,列举两件历史文献驳辩孟森先生的论点:(一)《天命丙寅年封佟延敕》照片,其末署汉文"天命丙寅年六月　日"和老满文"abkai fulingga fulgiyan tasha aniya ninggun biyai"。(二)《明清档案存真选辑》(初集)载"天命丙寅老满文诰命",其末署汉文"天命丙寅年　月　日"、满文"abkai fulingga fulgiyan tasha aniya i ninggun biyai"。(三)《旧满洲档》里的"刘学成奏本"的纸质行间空白处书写满文,奏本末署汉文"天命辛酉年拾贰月　日"。所以,作者结论是:"天命作为努尔哈赤的年号,不仅以

---

① 　孟森:《清史讲义》,第 15～16 页,中国文化服务社,1947 年。

汉文的形式，而且以老满文'abkai fulingga'形式通行国内臣民，孟森先生所说有误。"

应当说，万历四十四年（1616年）正月，努尔哈赤建国称汗时，没有确定年号。因为至今没有看到一条可信的史料，证明他在称汗建国时确定年号。既然努尔哈赤于万历四十四年（1616年）正月建国称汗，自立国家，背弃大明，便不宜用明朝正朔，而应建自己年号。但是，其时最早的满文文献，用干支纪元、用努尔哈赤年龄纪元、用太祖起兵之年纪元。这种纪年，既不规范，也不方便。后来纂修的《清太祖实录》，才用天命纪年，已成通例，约定俗成，相沿至今，不必更动。

第三，关于国号。清太祖朝所建国号的争论，有"满洲"、"金"、"后金"、"大金"四说：

（一）清太祖国号"满洲"说。魏源在《圣武记·开国龙兴记》中载述："太祖高皇帝天命元年，受'覆育列国英明'尊号，国号满洲，时明万历四十有四年，太祖年五十有八矣。"经笔者统计，在《清太祖高皇帝实录》中出现"满洲"或"满洲国"字样三十五处，在《清太祖武皇帝实录》中出现"满洲"或"满洲国"字样八十一处，在汉文本《满洲实录》中出现"满洲"或"满洲国"字样九十二处。甚至到天聪年间，还称其国号为"满洲"。皇太极于天聪九年（1635年）十月十三日（11月22日），诏谕满洲的称名："我国建号满洲，统绪绵远，相传奕世"云云。无疑，上述统计与载述是清太祖国号为"满洲国"说者的重要依据。

（二）清太祖建国号"金"说。稻叶君山《清朝全史》记载："万历四十四年正月，奴尔哈赤自登可汗之位，国号金国，建元天命，或以区别于前代之金，称为后金。"后李燕光、关捷《满族通史》与李洵、薛虹《清代全史》（第一卷）等，均主其"国号金国"之说。

（三）清太祖建国号"大金"说。李鸿彬《清朝开国史略》记述：万历四十四年（1616年）努尔哈赤"称汗登位，建立大金（史称后金），改元天命"①。金启孮、张佳生《满族历史与文化简编》等都为此说。

（四）清太祖建国号"后金"说。拙著《努尔哈赤传》载记："努尔哈赤在赫图阿拉称汗，建立后金政权，其后金为自称，并非后来史称后金。"周远廉《清朝兴起史》、黄彰健《清太祖天命建元考》等都持此说。其主要根据，为当时的朝鲜四条文献史料和明朝六条文献史料。

---

① 李鸿彬：《清朝开国史略》，第57页，齐鲁书社，1997年。

应当说,努尔哈赤所建的国号,称金、后金、大金都有文献和文物依据。大金的"大"字,是"金"的修饰词。这在中国皇朝史上屡见不鲜,大唐、大宋、大元、大明、大清都是史例。后金的"后"字,则是同阿骨打的"金"相区别。金、大金、后金三者,都共有"金"字。如用"金",则同阿骨打建立的金朝容易混淆;如用"大金",也容易同阿骨打所建的金朝混淆。后来史家用"后金",已成通例,约定俗成,不应再动。

总之,努尔哈赤称汗建国,既是对中原汉族国家政权的模仿(如前引王朝兴替的长篇议论,可为例证),也是对金朝政权制度的再现(如努尔哈赤讲述金代的历史故事,即为例证),还是对蒙古行政制度的借鉴(如扎尔固齐、巴克什等官职的创设,亦为例证)。努尔哈赤称汗建国,结束满洲氏族部落时代,开创崭新勃兴历史时期,是满族历史上的划时代事件;拉开清朝历史的序幕,开创中国新的皇朝,也是中华历史上的划时代事件。

(三)金国政权的组织

努尔哈赤建立的金国政权,有许多问题需要阐述,仅择其议政会议与司法审判两点,作一概述。

议政会议。先是,努尔哈赤起兵之初,诸子年幼,尚在冲龄,议商军国大事,要依靠五大臣。努尔哈赤起兵后,实力日增,骑兵日众,建佛阿拉,"自中称王",到万历十六年(1588年),以费英东、何和礼为一等大臣,其时努尔哈赤届而立之年。这年,五大臣中的安费扬古三十岁,何和礼二十八岁,额亦都二十七岁,费英东二十四岁。其时长子褚英九岁,次子代善六岁,侄阿敏三岁,五子莽古尔泰二岁,八子皇太极尚未出生。从上述年龄的统计与比较来看,努尔哈赤军国要务只能由五大臣组成中枢议政集团,进行议商赞决。努尔哈赤同五大臣组成议政机构,他们成为聪睿汗的枢辅重臣。后努尔哈赤又借鉴蒙古汗国的制度,借用蒙古官名,命五大臣分工管理各方面事务:费英东为大扎尔固齐(蒙古语意为"理事官")主司法刑政;额亦都、安费扬古两位巴图鲁主管军事;达尔汉辖("辖"蒙古语意为"侍卫")扈尔汉主管侍卫扈从;何和礼亦参预执政。五大臣或为淑勒贝勒的额驸,或为淑勒贝勒的养子,他们都是归附率先、勋劳卓著、忠心无二、文武兼备的核心人物。

随着努尔哈赤权力的日益强化,诸子侄成为军政骨干。到万历四十三年(1615

年),努尔哈赤在建立八旗制度、改造传统部落组织同时,建立议政会议制度:"每五日一次,诸贝勒大臣聚集衙门议事,是非公断,作为常规。"以后,努尔哈赤子、侄次第长成,到天命元年(1616 年),努尔哈赤次子代善三十四岁,侄阿敏三十一岁,五子莽古尔泰三十岁,八子皇太极二十五岁,都已年富力强,战功卓著,他们成为各掌一旗的旗主贝勒,即和硕贝勒。小贝勒或台吉如第十子德格类二十一岁、侄济尔哈朗十八岁、长孙(褚英子)杜度二十岁、孙(代善子)岳讬十八岁。努尔哈赤不仅子辈,而且孙辈,都逐渐成长起来。与此同时,五大臣却逐渐同核心议政疏远,分别任各旗固山额真,成为和硕贝勒的附属。他们虽参预议事,但失去权柄,这是汗权强化的表征。

议政会议在汗的主持下,每五日一聚,军国大事,共同议商。并由在八旗制度基础上新设的八大臣(每旗大臣一员)、四十理事官(每旗理事官五员),辅佐办理军政事务。这就突破了传统氏族社会组织的束缚,赋予国家行政机构更明确的职能。天命年间,十部执政者先后有:天命汗努尔哈赤及其次子代善、侄阿敏、五子莽古尔泰、八子皇太极、十子德格类、十二子阿济格、长孙杜度以及布尔杭古、德尔格勒等。在不同时间,参政成员有不同变化。这些参与议政的成员,以天命汗家族为核心,带有浓厚家族政治色彩。努尔哈赤"凡有所谋,必与执政诸贝勒大臣共议"。在中国古代北方少数民族中,由于氏族社会残余影响,常见的一个历史现象,就是国家议政机构与执政家族组织,二者融合,难分难解。北魏拓跋氏有"八公会议",实即八部大人会议;金代女真建国初有军国大事"适野环坐,画灰而议"的习俗;蒙古成吉思汗也有贵族议事的制度,等等。金国的勃极烈议政制度,其勃极烈即贝勒——金太祖阿骨打建国,设勃极烈四人,以家族近亲或子弟担任,组成以皇帝为核心的最高军政机构。这种历史现象的一再重演,说明从氏族酋长会议到建立贵族议政会议,是一种带有普遍性的历史现象。至于满洲的贵族议政会议,既保留了古老议事制的传统,又演变为以汗为首的贵族集权制。清初国家机构的大汗,也是血缘家族组织的首领,国家的权力机构与血缘的家族组织相结合,政治关系与家族关系合二而一。正如《天聪朝臣工奏议》所说:"汗犹一家之祖父也,贝勒犹一家子弟也。"努尔哈赤以诸亲近子侄为和硕贝勒,分掌八旗,把持议政,建立起集族权、政权、军权于一身的"汗父"统治。这种作为国家中枢机构的议政会议,其职能之军政不分,其成员之血缘色彩,反映出它的民族性与原始性。八旗贵族议政在建筑上的标志——盛京(今沈阳)的笃恭殿(大政殿)暨列署亭式殿(十王亭),是清太祖举行议政与庆典的殿堂。康熙《大清会典》记载:"国初于笃恭殿前列署十,为诸王议政之所。"所谓"笃恭殿"即大政殿,又称大衙门;所谓"殿前列署十",就是大政殿前东西两侧由北而南排列各五座亭式殿,为八旗两翼王及八旗王、贝勒等的"朝会之所"。凡遇有议政王、贝勒、大臣等应议之军国大计,常在此处举行。故《清实录》中称之为"会议处"、"议政处"、"议政衙门"。

据《清太宗实录》记载:"天命元年,太祖以上(皇太极)为大贝勒,与代善、阿敏、莽古尔泰共理机务。"①《八旗通志·初集·代善传》也载:"天命元年,太祖正大号,叙群臣功,封和硕大贝勒四人,以代善为首。"②四大贝勒,即代善、阿敏、莽古尔泰和皇太极。他们在此以前,已经崭露头角,显示出军事才干,成为努尔哈赤亲信而得力的助手。天命元年即万历四十四年(1616 年),努尔哈赤封四大贝勒,使议政的成员由五大臣转移到努尔哈赤及其诸子、侄中间。到天命六年即天启元年(1621 年)二月,努尔哈赤更命"四大贝勒,按月分直,国中一切机务,俱令直月贝勒掌理"③。这标志着四大贝勒权势更加提升,五大臣权势更为下降。从天命中期至天命末年,费英东、额亦都、安费扬古、扈尔汉、何和礼相继去世,议政的权力更集中于努尔哈赤及其爱新觉罗家族之中。

在努尔哈赤诸子孙当中,除四大贝勒外,众小贝勒台吉也开始随班议政。天命六年即天启元年(1621 年)正月,努尔哈赤与诸子、侄盟誓不诛宗室,参与盟誓的有:代善、阿敏、莽古尔泰、皇太极四大贝勒和德格类、济尔哈朗、阿济格、岳讬四小贝勒,以后又有杜度、硕讬等陆续加入议政行列。天聪初年,诸贝勒指责阿巴泰耻与诸小贝勒同列时说:"尔先时尚不得随五大臣之列,德格类、济尔哈朗、杜度、硕讬,早已随班议政,尔不与焉。"④阿巴泰为努尔哈赤第七子,年长于皇太极三岁,其非努尔哈赤嫡子,战功亦不显赫,所以参与议政较晚。天命八年即天启三年(1623 年)四月,阿巴泰以征扎鲁特蒙古昂安功,晋封为贝勒。次年,与来归的蒙古巴约特部盟誓时,除四大贝勒外,还有努尔哈赤第七子阿巴泰、第十子德格类、第十二子阿济格,舒尔哈齐之子宰桑古、济尔哈朗,努尔哈赤长孙杜度,代善之子岳讬、硕讬、萨哈廉也与其事。他们当是努尔哈赤晚年名列议政者。努尔哈赤以自己的子、侄议政、理政,充分表明天命政权带有浓厚

---

① 《清太宗文皇帝实录》,第 1 卷,第 2 页,中华书局影印本,1985 年。

② 《八旗通志》(初集),第 129 卷,第 3536 页,东北师范大学出版社,1985 年。

③ 《清太宗文皇帝实录》,第 5 卷,第 2 页,天聪三年正月丁丑,中华书局影印本,1985 年。

④ 《清太宗文皇帝实录》,第 3 卷,第 28 页,天聪元年十二月辛丑,中华书局影印本,1985 年。

的亲贵用事的血缘家族烙印。

满洲爱新觉罗亲贵议政之制,始于天命朝,终于宣统朝。清太祖努尔哈赤是满洲亲贵议政制度的经始者。后来诸贝勒大臣说:"太祖在时,凡有所谋,必与执政诸贝勒大臣共议。"曾参与议政的济尔哈朗也说:"太祖武皇帝开创之初,日与四大贝勒、五大臣及众台吉等,讨论政务之得失。"①亲贵议政制后来在不同时期有不同变化。清人关后,礼亲王昭梿在《啸亭杂录》中说:"国初定制,设议政王大臣数员,皆以满臣充之。凡军国重务不由阁臣票发者,皆交议政大臣会议。"亲贵会议军国大政之制,迄至军机处建立,实际上起了很大的变化。然而,清代诸王,赞理枢廷,"内襄政本,外领师干"。亲贵用事,太祖定制,贯穿清代,兴亡之源。《清史稿·诸王传·论曰》道:

> 国初开创,栉风沐雨,以百战定天下,繄诸王是庸。康熙间,出讨三藩,胜负互见,而卒底荡平之绩。其后行师西北,仍以诸王典兵。雍正、乾隆谅暗之始,重臣宅揆,亦领以诸王。嘉庆初,以亲王为军机大臣,未几,以非祖制罢。穆宗践阼,辍赞襄之命,而设议政王,寻仍改直枢廷。自是相沿,爰及季年,亲贵用事,以摄政始,以摄政终。论者谓:有天焉,诚一代得失之林也!

在清太祖努尔哈赤时代,参与议政的先后有五大臣、四大贝勒、众台吉等,他们既要具备宗室贵胄或异姓勋戚的资格,又要具有智慧谋略与显赫战功。这是当时清太祖朝最优秀的精英集团,是努尔哈赤团结之核心,也是八旗力量之所在。但是,后来历史证明:"始所以得,终所以失。"②满洲爱新觉罗亲贵柄政之制,最终成为清朝覆亡的一大枢机。

司法审判。天命汗努尔哈赤重视立法治民。他谕众贝勒大臣曰:"为国之道,存心贵乎公,谋事贵乎诚。立法布令,则贵乎严。若心不能公、弃良谋、慢法令之人,乃国之蠹也,治道其何赖焉!"③他又训道:"生杀之际,不可不慎。必平心和气,详审所犯始

---

①　《清世祖章皇帝实录》,第 89 卷,第 4 页,顺治十二年二月壬戌,中华书局影印本,1986 年。

②　《明史·食货志一》,第 77 卷,第 1877 页,中华书局校点本,1974 年。

③　《清太祖高皇帝实录》,第 4 卷,第 8 页,癸丑年(万历四十一年)正月,中华书局影印本,1986 年。

末，方能得情。"①努尔哈赤的"平"与"诚"、"慎"与"详"，且不去评论，但立法布令、整肃严明，却是他治国、治军、活官、治民的一贯思想。先是，建州社会没有成文法。其非成文法，令人毛骨悚然。据朝鲜人申忠一所见云："奴酋不用刑杖，有罪者，只以鸣镝箭脱其衣而射其背，随其罪之轻重而多少之；亦有打腮之罚云。"②

另据李民寏之见闻："有罪则或杀，或囚，或夺其军兵，或夺其妻妾、奴婢、家财，或贯耳，或射其胁下，是以临阵有进无退。"③

但是，无论成文法或非成文法，没有审判机关是不能保证法制执行的。随着努尔哈赤王权的不断强化，需要建立审理和惩罚机关。万历四十三年（1615 年），努尔哈赤设置理政听讼大臣五人，扎尔固齐④即理事官十人，并对审理程序作了规定：

> 国人凡有听断之事，先经扎尔固齐十人审问；然后言于五臣，五臣再加审问；然后言于诸贝勒。众议既定，奏明三复审之事；犹恐尚有冤抑，令讼者跪上前，更详问之，明核是非。⑤

上文中的扎尔固齐，即为元代蒙古的达鲁花赤，有悠久的蒙古历史渊源。早在元太祖成吉思汗建国时，即设立达鲁花赤，满文体为 jargūci，其音译作扎尔固齐，其意译作都堂，为司理狱讼的官员。此官的设置，当在万历二十一年（1593 年）以前⑥。努尔哈赤于万历十五年（1587 年）初定国政时的核心任务之一，便是建立法制，"禁悖乱，戢盗贼"。说明在国家形成过程中，法制及其有关的职官建设，具有重要意义。扎尔固齐的主要职掌是鞠审讼狱。它的设立，标志着新国家在形成过程中，注入了前所未有的政治机器的职能。

《清史稿》记载："国初置五大臣，以理政听讼，有征伐则将帅以出。"就是说五大臣

---

① 《大清十朝圣训》，第 4 卷，第 8 页，北京燕山出版社，1998 年。

② ［朝］申忠一：《建州纪程图记》，图版 18，《兴京二道河子旧老城》，日文本，建国大学印，1939 年。

③ ［朝］李民寏：《建州闻见录》，第 34 页，日本天理大学图书馆藏玉版书屋本。

④ 扎尔固齐：福格《听雨丛谈》第 8 卷："曾于《清文鉴》中查之不得，应是蒙古语也。"扎尔固齐，满语作 jargūci，系蒙古语达鲁花赤之借词。达鲁花赤为成吉思汗统一蒙古各部后设立的一项司法制度。

⑤ 《清太祖高皇帝实录》，第 4 卷，第 21 页，乙卯年（万历四十三年）十一月，中华书局影印本，1986 年。

⑥ 郑天挺：《探微集》，第 144 页，中华书局，1980 年。

的主要职责是"理政听讼"、"将帅以出"，可见他们身兼议政、军事、行政、司法四重职任。论者谓扎尔固齐主刑政、巴图鲁主军政、巴克什主文书。这只是平日职能的大致划分；一旦有战事，人不分文武，事不分忙闲，投笔从戎，弃耕从战，去完成最紧迫、最重要的征战任务。因为战争是当时军国事务的中心与重心。

扎尔固齐中增设"大扎尔固齐"，即司法大臣。其满文体为 amba jargūci。"大扎尔固齐"费英东，不但总理刑政，而且统兵争战，冲杀勇猛直前，所向"莫不披靡"，被努尔哈赤誉为"万人敌"。努尔哈赤初设十扎尔固齐时，以阿兰柱为首，但他早年从征乌拉战殁，没有留下较多的文字记载。扎尔固齐黑东额"首先慕义"归附，屡立战功，后升为扎尔固齐。噶盖扎尔固齐，不但能战，而且参与创制满文。由上可见，扎尔固齐平日"听讼治民"，战时统军出师，他们是文武双全的一代杰出人才。

司法诉讼的程序。据上面引述史料，其程序，有五点：第一，小案由各牛录额真等官员聚议初审。第二，讼案由扎尔固齐即理事官复审。第三，大案由理政听讼五大臣会审。第四，由议政会议贝勒大臣等复审。第五，终审——任何案件，"犹恐尚有冤抑，令讼者跪上前"，最后由天命汗裁夺。实际上，在审理案件过程中，因时间、地点、案件、性质以及犯罪人身份的不同，其审理程序也有所不同。

后金诉讼程序有个逐步完善的过程。八旗军占领沈、辽之后，努尔哈赤再谕各贝勒、大臣，要每五天聚集一次，对天焚香叩头，在审理衙门里，对各种罪犯进行审判。时有受贿、荒怠之事，所以规定不许向有罪者索银，在审案时也不许喝烧酒、吃佳肴①。并明令允许各地可以到赫图阿拉告状伸冤——如属实，给予免罪；如诬告，反坐定谳。

在执法时，天命汗强调要按法规办事，虽子弟侄孙，也触法不贷。据《满文老档译注》记载，一次他的侄子济尔哈朗、宰桑武和孙子岳讬、硕讬，因得扈尔汉分与的财物而获罪。努尔哈赤命他们在赫图阿拉的都堂衙门里，穿上女人的衣服、短袍、裙子，加以羞辱。并画地为牢，监禁三天三夜。他还亲去四位贝勒幽坐的地方，叱责诸侄孙，向他们脸上啐唾沫②。天命汗如此大动肝火，故作姿态，显然想利用这件区区琐事，既惩儆子侄，又严诫诸臣。不过，勋臣如犯重罪，他们因军功而获得的免

---

① 《满文老档·太祖》，上册，第 199～200 页，中华书局译注本，1990 年。
② 《满文老档·太祖》，上册，第 247 页，中华书局译注本，1990 年。

死券,仍可得到赦免。

建州的刑法极为残酷。下面举几个例子。住在广宁的三个八旗兵被蒙古人杀死,命将犯罪的蒙古人,两手钉在木头上,两脚捆在驴腹下,骑着驴子押解到赫图阿拉行刑①。阿纳的妻子以烙家婢的阴部犯罪,命刺其耳、鼻②。另如男人盗窃,妻子要规劝、告发;否则,其妻要脚踏赤红火炭,头顶灼热铁锅,处以死刑③。伊兰奇牛录的工匠茂海,因奸污编户汉人妇女,命将他杀死后,碎尸八段,八旗每旗分尸一段,悬挂示众④。但是,随着女真社会的巨大进步,又受到明朝辽东刑法的影响,酷刑被逐渐减少、减轻,以至废止。如天命七年即天启二年(1622年)六月,后金宣布"废除刺鼻耳之刑"⑤。

为巩固后金政权,加强法制,天命汗还指令翻译《刑部会典》和《明会典》。他在下达给阿敦、李永芳的文书中,要他们将明朝的"各种法规律例,写在文书里送上;抛弃其不适当的条文,而保留其适当的条文"⑥。后来,天聪汗皇太极仿照明朝有关典章,制定出《登基后议定会典》。会典的前二十条,都是有关和硕亲王、多罗郡王、多罗贝勒、固山贝子、固伦公主、和硕公主、多罗格格、固山格格等的等级名号,效法汉族伦理纲常,改革满洲旧习。皇太极继承努尔哈赤的法制思想,制定典章,这对后金社会的发展,满洲政权的巩固,都是有积极作用的。

(四)金国的社会结构

金国的社会结构,按其社会地位与财产多寡,分为不同的等级。努尔哈赤统治后金社会,主要是依靠统治阶层中的一批新兴军事农奴主贵族。他们主要由以下几种人组成:

第一种人,是宗室贵族。这些人主要为爱新觉罗宗室,特别是努尔哈赤的子、侄。

① 《满文老档·太祖》,上册,第358页,中华书局译注本,1990年。
② 《满文老档·太祖》,上册,第388页,中华书局译注本,1990年。
③ 《满文老档·太祖》,上册,第553页,中华书局译注本,1990年。
④ 《满文老档·太祖》,上册,第308页,中华书局译注本,1990年。
⑤ 《满文老档·太祖》,上册,第387页,中华书局译注本,1990年。
⑥ 《清太宗文皇帝实录》,稿本,国家图书馆善本部藏。

努尔哈赤在世时,年满十六岁的儿子有十二人:褚英、代善、阿拜、汤古代、莽古尔泰、塔拜、阿巴泰、皇太极、巴布泰、德格类、巴布海和阿济格。还有他的弟侄穆尔哈齐、舒尔哈齐、雅尔哈齐、巴雅喇和阿敏、济尔哈朗等。他们多辖有很多的牛录,掌握着很大的权力。如天命六年即天启元年(1621 年),《满文老档》记载,仅济尔哈朗、汤古代和阿巴泰三人,就占有一百零一个牛录,另有三百七十五甲。在努尔哈赤子、侄中,逐渐形成四大贝勒,即大贝勒代善,其满文体为 daisang beile;二贝勒阿敏,其满文体为 amin beile;三贝勒莽古尔泰,其满文体为 manggūltai beile;四贝勒皇太极,其满文体为 hongtaiji beile。四大贝勒又称四和硕贝勒。和硕,为满文 hoso 的对音,是东南、东北、西南、西北四方或四角的意思。hosoibeile 意为一方之贝勒。稍后,又逐渐形成八和硕贝勒,或称八固山贝勒、八执政贝勒。但是,其中以四大贝勒权势最为显赫。努尔哈赤的子、侄们,不仅手握兵权,而且占有大量的土地、奴仆、牲畜、金银和财物。如努尔哈赤对元妃佟佳氏所生的长子褚英和次子代善,各给与"部众五千户,牲畜八百群,银一万两,敕书八十道"①。以后随着军事上的不断胜利,他们占有更多的财富,形成天命汗以下最大的军事农奴主贵族。

第二种人,是军功贵族。这些人包括八旗的固山额真、梅勒额真、甲喇额真、牛录额真等。他们多早年归顺努尔哈赤,如《清太祖高皇帝实录》万历十六年(1588 年)条记载:"时苏完部主索尔果,率本部军民来归。上以其子费英东为一等大臣。又董鄂部主克辙巴颜之孙何和里,亦率本部军民来归。上以长女妻之,授为一等大臣。又雅尔古寨扈喇虎,因杀其族人,率军民来归。上以其子扈尔汉为养子,赐姓觉罗,亦授为一等大臣。"②

费英东,万历十六年(1588 年),随其父苏完部长索尔果率五百户归附,受到努尔哈赤的嘉奖。后授为一等大臣,并以长子褚英女妻之。费英东征瓦尔喀部,取噶嘉路、安褚拉库路,收降人、克屯寨,战乌拉,征叶赫,力战破敌,夺门陷城,"自少从征诸国,三十余年,身先士卒,摧锋陷阵,战必胜,攻必克,屡奏肤功"③。他"为人忠直,见国事稍有阙失,辄毅然强谏,毕智殚力,克输勇略,以佐成帝业"④。皇太极赞谕费英东:"见人

---

① 《满文老档·太祖》,册Ⅰ,第 31 页,东洋文库,1955 年。

② 《清太祖高皇帝实录》,第 2 卷,第 7 页,戊子年(万历十六年)四月,中华书局影印本,1986 年。

③ 《八旗满洲氏族通谱》,第 1 卷,第 1 页,辽沈书社影印本,1989 年。

④ 《清代碑传全集》,第 3 卷,第 25 页,上海古籍出版社,1987 年。

不善,必先自斥责而后劾之;见人之善,必先自奖励而后举之。其所奏善恶,被劾者亦无怨言,被举者亦无骄色。"①

何和礼,又作何和里、何和理,祖克彻巴颜、父额勒吉、兄屯珠鲁巴颜,世为董鄂部长。董鄂部强盛,何和礼代其兄为部长。万历十六年(1588年),何和礼率部归附,努尔哈赤以长女妻之。征虎尔哈,攻灭乌拉,战萨尔浒,攻克沈阳,占领辽阳,何和礼俱有战功。何和礼"性宽和,识量宏远"②,随努尔哈赤征战三十余年,为其股肱之臣。

扈尔汉,世居雅尔古,父扈喇虎于万历十六年(1588年)率所部归附。时扈尔汉十三岁,努尔哈赤收为养子。稍长后,任侍卫。他战乌拉,伐渥集,略虎尔哈路,攻萨哈连部,萨尔浒之役合击毙刘綎,取沈阳、破辽阳,皆立战功③。

安费扬古,世居瑚济寨,早年从其父事努尔哈赤。万历十一年(1583年),从努尔哈赤起兵,战尼堪外兰,攻克图伦城。后努尔哈赤几次遭遇凶险,均赖安费扬古或出奇制敌,或突骑斩敌,化险为夷,转危为安。古勒山之役,与破九部之师;萨哈连之征,率师渡江取胜。诸多重大战役,冲锋破敌,攻城夺门,身先士卒,屡立战功。史称其"自癸未来归,即从征伐。开国功臣惟安费扬古与额亦都二人,效力最在先,并以早岁行兵,迄于白首,战辄居前,还则殿后,屡受重伤,多树勋伐"④。

额亦都,世居长白山,移居英峨峪。幼时父母为仇人所害。年十三,手刃仇人。其早期事功,前已述及。额亦都骁勇善战,挽十石弓,以少击众,所向克捷。努尔哈赤有所征讨,额亦都"皆在行间,未尝挫衄。每克敌受赐,辄散给将士之有功者,不以自私。太祖厚遇之,始妻以族妹"⑤,后以女妻之⑥。额亦都大义灭亲的故事,生动感人:"(额亦都)尤明于大义,而谨于事上。事有关于国家,虽己子亦不稍存姑息。公次子达启,少英异,太祖养于宫中。及长,材武过人,太祖爱之,俾尚公主。达启怙宠渐骄,遇皇子皆无礼,公患之。一日,假他事集诸子、僮仆谯城外园中。酒甫行,公忽起,命众执达启。众愕然,莫知所措。公大怒,露刀厉声曰:'天下有父杀子乎? 诚以此子傲慢不驯,

① 《八旗满洲氏族通谱》,第1卷,第2页,辽沈书社,1989年。
② 《清代碑传全集》,第3卷,第27页,上海古籍出版社,1987年。
③ 《清史稿·扈尔汉传》,第225卷,第9188~9189页,中华书局标点本,1977年。
④ 《清代碑传全集》,第3卷,第27页,上海古籍出版社,1987年。
⑤ 《清史稿·额亦都传》,第225卷,第9177页,中华书局标点本,1977年。
⑥ 《衍庆录》,第3卷,乾隆刻本。

不除，他日必负国恩，而败门户。不从者，血此刃！'众乃惧，引达启入室，以衣被覆杀之。公诣太祖，陈且谢罪。太祖惊，怅累日，深以让公。久之知公心，弥加嗟叹其为国远虑，忘己效忠。"①

费英东、额亦都、何和礼、扈尔汉和安费扬古为后金的五大臣。昭梿在《啸亭杂录·五大臣》中载述："国初太祖时，以瓜尔佳信勇公费英东、钮钴禄宏毅公额亦都、董鄂温顺公何和理、佟忠烈公扈尔汉、觉罗公安费扬古为五大臣，凡军国重务，皆命赞决焉。"②

他们同努尔哈赤结为亲戚，分掌兵权，赞划机要，襄理国政。努尔哈赤对那些勋戚重臣和各级额真，按其军功大小分赐大量的土地、牧畜、奴仆、布帛、金银、器皿等。据朝鲜李民寏到赫图阿拉所见，将官的农庄多至五十余所，马匹"千百为群"③。他们跟随努尔哈赤南征北战，伤痕遍体，倾心效力，"始终尽瘁"④，逐渐形成后金的军事农奴主贵族。

第三种人，是蒙古贵族。这部分人主要是指归降努尔哈赤的蒙古贝勒台吉。如明安达礼，世居科尔沁，早年随父归努尔哈赤，授为牛录额真⑤，后为正白旗蒙古固山额真，官至兵部尚书、议政大臣。布颜代，为蒙古兀鲁特部贝勒，归附后金，"尚主为额驸"⑥，后为镶红旗蒙古固山额真。明安、古尔布什、莽果尔代等前已述及。这些蒙古贝勒台吉等，投附努尔哈赤之后，不仅成为军事贵族，而且成为大农奴主。以恩格德尔为例，恩格德尔原是蒙古巴岳特部的小台吉，他率先归顺努尔哈赤后，不但成为额驸，还被赐与大量的土地与奴仆。仅录《满文老档》的两次记载：天命七年即天启二年（1622年），努尔哈赤把"平虏堡民四百三十男丁，给蒙古恩格德尔额驸"⑦；并命额驸和格格出门，要演吹喇叭、奏唢呐的礼仪。恩格德尔及其妻、弟、子"总计八千男丁，一年征收银五百二十两，粮八百八十斛，当差一百四十人，牛七十头，护卫兵丁一百四十

---

① 《清代碑传全集》，第3卷，第24页，上海古籍出版社，1987年。
② 昭梿：《啸亭杂录》，第2卷，第43页，中华书局校点本，1980年。
③ ［朝］李民寏：《建州闻见录》，第32页，日本天理大学图书馆藏玉版书屋本。
④ 《何和礼碑记》，《辽阳碑志选》，第1集，第33页，铅印本。
⑤ 《清史列传·明安达礼》，第5卷，第7页，中华书局，1928年。
⑥ 《清史稿·布颜代传》，第229卷，第9274页，中华书局标点本，1977年。
⑦ 《满文老档·太祖》，册Ⅱ，第477页，东洋文库本，1956年。

人"①。这些受努尔哈赤恩封为勋贵的蒙古贝勒台吉,后为蒙古八旗的各级额真,成为后金政权的重要支柱。

第四种人,是汉军贵族。这些人主要是明朝投降后金的官将、生员、商人等。如李永芳、佟养真、佟养性、石廷柱、李思忠、金永和、王一屏、孙得功、张大猷、李国翰、范文程、宁完我、鲍承先等,他们或在努尔哈赤时,或在皇太极时,早归降或被见用。由于汉人降服日众,后来别置汉军,组成与八旗满洲、八旗蒙古鼎足的八旗汉军,从而逐渐形成汉军贵族。汉军贵族既是后金政权的重要支柱,也是天命汗统治辽沈地区的社会基础。这类人如佟养真,辽东人,原系商人,早年与其从弟养性向后金"潜输款"②,后携家眷及族属投归努尔哈赤。他以从征辽阳功,被授为游击世职。不久在奉命驻守镇江时,以身殉后金。努尔哈赤命其子佟图赖袭世职,官至都统。其女为顺治帝福临妃,系康熙帝生母,后追封为孝康皇后。佟图赖被赠为一等公,其长子佟国纲于"编审册内俱开为满洲"③,曾与索额图同俄国订立《尼布楚条约》,后在出击噶尔丹的乌兰布通之役中阵亡;其次子佟国维,官至领侍卫内大臣、议政大臣。国维之女为康熙帝孝懿皇后;子隆科多宣谕传位胤禛(即雍正)之遗命,雍正初为总理事务四大臣之一。清初佟氏官员之多,时有"佟半朝"之谚。努尔哈赤招降汉人而形成的汉军贵族,从佟氏一门,可以看出其对清初政治影响实为深巨。

又如李永芳,辽东铁岭人,为明抚顺所游击。曾于万历四十一年(1613年)在抚顺所教场,与努尔哈赤相见④。后努尔哈赤率兵攻抚顺,李永芳出城降。"太祖伐明取边城,自抚顺始;明边将降太祖,亦自永芳始"⑤。努尔哈赤想以李永芳为诱饵,瓦解明朝边将,对他尽力厚待:"仍依明制,设大小官属,令李永芳统辖;上复以子台吉阿巴泰之女妻永芳,授为总兵官。"⑥李永芳后随努尔哈赤拔清河、克铁岭,下沈阳、占辽阳,以军功进三等总兵官,成为后金的汉军贵族。但是,尽管李永芳效忠于天命汗,仍不免受到歧视:诸子被捆绑,自己遭呵斥——一次因议兵进取与贝勒阿敏意见相左,阿敏怒叱

① 《满文老档·太祖》,册Ⅱ,第659页,东洋文库本1956年。
② 《清史稿·佟养性传》,第231卷,第9323页,中华书局标点本,1977年。
③ 《八旗通志·初集》,第143卷,第3页,东北师范大学出版社,1985年。
④ 《满文老档·太祖》,上册,第26页,中华书局译注本,1990年。
⑤ 《清史稿·李永芳传》,第231卷,第9327页,中华书局标点本,1977年。
⑥ 《清太祖高皇帝实录》,第5卷,第18~19页,天命三年四月,中华书局影印本,1986年。

道:"尔蛮奴,何得多言!我岂不能杀尔耶!"①"抚顺额驸"李永芳尚且如此,其他明朝降金官将的境遇更可想而知。

另如范文程,将在以下文臣中叙述。

此外,还有依附和服务于后金军事农奴主的文臣。他们撰制满文,通使往来,左右赞襄,参与筹划,对女真各部的统一,满族共同体的形成,后金政权的建设,满、蒙、汉的文化交流,都起了重要作用。如额尔德尼、噶盖、达海、库尔缠、尼堪和希福等,多兼通满、汉、蒙古文字,被赐号巴克什。后尼堪官至理藩院尚书,希福官至内弘文院大学士,都跻身显贵。

在后金的文臣中,也有汉族儒生。除前已叙及的龚正陆外,范文程又是一例。范文程,沈阳人,曾祖锪,官至明兵部尚书。他少时为县学生员,喜好读书,聪颖敏捷,形貌顽伟。天命三年即万历四十六年(1618年),八旗兵陷抚顺,范文程被努尔哈赤"得而育之"。努尔哈赤陷辽阳后,范文程险些丧生。据彭孙贻在《客舍偶闻》中记范文程所言:"公曰:'太祖定辽阳,壮者配营中,杀老弱。已而渐及拥厚资者,虑有力为乱也。'从行一地曰:'此我就僇处也。'十七人皆缚就刑,太祖忽问曰:'若识字乎?'以生员对。上大喜,尽十七人录用。"范文程为原明诸生而幸存。后随军,历战阵。天聪三年即崇祯二年(1629年)设立文馆,范文程以生员入馆。同年,皇太极率军入塞,兵攻京师。范文程在破大安、陷遵化诸战中,皆立军功。天聪汗皇太极在京师广渠门外兵败于袁崇焕军时,范文程秘进反间计:"时明宁远总制某将重兵居前,公进秘谋,纵反间,总制获罪去。"②这个故事,《清史稿·鲍承先传》作了记载:

　　是时,承先以宁完我荐,直文馆。翌日,上诫诸军勿进攻,召承先及副将高鸿中授以秘计,使近阵获明内监系所并坐,故相耳语云:"今日撤兵,乃上计也。顷见上单骑向敌,有二人自敌中来,见上,语良久乃去。意袁经略有密约,此事可立就矣。"内监杨某,佯卧窃听。越日,纵之归,以告明帝,遂杀崇焕。

上述的"反间计",由范文程设计,皇太极定计,鲍承先和高鸿中施计,而崇祯皇帝

①　《清史列传·李永芳》,第78卷,第11页,中华书局,1928年。
②　《清代碑传全集》,第4卷,第29页,上海古籍出版社,1987年。

中计。结果，明蓟辽督师袁崇焕被逮捕入狱，后惨遭凌迟处死。第二年，范文程因功为文馆之文臣[1]。后升为游击。文馆改为内三院后，范文程被授为内秘书院大学士，"凡宣谕各国敕书，率撰拟以进"[2]。后范文程颇受皇太极之知遇："时文程所领皆枢密事，每入对，必漏下数十刻始出，或未及食、息，复奉召入。"[3]后来，进军山海，直取京师，传檄而定大江南北，废除三饷，编行保甲，广行招垦，屯政兴农，科考取士，重大治策，经纶筹划，多出自范文程或由其参与帷幄。

除汉族儒臣外，还有蒙古族医士。如绰尔济："天命中，率先归附。善医伤。时白旗先锋鄂硕与敌战，中矢垂毙，绰尔济为拔镞，傅良药，伤寻愈。都统武拜身被三十余矢，昏绝，绰尔济令剖白驼腹，置武拜其中，遂苏。有患臂屈不伸者，令先以热镬熏蒸，然后斧椎其骨，揉之有声，即愈。"[4]蒙古族医士绰尔济等具有民族特点与地方色彩的高超技艺，赢得了人们的尊敬，被誉为"神医华佗"[5]。

综上所述，由宗室贵族、军功贵族、蒙古贵族、汉军贵族以及依附他们的文臣干吏等所组成的统治集团，是努尔哈赤统治后金社会的政治杠杆与社会基础。

在后金社会中统治集团之外的广大民众，也有不同的等级，他们主要由以下几种人组成：

第一种人，是农奴。他们的来源，或由奴隶转化，或从诸申分化，或系部民迁徙，或为辽沈农民。农奴是后金社会的一个基本阶级。八旗军进入辽沈地区后，农奴阶级的队伍空前扩大。如将官农庄多至有五十余所，"奴婢耕作，以输其主"[6]。这里的奴婢即农民，天命汗治下"民"的主体部分。

第二种人，是牧民。后金的牧民既包括建州的，也包括蒙古的。漠南蒙古地区，在元明时期进入封建制社会。后金辖区的蒙古牧民多为牧奴，而后金的牧民，也多为牧奴。

第三种人，是工匠。农奴、牧民、工匠是后金社会创造物质财富的主要劳动者。后

① 《清太宗文皇帝实录》，第 6 卷，第 16 页，天聪四年二月甲子，中华书局影印本，1986 年。
② 《清国史·范文程列传》，第 5 册，第 329 页，中华书局，1993 年。
③ 《清史列传·范文程》，第 5 卷，第 1 页，中华书局，1928 年。
④ 《清史稿·绰尔济传》，第 502 卷，第 13880 页，中华书局校点本，1977 年。
⑤ 《盛京通志》，第 40 卷，第 3 页，清康熙二十三年(1684 年)刻本。
⑥ ［朝］李民寏：《建州闻见录》，第 31 页，日本天理大学图书馆藏玉版书屋本。

金的工匠,主要来源于辽东、朝鲜的手艺人。他们进行器物的制造,如烧瓷器、制弓矢、造器械、打农具等。

第四种人,是阿哈。阿哈为满语 aha 的对音,其阶级地位即是奴仆。阿哈有时称包衣阿哈,为满语 booi aha 的对音,booi 意为家里的,包衣阿哈是家内奴的意思。他们在后金社会中的地位比较低下。

第五种人,是部民。这主要是指"野人"女真中未被迁往建州而处于氏族部落的居民。他们向天命汗缴纳贡赋,成为臣民。

第六种人,是诸申。诸申为满语 jūsen 的对音。他们在建州女真社会中,是"一任自意行止,亦且田猎资生"①的平民。随着建州社会的发展,诸申逐渐地发生分化:有的上升为军事农奴主,有的降为阿哈,其中大部分转化为"既束行业,又纳所猎"的农奴。他们耕田纳赋,披甲从征,出差服役,生活贫苦。但总的说来,其生活状况还是比氏族制下的部落居民有所改善。

(五)天命汗改革政体

努尔哈赤政体改革有其历史原因。在努尔哈赤汗权集中的演进路程上,其内部上层发生过三次大的权力冲突。

第一次是努尔哈赤同他的胞弟舒尔哈齐的冲突。早在努尔哈赤起兵之初,舒尔哈齐处于其副手的地位,他们兄弟之间的关系是主副配合、相辅相成的。但是,随着建州事业的发展,他们兄弟的矛盾日渐加深。努尔哈赤由当众怒斥舒尔哈齐,到将其手下二将常书、纳奇布论死,并削夺其兵权。万历三十七年(1609 年)三月,舒尔哈齐被夺去兵权后,郁闷不乐,常出怨言,认为活着还不如死了的好,遂移居黑扯木。努尔哈赤命收回其财产、阿哈,杀了他的儿子阿布什,又将他的部将武尔坤吊在树上用火烧死。万历三十九年(1611 年)八月十九日,舒尔哈齐贝勒死。据明人黄道周(号石斋)《建夷考》载:"酋疑弟二心,佯营壮第一区,落成置酒,招弟饮会,入于寝室,银铛之,注铁键其户,仅容二穴,通饮食,出便溺。"《三朝辽事实录》也载:"奴酋忌其弟速儿哈赤兵强,计杀之。"据《栅中日录》记:"奴酋为人猜厉威暴,虽其妻子及素亲爱者,少有所忤,即加杀

---

①　[朝]申忠一:《建州纪程图记》,图版 18,《兴京二道河子旧老城》,日文本,建国大学印,1939 年。

害,是以人莫不畏惧。"孟森先生断言舒尔哈齐之死,"实乃杀之"。努尔哈赤以幽死舒尔哈齐,结束了他们兄弟之间的权力之争。

第二次是努尔哈赤同其长子褚英的冲突。舒尔哈齐死时,褚英三十二岁。褚英为嫡长子,屡立战功,被努尔哈赤授命执掌国政。但他受到"四贝勒"——代善、阿敏、莽古尔泰、皇太极和"五大臣"——费英东、额亦都、扈尔汉、何和礼、安费扬古,从内外两方面的倾轧。他们上告褚英有争嗣之嫌。褚英对这些建州的"柱石"和"元勋"缺乏谦恭之态,想趁汗父在世时逐渐削夺他们的财富和权力,以便巩固储位。这促使"四贝勒"与"五大臣"经过密议之后,联合向努尔哈赤告发褚英。努尔哈赤让他们每人写一份文书呈送。他们控告褚英的"罪状":一是使"四贝勒"、"五大臣"彼此不睦,二是声称要索取诸弟的财物、马匹,三是曾言"我即位后将诛杀与我为恶的诸弟、诸大臣"。努尔哈赤在权衡利弊之后,断然疏远褚英。褚英不肯悔过,被幽禁在高墙之中。万历四十三年(1615年)八月二十二日,努尔哈赤下令将褚英处死,时年三十六岁。褚英是自死还是处死?《清史列传》中褚英失载,无从述其死因;《清史稿·褚英传》作"乙卯闰八月死于禁所",不仅死月误系,且未及其死因。乾隆间重抄本《加圈点老档》即《满文老档》记载简略,且讳言其被努尔哈赤下令处死之史实。但是,此段史事在《无圈点老档》即《旧满洲档》或《老满文原档》中,载述较详细,其译文如下:

> 聪睿恭敬汗以其长子阿尔哈图土们,心术不善,不认己错,深恐日后败坏治生之道,故令将其囚居于高栅内(屋内)。经过二年多之深思,虑及长子若生存,必会败坏国家。倘怜惜一子,则将危及众子侄、诸大臣和国民。遂于乙卯年聪睿恭敬汗五十七岁,长子三十六岁,八月二十二日,始下决断,处死长子。①

上述文中自"经过"以下,至"长子"以上的文字,在乾隆重钞《旧满洲档》时,被谕圈删画,故为乾隆间重抄本《无圈点老档》和《加圈点老档》即《满文老档》所讳阙。后来清朝官修《清太祖武皇帝实录》、《清太祖高皇帝实录》和《满洲实录》都因为"尊者讳"而阙载。褚英被处死后,努尔哈赤次子代善逐渐取代其地位,于是再次发生他们父子之间的权力斗争。

---

① 《旧满洲档》,第1册,第73~74页,台北故宫博物院影印本,1969年。

　　第三次是努尔哈赤同其次子代善的冲突。褚英死后"建储"之争主要在代善和皇太极之间进行明争与暗斗。代善与皇太极,以序齿言,褚英已死,代善居长,皇太极为弟行;以武力言,代善独拥二旗,为皇太极掌一旗所不及;以才德言,代善宽厚得众心,皇太极则威厉为人畏惮,努尔哈赤自然决定让代善继褚英执掌国政。《建州闻见录》记载,努尔哈赤死后,"则贵盈哥必代其父"①,贵盈哥即大阿哥代善。努尔哈赤说过:"俟我百年之后,我的诸幼子和大福晋交给大阿哥收养。"②大阿哥即大贝勒代善,大福晋是努尔哈赤的大妃乌拉纳喇氏阿巴亥。努尔哈赤将爱妃大福晋和诸心肝幼子托付给代善,即预定他日后袭受汗位。然而,代善也有其弱点。随着代善的权位日重,他同其汗父及其弟皇太极的矛盾便趋向激化。这组矛盾以德因泽的告讦而爆发。《满文老档》记载,万历四十八年即天命五年(1620年)三月,小福晋德因泽向天命汗告发道:"大福晋两次备佳肴送给大贝勒受而食之。一次备佳肴送给四贝勒,四贝勒受而未食。大福晋一天二三次派人去大贝勒家,大约商议要事。大福晋有二三次在深夜出宫院。"③努尔哈赤派扈尔汉等四大臣去调查,后查明告发属实。努尔哈赤对大贝勒同大福晋的暧昧关系极为愤慨,但他既不愿家丑外扬,又不愿加罪于儿子,便借口大福晋窃藏金帛,勒令离弃。小福晋德因泽因告讦有功,被升为与努尔哈赤同桌共食。或言德因泽告讦之谋出自皇太极,皇太极借大贝勒与大福晋的阴私,施一箭双雕之计,既使大福晋被废,又使大贝勒声名狼藉,并离间了努尔哈赤与代善的父子之情,为他后来夺取汗位准备了重要条件。

　　努尔哈赤先后三次向胞弟、长子、次子开刀,而觊觎汗位的政潮仍不能平息。究其症结原因,并不完全是舒尔哈齐、褚英、代善、皇太极等人的非分野心或性格缺陷,而在于他们任何一个人替代努尔哈赤登台,便打破八旗之间的权势均衡,从而引起多数反对——不肯诚心支持汗父指定的继承人得势,也不愿看到汗父指定的接班人崛起。时天命汗努尔哈赤年事已高,选立嗣君的计划一次又一次地破产。这促使他试图废除立储旧制,改革后金政体,实行八大贝勒共理国政的制度。

　　努尔哈赤政体改革有其社会原因。在汗权集中演进的路程上,经济、政治、军事、

---

① 〔朝〕李民寏:《建州闻见录》,第34页,日本天理大学图书馆藏玉版书屋本。

② 《满文老档·太祖》,册Ⅰ,第216页,东洋文库本,1955年,

③ 《满文老档·太祖》,册Ⅰ,第217页,东洋文库本,1955年。

宗族四项基本因素,起着重要的作用。

在经济上,八旗的每旗都是一个庞大的经济集团,旗主贝勒又都是本旗最大的财富拥有者。当时的习俗是,"有人必八家分养之,地土必八家分据之"①。努尔哈赤告诫子孙们:"预定八家,但得一物,八家均分公用,毋得分外私取。"②每次兵马出征所获,按照八旗依军功大小进行分配。其中各旗的旗主贝勒,在该旗中是金帛、牲畜、房田和人口的最大占有者。如大贝勒代善为正红旗的旗主贝勒,他早在万历四十一年(1613 年),就占有诸申五千户,牲畜八百群,白银一万两,敕书八十道③。八旗军进入辽沈地区之后,旗主贝勒占有的财富更急剧地膨胀。八旗的旗主贝勒既为该旗最大的财富拥有者,他必然要求在政权机关中,有与其财富相应的政治权力。

在政治上,金国的社会成员,都隶于八旗之下,旗外没有独立的政治势力。八旗的每旗都是一个巨大的社会集团,旗主贝勒又都是本旗最高军政长官。各旗的固山额真、梅勒额真、甲喇额真和牛录额真,各置官属,领有部众,分辖属民,等级严格,名分有定。从后来盛京笃恭殿(大政殿)暨列署亭式殿(十王亭)的建筑格局与形式,反映出在天命汗下八旗的旗主贝勒所具有的特殊政治地位。旗主贝勒既为该旗的总代表,他必然要求在国家政权机关中,分享相应的决策权力与执政权力。

在军事上,八旗的每旗都是一个强大的军事集团,旗主贝勒又都是本旗的军事统帅。努尔哈赤以"十三副遗甲"起兵,连年征战,南北驰突,占领辽沈,建立后金,主要是靠军事胜利发展起来的。后金对外掠夺,对内镇压都需要有一支精锐的军队。天命汗努尔哈赤依恃铁骑劲旅,吞并诸部,攻城略地,掳掠金帛,俘获人畜,因而八旗军队成为后金最高权力机构的八根支柱,他们实力均衡,互不统属,所以旗主贝勒在后金执政机构中占有极重要的地位。旗主贝勒既为该旗的主帅,他必然要求在后金政权机关中,握有与本旗军事实力相应的执政权力。

在宗族上,八旗的每旗都是一个血缘的宗亲集团,旗主贝勒又都是本旗的宗亲总族长。努尔哈赤起兵以来,各归降部众,由其酋长统领,编丁入籍,披甲入旗。旗下之甲喇,甲喇下之牛录,往往是同一血缘的宗亲家族。若干宗族家族,组成宗亲集团。有

---

① 《天聪朝臣工奏议》,上卷,第 30 页,辽宁大学历史系铅印本,1980 年。
② 《清太祖武皇帝实录》,第 4 卷,第 11 页,台北故宫博物院藏,广文书局影印本,1970 年。
③ 《满文老档·太祖》,上册,第 21 页,中华书局译注本,1990 年。

的牛录额真,兼任族长。各级额真除管其所属的经济、政治和军事外,还兼理宗族内部事务。所以,旗主贝勒既为该旗的总族长(或委他人为族长),他就必然要在后金政权机关中握有与本旗宗族利益攸关、实力相当的执政权力。

由上,旗主贝勒在后金政权机构中的权力,是按其经济、军事、社会和宗族的实力来分配的。努尔哈赤又鉴于胞弟舒尔哈齐和嗣子褚英、次子代善的历史教训,决定实行八大贝勒共理国政的制度。

努尔哈赤政体改革的主要内容——天赐基业,如何长治? 天赐福祉,如何久安? 为解决这两个重大问题,天命汗努尔哈赤于天命七年即天启二年(1622 年)三月初三日,发布实行八大贝勒共治国政的《汗谕》:

> 众贝勒问上曰:"基业,天所予也,何以宁辑休命? 休命,天所锡也,何以凝承?"
>
> 上曰:"继朕而嗣大位者,毋令强梁有力者为也。以若人为君,惧其尚力自恣,获罪恶于天也。且一人纵有知识,终不及众人之谋。今命尔八子,为八和硕贝勒,同心谋国,庶几无失。尔八和硕贝勒内,择其能受谏而有德者,嗣朕登大位。若不能受谏,所行非善,更择善者立焉。择立之时,若不乐从众议,艴然变色,岂遂使不贤之人,任其所为耶! 至于八和硕贝勒,共理国政,或一人心有所得,言之有益于国,七人宜共赞成之。如己既无才,又不能赞成人善,而缄默坐视者,即当易此贝勒,更于子弟中,择贤者为之。易置之时,若不乐从众议,艴然变色,岂遂使不贤之人,任其所为耶! 若八和硕贝勒中,或以事他出,告于众,勿私往。若入而见君,勿一、二人见,其众人毕集,同谋议以治国政。务期斥奸佞,举忠直可也。"[①]

同日,努尔哈赤关于八大贝勒共理国政的《汗谕》,除《清太祖高皇帝实录》上述载引外,《满文老档》中还载有如下内容:

其一,八王共议,设诸申大臣八人,汉大臣八人,蒙古大臣八人。在八大臣之下,设诸申理事官八人,汉理事官八人,蒙古理事官八人。众理事官审理后,报告诸大臣;诸大臣审拟后,上报八王;八王定断拟定之罪。

其二,国主在一月之内,于初五日、二十日,两次升殿。正月初一日,向堂子叩首,

---

① 《清太祖高皇帝实录》,第 8 卷,第 15~16 页,天命七年三月己亥,中华书局影印本,1986 年。

向神祇叩首。随后,国主向诸叔诸兄叩首。然后,汗坐在御座上。汗及接受汗叩首之诸叔诸兄,均坐在一处,接受国人的叩贺。

其三,在汗父所规定八分所得之外,若另自贪隐一物,贪隐一次,革一次应得之一分;贪隐二次,革二次应得之一分;贪隐三次,则永革其应得之分。

其四,如不牢记汗父的训言,不听取兄弟的规劝,仍悖理行事,初则定罪;若不改,即没收其诸申;若再不改,即加以监禁,等等。

上述八王即八大贝勒,又称八和硕贝勒,也称旗主贝勒。努尔哈赤颁布八和硕贝勒共理国政谕,改革政体,旨在提高八和硕贝勒的地位,限制继嗣新汗的权力,以维护后金长治久安。通过这次政体改革,努尔哈赤使后金政权掌握在八和硕贝勒手中,八和硕贝勒拥有相当大的权力。如:

第一,推举新汗。《汗谕》规定:天命汗身后新汗的继立,在"八和硕贝勒内,择其能受谏而有德者,嗣朕登大位",八和硕贝勒握有拥立新汗的大权。新汗既不由先汗指定,也不是自封,而是由八和硕贝勒议后共同推举。新汗既被八和硕贝勒共同推举,继位之后不能独揽后金大权,其权力受到很大的限制。

第二,并肩共坐。《汗谕》规定:新汗与八和硕贝勒并肩共坐一处,同受国人朝拜。新汗在正旦,一拜堂子,再拜神祇,三拜叔兄,随后升御座,与八和硕贝勒并肩共坐一处,同受诸臣叩贺。这项朝仪,规定将八和硕贝勒位列堂子、神祇之次,而居于新汗之上;在接受群臣朝拜时,新汗与八和硕贝勒居于平等地位,从而在礼仪上给予新汗以严格的限制。

第三,共议国事。《汗谕》规定:"一人纵有知识,终不及众人之谋",因命八和硕贝勒"同心谋国,庶几无失"。努尔哈赤规定在会议军国大政时,新汗要与八和硕贝勒共同议商,集体裁决。这就使八和硕贝勒操持后金军国大事的最高决策权,从而限制了新汗的恣肆纵为,独断专行。

第四,八份分配。《汗谕》规定:凡是八旗军掠获金帛、牲畜等,归八和硕贝勒共有,按"八分"即八份、也就是八旗进行分配。这既为着防止"八家"因财富分配不均而祸起萧墙,更为着防止新汗一人垄断财货。这项规定使诸和硕贝勒与新汗在经济上享有同等的权力,从而对新汗的经济特权加以限制。

第五,任贤退奸。《汗谕》规定:八和硕贝勒要"斥奸佞,举忠直"。凡牛录额真以上官员,其任用、奖惩、升迁、贬斥,都由八和硕贝勒会议决定,而不由新汗一人专决。八和硕贝勒要撤换"己既无才,又不能赞成人善,而缄默坐视"的庸臣,并从八旗贵族子弟中选择贤能者加以补充。这样新汗丧失了任免官吏的权力,而人事大权掌握在八和硕贝勒手中。

第六,断理诉讼。《汗谕》规定:后金审理诉讼的程序分为三级:理事官初审,诸大臣复审,最后由八和硕贝勒定谳。新汗操生杀予夺之权受到限制,八和硕贝勒掌握最高司法权。

第七,禁止私议。《汗谕》规定:八和硕贝勒"有故而他适,当告知于众,不可私往。若面君时,当聚众共议国政、商国事、举贤良、退谗佞,不可一二人至君前"①。不许和硕贝勒在家中私议国政,也不许新汗同和硕贝勒单独密议,以防奸谋。军国大事,在庙堂上,聚集谋商,共同议决。

第八,废黜新汗。《汗谕》规定:八和硕贝勒如共同认为所拥立的新汗,"不能受谏,所行非善",有权罢免,另为择立。

努尔哈赤政体改革的重大价值与局限。

努尔哈赤设计八和硕贝勒共理国政的制度,旨在确立八和硕贝勒的集体权威,代替国君个人的专制权威,以此限制可能膨胀起来的国君专制权威,制裁那些自行其是的君主、贝勒,以扩大分权与分治,而实现权力的集中与统一。他将原来的君主集权,改革为八和硕贝勒共理国政,使其拥有国君立废、军政议决、司法诉讼、官吏任免等重大权力。由八和硕贝勒组成的贵族会议,成为后金国家的最高权力机关。努尔哈赤试图通过实行八和硕贝勒共治国政制,在新汗嗣位之后,改革君主专制,实行贵族共治。这在我国二千多年的帝制社会历史中,是一项重大的创举,也是一次可贵的尝试。

后金的政体,即其政权构成的形式,是君主集权制。但是,天命汗努尔哈赤,为使其汗权具有稳定性和延续性,解决择立汗位继任者的难题,试图改革君主集权制政体,实行八大贝勒共理国政的体制。

但是,上述努尔哈赤改革后金政体的措施有其局限性。

首先,这次改革仅局限在调整后金执政集团内部新汗与八和硕贝勒之间的关系。八和硕贝勒是天命汗之下最大、最高的满洲贵族,后金的执政权实际上掌握在几个大贵族、主要是四大贝勒手中。

---

① 《清太祖武皇帝实录》,第 4 卷,第 4 页,台北故宫博物院藏,广文书局影印本,1970 年。

其次,这次改革将异姓贵族排除在后金最高执政集团之外。如努尔哈赤建立后金政权,由五大臣执政。其后,"诸子皆长且才,故五大臣没而四大贝勒执政"①。这时,费英东、额亦都虽死,何和礼、安费扬古、扈尔汉尚在,但并不预政。这表明最高执政权局限在爱新觉罗氏大贵族之中,基本排除了异姓军功贵族。

再次,这次改革是以努尔哈赤《汗谕》形式进行的,意在平衡四大贝勒之间的关系,但这种权力平衡只能是暂时的。天聪六年即崇祯五年(1632年)正月,皇太极始"南面独坐"②,四大贝勒的平衡关系被打破,重新建立君主独裁,先汗政体改革,最后宣告失败。

总之,在清太祖朝时代,天命汗专制权力与八旗贝勒权势之间,以天命汗为主轴,彼此制约,相对平衡,八旗和谐,国家稳定。在国家政体上,表现为以八旗诸贝勒有限的议政权为补充的君主集权制。

努尔哈赤颁布八和硕贝勒共理国政《汗谕》时已届晚年,他逐渐将权力移交给八和硕贝勒、特别是四大贝勒,进行权力过渡,准备身后之事。

---

① 《清史稿·列传十二》,第225卷,第9190页,中华书局标点本,1975年。
② 《清太宗文皇帝实录》,第11卷,第1页,天聪六年正月己亥朔,中华书局影印本,1985年。

九 抚清之战

（一）战略重点转移

天命三年即万历四十六年（1618年），后金实行战略重点转移，就是由重点统一女真内部，转向重点攻击大明皇朝；由重点同女真军队作战，转向重点同明朝军队作战。这是后金与明朝关系史上的一个转折点。

努尔哈赤在赫图阿拉建元称汗后，花费两年多的时间，把主要精力放在整顿内部问题上。同时，他的军事战略眼光仍向着北方，先后有三次大的军事行动：派兵征萨哈连部，招服使犬路、诺洛路、石拉忻路路长四十人，遣兵征取东海沿海散居诸部。天命三年即万历四十六年（1618年）正月，天命汗努尔哈赤对诸贝勒大臣宣布："吾意已决，今岁必征大明国！"①从此，后金战略攻击重点由女真转向明朝，发布"七大恨"告天布民，军事攻击目标由北方转向南方。

发布"七大恨"告天布民的背景，主要有三：

其一，后金深知万历帝晚年政治更加腐败，辽东军备更加废弛。

其二，后金已基本完成女真的统一（除明支持的叶赫外），并建立了后金政权。

其三，后金组建了一支英勇善战、纪律严明的八旗铁军。敌弱己强，彼消此长——这就产生一个结果，后金要把进攻矛头，直接指向大明皇朝。

其四，后金要吞并叶赫，而叶赫受明廷支持，后金只有攻陷抚顺、清河、开原、铁岭，才能打开进攻叶赫的通道，进而并取叶赫。

其五，后金已建立巩固的基础。努尔哈赤经过三十五年的积聚，建立了以赫图阿拉为中心的稳固基地。在这个基地上，后金的政治、经济、财政、民族、社会的雄厚实

---

① 《清太祖武皇帝实录》，第2卷，第30页，台北故宫博物院藏，广文书局影印本，1970年。

力,为大举南进提供了出发点和归宿点。

其六,辽东女真地区灾荒严重,粮食奇缺,景象悲惨。通过战争,掠夺财富,缓和危机,稳定社会。

在上述六项因素中,前五项是必然因素;后一项则是偶然因素。总之,必然因素同偶然因素的结合,便拨快了后金向明朝发动军事进攻的时间表。

后金地区,灾荒严重,粮食奇缺,哀鸿遍野。据朝鲜《光海君日记》万历四十五年即天命二年(1617年)四月二十三日记载:"今年民间饥困之患,近古所无,流离道路,饿殍相望。雨水周足,民有耕种之望①,而种子、农粮俱乏,至有抱农器而饿死于田野(者),极为矜恻。"②

灾情严重,农作失稔,不仅限于朝鲜半岛,而且殃及建州地区。朝鲜平安兵备使李时言,据后金女真人罗可多等十一名所报驰启:"……且言:'上年水灾,胡地尤甚,饥寒已极,老弱填壑。奴酋令去觅食'云云。许多群胡,逐日出来,则供给之物,想必浩大。而年条所纳,亦未毕捧,其间需用,势似难继,是用为虑。且赤身乞食,其情虽似可矜③,而桀骜之心,有同饥鹰,在我防备之道,不可小缓。而赠给杂物,亦不可不预为算定。请令庙堂,斯速指挥。"④

上录驰启除奏报后金地区灾荒惨重外,还谏言加强防备。这远比明朝辽东的庸劣官将有见识。

后金地区遭遇凶年,女真灾民,饿殍塞路,四处乞食,老弱填壑。天命汗努尔哈赤怎样解决这一严重的社会危机? 翻开中国皇朝社会史册,在中原地区,农民起义往往在大灾之年爆发,因为灾荒使本来尖锐的社会矛盾更加激化;在边疆地区,民族抢掠也往往在大灾之年发生,因为严重灾荒使本来尖锐的民族矛盾更加激化。努尔哈赤正是选择这个既不利而又有利的时机,发布"七大恨"告天布民,把女真人的困惑、不满、艰难、怨恨引向明朝,并借对明朝战争胜利和掠夺汉人财粮,振奋女真部民精神,缓解后金社会危机。向明朝辽东汉民地区要粮食、布帛、财物、牲畜——解决后金女真部民的

① 《李朝光海君日记》太白山史库本"耕种之望"作"耕农之望"。

② 《李朝光海君日记》,第114卷,第10页,九年四月丁巳,日本学习院东洋文化研究所影印本,1959年。

③ 《李朝光海君日记》九年二月戊申太白山本"矜"作"怜"。

④ 《李朝光海君日记》,第112卷,第13~14页,日本学习院东洋文化研究所影印本,1959年。

困难与危机,这就是后金执政者的重大战略决策。

后金发布"七大恨"告天布民,将后金部民的不满与怨恨指向明朝。

(二)"七大恨"告天布民

"七大恨"告天布民,是后金将战略重点由北方转移向南方,兵锋由统一女真诸部转移到公然指向明朝的政治标志。

天命三年即万历四十六年(1618 年)四月十三日,天命汗努尔哈赤以"七大恨"告天布民。关于"七大恨"的内容,各书记载,略有差异。其文①,《清太祖高皇帝实录》记载:

> 我之祖、父,未尝损明边一草寸土也,明无端起衅边陲,害我祖、父,恨一也。
>
> 明虽起衅,我尚欲修好,设碑勒誓:"凡满、汉人等,毋越疆圉,敢有越者,见即诛之;见而故纵,殃及纵者。"讵明复渝誓言,逞兵越界,卫助叶赫,恨二也。
>
> 明人于清河以南、江岸以北,每岁窃逾疆场②,肆其攘夺,我遵誓行诛;明负前盟,责我擅杀,拘我广宁使臣纲古里、方吉纳,挟取十人,杀之边境,恨三也。
>
> 明越境以兵助叶赫,俾我已聘之女,改适蒙古,恨四也。
>
> 柴河、三岔、抚安三路,我累世分守疆土之众,耕田艺谷,明不容刈获,遣兵驱逐,恨五也。
>
> 边外叶赫,获罪于天,明乃偏信其言,特遣使臣,遗书诟詈,肆行陵侮,恨六也。
>
> 昔哈达助叶赫,二次来侵,我自报之。天既授我哈达之人矣,明又党之,挟我以还其国。已而哈达之人,数被叶赫侵掠。夫列国之相征伐也,顺天心者胜而存,逆天意者败而亡。何能使死于兵者更生,得其人者更还乎?天建大国之君,即为天下共主,何独拘怨于我国也。初扈伦诸国,合兵侵我,故天厌扈伦启衅,惟我是眷。今明助天谴之叶赫,抗天意,倒置是非,妄为剖断,恨七也。

---

① "七大恨"文:《满文老档》、《清太祖武皇帝实录》和《满洲实录》、《清太祖高皇帝实录》、蒋氏《东华录》、《明神宗实录》、《李朝实录》及天聪四年《木刻揭榜》等所录文字各异,此据《清太祖高皇帝实录》所载。

② 《清太祖高皇帝实录》原文作"疆场"。《康熙字典》曰:"塲,《集韵》同场。《康熙字典》又曰:场,音亦。场,从易,与塲字别。又引《说文解字》曰:"场,田畔也,大界曰疆,小界曰场。"《汉书·食货志》:"瓜刿果蓏,殖于疆场。"场,又意边境也。

欺陵实甚,情所难堪。因此七大恨之故,是以征之。①

"七大恨"的第一条,诉说明军"起衅边陲,害我祖、父",即倾诉对明朝施行民族压迫政策的不满。早在成化年间,明军先后两次对建州女真"捣其巢穴,绝其种类"②,杀建州女真首领李满住和董山。据不完全统计,共擒斩女真人一千七百二十余名,焚烧庐舍一百九十五座,及其积聚二百一十七所。焚荡之余,幸存者过着"结草穴土而居"③的悲苦生活。其后,"汪直开边隙,出塞扑杀诸夷。诸夷益大愤,入塞,杀掠无算。遣马文升往抚定之,诸酋遂解散。直怒,诬文升,下诏狱,谪戍重庆。嘉靖间,巡抚於敖减赏赐,夷人大恨。因数入塞,辽东、西大困"④。明军又在万历初的十余年间,以追剿女真"犯抢"(犯抢是应当反击的)为名,曾先后五次"搜讨",共斩杀三千八百五十余级,对女真社会生产力破坏极大。明朝辽东官兵,勒买人参,强征貂皮,横行马市,"杀夷冒功",引起女真人的强烈不满。所以"七大恨"开宗明义说:

我祖宗以来,与大明看边,忠顺有年。只因南朝皇帝高拱深宫之中,文武边官,欺诈壅蔽,无怀柔之方略,有势力之机权,势不使尽不休,利不括尽不已,苦害侵凌,千态莫状。⑤

这就倾吐了女真人对明朝专制者的不满与愤恨。

"七大恨"的第二、三、五条,表达了对明朝蚕食疆土和收割禾谷,对明朝拘留使臣纲古里、方吉纳和杀死十名女真人于边境的不满。

"七大恨"的第四、六、七条,诉说明朝偏袒哈达、卫助叶赫,给其对手以支持与帮助,即倾诉对明朝施行民族分裂政策的不满。明廷对哈达、叶赫、建州的基本政策是:

① 《清太祖高皇帝实录》,第 5 卷,第 12~13 页,天命三年四月壬寅,中华书局影印本,1986 年。

② 《李朝世祖大王实录》,第 43 卷,第 38 页,十三年八月庚戌,日本学习院东洋文化研究所影印本,1959 年。

③ 《李朝成宗大王实录》,第 112 卷,第 17 页,十年十二月辛未,日本学习院东洋文化研究所影印本,1959 年。

④ 罗曰褧:《咸宾录》,第 2 卷,第 47 页,中华书局校点本,1983 年。

⑤ 转引自孟森:《明清史论著集刊》,上册,第 209 页,中华书局,1959 年。

"各自雄长,不相归一。"这正如明礼部侍郎杨道宾疏言:

> 夫夷狄自相攻击,见谓中国之利,可收渔人之功。然详绎成祖文皇帝所以分女直为三,又析卫所地站为二百六十二,而使其各自雄长,不相归一者,正谓中国之驭夷狄,必离其党而分之,护其群而存之。①

打破明廷分裂女真的传统政策,实现女真各部的统一,这就表达了女真人的共同愿望。

显然,"七大恨"中有"四恨"直指对明朝的不满,有"三恨"因明对哈达、特别是对叶赫的支持妨碍其统一而间接地对明朝不满。所以,"七大恨"将后金恼怒之水泼向明朝。"七大恨"表明:"努尔哈赤最终成了在腐败而专横的中国官员们手下受到恶劣对待的直率的满族人的维护者。"②但是,"七大恨"具有两重性:它既是女真人民对明朝民族压迫和民族分裂政策的控诉,又是女真贵族向明朝公然犯顺和策骑称兵的藉词。显而易见,上述"七大恨"带有历史的、地域的、民族的局限性。

就以努尔哈赤借叶赫老女抒发饮恨为例。叶赫老女为叶赫贝勒布寨之女,布寨在古勒山之役中被杀,叶赫请尸,努尔哈赤命剖其半与之,由此结下不解之仇,后此女多年未嫁,遂称老女。努尔哈赤利用老女,作为兴师攻明的一种借口,如王雅量所疏言:"夫奴酋冶容之人,何求不得,而斤斤一三十五岁之老女? 且夷俗何所不为,而未嫁之老女有何体面? 所系不过留其不了之局,以兴问罪之名,乘间窃发,基图渐大,渐可蚕食,此奴之本志也!"③由此可见,努尔哈赤所谈叶赫老女之事,不过是借题发挥,作为兴师攻明的一个借口。

天命汗努尔哈赤发布"七大恨",是利用女真人的民族情绪,把女真人的不满引向明朝,并借对明战争的掠获,以缓和其因灾荒而加剧的社会矛盾。"七大恨"誓师后,努尔哈赤即率师攻明,兵锋所指:一是抚顺城,一是清河城。抚顺城与清河城是明朝为防止女真军西进辽沈地区的两道重要关隘,位于平原与山峦的结合部——打破抚顺城,可以进入沈阳;打开清河城,可以进入辽阳。因此,后金军要进入辽沈地区,必须攻破

---

① 《明神宗实录》,第36卷,万历三十六年九月辛卯,内阁文库本。
② [美]牟复礼、[英]崔瑞德编:《剑桥中国明代史》,第620页,中国社会科学出版社,1992年。
③ 《明神宗实录》,第43卷,万历四十三年八月壬辰,内阁文库本。

明军坚守的两座犄角形的前沿堡垒——抚顺和清河。努尔哈赤第一着棋的布局是：计袭抚顺。

(三)计袭抚顺城

天命汗率兵大举征明，是后金战略上的重大转变——进攻抚顺，向明挑战。为做好征明的准备，他除发布"七大恨"进行政治思想动员外，还修整器械、申明军纪、颁布《兵法之书》，进行军事训练。他说：

> 平时以正为上，军中以智巧谋略、不劳己、不钝兵为上。若我众敌寡，我兵不令之见，须伏于隐僻处，少遣兵诱之——诱而来，是中吾计；若诱而不来，详观其城邑之远近，相距若远，即尽力追袭，近则直抵城门，使自壅塞而掩杀之。倘我兵只一二固山，遇敌兵之众，勿令近我，即回觅大兵，然后寻敌所在。若只二三处兵，须酌量之。此乃遇敌野战之法也。
>
> 至于攻城，当观其势，势可下，则令兵攻之，否则勿攻。倘攻之不拔而回，反损名矣！夫不劳兵力而克敌者，是擅智巧谋略，诚为三军之主帅。若劳兵力，虽胜何益？当征战之际，最上者莫过于不损己兵，而能胜敌者也。①

上面所引努尔哈赤的智巧、诱敌、野战、避强、攻城、谋略等军事思想和作战原则，朴实而具体，丰富而精粹；并在夺取抚顺之役中，再次加以巧妙地运用。对努尔哈赤军事思想的全面分析留待后文，这里特别强调其军事思想的精华——用兵之道，贵在计谋。其特点是"不损己兵，而能胜敌"。计袭抚顺，获得全胜，便是八旗军统帅努尔哈赤这种军事指挥艺术的一个成功战例。

在计袭抚顺之前，又申明军纪："阵中所得之人，勿剥其衣，勿淫其妇，勿离其夫妻；拒敌者杀之，不拒敌者勿妄杀。"②同时，又诡秘地进行作战准备。如命军丁伐木缮治云梯、楯车，却扬言砍伐木材，修整马厩。木材运回赫图阿拉之后，又恐修缮器械泄露

---

① 《清太祖武皇帝实录》，第 2 卷，第 31 页，台北故宫博物院藏，广文书局影印本，1970 年。
② 《满洲实录》，第 4 卷，第 10 页，辽宁通志馆影印本，1930 年。

机密，竟将所砍伐的木材，用来兴建房舍。

努尔哈赤既发布"七大恨"告天，又颁布《兵法之书》谕军，修器械，严军令，一切准备就绪之后，于天命三年即万历四十六年（1618年）四月十四日，命将出师。后金军分为两路：令左翼四旗兵攻取东州、马根单，作为围攻抚顺的外势；亲率右翼四旗兵及八旗巴牙喇直奔抚顺。

抚顺城，建于明朝洪武十七年（1384年），成化四年（1468年）重修，其意为："抚绥边疆，顺导夷民。"据《全辽志》记载：抚顺城"周围二里三百七十六步，池深一丈，阔二丈，城门一丈，曰迎恩"。抚顺城濒临浑河，为沈阳中卫隶属千户所。明为防御女真西进，在抚顺城外围修筑四堡：会安堡（今抚顺市顺城区会元乡）、东州堡（今抚顺市抚顺县小东乡大东州村）、马根单堡（今抚顺市抚顺县救兵乡马郡村）、散羊峪堡（今抚顺县救兵乡山龙峪村），沿边建烽火台二十一处[1]，构成辽东都司东部前沿军事哨堡。抚顺的地理特点，明人章潢在《图书编》中说："通百夷贡市，内外皆山，多伏莽，我难于斥堠。"[2]抚顺既是明朝控制建州女真的前哨，又是建州女真出入辽东的门户。它西距沈阳八十里，西北为开原、西南为辽阳，是明朝与建州三卫往来的要冲，也是建州女真与辽东汉民的交接点，还是明朝防卫建州女真的前沿重镇。抚顺马市为女真与明朝互市的重要场所。努尔哈赤青年时经常到抚顺贸易，他对抚顺的山川、道里、形胜、城垣与军备、器械、守兵、民情，非常熟悉，了如指掌。时抚顺游击李永芳率兵驻守，此人早在六年之前，曾同努尔哈赤在抚顺所教场并马交谈。

先是，万历四十一年（1613年）九月二十六日，努尔哈赤在抚顺教场，见明抚顺所游击李永芳。事情的起因是建州欲攻叶赫，而叶赫受到明军的保护。努尔哈赤欲致书明朝，遂到抚顺所。据《清太祖实录》记载：努尔哈赤"至抚顺所，游击李永芳出城三里外，迎上，以礼接见，导入教场"。努尔哈赤将书信给李永芳。书上说："昔叶赫、哈达、乌喇、辉发、蒙古、席北、卦尔察等九姓之国，于癸巳岁，合兵侵我。我是以兴师御之。天厌其辜，我师大捷。斩叶赫布寨，获乌喇布占泰以归。逮丁酉岁，刑马歃血，以相寻盟，通婚媾，无忘旧好。讵意叶赫，渝弃前盟。将已字之女，悔而不予。至乌喇国布占泰，吾所恩育者也，反以德为仇，故伐之而歼其兵，取其国。今布占泰子然一身，奔于叶

---

① 刘强、刘诗、傅波等编：《抚顺市志》，第6~7页，辽宁民族出版社，2005年。

② 章潢：《图书编》，第40卷，第5页，《文渊阁四库全书》本。

赫。叶赫又留之不吾与。此吾所以征叶赫也。我与汝国,何嫌何怨,欲相侵耶!"①

努尔哈赤将以上文书交李永芳后,返回赫图阿拉。这封信主要是解释要进攻叶赫的原因,并表明要同明朝结好,力免其进攻叶赫时受到明军的阻遏。

然而,事过三年,建州发生巨大变化。主要是已组创八旗,建立后金,羽翼丰满,又遇饥荒。所以,努尔哈赤改变对明朝的策略,以谋略与兵攻,指向建州女真与明朝辽东最近的重镇与马市——抚顺城。

努尔哈赤对抚顺主用智取,辅以力攻。这个方案采纳的是皇太极的献策。据《明季北略》记载:努尔哈赤六十诞辰,诸子庆贺,议及入边。八子皇太极曰:"抚顺是我出入处,必先取之。今四月八日,闻李永芳大开马市,至二十五日止,边备必疏。宜先令五十人佯作马商,驱马五路入城为市。嗣即率兵五千,夜行至城下,举炮(为号),内外夹攻,抚顺可得。几处不战自下。"②他先一日派人到抚顺,声言有三千女真人于明日来赴市。到十五日寅时,假冒商人的后金先遣队果然来到抚顺叩市,将抚顺商人和军民诱出城外贸易,并由输款于努尔哈赤的佟养性导军先入③,后面接踵而来的右翼四旗军主力,遂乘机突入城内,里应外合,夹击夺城。据《明神宗实录》四月十五日记载:

> 建酋奴儿哈赤,诱陷抚顺城。中军千总王命印死之,李永芳降。先一日,奴于抚顺市口言:明日有三千达子来做大市。至日,寅时,果来叩市,诱哄商人、军民出城贸易,随乘隙突入掳杀。④

王在晋在《三朝辽事实录》中,也作了类似的记载:

> 四月十五日,奴儿哈赤计袭抚顺,佯令部夷赴市,潜以精兵踵后,突执游击李永芳,城遂陷。⑤

---

① 《清太祖高皇帝实录》,第4卷,第11页,万历四十一年九月辛巳,中华书局影印本,1986年。
② 计六奇:《明季北略》,第1卷,第2页,光绪十三年(1887年)刻本。
③ 《国朝先正事略·佟图赖传》,第2卷,第11页,汉读楼书局石印本,光绪二十八年(1902年)。
④ 《明神宗实录》,第568卷,第4页,万历四十六年四月甲辰,台北中央研究院历史语言研究所校勘本,1962年。
⑤ 王在晋:《三朝辽事实录》,第1卷,第1页,江苏省立国学图书馆藏本。

朝鲜《光海君日记》据明游击丘坦票文记载："奴酋向来与抚顺互市交易，忽于前面四月十〔五〕日，假称入市，遂袭破抚顺。"①

但是，《满文老档》和《满洲实录》等书却力言努尔哈赤的武功：八旗军布兵百里，旌旗蔽空，驰趋抚顺，兵到围城；旋派被捕汉人入城，送书与守将李永芳——以禄位相诱，以屠城相胁。"李永芳览毕，衣冠立南城上，言纳降事，又令城上备守具。"②努尔哈赤命八旗军竖梯登城，不久，兵士攀梯上城。抚顺城中军千总王命印等力战而死，"游击李永芳勉强投降，穿官服乘马出城，镶黄旗固山额真阿敦引与汗见，不让下马，互相拱手示礼"③。但《清太祖武皇帝实录》作"永芳下马跪见，帝于马上拱手答礼"④；《清太祖高皇帝实录》作"永芳下马匍匐谒上，上于马上以礼答之"⑤，均系溢美之文，使真相被掩饰。

努尔哈赤设计，佯称互市，潜以精兵，外攻内应，计陷抚顺，守将李永芳剃发降。同日，后金军左翼四旗兵占东州、马根单。随之，后金军驻师五日，分配俘获。二十日，后金军分配完毕，分派六万军队，押携俘获前行。

抚顺败报，驰至广宁。明辽东巡抚李维翰急檄总兵官张承胤⑥仓猝率军出战。"承胤请集兵后行，维翰不听，促之愈急，承胤悲愤以所部进"⑦。张承胤急率副将颇廷相、参将蒲世芳、游击梁汝贵等领兵万余人，尾追努尔哈赤所率军队。二十一日，后金哨探将所得消息，急报大贝勒代善、四贝勒皇太极，代善和皇太极一面部署迎战，一面奏报父汗努尔哈赤。这时，后金大军已到明朝与后金的边境，努尔哈赤接报后笑道："彼兵非来战我，乃欲诈称追诸申兵出边，以诳其皇帝而来！"总兵张承胤指挥明军，据山险，分军三，立营浚壕，布列火器。努尔哈赤命大贝勒代善、四贝勒皇太极统军三面

---

① 《李朝光海君日记》，第 127 卷，第 24 页，十年闰四月甲戌，日本学习院东洋文化研究所影印本，1959 年。

② 《满洲实录》，第 4 卷，第 11 页，辽宁通志馆影印本，1930 年。

③ 《满文老档·太祖》，册 I，第 92 页，东洋文库本，1955 年。

④ 《清太祖武皇帝实录》，第 2 卷，第 25 页，台北故宫博物院藏，广文书局影印本，1970 年。

⑤ 《清太祖高皇帝实录》，第 5 卷，第 16 页，天命三年三月甲辰，中华书局影印本，1986 年。

⑥ 张承胤：《清太祖高皇帝实录》作"张承荫"，《清太祖武皇帝实录》作"张承胤"，《满洲实录》作"张承荫"，《明史》其本传也作"张承荫"。查《明神宗实录》自卷 336 万历二十七年六月己卯，到卷 595 万历四十八年六月甲寅，出现"张承胤"凡 37 次，而无"张承荫"。因此，应作"张承胤"。《明史》为清人纂修，为避雍正帝"胤禛"之名讳，而改"胤"为"荫"。又可见《武录》比《高录》和《满录》为早。

⑦ 叶向高：《遴编》，第 11 卷，第 16 叶，钞本，美国国会图书馆藏。

环攻明军,并利用风沙大作的有利天时,山峦密林的有利地形,奋勇作战,猛攻明军。明军"大溃,承荫、世芳皆战死,廷相、汝贵已溃围出,见失主将,亦陷阵死,将士死者万人,生还者十无一二"[1],明军"主将兵马,一时俱没"[2]。此战,后金军大胜,获马九千匹、甲七千副,兵仗器械,不可数计。

明军张承荫的失败原因,时任御史的张铨作出分析:"夫承荫不知敌诱,轻进取败,是为无谋。猝与敌遇,行列错乱,是为无法。率万余之众,不能死战,是为无勇。"[3]这个分析,颇有见地。张承荫作为总兵,无谋、无法、无勇,丧失战机,故尔取败。此外,还有两点:一是明军作战地点不利,因为地近边境,山峦起伏,无城凭借,不利明军;二是明军作战时机不利,因为后金军已将三十万人畜分配完毕,否则被俘军民与追击明军内应外合,并力作战,必是又一番景象。客观的"两不"——不利的时机、不利的地域;主观的"三无"——无谋、无法、无勇,必然导致一个结果:明朝军失败,后金军胜利。

抚顺之役,历时一周,八旗军不仅夺占抚顺、东州、马根单,而且骑兵横排百里,梳掠所过堡、台、庄、屯等五百余处[4],掳获人畜[5]三十余万,编为千户,毁抚顺城;又击败张承荫总兵的追击军队万人,获九千匹马、七千副甲;获取大批粮食、金银、布帛。二十六日,还赫图阿拉。

努尔哈赤命将在抚顺之战中俘获人口,编为千户。若每户以六口计,则共六千人。看来所谓掳获人畜三十余万,多为牲畜。天命汗率军在短短几天内,掳掠数以十万计的牲畜以及粮食、财物,按军功大小进行分配,缓和了因灾荒缺粮而加剧的社会矛盾。

抚顺城陷,京师震动。明朝辽左失陷抚顺,殒将丧师,损辱国威。由此,举朝震骇,群臣神经,极度紧张,筹划对策,有的官员奏请加强外城九门、内城七门和皇城四门的警卫。刑科给事中姚若水奏请,"罢内市,慎启闭,清占役,禁穿朝"[6],并给宫监各发腰

---

① 《明史·张承荫传》,第 239 卷,第 6208 页,中华书局校点本,1974 年。

② 《明神宗实录》,第 568 卷,第 7 页,万历四十六年四月丙辰,台北中央研究院历史语言研究所校勘本,1962 年。

③ 《明史·张铨传》,第 291 卷,第 7454 页,中华书局校点本,1974 年。

④ 《满文老档·太祖》,上册,第 59 页,中华书局译注本,1990 年。

⑤ 《满文老档》、《清太祖武皇帝实录》和《满洲实录》均作"俘获人畜三十万",《清太祖高皇帝实录》却作"俘获人口三十万",似误。

⑥ 《明神宗实录》,第 570 卷,第 1 页,万历四十六年五月戊子朔,台北中央研究院历史语言研究所校勘本,1962 年。

牌,出入查验,以防努尔哈赤的奸细混入京城大内。

后金相反,首战告捷。进攻抚顺是努尔哈赤起兵三十五年以来,第一次同明军正面交锋,师出顺利,初战告捷,获得完全破城歼敌的战果。先是,努尔哈赤对明朝明里觳觫遵命,暗里伺机倏进,从来谨慎小心,未敢宏图大举。甚至于他在发兵进攻抚顺之前,仍告诫统兵贝勒、诸臣,要"自居于不可胜,以待敌之可胜"——尚有此举胜负未卜之虑。但是,他袭破抚顺,碰了一下明朝这个庞然大物,竟然俘获人畜三十万,这是自兴兵以来从未有过的大掳掠,从而刺激了努尔哈赤更大的贪欲——继续进兵,蚕食辽东。

五月十七日,后金又发动小的攻势,两天后,攻取抚顺、铁岭之间的抚安堡、花豹冲、三岔儿等大小十一堡。后金军在攻松山屯堡时,派李永芳去劝降,招降了这个山寨。但是,其他屯寨,俱不投降。后金官兵恼怒,将其全部杀死。此战,后金军共攻下十七座寨堡,并沿屯搜掘粮窖,"迁其积粟"①。到六月初九日,后金军返回赫图阿拉。

六月二十二日,明广宁巡抚派通事一人、随员五人,就后金前遣人送书信一事回复说:"欲两国修好,可还所俘数人,并遣使来。"按说其条件并不高,但明辽东巡抚没有认识到自己在谈判方面已经处于不利的被动地位。后金则明确答复说:"征战所得者,虽一人,何可还哉!若以我为是,于所得之外,更加金帛方和;若以我为非,我则不和,征伐如故!"②遂仅将明来使遣还,而俘虏连一人都不放还,说明后金没有和的诚意。既然不和,只有战争。

七月,入鸦鹘关,进攻清河。

(四)强拔清河堡

明军失陷抚顺后,"烽火彻山海、蓟门,朝廷大震"③。明廷命辽东巡抚李维翰由广宁移驻辽阳,以强化辽左御守。又起升杨镐为辽东经略,重新谋划东事战守。寻调失陷抚顺之辽东巡抚李维翰回籍听勘,后将其革职为民。明廷又派陈王庭巡按辽东兼监

① 《清太祖高皇帝实录》,第5卷,第23页,中华书局影印本,1986年。

② 《清太祖武皇帝实录》,第2卷,第38页,天命三年六月二十二日,台北故宫博物院藏,广文书局影印本,1970年。

③ 傅国:《辽广实录》,上卷,第1页,清刻本。

军事,并由经略杨镐兼任巡抚。杨镐派官员及通事往后金议和,以刺探其内情,暂扼其西进,筹划兵事,图复失地。

明朝与后金,疆场争战,兵马交锋,后金重骑兵,明军重车营。戚继光总结同蒙古骑兵作战历史经验道:"往事敌人铁骑数万冲突,势锐难当。我军阵伍未定,辄为冲破,乘势蹂躏,至无孑遗。且敌欲战,我军不得不战;敌不欲战,我惟目视而已。势每在彼,故常变客为主。我军畏弱,心夺气靡,势不能御。"①抚顺之役,张承胤立营浚壕,布列车阵,图阻敌骑,全军覆没,就是明军车营战法同后金军骑兵作战失败的第一例。然而,明军将帅并未由此吸取教训,仍然以车阻骑,以静制动,以短击长,以主为客,在清河之役中又一次因失算而败北。

先是,抚顺之役,明朝军近万人,列营而战,"则陷伏中,无一人生还"②。后金军数万人,驱骑驰突,旗开得胜,俘获人畜而归。一胜一败,其因固多,战法不同,结果则异。兵书云:"夫大战之道有三:有算定战,有舍命战,有糊涂战。何谓算定战? 得算多、得算少是也。何谓舍命战? 但云我破着一腔热血报朝廷,敌来只是向前便了却将行伍等项,平日通不知整饬是也。何谓糊涂战? 不知彼、不知己是也。"③在清河之役中,努尔哈赤打的是算定战、舍命战、明白战,明守将邹储贤却恰恰相反,先是失算,继是糊涂,终以舍命而陷落清河城。

清河城,今辽宁省本溪满族自治县清河镇,位置在赫图阿拉城西南一百六十里,其城"周围四里零一百八十步,东、南、西、北四门"④,有小路与抚顺相通。清河城势极险隘,地极孤悬,"号天险,独东南稍平"⑤,是后金与明朝出入辽东边墙的重要孔道。王在晋在《三朝辽事实录》中论述清河地理与形胜之重要时说:"清河——三里之城,高山四拥,北控宽奠,南枕辽阳,左近沈阳,右近叆阳,皆相去百里,中有小路通抚顺。"⑥后金攻破清河堡,东驱宽奠,南逼叆阳,西拒辽阳,北攻沈阳,明朝上述四城,失去守卫屏障。后金袭破抚顺后,下一个征战目标就是清河城。

① 戚继光:《练兵实纪杂集》,第 6 卷,《车营解》,《中国兵书集成》本,解放军出版社,1987 年。
② 叶向高:《遯编》,第 10 卷,第 9 叶,钞本,美国国会图书馆藏。
③ 戚继光:《练兵实纪杂记》,第 4 卷,第 9 页,影印《四库全书》本。
④ 康熙《盛京通志》,第 10 卷,第 2 页,康熙二十三年(1684 年)刻本。
⑤ 谈迁:《国榷》,第 83 卷,第 5122 页,中华书局,1958 年。
⑥ 王在晋:《三朝辽事实录》,第 1 卷,第 4 页,江苏省立国学图书馆藏本。

天命三年即万历四十六年(1618 年)七月二十日,努尔哈赤亲统八旗军出征清河城。此前努尔哈赤用声东击西之计,麻痹明朝官军。辽东经略杨镐奏报:"回乡高得功等报,奴酋约在七月初三日,犯清河一带,收割田禾,才往北攻金台失去。"①这给明朝造成一种假象:后金军出动主要是攻打叶赫金台石、布扬古,顺便割点田禾回去。其真实意图在于:迷惑明军,刺探情报,忽真忽假,演习军事,进鸦鹘关,攻清河城。

二十一日,后金军队,破鸦鹘关。鸦鹘关(今辽宁省新宾满族自治县苇子峪镇三道关村地方)②,是明朝防御建州女真西进的关隘,也是明军扼守清河的门户。鸦鹘关明成化年间修建,西南距清河百里③,东北距赫图阿拉八十里。鸦鹘关包括三道关——头道关、二道关、三道关,每关相距大约一里,道窄如线,崎岖蜿蜒,依险而建,扼守冲要。三座雄关鼎立,互相依托,彼此呼应,一夫当关,万勇难攻。后金军出征后,先进攻鸦鹘关,明守军不敌,后金军破关。从此,鸦鹘关为后金军占领。天命汗努尔哈赤攻破鸦鹘关,直奔清河城。

二十二日,后金大军,围清河城。守城副将邹储贤、援辽游击张旆率兵一万,撄城固守。守城明军,千名炮手,从城上施放火器,八旗兵死伤千余。努尔哈赤命军士头遮厚板、粗木,冒炮火,顶矢石,从城墙下,奋勇挖墙④。城东北角,被挖大洞,后金军涌入,城陷。邹储贤斩战马,烧官房,率亲丁,守城南。张旆力战,不屈而死。李永芳从城外招降,遭邹储贤大骂。邹储贤战死,兵民万人,全部陷没。明失清河,全辽震动。是役,《三朝辽事实录》记载:

> 二十二日,奴从鸦骨关入围清河。参将邹储贤拒守,以火器杀贼千余,贼退而复合。援辽游击张旆战死。贼冒板挖墙,城东北角堕,叠尸上城。储贤见李永芳招降,大骂,尽焚衙宇及妻孥,领兵战于城上,力屈死之。⑤

此役,朝鲜《光海君日记》载述较明书更为详尽,引录如下:

①　《明神宗实录》,第 572 卷,第 8 页,万历四十六年七月戊戌,台北中央研究院历史语言研究所校勘本,1962 年。

②　房守志主编:《新宾满族自治县志》,第 447 页,辽宁人民出版社,1993 年。

③　2002 年 9 月 2 日,笔者对鸦鹘关、清河城遗址踏查,经实测,鸦鹘关至清河城为 50 公里。

④　《满文老档·太祖》,上册,第 65 页,天命三年七月二十二日,中华书局译注本,1990 年。

⑤　王在晋:《三朝辽事实录》,第 1 卷,第 4 页,江苏省立国学图书馆藏本。

　　虏兵进薄清河，使李永芳招降城主。城主披甲登城，谓曰："你既投彼，则无朋友之义，可速去，不然且放箭。"乃严兵固守，矢石如雨。虏兵八进八退，死伤极多。朝而战、见星未已者累日。及至城陷，城主力战而死，士卒亦无投降者。①

　　清河之役，朝鲜陈奏使尹晖驰启战事经过云："奴酋本月二十一日，围清河城，四更攻城。二十二日未时城陷，游击中军及添兵游击俱被害，军兵及居民五万余人或被掳，或被杀。辽东总兵及都司率兵登城防备。辽、广骚扰，五六十里人烟不通。"②

　　后金夺取清河，既以力攻，又用智取。据史载，努尔哈赤破清河，先令"驱貂、参车数十乘入城，貂、参穷而军容见。因入据城门，延入诸骑。故清河之破，视抚顺尤速"③。

　　明朝的各路援军，参将贺世贤自瑷阳赴援，破后金一寨，但遭后金军的拦截；李如柏自辽阳领兵援救，得到城陷的探报止兵不进；游击吴立郊带兵自沈阳增援，江万仞统兵自宽奠来援，畏缩观望，中途而回。贺世贤率兵往援未能奏效，见城已陷，遂斩女真屯寨中妇幼一百五十一人而还。辽东经略杨镐闻清河已失，单骑急赴河东，斩千总陈大道。杨镐胸中无对策，斩千总以泄积愤。

　　后金军攻打清河城，遭到守城军民反抗。城陷后，据文献记载，"军兵及居民五万余人或被掳，或被杀"。事后，清朝文献没有记载对俘获的清河兵民编户，可见大部战死或被杀。

　　抚、清之役后，天命汗做了一系列的事情：第一，分配俘获。第二，安置辽民。第三，摧毁城堡，将抚顺城、清河城及其城内房舍毁掉，将抚顺、清河一带数百里的台墩百余座进行毁坏。第四，运回粮食（详见后文）。第五，整顿纪律。将甲喇额真噶尔泰、常古纳、纳齐布、阿希布以其管带不力等因革职。第六，同明议和——闰四月，遣鲁太监等四人将"七大恨"文书带回明朝。选出俘获到抚顺贸易的山东、山西、苏州、杭州等十六名汉人，给路费，将"七大恨"文书带到关内。

---

　　① 《李朝光海君日记》，第169卷，第9页，十三年九月戊申，日本学习院东洋文化研究所影印本，1959年。

　　② 《李朝光海君日记》，第131卷，第3页，十年八月辛酉，日本学习院东洋文化研究所影印本，1959年。

　　③ 黄道周：《博物典汇·四夷附奴酋》，第20卷，第18页，清刻本。

抚顺、清河之战,产生了重大的影响。

(五)抚清之战的影响

后金进攻明朝的抚顺、清河之役,产生的影响,主要表现在:

第一,后金登上明、清争局历史舞台。乾隆帝东巡,途经抚顺城,吟诗说:"洪武城抚顺,意在抚顺我。"此诗寓意,十分深邃。明朝设置抚顺卫所,意在抚顺建州女真。明、清历史乾坤,由此开始倒转。原本是抚顺建州女真的抚顺城,却成为建州反抗明朝的首击点。后金与明朝的关系,由"忠顺"从属,转变为"犯顺"进攻。这是一个历史信号:满洲民族崛起,后金政权建立——开始了挖掘埋葬明朝的坟墓。所以,抚顺之败,警报传出,明廷上下,举朝惊骇!

抚顺失陷的消息由辽东巡抚李维翰、蓟辽总督汪可受奏报明廷,万历帝接报后,发出圣旨:"狡虏计陷边城,一切防剿事宜,行该地方官相机处置,军饷着上紧给发。其调兵应援,该部便酌议具奏。"①署兵部尚书薛三才②报告总兵张承胤全军覆没的消息,引起举朝震骇。万历帝谕旨:"辽左覆军陨将,虏势益张,边事十分危急。尔部便会推堪任总兵官一员,令刻期到任,料理军务。一应防御驱剿事宜,着督抚等官,便宜调度,务期殄灭,以奠封疆。"③努尔哈赤陷抚顺、破清河,是后金给明朝最为沉重的打击。

回顾明朝同建州的战争史,可以说明这一点。明朝对女真先后有三次大的军事征讨。第一次是杀李满住、董山。天顺、成化年间,建州女真首领李满住、董山寇掠辽东。明命李秉以左都御史、提督军务,赵辅佩征虏将军印、充总兵官,调集大军,围剿建州。明兵分五路,在朝鲜援军配合下,攻至建州女真大本营婆猪江兀弥府(今辽宁省桓仁县

---

① 《明神宗实录》,第 568 卷,第 4 页,万历四十六年四月甲辰,台北中央研究院历史语言研究所校勘本,1962 年。

② 薛三才:浙江定海人,万历进士,历官都给事中、布政使、宣府巡抚、蓟辽总督、兵部侍郎、署理兵部尚书、兵部尚书等。抚顺之役,薛为署理兵部尚书。推为兵部尚书,他疏辞,既未御定,也未允辞。大学士方从哲疏催,不报。到万历四十七年四月辛未,薛三才"昼夜不交睫者五阅月,遂以劳瘁卒于京师"。《明神宗实录》载以"兵部尚书薛三才卒"奏报,但《明史·七卿表》兵部尚书中却无其名。真是明廷官场的一笔糊涂账。

③ 《明神宗实录》,第 568 卷,第 7 页,万历四十六年四月丙辰,台北中央研究院历史语言研究所校勘本,1962 年。

五女山城),李满住及子古纳哈并属下数百人被杀,董山后在赴京朝贡返回途经广宁(今辽宁省北镇市)被缚而斩。经此沉重打击,女真元气大伤。第二次是杀王杲、王台。"二王"继李满住、董山后崛起,大有统一建州女真之势,并不时犯抢辽东。明军兴师,使用计策,将其擒斩或攻杀(前已述及)。第三次是杀清佳努、杨佳努。万历初年,女真各部蜂起,引起明朝关切,但其防御重点已不是建州女真而是海西女真。时亲明的哈达部首领王台老死,叶赫部首领清佳努、杨佳努想乘机复仇,吞并哈达,统一女真。明朝对女真的军事重点,在于制服叶赫贝勒清佳努、杨佳努二位首领。辽东巡抚周咏、总兵李成梁等设计,将清佳努和杨佳努诱杀(见前述)。他们意在防止叶赫统一海西、兼并建州,联络蒙古,凭陵辽、沈。但是,这些所谓深知"夷"情的封疆大吏们,三十六年以来,没有看出真正后来给明廷造成麻烦者,正是其敕封的表面驯顺的龙虎将军努尔哈赤。

后金军陷抚顺、破清河,明朝才开始对建州女真的骚扰产生了危机感。此前,明朝一些有识之士,早已洞察建州女真的潜在危险。努尔哈赤于万历十一年(1583 年)起兵,拉开统一女真的帷幕,并在三十三年间取得了完全的成功。在这个过程中,明朝有人对努尔哈赤势力不断扩大一再表示担心。万历十六年(1588 年),努尔哈赤将环满洲而居之各部统一时,辽东巡抚顾养谦奏称:"奴儿哈赤者,建州黠酋也。骁骑已盈数千,乃曰奄奄垂毙。倘闻者不察,谓开原之情形果尔,则边事去矣!"①万历二十九年(1601 年),努尔哈赤灭哈达,明人认为"奴酋自此益强,遂不可制"②。万历三十六年(1608 年),蓟辽总督塞达奏疏中提到,努尔哈赤已蓄养精兵三万有奇,对明朝则"渐萌反侧之念"。然而,明廷官员谁也没有认识到努尔哈赤是大明皇朝的掘墓人。万历四十三年(1615 年),辽东巡抚郭光复认为:"建夷近遵约束,北关先起衅端。"③总之,尽管发生了如此众多的事件,而引起明朝统治者最为惊恐的是抚顺的失陷。

令人奇怪的是,努尔哈赤从起兵到陷抚顺,整整三十六年期间——统一建州,吞并

---

① 《明神宗实录》,第 194 卷,第 8 页,万历十六年正月己酉,台北中央研究院历史语言研究所校勘本,1962 年。

② 《明神宗实录》,第 366 卷,第 5 页,万历二十九年十二月辛未,台北中央研究院历史语言研究所校勘本,1962 年。

③ 《明神宗实录》,第 534 卷,第 13 页,万历四十三年七月癸酉,台北中央研究院历史语言研究所校勘本,1962 年。

哈达，征服辉发，灭亡乌拉，创建八旗，建立大金，居然没有受到明朝的一次军事打击。明朝长期对建州女真的忽视、轻视、蔑视，反过来不得不吞下自己酿成的苦酒。明末有所谓"辽事"问题，实际上是从努尔哈赤攻陷抚顺开始的。王在晋的《三朝辽事实录》，以万历四十六年（1618 年）四月十五日，"奴儿哈赤计袭抚顺"为"辽事起"①，就是作为万历、天启、崇祯三朝辽东战事的开篇。所以说，后金攻陷抚顺是明、清关系史的一个转折点。从此，后金—清朝开始正式登上明、清争局的历史舞台。

第二，八旗官兵获得空前巨大财富。抚顺、清河之役不仅使后金在政治地位与政治影响上有极大的提升，在军事训练与指挥艺术上有极大的锻炼，而且军械装备与物质资源上有很大的利益，在经济特别在粮食方面，得到巨大的丰获。后金八旗官兵获得人口、牲畜三十余万，这是建州兴起以来俘获数量最大的一次，也是明朝以来女真掳掠辽东数量最多的一次。从其对一千户汉人的安置，可以看出掳掠数量之大：每户分给马、牛、奴仆、衣服、被褥、粮食、器皿等；又每户分给牛一头、猪两口、犬四条、鸭五只、鸡十只等。

这次掠获最突出的是粮食。如攻陷抚顺、清河后，派兵抢运、收割、打晒粮谷：

搜掘粮窖，"迁其积粟"。

"将该路窖藏之粮谷，尽行运回。所种田禾，尽行秣马。"

"又派兵，收割沿边粮禾。"

"遣达尔汉侍卫率兵四千，往守抚顺路沿边，以护我收割之粮食。"

"将八百人均分为二，纳林率浑河南岸之众打谷，殷德依率北岸之众打谷。"

"时两路边外粮谷，皆已打晒完毕。"

后金因编户增多、天灾人祸造成的粮食奇缺现象，经过这次大规模的抢掠，有的已得到解决，有的则得到缓解。

第三，明朝调整对付后金军事方略。明朝从洪武以来，东北地区战略防御重点为蒙古。建州兴起后，明朝始终未作根本性的战略调整。努尔哈赤在成气候之前，没有受到明朝军队的一次打击。明朝没有像对李满住、董山、王杲、阿台、清佳努、杨佳努那样，在他们可能变得过分强大之前，就发兵摧毁之。明朝在失掉抚顺之后，开始觉醒到问题的严重，要对努尔哈赤的挑战，给予毁灭性的惩罚。于是，明朝对辽东战略作出调

---

①　王在晋：《三朝辽事实录》，第 1 卷，第 1 页，江苏省立国学图书馆藏本。

整:集中兵力,打击后金。为此,作了一些部署。

其一,镇守山海关。蓟辽总督汪可受到山海关。刑科给事中姚若水提出守山海、蓟门的疏议:"山海、蓟门去京才数百里,不可无重兵守御。"明朝在惶恐气氛中,决定设立山海关镇。议者谓宜简大帅据关扼险,分割蓟镇东协四路,属山海关为一镇。该镇以六千兵,分左右二营,左营由游击吴自勉充本镇中军兼管山海路事,右营仍驻四路之中,与东协台头营相为犄角,与蓟镇划地分管。

其二,调派官员。起用原辽东巡抚杨镐,添兵部左侍郎兼右佥都御史衔,为辽东经略。后万历帝特赐杨镐尚方剑,总兵以下不用命者,得以军法从事。任命御史陈王庭巡按辽东兼监军事。起用旧将李如柏为镇守辽东总兵官,征调旧将杜松屯山海关,刘綎、柴国柱赴京候用。不久又谕令杜松、刘綎等"星驰出关,以备调遣"。御史熊化奏议蓟辽总督汪可受移驻广宁,巡抚李维翰移驻辽阳,与李如柏协力拒守。顺天巡抚和保定总兵则移驻山海,保定巡抚移驻易州,相为接应,以护京师。辽东巡抚李维翰因丢失抚顺而被削职为民,以杨镐兼辽东巡抚。新设辽东饷司于广宁,管理东征粮饷,增加海道,运输粮料。管山海关主事邹之易提出一个"大兵分为三路,各以大将统之"的分兵合击的作战方案,实际构成了后来萨尔浒之战明兵的作战蓝图①。蓟辽总督汪可受奏"大张挞伐"之计,提出"成化三年遣兵五万,三道并进;朝鲜率兵万人会剿"②的历史经验。

其三,征集兵员。时后金精兵六万,而明朝辽东全镇才有兵六万,除去城堡驿站之役,能作战者才二万有余。所以,如从各部调一万六千,再从辽东招募二万,兵员仍感不足。这就要从关内、关外多方募集兵员。招集往年东征留下的余兵,利用其骑射之长,冲锋破阵以陷敌;发令调蓟镇、保定、天津等兵丁六千五百名,并筹措金银,听抚镇自募;起用废弃家丁,亦可得数千人;辽河东西,招募新兵。加上关内已经招募兵员,总计或可得三万余人。再于旅顺、汪家口等地派驻舟师,与镇江、宽甸兵合,并征集福建、浙江、四川、山东、山西、陕西、甘肃等地主客兵星驰援辽。

其四,筹措粮饷。兵部尚书薛三才请饷奏疏说:户部应发额饷自去年秋天到本年

---

① 《明神宗实录》,第569卷,第3~4页,万历四十六年闰四月甲子,台北中央研究院历史语言研究所校勘本,1962年。

② 《明神宗实录》,第570卷,第5页,万历四十六年五月甲午,台北中央研究院历史语言研究所校勘本,1962年。

夏天,计五十余万,即不能尽发,亦须先给一半,以解燃眉之急。而万历帝不肯动用内帑,所缺饷银命着户部措处。复开辽东海运,自登州至盖州并娘娘宫,再转陆运至广宁、辽阳。万历帝从户部尚书李汝华奏,加派辽饷:除贵州外,万历四十六年(1618年)每亩增加三厘五毫,计增二百万两;明年再加三厘五毫,后年复加二厘,前后共九厘,增赋五百二十万两①。转输粮秣,以应军需。

其五,咨文朝鲜。明廷鉴于朝鲜处于后金的后方,且其同明朝有着久远密切的关系,冀借其兵力,打击后金都城。辽东都司咨文朝鲜,胁迫出兵,合力征讨。咨文称:"皇上赫然,计必剿除。用调四方之锐,遣兴六月之师;输粮若阜,军气如雷;奴之期命,其焉至矣。"②

其六,重金悬赏。明廷想利用叶赫与建州的矛盾,出重金悬赏瓦解其内部。明神宗允准兵部悬赏:擒斩努尔哈赤者赏银一万两,升都指挥;擒斩其八大总管(八大贝勒)者赏银二千两,升指挥使;擒斩其十二亲伯叔弟侄及有名头目等者赏银一千两,升指挥同知;被掳如李永芳等、投房如佟养性等,若能俘献努尔哈赤,俱得免死。还规定叶赫贝勒金台石、布扬古擒斩努尔哈赤,给与建州敕书并封龙虎将军③。

第四,潘多拉盒打开,演绎惨烈事变。努尔哈赤破抚顺、拔清河后,胆愈壮、气愈粗,将屯民三百斩于抚顺关,留一名被掳汉人割去双耳,令其鲜血淋漓地送信与明。这封词令强硬的信中说:

> 若以我为非理,可约定战期出边,或十日,或半月,攻城决战;若以我为合理,可纳金帛,以图息事!④

在上述信里,努尔哈赤吐露了自己的愿望,很简单,就是"输纳金帛",要明朝向后金缴纳一定数量的金银和布帛。看来,此时的努尔哈赤不想把事情闹大。然而,努尔

---

① 《明史·食货志二》,第78卷,第1903页,中华书局校点本,1974年。

② 《李朝光海君日记》,第127卷,第44页,十年闰四月乙酉,日本学习院东洋文化研究所影印本,1959年。

③ 《明神宗实录》,第578卷,第7页,万历四十七年正月丁亥,台北中央研究院历史语言研究所校勘本,1962年。

④ 《满洲实录》,第5卷,第13~14页,天命三年九月二十五日,中华书局影印本,1986年。

哈赤在信中表示的愿望,遭到明朝万历皇帝的拒绝。万历帝对天命汗抚、清之捷的回答是:"经略出关,援兵四集,即合谋大彰挞伐,以振国威!"①万历帝对天命汗——调兵遣将,转运粮饷,兴师进剿,犁庭扫穴。于是,天命汗与万历帝双方相互交错愿望所产生的一个历史事变,就是萨尔浒大战。战争的后果,又出现他们谁也没有料想到的一系列复杂而残酷的历史事变。

① 《明神宗实录》,第 569 卷,第 3 页,万历四十六年闰四月癸亥,台北中央研究院历史语言研究所校勘本,1962 年。

十 萨尔浒大战

（一）明军的部署

万历帝为报复天命汗攻陷抚顺的公然挑战，决定大举发兵征剿，予后金毁灭性打击。

明朝为惩罚后金的军事进攻，从万历四十六年四月十五日，到四十七年三月初一日，共进行了十个半月的准备。这不能说时间仓促，也不能说不够充分。《明神宗实录》从万历四十六年四月十五日开始记载：辽东巡抚李维翰、蓟辽总督汪可受奏报失陷抚顺的当日，万历帝曰："狡虏计陷边城，一切防剿事宜，行该地方官相机处置，军饷着上紧给发。其调兵应援，该部便酌议具奏。"这里明确发出一个信息，指示有关官员，商讨防剿事宜。二十七日，署兵部尚书薛三才奏报"奴酋突袭抚顺，分兵四掠"云云。万历帝曰："辽左覆军陨将，虏势益张，辽事十分危急。尔部便会推堪任总兵官一员，令刻期到任，料理军务。一应防御驱剿事宜，着督抚等官，便宜调度，务期殄灭，以奠封疆。"这里又进一步发出信息，由"防剿"到"驱剿"，就是由防御性的攻剿到驱赶性的攻剿。或者说，由防御性的不再失地，到进攻性的收复失地。二十九日，奉旨会议提出两项意见：一是派兵部左侍郎杨镐为辽东经略，二是征调募集五万兵员。这是两项具体措施，但是没有制定出总的攻剿方略。闰四月初五日，谕兵部："辽左失陷城堡，陨将丧师，损威殊甚……经略出关，援兵四集，即合谋大彰挞伐，以振国威。"[①]这里再进一步发出信息，由"防御驱剿"到"大彰挞伐"，就是对后金进行大规模的攻剿挞伐。具体如何军事"挞伐"，尚待制定作战方案。

闰四月初六日，管山海关主事邹之易奏三路出师的作战方案。这个方案的要点

---

① 《明神宗实录》，第 569 卷，第 3 页，万历四十六年闰四月癸亥，台北中央研究院历史语言研究所校勘本，1962 年。

是：大兵分为三路，各以大将统领——从广顺间道直走宁宫①以捣其巢；从叆阳、清河截其前；从辽阳城或走穆家、蒲河，或走懿路、武静（靖），以横遏其冲，突列虎蹲大将军诸火（器）攻于前，助以神枪短刀，渐次而前。并请下诏征叶赫金台失（金台石）、白羊骨（布扬古）以为侧翼等。邹之易的作战方案，其要点有三：一是举兵捣巢，将兵力直指后金的政治和军事中心赫图阿拉；二是兵分三路，突出军事重点，主辅密切配合；三是利用副翼，借助叶赫等军队从侧面配合，起策应作用②。

五月初七日，蓟辽总督汪可受在奏疏中，为落实"大彰挞伐"的谕旨，提出成化三年（1467年）征剿建州女真李满住、董山的军事历史经验。这次以明朝军为主，朝鲜军配合，出兵六万，分为三路，对建州女真——攻其中心、犁其庭穴、焚其屯寨、屠其部民，从而使建州女真衰落，百年缓不过气来。汪可受在奏疏里说："成化三年，遣兵五万，三道并进；朝鲜率兵万人会剿，此以天威胜也。"③

明辽东经略杨镐根据万历帝"大彰挞伐"的谕旨，吸取蓟辽总督汪可受提出成化三年"遣兵五万，三道并进"征剿建州女真的军事历史经验，参照管山海关主事邹之易"兵分三路、以捣其巢"的作战方案，同蓟辽总督汪可受、辽东巡抚周永春、辽东巡按陈王庭等集议后，正式奏报攻剿后金的进军方略。杨镐攻剿后金方略的要点是：

第一，集中兵力，捣其都城。明朝集中其所能调募到的兵力，将打击的重点汇聚于后金的政治中心和军事中心——赫图阿拉。

第二，攻剿大军，分为四路。就是吸取邹之易"兵分三路"加上成化年间的朝鲜东路出兵的经验，共分为东、西、南、北四路。

第三，作战方法，分进合击。四路大军，各设主将，分路前进，共同合击后金的都城赫图阿拉。

第四，借助外力，形成侧翼。就是吸取邹之易用叶赫军的建议和成化间用朝鲜军的经验，借助叶赫的骑兵和朝鲜的军队，从东路和北路，形成侧翼，配合作战。

---

① "宁宫"：明山海关主事邹之易在此疏开始有一段话："努儿哈赤女直一部落耳，与弟素儿哈赤据有宁宫塔哈喇赛之地，富饶狡黠"云云。据此可知，"宁宫"即"宁宫塔"，即是宁古塔六贝勒之地，也就是指赫图阿拉。

② 《明神宗实录》，第569卷，第4页，万历四十六年闰四月甲子，台北中央研究院历史语言研究所校勘本，1962年。

③ 《明神宗实录》，第570卷，第5页，万历四十六年五月甲午，台北中央研究院历史语言研究所校勘本，1962年。

所以，杨镐攻剿后金的作战方案，是吸收邹氏方案与成化方案而形成的复合方案。杨镐攻剿后金方案的特点是：攻剿大军，分为四路，分进合击，捣其都城。

西路，即沈阳路，从抚顺关出边，以山海总兵官杜松为主将，以保定总兵王宣、原任总兵赵梦麟为左右，以其标下右翼营管游击事都司刘遇节、原任参将龚念遂、原任参将柴国栋、原任游击王浩、张大纪、杨钦、汪①海龙、管抚顺游击事备御杨汝达等为隶属，以分巡兵备副使张铨为监督，以按察司经历左之似为赞理。此路官兵二万余人，总兵官三员，为四路大军之重点，由沈阳出抚顺关，沿浑河右岸(北岸)，入苏克素浒河谷，从西面进攻赫图阿拉。

北路，即开原路，从靖安堡出边，以原任总兵马林为主将，以开原管副总兵事游击麻岩、管铁岭游击事都司郑国良、管海州参将事丁碧、管新兵中营原任参将李应选、原任游击葛世凤、管新兵右营原任游击赵启祯、原任守备江万春等为隶属，以开原兵备道佥事潘宗颜为监督，以岫岩通判董尔砺为赞理。并有叶赫军二千余人助攻，以庆云管游击事都司窦永澄监叶赫军。此路官兵二万余人、叶赫兵二千余人，由靖安堡出，趋开原、铁岭，从北面进攻赫图阿拉。

南路，即清河路，从鸦鹘关出边，以辽东总兵李如柏为主将，以管辽阳副总兵事参将贺世贤、职标下左一营管游击事都司张应昌、管义州参将事副总兵李怀忠、总镇坐营游击戴光裕、总镇右翼营管游击事都司冯应魁、武清营游击尤世功、西平备御徐成名、加衔都司李克泰、原任游击吴贡卿、于守志、张昌胤等为隶属，以分守兵备参议阎鸣泰为监督，以推官郑之范为赞理。此路官兵二万余人，从由清河出鸦鹘关，从南面进攻赫图阿拉。

东路，即宽奠路，从凉马佃出边，以总兵刘綎为主将，以管宽奠游击事都司祖天定、南京陆营都司姚国辅、山东管都司事周文、原任副总兵江万化、瑷阳守备徐九思、浙兵营备御周翼明等为隶属，以海盖兵备副使康应乾为监督，以同知黄宗周为赞理。同时，明朝咨文朝鲜国王李珲，派都元帅姜弘立、副元帅金景瑞领兵一万三千人，受总兵官刘綎节制，并以管镇江游击事都司乔一琦为监军。宽奠路由凉马佃出，会合朝鲜军，从东面进攻赫图阿拉②。

另外，清河东、瑷阳西尚有一路，亦可通赫图阿拉，但因山险路狭，林木蔽空，只派

---

① 原作"桂"，《明神宗实录校勘记》：广本、抱本及《筹辽硕画》"桂"作"汪"。
② 《明神宗实录》，第579卷，第6页，万历四十七年二月乙亥，台北中央研究院历史语言研究所校勘本，1962年。

轻兵出奇,张疑设伏,以听临时相机调度。

兵分四路,出边之后,须合探合哨,声息相闻,脉络相通。各路的监军,兼管催办粮草,纪籍功罪,招收降人。

辽阳和广宁为明朝辽东根本重地,以原任总兵官、前府金书官秉忠、辽东都司张承基,领兵驻守辽阳;又派新添总兵官李光荣,戍守广宁。各领兵马,以备不虞。

以管屯都司王绍勋,总管运输各路粮草[①]。

同时制定赏罚条例。

其悬赏规格:擒斩努尔哈赤者,赏银一万两,升都指挥;擒斩其八大总管(八大贝勒)者,赏银二千两,升指挥使;擒斩其十二亲伯叔弟子侄及有名头目等者,赏银一千两,升指挥同知;被掳如李永芳等、投房如佟养性等,若能俘献努尔哈赤,俱得免死。还规定叶赫贝勒金台石、布扬古擒斩努尔哈赤,给与建州敕书并封龙虎将军。上述赏格,经题奉钦准,已榜示中外,并传播到女真地区[②]。

其严惩条例:经略杨镐制定并奏闻《罚约备款》。《罚约备款》共十四条:一、各路信地,距奴地城寨计道途远近,定出兵日期。如违日期者,明系逗留,主将以下领兵官皆斩。二、本路虽杀贼收兵,见别路为贼所乘,不即救援者,明系观望,主将以下领兵官皆斩。三、主将与将领、千把总及军士,或有私仇于阵中乘机陷害者,审实处斩。四、官军临阵退缩不前者,登时立斩。五、马步兵前队以冲锋陷阵破敌为功,不许割级,俟贼败走之后,方许后队割级,验功之时,前后三七分赏。如贼未败,而争先割级、来抢级者皆斩。六、临阵私逃及诈称病规免者斩。七、营中畜藏妇女者斩。八、营中不加谨严,致失火延烧火药粮草者斩。九、杀中国被掳人民报功者斩。十、滥杀投降夷人及老幼妇女充功者斩。十一、争夺高丽及北关所获首级者斩。十二、攻克贼寨争抢财物致有失机者斩,仍罪及本路将领。十三、俘获贼属子女及被掳汉人妇女隐匿不报者斩。十四、督运及护粮草官违误军兴者斩[③]。

---

① 《明神宗实录》,第579卷,第5~7页,万历四十七年二月乙亥,台北中央研究院历史语言研究所校勘本,1962年。

② 《明神宗实录》,第578卷,第7页,万历四十七年正月乙巳,台北中央研究院历史语言研究所校勘本,1962年。

③ 《明神宗实录》,第579卷,第7页,万历四十七年二月乙亥,并参阅《神宗实录校勘记》,台北中央研究院历史语言研究所校勘本,1962年。

　　杨镐的上述方略，当时就遭到有识之士的反对。巡按张铨在奏疏中说："奴之山川险易，诸将未必悉谙。今悬军深入，保无抄绝？且突骑野战，夷之所长，而我之所短也。以短击长，以劳赴逸，以客当主，非计之得。夫以文皇帝之神武，兵精将勇，而胪朐河之战，五将不还，全军歼焉。则出塞之役，奈何轻言！"①明确提出不同意举兵进剿后金。

　　当然，上述意见，无人理会。

　　分派既定，举行誓师。

　　天命四年即万历四十七年（1619年）二月十一日，辽东经略杨镐、蓟辽总督汪可受、辽东巡抚周永春、辽东巡按陈王庭，在辽阳演武场，会集征讨努尔哈赤兵马誓师。杨镐宣布《罚约备款》十四款，并取尚方剑，令将抚顺临阵先逃、已经题明正法的指挥白云龙，当场枭首示众。但在祃祭时，大将屠牛刀不锋利，"三割而始断"②；刘招孙在教场驰马试槊，木柄蠹朽，槊头堕地。誓师后，经略杨镐等令兵分四路，分进合击，直捣赫图阿拉。

　　经略杨镐为诸路军总指挥，坐镇沈阳。各路兵总共十万余人，号称四十七万，以张扬声势。杨镐既庸懦昏聩，又骄躁寡谋。定于二十一日分道出师，分进合击后金都城赫图阿拉。适十六日天降大雪，跋涉不前，复改为二十五日。

　　明朝经过十个月的酝酿和准备，各路援辽兵马齐集辽阳。但兵马未及休息喂养，明廷求胜心切，又恐师老财匮，便趋杨镐进兵。虽出师日期已定，但突然天气变化，二月十六日，天降大雪，杨镐奏请延至二十五日出师，朝廷不同意。大学士方从哲、兵部尚书黄嘉善等连发红旗，催杨镐进兵。方从哲接到延期出师奏报后，在三月初一日，为万历帝草拟谕帖一道，令兵部传谕东征将士，用示鼓舞。

　　杜松因大雪迷路，请缓师期。刘綎也以未谙地形，再请缓师。杨镐勃然大怒道："国家养士，正为今日，若复临机推阻，有军法从事耳！"③遂悬尚方剑于军门，以阻谏缓期出师者。

　　杨镐只图侥幸取胜，既不知己，又不知彼，于天气、地理、军心、敌情，他一概不顾，便大张旗鼓地下令出兵。

---

　　①　《明神宗实录》，第572卷，第2～3页，万历四十六年七月壬辰，台北中央研究院历史语言研究所校勘本，1962年。

　　②　王在晋：《三朝辽事实录》，第1卷，第5页，江苏省立国学图书馆藏本。

　　③　谷应泰：《明史纪事本末·辽左兵端》，第4册，第1412页，中华书局校点本，1977年。

兵法曰："善攻者动于九天之上,藏于九地之下。"但明军尚未出动,军期早已泄露。据山西道御史冯嘉会言:

> 我师进剿,出揭发抄,略无秘密,以致逆奴预知,在在设伏……又闻奴酋狡黠异常,不但辽左事机,尽为窥瞰,而长安邸报,亦用厚赏抄往,盖奸细广布,则传递何难?①

明军浩荡,来势凶猛,天命大汗,如何对策? 四种方法,可供选择:其一,军民一体,破釜沉舟,硬拼死守,迎战明军;其二,彼强己弱,坚壁清野,化整为零,全面退隐;其三,黄红白蓝,四旗四路,立军令状,各自为战;其四,集中兵力,统一指挥,快速机动,各个击破。天命汗努尔哈赤没有选择前三种方案,因为那是或莽撞、或消极、或愚蛮的兵略,而是采取明智积极的迎战兵略。

努尔哈赤探知明军的部署、师期,便确定了迎击明军的战略原则。经略杨镐兵分四路,分进合击,努尔哈赤并没有分散兵力,四面出击,而是集中兵力,统一指挥,快速机动,各个击破。他说:"凭尔几路来,我只一路去!"②这就是集中优势兵力,逐路击破明军。他在确定反击明军的战略原则之后,又"调度安排,机构周密"③,作出相应准备:操练兵马,整备器械;派出哨骑,搜集军报;查勘地形,寻机设伏;坚壁清野,埋粮填井;撤回各路屯寨兵民,将力量集中到赫图阿拉,攥成一个拳头——迎击来势汹汹的明军。

(二)大战的经过

明军抚顺路主将总兵官杜松,率所部二万余官兵,二十八日从沈阳起行,二十九日至抚顺关。杜松是一员勇健虎将,但刚愎自用,骄傲轻敌,鲁暴无谋,急贪首功。史载:

> 松,榆林人④。守陕西,与胡骑大小百余战,无不克捷,敌人畏之,呼为杜太师

---

① 《明神宗实录》,第582卷,第6页,万历四十七年五月乙酉,台北中央研究院历史语言研究所校勘本,1962年。

② 夏允彝:《幸存录·东彝大略》,第15卷,第10页,《明季稗史初编》本,商务印书馆,1912年。

③ 王在晋:《三朝辽事实录》,第1卷,第7页,江苏省立国学图书馆藏本。

④ 《明史》第239卷作"昆山人"。

而不名。被召过潞河，裸示人曰："杜松不解书，第不若文人惜死。"体创如瘢，潞人为挥涕。松方出师，牙旗折为三，识者忧之。李如柏阳洒酒拜送曰："吾以头功让汝。"松慷慨不疑。临行携枙械自随，曰："吾必生致之，勿令诸将分功也。"如柏复遣人语之曰："李将军已自清河抵敌寨矣！"松踊跃向前。[①]

明军西路总兵杜松抱着生擒努尔哈赤而将其枙送到京师献俘的必胜信心，统帅西路军急速前进。杜松统领的抚顺路大军，于二月二十八日离开沈阳，当日夜出抚顺关。约定于三月初二日，兵次二道关，合营前进。建州女真为防御明军进剿，曾依马尔墩岭（今青龙山）的险隘形势，修筑三道关：头道关，即雅哈尔关，在马尔墩岭东麓；二道关，即代珉关，在马尔墩岭上；三道关，即扎喀关，在马尔墩岭西麓。三道关即扎喀关往西，苏子河与浑河交汇之处，就是萨尔浒山口。

三月初一日，西路杜松军出抚顺关后，头盔似海，刀枪如林，星夜燃火炬，日驰百余里，急度五岭关，直抵浑河岸。杜松执意渡浑河，诸将请宿营稍息，不听；总兵赵梦麟谏之，也不听；车营将官恳止，竟发怒[②]。杜松酒意正浓，袒露胸怀，挥舞大刀，裸骑径渡。众将请他披甲，杜松笑道："入阵披坚，非夫也。吾结发从军，今老矣，不知甲重几许！"[③]遂乘兴麾兵，横渡浑河。先是，努尔哈赤派人在浑河上游筑坝蓄水，至是"决上流，师冲为两"[④]。兵士们脱衣涉河，陡然水涨，"水深没肩"[⑤]，淹死多人。辎重渡河困难，"尚遗车营、枪炮在后"[⑥]。杜松率前锋渡河后，俘获女真十四人，焚克二栅。他一面疾书报捷，一面策骑急驰，追向二道关。这时，后金于界藩四百伏兵，在萨尔浒谷口，待杜松军过谷口将半而击之。这支伏兵追至界藩渡口，与筑城夫役汇合，占据界藩山（铁背山）上之吉林崖。明人记载："伏夷突起，约三万余骑，与我兵对敌。松率官兵略战数十余阵，欲图聚占山头，以高临下。不意树林复起伏

---

①　谷应泰《明史纪事本末·辽左兵端》第 4 册第 1413 页，"枙"，该书误作"扭"，今正之。

②　《明神宗实录》，第 47 卷，万历四十七年三月丙戌，内阁文库本。

③　谷应泰：《明史纪事本末·辽左兵端》，第 4 册，第 1412 页，中华书局校点本，1977 年。

④　宋幼清：《九籥集》，第 1 卷，第 8 叶，明平露堂刻本。

⑤　《李朝光海君日记》，第 138 卷，第 13 页，十一年三月戊戌，日本学习院东洋文化研究所影印本，1959 年。

⑥　《明神宗实录》，580 卷，第 7 页，万历四十七年三月甲午，台北中央研究院历史语言研究所校勘本，1962 年。

兵,对垒鏖战。天时昏暮,彼此混杀。而车营枪炮,以浑河水势深急,拥渡不前。"①
杜松军到萨尔浒山口,天已黑,扎营寨。但是,龚念遂所率的车营,因辎重行缓而未
能渡河,后驻营于斡珲鄂漠。

后金探骑不断地到赫图阿拉向努尔哈赤报警。被派往西方的探骑先报:"昨二十
九夜,见明国兵执灯火出抚顺关。"②派往南方的侦骑又报:"清河路也发现敌兵!"天命
汗向诸贝勒大臣分析错综复杂的敌我态势,认为明军主力一定会先从西面抚顺方向
来。努尔哈赤命令:派兵五百名防守南路;以左翼四旗和右翼四旗共八旗兵驰向萨尔
浒——"全军向西方"③,迎击杜松军。

三月初一日,杜松军驰至萨尔浒。萨尔浒,位于界藩山(铁背山)下浑河南岸处(今
大伙房水库)。铁背山(界藩山)在今辽宁省抚顺市新宾满族自治县南杂木镇高丽营子
村南三里地方,浑河与苏子河汇合处迤东,悬崖峭壁,山势险要。山石陡崖,即吉林崖。
浑河从东北向西南、苏子河从东南向西北,在界藩山(铁背山)的西山脚下汇流,山麓下
浑河南岸就是萨尔浒(今抚顺市李家乡竖碑村西北十里一带地方),萨尔浒山与界藩山
(铁背山)隔河相望④。其时,东路刘綖军虽二月二十五日出宽奠,但因约于凉马佃会
朝鲜军,尚在马家口一带行进中;北路马林军二月二十九日出铁岭,也因叶赫兵尚未出
动,后金砍树塞道阻滞,尚在途中;南路李如柏军,是日则刚出清河行向鸦鹘关,且行动
迟缓。杜松骁勇鲁莽,贪功急进,孤军突出,驰驱至萨尔浒,分兵为三:以一部在萨尔浒
山结营;亲自率领另一部进抵界藩城下吉林崖,准备攻打界藩城;后进辎重由龚念遂率
领在斡珲鄂漠扎营。

同日早上,努尔哈赤即派大贝勒代善,带领众贝勒大臣及八旗军,前往萨尔浒迎
敌。明军在进抵萨尔浒之先,前军遭遇八旗兵的伏击,后军又受到八旗兵的截击,兵伤
马毙,锐气大挫。他们抵萨尔浒后,占据山上,居高临下。明军大营,战车环阵,外列火
器,旗鼓壮威,准备进行一场厮杀。时侦骑明军清河路有警急报,《清太祖高皇帝实录》
载大贝勒代善道:"清河之界,道涂逼仄,地势崎岖,纵有兵来,未能骤至。我兵惟先往

① 《明神宗实录》,第 580 卷,第 1 页,万历四十七年三月甲申朔,台北中央研究院历史语言研究所校勘本,1962 年。

② 《满洲实录》,第 5 卷,第 5 页,辽宁通志馆影印本,1930 年。

③ 《满文老档·太祖》,册Ⅰ,第 120 页,东洋文库本,1955 年。

④ 杜景琴主编:《抚顺县志》,第 97 页,辽宁人民出版社,1995 年。

抚顺，以逆敌兵。"午后，大贝勒代善率领八旗兵过扎喀关到赫济格，得报：杜松指挥明军一部要进攻吉林崖，而其另一部在萨尔浒山上结阵。代善立即派兵千人增援吉林崖，并要命令右翼四旗进攻吉林崖杜松军。这时，努尔哈赤赶到军前，询问代善作战部署后，决定先集中兵力，破萨尔浒明军大营。天命汗说：现已申时，天色已晚，命左翼四旗和右翼二旗共六旗兵，先攻击萨尔浒明军，此兵败走，界藩明军，自必动摇①。待击败萨尔浒明军之后，再增援吉林崖的后金兵。遂命六旗兵驰向明军萨尔浒大营，并以另二旗兵前去牵制吉林崖杜松大营。于是，努尔哈赤遣六旗兵四万余人，以绝对优势的兵力，突然猛攻萨尔浒山的明军。他令六旗先锋军，向萨尔浒山明军仰攻冲杀。明军立营结阵，放火铳，发巨炮，炸弹爆发，血肉横飞。八旗兵仰面扣射，万矢如雨；铁甲骑军，奋力冲击。在震撼山岳的呐喊中，如风暴，似雷霆，狂扑明军萨尔浒大营。努尔哈赤的军事才能是最善于使用骑兵，铁骑集中于一点，攻陷方阵，突破战线，粉碎联队，驱散步兵，这便是他胜利的秘诀。天命汗的骑兵，纵横驰突，越碍破阵，厮杀蹂躏，所向披靡，一鼓攻下萨尔浒明军大营。

攻下萨尔浒明军大营的六旗铁军，麾师驰援吉林崖。时进攻吉林崖的杜松军，听到萨尔浒营陷没的败报，军心已动摇；又遇到从吉林崖山上压下来的后金兵，士气更颓落。时后金军攻打萨尔浒的六旗兵同部署在吉林崖的两旗兵共八旗兵，聚集汇合。吉林崖上后金军，与山下后金援军，上下夹击，合力进攻。明西路抚顺军主将杜松，亲率官兵，"奋战数十余阵，欲图聚占山头"②，但不意树林伏兵四起，天时昏暮，彼此混杀。八旗劲旅在河畔与莽林，山麓与谷地，以数倍于杜松的兵力，将明军团团围住。明军点燃火炬，从明击暗，铳炮打入丛林，野草瑟缩，万木染红。八旗军矢发风落，从暗击明，万矢射向明垒，矢孔沥血，伤兵呼叫。明军抚顺路主将杜松，虽眼发火光，左右冲杀，但矢尽力竭，落马而死。据从石洞和积尸中逃生的朝鲜援明杜松军炮手李守良所目击言："贼自东边山谷间迎战，又一阵从后掩袭，首尾齐击。汉兵收兵结阵，贼大噪薄之；汉兵亦哈喊齐放，贼中丸中马者甚多。方谓酣战，贼一大阵，自山后下压，汉兵大败。……贼从山上乱下矢石，我军百余人及汉兵数千皆死。贼四面合围，厮杀无余。"③

---

①　《满文老档·太祖》，册Ⅰ，第121页，东洋文库本，1955年。

②　《明神宗实录》，第580卷，第1页，万历四十七年三月甲申朔，台北中央研究院历史语言研究所校勘本，1962年。

③　《李朝光海君日记》，第138卷，第13页，十一年三月戊戌，日本学习院东洋文化研究所影印本，1959年。

平原、山冈、河谷、树林,都被溃军塞满了。杜松部尸横遍野,血流成渠,甲仗山积,全军覆没。后金军又北追明军溃卒二十余里,至硕钦山,胜利而返。《清太祖高皇帝实录》记载:

> 明总兵杜松、王宣、赵梦麟等皆没于阵,横尸亘山野,血流成渠,其旗帜、器械及士卒死者,蔽浑河而下,如流澌焉![①]

然而,明杜松军的官兵,不乏英勇顽强者。朝鲜李民寏据在赫图阿拉听努尔哈赤奴仆所言而记载:"西路天兵一阵极精勇,胡兵几不能挡。"[②]虽个别兵士英勇,但不能改变全军命运。明军统帅协调的无能,西路主将指挥的错误,直接导致明军抚顺路大军萨尔浒之败。

杜松萨尔浒之败,明人责咎其有"六失"[③]。此论有对有错,留待后文评论。杜松、王宣、赵梦麟三位总兵,都是陕西榆林人,俱为将略世家,都是明军中杰出的将领。杜松骁勇过人,久历封疆,屡获奇捷,至是以援辽起升为山海总兵。经略杨镐命杜松从抚顺出边,以王宣与赵梦麟为左右。杜松奋勇喜功,介马疾驰;努尔哈赤素惮杜松,因而谨慎对待,厚集伏兵,以计诱之,遂为所中。论者谓:杜松虽骁勇惯战,却刚愎寡谋,身死军没,在所难免。其实,杜松悬军深入,长途疾驰,不谙地形,构成己短;而突骑野战,据险设伏,又为八旗军所长。所以,努尔哈赤以众击寡,以逸待劳,以长制短,以客为主,以合迎分,以智斗勇,打败杜松而获得萨尔浒之捷。因萨尔浒一战,是此次战争明军与后金军的首战,明军惨败而后金军大胜,所以史称这次整个战争为萨尔浒之战。

八旗兵刚击败杜松军,侦骑又飞报开原路马林军至。北路开原马林军,本应三月

---

① 《清太祖高皇帝实录》,第 6 卷,第 7 页,中华书局影印本,1986 年。

② [朝]李民寏:《建州闻见录》,第 34 页,日本天理大学图书馆藏玉版书屋本。

③ 《明神宗实录》,东洋文库本,万历四十七年三月丙戌载:"乃本将虑恐功不出,于二十三日半夜出关,哨见浑河南岸走有游骑,亟将兵先期兢进,其失一也;此时三路兵马未济,浑河水势汹涌,人马渡河,被水推溺数十余骑,巡道止之不听,赵梦麟谏之不听,军营将官悬止而怒,愎众自用,其失二也;且不按队为营,临期每队挑选数人,以致队伍错乱,为贼所击,其失三也;临阵生擒活夷数人,克一二寨,不加傍哨,扑踊而前,致赚入贼伏,被诱不知,其失四也;将兵不习,背水而战,其失五也;轻骑深入,撤弃火器车兵,师无老营,其失六也。"

初一日出口,却于初二日午时到三岔口。时马林闻杜松已于初一日出抚顺口,急率军"出三岔口,营稗子峪,夜闻杜松败,林军遂哗"①。天明,与八旗军相遇;其时,杜松、王宣、赵梦麟已经败殁。

初二日,北路总兵马林军在萨尔浒西北三十余里富勒哈山的尚间崖安营,浚壕堑,严斥堠。先是,马林领开原兵,从三岔儿堡(今辽宁铁岭三岔子村)出边,营于稗子峪。夜间闻后金陷杜松军,军中遂哗。及旦,后金军至,马林甚为恐惧。马林见杜松兵败,所部军哗,急忙转攻为守:马林亲自率军营尚间崖,依山结成方阵,环营挖三层壕,壕外排列骑兵,骑兵外布枪炮,火器外设骑兵,壕内布列精兵,开原兵备佥事、监督潘宗颜率军在其三里外斐芬山扎营。于是,马林军结成"牛角阵"。同时,杜松后部龚念遂在斡珲鄂漠结营,两营相距数里。这样,北路军的马林营、潘宗颜营同西路军余部的龚念遂营,组合成"品"字形阵,抗击后金军的进攻。明北路军主将马林,将门出身,好诗文,工书法,交游名士,自许甚高,图虚名,无将才②。辽左用兵,命为主将,他率领北路开铁军,自以为"牛角阵"既能互相救援,又能以战车和壕堑阻遏后金骑兵的驰突,以炮铳和火箭制服后金的弓矢。但他消极防御,兵力分散,鼎足成阵,各营茧缚,形成被动挨打的局面,给后金八旗军提供可乘之机。

聪明的努尔哈赤尽管有三倍于敌的兵力,却没有分兵围攻明军的三个营垒,而是集中兵力,先砍其"品"字形阵的一点——龚念遂营。龚念遂为杜松军的一支,未能同本部汇合,时杜松在萨尔浒、吉林崖两营覆没,而成为孤雁。参将龚念遂、游击李希泌统领步骑,楯车屯营,环营浚壕,排列枪炮,严密防守。努尔哈赤攻打龚念遂营,也没有四面包围,而是亲自率领一千精骑,命四贝勒引骑兵,朝着其薄弱的一隅猛冲,"攻打进去,推倒楯车"③,突破一个缺口。八旗兵像洪水似地从缺口涌进龚念遂营,骑兵踩撞着死人和活人,冲突、砍削、狂奔、蹂躏,龚念遂营破战死,全营败没。日午,努尔哈赤在斡珲鄂漠得胜之后,跃马急驰尚间崖。

尚间崖的马林营防守严整。努尔哈赤急命:"先据山巅,向下冲击。"④他见马林营

①　《明史·潘宗颜传》,第 291 卷,第 7454 页,中华书局校点本,1974 年。

②　《明史·马芳传附子林传》,第 211 卷,第 5587 页,中华书局校点本,1974 年。

③　《满文老档·太祖》,上册,天命四年三月初二日,中华书局译注本,1990 年。

④　《清太祖高皇帝实录》,第 6 卷,第 9 页,中华书局影印本,1986 年。

内与壕外兵汇合,又命:"停止攻取山上,下马徒步应战。"①大贝勒代善、二贝勒阿敏、三贝勒莽古尔泰各率兵鼓勇急进,冲向马林营。营中明军发鸟枪,放巨炮,但"火未及用,刃已加颈"②。两军短兵相接,骑兵横驰,利刃飞舞。后金兵受伤者甚多,勇将扬古利不顾"被伤者勿行"的旨令,"独裹创"③,率牛录额真驰击,兵马齐拥激战。正在酣战之际,马林恐甚,策马先奔。《明神宗实录》记载:"及旦,敌至,林甚恐,遂提部下兵,避其锋以去。"副将麻岩战死,主将马林以数骑遁,余众大溃,全营皆没。马林二子——燃、熠,也战死于尚间崖。明马林军兵败惨状:"死者遍山谷间,血流尚间崖下,河水为之尽赤。"④努尔哈赤攻下尚间崖马林营,又马不停蹄地驰往斐芬山潘宗颜营。

在斐芬山的潘宗颜据山扎营,楯车为垒,环列火器,督军坚守。努尔哈赤指挥八旗军,令一半兵下马,重甲兵持刀枪在前,轻甲兵操弓矢在后;另一半兵骑马,包围斐芬山——步骑冒死前进,仰山而攻⑤。潘宗颜"奋呼冲击,胆气弥厉"⑥。明军居高临下,施发火器,八旗军拼死冲击,突破营阵,两军混战、周旋、厮杀、肉搏。炮队迎步兵,铁骑冲炮队;蜿蜒动荡,血肉横飞。马林"牛角阵"的另一只犄角也被砍掉,潘宗颜营溃战死,其死时"骨糜肢裂,惨不忍闻",年三十六⑦。时叶赫贝勒金台石、布扬古"约助明兵,与潘宗颜合,至开原中固城,闻明兵败,大惊而遁"⑧。据《明神宗实录》载述潘宗颜战况:马林避锋逃遁,潘宗颜独留殿后,他"奋呼杀贼,胆气益厉。与游击窦永澄、守备江万春、通判董尔砺等,及所部健丁,冲突鏖战,贼死者枕藉。自辰至午,力竭不支,遂同时遇害"。《明神宗实录》记载:"宗颜,字士潜,万全都司保安卫人,能诗赋,善古文辞,至天文、兵法,亦时时玩习。为诸生,便究心时事,有筹边赋及韬略十二对。癸丑,

————————

① 《满文老档·太祖》,上册,天命四年三月初二日。案:《清史稿·太祖本纪》载"上趋登山下击,代善陷阵,阿敏、莽古尔泰麾兵继进,上下交击,马林遁,副将麻岩战死"。据《满文老档》、《满洲实录》、《清太祖武皇帝实录》和《清太祖高皇帝实录》所载,虽始命登山,但后并未登,故《清史稿·太祖本纪》记载"上下交击",误。

② 于燕芳:《剿奴议撮》(五),中央大学图书馆印本,1928年。

③ 《满洲名臣传·扬古利列传》,第1卷,第7页,黑龙江人民出版社,1991年。

④ 《清太祖高皇帝实录》,第6卷,第9~10页,中华书局影印本,1986年。

⑤ 《满文老档·太祖》,上册,第77页,中华书局译注本,1990年。

⑥ 《明史·潘宗颜传》,第291卷,第7454页,中华书局校点本,1974年。

⑦ 《明神宗实录》,第580卷,第2页,万历四十七年三月乙酉,台北中央研究院历史语言研究所校勘本,1962年。

⑧ 《清太祖高皇帝实录》,第6卷,第10页,中华书局影印本,1986年。

成进士，授户部主事。"①潘宗颜见辽事危急，条具奏议，未受重视，遂挺身关外，往督辽饷。时开原道缺，特用补任，值四路出师，为北路监督。至是，殉职。

至此，明北路马林军，除主将马林仅以数骑逃回开原外，全军覆没。先是，开原道兵备金事潘宗颜知马林无将才，在出师之前致书经略杨镐言："林庸懦，不堪当一面，乞易他将，以林为后继，不然必败。"②

杨镐刚愎不听，果然马林兵败。

初三日，努尔哈赤败抚顺路杜松军和开原路马林军后，又接到侦骑驰传明总兵刘綖由宽奠进董鄂路、总兵李如柏由清河进虎拦路的警报。他派一支军队往南方防御清河路李如柏军，又派达尔汉侍卫扈尔汉率兵一千前往迎敌，再派二贝勒阿敏带兵二千设伏山谷，以待刘綖军。他初步安排后，先集结于古尔本，又来到界藩，杀八牛祭纛告天，庆祝连破两路明军的胜利，并激励将士去迎接新的驰突。努尔哈赤在界藩祭告后，夜里返回赫图阿拉。初四日凌晨，努尔哈赤率兵四千留守赫图阿拉，待南路李如柏军，坐镇指挥；命大贝勒代善、三贝勒莽古尔泰、四贝勒皇太极统领八旗大军，疾驰阿布达里冈，迎击明东路宽奠刘綖军。先是，原定东路宽奠刘綖军二月二十五日出口。刘綖则于二十六日，自宽奠过亮马佃到榛子头地方，同朝鲜军联营。二十九日，刘綖点发领兵前进，路上遭遇后金兵的埋伏。他率军一面少有斩获，一面缓慢行进。

刘綖，江西南昌人，抗倭名将刘显之子，是明军中与杜松齐名的勇将。他身经大小数百战，名闻海内。善用大刀，"所用镔铁刀百二十斤，马上轮转如飞，天下称'刘大刀'"③。善弓马，如尝"命取板扉，以墨笔错落乱点，袖箭掷之，皆中墨处。又出战马数十匹，一呼俱前，麾之皆却，喷鸣跳跃，作临阵势，见者称叹"④。又嗜酒，每临阵饮酒斗余，激奋斗志。刘綖受命之后，二月二十五日刚出宽奠，天时不利："风雪大作，三军不得开眼，山谷晦冥，咫尺不能辨。"⑤他率领一万余人器械龃龉、又无大炮火器的混杂队

---

①　《明神宗实录》，第 580 卷，第 2 页，万历四十七年三月乙酉，台北中央研究院历史语言研究所校勘本，1962 年。

②　《明史·潘宗颜传》，第 291 卷，第 7454 页，中华书局校点本，1974 年；又见《明神宗实录》，第 580 卷，第 2 页，台北中央研究院历史语言研究所校勘本，1962 年。

③　《明史·刘綖传》，第 247 卷，第 6396 页，中华书局校点本，1974 年。

④　钮琇：《觚賸·刘将军·正编》，第 4 卷，第 65 页，上海古籍出版社，1986 年。

⑤　《李朝光海君日记》，第 137 卷，第 11 页，十一年二月己卯，日本学习院东洋文化研究所影印本，1959 年。

伍,同朝鲜都元帅姜弘立、副元帅金景瑞统领的一万三千人会师后,在不得天时地利的险远道路上行进。如二十七日"过涉横江,比鸭儿河深广,少有雨水,渡涉极难。鸭儿河凡四渡,深没马腹,水黑石大,人马艰涉。军人各持行装,未到半路,疲惫已甚。所赍之粮,亦已垂尽"①。在刘𬘓驰往赫图阿拉的路上,不仅峻岭险隘,大川萦纡,山径崎岖,丛林密布;而且后金设置路障,坚壁清野。如朝鲜《光海君日记》载:"贼新斫大木,纵横涧谷,使人马不得通行,如此者三处。且斫且行,日没时到牛毛寨②。原有三十余胡家,已经焚烧,埋置米谷。"③后金屯寨埋藏粮谷,宽奠路军粮不继,朝鲜兵尤甚,其"三军不食,今已屡日"④。军粮短缺,行军迟缓,至三月初二日始到深河(今桓仁满族自治县二户来镇附近)。深河离牛毛寨六十里,山路险隘,官兵饥馁,行军竟三日。这时杜松和马林军已经败没,刘𬘓却全然不知。在这段艰难的行军中,宽奠路明军几经小的战斗,"生擒斩获共二百一名颗"⑤,其中除女真游骑外,多为屯寨妇幼。刘𬘓焚克十余寨,"军声大震"⑥。时后金牛录额真讬保、额尔纳、额黑乙率五百人诱敌。刘𬘓中了努尔哈赤的诱兵之计:"夷贼精兵五百余骑,直逼对山诱战,连诱连退。"⑦额尔纳、额黑乙战死,讬保引金兵与扈尔汉军合,伏兵山隘,严守以待。刘𬘓继令哨探侦察前路,回报称:"嘉哈岭外,绝无贼警。"刘𬘓信以为真,命令军队:一面分掠屯寨粮食,一面不成行伍行进。明东路寨奠刘𬘓军,进至距赫图阿拉约七十里的阿布达里冈(今老道沟岭)。它位置在今老道沟岭南麓富沙河谷地带,地形复杂,易于设伏。刘𬘓军陷于努尔哈赤及其子代善在阿布达里冈的埋伏之中。

　　初四日,努尔哈赤派去迎击刘𬘓的八旗军互相配合:扈尔汉率千人设伏山隘;皇太

　　①　《李朝光海君日记》,第137卷,第12页,十一年二月辛巳,日本学习院东洋文化研究所影印本,1959年。

　　②　今辽宁省桓仁县四河乡大甸子村。

　　③　《李朝光海君日记》,第137卷,第12页,十一年二月壬午,日本学习院东洋文化研究所影印本,1959年。

　　④　[朝]李民寏:《栅中日录》,第6页,日本天理大学图书馆藏玉版书屋本。

　　⑤　《明神宗实录》,第580卷,第6页,万历四十七年三月甲午,台北中央研究院历史语言研究所校勘本,1962年。

　　⑥　谷应泰:《明史纪事本末·辽左兵端》,第4册,第1413页,中华书局校点本,1977年。

　　⑦　《明神宗实录》,第580卷,第6页,万历四十七年三月甲午,台北中央研究院历史语言研究所校勘本,1962年。

极等率右翼四旗兵，隐伏在阿布达里冈山上的丛林里；二贝勒阿敏率兵潜伏在冈的南谷，待放过刘綎军一半之后，拦腰截击；四贝勒皇太极引右翼兵登山，以待下击①；大贝勒代善等率左翼四旗三万官兵，自冈之西向东夹攻之；又派降顺汉人装扮成杜松军卒，赚诱刘綎：

> 建州兵得杜松号矢，使谍驰绐之，令亟来合战。綎曰："同大帅，乃传矢，裨我哉！"谍曰："主帅因事急取信耳。"綎曰："殆不约传炮乎？"谍曰："塞地烽堠不便，此距建州五十里，三里传一炮，不若飞骑捷也。"綎首肯。②

谍骑驰报，努尔哈赤密令以刚缴获的杜松军大炮，燃炮"传报"。刘綎军在阿布达里冈山谷的行进途中，"遥闻大炮三声，隐隐发于东北"③。刘綎听到"信炮"声，以为西路杜松大军已到，唯恐杜松独得头功，急命火速进军。阿布达里冈一带，重峦叠嶂，隘路险夷，马不能成列，兵不能成伍，刘綎督令兵马单列急进。

刘綎亲率精锐的前锋部队行到阿布达里冈地带④，隐伏在山麓、溪谷、丛林、险隘中的后金伏兵四起，阿敏、达尔汉侍卫等率兵从瓦尔喀什⑤沟谷密林突出袭击，将刘綎军拦腰切断而攻其尾部。刘綎被前诱后逼到阿布达里冈的瓦尔喀什旷野，与后金军主力相遇。这时努尔哈赤设计骗刘綎：

> 奴酋设计诱之，用杜松阵亡衣甲、旗帜，诡称我兵，乘机督战。綎始开营，遂为奴酋所败。⑥

---

① 《满文老档·太祖》，上册，第79页，中华书局译注本，1990年。

② 谷应泰：《明史纪事本末·辽左兵端》，第4册，第1413页，中华书局校点本，1977年。

③ ［朝］李民寏：《栅中日录》，第7页，日本天理大学图书馆藏玉版书屋本。

④ 阿布达里冈地带：包括今辽宁省桓仁满族自治县铧尖子镇、二户来镇老道沟南麓富沙河谷地，及海青伙洛沟、洼子沟、半截沟等地域。

⑤ 瓦尔喀什：朝鲜文献作"曰可时"，据考证其地在今辽宁省桓仁满族自治县铧尖子镇洼子沟一带地方，沟谷长15里，最宽处3里，沟谷有十余个支岔。

⑥ 《明神宗实录》，第581卷，第8页，万历四十七年四月戊辰，台北中央研究院历史语言研究所校勘本，1962年。

皇太极等率兵从山上往下驰击,似山洪暴泄,漫山冲杀。

后金军山上官兵下冲,山麓伏兵四起,上下夹攻,首尾齐击,弥山满谷,四围厮杀。刘綎奋战数十合,力竭败死。其养子刘招孙冲突力救,亦死。据史载:

> 建州兵假杜将军旗帜奋至,綎不之备,遂阑入阵,阵乱。綎中流矢,伤左臂。又战,复伤右臂。綎犹鏖战不已。自巳至酉,内外断绝。綎面中一刀,截去半颊,犹左右冲突,手歼数十人而死。刘招孙救之,亦死。[1]

刘招孙之勇,实令人惊叹:"有刘招孙者,綎帐下卒也。负綎尸,手挟刃,与我军相格,亦被杀。"[2]是战,明人史书亦载:

> 败兵逼山诱我,守备马进忠单骑入贼阵,贼惧收兵,屯扎山箐,我兵亦用壁相距。令奴中猝张抚顺军帜,讹言杜将军战胜合兵。刘将军不及擐甲开营,而夷兵猛炽,二万人合围。自巳至酉,我兵冲破数阵,奴以胜兵之锐,当深入之疲,将军脸被一矢,又戳一刀,毕命。[3]

东路宽奠军主将刘綎身死兵败[4],后有数千浙兵败屯山上,据目击者记:"胡数百骑,驰突而上,浙兵崩溃,须臾间,厮杀无余。目睹之惨,不可胜言。"[5]这些手执竹矛、身披藤甲的可怜步兵,惨遭后金铁骑横杀,抛尸异地富察荒野!明军东路宽奠刘綎军败殁的战场,当时目击者记载:从富察通往嘉哈的道路上,"所经僵尸如麻,数十里不绝"。

阿布达里冈的刘綎军失败之后,代善等移师富察[6],进击监军康应乾统领的刘綎余部及助明作战的朝鲜兵。在明监军乔一琦游击的督催下,姜弘立率朝鲜兵于四日到

---

①　谷应泰:《明史纪事本末·辽左兵端》,第 4 册,第 1413～1414 页,中华书局校点本,1977 年。

②　高士奇:《扈从东巡日录》,下卷,第 1 页,《辽海丛书》影印本,辽海书社,1985 年。

③　《都督刘将军传》,不分卷,太仓王衙藏版本。

④　《剑桥中国明代史》(中国社会科学出版社本)第 630 页记载:刘綎之死有三种说法——"中国人后来声称刘綎是在战斗中被杀的。满族人说他被俘并被处死。朝鲜人说他点燃他身下的黑色火药而自杀。"

⑤　[朝]李民寏:《栅中日录》,第 11 页,日本天理大学图书馆藏玉版书屋本。

⑥　富察:又称富车,距赫图阿拉约 60 里,距阿布达里冈约 10 里。"富察之野"或"富车地方",据考证在今辽宁省桓仁满族自治县铧尖子镇东堡村至二户来镇釜山村之间沟谷平野地带。

达距阿布达里冈的富察之野。都元帅姜弘立下令军队,分左、中、右安营,自驻中营固拉库崖。营刚扎下,代善统领数万骑兵冲向富察,漫山遍野,烟尘蔽天。此前,四贝勒皇太极破刘𦻉兵后,复击败明海盖道康应乾军;二贝勒阿敏、扈尔汉得胜后,遇明游击乔一琦兵,乔兵败,乔一琦率残兵奔向朝鲜兵营。至是,后金兵进攻朝鲜兵营,当朝鲜左右营兵铳炮初放,还没有来得及再燃之时,后金骑兵已突入营中。朝鲜的兵卒,被纸作甲,柳条为胄,饥馁数日,饿渴并剧,"欲走则归路断绝,欲战则士心崩溃"①,进退两难,无可奈何。这时代善指挥八旗兵对朝鲜军,分作两路,加以包围。

朝鲜军偃旗息鼓,遣官求降,代善同三大贝勒等商量后,同意朝鲜军派官前来商讨。姜弘立派官到代善大营说:"此来非吾愿也。昔倭侵我国,据我城郭,夺我疆土,急难之时,赖明助我,获退倭兵,今以报德之故,奉调至此,尔抚我,我当归附,且我兵从明将士攻战者,已被杀,此营中皆高丽兵也。明兵逃匿于我,止游击一人,及所从军士而已,当执之以献。"②后金命其主将先来。姜弘立以恐军乱逃窜为由,派其副元帅金景瑞到代善大营,作为人质留宿后金军帐中。

初五日,朝鲜都元帅姜弘立、副元帅金景瑞投降③,后金景瑞被杀④。他们在投降大贝勒代善前,将朝鲜营中明游击乔一琦及其随从之兵驱赶下山,送给后金军。明监军乔一琦走投无路,留下遗书,投崖而死(一说自缢而死)⑤。

明军杜松抚顺路、马林开原路、刘𦻉宽奠路相继败北,经略杨镐急檄清河路李如柏回师。李如柏,为李成梁第二子,由父荫为锦衣千户,放情酒色,贪淫跋扈。后家居二十年,以辽东用人,起自废籍。李如柏怯懦蠢弱,出师滞缓,他从清河出发,于三月初一日巳时才出鸦鹘关口。鸦鹘关(今新宾苇子峪镇境内)西南距清河堡一百里,东北距赫图阿拉八十里。李如柏军行动缓慢,还没有同后金军交锋,他接到杨镐檄令后,急命回

①　[朝]李民寏:《栅中日录》,第9页,日本天理大学图书馆藏玉版书屋本。

②　《清太祖高皇帝实录》,第6卷,第13~14页,中华书局影印本,1986年。

③　《李朝光海君日记》第139卷十一年四月乙卯记:"姜弘立等书职名状启略云:'臣至背东关岭,先遣胡译河瑞国密通于虏云:虽被上国催驱至此,常在阵后,不为接战计,故战败之后,得以款好。若速成和议,则臣等可以出归'云云(先是,王密令会宁府来市商胡通报此举。商胡未返而瑞国先入奴穴,奴酋疑而囚之。既而会宁报至,遂释瑞国,仍使招纳弘立。弘立之降,盖其素定之计也。——原注)。"

④　《李朝仁祖大王实录》记载:金景瑞"被擒之后不忘本朝,得因藩胡传疏本而备陈贼情,因及防御之策,以此见觉于虏,遂被杀"。

⑤　《清史稿·阿敏传》作"一琦自经死"。

军。后金牛录额真武理堪,受命率二十名哨骑在虎栏山巡逻,见李如柏退师,在山上鸣螺,作召集大军追击状,李如柏军大惊。武理堪率军机智地呼噪下击,斩杀四十人,获马五十匹。明军大乱,奔走相践,死者千余人。据《清史列传·武理堪》所载:

> 武理堪率二十骑至呼兰山,见敌军行山麓,乃于山巅驻马大呼,弓手四顾,为指麾伏兵状。敌望见惊溃。武理堪遂纵骑疾驰击之,斩四十人,获马五十。敌相蹂躏,死者千余。[1]

《满文老档》、《满洲实录》和《明史·李如柏传》也作了类似的记述。上述记载,虽不免张饰,但可以看出李如柏退师时风声鹤唳、草木皆兵的惊惶之状。

李如柏退师之后,明朝言路极愤,劾其与努尔哈赤有香火情,因之,李如柏逗留观望,努尔哈赤也一矢未加。户科给事中李奇珍疏劾李如柏娶努尔哈赤之弟舒尔哈齐女为妾,现生第三子,有"奴酋女婿作镇守,未知辽东落谁手"[2]之谣。李如柏逃回清河,言官交章论劾。诏命李如柏还京候勘,即入都城,言者不已。《明史·李如柏传》记载:"如柏惧,遂自裁。"

至此,明朝进攻后金的萨尔浒大战,以明朝军失败,后金军胜利而结局。

(三)胜败的原因

研究萨尔浒大战,有相关的三个问题,就是双方兵力、胜败原因和历史影响。

第一,萨尔浒大战的双方兵力。

明军和后金军在萨尔浒大战中所投入的兵力,各书记载,出入很大。

明军在萨尔浒之战的兵力,各书记载,相差悬殊。明军最少的数字是七万多人,《明神宗实录》万历四十七年三月十一日,杨镐奏称:"盖奴酋之兵,据阵上所见,约有十万,宜以十二三万方可当之。而昨之主客出口者仅七万余,岂能相敌!"这个数字是杨

① 《清史列传·武理堪》,第4卷,第7页,中华书局,1928年。
② 《明神宗实录》,第582卷,第1页,万历四十七年五月癸未朔,台北中央研究院历史语言研究所校勘本,1962年。

镐在杜松战败后向朝廷奏报中提出的，其目的在于强调"敌众我寡"，为自己开脱责任。同书载巡按辽东陈王庭奏称："援辽民［兵］马除续调川、陕三万未到外，据臣亲查点过，主客军丁各四万有奇"，就是说八万多人。此外，《明史纪事本末·辽左兵端》作十万人；《辽广实录》作十二万人；朝鲜《光海君日记》作十四万人。后金方面的数字，其出入更大，《清太祖实录》作二十万人，号四十七万等；《清史稿》作二十万人；《清鉴辑览》作二十四万人；《无圈点老档》即《旧满洲档》、《老满文原档》作"二十七万兵，号称四十七万"。上述后金所列的数字，依据明人的宣传，并无实际根据。他们往多里说明军的数字，是为着讥笑杨经略的无能和天命汗的睿智。

上述数字都是当时双方或奏报或张扬的数字，当然是既不客观，也不真实。至于朝鲜记载的数字，不是第一手资料，也缺乏真实性。事情过后，两个数字，比较客观，值得参考。

一个是后任辽东经略王在晋在《三朝辽事实录》中的记述。他说："各路除丽兵外，主客出塞官军共八万八千五百五十余员名。阵亡道、镇、副、协、参、游、都司、通判、守备、中军、千把总等军官共三百一十余员名，并印信一颗；阵亡军丁四万五千八百七十余名；阵失马、骡、驼共二万八千六百余匹头只。今阵回见在并召集官军共四万二千三百六十余员名。"①上述统计数字，明军死亡、阵回官兵的总数为八万八千五百五十余员名。实际数字可能还要多一些，因为未死的"四万五千八百七十余名"军丁，只是"今阵回见在并召集官军"，其"生还现在并未召集回营"者，也会有一定的数量。

另一是兵部尚书黄嘉会奏言："辽自三路败创，开铁继陷，文武将吏陨命者不下三四百员，军丁亦不下四五万人。"②同期，兵部、户部合奏萨尔浒之战抚恤死亡官兵数字，同兵部尚书黄嘉会、后任辽东经略王在晋记述的数字大体吻合。

此外，朝鲜兵的数字。朝鲜《光海君日记》记载："都元帅姜弘立、副元帅金景瑞领三营兵马一万三千人，自昌城渡江。"李民寏《栅中日录》记载："元帅令生查勘渡江军兵实数：三营兵一万一百余名，两帅票下二千九百余名。"李氏查点的数字总和为一万三千余名。以上两书，数字相符。朝鲜兵总数为一万三千余人。至于叶赫兵数，《燃藜室

①　王在晋：《三朝辽事实录》，第1卷，第13页，江苏省立国学图书馆藏本。
②　《明神宗实录》，第592卷，第5页，万历四十八年三月戊子，台北中央研究院历史语言研究所校勘本，1962年。

记述·浑河役》作一万人;《明史纪事本末·辽左兵端》作"叶赫以二千骑赴三岔",明师覆。叶赫军为二千余人。

由上,可以得出一个结论:萨尔浒之战明军投入前线官兵总数为八万八千五百五十余员名,另有朝鲜军一万三千余人,叶赫军二千余人,以上合计十万五千余员名。

后金在萨尔浒之战的兵力,各书记载,相差也殊。最多的数字是杨镐的奏报十万余人。

实际上后金当时没有这么多的兵力。努尔哈赤于万历四十三年(1615年)建成八旗,八旗军的人数当是后金的兵数。按八旗制度规定,每一旗包括五个甲喇(参领),每一甲喇包括五个牛录(佐领)。每一牛录规定由三百人组成,实际上每牛录的人数多寡不一。每旗按编制满额算,当时应有二百个牛录;每牛录按满员计,当时每旗人数为七千五百名,八个旗总计为六万人。张铨在萨尔浒之战中,为杜松抚顺路的监军,他奏报说杜松进兵至二道关,遇到后金伏兵突起,约三万余骑。后金其他约有三万,合起来不超过六万。辽东经略杨镐也说过"奴酋精兵约六万余"。这应当是后金在萨尔浒之战投入的总兵力。

从明朝与后金双方的兵力看,的确明军投入的军队比后金的军队数量多。后金军击败明军四路进攻,在战略上确系以少胜多,在战术上又确系以多胜少。明朝因为军队数量多,采取"分进合击"的战略;后金因为军队数量少,则采取"合进分击"的战术。而在每场战斗中,后金投入数倍于明朝的兵力而战胜明军。

第二,萨尔浒大战的败胜原因。

经略杨镐与努尔哈赤、明朝与后金,在双方决定雌雄的萨尔浒大战中,以明军的溃败和后金军的胜利而结束。

明军在萨尔浒大战中之所以失败,从辽东经略杨镐第一份奏报以来,已经三个半世纪,人们进行了各种分析。军事学家从战争的指挥、战术、战略、后勤等方面加以分析,历史学家从政治、经济、社会、人文等因素进行论述,他们都各有所见,也各有道理。萨尔浒之战,就战争指挥而言,可以分为主将、经略、兵部、辅臣和皇帝五个层次。战争失败的责任,自然各有其分。但是,责任有大小,事情有主次。战场初败的飞报刚到明军总指挥部沈阳,辽东经略杨镐和巡按陈王庭就分别给万历皇帝呈上奏疏,他们将萨尔浒兵败的责任,首先推给该路主将。杨镐三月十一日奏疏称:"原以二十一日陆续发兵到边,二十五日该宽甸一路出口,初一日该沈阳、开铁、清河三路出口,俱约定初二至二道关,合兵前进。乃总兵杜松出师,要占首功,单马行前,辄弃车营。初一日申时,既已活捉夷贼报功,旋又以焚克二栅报功,而不知其已入贼之伏也。贼以备开铁之兵与备抚顺之兵合而攻之,乌得不败? 既初二午时,开铁总兵马林行至三岔,闻杜松已先出一日,亦仓皇疾出,比至二道关,杜松与王宣、赵梦麟兵马时已败亡,又以备抚顺之兵与备开铁之兵合而攻之,何能久支?"杨镐与陈王庭不了解建州的地理、地形,杜松初一日行军到萨尔浒,不仅没有到二道关即代珉关,就是三道关即扎喀关也未到。同日,巡按陈王庭也将失败罪责推给主将杜松:"约三月初一日出口,乃先期兢进,其失一;刚愎自用,其失二;队伍错乱,为贼所击,其失三;擒夷克寨,不加傍哨,致赚贼伏内,被诱不知,其失四;将兵不习,背水而战,其失五;轻骑深入,撤弃火器、车兵,师无老营,其失六。智不能料敌,谋不能驭众,致二万余官军一时并遭陷溃。至于开铁兵马,初派由三岔出口,马林苦执由靖安出边,临期复由三岔出口。乃抚顺交锋,而该镇未至,比奴众乘胜北驱,守备不设,致虏袭营,兵亦败溃。"①

杨镐作为全军统帅、陈王庭身为监察御史,在奏报中竟无一字自责,而将战败的责任,全部推给主将,于事于理不通。

查杜松部二月二十八日从沈阳出发,二十九日出抚顺关,初一日到萨尔浒,应于初二日至二道关;马林部也于初二日至二道关。他们并无抢先或延误军期之罪。当然,杜松、马林自有其责,马林不以殉疆场为职,而以逃遁为先,其罪该斩。杜松之责:一是单马前行,缺乏统一部署;二是分营为三,削弱自身兵力;三是急躁轻敌,被诱陷于埋伏;四是一介武夫,未能统协全军。

近年对萨尔浒大战明军失败原因的研究,视野更为宽广。拙著《努尔哈赤传》中分析,明军失败原因主要在于政治腐败、军事废弛、将帅不和、指挥失算②。李鸿彬在《清朝开国史略》中认为明军失败原因有三:不得人心,兵民厌战;主帅无能,决策错误;将领不和,互不声援③。孙文良等在《明清战争史略》中,对明军失败原因进行了多方面的论述④。《中国历代战争史》作者,特别对统帅杨镐作出论析:"未能统制全局。"⑤

---

①　《明神宗实录》,第 580 卷,第 7 页,万历四十七年三月甲午,台北中央研究院历史语言研究所校勘本,1962 年。

②　阎崇年:《努尔哈赤传》,第 196～197 页,北京出版社,1983 年。

③　李鸿彬:《清朝开国史略》,第 67～68 页,齐鲁书社,1997 年。

④　孙文良等:《明清战争史略》,吉林文史出版社,1986 年。

⑤　蒋中正主编:《中国历代战争史》,第 15 册,第 77 页,黎明文化出版公司,1980 年。

《中国军事通史》著者,则着重论析明军指挥失措①。

论者或谓其"决策错误"。杨镐吸取成化年间五道分进、朝鲜协攻和蓟辽总督三路出兵、叶赫相助的历史经验与初议方案,而制定"兵分四路,分进合击"的作战方略,似乎看不出存在明显的错误。论者或谓其政治黑暗。应当说,万历朝后期政治黑暗是事实,也是明军萨尔浒战败的深层因素;但天启朝明廷更加黑暗,宁远之战明军却取得胜利。论者或谓杨镐"意在虚张挞伐"。杨镐调兵遣将为虚张声势,打几个小仗,给上边看的。认为杨镐以举国之精锐、百万之粮饷,分兵四路,大张挞伐,为着打几场小仗、破几座屯寨,是没有历史根据的。论者或谓:杨镐派抚顺降人到后金下战书是缺乏必胜信心的表现。恰恰相反,这却是明朝狂妄自大的典型表现。

上述分析,都有道理。对明军萨尔浒战败的论析,更应关注其直接要害因素。

在萨尔浒大战中,明军失败原因诸多,其最主要的因素有二:一是统帅指挥失误,二是皇帝用帅不当。

辽东经略指挥失误。辽东经略杨镐作为萨尔浒之战明军的统帅,其主要职责是,调查研究彼己,制定作战方案,选择称职将领,协调各方力量,以实施战略目标。杨镐不懂军事,迂腐执拗,轻躁寡谋,不善协调,对敌方短长虚实、山川险隘全然不知。主帅杨镐兴师,未谙兵家三阵:"兵家有三阵——日月风云,天阵也;山林水泉,地阵也;兵车士卒,人阵也。"②经略在三阵未协、七事③未备的情形下,便誓师出兵,对许多可能发生的情况,也未见作预先安排。特别是在选将与协调两个关节上,铸下历史性大错。

关于选将。明军四路,四位主将,马林、李如柏二人,显然不堪任一路方面军的主将。早在出师之前,开原兵备佥事潘宗颜知马林无将才,致书经略杨镐言:"林庸懦,不堪当一面,乞易他将,以林为后继,不然必败。"④杨镐刚愎不听,马林果然兵败。潘宗颜同役身陨,"战没之日,骨糜肢裂,惨不忍闻,年三十六"。李如柏同马林一样,也是庸才懦夫。李如柏为李成梁次子,由父荫为锦衣千户,后官至总兵。他战前已家居二十多年,贪淫跋扈,纵情酒色,时以疆场乏人起自废籍。临阵怯懦畏敌,见后金哨兵大惊,

---

①　《中国军事通史》,第 16 卷,第 38 页,军事科学出版社,1998 年。

②　何承矩:《太平治迹统类》,引自《日下旧闻考》,第 5 卷,第 71～72 页,北京古籍出版社,1981 年。

③　"七事":参见《明神宗实录》第 580 卷万历四十七年三月甲午条相关记载。

④　《明史·潘宗颜传》,第 291 卷,第 7475 页,中华书局校点本,1974 年。

"奔走相蹑,死者千余人"①。

明军帅与将和将与将之间,"心怯而忌,气骄而妒"②。如杜松同刘綎争魁,马林同杜松互妒,潘宗颜对马林不满,刘綎对杨镐怨恨等等。而刘綎对杨镐不悦之色,溢于言表。《李朝实录》记载朝鲜都元帅姜弘立和刘綎的下述对话,可见一斑:"臣问曰:'然则东路兵甚孤,老爷何不请兵!'答曰:'杨爷与俺自前不相好,必要致死。俺亦受国厚恩,以死自许,而二子时未食禄,故留置宽田[佃]矣。'臣问曰:'进兵何速也!'答曰:'兵家胜筹,唯在得天时、得地利、顺人心而已。天气尚寒,不可谓得天时也;道路泥泞,不可谓得地利也;而俺不得主柄,奈何?'"③颇有不悦之色。

关于协调。首先是协调时间。刘綎为常胜之将,上言兵事,未被采纳。谓:"庙堂战守之议未定,将之责委未决,兵之分布未明,即火器、铠仗、车马未备,诸省征发未集,召募者未练,臣故所统旧将卒绎络未至,况今日主兵事者,中无成算,诚有可忧。闻警辄汹汹,危形若旦夕。而稍退,则处堂怡怡,竟置度外。应事过于张皇,绸缪疏于桑土,是宜虑而后动,战乃克胜。"④时刘綎因谤语夺官,失势居里。及奉诏,疏不报,促行急,驰辽东。

其次是协调步骤。"兵分四路,分进合击",其关键不是"分进",而是"合击"。因为:只有合击,才能集中兵力;只有合击,才能重击敌人;只有合击,才能实现预定目标。如果说一路、两路失败,可能由于主将错误,然而三路、四路皆败,则充分说明统帅错误。经略杨镐身为明军统帅,其最主要的职责是协调四路兵马,集结于一点,打击八旗军,实现预定目标。但他致命的错误,是未能将四路兵马,集中汇合,打击后金。

萨尔浒大战,明军遭惨败,问题关键,就是一点,兵分四路,未能合击。杜松急进,马林迟缓,刘綎迂回,李如柏故拖,参差不齐,无法合击。分路进兵最终是要集中力量,进行"合击"。既使四路不能全合,做到两路合或三路合,也可以形成打击力量。而明军四路,却各自为战。在这种情况下,或时间就是胜利,或时间就是失败。

---

① 《明史·李如柏传》,第 238 卷,第 6196 页,中华书局校点本,1974 年。

② 《明神宗实录》,第 577 卷,第 6 页,万历四十六年十二月乙丑,台北中央研究院历史语言研究所校勘本,1962 年。

③ 《李朝光海君日记》,第 137 卷,第 11 页,十一年二月庚辰,日本学习院东洋文化研究所影印本,1959 年。

④ 查继佐:《罪惟录·刘显传附子綎传》,第 2401~2402 页,浙江古籍出版社,1986 年。

经略杨镐指挥失算,是明军萨尔浒之败的直接原因。杨镐既不察敌情,不听谏言,也不熟谙地理,不亲临战阵。他虽议兵分四路,分进合击,却分散兵力,西路冒进,击而未合。致主力冒进,分路被破,使明军由战略上的优势,变为战术上劣势,从而导致四路出师,两双败北。

万历皇帝选帅错误。作为萨尔浒之战明军最高责任者的万历皇帝,最主要的事情是任用辽东经略,批准作战方略。而定下作战方略之后,就是遴选指挥战争的统帅。选择杨镐担任萨尔浒之战明军的统帅,是万历皇帝最大的错误。《明史·杨镐传》记载:杨镐,商丘人,万历八年(1580年)进士。初任知县,入为御史。迁山东参议,分守辽海道。万历二十五年(1597年),偕副将李如梅出边,失败。后朝鲜用兵,被免罪启用,经略辽东。岛山之战,明军大败。史称"是役也,谋之经年,倾海内全力,合朝鲜通国之众,委弃于一旦,举朝嗟恨"。杨镐既不引罪,且诡以报捷。言官劾其"当罪者二十八,可羞者十"。因首辅赵志皋营救,免于一死。后启用辽东,因招事,再丢官。后金破抚顺之后,被命为辽东经略。

其实,有人根据杨镐在朝鲜指挥错误,提出其人不宜委以如此重任。吴应箕说:"会麻贵一日败倭十一阵,倭栖釜山,疲困之极。麻贵谓辽抚杨镐曰:'今日乘胜一攻,尽歼丑类矣!'时镐因如梅未到,鸣金收军。盖镐与如梅结盟,惧其不得预功耳。诘朝,倭已结寨,如梅始到。镐欲攻之,麻贵不可,谓'倭已有备,攻之必败'。镐不听,引兵而进。倭用驽铳乘风迎战,镐、如梅、麻贵仅以身免,辽东精锐尽丧于此,乃匿不以闻。独赞画兵部主事丁应泰疏其实于朝,参张淇阳、沈蛟门、杨镐等,于是淇阳与镐奉旨为民。"[1]史载,有人推荐熊廷弼为辽东经略,但未被采纳。后辽东经略熊廷弼,对此战丧师辱国极为愤慨。他直接斥责"今朝堂议论,全不知兵。冬春之际,敌以冰雪稍缓,哄然言师老财匮,马上促战。及军败,始愀然不敢复言。"他把"马上催而三路丧师"[2],当作明军萨尔浒之败的最大的教训,将明军萨尔浒兵败的责任指向庙堂。

万历帝在选帅之后,又未能给统帅以威势与权柄。史载明军四路主将中,主将名重,难以驾驭。杜松、刘綎、马林、李如柏,或为名将、或为老将、或为骄将、或为疲将,各有性格,很难驾驭。杨镐论资历、论战功、论才能、论后台,都没有驾驭上述将军的条

---

① 吴应箕:《东林本末》(上),第4页,上海书店印行,1982年。

② 《明史·熊廷弼传》,第259卷,第6694页,中华书局校点本,1974年。

件。所以，张铨在奏疏中说："李如柏、杜松、刘𬭼诸人，以宿将并起，势不相下。必得天语严切，责成杨镐使之约束。诸将如临敌不用命者，偏裨以下，以军法从事。大将即夺其军，列状奏请。庶可作其敌忾之心，抑其跋扈之气。"①万历帝并没有采纳这个"天语严切"的奏议。

所以，萨尔浒之战明军之败的最后、最高责任者是万历皇帝。明朝浙江道御史杨鹤上萨尔浒之败疏言：

> 辽事之失，不料彼己，丧师辱国，误在经略；不谙机宜，马上催战，误在辅臣；调度不闻，束手无策，误在枢部；至尊优柔不断，又至尊②自误。③

杨鹤刚直之言，竟指万历皇帝。同僚认为杨鹤疏言过鲠，他便引病辞职。但是，萨尔浒之战的失败，虽然主将、经略、兵部、宰辅都有各自的责任；但是从根本上说，万历皇帝腐朽无能之枯树，结下萨尔浒大战兵败之苦果。杨鹤确实抓住了明军失败问题之核心、病象之症结、诸因之精髓和精华之论断。

此外，还有两点，附作讨论。

一是军事废弛。萨尔浒战前，明军临时征调，仓促赴战，军心不一，斗志不齐，粮饷乏继，器械钝朽，援兵号泣，将领叛逃。如新调到的援兵皆"伏地哀号，不愿出关"④。明军不但援兵啼号，而且援将脱逃，如："陕西固原游击佟国祚，领兵援辽，于万历四十六年九月二十八日，师次昌平，国祚闻伊父原任总兵鹤年降奴，遂萌叛志。给各官领兵先行，至二十九日，又诡称家人佟六汉亡，即差牢役邵进忠等分投追赶，国祚遂得只身轻骑脱逃以去。"⑤

---

①　《明神宗实录》，第572卷，第13页，万历四十六年七月甲寅，台北中央研究院历史语言研究所校勘本，1962年。

②　《明神宗实录》第582卷万历四十七年三月癸卯条载杨鹤疏言时，删去"至尊优柔不断，又至尊自误"一语，是为尊者讳一例。

③　《明史·杨鹤传》，第260卷，第6726页，中华书局校点本，1974年。

④　《明神宗实录》，第571卷，第3页，万历四十六年六月壬戌，台北中央研究院历史语言研究所校勘本，1962年。

⑤　《明神宗实录》，第578卷，第6页，万历四十七年正月癸卯，台北中央研究院历史语言研究所校勘本，1962年。

二是泄漏师期。据《清太祖武皇帝实录》记载："辽阳经略杨镐以二十万兵、号四十七万,遣满洲人一名,系取抚顺时叛投者,于二十四日赍书至。言:'大兵征取满洲,领兵将帅及监军文臣齐至。三月十五日乘明月之时,分路前进。'"①杨镐战前先向后金下战书,自以为聪明,实则很愚蠢。这就使后金有备,先立于不败之地。

后金军则同明朝军相反,在萨尔浒大战中所以获胜,既利用了明朝的弱势,更发挥了自身的优势。后金在萨尔浒之战中,有上下一致、将领智勇、兵马精强、部民支持等内在因素,更为重要的是后金军统帅努尔哈赤指挥得当。满族杰出的军事家努尔哈赤,在萨尔浒之役中的卓越功绩,在于他谨慎地利用了上述的外部条件和内部因素,巧妙地抓住了杨镐②产生悲剧的各个特殊环节,充分地发挥了自己的聪明才智。试缕述如下:

其一,侦察敌情,判断正确。同杨镐不料彼、己相反,努尔哈赤重视侦探敌情。他通过哨探、谍工、商人、降卒等多种途径,对明军的统帅、主将、兵力、分路、师期等都有所了解。尤其在各路哨骑报警时,他能够把握时势吉凶,确定主攻方向。努尔哈赤接到西路和南路报警后,认为"南路有兵者,乃欲诱我兵南下,其大兵必由西边抚顺路来,我当先战于此",确定首先以迎击杜松军为重点。继之得到明军清河路探报,代善判断其道路险仄不会骤至,仍集中精神对付西路。天命汗及到赫济格,调整代善左右两翼平分兵力的计划,集中六旗兵力攻打萨尔浒明军,取胜后再挥军攻打吉林崖杜松本部,从而取得萨尔浒大战初捷。当夜,他营宿巴尔达冈。翌晓,他又亲自指挥集中兵力,先后吃掉斡珲鄂漠敌营和尚间崖、斐芬山马林两营,使明北路开原马林军覆没。继之不被南路李如柏军哨报疑惑,而决策集中迎击明东路刘𬘩军。

其二,集中兵力,各个击破。明军向赫图阿拉进攻,官兵总数十万余人,号称四十七万③。后金军投入作战的兵力,据《满文老档》记载,仅有八个旗,约六万人。后金军在总的数量上少于明军。但努尔哈赤在诸路告警时,东路派兵五百人④御敌,南路派二百兵防守⑤,北路派兵文献缺载,也不会太多,确定"凭尔几路来,我只一路

---

① 《清太祖武皇帝实录》,第 3 卷,第 2 页,台北故宫博物院藏,广文书局影印本,1970 年。
② 杨镐于崇祯二年(1629 年)九月丁未(二十六日)被弃市。
③ 《明神宗实录》第 580 卷万历四十七年三月甲午载杨镐奏言:"奴酋之兵,据阵上共见,约有十万。"显系其掩败虚张之词。
④ 《清太祖高皇帝实录》,第 6 卷,第 12 页,台湾华文书局影印本,1962 年。
⑤ 《满文老档·太祖》,上册,第 73 页,中华书局译注本,1990 年。

去"①的原则,集中兵力,合击明军。努尔哈赤每战以三倍、四倍或五倍于敌的兵力,将明军逐路逐营击破。而在迎击明军各路时,也采取"集中兵力,各个击破"的原则。如同杜松军作战,杜松分作三营,后金集中军队,将其依次逐营歼灭;又如同马林军作战,马林分作两营,后金再集中军队,将其依次逐营歼灭;再如同刘𬴂军作战,刘𬴂军分部为三,其主力逶迤蜿蜒形不成阵,后金则将其分割,集中兵力,依次逐营,将其歼灭。杨镐采取"兵分四路,分进合击"的战术,天命汗则采取"集中兵力,合进分击"的战术。这就使后金军在战略上的相对劣势,变为在战术上的绝对优势。

其三,铁骑驰突,速战速决。这是努尔哈赤在萨尔浒之战中,克敌制胜的重要法宝。明朝张铨在大战之前就指出:"突骑野战,夷之所长,而我之所短也。以短击长,以劳赴逸,以客当主,非计之所得!"在萨尔浒山口,在阿布达里冈隘口,后金都是将明军诱到山口平原野地,以利于骑兵驰突,发挥八旗军之所长。天命汗统率骑兵,集中兵力,连续作战,速战速决——即在明朝四路大军合围前的四天之中,第一天败西路抚顺杜松军,第二天破北路清河马林军,第三天设伏准备,第四天灭东路宽甸刘𬴂军。如果后金军拖泥带水、行动迟慢一天或两天,那么战局或会逆转。

其四,"善伏善诱"②,以静制动。努尔哈赤军事指挥的一个特点是,利用地形,诱敌入伏,以静制动,夺取胜利。明军大举远袭,挞伐后金,既不占天时,更不占地利。明朝张铨在大战之前曾指出:"奴之山川险易,诸将未必悉谙。今悬军深入,保无抄绝?"这个正确意见,并未引起重视。事实发展结果,恰被张铨言中。如后金军利用萨尔浒的山川形胜,先设计诱杜松入伏,而将辎重、器械撇弃在后,使其军兵失去老营,由有枪炮之长,变为无枪炮之短。又如后金军利用阿布达里冈复杂地形,计诱刘𬴂入伏,以逸待劳,以长制短,以假乱真,以静击动,将其在行动中加以消灭。

其五,以饱待饥,善于用计。后金以士饱马腾之军,对明朝士饥马疲之旅。明朝东路刘𬴂军官兵缺粮,冻馁数日。朝鲜记载:"三营军卒,不食屡日。"③粮饷难继,官兵饥馁。时后金屯民粮食隐藏,明宽奠路军,"士卒饥馁,运粮未到"④。后金军先以自己局部的优势和主动,对着明朝局部的劣势和被动,初战取胜,再及其余。并巧于行诈,善

① 夏允彝:《幸存录·东彝大略》,第15卷,第10页,《明季稗史初编》本,商务印书馆,1912年。

② 《明清史料》,乙编,第1本,第79页,中央研究院历史语言研究所编,商务印书馆,1936年。

③ 〔朝〕李民寏:《栅中日录》,第7页,日本天理大学图书馆藏玉版书屋本。

④ 〔朝〕李民寏:《栅中日录》,第5页,日本天理大学图书馆藏玉版书屋本。

于用间,将收降汉人装扮成杜松军兵,赚骗刘綎,使之上当。于是,逐渐使局部的优势与主动,转化为全局的优势与主动,从而取得全胜。

其六,亲临战阵,全民行动。八旗军本是亦兵亦民、亦战亦农的组织,面对明军的大举攻剿,后金兵民,融为一体,举国上下,同志同心,共同反击明军的进攻。即在边远山区屯寨,也能埋藏粮谷,坚壁清野,遍设路障,抗御明军。正如后来乾隆帝所言:"同兄弟子侄之众,率股肱心膂之臣,亲冒矢石,授方略,一时圣嗣贤臣,抒劳效悃,用成鸿勋。"同时,努尔哈赤在萨尔浒之战中,亲临战阵,策马驰突,冲锋陷阵,调度指挥。相反,明军统帅杨镐却在远离前线的沈阳坐镇指挥,不能及时协调各路大军行动,分进未合,三路覆没。

努尔哈赤在萨尔浒之役的整个过程中,自始至终掌握着指挥战争的主动权。努尔哈赤在明军合围之前,针对明军"兵分四路,分进合击"的方略,采取"集中兵力,合进分击"的兵略,集中优势兵力,逐路击破明军,从而表现了卓绝的军事指挥才能。萨尔浒之战,是努尔哈赤军事指挥艺术一次精湛而经典的表演。

明朝与后金的萨尔浒大战,产生了广泛而深远的影响。

第三,萨尔浒大战的历史影响。

其一,明朝军队损失惨重。这次战役,明军损失,据统计:明军文武将吏死亡三百一十余员,军丁死亡四万五千八百七十余人,阵失马、骡、驼共二万八千六百余匹①。后金在萨尔浒之战中损失官兵极少,后金官方说仅死不足二百人,诸贝勒大臣无一损伤。但是明朝统计的数字比后金官书的数字要多,因明军是失败方,许多割级数字无法上报,也难以统计真实的数字。明人的统计:杨镐奏报杜松出口至二道关,"生擒活夷十四名";马林一军阵上"斩首六级"。刘綎路因深入其后方,交战激烈,二月二十九日,"斩获真夷八十五级,生擒夷汉八十八名";三月初一日,"马进忠单骑杀入贼队,砍伤夷贼三人,斩首一级,行至五里外,复斩首三级。朝鲜副元帅金景瑞与金廷苏斩首一级"。徐九思从暧阳边外出口,在离边二百余里处,"撞遇达贼,斩首一十五级,生擒一名"。刘綎一路擒斩共二百一名。谈迁《国榷》记载刘綎路斩获三千级。总之,明军四路总计斩获后金兵民不超过三千人,其中并无贝勒大臣。

其二,大明皇威受到挑战。明军萨尔浒三路丧师的败报传到京师,庙堂内外,举朝

---

① 王在晋:《三朝辽事实录》,第1卷,第13页,江苏省立国学图书馆藏本。

震惊,朝野上下,一片恐慌。言官频上劾章,要求追究丧师责任;官吏收拾细软,准备遣送眷属南逃;商民惶恐不安,京城九门辰开午闭;部院官员戍守,稽防后金谍工潜入。大明皇朝从京师到直省,到处被埋怨、失望的悲观情绪笼罩着。内阁大学士方从哲说:"三路丧败之后,人心不固,兵气不扬。"①这可谓是其时的真实写照。相反,乾隆皇帝在《萨尔浒山之战书事》中说:"允因我太祖,求是于天,复仇乎祖。同兄弟子侄之众,率股肱心膂之臣,亲冒矢石,授方略,一时圣嗣贤臣,抒劳效悃,用成鸿勋。我大清亿万年丕丕基,实肇乎此。"乾隆帝称,萨尔浒之捷奠下清朝的基业。

其三,努尔哈赤的军事艺术。《清太祖武皇帝实录》记载:"大明皇帝以二十万兵,声言四十七万,分四路来战,各国闻之,若为我分兵破敌,必谓吾兵众;若为我往来剿杀,必谓我兵强。究言之,闻于四方,无有不称善者也。"当时后金的军队,既不众,也不强,他们是在彼强己弱的态势下,在没有把握胜利的情况下,集合全力,起而应战。他自二十五岁起兵,至萨尔浒大战已经三十三年,先后取得古勒山之役、乌碣岩之役、哈达之役、辉发之役、乌拉之役、抚清之役等六次大捷。但是,萨尔浒之战是努尔哈赤起兵以来遇到的最为严重的一次挑战。他在萨尔浒之战中,采取"凭你几路来,我只一路去",就是"集中兵力,各个击破"兵略,成为中国军事史上以少胜多的经典战例。在建州崛起的历次战争中,最关紧要的是古勒山之战与萨尔浒之战,前者戳破扈伦四部不可战胜的神话,后者戳破大明皇朝不可战胜的神话。萨尔浒之战,八旗军统帅在军事谋略上,在指挥艺术上,集中兵力、各个击破、以逸待劳、铁骑驰突,发挥高超智慧,为其精彩之笔。萨尔浒之战,虽然只有四天,却是他在作战指挥艺术上一次出色的表演:对许多军事原则——重视侦察、临机善断、诱敌深入、据险设伏、巧用疑兵、驱骑驰突、纵向强攻、横向卷击、集中兵力、各个击破、一鼓作气、速战速决、用计行间、里应外合等,都能熟练运用并予创新,极大地丰富了中国古代军事思想的宝库。萨尔浒之战表明,天命汗缔造和指挥的八旗军,号令严肃,器械精利,纪律整肃,赏罚严明,兵马精强,勇猛拼搏,是当时中国一支最强大,也是当时世界一支最富有战斗力的骑兵。

其四,明清历史的转折点。萨尔浒之战使明朝和后金互换了位置:明朝由进攻转

---

① 《明神宗实录》,第583卷,第11页,万历四十七年六月丁丑,台北中央研究院历史语言研究所校勘本,1962年。

为防御,后金由防御转为进攻,所以,萨尔浒之战是后金和明朝兴衰史上的转折点。后来乾隆帝在《萨尔浒山之战书事》三千四百四十二字的碑文中说:萨尔浒一战,使"明之国势益削,我之武烈益扬,遂乃克辽东,取沈阳,王基开,帝业定"。由此,"我大清亿万年丕丕基,实肇乎此"[1]。

萨尔浒战后,后金军接着向开原、铁岭进兵。

[附录]

《御制己未岁我太祖大破明师于萨尔浒山之战书事》文:

盖闻国之将兴,必有祯祥;然祯祥之赐,由乎天;而致天之赐,则由乎人。予小子于己未岁,我太祖大破明师于萨尔浒之战,益信此理之不爽也。尔时草创开基,筚路蓝缕,地之里未盈数千,兵之众弗满数万。惟是父子君臣,同心合力,师直为壮,荷天之龙,用能破明二十万之众。每观《实录》,未尝不流涕动心,思我祖之勤劳,而念当时诸臣之宣力也。谨依《实录》,叙述其事如左。

己未二月,明帝命杨镐、杜松、刘綎等,统兵二十万,号四十万来攻。左翼中路,以杜松、王宣、赵梦麟、张铨,督兵六万,由浑河出抚顺关。右翼中路,以李如柏、贺世贤、阎鸣泰,督兵六万,由清河出鸦鹘关。左翼北路,以马林、麻岩、潘宗颜,督兵四万,由开原合叶赫兵,出三岔口。右翼南路,以刘綎、康应乾,督兵四万,合朝鲜兵,出宽甸口,期并趋我兴京。

三月朔,我西路侦卒,遥见火光驰告;甫至,而南路侦卒,又以明兵逼境告。我太祖曰:"明兵之来,信矣。南路驻防之兵有五百,即以此拒之。明使我先见南路有兵者,诱我兵而南也。其由抚顺关西来者必大兵,急宜拒战。破此,则他路兵不足患矣。"即于辰刻,率大贝勒代善及众贝勒大臣,统城中兵出。而令大贝勒前行。时侦卒又以明兵出清河路来告。大贝勒曰:"清河之界,道途逼仄崎岖,兵未能骤至,我兵惟先往抚顺,以逆敌兵。"遂过扎喀关,与达尔汉侍卫扈尔汉,集兵以待上之至。时四贝勒以祀事后至,谓大贝勒曰:"界藩山上,我筑城夫役在焉。山虽险,倘明之将帅,不惜士卒,奋力攻之,陷夫役奈何?我兵宜急进,

---

① 弘历:《萨尔浒山之战书事》,《清高宗纯皇帝实录》,第 996 卷,第 20～32 页,乾隆四十年十一月癸未,中华书局影印本,1987 年。

以安夫役之心。"大贝勒等善是言，下令军士尽擐甲。日过午，至太兰冈。大贝勒及扈尔汉，欲驻兵隐僻地以待敌。四贝勒艴然曰："正宜耀兵列阵，明示敌人，壮我夫役士卒之胆，俾并力以战，何故令兵立隐僻地耶？"巴图鲁额亦都曰："贝勒之言是也，我兵当堂堂正正，以向敌人。"遂督兵赴界藩，对明兵营，列阵而待。初，众贝勒兵未至，我国防卫筑城夫役之兵，仅四百人，伏萨尔浒谷口，俟明总兵杜松、王宣、赵梦麟之兵，过谷口将半，尾击之。追至界藩渡口，与筑城夫役，合据界藩山之吉林崖。杜松结营萨尔浒山，而自引兵围吉林崖，仰攻我兵。我兵四百人，率众夫役下击之，一战而斩明兵百人。时我国众贝勒甫至，见明兵攻吉林崖者，约二万人。又一军列萨尔浒山巅，遥为声势。四大贝勒与诸将议曰："吉林崖巅有防卫夫役之兵四百人，急增千人助之。俾登山驰下冲击，而以右翼四旗兵夹攻之。其萨尔浒山之兵，则以左翼四旗兵当之。"遂遣兵千人往吉林崖。上至，问四大贝勒破敌策，四大贝勒俱以前议告。上曰："日暮矣，且从汝等。今分右翼四旗之二，与左四旗兵合，先破萨尔浒山所驻兵。此兵破，则界藩之众，自丧胆矣。再令右二旗兵，遥望界藩明军，俟我兵由吉林崖驰下冲击时，并力以战。"是时我国近都城之兵，乘善马者先至，乘驽马者后至，其数十里外者尚未至。于是合六旗兵，进攻萨尔浒山。明兵驻营列阵，发枪炮。我兵仰而射之，奋力冲击。不移时，破其营垒，死者相枕藉。而所遣助吉林崖之兵，自山驰下冲击。右二旗兵，渡河直前夹击。明兵之在界藩山者，短刃相接，我兵纵横驰突，无不一当百，遂大破其众。明总兵杜松、王宣、赵梦麟等皆殁于阵，横尸亘山野，血流成渠，其旗帜、器械及士卒死者，蔽浑河而下，如流澌焉。追奔逐北二十余里，至硕钦山时已昏，军士沿途搜剿者又无数。

是夜，明总兵马林兵营于尚间崖，浚濠严斥堠，鸣金鼓自卫。我兵见之，乘夜驰告于大贝勒。

翼旦，大贝勒以三百余骑驰往。马林兵方拔营行，见大贝勒兵至，回兵结方营，环营浚濠三匝，列火器，俾习火器者立濠外；继列骑兵以俟。又潘宗颜一军，距西三里外营斐芬山。大贝勒见之，使人驰告于上。时我国远路之兵，亦陆续至，与大贝勒兵合。明左翼中路后营游击龚念遂、李希泌，统步骑万人，驾大车，持坚楯，营于斡珲鄂谟地，环营浚濠，外列火器。上见之，与四贝勒率兵不满千人，分其半下马步战，明兵发火器拒敌，四贝勒引骑兵奋勇冲入，我步兵遂斫其车，破其楯，明兵又大败，龚念遂、李希泌皆阵殁①焉。会大贝勒使人至，知明兵已营尚间崖，上不待四贝勒兵，急引侍从四五人往，日中至其地，见明兵四万人，布阵成列。上趣令我军先据山巅，向下搏击。众兵方欲登山，而马林营内之兵与濠外兵合。上曰："是将与我战也，我兵且勿登山，宜下马步战。"令大贝勒往谕。时左二旗兵下马者，方四五十人。明兵已自西突至，大贝勒代善言于上曰："兵已进矣！"即怒马迎战，直入其阵。二贝勒阿敏、三贝勒莽古尔泰与众台吉等，各鼓勇奋进，两军搏战，遂败明兵，斩首、捕卤过当。方战时，我六旗兵见之，不及布列行阵，人自为战，前后弗相待，纵马飞驰，直逼明营。明兵发鸟枪巨炮，我兵冲突纵击，飞矢利刃，所向无前。明兵不能支，又大败遁走。我兵乘胜追击，明副将麻岩及大小将士皆阵没，总兵马林仅以身免，灭迹扫尘，案角陇种，尚间崖下河水为之尽赤。

上复集军士，驰往斐芬山，攻开原道潘宗颜兵，令我兵之半下马，仰山而攻。宗颜兵约万人，以楯遮蔽，连发火器，我兵突入，摧其楯，遂破之，宗颜全军尽没。时叶赫贝勒锦台什、布扬古欲助明，与潘宗颜合，其兵甫至开原中固城，闻明兵败，大惊而遁。是时，我军既击破明二路兵，上乃收全军至固勒班地方驻营。而明总兵刘綎、李如柏等由南路进者，已近逼兴京。侦卒驰告，上遂命扈尔汉先率兵千人往御。

翼旦，上复命二贝勒阿敏率兵二千继之。上率众贝勒大臣，还军至界藩，行凯旋礼，刲八牛，祭纛告天。大贝勒代善请曰："吾先归，从二十骑，微行探信。"祀毕，上徐来，上许诺。三贝勒莽古尔泰亦相继行。四贝勒驰至上前，请与俱往。上曰："汝兄微行往探，汝随吾后行。"四贝勒曰："兄独往，吾留此，未安也。"遂亦行。日暮，大贝勒回至兴京，入宫。则皇后、内廷②等见大贝勒至，亟问御敌策。大贝勒曰："抚顺、开原二路敌兵已破，诛戮且尽。南来兵已遣将往御。我待父皇命，当即往破之。"于是，大贝勒复出城，迎上于大屯之野。上自界藩启行至兴京。

平明，命大贝勒、三贝勒、四贝勒，统军士御刘綎，而留兵四千于都城，待李如柏、贺世贤等之兵。

初，刘綎兵出宽甸，进栋鄂路。我居民避匿深山茂林中，刘綎悉焚其栅寨，杀

---

① 《清高宗纯皇帝实录》，华文书局本"殁"作"没"。
② 《清高宗纯皇帝实录》，华文书局本"廷"作"庭"。

其屏弱。佐领讬保、额尔讷、额赫率驻防五百人迎敌，刘綎兵围之数重，额尔纳、额赫死之，并伤我卒五十人。讬保引余兵与扈尔汉军合，扈尔汉伏兵山隘以待。巳刻，大贝勒及三贝勒、四贝勒，引兵甫出瓦尔喀什窝集。时刘綎所率精锐二万，先遣万人前掠。将趋登阿布达哩冈布阵，大贝勒欲引兵先登，驰下击之。四贝勒曰："兄统大兵留此，相机为援，吾先督兵登冈，自上下击之。"大贝勒曰："善。吾引左翼兵出其西，汝引右翼兵登山，俾将士下击，汝立后督视，勿违吾言。"辄轻身入也。四贝勒遂率右翼兵往。先引精骑三十人，超出众军前，自山驰下，奋击之。兵刃交接，战甚酣，后军随至，冲突而入。大贝勒又率左翼兵，自山之西至，夹攻之。明兵大溃。四贝勒乘胜追击，与刘綎后队两营兵遇，綎仓卒不及阵。四贝勒纵兵奋击，歼其两营兵万人，刘綎战死。

是时，明海盖道康应乾步兵，合朝鲜兵，营于富察之野。其兵执筤筅长枪，被藤甲、皮甲；朝鲜兵被纸甲，其胄以柳条为之，火器层叠列待。四贝勒既破刘綎兵，方驻军，众贝勒皆至，遂复督兵攻应乾。明兵及朝鲜兵敌，竞发火器，忽大风骤作，走石扬沙，烟尘反扑敌营，昏冥昼晦。我军乘之，飞矢雨发，又大破之。其兵二万人歼焉，应乾遁去。

先是，二贝勒阿敏、扈尔汉前行，遇明游击乔一琦兵，击败之。一琦收残卒，奔朝鲜都元帅姜功①烈营。时功烈据固拉库崖，众贝勒复整兵逐一琦，遂攻朝鲜营。功烈知明兵败大惊，遂按兵偃旗帜，遣通事执旗来告曰："此来非吾愿也，昔倭侵我国，据我城郭，夺我疆土，急难之时，赖明助我，获退倭兵。今以报德之故，奉调至此。尔抚我，我当归附。且我兵之在明行间者，已被尔杀，此营中皆高丽兵也。明兵逃匿于我者，止游击一人，及所从军士而已，当执之以献。"四大贝勒定议，乃曰："尔等降，先令主将来，否则必战。"功烈复遣使来告曰："吾若今夕即往，恐军乱逃窜。其令副元帅先往，宿贝勒营以示信。诘朝，吾率众降。"遂尽执明兵，掷于山下付我。明游击乔一琦自缢死。于是，朝鲜副元帅先诣众贝勒降。

翼日，姜功烈率兵五千下山降，众贝勒宴劳之，送功烈及所部将士，先诣都城。上御殿，朝鲜都元帅姜功烈及副元帅等，匍匐谒见。上优以宾礼，数赐宴，厚遇之，士卒悉留豢养。四大贝勒既歼南路明兵四万人，我军驻三日，籍其俘获人马、辎

---

① "功"：本作"弘"，因避乾隆帝"弘历"名讳，而改"弘"为"功"。

重、铠仗而还。

是役也，明以倾国之兵，云集辽、沈，又招合朝鲜、叶赫，分路来侵。五日之间，悉被我军诛灭，其宿将猛士，暴骸骨于外，士卒死者，不啻十余万。我军邀天佑助，以少击众，无不摧坚挫锐，迅奏肤功。策勋按籍，我士卒仅损二百人。自古克敌制胜，未有若斯之神者也。

时明经略杨镐，驻沈阳，闻三路兵败，大惊，急檄总兵李如柏、副将贺世贤等回兵。如柏等自呼兰路遁归，我哨兵二十人见之，据山上鸣螺，系帽弓弰挥之，作招集大兵状。已而呼噪下击，杀四十人，获马五十匹，明兵夺路而逃，相蹂践死者，复千余人。

庚寅，大军还至都城。上顾众贝勒大臣曰："明以二十万众，号四十七万，分四路，并力来战。今我不逾时破之，遂获全胜。各国闻之，若谓我分兵拒敌，则称我兵众；若谓我往来剿杀，则服我兵强。传闻四方，孰不慑我军威者哉！"

呜呼，由是一战，而明之国势益削，我之武烈益扬，遂乃克辽东，取沈阳，王基开，帝业定。

夫岂易乎？允因我太祖，求是于天，复仇乎祖。同兄弟子侄之众，率股肱心膂之臣，亲冒矢石，授方略，一时圣嗣贤臣，抒劳效悃，用成鸿勋。我大清亿万年丕丕基，实肇乎此。予小子披读《实录》，未尝不起敬起慕起悲，愧未能及其时，以承训抒力于行间马上也。夫我祖如此勤劳所得之天下，子若孙睹此战迹，而不思所以永天命，绵帝图，兢兢业业，治国安民，凛惟休惟恤之诚，存监夏监殷之心，则亦非予子孙而已尔。此予睹萨尔浒之战，所由书事也。此予因《实录》尊藏，人弗易见，而特书其事，以示我大清亿万年子孙臣庶，期共勉以无忘祖宗开创之艰难也。①

---

① 《御制己未岁我太祖大破明师于萨尔浒山之战书事》，原碑在今抚顺市李家乡竖碑村西北六里萨尔浒山西麓。碑座高84厘米、长233厘米、宽52厘米，碑身高210厘米、宽184厘米、厚32厘米。碑文正面为汉文，背面为满文。1978年将碑亭拆除，石碑移至沈阳故宫博物院藏。碑文又见《清高宗纯皇帝实录》，第996卷，乾隆四十年十一月癸未，中华书局影印本。

十一　开铁之战

（一）萨尔浒战后形势

萨尔浒之战以后，明朝与后金做出不同的反响，进行不同的部署，出现不同的形势。

明朝方面，同后金的欢庆胜利、厉兵秣马相反，萨尔浒三路败绩报至京师，吏民骇愕，举朝震惊。言官频上劾章，要求追究丧师责任；官吏收拾细软，准备遣送眷属南逃；商民惶恐不安，京城九门辰开午闭；部院官员戍守，稽防后金谍工潜入。但是，朝廷在一片埋怨和混乱之中，却拿不出扭转辽东局势的对策。大学士方从哲在萨尔浒之败的当日，疏请万历帝"即日出御文华殿，召集文武百官，令各摅所见，备陈御房方略，庶几天威一震"。他在疏奏中分析三路丧师之后的形势时言："军气日益灰沮，人心日益惊惶。开原商贾士民，逃窜几半；宽、叆城堡，奔溃一空，辽之为辽，真岌岌乎有不保之势矣。"[1]但是，他的疏奏，留中不报。

明朝在萨尔浒之战后一百天期间，主要做了几件事情：议商守御方略，改派辽东经略，调募援辽官兵，筹集辽东粮饷，恤赏殉难官员，惩罚逃兵逃将，等等。其中，议商守御方略和选派辽东经略，是两件带有全局性的大事。

第一，祈盼万历帝御殿共议守御方略。明朝萨尔浒兵败，庙堂震惊，形势危殆。当时，万历帝不上朝御政，也不召见臣工。户部尚书李汝华等上疏请饷，"合词号泣，引领呼天"。结果，不报。就是大学士、首辅方从哲，也不能亲见万历皇帝奏报军国要事。许多奏章，许多大事，等待万历皇帝"乾断"、"批行"。方从哲以三路丧师、形势危机，疏奏举朝大小臣工于文华门合词叩吁皇帝"大奋乾断，立赐批行"。疏上，不报。他又疏

---

[1]　《明神宗实录》，第580卷，第19页，万历四十七年三月甲辰，台北中央研究院历史语言研究所校勘本，1962年。

请皇上为辽事、为京师、也为社稷,要"重临轩之遣,下罪己之诏,发内帑之积"。疏再上,也不报。方从哲祈恳吁请,疏凡五上,一概不报。他复疏奏:"今早入阁,见举朝大小臣工,约于思善门,同上公疏,伏阙候旨。"其结果,亦不报。他再疏奏:"惟愿皇上亟御文华殿,召见文武群臣,共议守御方略。"还是不报。他复上疏:"恭诣宫门,长跽候旨。"留中不发①。

吏部尚书赵焕率领廷臣诣文华门,悬公疏跪请万历帝召见群臣,共议辽东战守长策。疏言:"经臣极言辽、沈危急之形,无将、无兵、无马、无器械,军民离心,不能战守,倘奴乘胜长驱,必薄都城之下。臣等无限忧惶,谨合大小衙门官员,恭于昨日诣文华门,直陈辽左垂亡、京师立蹙,恳乞圣明临朝"云云。至暮,始遣中官口传:"圣旨:昨偶感暴寒,服药调摄,御殿不便。"以帝疾,谕之退。其时,防守急务,摆在御前,万历帝竟然"一再推,不应;数十催,不从"。防守之策,百无一备。赵焕等再疏奏万历帝御文华殿听政,疏言:"直待蓟门残破,奴酋叩阍,此时陛下高枕深宫,称疾谢却之乎?"②当时万历皇帝确实有病,如不能在文华殿召见群臣共商军国大事,而在内廷便殿接见宰辅、尚书等数人,议商乾断机要国事,总是可以的。然而,万历帝既不同臣工商讨国事,也不批答奏章。吏部尚书赵焕在上述奏章后不久死去。

庙堂已然休克,政府已经瘫痪。方从哲疏称:今日六部九卿,只有户部通政司为正官掌印;刑部和工部由别的衙门官署掌印;都察院、大理寺既无正官,也无掌印官;吏部赵焕病故后大印高悬;礼部何宗彦出城,印也高悬;兵部黄嘉善杜门不出而大印尘封。朝廷六部——户部、刑部、工部、吏部、兵部、礼部,或没有正堂,或大印高悬。户部不能正常筹措粮饷,工部不能正常制造枪械,吏部不能正常荐任官员,兵部不能正常调募军队,于非常之时,于非常之地,辽东怎能堵御敌人? 京师怎能进行守御? 所以,方从哲沉重地疏奏:"此皆何等衙门,所司者何等事务,其在今日是何等时节,而皇上可漫然不加之意耶!"③吁请立赐简发,结果还是不报。

---

① 《明神宗实录》,第586卷,第10页,万历四十七年九月丙申,台北中央研究院历史语言研究所校勘本,1962年。

② 《明神宗实录》,第586卷,第8页,万历四十七年九月己丑,台北中央研究院历史语言研究所校勘本,1962年;《明史·赵焕传》,第225卷,第5923页,中华书局校点本,1974年。

③ 《明神宗实录》,第588卷,第3页,万历四十七年十一月戊子,台北中央研究院历史语言研究所校勘本,1962年。

　　第二,调整辽东经略大员。杨镐兵败,罪责重大。明廷在群臣促议之下,终于起用原任御史熊廷弼为大理寺丞兼河南道御史,宣慰辽东。寻升熊廷弼为兵部右侍郎兼右佥都御史,取代杨镐,经略辽东。

　　熊廷弼,字飞百,号芝冈,江夏(今湖北省武汉市江夏区)人。万历二十五年(1597年)举乡试,中第一,明年成进士,后任御史。他身高七尺,满腹经纶,有胆有识,雷厉风行,能左右射,刚直不阿,严明有声。万历三十六年(1608年),以御史,巡按辽东。他在巡行金州路上,有一个同城隍神作斗争的故事:"岁大旱,廷弼行部金州,祷城隍神,约七日雨,不雨毁其庙。及至广宁,逾三日,大书白牌,封剑,使使往斩之。未至,风雷大作,雨如注,辽人以为神。"①这个传说,活灵活现地反映出熊廷弼敢于斗争的无畏精神。时巡抚赵楫、总兵李成梁放弃宽奠新开疆土八百里给建州,并将六万民户焚舍内徙,熊不畏权贵炙炎,疏劾二人罪状,不应论功受赏,而应究其罪责。并劾奏前任巡按何尔健、康丕扬包庇,但疏奏竟不发下。他奏言在辽东地区兴屯田、重防守、缮城垣、建寨堡,多被采纳,推行于边。熊廷弼在辽数年,"杜馈遗,核军实,按劾将吏,不事姑息,风纪大振"②。后党争案起,熊廷弼回籍听勘。

　　杨镐萨尔浒之战丧师,明廷于三月二十三日,以熊廷弼熟悉辽事,起用为大理寺丞兼河南道御史,宣慰辽东。时廷弼家居,年五十,闻命后,每昼夜兼驰二百余里,赴京请敕书、关防,但两上奏疏,不即给发。六月二十二日,擢升熊廷弼为兵部右侍郎兼右佥都御史,取代杨镐,经略辽东。熊廷弼赴任之前,入京陛见。国子监司业张鼐疏谏简选京营三千精兵随行,仅得千人,实际是羸卒八百人。

　　熊廷弼出关之前,明廷以原辽东总兵李如柏回京听勘,改派李如桢为辽东总兵官。李如桢为李成梁第三子,如柏之弟。李如桢抵辽后,经略杨镐派他驻守铁岭。明朝护卫辽阳与沈阳两个重镇——开原和铁岭,镇守开原的是原总兵马林,镇守铁岭的是新总兵李如桢。马林是名将马芳之子,李如桢是名将李成梁之子。经略杨镐因三路丧师,正遭朝臣奏劾,待罪管事,心中忐忑,惶恐不安。丧师之帅杨镐,统领败军之将马林守开原、纨绔之将李如桢守铁岭。然而,后金下一步同明朝争夺的目标正是开原和铁岭。

---

①　《明史·熊廷弼传》,第 259 卷,第 6691~6692 页,中华书局校点本,1974 年。
②　夏燮:《明通鉴》,第 76 卷,第 2945 页,万历四十七年六月癸酉,中华书局标点本,1959 年。

后金方面。天命汗取得萨尔浒大捷之后,在赫图阿拉的衙门里搭起凉棚,八旗诸贝勒、大臣分坐八处,大贝勒代善、二贝勒阿敏、三贝勒莽古尔泰、四贝勒皇太极和投降的朝鲜都元帅姜弘立、副元帅金景瑞六人坐在凳子上①,举行大宴会。他下令将缴获的甲胄、兵仗、衣物、枪炮等,像小山似地堆积八处,按军功进行分配。又指令休整士卒,牧放马匹,缮治器械,等待时机,夺占开原、铁岭。为此,后金进行了几项准备工作:

第一,兴建西进基地界藩城②。界藩(界凡)在赫图阿拉西一百二十里,浑河与苏子河汇流处界藩山上,山体东西走向,山形酷似刀背,南北夹水,悬崖陡立,形势险峻,易守难攻。界藩西距沈阳百余里,西南距辽阳二百余里,在后金与明朝边界的结合部,成为后金进兵辽、沈的军事基地。天命三年即万历四十六年(1618年),后金开始在界藩山上筑城,为向西进攻明朝建筑新的城堡。筑城期间,明军发动萨尔浒之战,工程被迫停止。后金取得萨尔浒大捷后,天命汗于四月初三日,亲自到界藩督责修城。据朝鲜李民寏记载界藩即者片:"今者弃其旧穴,移据者片,列筑坚城于中原之界,且耕且守,更出迭入,焚劫沈、辽之间,殆尽无遗。"③努尔哈赤等住在界藩城里,官兵等住在城外水边。修筑界藩城的目的,在于向辽沈地区进兵。

第二,调整同邻国朝鲜关系。朝鲜出兵参加萨尔浒之战,后金同朝鲜的关系一度紧张。后金俘虏朝鲜元帅姜弘立、副帅金景瑞等万余人。努尔哈赤致书朝鲜称:"我二国素无怨衅,遂与我合谋以仇明。"其意在挑拨朝鲜与明朝的关系,拉拢朝鲜,消除西进后顾之忧。朝鲜回书云:"吾二国各守疆圉,复修前好。"后金既无后顾之虞,自可向西专注于辽沈地区进兵。

第三,了解明辽东官员调动。明朝新任辽东经略熊廷弼尚未出山海关,旧经略杨镐被疏劾而戴罪任事,开原前总兵马林遭劾烦闷且为败军之将,明廷的粮饷尚未解开原守军燃眉之急。明开原守将原总兵马林、铁岭守将总兵李如柏,后金都对其了如指掌。

第四,探听明军城防之虚实。后金不断地向明进行袭击,侦察明军防守的实情。

---

① 《满文老档·太祖》上册天命四年五月初五日载:在此之前,设宴时贝勒们不是坐在凳子上,而是坐在地上。

② 有学者认为,界藩是后金都城之一,其实不然。参见《后金都城佛阿拉驳议》,《满学论集》,民族出版社,1999年。

③ [朝]李民寏:《建州闻见录》,第35页,日本天理大学图书馆藏玉版书屋本。

明军三路丧师之后,清河、抚顺数百里之间,烽堠全虚,哨探尽绝。这就使后金军突然发动进攻,明军处于完全被动局面。后金于四月初九日,派兵千骑略铁岭,俘获千人;又于初九日,派兵攻陷十方寺堡①,以此给明军造成一种假象,后金军进攻的重点是铁岭,或是叶赫,或其他城堡,而不是开原。明总督蓟辽兵部右侍郎薛三才曾分析说:"奴酋窥伺我开原,志久不小,所忌南、北二关款酋,为我开原藩篱,未敢遽逞。比年席卷南关,蚕食卜酋,而又厚结煖、宰西酋,阴谋大举,群驱耕牧,馨垦猛酋旧地,震惊我开原边垒,此其志岂在一北关哉!无北关则无开原,无开原则无辽,无辽而山海一关谁与为守?"②薛三才判断努尔哈赤要先取叶赫,次取开原。后金军事动向,使人难以捉摸。

　　果然,明军麻痹大意,开原疏于防守。因此,后金下一个进攻的目标就是开原。

(二)攻取开原

　　萨尔浒丧师过去三个月之后,明廷对辽东局势并未作出有力的决策。努尔哈赤见时机有利,便乘胜率军进攻开原。

　　开原是一座古城。康熙《开原县志》记载:"开原本元开元③路地,明洪武二十二年设三万卫,二十五年设辽海卫。因旧土城之东,修筑砖砌。周围二十三里二十步。门四:东曰阳和,西曰庆云,南曰迎恩,北曰安远。角楼四,鼓楼在中街。"④

　　开原在元时称开元,明洪武年间改开元为开原,治所移到今辽宁省开原市老城。开原"跨据之雄,甲于诸镇"。开原之重要,主要表现在:

　　第一,开原位置重要。《明史·地理志》载述辽东都司管辖的范围是:"东至鸭绿江,西至山海关,南至旅顺口,北至开原。"开原城处于辽东都司辖境的北端,控带女真,扼制北疆。

　　① 《明神宗实录》,第584卷,第17页,万历四十七年七月戊戌,台北中央研究院历史语言研究所校勘本,1962年。

　　② 《明神宗实录》,第507卷,第2页,万历四十一年四月甲午,台北中央研究院历史语言研究所校勘本,1962年。

　　③ 元代开元城址,本文不作讨论。

　　④ 康熙《开原县志·城池》,上卷,第8页,《辽海丛书》影印本,辽沈书社,1985年。

第二，开原势据形胜。它位于辽河中游左岸，以河为障；其东、北为山地，据险为守。开原，"跨龙冈，临大漠，边徼咽喉之路"①。它东邻建州，西接蒙古，北界叶赫，南邻哈达，所以，"辽左三面临险，而开原孤悬一隅"②。

第三，开原凭借马市。明在辽东开设的马市，主要分在两处：一在广宁，另一在开原。开原因其三面"邻夷"，前后开设三个马市，就是一在新安关(称西关)，一在广顺关(称南关)，一在镇北关(称北关)。其时辽东马市四关，开原附近即占其三。

第四，开原控制贡道。明制女真贵族朝贡需由开原道入，在此查验敕书、身份、人数、马匹、贡物等——或放行入关，或拒之而回。

第五，开原屏障辽、沈。明朝辽东地区，军政布局，重点为四：辽阳、广宁、沈阳和开原——经略驻辽阳，巡抚驻广宁，而沈阳与开原，一南一北，皆驻总兵，形成犄角。

第六，开原控扼北关。开原位于建州与叶赫之间，后金已并取海西女真扈伦四部中的哈达、辉发、乌拉三部，而未吞并叶赫。叶赫依恃明朝，又在萨尔浒之战中出兵助明。后金萨尔浒大捷后，要吞并叶赫，就必先攻克开原，以打开进军叶赫的通道。

开原在地理、政治、军事、经济、民族等方面，具有特殊的地位，明廷在辽东对抗蒙古贵族和女真贵族南进，开原就成为其前沿堡垒，因此，开原是后金同明朝争局辽东的一枚重要棋子。明朝自然对开原城的防守，可谓坚固而严密。明朝中叶以后，开原城逐渐疏于防守。早在熊廷弼巡按辽东时就指出：救辽之策，宜于开原增兵，以居中策应，并防奴内袭。后来，他回籍听勘，其议被束之高阁。

努尔哈赤要攻取叶赫进兵辽、沈，自然要先摧毁明朝孤悬前沿而又防守薄弱的堡垒——开原。

明开原道韩原善时在山海关内，以推事官郑之范摄理道事，原总兵马林、副将于化龙、参将高贞、游击于守志、守备何懋官等率兵戍守。郑之范是当地极为腐败的官员，异常贪暴，素失军心，"赃私巨万，天日为昏"③。开原城中，军备松弛，官无斗志，兵无粮饷，马缺草料，民心动摇，重镇开原的御守，呈现官贪、兵逃、马倒、械朽的混乱情况。据史料记载："先是，备御罗万言高价易市马东援，赴署开原兵备事推官郑之范处，领草、豆，并

---

① 康熙《开原县志·形胜》，上卷，第5页，《辽海丛书》影印本，辽沈书社，1985年。

② 《熊襄愍公集》，第2卷，第1页，清刻本。

③ 《明神宗实录》，第584卷，第24页，万历四十七年七月甲辰，台北中央研究院历史语言研究所校勘本，1962年。

无升束，马食刍杆，一日而倒死二百四十九匹。把总朱梦祥到开原领钱粮，一月不给。各军衣物尽变，马倒人逃，离城草茂之处，趁青喂养马匹。贼至，猝不及收。"①

后金派谍工到开原，对其内部的军队多寡、兵士勇怯、粮饷虚实、将吏智庸都了如指掌，尤其是探知守军到城外远处牧放马匹，便决定乘虚突然进攻开原。

天命四年即万历四十七年（1619 年）六月初十日，努尔哈赤率八旗军四万人往征开原。行军三日，天降大雨，河水暴涨，道路泥泞。当时行军方案，或有三种选择：进兵，恐开原大雨；回兵，怕影响士气；滞留，虑明军探知。努尔哈赤先派哨探侦察开原一带雨量及道路状况，得到的回报是："开原无雨，道路不泞。"于是，天命汗将兵分为奇正两路：以小股部队直奔沈阳为疑兵，沿途杀三十余人、俘二十人以虚张声势；主力部队进靖安堡，向开原。

六月十六日，努尔哈赤率领四万大军突抵开原城外。

开原前总兵马林，当时同蒙古介赛、煖兔订有盟约，他们答应后金进攻开原时，出兵援助马林，守将马林，重视信誓，依恃盟约，而不设防。八旗军驰抵开原城下，马林先期全无侦探，来不及布防。郑之范等慌忙登城守御，并在四门增兵。八旗军一面在南、西、北三门攻城，布战车，竖云梯，鱼贯而上，沿城冲杀，杀得城上守兵溃散；一面布重兵于东门，进行夺门搏战。自卯至巳，三个时辰，攻冲三阵，争战激烈。由于后金派进的谍工"开门内应"②，八旗兵得以夺门③进城。摄道事郑之范临阵仓皇，身受箭伤，下城乘马，带领家丁从北门④逃窜。辽东经略杨镐疏参开原丢失原因，在于郑之范贪婪。后郑之范被逮，死于狱中。

开原城陷，游击于化龙、于守志，参将高贞、招兵游击任国忠、守备何懋官、知州张文炳、中军孙勇等皆死，马林被斩，城中官兵，被杀几尽。马林，父马芳，行伍出身，升为大帅⑤。《明史·马芳传》称其"大小百十接，身被数十创，以少击众，未尝不大捷"。所

---

　　① 王在晋：《三朝辽事实录》，第 1 卷，第 16 页，江苏省国立国学图书馆藏本。

　　② 《明神宗实录》，第 584 卷，第 20 页，万历四十七年七月辛丑，台北中央研究院历史语言研究所校勘本，1962 年。

　　③ 《盛京通志》第 15 卷第 6 页载：开原城"砖砌，周围十二里二十步，高三丈五尺；池深一丈，阔四丈，周围二十三里二十步；门四。东曰阳和，西曰庆云，南曰迎恩，北曰安远，角楼四，鼓楼在中街"。

　　④ 《明神宗实录》，第 584 卷，万历四十七年七月癸未；王在晋《三朝辽事实录》作"西门"；从前书。

　　⑤ 《明史·马芳传》，第 211 卷，第 5586 页，中华书局校点本，1974 年。

以，马芳"威名震边陲，为一时将帅冠"。马林由父荫为参将，进副总兵，升辽东总兵官。在萨尔浒之战中，马林率北路开铁军出三岔口，于吉林崖兵败，仅以数骑逃命。林既丧师，谪为事官，御守开原。马林雅好文学，能诗工书，交游多名士，自诩亦甚高。他图虚名，书生气重，未经大战，未遇强敌，并无将才，终至败死。《明史·马林传》评论道："林虽更历边镇，然未经强敌，无大将才。当事以虚名用之，故败。"

但是，开原城之明朝军民，仍能竭力拼死守城。据《朝鲜李朝实录》记载：

> 开元城中最多节义之人，兵才及城，人争缢死，屋无虚梁，木无空枝，至有一家全节，五六岁儿亦有缢死者。①

努尔哈赤进攻开原，受到顽强抵抗，故得胜后杀戮甚惨。《清太祖武皇帝实录》载述较详，不繁赘述，稍冗引文："我兵遂布战车、云梯进攻。欲先破东面，塞门掩杀。正夺门时，攻城者云梯未竖，遂逾城而入。城上四面兵皆溃。其城外三面兵，见城破大惊，冲突而走，被抵门之兵，尽截杀于壕内。郑之范预遁，马林、于化龙、高贞、于守志、何懋官等，并城中士卒尽被杀。……收人畜、财物，三日犹未尽。……论功行赏毕，毁其城郭，焚公廨并民间房屋。"②后金、朝鲜和明朝的记载，都说明开原之战残酷，开原之劫残暴。王在晋《三朝辽事实录》记载："贼四下焚掠士民男妇不下十余万口。"朝鲜李民寏《栅中日录》记载："十六日，奴酋陷开原，屠害人民亡虑六七万口；子女财帛之抢来者联络五六日。"③确切数字，难以考定，受害的汉族人，数量是很大的。男、妇生逃者，仅约千余人。但对努尔哈赤而言，取开原是继袭抚顺、破清河之后，攻陷明朝辽东的第三座城池。

时明铁岭卫守军得知后金军进攻开原的哨报，派兵三千增援，后金诸贝勒急带兵迎击。明军见开原已经失陷，后金兵马前来接战，便调拨马头回军，但被斩四十余人。

八旗军占领开原城，打退明朝铁岭援军。努尔哈赤登上城，坐南楼。前后巡视，听取军报，举目四眺，阅览形胜。他以声东击西、乘虚而攻、步骑摧坚、里应外合的策略，

---

① 《李朝光海君日记》，第 169 卷，第 9 页，十三年九月戊申，日本学习院东洋文化研究所影印本，1959 年。

② 《清太祖武皇帝实录》，第 3 卷，第 13～14 页，台北故宫博物院藏，广文书局影印本，1970 年。

③ ［朝］李民寏：《栅中日录》，第 18 页，日本天理大学图书馆藏玉版书屋本。

智取开原。曾任明兵部尚书、辽东经略的王在晋说："开原未破而奸细先潜伏于城中，无亡矢遗镞之费，而成摧城陷阵之功。奴盖斗智而非徒斗力也。"①这对努尔哈赤智谋取胜，夺取开原，是一例很好的说明。

后金军夺占开原之后"志骄气满，夜醉如泥"②，纵掠三日，满载而归。据明人记载，开原"城大而民众，物力颇饶，今住城中，用我牛马、车辆，搬运金钱、财货，数日未尽，何止数百万"③！《满文老档》也记载，后金夺取开原，将掠获的财宝、金银、布匹、粮食等，用马骡驮载，牛车装运，竟达三日夜。然后放火焚烧了开原城的衙署、房舍、仓廪、楼台。后金将掠获的财物运至界藩城，按军功大小进行分配。如一等固山额真、诸大臣等各分银二百两、金二两，二等固山额真、诸大臣各分银一百两、金二两，以下三至八等，各分银两有差④。

智取开原之后，努尔哈赤更为重视对降服汉官的政策。他说："彼知天意佑我，又闻吾国爱养人民，故相继来归耳。"⑤明原任开原城千总王一屏、戴集宾、金玉和、白奇策等六人，因妻子被掳，投降后金。他们各被赐人五十名、马五十四、牛五十头、羊五十只、骆驼二头、银五十两、缎布若干匹，其随从人员也被赐给妻仆、耕牛、乘马、衣物、粮食、田庐、器用等⑥。这个优厚投降后金汉官的政策表明，努尔哈赤要分化明朝官员，收买汉族乡绅，进占更多的辽东城镇。

开原与铁岭，犄角相峙，互为声援，开原失，铁岭危。后金夺取开原后，接着进攻铁岭。

(三)夺取铁岭

"开原破不移时，辽左危不终日"。这是辽东巡抚周永春概括明朝失陷开原后的危难态势。辽左首先"危不终日"的就是铁岭。

---

①　王在晋：《三朝辽事实录》，第1卷，第22页，江苏省国立国学图书馆藏本。

②　《明神宗实录》，第47卷，万历四十七年八月甲戌，内阁文库本。

③　《熊襄愍公集》，第3卷，第9页，《文渊阁四库全书》影印本。

④　《满文老档·太祖》，上册，第94页，中华书局译注本，1990年。

⑤　《清太祖高皇帝实录》，第6卷，第21页，中华书局影印本，1986年。

⑥　《满洲实录》，第5卷，第15叶，辽宁通志馆线装本，1930年。

铁岭，"诸夷环绕，三面受敌，最为冲要"①。铁岭是明朝沈阳北部的重要军事城堡。堡垒是最容易从内部攻破的。天命汗为了从明军内部攻破堡垒，不惜重金收买明军中的叛徒，使铁岭守军陷于腹背受击的境地。先是，同年四月，明廷派李如桢为辽东总兵官。李如桢为李成梁第三子，由父荫为指挥使，官至右都督，并在锦衣卫，曾掌南、北镇抚司，"虽将家子，然未历行阵，不知兵"②。他受命之后，借父亲权势，又以锦衣近臣自诩，未出山海关，就遣使与总督汪可受争相见礼仪，闹得朝议哗然。既抵辽东，经略杨镐以其为铁岭人，派他守铁岭。铁岭是李氏宗族、先人坟墓所在，但在李如柏还京候勘时，其族党部曲、豪门大户皆随之而去，车载马驮，城中空虚，连游击陈维翰也将一百五十两银锭运走，至于城中百姓，"妇女老幼，空国而逃"③。杨镐以铁岭孤城难守，令李如桢改驻沈阳。铁岭仅以参将丁碧等领兵防守，兵力更加单弱。因此，努尔哈赤是在探知明军将领之间的矛盾及铁岭城守空虚之后，才带兵进攻铁岭的。努尔哈赤把铁岭参将丁碧作为饵下游鱼。

天命四年即万历四十七年(1619年)七月二十五日，努尔哈赤继夺取开原之后，又率领贝勒大臣，统兵五六万人，出三岔儿堡，围攻铁岭④。后金军进抵铁岭城外，努尔哈赤坐在铁岭城东南的小山上⑤，指挥八旗军的步骑攻城。城上游击喻成名、吴贡卿、史凤鸣、李克泰等率军坚守，放火炮，发矢石，八旗兵死伤很多。铁岭城兵民，"一城皆忠义"⑥，拼死守城。努尔哈赤派兵竖起云梯，登城毁陴；同时，被收买的明"参将丁碧开门迎敌"⑦，引导八旗军进城。明游击喻成名等因外无援兵，内有叛徒，城陷后阵亡。铁岭陷后，"士卒尽杀之"。后金屯兵三日，论功行赏，将所获人畜尽散三军⑧。努尔哈赤通过明军中的叛徒，从内部攻破堡垒，智取了铁岭。铁岭附近的小堡，则被后金军横扫。

---

① 《蓟辽奏议》，不分卷，台湾国风出版社影印本。

② 《明史·李成梁传附子如桢传》，第238卷，第6197页，中华书局校点本，1974年。

③ 《明神宗实录》，第583卷，第14页，万历四十七年六月己卯，台北中央研究院历史语言研究所校勘本，1962年。

④ 康熙《铁岭县志》上卷第1页："按辽东旧志，古铁岭城在今治东南五百里，地接高丽界。明洪武二十一年，即彼地为卫；二十六年，移卫于此，即古银州也。在辽河东，挹娄北。太祖龙兴之初，兵入残毁。"

⑤ 《满文老档·太祖》，册Ⅰ，第166页，东洋文库本，1955年。

⑥ 王一元：《辽左见闻录》，抄本。

⑦ 王在晋：《三朝辽事实录》，第1卷，第24页，江苏省国立国学图书馆藏本。

⑧ 《清太祖武皇帝实录》，第3卷，第17页，台北故宫博物院藏，广文书局影印本，1970年。

　　然而,总兵官李如桢未能闻警驰援,是明失去铁岭的重要原因。据山东巡按陈王庭参劾李如桢言:"据七月二十四日酉时,署铁岭游击李克泰以虏入三岔儿堡,紧急夷情飞报李如桢矣。闻虏距边只十四五里,设使亲提一旅,衔枚疾趋,一夜可度铁岭。虏闻援至,自不得不解铁岭之围,何乃缩朒观望。延至二十五日申时,方抵新兴铺,俟贺镇守兵至方才合营,而铁岭于是日辰时陷矣。"①

　　铁岭陷后城内军丁死亡四千余人,城乡男妇被杀掳万余人。但李如桢纵兵割后金死兵一百七十九颗首级报功而还。朝中言官交章论劾李如桢,经略熊廷弼疏论其"十不堪"。李如桢以拥兵不救、失陷铁岭罪,被罢任。后言官又攻其罪,被下狱论死。崇祯四年(1631年),李如桢被免死充军。杨镐先后以宁远伯、辽东总兵李成梁的三个儿子——如梅、如柏、如桢为总兵,如梅败于朝鲜岛山之役,如柏羞于萨尔浒之役,如桢则辱于铁岭之役。《明史·李成梁传》论道:"语曰'将门有将',诸人得无愧乎?"

　　开原和铁岭,是明朝辽东防御后金军西进的屏蔽,二城被陷,其失甚大。明人评曰:"铁岭、开原,为辽重蔽,既并陷贼,则河东已在贼握中。"②此为中綮之言。后金军攻破开原、铁岭,打开了进军叶赫的通道,从而为吞并强敌叶赫、完全统一海西,排除了障碍,准备了条件。

　　正当努尔哈赤智取开原、铁岭,连连得志的时候,明兵部右侍郎兼右佥都御史、辽东经略熊廷弼,驰骑兼程,来到辽阳。熊廷弼的到来,使辽东形势发生急剧变化,努尔哈赤进取辽阳与沈阳的计划遇到了困难。努尔哈赤召集诸贝勒大臣及李永芳等,会议进取方略。据熊廷弼获明生员降顺后金并为其谍工的贾朝辅,得到后金进兵方略的信息:努尔哈赤会集诸王贝勒大臣及李永芳等,商讨进兵方略,有人主张先攻辽阳,有人主张先攻沈阳,也有人主张熊经略已到,应先攻叶赫。最后努尔哈赤接受李永芳的意见,决定先取叶赫,免去内顾;将来用全力进攻辽、沈③。

　　由上看出,熊廷弼经略辽东,打乱了努尔哈赤拟定的进军日程表。他根据辽东局势的变化,重新作了部署:北取叶赫,西抚蒙古,等待时机成熟后,再进取沈阳和辽阳。

---

　　①　《明神宗实录》,第47卷,万历四十七年八月甲戌,内阁文库本。

　　②　苕上愚公:《东夷考略·女直》,《清入关前史料选辑》,第1辑,第52页,中国人民大学出版社,1984年。

　　③　《熊襄愍公集》,第3卷,第33页,《文渊阁四库全书》影印本。

(四)熊廷弼整顿辽东防务

熊廷弼受任辽东经略后,国难当头,兼程赴辽。至天命四年即万历四十七年(1619年)七月初七日,始京师陛辞,时开原已失。刚出山海关,行至杏山,铁岭报陷。熊廷弼于二十九日抵辽阳后,展现在面前的是一幅残破凋敝的画面:

官将:明自丧败以来,辽军总兵以下官将死者五六百员,降者百余员,"辽将、援将已是一扫净尽,今残兵零碎,皆无人统率"①;幸存者也是终日兀兀,畏敌如虎。他令开原道佥事阎鸣泰,至虎皮驿(今沈阳市南十里处),畏敌心悸,大哭而返。

兵士:辽军中残兵,"身无片甲,手无寸械,随营糜饷,装死扮活,不肯出战"②;额兵,或死于征战,或图厚饷逃为新兵;募兵,多为无赖之徒,不习弓马,朝从甲营领出安家月粮,而暮投乙营点册有名;援兵,更为滥竽充数,弱军朽甲,不堪入目。这五六万辽兵,各营逃者日以千百计,且"望敌而逃,先敌而逃,人人要逃,营营要逃"③。

辽民:辽东人民在一年之间,"或全城死,或全营死,或全寨死,或全家死。军散之日,辽、沈余民,放声大哭。魂魄虽收,头颅犹寄。人有百死,而无一生;日有千愁,而无一乐。家家抱怨,在在思逃"④。逃难的辽东饥民,吃草根树皮度日,草根树皮吃尽,竟然父子相食。

军器:明自抚(顺)、清(河)失陷以来,百年所藏贮的盔甲、弓刀、枪炮等军器,一空如洗。"坚甲、利刃、长枪、火器丧失俱尽,今军士所持,弓皆断背断弦,箭皆无翎无镞,刀皆缺钝,枪皆顽秃"⑤。甚至在辽阳教军场受验的近三万兵士中,有的全无一物,借他人残盔朽甲应付;竟有两万多人戴毡帽、着夹衫,徒手应点⑥。

粮饷:到户部领粮饷,连续三个月,俱不发给。熊廷弼说:"岂军到今日尚不饿,马到今日尚不瘦不死,而边事到今日尚不急耶! 军兵无粮,如何不卖袄裤什物,如何不夺

---

① 《熊襄愍公集》,第3卷,第35页,《文渊阁四库全书》影印本。

② 《熊经略疏稿》,第1卷,第54页,中华书局影印《明经世文编》本。

③ 《熊襄愍公集》,第3卷,第36页,《明经世文编》,中华书局影印本,1962年。

④ 夏燮:《明通鉴》,第76卷,第2945~2946页,万历四十七年六月癸酉,中华书局标点本,1959年。

⑤ 《熊襄愍公集》,第3卷,第36页,《文渊阁四库全书》影印本。

⑥ 《熊经略疏稿》,第1卷,第33页,《明经世文编》,中华书局影印本,1962年。

民间粮窖,如何不夺马料养自己性命,马匹如何不瘦不死!"①

战马:辽东原有战马数万匹,兵败之后,一朝而空。所余马匹,嬴损不堪。除因短料缺草外,"率由军士故意断绝草料,设法致死,图充步军,以免出战。甚有无故用刀刺死者"②。

总之,自天命汗袭破抚顺到夺占铁岭,只有一年零三个月的时间,明朝辽东形势急转直下。熊廷弼在《东事问答》中概括辽东局势颓败时言:

> 始下清、抚,警火始然;三路覆师,厥攸灼矣;开、铁去而游骑纵横,火燎于原;今且并窥辽、沈,遂成不可向迩之势。③

但是,辽东经略熊廷弼,面对颓坏的局势,卓然独立,力挽狂澜。他上疏皇帝,阐明辽东形势:"辽左为京师肩背,欲保京师,则辽镇不可弃。河东,辽之腹心也;开原,河东之根柢也。今开原破,清河弃,庆云掠,镇西围,铁岭等多城,人逃亡尽矣,独辽阳、沈阳,为河东孤立,而昨杨镐奏沈阳民逃、军亦逃,辽、沈何可守也?然不守辽、沈,必不能保辽镇;不复开原,必不能保辽、沈。"④熊廷弼针对上述时弊与分析,断然采取整顿的措施。

第一,躬自巡历,诛贪斩懦。熊廷弼初抵辽阳,派佥事韩原善往抚沈阳,惮不敢行;继命分守道阎鸣泰往,至虎皮驿恸哭而回。于是熊廷弼亲自巡历,自虎皮驿抵沈阳,又乘雪夜赴抚顺关,勘视屯堡形势。总兵贺世贤以近敌斥堠,恐有不虞,极力加以劝阻。他说:"似此冰雪满地,断不料经略轻身往!"⑤并鼓吹进抚顺关。后金侦报熊经略巡边,天命汗命斩木运石堵绝山口,以防明军袭击。熊廷弼令严法行,斩逃将游击刘遇节、王捷和弃城逃命铁岭游击王文鼎等,献首各坛,举哀大哭,以祭死节兵民,顿时"居民哀感,官军恐栗"⑥。诛贪银三千二百两的游击陈伦,称"有贪淫如伦,法无赦"! 又

---

① 夏燮:《明通鉴》,第76卷,第2952页,万历四十八年三月庚寅,中华书局标点本,1959年。
② 《熊襄愍公集》,第3卷,第36页,《文渊阁四库全书》影印本。
③ 《熊襄愍公集·东事答问》,第8卷,第1页,《文渊阁四库全书》影印本。
④ 谷应泰:《明史纪事本末·熊王功罪》,第2卷,第1417～1418页,中华书局校点本,1977年。
⑤ 《熊襄愍公集》,第8卷,第22页,《文渊阁四库全书》影印本。
⑥ 《熊经略疏稿》,第1卷,第41页,《明经世文编》,中华书局影印本,1962年。

劾罢总兵官李如桢。号令专一,军纪整肃,哀民欢呼,辽军震动。

第二,筹措粮饷,招集流亡。熊廷弼莅任后,上书朝廷,疏请调拨银两、粮料;整饬军伍,裁汰冗兵粮饷;招集流亡,返乡耕农,足食裕粮。熊廷弼招集流移数十万人,使"去者归,散者聚,嬉嬉然室家相乐也;商贾逃难回籍者,今且捆载麇至,塞巷填衢,不减五都之市也"①。并兴屯垦,植粮谷,助兵饷,安民心。

第三,修整器械,缮治城池。熊廷弼在疏言中称,除请内库拨发器械外,自筹打造定边大炮三千数百尊,百子炮数千尊,三眼枪、鸟铳等七千余杆,盔甲等四万五千余副,枪刀、锐叉二万四千余件,火箭四十二万余支,火罐等十余万个,双轮战车五千余辆等②。他又浚壕缮城,修辽阳墙垣,"城高厚壮,屹然雄峙"③;城外挑壕三道,每道宽三丈,深二丈,壕外复筑大堤潴水,以加强守御。沈(阳)、奉(集)、宽(甸)、叆(阳)等城也都强化防守。各地援兵、募兵陆续到辽东,主客官兵总计不下十三万。城堡屯集,城池设防,辽东守备,极大改观。

第四,激励士气,任用辽官。熊廷弼为振奋士气,集官兵于教场,杀牛数百头,置酒数千坛,蒸饼数十万个,连飨军士四日,风声颇盛。又遍巡各营,操练队伍,赏功罚过,整肃军容。并任用辽官,采纳辽人之议。辽人刘国缙倡辽南四卫聚结抗金,受到熊廷弼的器重与俯纳。他表彰贺世贤,以鼓励奋勇作战。又以李怀信为辽东总兵官。

第五,联朝结蒙,两翼策应。辽东东翼为朝鲜,先是抗倭援朝,战退倭兵,使朝鲜收其疆土,复其城郭。朝鲜虽出兵宽甸,助明杨镐之师而兵败,但仍忠于明朝。辽东西翼为蒙古,其漠南蒙古察哈尔部林丹汗,誓抗后金。熊廷弼联络朝鲜,笼络蒙古,从东西两翼,挟制后金,缓图大举。

第六,疏陈方略,布兵固守。《辽筹》载《答经略熊司马书》有云:"惟清野坚壁,以老其师;设机置炮,以挫其锐;出奇埋伏,以乘其惰;厚集固守,勿轻与战。而奴来不得志则去,因以重困矣。此安危之机,在台省固自有妙算也。"④熊廷弼在广集众议,巡视堡隘,刺探敌情,审度形势之后,上《敬陈战守大略疏》,请集兵十八万,马九万匹,军饷三百二十四万两,在叆阳、清河、抚顺、柴河、三岔河、镇江、金州(今金县)、复州(今复县)、

① 《熊襄愍公集》,第4卷,第70页,《文渊阁四库全书》影印本。

② 《熊襄愍公集》,第4卷,第82页,《文渊阁四库全书》影印本。

③ 《熊襄愍公集》,第8卷,第22页,《文渊阁四库全书》影印本。

④ 张鼐:《辽筹》,不分卷,钞本。

海州(今海城)诸要口,设置重兵,划地而守,联络东西,防护海运,分合奇正,以成全局。无警就地操练,小警自为堵御,大敌互相应援。更挑精悍者为游徼,乘间捉哨探,扑零骑,扰耕牧,轮番迭出,渐进渐逼,使其疲于奔命,徐议相机进征。

熊廷弼镇辽一年,勇于任事,躬亲察巡,号令严肃,雷厉风行。他整顿了濒于溃散状态的军队,稳定了陷于混乱状态的前线,守备大固,功绩卓著。史评其事功曰:"一时大臣,才气魂力,足以撑拄之者,唯熊司马一人耳。"①熊廷弼经略辽东,给后金带来新的形势。据熊廷弼捉到明朝抚顺廪生贾朝辅,降顺后金并为其谍工,于同年八月的供词:

> 本月初十日,降主会集诸部各头目及李永芳等,问此番攻取何先? 或曰当先辽阳,倾其根本;或曰当先沈阳,溃其藩篱;或曰熊经略已到,彼必有备,当先北关,去其内患。降主曰:"辽已败坏至此,熊一人虽好,如何急忙整顿兵马得来!"李永芳曰:"凡事只在一人,如憨一人好,事事都好。"降主曰:"说得是。我意亦欲先取北关,免我内顾;将来好用全力去攻辽、沈。"②

上述供词中的"降主"即天命汗,"憨"即汗,"北关"即叶赫。熊廷弼经略辽东,打乱了天命汗拟定的进军辽东的日程表。他根据熊廷弼经略辽东后,辽东军政局势的变化,重新作了部署:北取叶赫,西抚蒙古,等待时机,攻取辽、沈。

由上可见,大学士方从哲曾言熊廷弼任辽东经略,"庶可遏其长驱之势,而边事犹可为也",确是卓见之言。

天命汗努尔哈赤在熊廷弼任辽东经略的一年零三个月期间,见辽东军容整肃,防务改观,便调整了全力向辽东进攻的部署。他把两只军事触角,一只伸向北关,吞并叶赫(见前文),另一只伸向东部漠南蒙古诸部(见前文)。关于前者,天命汗率大军攻灭乌拉后,本欲一举吞灭叶赫,却为明廷所阻,故而决策先对明开战,扫除障碍,再伺机攻取叶赫。萨尔浒大战之后,时机已经成熟,发兵吞灭叶赫,实现了女真的大一统。关于后者,据《满文老档》所载,这段时间有关蒙古的记录共二十二条,而有关明朝的记录仅有四条。

---

①　全祖望:《书明辽东经略熊公传后》,《鲒埼亭集》,清刻本。

②　《熊襄愍公集》,第3卷,第33页,《文渊阁四库全书》影印本。

这反映出天命汗对明朝采取谨慎的态度,但他也进行了一些小规模的试探性行动。

如天命五年即万历四十八年(1620年)五月,八旗军两入明边,略花岭①山城②,俘获约四百人③。六月,八旗军共二万余分为两股,一股自抚顺关进境,总兵贺世贤御之;一股从东州地方直抵奉集堡,总兵柴国柱御之"④。旋退掠王大人屯等十一屯寨,"挖取窖里粮食"⑤而归。八月,天命汗带领诸王大臣统兵围懿路、蒲河,兵临沈阳城下。熊廷弼乘马趋救,督将策应,八旗兵退屯灰山,后撤回界藩。天命汗因师行不利,令将十余名官将捆绑,额亦都自缚请罪⑥。九月,八旗兵又进入懿路、蒲河地方,抢掠粮食⑦,被贺世贤率兵斩杀八十九人。

但是,正当明朝辽东形势初步好转,后金挥戈南进屡受挫折的时候,明朝庙堂内部发生重大政治变化。于是,关外局势,发生突变。这就是爆发了影响明清之际中国历史命运的沈辽大战。

---

①　《明史·熊廷弼传》和《明通鉴》于万历四十八年五月载:"大清兵略地花岭。"按:《熊襄愍公集·边事查报异同疏》中凡三称"花岭";《明熹宗实录》第7卷天启元年闰二月戊戌载给事中朱童蒙查勘辽东疏也称"花岭";谈迁《国榷》第83卷第5152页作"旁掠山城花岭",是知《明史·熊廷弼传》和《明通鉴》作"地花岭"误。

②　谈迁:《国榷》,第83卷,第5152页,中华书局,1958年。

③　《满文老档·太祖》,上册,第145页,中华书局译注本,1990年。

④　《明光宗实录》,第4卷,第9页,泰昌元年八月壬子,台北中央研究院历史语言研究所校勘本,1962年。

⑤　《满文老档·太祖》,上册,第146页,中华书局译注本,1990年。

⑥　《满文老档·太祖》,上册,第154页,中华书局译注本,1990年。

⑦　《满文老档·太祖》,上册,第154页,中华书局译注本,1990年。

十二 沈辽大战

（一）明朝政局突然变化

后金取得萨尔浒大捷之后，在军事上主要做了两件事：一件是攻取开原、铁岭，另一件是攻灭叶赫。前一件事得到一石三鸟的结果——政治上夺取明朝辽东的两座重镇，经济上获取大量粮食和财富，军事上打开大规模进军叶赫的通路。后一件事则是上述三点汇聚为一个成果，就是吞并扈伦四部中最顽强、最强大的叶赫部，从而实现女真的统一。此事为后金与明朝的重大关节。早在万历四十一年（1613年）四月，明总督蓟辽薛三才就看清后金攻取叶赫（北关）的意图。他说："奴酋窥伺我开原，志久不小，所忌南、北二关款酋，为我开原藩篱，未敢遽逞。比年席卷南关，蚕食卜酋，而又厚结煖、宰西酋，阴谋大举，群驱耕牧，馨垦猛酋旧地，震惊我开原边垒，此其志岂在一北关哉！无北关则无开原，无开原则无辽，无辽而山海一关谁与为守？"①当然，薛三才计算努尔哈赤进攻城镇的顺序与努尔哈赤的实际顺序不同，而是先开原、次北关（叶赫），却都是为了进一步夺取沈阳和辽阳。因之，后金在吞并叶赫与夺取抚顺、清河、开原、铁岭之后，使明朝在辽东最重要的两座城镇——沈阳和辽阳，完全暴露在后金进攻的前沿。后金与明朝在辽东的形势，发生了重大的历史性变局。

后金军事意图，尚不十分明朗，兵锋所指，扑朔迷离。一说是南向金州、盖州。山东巡抚王在晋奏报："探知奴酋破开原后，计欲不攻辽、沈，先取金、盖。因见海运有数十万之粮，欲绝饷道。"②就是说其目的在于，既可取粮明朝，又可骚扰山东。二说是东

---

① 《明神宗实录》，第507卷，第2页，万历四十一年四月甲午，台北中央研究院历史语言研究所校勘本，1962年。

② 《明神宗实录》，第586卷，第5页，万历四十七年九月丙戌，台北中央研究院历史语言研究所校勘本，1962年。

向宽甸、镇江。辽东巡抚周永春据得自朝鲜消息上奏：乞请添兵买马，分防宽甸、岫岩等处，戍守镇江，强固东藩，防海运，佐声援。三说是西向沈阳、辽阳。后金大贝勒代善领兵掳掠辽沈地区，一路由抚顺关入，一路由东州堡入，进至仅距沈阳十里的浑河，抢掠大批粮食和人口。后金的军事动向，或东、或南、或西，故意虚张声势，试探明朝防务，进兵沈阳预演，使人难以捉摸。但是，熊廷弼指出："惟倾巢引其人马，移住新寨，添筑山城，扎屯关口，专心并力，以图我辽、沈。谓辽、沈得，而宽、瑗、镇江，可无更举，此贼扼要之计。"①辽东巡按御史陈王庭也认为："贼谋不在抢掠，而在攻克；志不在村屯，而在沈、奉。"②就是说后金用兵的意图，是重要城镇，而不是村屯；是攻占城镇，而不是掳掠。那么，后金进攻的重镇，是辽阳，还是沈阳？

沈阳与辽阳，孰轻孰重？时有人主张坚守沈阳，因其为明朝辽东的枢纽、辽阳的屏障。也有人主张坚守辽阳，因其为辽东的首府、军政的中心。熊廷弼力主重点防守辽阳，他以"沈阳空垒，独立难支"，而奏请并得到旨允坚守辽阳。为着力保辽阳，遏敌深入，除在辽阳城挑壕固垣，借水为防外，他向皇帝奏议厚集兵马，分守险要。熊廷弼说："今日制贼之说有三：一曰恢复，一曰进剿，一曰固守。"又说：顾以此时漫谈恢复、进剿之事，何敢草草，似又不如分布险要，以守为稳着。何也？守正所以为战也。然而守何容易？并认为："顷臣亲至各边隘口，相度地形，算贼之出路即可为我之入路者有四：在东路为瑗阳，南路为清河，西路为抚顺，北路为柴河、三岔儿间。俱当设置重兵，为今日防守他日进剿之备。而镇江南障四卫，东顾朝鲜，亦其不可少者。此分布险要之大略也。"③

面对后金的进逼，明朝采取了措施。调遣大将领兵援辽，有总兵柴国柱、游击朱万良、总兵李怀信。李如柏被罢，李怀信代之为辽东总兵；他告疾，又以柴国柱代之。命四川副总兵陈策援辽，升其为总兵。四川土司女将秦良玉也奉命率兵援辽。明朝辽军有来自全国的川兵、浙兵、蓟兵、保定兵、宁夏兵、宣府兵、大同兵、固原兵、甘肃兵等，以及淮、浙水兵。同时还调集九万马匹。

但是，正当明朝辽东形势初步好转之时，后金挥戈西进时机不利之际，明廷内部发生重大政局变化。万历四十八年即天命五年（1620年）七月二十一日，明神宗万历帝

---

①　熊廷弼：《扶病看边疏》，《明经世文编》，第6册，第5285页，中华书局影印本，1962年。

②　《明光宗实录》，第4卷，第9页，泰昌元年八月壬子，台北中央研究院历史语言研究所校勘本，1962年。

③　熊廷弼：《敬陈战守大略疏》，《明经世文编》，第6册，第5281页，中华书局影印本，1962年。

朱翊钧病死。其长子朱常洛于八月初一日继皇帝位,是为光宗泰昌帝。但在九月初一日,新皇帝朱长洛又吞红丸死于乾清宫。朱常洛长子由校,年十六岁,袭受皇位,是为熹宗天启帝。"今上所遭,二帝见背"①。天启帝是在"一月之内,梓宫两哭"的悲氛中袭受皇位的,时"三案构争,党祸益炽"②。"三案"就是"挺击案"、"红丸案"、"移宫案"。天启朝庙堂内部的"党争",日争日甚,愈演愈烈。庙堂宦竖,大臣之间,内外勾结,结党营私,排斥异己,互相讦告。熊廷弼虽在辽东防务上力挽颓势,劳绩可纪,但他秉性刚直,拒受私贿,也不曲意逢迎,得罪了一些人,成为党争中的被攻讦者。

光宗暴死,熹宗初立,党争激烈,封疆议起。刘国缙和姚宗文先挟私鼓煽同类,上奏书讦告,倾陷熊廷弼,廷弼上疏自辩;御史冯三元、顾慥、张修德又弹奏熊廷弼。廷弼再疏自明:"辽已转危而致安,臣且之生而致死。"③给事中魏应嘉等复连章攻劾,朝廷派袁应泰代熊廷弼为辽东经略。熊廷弼在朝廷内部政治斗争中再次被挤下台。他含愤抗辩道:

> 今朝堂议论,全不知兵。冬春之际,敌以冰雪稍缓,哄然言师老财匮,马上促战;及军败,始愀然不敢复言。比臣收拾甫定,而愀然者又复哄然责战矣。自有辽难以来,用武将,用文吏,何非台省所建白,何尝有一效!疆场事,当听疆场吏自为之,何用拾帖括语,徒乱人意,一不从,辄怫然怒哉!④

廷弼心中不平,奏请查明事实。天启帝即命魏应嘉、冯三元、张修德三人往辽东。给事中杨涟反对派原来上疏弹劾的人前去调查,于是改派朱童蒙。朱童蒙调查后的奏报,"备陈廷弼功状",其言《明史·熊廷弼传》记载:"臣入辽时,士民垂泣而道,谓数十万生灵,皆廷弼一人所留。其罪何可轻议?"至于其罪:"独是廷弼受知最深,蒲河之役,敌攻沈阳,策马趋救,何其壮也!及见官兵弩弱,遽尔乞骸以归,将置君恩何地?廷弼功在

---

① 《明熹宗实录》,第1卷,第35页,泰昌元年九月己亥,台北中央研究院历史语言研究所校勘本,1962年。

② 《明史·光宗本纪》,第21卷,第295页,中华书局校点本,1974年。

③ 《明熹宗实录》,第2卷,第2页,泰昌元年十月戊申,台北中央研究院历史语言研究所校勘本,1962年。

④ 《明史·熊廷弼传》,第259卷,第6694～6695页,中华书局校点本,1974年。

存辽,微劳虽有可纪,罪在负君,大义实无所逃。此则罪浮于功者矣。"就是说,熊廷弼经略辽东一年,如果有罪,其罪在于,辞职乞归,有负君恩。这就是"罪浮于功"。经过调查和熊廷弼自辩,天启帝认为廷弼"力保危城,仍议起用"。然而,庙堂上还是小人嚣张,发出要求罢免熊廷弼、任用袁应泰的声音。

　　熊廷弼先后五疏,极辩边吏得不到君主的信任,针砭当时弊政的要害。明廷罢免辽东经略熊廷弼,任命袁应泰为辽东经略,正是自坏辽东长城。

　　袁应泰代熊廷弼为经略,薛国用为巡抚。袁应泰受职后,杀白马祭神,愿与辽事相始终。但《明史·袁应泰传》对他评论道:"历官精敏强毅,用兵非所长,规画颇疏。"[1]熊廷弼在辽,部伍整肃,法令严明,守御为主;袁应泰则宽纵将士,虚妄自诩,谋取抚顺。袁应泰改变熊廷弼原来部署,撤换许多官将,造成前线混乱;又收纳过多蒙古和女真降人,混入大量谍工,阴为后金内应。

　　后金在明统治集团内部发生政局变化之时,既有胜利,也有困难。后金灭叶赫,抚蒙古,女真实现统一,势力空前强大,军队约近十万人[2]。同时,辽东大旱,赤地千里,年荒米奇贵,石米银四两[3]。后金人口增多,粮食奇缺,数以千计的女真人南丐东乞。天命汗为摆脱经济困境,度过灾荒,需向辽河流域兴兵。但熊廷弼任经略使努尔哈赤原拟进军辽、沈的计划推迟一年多。他经过耐心地等待,向明进兵时机终于到来。机不可失,时不再来。善于等待时机,巧于捕捉时机,是努尔哈赤聪明机智的火花。努尔哈赤与八大贝勒等,就进兵事宜,"聚会诸将,逐日谋议"[4]。

　　努尔哈赤紧紧地抓住明朝皇位更替,党争益烈,经略易人,军心涣散,辽东大饥,防务紊乱的有利时机,决定统帅八旗军向沈阳、辽阳大举进发。

(二)夺取沈阳

　　天命六年即天启元年(1621年)春,努尔哈赤为夺取辽阳、沈阳,进入辽河流域,发

---

　　① 《明史·袁应泰传》,第259卷,第6689页,中华书局校点本,1974年。

　　② 《熊经略集》,第3卷,第6册,第5282页,《明经世文编》,中华书局影印本,1962年。

　　③ 《明光宗实录》,第7卷,第8页,泰昌元年八月庚午,台北中央研究院历史语言研究所校勘本,1962年。

　　④ [朝]李民寏:《栅中日录》,第19页,日本天理大学图书馆藏玉版书屋本。

动了沈辽大战。他在战前,刺侦情报,厉兵秣马,制钩梯,造楯车,作了精心准备。福余卫头目煖兔名下把速等向明边吏密报:"有达子哈喇等四名持布匹,前往奴儿哈赤家贸易,闻奴酋欲于闰二月来克沈阳。"①被后金掳掠辽民逃回者,也"皆言奴酋制造钩梯、营车,备糗粮,将犯沈、奉"②。后金要夺取辽阳、沈阳,而奉集居辽、沈之间,于是努尔哈赤先略奉集堡,扫除进攻沈辽的外围堡垒。

奉集堡是明朝辽东沈阳和辽阳之间的战略要地。熊廷弼言:"沈之东南四十里为奉集堡,可犄角沈阳。奉集之西南三十里为虎皮驿,可犄角奉集。而奉集东北距抚顺、西南距辽阳各九十里,贼如窥辽阳,或入抚顺,或入马根单,皆经由此堡,亦可阻截也。不守奉集则沈阳孤,不守虎皮则奉集孤,三方鼎立。"③努尔哈赤深知奉集堡居于辽、沈之间的重要战略地位。明给事中倪思辉言:"奉集居辽、沈之中,奉集危则辽、沈中断,此奴之所眈眈而视也!"④努尔哈赤正是要举兵略奉集堡,以武力侦探辽阳和沈阳两城明军的实力。

二月十一日,努尔哈赤率诸贝勒大臣,统左右翼步骑劲旅,分兵八路,略奉集堡,揭开沈辽大战的序幕。

明奉集堡守城总兵官李秉诚,得到八旗兵来攻的哨报。他未能固守坚城,凭借堑壕,施放火炮,抗御敌兵,却领三千骑兵出城六里,安营迎战。他先派二百骑兵为前探,与后金军左翼四旗相遇,被击败。李秉诚率兵结为方阵,后金军驰击,便拔营奔城。后金军追至城下,明军争相入城。后金军追至壕岸,城上发射大炮。后金参将吉拔克达中炮而死,兵士也死伤多人。时努尔哈赤在城北三里高岗处指挥,他命其第十子德格类等率右翼四旗兵追击明军。明军二万骑兵溃逃,德格类率骑兵冲杀,至明兵屯聚之所,其众惊遁。明副将朱万良引师来援,但"见虏而溃,死者数百人"⑤。明监军道高

① 《明熹宗实录》,第6卷,第20页,天启元年二月乙丑,台北中央研究院历史语言研究所校勘本,1962年。

② 《明熹宗实录》,第7卷,第9页,天启元年闰二月丙戌,台北中央研究院历史语言研究所校勘本,1962年。

③ 《明经世文编》,第6册,第5311页,中华书局影印本,1962年。

④ 《明熹宗实录》,第7卷,第7页,天启元年闰二月乙酉,台北中央研究院历史语言研究所校勘本,1962年。

⑤ 《明熹宗实录》,第6卷,第10页,天启元年二月癸丑,台北中央研究院历史语言研究所校勘本,1962年。

出,得后金军围奉集堡的驰报后,"睨视佩刀,即有意外,引以自裁"①,完全失去战斗的意志与胜利的信心。总兵李秉诚、朱万良交锋失利,兵溃而逃。时开原道崔儒秀领数百骑驰赴虎皮驿,兵马奔驰,尘土飞扬。后金以为明朝大军将到,第二天回兵。努尔哈赤在奉集堡进行的一场"矢镞侦察",获得意外的成功。

后金军在略沈阳的一只犄角奉集堡四天之后,又攻沈阳的另一只犄角虎皮驿②。后金军在奉集堡与虎皮驿之间行动。十八日,后金兵又至奉集所属王大人屯,次日东去,"往来无定,骎图大举"③。努尔哈赤麾兵四击,忽东忽西,既试探明军的虚实,又麻痹明兵警觉,以准备率倾国之师,进取沈阳。

沈阳是明朝在辽东的重镇,为辽阳城的屏藩,具有极为重要的战略地位。在辽代建土城,置沈州,是为沈阳建城之始。金袭沈州之名。元改称沈阳路,初创城郭。元贞二年(1296年)以沈州地处沈水(今浑河)之北,水南为阴、水北为阳,改沈州为沈阳④。明朝改为沈阳中卫,领有左、中、右、前、后五个千户所,后又增设汎河、蒲河两千户所。明洪武二十一年(1388年),指挥闵忠重修沈阳旧城,城垣包砖。沈阳城墙垣高广,堑壕深阔。史载其城池曰:"周围九里三十步,高二丈五尺。池二重,内阔三丈,深八尺,周围一十里三十步;外阔三丈,深八尺,周围一十一里有奇。城门四:东曰永宁,南曰保安,北曰安定⑤,西曰永昌。"⑥

沈阳城为辽东之咽喉。时明户科给事中官应震指出:"奴若一军由抚顺直犯沈阳,则沈阳必不能支。沈阳破,而辽阳之藩篱撤,东西两路之血脉断矣!"因之,明朝将沈阳作为辽东重点防守的要镇。明之兵力,总兵贺世贤率亲兵一千余人和收降兵共五六万之众,副将尤世功兵一万五千人,总兵力约七八万人。明朝守军,捍卫沈阳。

三月十日,努尔哈赤亲率诸贝勒大臣,统领八旗大军,从萨尔浒新城启程,将板木、

---

① 王在晋:《三朝辽事实录》,第3卷,第38页,江苏省国立图书馆藏本。

② 《明熹宗实录》,第6卷,第14页,天启元年二月戊午,台北中央研究院历史语言研究所校勘本,1962年。

③ 《明熹宗实录》,第6卷,第15页,天启元年二月庚申,台北中央研究院历史语言研究所校勘本,1962年。

④ 《元史·地理志》,第59卷,第1399页,中华书局校点本,1976年。

⑤ "安定"于万历二十六年(1598年)改名为"镇远"。

⑥ 毕恭:《辽东志》,第2卷,《建置》,《辽海丛书》影印本,1985年。

云梯、楯车、器械,以舟装载,"顺浑河而下,水陆并进"①,向沈阳进发。明军闻警,举燧传报。沈阳守将总兵官贺世贤、尤世功得警报后,连夜率领一万兵丁守城。"沈阳城颇坚,城外浚濠,伐木为栅,埋伏火炮"②。城周挖有沟堑,设置陷阱,阱底插有尖桩③,并覆盖秫秸,虚掩浮土。城上环列火器,分兵昼夜坚守。

十一日,明辽军台兵在晚间已望见后金兵来攻的烽火。后金大军进逼的哨报,传到沈阳城内,辽东总兵官贺世贤等得到后金大军直逼沈阳的警报后,部署兵力,登城成守。

贺世贤,陕北榆林人,出身卑微,从军行伍,屡经战阵,多立军功,从沈阳游击,升至总兵官。时为抵御后金进攻,辽东汇集四方宿将,畏缩怠战者多,勇敢拼搏者少。贺世贤是辽东最骁勇的一员战将,他在沈阳积极设防,城外挖掘陷阱十道,阱底插上丛密尖桩。城壕以内,一箭之远,挖一道壕,安设栅栏。城外栅栏一侧,又挖两道大壕。其内筑拦马墙一道,留下炮眼,布设楯车,排列火炮。

十二日,八旗军兵临沈阳城郊,在城东七里处浑河北岸安营扎寨。努尔哈赤统兵猝至,鉴于城守严密,未敢遽逼攻城,先派数十精骑,隔壕进行侦探。武举出身的明总兵尤世功,带家丁冲出,杀死四人,略获小胜。努尔哈赤又命"用战车冲锋,马步继之"④。后金军进战不利,撤回营寨,准备明日的厮杀。数万八旗军队,将沈阳城逼围。

十三日,后金军进攻沈阳城。八旗兵采用轻骑诱敌策略,将守城军队诱出,以骑兵战而歼之。是日清晨,努尔哈赤再派骑兵挑战。行伍出身的总兵官贺世贤勇而寡谋,且日饮酒⑤,贪功出战。贺世贤亲率家丁千余人,出城迎击,宣称杀尽敌兵,胜利而返。有人谏止,拒而不听。后金军利用贺世贤的弱点,佯败退却,进行引诱。贺世贤乘锐轻进,突遭敌骑四合,虽经力战,招架不住,边抵挡,边退却。退到永昌门,身已中四箭。据《明熹宗实录》记载:

① 《清太祖高皇帝实录》,第7卷,第15页,天命六年三月壬子,中华书局影印本,1986年。

② 《明熹宗实录》,第8卷,第7页,天启元年三月乙卯,台北中央研究院历史语言研究所校勘本,1962年。

③ 《满文老档·太祖》,册Ⅰ,第284页,东洋文库本,1955年。

④ 《明熹宗实录》,第8卷,第6页,天启元年三月甲寅,台北中央研究院历史语言研究所校勘本,1962年。

⑤ 《明史·贺世贤传》,第271卷,第6952页,中华书局校点本,1974年。

世贤故嗜酒,次日①取酒引满,率家丁千余出城击奴,曰:"尽敌而反!"奴以羸卒诈败诱我,世贤乘锐轻进。奴精骑四合,世贤且战且却,至沈阳西门,身已中四矢。②

此刻城中,一片混乱。有人劝贺世贤退向辽阳,但遭拒绝。他说:"吾为大将,不能存城,何面目以见袁经略!"贺世贤锐意拼杀,但转瞬之间,后金骑兵,将他包围。贺总兵挥起铁鞭,进行顽强决斗,又杀了数十人。虽挥铁鞭奋力抵御,却身中十四矢,坠马而死。总兵尤世功出西门营救,士卒哄散,马仆身死。时努尔哈赤一面派精骑追杀贺世贤部众,一面督兵用云梯、楯车攻城。八旗兵从城东北角挖土填壕,城上连发炮,因发炮过多,炮身炽热,至装药即喷③。八旗兵乘机蜂拥过壕,急攻东门。此时,城中闻贺世贤兵败,尤世功战死,参将夏国卿、张纲等被斩,官兵慌乱,汹汹溃散。后金军绕城拼力纵击,伏尸累积。危急关头,沈阳城内,"降夷复叛,吊桥绳断"④,八旗兵拥门而入,进占沈阳城,明兵民被杀死者,据说有七万人⑤。

沈阳城内激战刚结束,城外浑河野战正开始。时明总兵官童仲揆、陈策等统川、浙兵由辽阳北上援沈,行至浑河,得到哨报,沈阳已陷。陈策下令还师,游击周敦吉等坚请进战。他们说:"我辈不能救沈,在此三年何为?"⑥先是,明征石砫女土官秦良玉率兵援辽。良玉有胆智,善骑射,兼通词翰,仪度娴雅。且驭部下严,每行军令,上下贯一,军伍肃然。辽东事急,征良玉兵。良玉先遣兄邦屏以数千人行,时已至沈阳,即投入激战。明军遂分为两大营,周敦吉与四川石砫都司金书、副总兵秦邦屏等率四川石砫、西阳土司之兵先渡河营桥北;童仲揆与陈策及副将戚金、参将张名世等统浙兵三千营桥南。努尔哈赤得到侦报后,急命右翼四旗兵前去驰击。明军桥北川兵营结阵未

---

① 次日:即十三日,有的著述作十二日。本文据《满文老档》、《明熹宗实录》、《满洲实录》、《清太祖高皇帝实录》、《清太祖武皇帝实录》和《明通鉴》等有关记载。

② 《明熹宗实录》,第8卷,第7页,天启元年三月乙卯,台北中央研究院历史语言研究所校勘本,1962年。

③ 谷应泰:《明史纪事本末·熊王功罪》,第4册,第1424页,中华书局校点本,1977年。

④ 《明熹宗实录》,第8卷,第7页,天启元年三月乙卯,台北中央研究院历史语言研究所校勘本,1962年。

⑤ 《满文老档·太祖》,册Ⅰ,第284～286页,东洋文库本,1955年。

⑥ 《明史·童仲揆传》,第271卷,第6954页,中华书局校点本,1974年。

就，被四面围攻，双方开展激战。这支四川步兵，手执一丈五尺的竹柄长枪和大刀，戴棉帽，披棉被，特别勇敢，无所畏惧，迎战后金兵二三千人。后金军"却而复前，如是者三"；明军既远道而来，又交锋激烈，攻势减弱，饥疲不支。后金军前仆后继，顽强拼杀。在后金骑兵猛击下，这支川兵，或在陆上，或在河中，虽经力战，大部被歼。周敦吉、秦邦屏及参将吴文杰、守备雷安民等皆战死，其余兵将奔桥南浙兵营。后金军参将布哈、游击朗格、石尔泰等俱战死。桥南的浙兵营，在浑河五里外布阵，列置车炮，掘壕安营，秫秸为障，外涂泥巴，后金军渡河后将浙兵营围困数重。桥南的浙兵营，继续坚持作战。这时明守奉集堡总兵李秉诚，守武靖营总兵朱万良、姜弼领兵数万来援，至白塔铺，观望不前。特别是朱万良，作为总兵官，拥兵不救，临阵脱逃。援军遣兵一千为前探，遇到后金军将领雅荪率二百精兵也来侦探。雅荪见明兵就退，明兵放鸟铳紧追，直追到后金左翼四旗兵营附近。努尔哈赤闻报大怒，亲率大军往击。行到皇太极大营，告知这一军报。皇太极自告奋勇，愿为父汗代劳。皇太极得到努尔哈赤同意后，引军策马飞驰，把追来明兵杀得东逃西散，一直击杀到白塔铺。明总兵李秉诚、朱万良、姜弼等始进前一战，不能拒敌，惊慌而退。时大贝勒代善、台吉岳讬所率后军又到。明三总兵力不能敌，大败而逃，被后金左翼四旗兵杀三千人[①]，遁归大营。傍晚，后金军左右两翼，并力进攻浙兵营。后金军用楯车进攻，明浙兵以火器射击，互有死伤，尸体枕藉。浙兵营火药罄尽，短兵相接，激烈拼搏，力战拒敌，步兵对铁骑，竹矛对弓箭，夜幕降临，鏖战犹酣。明军浙兵秫栅徒步，抵挡不住铁骑驰突，浙营被冲垮，陈策先战死，总兵童仲揆、副将戚金及袁见龙、邓起龙、张名世等皆战死[②]。浙兵营虽败，但奋死殊战，极为壮烈。《明熹宗实录》记载："自奴酋发难，我兵率望风先逃，未闻有婴其锋者。独此战，以万余人当虏数万，杀数千人。虽力屈而死，至今凛凛有生气。"[③]当时亡归残卒，有至辽阳者，以首功献，按臣张铨命照例给赏。但是，《明熹宗实录》记载："卒痛哭阶前，不愿领赏，但愿为主将报仇！"

努尔哈赤攻陷沈阳，击破明两路援军之后第五天，即三月十八日，集诸贝勒大臣

---

① 《满文老档·太祖》，册 I，第 286 页，东洋文库本，1955 年。

② 《明史·童仲揆传》，第 271 卷，第 6954 页，中华书局校点本，1974 年。

③ 《明熹宗实录》，第 8 卷，第 8 页，天启元年三月乙卯，台北中央研究院历史语言研究所校勘本，1962 年。

道:"沈阳已拔,敌兵大败,可率大兵,乘势长驱,以取辽阳。"①诸贝勒大臣会议同意努尔哈赤的重大军事决策。会后,天命汗亲率八旗军,"旌旗蔽日,弥山亘野"②,向辽阳进发。

(三)攻占辽阳

辽阳自汉朝以来,是一座历史名城。明洪武四年(1371年),故元辽阳行省平章刘益,以辽东州郡图籍献明投降,明太祖朱元璋始设辽东卫指挥使司,又改为定辽都卫指挥使司,是为明在辽阳设治之始。洪武八年(1375年),改定辽都卫指挥使司为辽东都指挥使司,简称辽东都司。尔后逐渐发展扩大,总辖辽东二十五卫。自隆庆元年(1567年),镇守辽东总兵官由广宁(今北镇)移驻辽阳③。

辽阳是明朝辽东的首府,是东北地区政治、经济、军事和文化的中心。辽阳城规制宏伟,"两倍于沈有奇",居东北诸城之首。城高广大,墙垣包砖,周十六里二百九十五步,高三丈三尺,设六门,俱有城楼,四隅有角楼④。辽阳为辽东繁华之区,人烟稠密,市井喧闹。其时,明辽东经略驻守辽阳。辽阳成为后金攻占沈阳之后,必与明朝争夺之地。辽东经略熊廷弼、袁应泰,都先后驻镇辽阳,他们部署的辽东防务,都以辽阳为中心,而将周围城镇寨堡,作为其护卫之屏藩。熊廷弼在开原、铁岭失陷后,力主固守辽阳。他在辽阳挑堑浚壕,增强兵力,修筑工事,布设火器。经熊廷弼之策划,在辽阳城周围,挖掘数层城壕,沿壕排列火器枪炮,环城四面分兵把守。沈阳、奉集陷落后,辽阳失去屏障:"初,辽阳恃沈阳、奉集二城为藩蔽,而沈东捍建州,西障土蛮,较奉集更重。沈阳既陷,奉集失犄角之势,亦没。时骁将劲卒,皆萃沈、奉,辽兵不满万。"⑤袁应泰得知沈阳失陷的败报之后,急檄撤各路兵马,集卫辽阳。他下令撤奉集堡、虎皮驿、威宁营的全部守军,力卫辽阳,缘城布兵,加强防守。

其实,后金攻占沈阳之前,便准备先取沈阳,再占辽阳。努尔哈赤占领沈阳后,在

① 《满洲实录》,第6卷,第15页,辽宁通志馆影印本,1930年。
② 《清太祖高皇帝实录》,第7卷,第16页,华文书局影印本,1962年。
③ 《明史·职官五》,第76卷,第867页,中华书局校点本,1974年。
④ 康熙《辽阳州志》,《城池志》,康熙二十三年(1684年)刻本。
⑤ 谷应泰:《明史纪事本末·熊王功罪》,第4册,第1424页,中华书局校点本,1977年。

沈阳城驻扎五天，论功行赏，惩罚懦将，整顿兵马，补充器械。接着，后金下一个攻夺的目标就是辽阳。努尔哈赤在攻陷沈阳，击破明两路援军之后第五天，即三月十八日，集诸贝勒大臣作出进攻辽阳的重大决策①。

明辽东经略袁应泰、巡按张铨得到这一哨报后，部署兵力，登埤坚守，并命令放代子河水于城壕，想用水防来抵御后金的军事进攻。但是，辽阳的最大屏障是沈阳，沈阳既失，辽阳孤立。袁应泰将辽阳周围城堡撤得越多，其结果固然增多辽阳城御守兵力，却也更加失去存在保障。

天命六年即明天启元年（1621年）三月十八日到二十一日，后金军与明辽军展开辽阳攻守战。

十八日，进军辽阳。努尔哈赤召集诸贝勒大臣曰：“沈阳已拔，敌兵大败，可率大兵，乘势长驱，以取辽阳。”②商议已定，立即行动。后金八旗大军，由北向南挺进。渡过浑河后，夜至虎皮驿，城内军民，逃避一空，就地扎营，准备进战。明军哨探飞报辽阳：后金大军，来攻辽阳。八旗军“旌旗蔽日，漫山亘野，莫测首尾”，已到虎皮驿扎寨。辽阳城坚池固，外围城壕，沿壕列火器，环城设重炮。明军于是开代子河水，注水壕内，排列枪炮，四面设兵，防守严密。

十九日，城外激战。后金军出虎皮驿，扑向辽阳。中午，后金军进抵辽阳东南城外。经略袁应泰乘后金军尚未全部过代子河之时，急催总兵官李秉诚、侯世禄、梁仲善、姜弼、朱万良五总兵③，率兵五万，出城五里，扎营结阵，与敌对垒。袁应泰留张铨据守，亲自出城督战。后金兵发现明军，努尔哈赤即率左翼四旗兵前往迎战。后金兵见辽阳城池险固，兵众甚盛，多意沮欲退。据《光海君日记》记载：“老酋曰：‘一步退时，我已死矣。你等须先杀我，后退去。’即匹马独进。”④时皇太极带领精锐骑兵赶到请战。努尔哈赤说已派左翼兵上阵，并命他带领右翼四旗兵驻守城边瞭望。皇太极则说

　①　《清太祖高皇帝实录》，第7卷，第16页，天命六年三月庚申，中华书局影印本，1986年。
　②　《满文老档·太祖》，册Ⅰ，第288页，东洋文库本，1955年。
　③　五总兵：《清太祖武皇帝实录》第3卷第13页载为李秉诚、侯世禄、梁仲善、姜弼、童仲揆，《满洲实录》第7卷第2页载为李怀信、侯世禄、柴国柱、姜弼、童仲魁，《清太祖高皇帝实录》第7卷第17页载为李怀信、侯世禄、蔡国柱、姜弼、童仲揆，《明史·袁应泰传》和《三朝辽事实录》均作侯世禄、李秉诚、梁仲善、姜弼、朱万良。案：童仲揆已死于沈阳城下，本文从后二书。
　④　《李朝光海君日记》，第169卷，第9页，十三年九月戊申，日本学习院东洋文化研究所，1962年。

让后到的两红旗兵瞭望。努尔哈赤命阿济格去劝止,皇太极却执意要去。努尔哈赤同意,并派两黄旗护军协助。皇太极引军直前,奋力冲杀,进击明兵营左侧,明兵放炮接战。皇太极破明军营,杀入营内。时后金左翼四旗兵赶到,两相夹攻,明兵大溃。其逃走之兵,溃散南奔。后金军乘胜追击六十里,至鞍山胜利返回。同时,有明兵从辽阳西关出援,同后金两红旗兵相遇。明军受阻,转身回返,争相入门,人马自践踏,死者相枕藉。辽阳西关出援的明兵,也被后金军击败。后金军进薄城下,攻打小西门受挫。是夜,明兵在城外扎营,经略袁应泰宿营中。努尔哈赤也在城南七里地方安营,在包围辽阳的八旗军中过夜。

二十日,两面攻城。先是,努尔哈赤已探明辽阳的护城河水,西有闸门,东有水口。是日早上,他命令诸贝勒大臣们,率左翼四旗兵掘开西边的闸门,放泄城壕之积水;率右翼四旗兵堵塞东边的水口,断绝城壕之入水。时明朝辽阳守城军队,兵力重点放在东门和小西门,努尔哈赤命后金兵分为左右两翼,右翼四旗兵攻打东门,左翼四旗兵攻打小西门,双方在辽阳城的东门与小西门展开激战。

明军三万人在城东门外安营,抵抗后金军进攻。辽东经略袁应泰认为后金军容易战胜,督兵出城作战,还派由家丁组成的"虎旅军"助阵①。明军排列枪炮三层,炮火连射不止。明军布阵,步兵在前,骑兵在后。两军交锋之初,明军火力势猛,后金军威受挫。努尔哈赤命令绵甲兵,推拥楯车,进战明兵。明军排列三层,施放火器抵御。后金兵呼喊而进,明骑兵先动摇,步兵坚持作战。后金兵发动强攻,明军步兵受挫败退。后金骑兵猛冲,呐喊向前,两军酣战。后金两股精兵,并力冲杀而来,明兵不抵,乱了阵脚。先是骑兵动摇,接着后金精兵,一齐冲杀,反复夹攻,明兵一败涂地。明总兵梁仲善、朱万良战死,步骑兵大溃,望城而奔退。明兵争先夺路,纷往城内退却。后金兵紧跟追击,明军人马蜂拥过河,许多官兵落入水里淹毙,死者满积,河水尽赤。袁应泰退入城内,与巡按御史张铨分陴固守。

当两军激战之时,努尔哈赤命右翼分兵堵塞城东入水口,左翼分兵挖开小西门闸口以泄壕水。当入水口被堵住,城壕开始干涸时,天命汗又命右翼四旗兵推楯车攻城。

与右翼四旗兵攻打城东门的同时,左翼四旗兵在攻打小西门。明军在城上放火

---

① 《明熹宗实录》,第8卷,第12页,天启元年三月壬戌,台北中央研究院历史语言研究所校勘本,1962年。

箭,掷火罐,隔壕射击,奋力守御。时后金的左翼四旗兵遣人向努尔哈赤报告:西边闸门,难以掘开,夺桥而入,可望成功。努尔哈赤命令:桥可夺则夺之,如夺到手,速来报告。不久,堵塞水口既已经完毕,左翼军派官向努尔哈赤驰报:小西门桥,能夺下来!天命汗努尔哈赤命令道:"你们试夺桥入!"①莽古尔泰贝勒、阿敏贝勒遂率兵,冒着炮火,拼力夺桥。扬古利奋勇陷阵,夺桥渡河,近城强攻。城上万矢下射,后金兵奋死前进。傍晚,左翼军竖云梯,列楯车,登城而上,同城垛守军展开肉搏战。明军提灯夜战,直至天亮。当辽阳城危时,监军高出、胡嘉栋、韩初命、牛象乾、邢慎言等乘乱缒城而逃,后被斥为"同逃五监军"②。户部管饷郎中傅国、道员牛维曜等也乘乱而逃。辽阳城内,官员出逃,军心动摇,民心离沮。

二十一日,攻陷辽阳。努尔哈赤督率左右翼军,悉尽精锐,发起总攻。所有八旗官兵,一致行动,沿城追杀。袁应泰列楯大战,奋死守城。后金军施放火炮,顷力攻城。时明军大势已去,兵败如山倒。傍晚,后金派入城内的谍工放火骚扰。小西门火药起火,城上各军窝铺、城内草场俱焚,守城军士溃乱,全城土崩瓦解。先是,袁应泰仁柔,纳贺世贤用降夷之说,至是,"堕奴计也"③。城外后金军夺门,城内谍工巨族内应:"薄暮,谯楼火,大清兵从小西门入,城中大乱,民家多启扉张炬以待,妇女亦盛饰迎门,或言降夷导之也。"④《东江疏揭塘报节抄》亦载后金用奸事:"李永芳儿女亲家马汝龙亲弟马应龙子马承林,于天启元年三月十六日,与柯汝栋为奴酋多带奸细进辽阳城,藏匿于家窖中。二十日,献城。"⑤

袁应泰见城楼火焰冲天,知城已陷,他在城东北镇远楼上,佩剑印,自缢死,其妻弟姚居秀同死。其仆人唐世明伏尸恸哭、纵火焚楼而死⑥。袁应泰自缢前望阙哀叹道:"臣至辽,见人心不固,不可以守,是以有死辽、葬辽之誓。今果陷,臣力竭而死,望皇上收拾人心为恢复计。"⑦分守道何廷魁备兵辽阳,反对招纳降人,主张乘后金兵半渡代

① 《满文老档·太祖》,册Ⅰ,第288页,东洋文库本,1955年。
② 计六奇:《明季北略·五监军》,第2卷,第4页,光绪十三年(1887年)刻本。
③ 《明熹宗实录》,第8卷,第14页,天启元命三月壬戌,台北中央研究院历史语言研究所校勘本,1962年。
④ 《明史·袁应泰传》,第259卷,第6690页,中华书局校点本,1974年。
⑤ 毛承斗辑:《东江疏揭塘报节抄》,第5卷,第67页,浙江古籍出版社,1986年。
⑥ 查继佐:《罪惟录·袁应泰传》,卷25,第2491页,浙江古籍出版社,1986年。
⑦ 计六奇:《明季北略·袁应泰传》,第2卷,第2页,光绪十三年(1887年)刻本。

子河击之,并议后金兵临城下悉锐御之,皆未被袁应泰接纳,城破后怀印率妻妾投井死。都司徐国全闻讯,也在公署中自经而死。监军道崔儒秀分守辽阳东城,兵溃后北向跪拜,雉颈而死。其他总兵、副将、参将等战殁多矣。辽东巡按御史张铨被俘不屈而死,《明史》表彰其为"洪量同天地,大义悬日月"的丹青人物。在明朝辽东死难文武诸臣中,张铨之英烈,尤动人肝胆。

张铨,字宇衡,山西沁水人,万历三十二(1604年)进士①。天启元年(1621年),出按辽东。袁应泰收纳降人,张铨以恐杂有奸细力争,不听。张铨预言:"祸始此矣!"后金军进攻辽阳,张铨与袁应泰画城防守:张铨守西门,应泰守北门。在城危之时,袁应泰令张铨退保河西:"应泰以身许国,按臣无颛阃责。盍收余烬,为河西计。"遣人护铨下城,张铨不从。城将失,他又"衣绣衷甲",被随从的人拥出小西门,劝他换去官服,不听,返回衙署。城破,被俘。李永芳劝降,铨怒詈之;天命汗诱以高爵,铨屹立不跪,声言:"我身为天子大臣,岂能屈膝!"后金贝勒举刀相逼,铨引颈以待。问他送回如何?铨说:"力不能杀贼,无颜求归!"皇太极敬仰他的忠诚精神,引宋徽、钦二宗被大金天会帝所擒,屈膝叩见受封公侯的故事,劝他不必执迷不悟。张铨仍不为所动,只求速死。他说:我受朝廷厚恩,如降你们,遗臭万年。你们虽想活我,我却只想一死。养人,这是你们做的好事;死去,则使我的美名流芳。最后,张铨终于被后金下令用绳索勒死②。张铨与何廷魁及后来广宁失守自缢的高邦佐都是山西人,明朝下诏为他们在北京宣武门外建祠,称为"三忠祠"③。

明朝辽左之将,委身许国,见危而上,死得壮烈,令人重之。张铨之外,张神武又是一例:"神武,新建(今江西省南昌市新建县)人。万历中举,武会试第一。授四川都司金书。既论死,辽左兵兴,用经略袁应泰荐,诏谕从征立功。神武率亲丁二百四十余,疾驰至广宁。会辽阳已失,巡抚薛国用固留之,不可,曰:'奉命守辽阳,非守广宁也。'曰:'辽阳殁矣,若何之?'曰:'将以歼敌。'曰:'二百人能歼敌乎?'曰:'不能,则死之。'前至辽河,遇逃卒十余万。神武以忠义激其帅,欲与还战,帅不从。乃独率所部渡河,

---

① 明朝进士中有三位张铨,其中万历三十二年(1604年)甲辰科进士,"同姓名者张铨,一大名人,一沁水人,供乙亥(万历三年)正月二十六日生"。参见查慎行《人海记》,但其书中"甲辰"误作"甲申"。

② 《满洲实录》,第7卷,第4页。又,京师有三忠祠,祀张铨、高邦佐、何廷魁等辽东死事者,见《藤阴杂记》,《日下旧闻考》,第3册,第951页,北京古籍出版社。

③ 《明史·高邦佐传》,第291卷,第7459页,中华书局校点本,1974年。

抵首山，去辽阳十七里而军。将士不食已一日，遇大清兵，疾呼奋击，孤军无援，尽殁于阵。"①后监察御史方震孺绘神武像，率领将士，肃敬罗拜，并作祭文，进行悼念。

但是，辽阳的居民，英烈者少，迎降者多。辽阳城内百姓，多打开街门，男人剃了头发，妇女穿上盛装②，迎接后金军队入城。《清太祖高皇帝实录》记载，辽阳城民"阖城结彩焚香，以黄纸书万岁牌"，欢迎后金天命汗。他们抬着大轿，恭候天命汗努尔哈赤进城。当天正午，大张鼓吹，导引入城，官民俯伏，夹道山呼。努尔哈赤作为胜利者，进入被大明统治二百五十多年的辽东首府——辽阳。昨日辽东经略镇守的官署，今日成为后金大汗的衙门。

努尔哈赤攻占辽阳，下令汉民剃发，以示归顺。他派三人骑着马，持红旗，传令"自髡者，贯不杀"！后金利用"自髡降奴"的通判黄衣，剃去头发，穿红蟒衣，骑着骡子，沿街游说。黄衣得到后金重用，被派到广宁游说劝降。辽东巡抚薛国用发现黄衣，将其捉拿，戮之枭示③。

后金连陷沈、辽，"河东十四卫生灵尽为奴属"。努尔哈赤夺取辽阳之后，"数日间，金、复、海、盖州卫，悉传檄而陷"④。据《清太祖武皇帝实录》记载：

　　辽阳既下，其河东之三河、东胜、长静、长宁、长定、长安、长胜、长勇、长营、静远、上榆林、十方寺、丁字泊⑤、宋家泊、曾迟、镇西、殷家庄、平定、定远、庆云、古城、永宁、镇夷、清阳、镇北、威远、静安、孤山、洒马吉、瑷阳、新安、新奠、宽奠、大奠、永奠、长奠、镇江、汤站、凤凰、镇东、镇夷、甜水站、草河、威宁营、奉集、穆家、武靖营、平房、虎皮、蒲河、懿路、汛河、中固、鞍山、海州、东昌、耀州、盖州、熊岳、五十寨、复州、永宁监、栾古、石河、金州、盐场、望海埚、红嘴、归服、黄骨岛、岫岩、青台峪等，大小七十余城官民，俱剃发降。⑥

　　① 《明史·童仲揆传附张神武传》，第271卷，第6954～6955页，中华书局校点本，1974年。

　　② 《明熹宗实录》，第8卷，第13页，天启元年三月壬戌，台北中央研究院历史语言研究所校勘本，1962年。

　　③ 《明熹宗实录》，第9卷，第16页，天启元年四月癸未，台北中央研究院历史语言研究所校勘本，1962年。

　　④ 王在晋：《三朝辽事实录》，第4卷，第12页，江苏省国立图书馆藏本。

　　⑤ 丁字泊，《满洲实录》第7卷第4页作"丁家泊"，误。

　　⑥ 《清太祖武皇帝实录》，第3卷，第39页，台北故宫博物院藏，广文书局影印本，1970年。

后金占领辽阳、沈阳及辽东、辽南、辽北广大地区。

（四）后金进占辽沈地区

后金占领辽阳及辽东地区，产生重大而深远的历史影响。

第一，明清兴亡史上的一个转折点。

自天命元年即万历四十四年（1616年）以来，六年之间，辽东地区接连发生三次影响中国近世历史进程的重大事件。第一件是建立后金。这是满洲兴起与明朝灭亡的历史性转折点（本书前已有述）。第二件是萨尔浒之战。这是在辽东地区，明朝由进攻转为防守、后金由防守变为进攻的转折点（本书前已有述）。第三件是沈辽之战。这是明朝在辽东地区结束统治，后金在辽东地区确立统治的转折点。同时，女真—满洲的政治、军事、经济、文化中心，由女真—满洲地区，转移到汉族地区。以上述三件重大历史事件为标志，从此后金—清朝进入辽河流域汉族地区，并以辽东为根据地，发展壮大，开拓进取，入主中原，统一华夏。

在沈辽之战中，明朝军队何以失败，后金军队何以胜利？其根本原因在于，明朝先失民心，后失辽沈。时任山西道御史毕佐周说："闻辽城中私通李永芳者凡数十家，相与约期举事，不知二百年来休养抚字之人，何一旦若此？则我实有以失其心耳。军兴以来，援卒之欺凌诟谇，残辽无宁宇，辽人为一恨；军夫之破产卖儿贻累车牛，辽人为之再恨；至逐娼妓而并及张、刘、田三大族，拔二百年难动之室家，辽人为益恨；至收降夷而杂处民庐，令其淫污妻女，侵夺饮食，辽人为之愈恨。有此四恨，而冀其为我守乎？"[1]明朝在辽东统治的黑暗腐朽，已历时很久，且愈演愈烈。明失辽、沈直接原因，还需进行具体分析。

在沈阳、辽阳的攻守争局中，时仅十天，地限辽河，其兵力之集结，其局面之复杂，其拼搏之激烈，其战术之诡变，迥异于萨尔浒之残酷野战，超越于后金以往之攻城激战。本来，明军长于守城，短于野战；而后金军长于野战，短于攻城。但在沈辽之战中，后金军却能以短击长，在十天之间，连陷沈阳和辽阳。这固然由于明朝战机不利，失去

---

① 《明熹宗实录》，第9卷，第15页，天启元年四月壬午，台北中央研究院历史语言研究所校勘本，1962年。

民心，经略易人，士气不振，用将不当，滥收降人，援兵不救，指挥失措；后金战机有利，上下一心，将士勇猛，兵力集中，准备周详，战术灵活，里应外合，指挥得当。

然而，更由于努尔哈赤的策略，有两个显著的特点：

其一是，诱敌出城，歼其精锐。如沈阳的贺世贤，辽阳的袁应泰，都误堕其计。明军没有发挥"凭坚城、用大炮"的优势，而出城同八旗军野战争锋。其结果是：明朝变己之长为短，变敌之短为长；后金则使敌之长为短，使己之短为长。

其二是，用计行间，里应外合。朝鲜《光海君日记》载义州府尹郑遵驰启：辽阳和沈阳"城中（人）受虏间金，开门引入，经略袁应泰、总兵贺世贤死之。盖奴贼攻城非其所长，前后陷入城堡，皆用计行间云"①。这是一语破的之言。明朝官员在疏奏中也指出："臣闻攻城而破者矣，未闻不攻而破者也。沈阳以吊桥绳断破，说者谓降夷实为之。辽以角楼火起破，的系辽人为内应。闻辽城中私通李永芳者凡数十家，相与约期举事。"②努尔哈赤从夺取明朝辽东第一座城堡抚顺起，中经清河、开原、铁岭、沈阳，直至辽东首府辽阳，都是用计行间，里应外合而得手的。

明朝兵略的错误，付出沉重的代价。依据《明史》记载，自明朝与后金交战以来，明朝阵亡总兵官十三人——抚顺之战的张承胤，萨尔浒之战的杜松、王宣、赵梦麟、刘綎，开原之战的马林，沈阳之战的贺世贤、尤世功、童仲揆、陈策，辽阳之战的杨宗业、梁仲善、朱万良。至于副总兵以下官兵，则数以万计。

第二，后金进占辽沈地区。

努尔哈赤早想在辽河地区建立统治，果然占领了辽阳、沈阳，统治辽河以东广阔地域。其实，叶赫贝勒金台石、布扬古早在告明万历帝书中，就明白表示：努尔哈赤并哈达、灭辉发、亡乌拉、攻叶赫，其目的在于——尽取女真诸部后，征明朝、取辽阳、占沈阳，并意欲建都辽阳。天命汗进城不久，就命令都堂阿敦、副将李永芳等，将原来辽东地区的兵员、城堡、百姓、工匠等，全部调查，如数上报。然而，当时明朝一些封疆大吏，并没有认识到努尔哈赤的久驻之计。明朝辽东巡抚王化贞说："奴自得辽阳后，搜括民间米粟牛羊，俱置新寨。而辽城一切器具，如盆盎之类，尽掣以去。海州盖殿而不果，

---

① 《李朝光海君日记》，第163卷，第5～6页，十三年三月庚午，日本学习院东洋文化研究所，1959年。

② 《明熹宗实录》，第9卷，第14页，天启元年四月壬午，台北中央研究院历史语言研究所校勘本，1962年。

辽阳修城砖石又复中止。城中房屋,半撤而为薪。意欲俟收获后,尽驱妇女出边为质,胁其子弟为先锋,胜则前进,败则归巢,意不安于辽阳。此奴酋之情形也。"①王化贞分析并论断努尔哈赤不想占据辽阳。这个分析和论断,不久就被努尔哈赤迁都辽阳而否定。朝鲜官员的分析和论断,同王化贞迥异。朝鲜处于明朝与后金之间,看法要比明朝官员客观一点,报告的情况也真实一些。当后金刚占有辽阳时,《续乱中杂录》记载:"守直胡人末介等来言,酋有因据辽东之意。其妻子尽令移住,诸酋妻子亦尽随去之。"按照朝鲜人的看法,努尔哈赤取得辽阳后,后金大军,屯驻不撤,甚至努尔哈赤及诸贝勒大臣们,都把妻子接到辽阳——这就说明努尔哈赤不想放弃这座明朝辽东的首府。

上述王化贞给朝廷奏报的时间,是天启元年(1621年)八月乙未,就是八月二十六日。然而,早在同年三月二十一日,也就是后金占领辽阳的第二日,《清太祖高皇帝实录》记载:

> 上集贝勒诸臣议曰:"天既眷我,授以辽阳。今将移居此城耶,抑仍还我国耶?"诸臣俱以还国对。上曰:"国之所重,在土地、人民。今还师,则辽阳一城,敌且复至,据而固守。周遭百姓,必将逃匿山谷,不复为我有矣!舍已得之疆土而还,后必复烦征讨,非计之得也。且此地,乃明及朝鲜、蒙古接壤,要害之区,天既与我,即宜居之。"贝勒诸臣皆曰:"善!"遂定议迁都。迎后妃诸皇子。②

上面载述,可以看出:

其一,努尔哈赤决定迁都辽阳,其决定之迅速,实在是令人惊讶。这充分说明,他攻夺并占据辽阳是久已谋划的国策。

其二,努尔哈赤政策作了重大调整,就是以掳掠金银、财物为主,转变为以占有土地、人民为主。即是说,不作"山寇",而作"国君"。

其三,占据辽东四达之中枢的辽阳,东联朝鲜,西结蒙古,南抗明朝,北靠女真,以图后金更大的拓展。

---

① 《明熹宗实录》,第13卷,第23页,天启元年八月乙未,台北中央研究院历史语言研究所校勘本,1962年。

② 《清太祖高皇帝实录》,第7卷,第22~23页,天命六年三月癸亥,中华书局影印本,1986年。

　　所以，明朝的兵部、督抚，对努尔哈赤，对后金国，识见之浅，谋略之乏，估算之错，应对之慢，说明大明天子不是后金大汗的对手。由此可见，清朝之兴，明朝之亡，并非天意，绝非偶然。

　　后金八旗贵族对迁都辽阳并不理解。如四月十一日，扬古里额驸儿子的尸体要送回萨尔浒，努尔哈赤就此事召集诸贝勒说："为何要归葬萨尔浒？在那里的尸骨，也将要移葬这里。你们这些贝勒大臣，天所赐予辽东城（辽阳）都不想居住。我国奴仆们逃跑，都是因为没有盐吃，现在有了。辽河以东，各路已降，为何要丢弃而还呢？从前金国阿骨打汗征伐宋和蒙古尚未尽降，到其弟吴乞买汗时才使他们全降。蒙古成吉思汗征而未服各部，至其子窝阔台汗才完全征服。为父我为你们创业兴兵，你们有何不能呢？"①于是，定都辽阳。

　　上述努尔哈赤的《汗谕》，表明：

　　第一，后金要长久占领辽东。他认为后金能攻下辽阳是巨大的胜利，既然已经占领辽阳，不应再返回萨尔浒，而要从萨尔浒迁到辽阳；辽阳是辽东的政治中心，有了辽阳就有了全部辽东地区。

　　第二，要提升部民的生活。后金部民，原居住条件很差，不要说穿衣吃饭，就连食盐也极为困乏，何况其他。既已占领富庶的辽东地区，为何要弃富趋贫呢！

　　第三，后金要有更大拓展。他引述阿骨打、成吉思汗的史例说明，一个弱小的政权，要战胜强大的政权，往往需要经过几代人的奋争，万万不可将已经到手的果实，轻易地自己丧失掉。经过浴血奋战得来的辽东，不能放弃。

　　五月初三日，他率领诸贝勒大臣，坐轿登上城楼远眺，并说："天不把这个辽东城赏给我们，我怎么能登上这个城呢！"他抑制不住内心的兴奋，富庶的辽东地区到手，于是举行庆典，摆设大宴。从此，辽沈大地成为后金的国土，辽沈百姓也成为后金的臣民。

　　迁都辽阳是后金进占辽沈地区的重大决策。攻取辽阳以后，不到一个月，努尔哈赤并诸贝勒、大臣们就把他们的妻子都从萨尔浒接到辽阳城。到了八月，努尔哈赤又决定在代子河（太子河）北岸，建筑新城。他向诸贝勒大臣说，辽阳城年久失修，已颓废不堪。城又宽广，出去打仗，需要很多人防守。东边的朝鲜，西边的蒙古，都对我们不驯服，如不顾他们而去进攻大明国，会有后顾之忧。建筑坚固小城，集中留下的兵，不

---

　　① 《满文老档·太祖》，册Ⅰ，第312～313页，东洋文库本，1955年。

为后方的家担忧,可放心大胆地出征南方。诸贝勒、大臣因怕国人受苦,反对建筑新城。天命汗劝谕他们说,不能只从小处着眼,你们想的是小苦,我想的则是大处。最后按照天命汗的意志行事,建成东京城,它成为后金时期继赫图阿拉之后的第二个都城。

第三,颁布"计丁授田"汗谕。

后金进入辽沈地区后,对降服汉人不杀,保护劳动力。朝鲜人赵庆男《续乱中杂录》记载:"贼得辽之后,不杀一人,尽剃头发,如前农作云。"①所谓"不杀一人",显系溢词,不足征信。至于土地,天命六年即天启元年(1621 年)七月十四日,天命汗颁布"计丁授田"汗谕:吾今计田,每一男丁,种粮田五日,种棉田一日,均平分给。每三男丁,种官田一日。每二十男丁中,征一丁当兵,以一丁应公差②。后金综合明辽东封建军事屯田制和后金八旗牛录屯田制,颁布的"计丁授田"制度,是对女真生产关系的一次重大变革。他命将收取辽阳等地方田地共计三十万日(每日约合六亩),给予进入辽沈地区八旗官兵及其眷属。"计丁授田"就其土地所有制来说,后金国家是土地的最高所有者,将土地分为官田和份地,直接生产者除以无偿劳役耕种规定的官田外,可在所得份地上经营自己的经济,而无真正的土地所有权;就其直接生产者地位来说,直接生产者虽不像奴隶那种人身隶属关系,但不许隐匿人丁,被钉附在土地上,成为八旗封建主依附土地的农奴;就其分配形式来说,生产者耕种规定官田作为劳役地租,份地则为"一家衣食,凡百差徭,皆从此出"③。"计丁授田"制度表明,土地所有制、直接生产者地位和产品分配形式,都属于封建生产关系的范畴,而其基础则是满洲八旗军事封建土地所有制。

天命十年即天启五年(1625 年)十月初三日,努尔哈赤发布"按丁编庄"谕。先是,万历四十一年(1613 年),建州在其辖区内实行牛录屯田,规定:每一牛录出男丁十名,牛四只,以充公差。令其于空旷地方垦田,耕种粮食,以增加收获,储于粮库④。万历四十三年(1615 年)又重申:因向国人征粮为贡赋,国人必定困苦,乃令每牛录出男丁十人,牛四头,耕种荒地,多获谷物,充实仓库⑤。实行牛录屯田之后,诸申要披甲执

①　[朝]李肯翊:《燃藜室记述》,第 5 辑,第 21 卷,第 662 页,朝文本。

②　《满文老档·太祖》,册Ⅰ,第 355 页,东洋文库本,1955 年。

③　《天聪朝臣工奏议》,上卷,第 7 页,辽宁大学历史系铅印本,1980 年。

④　《清太祖朝老满文原档》,第 1 册,第 51 页,台北中央研究院历史语言研究所刊本。

⑤　《满文老档·太祖》,上册,第 37 页,中华书局译注本,1990 年。

弓，从征厮杀；种田植谷，交纳贡赋；筑城应差，负担徭役。后金进入辽沈地区，普遍推行牛录屯田："男丁十三人，牛七头，编成一庄。"庄头之姓名、庄中十二男丁之姓名、牛驴之毛色，书写清楚，给村领催，然后上报。规定：总兵官以下，备御以上，每备御给予一庄。后金的"按丁编庄"，每庄男丁十三人，牛七头，地百日，其中二十日交纳官粮，八十日供壮丁食用。这是大规模地用划一标准建立起来的田庄。"按丁编庄"就其生产关系来说，田庄的土地，分为纳粮和自食两个部分：纳粮部分，每丁用自己的劳动、耕牛和农具，耕种庄主的土地，产品作为劳役地租，归农奴主占有；自食部分，对壮丁来说它提供生活资料，对庄主来说它提供劳动力。田庄的壮丁，有自己的经济，其身份是附着在土地上，为农奴主服徭役、纳租赋的农奴。

此外，《建州闻见录》记载：后金特别"告谕"国人要养蚕、植棉。这同建州女真衣服奇缺有关："闻胡中衣服极贵，部落男女殆无以掩体。近日则连有抢掠，是以服着颇得鲜好云。战场僵尸，无不赤脱，其贵衣服可知。"①后金提倡要饲养家蚕，以缫丝织缎；种植棉花，以纺纱织布②。从而促进了男耕女织的、一家一户的、农业与家庭手工业相结合的自然经济的发展。

总之，努尔哈赤进入辽沈地区之后，控制了其辖区的全部土地。他通过后金政权，一面使原有的牛录屯田发展为"计丁授田"，就是将其中一部分土地，授给后金诸申和汉族民户，从而使屯田转变为旗地；另方面使奴隶制拖克索转化为封建制拖克索，就是将其中另一部分土地，分给大小军事封建主，"按丁编庄"，从而使庄田转变为官田。无论是"计丁授田"或是"按丁编庄"，其共同特点是，直接生产者作为农奴被束缚在土地上，而且必须为土地占有者交纳劳役地租。在这种经济下，直接生产者必须分有一般生产资料特别是土地，同时他必须被束缚在土地上。所以，天命汗行"计丁授田"和"按丁编庄"，都是封建主占有土地，农奴分得份地，依附于土地，为农奴主纳租税、服徭役，并受其超经济的强制。这种官庄与旗地，对后来清朝入关后的圈地与庄田，产生深远而广泛的影响。

后金在辽沈地区，实行"仍依明制"和"如前农作"两点，说明努尔哈赤不仅在后金原有辖区，而且在新占辽东地区，都实行封建制的生产关系。不过，"按丁编庄"制度，

---

① 　［朝］李民寏：《建州闻见录》，第 32 页，日本天理大学图书馆藏玉版书屋本。
② 　《满文老档·太祖》，册Ⅰ，第 355～356 页，东洋文库本，1955 年。

存在诸多弊病。《清太宗实录》对此记载详明："先是，汉人每十三壮丁，编为一庄，按满官品级，分给为奴。于是同处一屯，汉人每被侵扰，多致逃亡。上洞悉民隐，务俾安辑，乃按品级，每备御止给壮丁八、牛二以备使，令其余汉人，分屯别居，编为民户，择汉官之清正者辖之。"①至于后来实行部分汉民"分屯别居"，这在生产关系上没有发生根本性的变化，只不过是在民族关系上作了一些调整。

努尔哈赤的"计丁授田"和"按丁编庄"，对于辽东地区相当发达的封建经济，是个历史的洄漩。后金在辽东地区的经济政策及其实施，主要引起四种人的不满：

第一种是后金诸申的不满。如在计丁授田时，上等肥饶之地，或被本管官占种，或被豪家占据，余剩薄地，"绳扯分田，名虽五日，实在不过二三日"②。他们除纳劳役地租外，还应公差，服兵役。连年战争，马不卸鞍，卖牛典衣，买械治装，丧身疆场，妻子无依，其生活苦不堪言。

第二种是汉族地主的不满。所谓没收"无主之田"和实行"按丁贡赋"的政策，直接损害辽东汉族地主的利益。因为"无主之田"原是有主的，其主人多为原辽东官僚地主、缙绅豪富，他们或死或逃，同后金贵族利益相矛盾。同时，"按丁贡赋"对辽东汉族地主也是一个打击。

第三种是辽东自耕农的不满。辽东的广大汉民自耕农，他们的土地，以"无主之田"，而被"绳扯分田"，自身降为"计丁授田"的民户，或"按丁编庄"的壮丁。无论是"计丁授田"的民户，还是"按丁编庄"的壮丁，其身份都被降作大汗、贝勒、额真的农奴，所受人身奴役，较前更为严重。

第四种是辽东汉人的不满。他们或城市居民，或村屯农民，除少数投靠新主者外，其经济，其身份，都有所下降。特别是强行剃发，杀戮儒生，他们所遭受的物质与精神、族群与人格的落差，就民族情感来说，是一种莫大的凌辱。

后金沈辽大战的胜利，后金统治重心的转移，无论是对后金这个国家，还是对满洲这个民族，都产生了巨大而深远的影响。后金既占领辽河以东广大地区，更贪婪辽河以西广袤土地，便兵指辽西重镇广宁。

---

① 《清太宗文皇帝实录》，第 1 卷，第 7 页，天命十一年九月丁丑，中华书局影印本，1985 年。
② 《天聪朝臣工奏议》，上卷，第 7 页，辽宁大学历史系铅印本，1980 年。

十三 广宁之战

(一)决策战守

天命六年即天启元年(1621年)三月,后金军在十天之内,连下沈阳、辽阳,明在辽河以东的统治终结。河东,辽镇腹心;辽左,京师肩背。明朝丢掉沈、辽,辽镇腹心失,京师肩背摇。明朝失陷辽、沈,朝廷惊惶,举国震动,京师戒严,九门昼闭。在辽东,兵民一片混乱,全面望风溃逃。兵逃,将逃,民逃,商逃,官也逃。据山东登州海防道按察使陶朗先奏报,他接渡的辽左避难官民,其中有原任监司府佐将领等官共五百九十四员,金、复、海、盖等所属官民男女共三万四千二百余名。逃入朝鲜境内的辽东百姓,《燃藜室记述》记载:"前后数十万口。"明朝自万历四十六年(1618年)失陷抚顺出现辽事以来,中经失陷清河、开原、铁岭,到天启元年(1621年)再失沈阳、辽阳,四年之间,每况愈下。御史温皋谟题称:"今日国是之至重、至亟,莫如东事。"① 东事就是辽事,辽事成为天启朝庙堂之上,最为严重、最为紧迫、最为复杂、最为棘手的难题。

辽阳失守,朝野惊恐。廷臣在失败中想起了听勘回籍的原辽东经略熊廷弼。沈阳失,大学士刘一燝言:"庙谟之胜,只在用舍得人。即如熊廷弼守辽一年,奴酋未得大志,不知何故,首倡驱除。"② 辽阳陷,山西道御史江秉谦又力陈熊廷弼保守危辽之功,疏言:"其才识胆略有大过人者,使得安其位,而展其雄抱,当不致败坏若此。"③ 天启帝

---

① 《明熹宗实录》,第15卷,第3页,天启元年十月庚午,台北中央研究院历史语言研究所校勘本,1962年。

② 《明熹宗实录》,第8卷,第11页,天启元年三月辛酉,台北中央研究院历史语言研究所校勘本,1962年。

③ 《明熹宗实录》,第8卷,第16页,天启元年三月甲子,台北中央研究院历史语言研究所校勘本,1962年。

也谕部院："熊廷弼守辽一载,未有大失;换过袁应泰,一败涂地。"①明廷在不得已的情势下,再次起用努尔哈赤"独怕的那个熊蛮子"。于是明廷惩治前劾熊廷弼的御史冯三元、张修德和给事中魏应嘉,各降三级,并除姚宗文名。诏起廷弼于籍,冀支撑辽西残局。

时悲观论者,甚嚣于庙堂。他们认为"河西必不能保",有大厦将倾之感。天启帝几次召开朝廷会议,听取奏言,集议方略。言官们格外激切,疾言厉色,攘袂诟谇。但诸大臣多谨慎持议。争论的焦点是:河西是固守,还是放弃?原辽阳监军道、城未破而先逃者高出,主张放弃广宁,全力守御山海关。御史刘廷宣斥之为"误国之计"。他指出:"弃广宁即弃山海,弃山海即弃蓟、永,一惑此言,天下事弃矣!"②天启帝命将高出下锦衣卫狱。上述悲观论者,毕竟是个别人,朝臣多主固守辽西。兵部尚书崔景荣说:"今辽左惟有辽西一块土耳,若不并力固守,何以遏其长驱!"河南道御史张捷奏言:"刻刻以失辽东为恨,着着以守河西为主!"

守辽河以西,必守三岔河。明朝已经认识到坚守三岔、广宁之重要,兵部覆总督摄经略事文球疏言"辽、沈既失,便当守三岔河、广宁,次方守山海"云云③。王象乾也指出:今逆奴眈眈,逼我藩篱。河西所恃,以隔虏马者,止三岔河一衣带水耳。三岔之西,旧有沙堤,增筑高厚,酌量地形远近,可堡者堡,可台者台,多置火器,以防贼西渡。三岔之北,沿堤有河路一道,及时挑浚,务增深广,虽不御大虏,但使虏骑迟渡一时,则我军亦得收敛防御,早一时之备。广宁,全辽根本,当设重兵,简练教阅,精其技击,时其转饷,又必以辽阳为鉴。因此,守御辽西,必先固守广宁;守御广宁,必先固守三岔。防河与守城,成为守御辽西、抗御后金西进的两项战略任务。

要固守辽西,关键在广宁。就全辽而言,开原、辽阳、广宁三大镇,雄据鼎峙,相互依托。开原,地处辽东北关,"三面临虏",设总兵镇守,为"河东根本"。辽阳,居辽河之东,为辽东腹心,位置最重要。广宁,地处辽河之西,与辽阳仅一水相隔,互为犄角,凭依山海,位置冲要。其时明朝已经先后失陷开原、辽阳,要守辽西,必守广宁。因此,稳

---

① 《明熹宗实录》,第9卷,第3页,天启元年四月癸酉,台北中央研究院历史语言研究所校勘本,1962年。

② 谷应泰:《明史纪事本末·熊王功罪》,第2卷,第1429页,中华书局,1977年。

③ 《明熹宗实录》,第9卷,第8页,天启元年四月癸丑,台北中央研究院历史语言研究所校勘本,1962年。

定辽西，屏卫山海，确保京师，进图恢复，雄峙辽河西岸的广宁，位居险要，首当其冲。沈辽之战后，明朝与后金在军事上一个重大的变化，是开辟了辽西战场。辽西重镇广宁，成为明朝与后金争战辽西的第一个战略目标。

御守辽西，要在得人。熊廷弼以辽东经略，遭谗去职，回籍听勘，重被起用。熊廷弼第三次赴任，出任辽东经略，时明朝失陷抚顺、清河、开原、铁岭、沈阳、辽阳之后，局势更加严重，任务更加艰巨。熊廷弼针对后金短于攻坚、缺乏水师、后方不稳、兵力不足等弱点，提出坚守辽西、渐图恢复的战略防御兵略。天命六年即天启元年（1621 年）六月初一日，熊廷弼建"三方布置策"——"为恢复辽左，须三方布置：广宁用骑步对垒于河上，以形势格之，而缀其全力；海上督舟师，乘虚入南卫，以风声下之，而动其人心；奴必反顾，而亟归巢穴，则辽阳可复。"①八月初一日，又疏言："三方建置，须联合朝鲜。……我兵与丽兵声势相倚，与登、莱音息时通。"②其要点有四：陆上以广宁为中心，集中主要兵力，坚城固守，沿辽河西岸列筑堡垒，用步骑防守，从正面迎击后金的主力；海上各置舟师于天津、登州、莱州，袭扰后金辽东半岛沿海地区，从南面乘虚击其侧背；东翼联合朝鲜，侧面配合，相倚声势；并利用各种力量，扰乱其后方，动摇其人心——待后金回师内顾，即乘势反攻，可复辽阳。而经略坐镇山海关，节制三方，以一事权③。

熊廷弼的"三方布置策"，为天启帝和阁臣们所接受。朝廷遂命熊廷弼为兵部尚书兼右副都御史，驻山海关，经略辽东军务；命王化贞为都察院右佥都御史、广宁巡抚，驻广宁，受经略节制。天启帝旨允熊廷弼推荐，任命陶朗先为都察院右佥都御史，巡抚登莱等处军务，以辽东人刘国缙为登莱招练副使、佟卜年为登莱监军佥事。被逮罪臣原监军道高出与胡嘉栋也经保荐出狱，戴罪立功。朝廷还简派张鹤鸣任兵部尚书管左侍郎事，命王象乾出镇蓟辽、抚绥蒙古。王在晋为户、兵、工三部总理兼督兵饷、器械。朝廷在兵员、粮饷、军械等军事要务上，都给熊廷弼以支持。于兵员，三方布置总兵力为二十六万，加上蓟辽总督添加新兵，约近三十万，其中广宁地区兵员十二万。于兵饷，

①　《明熹宗实录》，第 11 卷，第 1 页，天启元年六月辛未朔，台北中央研究院历史语言研究所校勘本，1962 年。

②　《明熹宗实录》，第 13 卷，第 1 页，天启元年八月庚午朔，台北中央研究院历史语言研究所校勘本，1962 年。

③　《明史·熊廷弼传》，第 259 卷，第 6696 页，中华书局校点本，1974 年。

时国库空虚,财政竭绌,决定加派地亩银,并将淮、浙岁入八十二万余两由各边镇解用。其马匹、粮秣、兵器、火药,所需之数,照请给发。仅硝黄火药解至广宁,即达二十一万四千六十斤。原"议兵三十万,议饷千余万",朝廷依允。这正如王一元在《辽左见闻录》中所言:"极天下之力,以充辽饷!"

天命六年即天启元年(1621年)七月初五日,天启帝在熊廷弼离京前夕,赐他敕书一道、尚方剑一把,凡将士不用命者,副总兵以下先斩后奏。初六日,熊廷弼戎装出发。临行,天启帝又赐赏他大红麒麟一品服、纻丝四表里、银五十两;随行将官也赐赏有差。天启帝命在京城外赐宴饯行,文武大臣陪饯,以示宠任,且壮其行。宴罢,熊廷弼在京营兵五千名、马六千匹,及将官薛来胤等护送下,陛辞启行,出关赴命。经略熊廷弼、巡抚王化贞共同统兵,抵御后金军的进攻。

王化贞,进士出身,由户部主事历右参议,分守广宁。辽、沈陷后,晋右佥都御史,巡抚广宁。"化贞为人骄而愎,素不习兵,轻视大敌,好谩语。文武将吏进谏悉不入,与廷弼尤扺牾。妄意降敌者李永芳为内应,信西部言,谓虎墩兔助兵四十万,遂欲以不战取全胜。一切士马、甲仗、糗粮、营垒俱置不问,务为大言罔中朝。尚书鹤鸣深信之,所请无不允,以故廷弼不得行其志。广宁有兵十四万;而廷弼关上无一卒,徒拥经略虚号而已。延绥入卫兵不堪用,廷弼请罪其帅杜文焕,鹤鸣议宽之。廷弼请用卜年,鹤鸣上驳议。廷弼奏遣之垣,鹤鸣故稽其饷。两人遂相怨,事事龃龉。……是时,廷弼主守,谓辽人不可用,西部不可恃,永芳不可信,广宁多间谍可虞。化贞一切反之,绝口不言守,谓我一渡河,河东人必内应。且腾书中朝,言仲秋之月,可高枕而听捷音。识者知其必偾事,以疆场事重,无敢言其短者。"①

王化贞先派二万兵守三岔河,河长一百二十里,步骑一字摆开,每数十步,搭一窝棚,置军六人,划地分守。御史方震孺已向朝廷进言:"河广不七十步,一苇可航,非有惊涛怒浪之险,不足恃者一;兵来,斩木为排,浮以土,多人推之,如履平地,不足恃者二;河去代子河不远,兵从代子径渡,守河之卒不满二万,能望其半渡而遏之乎? 不足恃者三;沿河百六十里,筑城则不能,列栅则无用,不足恃者四;黄泥洼、张叉站冲浅之处,可修守,今地非我有,不足恃者五;转眼冰合,遂成平地,间次置防,犹得五十万人,

---

① 《明史·熊廷弼传附王化贞传》,第259卷,第6698～6700页,中华书局校点本,1974年。

兵从何来？不足恃者六。"①熊廷弼则斥言："东兵过河，所置地仅里许，窝卒仅百许，空散二万众于沿河"②，不能阻遏后金骑兵。化贞不听，经抚牴牾。经抚不和，意见相左：经臣主守，抚臣主战。王化贞寄望于蒙古察哈尔部林丹汗的援兵："虎墩兔憨调兵四十万助攻奴酋"③，可不战而取胜；妄臆李永芳为内应，必兵到而敌自溃。他具疏："愿以六万进战，一举荡平"④后金；至"仲秋八月，可高枕而听捷音"⑤，然后解戈释甲，归老山林。他对士马、甲仗、粮秣、营垒一概不问，兵士或"毡帽布衫、执棍而立"，或"沿村乞食、弓刀卖尽"，却务空言，以娱朝廷。尽管如此，王化贞还是得到廷臣的宠信。因为他以辅臣叶向高为座主，以兵部尚书张鹤鸣为奥援。正如《明史》所说："化贞本庸才，好大言。鹤鸣主之，所奏请无不从，令无受廷弼节度。中外皆知经、抚不和，必误封疆"⑥。而兵部尚书张鹤鸣又投靠阉党。因此，满朝为忧的经略、巡抚不和，根子在于朝廷党争。

　　熊廷弼离京后，按其原定"三方布置策"以守为战。王化贞主战而不言守，宣称：不战必不可守，不过辽河必不可战。两人异见，互不相让。王化贞既不懂军事，又好说大话，提出与熊廷弼不同的兵略：以投降后金的李永芳为"内应"，外借察哈尔林丹汗兵四十万，实行内外夹攻，"以不战取全胜"。这是一个空想的、不切实际的兵略。他屡次"遣谍"招降李永芳，永芳假意"内应"；但"谍工"一走，李永芳即向努尔哈赤奏报⑦。相反，李永芳藉此得以在明军内部策反，诱使王化贞的心腹孙得功等人秘密与后金联络，从而给后金不战智取广宁提供了条件。

　　王化贞邀林丹汗之兵夹攻后金，纯属纸上谈兵。虽然明朝每年给蒙古察哈尔部"岁币"，林丹汗却不听命于明朝。察哈尔部同明朝共同对付后金，既有相同利益，也有根本矛盾。王化贞早在天启元年(1621年)三月，就提出"以虏攻奴"的谋略，就是借蒙

　　① 《明史·方震孺传》，第 248 卷，第 6428～6429 页，中华书局校点本，1974 年。

　　② 《熊襄愍公集》，第 8 卷，第 31～32 页，《明经世文编》，中华书局影印本，1962 年。

　　③ 《明熹宗实录》，第 14 卷，第 6 页，天启元年九月癸丑，，台北中央研究院历史语言研究所校勘本，1962 年。

　　④ 《明熹宗实录》，第 18 卷，第 8 页，天启二年正月戊申，台北中央研究院历史语言研究所校勘本，1962 年。

　　⑤ 《明史·熊廷弼传》，第 259 卷，第 6700 页，中华书局校点本，1974 年。

　　⑥ 《明史·张鹤鸣传》，第 259 卷，第 6618 页，中华书局校点本，1974 年。

　　⑦ 《清史稿·李永芳传》，第 231 卷，第 9327 页，中华书局标点本，1977 年。

古以攻后金。他后又宣称:"亟救燃眉,惟有用虏一着。"王化贞请求朝廷发帑金百万,宣谕诸虏,共讨后金。他升任广宁巡抚后,继续推行这一做法。事实表明,王化贞"以虏攻奴"的计谋,不仅全部计算落空,而且招致广宁之败。天启元年(1621年)七月,王化贞遣都司毛文龙,以二百余众袭取镇江,化贞"自谓发踪奇功",举朝视为"奇捷",兵部听信其主张,催促廷弼出关督师,进兵赴援。廷弼不得已出关,驻扎右屯卫(今辽宁省凌海市右屯乡)。熊廷弼认为:"三方兵力未集,文龙发之太早,致敌恨辽人,屠戮四卫军民殆尽,灰东山之心,寒朝鲜之胆,夺河西之气,乱三方并进之谋,误属国联络之算,目为奇功,乃奇祸耳!"①天命七年即天启二年(1622年)正月,广宁巡抚王化贞上言:"愿以六万兵进战,一举荡平!臣不敢贪天功,但愿从征将士厚加赏赉,辽民赐复十年,海内除去加饷,而臣归老山林,于愿足矣!即有不称,亦必杀伤相当,敌不复振,保不为河西忧也。稍需时日,经臣以三路蹙之,歼敌必矣。臣又愿与经臣约:怒蛙可式,无摧战士之气;劳薪可念,无灰任事之心。但过河之后,将士有不能破敌逃归者尽杀之。其军前机宜,许臣便宜从事。若一切指挥必待报而后行,则无幸矣。如以臣言为不可,乞罢臣而专责经臣。庶得一意恢复,不至为臣所挠乱也。"②王化贞豪言:以六万军队进战,可一举荡平后金。

在"战"与"守"的兵略上,经略熊廷弼与巡抚王化贞相角力。熊廷弼向朝廷奏明:"河西之役,臣主守者也,谓修守即以修战。而抚臣不任守,则臣不得完守之局。"熊、王两人,"争战争守",相互弹劾,意气相加。经抚不和,朝野皆知。巡抚之所以敢于冒犯经略,因为大学士、首辅叶向高是其座主,兵部尚书张鹤鸣是其后台。时张鹤鸣与熊廷弼相失,独佑王化贞。王化贞所有奏请,张鹤鸣无不顺从。张鹤鸣甚至怂恿巡抚王化贞不受经略熊廷弼之节制。熊廷弼上疏抨击张鹤鸣,说:"臣既任经略,四方援军,宜听臣调遣。乃鹤鸣竟自发戍,不令臣知。七月中,臣咨部问调军之数,经今两月,置不答。臣有经略名,无其实。辽左事,惟枢臣与抚臣共为之。"③兵部尚书、辽东经略与辽东巡抚之间的矛盾,跃然纸上,哄然庙堂。部署在辽西十余万军队,受王化贞控制,而廷弼只有五千人。结果形成化贞节制廷弼,非经略节制巡抚的局面。广宁败后,给事中周

---

① 《明史·熊廷弼传》,第259卷,第6699页,中华书局校点本,1974年。

② 谷应泰:《明史纪事本末·熊王功罪》,第4册,第1431页,中华书局标点本,1977年。

③ 《明史·熊廷弼传》,第259卷,第6699页,中华书局校点本,1974年。

朝瑞等七人疏劾张鹤鸣破坏封疆,要张、熊、王三人同罪。时枢臣、科道多佑王化贞而左熊廷弼。

正值经抚纷争之时,恰为阉党得势之日。先是,天启帝冲龄登极,未及半月即赐魏进忠(忠贤)世荫,封乳母客氏为奉圣夫人。不久,魏忠贤谋杀中官王安,结成客魏集团。天启帝既喜"倡优声伎,狗马射猎",又好"亲斧锯髹漆之事,积岁不倦。每引绳削墨时,忠贤辈辄奏事。帝厌之,谬曰:'朕已悉矣,汝辈好为之。'忠贤以是恣威福唯己意"①。魏忠贤势炎日炽,廷臣如顾秉谦②、张鹤鸣,辽将如王化贞、毛文龙等依媚谄附。辽东的兵略之议,朝廷的朋党之争,彼此联系,相互影响。辽东经抚不和,既系于枢部阁臣,亦根于庙堂:

> 乃庙堂业以兵属王,又以尚方属熊,王握兵而不制令,熊制令而不握兵。王耻熊下,熊妒王成,一柄两雄,权分意左,私争之念,夺其急公,愤激之感,不虑偾事。③

吏科给事中赵进用言:"经抚相与哄于外,会议相与哄于朝。"④天启帝命廷议经抚的去留。天命七年即天启二年(1622年)正月十一日,在东阁召集九卿科道会议,由兵部尚书张鹤鸣主持,就经、抚去留问题进行讨论。这是一次极为重要的朝廷中府会议,与会者八十一人,诸臣之议,歧见纷呈。明确表示支持经略熊廷弼,将"登莱、广宁二抚互换者",仅徐扬先一人,其余或党护王化贞,或操持两端⑤。熊廷弼自料得不到阁部的支持,恐惧涕泣地疏言:"经抚不和,恃有言官。言官交攻,恃有枢部。枢部佐斗,恃有阁臣。臣今无望矣!"⑥这次朝廷中府会议,不仅注定尔后熊廷弼政治失败,而且表明阉党已始居主导地位。两年后,杨涟疏劾魏忠贤二十四大罪状,则不过是东林党同

---

①　《明史·魏忠贤传》,第305卷,第7824页,中华书局校点本,1974年。

②　《明史·阉党列传》,第303卷,第7843页,中华书局校点本,1974年。

③　傅国:《辽广实录》,下卷,《清入关前史料选辑》,第175页,中国人民大学出版社,1984年。

④　《明熹宗实录》,第17卷,第23页,天启元年十二月甲午,台北中央研究院历史语言研究所校勘本,1962年。

⑤　《明熹宗实录》,第18卷,第8页,天启二年正月戊申,台北中央研究院历史语言研究所校勘本,1962年。

⑥　《明史·熊廷弼传》,第259卷,第6702页,中华书局校点本,1974年。

阉党的公开决裂。所以,辽东经抚不和,仅仅是明朝政治傀儡戏台上两个互斗的木偶,其操纵者则隐伏在后台,即明朝最高决策集团内部的党争。

议上,得旨:着吏、兵两部会奏。经议:拟留王化贞,对熊廷弼则"斟酌推用"。天启帝尚未旨决,后金军已经进攻——西渡辽河,围攻西平。

(二)激战西平

后金在攻下辽阳后,将军事进攻的矛头,指向明朝辽河以西的重镇广宁。作为广宁的前沿堡垒西平堡,自然成为明朝与后金双方的血战疆场。八旗军为夺取这座辽西重镇,在进行战前准备。

努尔哈赤在攻下辽阳的第六天,即三月二十七日,派遣第五子德格类和侄儿斋桑弧,率领八旗的八个大臣及由各牛录抽出的一千官兵,前往辽河,察看船只与浮桥,进行渡河准备。辽河流经海州城(今辽宁省海城市)西七十里,在此形成三岔河。过三岔河渡口西北行百余里,达广宁。三岔河渡口为河东与河西的交通要道,明朝视三岔河为广宁之天险。每年春夏秋以"苇缆大船三十只为桥,便民往来"。努尔哈赤派兵侦察,欲从三岔渡河,袭取广宁。这支部队至海州驻扎,另派部分骑兵驰往三岔河,察看浮桥及明军动静。第二天,德格类等回辽阳报告:桥已被拆毁,河的两岸与河面,没有木船。渡三岔河,既无桥,又无船,这给后金骑兵进攻广宁造成极大困难。

后金要攻广宁,不时传出哨报。五月,后金李永芳等已集舟师,联木为伐,顺流而下,至狭之处,即欲从黄泥洼,西渡辽河,进兵广宁。六月,明朝又获谍报,后金已于张义站集结兵力,准备发起攻势。但是,努尔哈赤迟迟没有采取大规模军事行动。这是因为:一则渡河时机需要耐心等待,二则夏秋河水涨满不利涉渡,三则对明朝内情尚需深入了解,四则新占辽东地区很不安定。此时,辽南地区连续发生汉人反抗活动,特别是毛文龙只率二百余人,于六月间袭取镇江(今辽宁省丹东市附近)。天命汗十分震惊,急忙派八旗官兵,镇压汉民的反抗。虽然后金推延进攻广宁的时间,但是明军仍注视后金军队的动向。

正值明朝九卿科道会议争论经、抚去留的时候,努尔哈赤准备进兵河西。先是,努尔哈赤夺取辽阳、沈阳后的十个月期间,探察明朝动静,未敢轻启干戈。他通过李永芳与王化贞之间谍工往来①，探知明朝辽东经、抚不和，战守举棋不定，熊廷弼内外受困，王化贞浪言玩兵，广宁军备废弛，沿河防守单弱。努尔哈赤决计乘有利时机，西渡辽河，夺取广宁。

时广宁巡抚王化贞得到后金军西进的驰报，仓促布兵防守。原议总兵刘渠领兵二万人守镇武堡，总兵祁秉忠领兵万人守闾阳驿②，分南北两路，与广宁犄角；副总兵罗一贵③率三千人守西平堡，又在镇宁驻兵。经略熊廷弼驻右屯（今辽宁省凌海市右屯乡），王化贞自带重兵驻广宁（今辽宁省北镇市），部署以镇武堡、镇宁堡、闾阳驿、西平堡等四堡屏障广宁，阻击后金军进犯。

西平堡（今辽宁省盘山县古城子），既是辽西历史重镇④，又是明朝在辽河以西的头一座重要堡垒。先是明沿边大修长城、边墙、台堡，列兵戍守。在辽东防边，从山海关至开原、铁岭，每三十里，即筑一城，势如连珠。关外各重镇之间，每三十里置一堡，每五里置一墩，在两墩间，又筑长墙，上植木栅，以防越突。广宁周围，遍布堡台。堡是军事防务据点，台为军事哨所。堡以下为台，每堡辖台若干。台原为五里一座，嘉靖时又在每两座之间增设一座。堡台烟墩，密如蛛网，棋布星罗，千里相望，沿边山顶，珠联璧贯。王一元《辽左见闻录》记载："明季防边，至周且备，不知费几万万金钱！"堡台烟墩，数以千计，防御体系，完整严密。但是，明朝镇堡墩台，后金崛兴以来，一座座被夺占，一个个被冲垮。广宁的前沿堡垒西平堡，就成为后金军进兵辽西、夺取广宁的第一个猎取物。

天命七年即天启二年（1622 年）正月初一日，后金军先后乘夜发兵三千，携带攻城器具，自辽阳出发，前往海州，进逼牛庄⑤。其时明军得报："奴酋将各处兵马，尽数发在海州一带"，遥见"牛庄东南，起烟雾，五里宽，十里长"⑥。明军已经判断：后金在调

---

①　《熊襄愍公集》，第 7 卷，第 60 页，《明经世文编》，中华书局影印本，1962 年。

②　《大明一统志》第 35 卷第 37 页："闾阳城在广宁卫西南五十五里，本汉五虑县地。辽置奉陵县，金改闾阳，元省县置千户所，本朝置驿。"

③　罗一贵：《明史·罗一贯传》、《明史·熊廷弼传》、《明史纪事本末·熊王功罪》、《明通鉴》等均作"罗一贯"；《明熹宗实录》第 18 卷天启二年正月丁巳、《三朝辽事实录》第 7 卷第 14 页、《明史稿·熊廷弼传》、《国榷》第 85 卷第 5200 页、《清太祖武皇帝实录》第 4 卷第 1 页、《满洲实录》第 7 卷第 8 页、《清太祖高皇帝实录》第 8 卷第 11 页等，均作"罗一贵"，从后者。

④　《明太祖实录》第 81 卷洪武六年四月丁亥："丁亥，置西平卫，以故元来降知院撒尔札拜为指挥佥事。"

⑤　《明熹宗实录》，第 18 卷，第 14 页，第 9 页，台北中央研究院历史语言研究所校勘本，1962 年。

⑥　王在晋：《三朝辽事实录》，第 7 卷，第 9 页，天启二年正月十一日，江苏省立国学图书馆藏本。

兵遣将,集结军队,渡三岔河,兵指西平。

十八日,统兵西进。先是,后金自攻下辽阳后,努尔哈赤用近一年时间,完成了进攻广宁的备战。从春节前后,就开始向海州、牛庄一带调兵,共五万人马,计划分作三路进兵:一自柳河(今海城市附近),一自黄泥洼(今辽阳太子河畔),一自三岔(今海城西七十里处)。至是,天命汗努尔哈赤命族弟铎弼、贝和齐及额驸沙津和苏巴海等统兵留守辽阳①,亲率诸贝勒大臣,带领八旗大军,"各带干粮并攻城车辆、钩梯及挖城铁锹"等,离开辽阳,经鞍山、牛庄,向西挺进,目标直指广宁。面对后金大军压境之时,明朝却党争激烈,经、抚不和,战守不定——"战不成战,守不成守"。

十九日,驻东昌堡。是日夜,天命汗率大军宿于东昌堡(今海城市牛庄南)。东昌堡位于海州西南,辽河东岸。天命汗经鞍山驿(今鞍山旧堡),过牛庄,到东昌。自牛庄抵广宁二百余里,道路泥泞,一片沼泽,霖雨汪洋,川旅难行。朝鲜使臣麟坪大君在《松溪集·燕途纪行》中写道:"周回顾望,野天一色,四际无山,浩浩荡荡,恍如乘船大海中。"但时值隆冬,地面结冰,后金步骑,得以冰渡。

努尔哈赤到三岔河——代子河、浑河、辽河三河合流,故称三岔河。三岔河渡口,为河最狭处,是广宁前沿防守要地。三岔河宽约七十步,水流平缓,守御颇难。沿河一百二十里,黄泥洼、张义站,已被后金占领。广宁城的外围,主要有镇宁堡、镇武堡、西平堡和闾阳驿诸堡,弓形环卫,相互应援。但西平堡最为凸出,明副将罗一贵率三千兵驻守,前卫广宁。因此,欲取广宁,必占西平。努尔哈赤第一次派人侦察,首先来这里察看地形,其余两路是在黄泥洼与柳河渡河。从八旗军渡河后的调动,可以看清努尔哈赤的军事意图:不直接进攻广宁,而攻击其前哨西平堡,引诱广宁兵东来,至旷野处,展开野战,以己之长,制敌之短,歼灭明军,夺占广宁。

时王化贞估计后金军不敢渡河,甚至打算派兵过河将其诱之而来,然后以精骑袭击,给予重创。熊廷弼则提出"内护广宁,外扼镇武、闾阳"②的防御措施。就是坚守广宁,城外防御,犄角立营。徐光启曾向天启帝疏议:"广宁以东一带,大城只宜坚壁清野,整理大小火器,待其来攻,凭城击打,一城坚守,彼必不敢蓦越长驱,数城坚守,自然

---

① 《满文老档·太祖》,上册,第18页,天命七年正月十八日,中华书局译注本,1990年。

② 《北镇县志》(辽宁人民出版社本)第480页记载:"闾阳驿城,位于城西南25公里闾阳镇内,旧城二里五十步,有南、北两门,金代系闾阳县治所,明代置驿。"

引退。"熊廷弼令总兵刘渠以二万人守镇武堡,祁秉忠以万人守闾阳驿①,罗一贵以三千人守西平。沿河一线,布兵设防。其时,河水冰坚,策马可渡,既无天险扼其冲,又无金汤阻其锋,西平孤堡,暴露在前。

二十日,西渡辽河。晨,后金军拔营,进至河边,五万人马,分作三路,从毛家寨、夏家屯、郎家屯、通江、咬沟、杨林子等处,乘坚冰,横渡河。王化贞部署的防河官兵,见势不妙,掉头逃跑。后金前哨兵猛追二十里,进到明军兵力单弱的西平堡。晚,后金军进抵西平堡。明西平堡参将黑云鹤率兵出击。后金军城外安营,准备攻城。

二十一日,攻西平堡。参将黑云鹤率兵出战失利,兵败还城,及至城门,追兵赶到,被歼而死(一说二十日死)。《明史·罗一贯传》记载:后金军过三岔河,"兵渐近,参将黑云鹤出击。一贯止之,不从。明日,云鹤战败,奔还城,追兵歼焉"。是日,后金军歼灭黑云鹤,进攻西平堡南门。副总兵罗一贵,坚壁固守,奋力抵抗,城上发炮还击,城下死伤很多。后金军攻城不下,李永芳力图劝降,派出使者,举着旗,到城下,招降罗一贵,并遣使游说之。罗一贵拒降,说:"岂不知一贵是忠臣,肯作永芳降贼乎!"遂斩其来使。并在城上竖起招降旗②,遭到后金军更为猛烈的攻击。时各城守军,消极自保,不作援应;王化贞蜷缩广宁,不敢出击。熊廷弼急檄王化贞督战,并激之曰:"平日之言安在?"③王化贞遂命总兵官祁秉忠率闾阳兵,心腹骁将孙得功率广宁兵,熊廷弼又督总兵官刘渠率镇武兵,分作三路,驰援西平。天命汗努尔哈赤分一半军队围西平,以另一半军队迎击前来增援的三路明军④。

二十二日,平阳桥之战。西平堡被围告急,经略熊廷弼、巡抚王化贞派军前去救援。令总兵刘渠尽撤镇武兵二万人,又派总兵祁秉忠撤闾阳驿一万人,再派广宁孙得功、祖大寿统兵前往助战解围。孙得功原为贺世贤部下,已暗降后金⑤。孙得功既已暗降,便利用援西平之机,阴谋使明军失败。后金兵发现明援兵后,整队迎战,发起攻

　　① 《明史·熊廷弼传》,第259卷,第6700页,中华书局校点本,1974年。

　　② 《明熹宗实录》,第18卷,第16页,天启二年正月丁巳,台北中央研究院历史语言研究所校勘本,1962年。

　　③ 谷应泰:《明史纪事本末·熊王功罪》,第4册,第1432页,中华书局,1977年。

　　④ 《清太祖高皇帝实录》记载:"丁巳(二十一日)招其城守副将罗一贯降,不从。辰刻,布梯楯,攻其城。四面兵皆溃。午刻,克之。"《明熹宗实录》天启二年正月丁巳记载:西平之战,"奴尽锐攻之,相持两昼夜"。

　　⑤ 《清史稿·孙得功传》,第231卷,第9343页,中华书局标点本,1977年。

击,两军交战于平阳桥。孙得功、刘渠、祁秉忠在平阳桥迎战后金军,时孙得功分兵为左右翼,推刘渠部、祁秉忠部先出战。刘渠"前往迎敌,连攻打三阵,奴兵稍却"。其时,"孙得功等故意上前一冲,即卸(却)去,因而各营俱起,以至大败"①。孙得功等大喊:"兵败了!兵败了!"边喊边逃。副将鲍承先紧随其后逃去(后剃发降)。明兵见主帅已逃,惊恐而遁,四面溃散。正在交战的刘渠,见阵大乱,拨马而走。后金兵乘势追杀,至沙岭地带,纵骑驰歼明兵。总兵刘渠坐骑蹶倒,身翻落地,惨遭杀死。总兵祁秉忠"扶病而战",身中二刀三矢,被家丁救起,扶上马,破重围,行至途中,伤重而死②。副总兵麻承宗战殁于沙岭③。副将刘征中箭落马。副将刘式章"被矢贯髀"。明援兵三万余人,在平阳桥与沙岭之间全军覆没。

同日,攻陷西平堡。天命汗努尔哈赤击败明三路援军之后,遂集中八旗兵力,继续围攻西平堡。后金兵先发火炮,继拥楯车、竖云梯、挥铁钩攻城。罗一贵督率明军,凭城固守,在城上发炮,杀伤大量后金兵。后金军死伤累累,城下积尸,几与城平!西平之战,异常激烈。在激战中,一矢飞来,射中罗一贵眼睛,不能指挥。虽兵士们仍然坚持守城,但火药、矢石已用尽。后金兵看到城上轰击停止,矢石亦断,便急速地推着楯车,进至城下,树起云梯,英勇登城。罗一贵决心殉国,北面再拜,曰:"臣力竭矣!"遂自刎而死。都司陈尚仁、王崇信也死。据《明熹宗实录》载:

> 罗一贵将三千人守西平。各坚壁勿战,有急互相应援。贼先攻西平,黑云鹤出战而死。罗一贵固守不下,杀奴数千人。李永芳竖招降旗,阴遣人说一贵。一贵骂之曰:"岂不知一贵是忠臣,肯作永芳降贼乎!"斩其使,亦于城中竖招降旗。奴尽锐攻之,相持两昼夜。用火器杀贼,积尸与墙平。会一贵流矢中目,不能战,外援不至,火药亦尽,一贵北向再拜曰:"臣力竭矣!"遂自刎。奴尽屠西平。④

---

① 《熊襄愍公集》,第7卷,第60页,《明经世文编》,中华书局影印本,1962年。

② 《明熹宗实录》,第19卷,第8页,天启二年二月乙亥,台北中央研究院历史语言研究所校勘本,1962年。

③ 《明史·祁秉忠传》第271卷第6957页:"自辽左军兴,总兵官阵亡者凡十有四人:抚顺则张承胤,四路出师则杜松、刘綎、王宣、赵梦麟,开原则马林,沈阳则贺世贤、尤世功,浑河则童仲揆、陈策,辽阳则杨宗业、梁仲善,是役,渠与秉忠继之。"案:辽阳还有朱万良。所以,清太祖时明军死于后金阵下总兵共十五员。

④ 《明熹宗实录》,第18卷,第16页,天启二年正月丁巳,台北中央研究院历史语言研究所校勘本,1962年。

罗一贵以三千人抵御后金军五万人的围攻，最后矢尽援绝，城陷身亡①。剩余将士，继续抵抗——在城墙上，短兵相接；在巷子里，肉搏厮杀。三千明兵，全部被歼，血肉横飞，僵尸遍地。后金军在西平堡下，损失极为惨重。《三朝辽事实录》记载后金兵死伤六七千人，这个数字或有夸大，但实际伤亡数字是很大的。所以《满文老档》有关西平之战的记载颇为疏略。特书于二十二日举行庆祝破西平之礼，并杀八牛祭纛②。

后金西平—沙岭之捷，扫除进军广宁障碍，歼灭广宁明军精锐，意义重大，影响深远。后清朝汉官石廷柱总结历史经验时说："当年沈阳得，而辽阳随破；沙岭捷，而广宁随顺。"③这就是说，在广宁之役中，西平—沙岭决战，消灭广宁明军精锐，重镇广宁传檄可下。

后金军在攻破西平、拔除镇武堡和闾阳驿之后，驻师西平堡，准备夺取广宁。

（三）智取广宁

广宁城（今辽宁省北镇市）在山隈，"形势若盘，俗谓之盘城"④，北依医巫闾山为屏，东恃三岔河为阻，在辽阳西四百二十里。广宁北靠医巫闾山，"雄峙城北，以御大漠"。明初辽东主要防御蒙古，广宁特殊的自然形胜，为辽东都指挥使分司，巡抚与总兵驻地，因而成为辽西军事重镇。广宁位置于河东与河西之间的冲要之区，明洪武初，在辽、金时广宁府旧址筑城，周长九里余，高三丈，池深一丈五尺、宽二丈。洪武二十三年（1390年）置广宁卫，设总兵官抚镇⑤。自此，广宁以优越的地理位置，险要的自然形势，复杂的民族关系，悠久的历史传统，成为明代辽西的军事重镇。到明朝中后期，城内常驻官军一万余人，加上其所辖台堡守军，则达一万四千四百余人。广宁城之沿革、城池，康熙《广宁县志》记载：

> 金置广宁府。元为广宁路。明洪武间，指挥王雄因旧址修筑，都督刘真甃

---

① 叶向高《遟编》第12卷载："二十日，奴酋举兵渡河，总兵刘渠与战，锋初交，后阵已溃，诸兵将皆逃，渠死之。参将罗一贵守西平堡，血战杀奴数千人，火药尽，死之。"

② 《满文老档·太祖》，册Ⅱ，第493页，东洋文库本，1956年。

③ 《清太宗文皇帝实录》，第56卷，第24页，崇德六年七月丁酉，中华书局影印本，1985年。

④ 《盛京通志》，第15卷，第12页，康熙二十三年（1684年）刻本。

⑤ 《全辽志》，第1卷，《沿革·图考》，《辽海丛书》影印本，辽沈书社，1985年。

以砖。永乐间,总兵刘江拓展东南关。弘治间,备御胡忠展西隅。正德间,备御李凑展南关。周围五百四十六丈,池深一丈五尺、阔二丈。周围十一里四十五步。后展新城,周围十七里,门六:东曰永安,东南曰泰安,南曰迎恩,西曰拱镇,西一门土塞,北曰靖远。角楼四座,北曰镇朔,东南曰柔远,西南曰望京,西曰瞻秀。①

康熙《盛京通志》载述与上文有同有异,其异文为:"广宁县城池,即明广宁中、左、右三卫地","嘉靖丁酉,都御史任洛、总兵马永重修"云云②。先是,明洪武二十三年(1390年),置广宁卫。洪武二十五年(1392年),封辽王于此。次年,复为广宁卫,统左、中、右三卫,左卫于城东北隅、右卫于城西北隅、中卫于城西门内。

清代顾祖禹在《读史方舆纪要》中记述:广宁"西卫榆关,东翼辽镇,凭依山海,隔绝戎奚,地大物繁,屹然要会。"又载昔之议边事者尝曰:"备镇静,则寇不能北来;驻三岔,则寇不能东渡。"③广宁背靠医巫闾山,南临大海,西界锦州,东隔辽河与辽阳对峙,成为辽阳、沈阳通往山海关之咽喉要地。广宁是明朝失陷辽阳之后,辽东巡抚的驻地,辽西防御的镇城。广宁生员暗通后金,兵士漫无纪律,西平已经失守,百姓惊恐不安。

后金在西平—沙岭大败明军,摧毁广宁的前哨堡垒,歼灭广宁的精锐部队,为其实现此次用兵的战略目标——夺取广宁,奠定了有利条件。但是,后金不敢轻信孙得功暗降,因而没有立即进军广宁。努尔哈赤令八旗军屯驻沙岭,遣游骑哨探消息,以静观广宁之变。先是,孙得功已暗约降金,预谋回广宁,擒获王化贞,将王巡抚与广宁城,一起献给后金。努尔哈赤自然愿意兵不血刃地得到广宁这座辽西重镇。还在后金兵渡辽河时,消息一传到广宁,全城绅士官民,多逃出城,避难山中。明军西平—沙岭败后,孙得功等逃回城里,同其党羽散布"敌兵快到广宁城"的流言,人心惊恐,坊巷混乱,城门紧闭,甚至有士兵自城墙上缒下逃命,广宁成为一座空城。孙得功及其党羽一面煽惑人心;一面封府库、封火药库,准备迎接后金军进城④。

---

① 康熙《广宁县志》,第2卷,第1页,《辽海丛书》影印本,辽沈书社,1985年。

② 《盛京通志》,第10卷,第13页,康熙二十三年(1684年)刻本。

③ 顾祖禹:《读史方舆纪要》,第37卷,第34页,上海书店出版社影印本,1998年。

④ 王在晋:《三朝辽事实录》,第7卷,第16页,江苏省立国学图书馆藏本。

　　二十二日,王化贞得到西平失守、沙岭败报后,督将士登城戍守,众皆不应。游击孙得功在援救西平时佯败先归,因"潜纳款于太祖,言师已薄城,城人惊溃"①。王化贞急召得功至衙署,仍委以守城重任。他刚"出衙门,即发炮,堵城门,封银库,封火药"②,以待后金军入城。城中军民一片混乱,携带家眷夺门出逃。

　　时王化贞正在衙署阅视军报,突然参将江朝栋未经报告,擅自闯入他的卧室。化贞大怒,厉声呵斥。朝栋急拉化贞曰:"事急矣,快走,快走!"③王化贞顿时吓得不知所措。江朝栋边说边挟着王化贞,径直奔向马厩,但马被窃走,仅余两峰骆驼。王化贞的四箱行李,用两峰骆驼装载,在江朝栋及二友二仆等陪护下,步随到城门。时城门已被叛兵把持,阻止王化贞出城。叛兵要打开箱子,王化贞说:"此皆往来书札,并无他物!"破开箱子,果无他物。叛兵向王化贞打来,将其随行一人脸打破。在混乱中,王化贞仅有江朝栋、陈一元和书办梁应科三人相从,得以逃脱。史载:王化贞等逃到城门,"而城门刀棍堵截如林,仅以身免。身旁一相伴朋友已劈头打伤,驼箱已被打夺"④。王化贞后得马匹,弃守广宁,狼狈南逃。辽东巡按方震孺还在城内,得知王化贞已逃,慌张单骑南逃。监军牛维曜、邢慎言也随之逃走。

　　王化贞弃城逃跑后,广宁守门游击孙得功、守备黄进和千总郎绍贞、陆国志等,把守城门,控制广宁。

　　二十三日,后金军虽夺取西平堡,但受重创。努尔哈赤驻西平,哨探广宁虚实,未敢策骑轻进。是日,孙得功等派七人前往天命汗驻地西平堡,跪请后金军进城。努尔哈赤赏给来人印信与银两,并遣他们回广宁,并没有即刻发兵,向广宁城推进。

　　同日,王化贞一行,逃至大凌河,同率领五千援军至闾阳回撤途中的经略熊廷弼相遇⑤。化贞一见廷弼,不禁哭了起来。巡抚向经略"叹诉辽人内溃,孙得功等谋献,几不得免之状"⑥。廷弼冷笑道:"六万军荡平,竟何如?"化贞愧不作答。经略熊廷弼"哀

---

①　《清史稿·孙得功传》,第231卷,第9342页,中华书局标点本,1977年。

②　《熊襄愍公集》,第7卷,第59页,《明经世文编》,中华书局影印本,1962年。

③　王在晋:《三朝辽事实录》,第7卷,第15页,江苏省立国学图书馆藏本。

④　《熊襄愍公集》第7卷,第59~60页,《明经世文编》,中华书局影印本,1962年。

⑤　熊廷弼与王化贞逃亡相遇之地,《明史纪事本末·补遗》与《三朝辽事实录》载遇于闾阳;《国榷》载为前屯;惟《明史》与《明熹宗实录》载为大凌河,今从此说。

⑥　《熊襄愍公集》,第5卷,第29页,《明经世文编》,中华书局影印本,1962年。

而慰之"。接着,化贞向廷弼建议固守宁远、前屯。熊廷弼说:"晚矣! 公不受给慕战,不撤广宁兵于镇武,当无今日。此时兵溃之势,谁与为守? 惟护百万生灵入关,勿以资敌足矣!"①熊廷弼以所带五千兵给王化贞作殿后,自己与韩初命等引领溃散军民往山海关行进。其时,"熊廷弼在右屯有兵万人亦逃,所过宁远、宁前诸屯堡,悉纵火焚之。辽人相随逃入关者数十万。逃兵十余万至关下,大司马王公象乾以总督莅关,闭不纳。廷弼至,按剑叱关吏开门,悉纳之,纵之南"②。蓟辽总督王象乾向朝廷奏报辽西兵马溃退的悲惨景象:"日来援辽溃兵数万,填委关外,遍山弥谷,西望号呼者竟日达夕。逃难辽民数十万,隔于溃军之后,携妻抱子,露宿霜眠,朝乏炊烟,暮无野火,前虞溃兵之劫掠,后忧塞虏之抢夺,啼哭之声,震动天地。"③明朝腐朽的统治,后金贵族的铁骑,给辽西人民造成多么凄惨的境况!

二十四日,先是,努尔哈赤对广宁降金仍存疑虑。至是,后金人石天柱投明为千总,出迎并报告广宁的守城官吏,都已逃遁,秀才郭兆基等司管城门。于是,天命汗努尔哈赤率贝勒大臣,统领大军,开赴广宁。后金大军到广宁城东三里望昌岗,孙得功与黄进等带领降顺后金的官将、生员、士绅等,已剃发,抬龙亭,举旗子,张伞盖,吹喇叭,奏唢呐,俯伏道旁,焚香山呼,迎接天命汗统帅后金军进城④。时移居广宁之女真人,出门迎降。石氏三兄弟——国柱、天柱、廷柱献城迎降:"天柱首先出迎,国柱、廷柱以城献。"⑤努尔哈赤先令八旗诸贝勒与李永芳"同至广宁,扎营教场,使人搜城毕",然后,努尔哈赤才放心地骑马进城,至明巡抚衙门前下马。昨日辽东巡抚的衙门,成为今日后金国汗的行宫⑥。至此,后金军全部占领广宁。

二十五日,天命汗驻跸广宁城,明军游击罗万言、平阳桥守堡闵云龙、锦州都司陈尚智等,或出山,或弃堡,先后到广宁投降。

二十六日,熊廷弼抵山海关,说明情况后,守将才将他们放入关。接着,王化贞、高

---

① 王在晋:《三朝辽事实录》,第 7 卷,第 18 页,江苏省立国学图书馆藏本。

② 叶向高:《遯编》,第 12 卷,第 1 页,明刻本。

③ 王在晋:《三朝辽事实录》,第 7 卷,第 26 页,江苏省立国学图书馆藏本。

④ 《清太祖高皇帝实录》第 8 卷第 13 页:"城中比户焚香,绅士庶民,备乘舆,设鼓乐,执旗张盖,伏俯迎谒。"天命汗努尔哈赤进入广宁。

⑤ 徐乾学:《憺园全集》,第 31 卷,清刻本。

⑥ 《满文老档·太祖》,册Ⅱ,第 495 页,东洋文库本,1956 年。

出、胡嘉栋等也先后进关。惟有兵备道参政高邦佐独自赴松山(今辽宁省凌海市松山乡),长叹道:"不能存广宁,何颜入关!"以身报国,自缢而死①。

后金占领广宁后,八旗将士,休整十天,准备向山海关进军。八旗大军途经大、小凌河、松山、杏山、塔山等镇堡,行至中左所,沿途百余里,满目荒凉,人烟断绝,几无所得,返回锦州。时广宁西的义州(今辽宁省义县),地处冲要,尚在坚守。努尔哈赤派二子代善、八子皇太极领兵取义州,城守将拒听招抚,闭门拒降。代善与皇太极兄弟下令攻城,经过八个多小时的激战,城被攻破,斩三千级②。

后金占领广宁,并连陷义州、平阳桥、西兴堡、锦州、铁场、大凌河、锦安、右屯卫、团山、镇宁、镇远、镇安、镇静、镇边、大清堡、大康堡、镇武堡、壮镇堡、闾阳驿、十三山驿、小凌河、松山、杏山、牵马岭、戚家堡、正安、锦昌、中安、镇彝、大静、大宁、大平、大安、大定、大茂、大胜、大镇、大福、大兴、盘山驿、鄂拓堡、白土厂、塔山堡、中安堡、双台堡等四十余城堡,后金军将广宁等地数百万饷帑、粮食、军器、火药、马牛、布帛等运回辽阳,并把辽河以西的人民驱赶到河东。以右屯卫为例,被驱赶的人口有一万四千七百二十八人,被掠走的牲畜为六千一百九十七头③,被运走的粮食有五十万三千六百八十一石七斗七升④。

为庆贺努尔哈赤占领广宁,福晋们二月十一日从辽阳出发,十四日⑤来到广宁。大福晋率领众福晋,在铺设红地毯的衙门里,向坐在衙署正堂的天命汗努尔哈赤叩贺道:"天眷佑汗,占领了广宁!"⑥随后依次行庆贺礼,摆设盛宴。十七日,天命汗在福晋们陪伴下返回辽阳。

几天之后,后金军又放火烧毁广宁城⑦。后努尔哈赤下令撤离广宁、义州等城,守军全部返回辽阳。

---

①　《明熹宗实录》,第19卷,第8页,天启二年二月乙亥,台北中央研究院历史语言研究所校勘本,1962年。

②　《清太祖武皇帝实录》,第4卷,第3页,台北故宫博物院藏,广文书局影印本,1970年。

③　《满文老档·太祖》,上册,第323页,天命七年二月,中华书局译注本,1990年。

④　《满文老档·太祖》,上册,第309页,中华书局译注本,1990年。

⑤　《清太祖高皇帝实录》第8卷第14页载"丁丑,后妃等自辽阳起行,庚申,至广宁城"。《满文老档》、《清太祖武皇帝实录》和《满洲实录》均载"十四日"至广宁。查"十四日"为庚辰,该月无"庚申",是知《清太祖高皇帝实录》载"庚申"误。

⑥　《满文老档·太祖》,册Ⅱ,第544页,东洋文库本,1956年。

⑦　《满文老档·太祖》,上册,第445页,中华书局译注本,1990年。

广宁之役,影响深远。

其一,据明朝兵部题奏:此次全国增援广宁,"调兵十数万,转饷二百万,发帑数百万,器械、火药、盔甲、鞍马、头畜、刍料数十万,尽付于奴酋!而四方驱车驰马,海运陆输,臣等目不交睫,手不停批者,皆以助狂夷之毒焰"①。明朝从全国调募十万计的兵员,或成为鬼魂,或沦为溃兵;明朝投入数以百万计的财富,或化为一堆灰烬,或转入后金之手!

其二,据明朝兵部题奏:河西失守,人皆岌岌,百万难民,齐拥入关,居无屋,寒无衣,食无米,炊无薪。在山海关内,"米为珠而薪为桂"。未逃之民,被后金"尽驱锦(州)、义(州)百姓渡河东去"②。从而后金获得大量粮食、人口、牲畜、金银、布匹等,进一步充实其军事与经济的实力。

其三,后金获广宁大捷,突破明朝辽河防线,进入辽西地区,打开新的局面。广宁是辽西的重镇,西通明朝、北邻蒙古,这就为后金进攻宁远、绥服蒙古,提供了一个前哨基地。明朝失掉广宁,影响极为深远。明朝有广宁在,辽西完整,恢复辽东,似为有望。后金攻占广宁,进入辽西,巩固辽东,威胁关门。

其四,明朝遭广宁之败,关外局势,更趋恶化,社会危机,更为深重。明朝弃守广宁之后,辽东形势,为之一变。明辽东经略王在晋分析道:

> 东事离披,一坏于清、抚,再坏于开、铁,三坏于辽、沈,四坏于广宁。初坏为危局,再坏为败局,三坏为残局,至于四坏——捐弃全辽,则无局之可布矣。逐步退缩之于山海,此后再无一步可退。③

明朝失陷广宁,丢弃全辽,无局可守。明失守广宁,其严重性,正在于此。

(四)兵略得失

后金与明朝的广宁之役,兵略得失,关系胜败。

---

① 王在晋:《三朝辽事实录》,第7卷,第35页,江苏省立国学图书馆藏本。
② 《满文老档·太祖》,上册,第322页,中华书局译注本,1990年。
③ 王在晋:《三朝辽事实录》,第8卷,第22页,江苏省立国学图书馆藏本。

　　明清辽左争局的第一局是萨尔浒之战，第二局是沈辽之战，第三局则是广宁之战。明军以上三局，每局皆输。其输之原因，既有相同，也有不同。广宁争战，明辽军失败的原因固多，诸如朝廷腐败、戎部昏聩、用人不当、经抚不和、化贞虚妄等，但一次独立战役的胜败，主帅的谋略是争战演化否泰的枢轴。所以，乃胜乃败，原因固多，揭橥其要，首在兵略；谋略巧拙，成败系焉。广宁之役谋略集中表现于双方军事统帅的争战谋划及其实施。明方统帅主要为熊廷弼和王化贞，后金统帅主要为努尔哈赤。

　　熊廷弼作为广宁之役明朝辽军的主帅，其兵略"三方布置策"空浮虚泛，是不容辞其咎的。论者不能以怜悯熊廷弼的个人悲剧结局，而忽视对其"三方布置策"作理性的批评。

　　熊廷弼的"三方布置策"，明末、清代、民元以来，学者所论，颇予赞肯。"熊廷弼的'三方布置策'是积极防御思想，是可以实现的，应当肯定"①。但是，细加分析，盖谓不然，熊经略"三方布置策"之失，列举六点：

　　其一，着眼于攻，疏失于守。他奏明此策之指归是："为恢复辽左，须三方布置。"时明军总的态势是，先败没于萨尔浒，继败溃于沈、辽，惟战惟微，惟局惟危。在战略上已无力进攻，仅能做一个"守"字，恢复辽阳，如同化城②。

　　其二，沿河列垒，兵家大忌。河窄水浅，履冰可涉，兵多堡少，难容马步，布防河岸，兵分力散，彼骑强渡，力不能支，一营失守，诸营俱溃。

　　其三，天津舟师，难能入卫。在中国古代军事史上，尚无天津水师入辽败敌、收复失地之先例。虽津门为运道咽喉，疏请天津设立巡抚，却只能加强粮料补给；若水师渡海作战辽南，必定遭到后金骑兵围歼。

　　其四，登莱水师，无力出击。登州与莱州的舟师，可运输、通声息，可牵制、张声势，既无力登陆攻城略地，也无助恢复辽左寸土。

　　其五，风声下辽，海市蜃楼。熊经略设划天津、登州、莱州之舟师，从海上登岸，乘明军风声，下辽南诸卫。另如时人指出："至于皮岛，则陆绝海外，风波限隔，自毛文龙开镇以来，十余年间，曾得其半矢之用否？"所以，遂顺风前进，可光复辽阳，纯属海市蜃

<hr>

　　①　军事科学院主编：《中国军事通史》，第 16 卷，第 46 页，军事科学出版社，1998 年。

　　②　拙著《清净化城塔名辨正》一文，据《妙法莲华经·化城喻品第七》诠释："化城"出自佛典。化城，是指一时化作之城郭。其喻意是，一切众生成佛之所为清净宝所，到此宝所，路途遥远险恶，为恐众生疲倦退却，于途中变化一座城郭，舍宅庄严，楼阁高耸，园林葱葱，渠流淙淙，使之在此止息。众生到此止息，即灭幻化之城。拙文载《燕步集》，北京燕山出版社，1989 年。

楼,虚幻构想而已。

其六,朝鲜之兵,难助声威。朝鲜军在萨尔浒之役,兵没帅俘,剧痛犹新。熊廷弼在疏议中,冀望朝鲜"尽发八道之师,连营江上,助我声势",纸上谈兵,虚泛之见。

后崇祯初礼部尚书黄汝良评论熊廷弼"三方布置策"谓:"此亦谋国不忠之甚也!"或有些许道理,却是言之过苛。

由上可知,熊经略三赴辽东,其前功可奖,忠心可嘉,雄心可钦,冤死可悯;但其鸿猷硕略,未料彼、己,浮幻不实,断难操作。如按其策行,无化贞掣肘,辽阳必不复,广宁亦必难保①。

王化贞乘危时,以微功,受命为广宁巡抚。化贞进士出身,素不习兵,刚愎自用,狂言娱上。他的御敌兵略是:"部署诸将,沿河设六营,营置参将一人,守备二人,划地分守。西平、镇武、柳河、盘山诸要害,各置戍防守。"②时人已有疏驳其议者,御史方震孺即上言防河"六不足恃"——"河广不七十步,一苇可航,非有惊涛怒浪之险,不足恃者一;兵来,斩木为排,浮以土,多人推之,如履平地,不足恃者二;河去代子河不远,兵从代子径渡,守河之卒不满二万,能望其半渡而遏之乎? 不足恃者三;沿河百六十里,筑城则不能,列栅则无用,不足恃者四;黄泥洼、张叉站冲浅之处,可修守,今地非我有,不足恃者五;转眼冰合,遂成平地,间次置防,犹得五十万人,兵从何来? 不足恃者六"③。所驳六条,确中肯綮。方震孺以此疏,而为辽东巡按,监纪军事。他虽按辽"居不庐、食不火"者七月,其疏议却没有被王化贞采纳。

王化贞兵略的错误在于:其一,错估形势,攻守错位。明自萨尔浒败后,就军事态势而言,已显被动,转呈守势。而辽阳失陷后,三岔河西四百余里,人烟断绝,军民尽逃,文武将吏,谈敌色变。明军已处被动局面,实无恢复辽阳之力。其二,沿河设防,甚属荒唐。河窄水浅,隆冬冰合,骑兵驰驱,瞬间可渡。后金骑兵,奋疾蛮冲,明军防线,必溃无疑。其三,无险可凭,反主为客。河滩平地,列栅无用,筑城不能,面对敌骑,失去凭依,以弱迎强,野战之败,鉴戒在前。其四,兵分力弱,泰极否来。明军兵力,多于后金。但临战时,长线布防,分散兵力,反强为弱。后金军队,每逢作战,兵力集中,化

---

① 阎崇年:《论辽西争局》,《满学论集》,第 91 页,民族出版社,1999 年。
② 《明史·熊廷弼传附王化贞传》,第 259 卷,第 6697 页,中华书局校点本,1974 年。
③ 《明史·方震孺传》,第 248 卷,第 6428～6429 页,中华书局校点本,1974 年。

弱为强。如按其策行,无经抚不和,辽阳必不复,广宁亦必不保。总之,辽东巡抚王化贞是"有忧国之心,而无谋国之智;有吞胡之志,而无灭胡之才"①。

熊廷弼在驳疏王化贞部署时,提出分兵防河、先为自弱、大兵悉聚、固守广宁这一正确的兵略,时朝议多右化贞,而左廷弼。俟广宁兵败、廷弼斩首之后,物议则反之。

努尔哈赤的兵略,同熊廷弼的"三方布置策"、王化贞的"沿河布防策"相反,而是:集中兵力,纵骑驰突,里应外合,速战速决。具体说来,如下六点:

其一,选择战机。后金占领辽阳之后,等待十个月,在寻找战机。这里的"战机",主要是天、地、人。天,选在正月,隆冬寒天,河水冰封,便于渡河。地,选在西平与沙岭,前者为孤堡,利于攻坚,后者为丘地,利于野战。人,明军经、抚不和,经略有职无兵,巡抚有兵无能,且朝廷内部,互相争吵,指挥不一。

其二,集中兵力。后金与明朝,兵员的总数,后者居于绝对优势,前者则处于绝对劣势。仅就双方军队数量而言,努尔哈赤在战略上虽为劣势,在战术上却为优势。广宁之战是继萨尔浒之战、沈辽之战后,天命汗"集中兵力、各个击破"的又一典型战例。

其三,纵骑驰突。后金军队,骑兵为主,速度迅猛,冲击力大。明军如不凭城据守,而是旷野列阵争锋,难以抵挡后金骑兵强攻。熊经略的海上舟师、王巡抚的沿河布兵,均是纸上游戏,不堪实地争战。

其四,围堡打援。后金军围西平堡,熊廷弼督镇武刘渠兵两万,王化贞派闾阳祁秉忠兵一万及广宁孙得功兵,增援西平,在平阳、沙岭之间,遭后金骑兵的迎击。明军失去城堡依托,以短击长;后金发挥骑兵优长,以长击短。结果,明朝军队之精锐,尽被后金军歼灭。

其五,里应外合。举兵之要,上智用间。堡垒是最容易从内部攻破的,后金骑兵攻城,城坚池深,难以奏效,但天命汗巧于从对方营垒中寻找叛降者,孙得功"潜纳款于太祖"。孙得功降,广宁城陷,是天命汗继降抚顺李永芳之后,里应外合的又一典型实例。

其六,速战速决。后金军队攻明,远离后方,孤军出击,长途跋涉,野外宿营,缺乏粮秣,不利久战。后金军出辽阳、渡辽河,在西平、镇武、闾阳激战获胜,进向广宁。孙

---

① 《明熹宗实录》,第21卷,第14页,天启二年四月壬午,台北中央研究院历史语言研究所校勘本,1962年。

得功以城降,后金军矢未离弦、兵不血刃地占领明朝辽西重镇广宁。

总之,从兵略上说,明朝广宁之失,在于主帅兵略错误;而后金广宁之得,在于统帅兵略正确。

或谓:广宁之失在于经、抚不和。诚然,经略与巡抚不和,是明朝丧失广宁的一个重要因素。但是,熊廷弼太自恃,也太愚忠。《尉缭子》曰:"夫将者,上不制乎天,下不制乎地,中不制乎人。故兵者,凶器也;将者,死官也!"①将帅统兵,与敌争战,胜则庙堂受赏,升官晋爵;败则降官受罚,甚至身死。将者既为死官,则应预为己置于身死之地,尔后方可不死。设如熊经略临危出关,身守广宁,胜或功罪相抵,败或捐躯殉国——七尺之躯,死得壮烈,庙堂受谥,名垂千古!何至传首九边,罪及妻孥子女。古今之人,皆悯廷弼;但于昏君,何用"愚着"!

此外,以熊廷弼而言,还有三个失误②。

其一,未能集中兵力,凭城固守。熊廷弼再任经略,出关后,至右屯,"议以重兵内护广宁,外扼镇武、闾阳。乃令刘渠以二万人守镇武,祁秉忠以万人守闾阳,又令罗一贯以三千人守西平"。熊经略复申令曰:"敌来,越镇武一步者,文武将吏诛无赦。敌至广宁而镇武、闾阳不夹攻,掠右屯饷道而三路不救援者,亦如之。"③时后金军围攻西平,熊廷弼没有集中兵力,固守广宁;而是驰檄刘渠"撤营赴援",与敌野战。天命汗正欲诱敌出城、平原野战,熊廷弼恰中其计。熊经略未能汲取血的教训——沈阳贺世贤、尤世功,浑河童仲揆、陈策,辽阳杨宗业、梁仲善,不做坚城固守,而去平原争锋,以短击长,导致失败。

其二,未能勇赴前敌,坚守广宁。他在广宁处于危险境遇时,参议邢慎言劝急救广宁,却听从金事韩初命之言,没有及早赴援,而是观望不前。以熊廷弼之声望、地位和权势,危难时机,坐镇广宁,可以稳定军心,不致军民溃乱。王化贞在丢弃广宁后给皇帝奏疏中也承认,他弃守广宁之前,城内守军尚有一万六千余人,"守御之具甚设,即贼至城下,未必可攻而入也"④。熊廷弼不计党争恩怨,以所带五千人共守全城,再调各堡兵马,可达三万以上,是可以坚守广宁的,或不会发生王化贞弃守广宁的严重后果。

---

①　《孙子·谋攻》,杜牧注,上海广益书局,1922年。

②　孙文良等:《明清战争史》,第151～152页,辽宁人民出版社,1986年。

③　《明史·熊廷弼传》,第259卷,第6079～6701页,中华书局校点本,1974年。

④　王在晋:《三朝辽事实录》,第7卷,第22页,江苏省立国学图书馆藏本。

但熊廷弼计不及此，是畏敌还是要抓王化贞的笑柄？他的真实想法，是个历史之谜。

其三，未能阻敌西进，阻守宁前。熊廷弼在王化贞后撤时，不仅未加制止，反而殿后掩护其撤退。王化贞的错误是弃守广宁，熊廷弼的错误则是丢弃辽西，由此，将山海关暴露于后金面前，将京师置于极为危险境地。熊廷弼还没见后金一兵一卒，居然闻风而退，不敢停留关外！时虽然失去广宁，还有锦州、宁远、中前、中后等多处要塞，只要稍加整顿，凭城固守，互相援应，是可以抵挡后金军攻势的。后袁崇焕孤军坚守宁远，打退努尔哈赤进攻是一史例。但熊廷弼虑不及此，竟轻率地作出决定，放弃河西大片土地，军民一体撤出关外，并把储积付之一炬，百姓膏脂，化作灰烬。

经略熊廷弼以上失误，给辽民造成深重灾难。其时，辽西兵马溃退的凄惨景象："化贞所招西虏肆杀掠，逃军和之，难民西奔者十不得一，遗弃老幼于途，蹂躏死者相望。"[①]

经略熊廷弼、巡抚王化贞的兵略失误，确是熊廷弼、王化贞自取杀身之祸。熊廷弼、王化贞广宁之败，造成了辽西人民的灾难；熊廷弼之妄断撤退、王化贞之弃守广宁，则加重了辽西人民的灾难。

（五）熊、王结局

广宁兵败，京师大震，经略熊廷弼、巡抚王化贞自然要承担广宁兵败的责任。但是，广宁沦陷是明朝腐烂政治的产物，天启帝和阉党却把熊廷弼等作为替罪羊。

辽东经略熊廷弼与辽东巡抚王化贞，作为天启帝其时最为信赖的辽东经、抚，负责辽西之战守。庙堂付以重托，朝野寄予厚望。熊廷弼的才望，为人们所推重，朝廷认为他经略辽西，定会抵挡后金军进犯，使局势转危为安，甚至收复辽、沈，重新占有辽东。事实完全相反，他们弃守广宁，带领军民溃退，将辽西土地、人民、城堡、粮食、财物，拱手让给后金。广宁失守之严重，天启帝为之震惊。按照明律，封疆失守，"情罪深重，国法难容"。经略杨镐三路丧师，前有戒鉴，已正刑典。熊廷弼、王化贞清楚自己的罪责及应得之刑科，广宁一弃守，化贞即上疏：本职"席蒿待罪"、"罪应万死"。熊廷弼也于二月初二日自山海关上奏："今辜负圣恩，已在不赦之科

---

①　谷应泰：《明史纪事本末·熊王功罪》，第 4 册，第 1432 页，中华书局校点本，1977 年。

矣。臣回关之日,拟即槛车赴阙,以候诛戮。"但他正在安置自关外逃来的六七万溃军和数十万难民,一经办理妥帖,就"奔趋藁街,愿以身明白受法"。熊廷弼有敢于承担责任的气度,也埋下"明白受法"的伏笔。天启帝谕旨:"封疆失守,熊廷弼罪将何辞? 姑准戴罪守关,立功自赎。"①

然而,事情背景,极为复杂。明朝庙堂之上,不同派别,不同利益,为着不同目的,施展不同手段,围绕丢失封疆责任,而纷纷登台表演。兵科都给事中蔡思允首先发难,奏请惩治熊、王及高出、胡嘉栋等人之罪。天启帝对熊、王缓论,命他们"戴罪候处"。对先时辽沈之战逃将、此时广宁之战又为逃将的高、胡二人,令"锦衣卫拿解来京"。接着,二月十一日,大理寺少卿冯从吾、太常寺少卿董应举、太仆寺少卿何乔远合疏,要求逮捕熊、王,"以伸国法"②。十三日,天启帝旨准逮捕王化贞,将熊廷弼革职,回家听候处理③。但他没有回乡里,却留京以作应对。

熊廷弼为人刚直,树敌多,辽西兵败之后,政敌们纷纷出来打击他。兵部尚书张鹤鸣说:"化贞功罪相等,廷弼有罪无功。"④多数人以"经抚功罪一体",要求同罪处分。御史王允成等合词疏言:"经、抚同罪,国法不可不正。"有的重臣如蓟辽总督王象乾流露"怜才"之意,也有的阁臣请求留用熊廷弼,说此人"似胜王化贞"。但是,天启帝倾向严惩熊廷弼,再也无人敢奏言将其留用,形势愈来愈变得对熊廷弼不利。

广宁明军失守之日,正是阉党猖獗之时。他们借机谋兴大狱,借严惩熊廷弼,以打击东林党人。于是,他们在"功罪一体"的名义下,审理熊、王"封疆失守案"。先是,经、抚不和,天启帝命集廷臣大议,议撤廷弼者数人,其余多请分任责成。兵部尚书张鹤鸣独言"化贞一去,毛文龙必不用命,辽人为兵者必溃,西部必解体,宜赐化贞尚方剑,专委以广宁,而撤廷弼他用"。议上,不从。命吏、兵二部再奏。时后金军逼近西平,遂罢议。朝廷"仍兼任二臣,责以功罪一体"⑤,至是,许多廷臣主张熊、王"功罪一体"。

① 《明熹宗实录》,第19卷,第2页,天启二年二月戊辰,台北中央研究院历史语言研究所校勘本,1962年。

② 《明熹宗实录》,第19卷,第19页,天启二年二月丁丑,台北中央研究院历史语言研究所校勘本,1962年。

③ 《明熹宗实录》,第19卷,第12页,天启二年二月己卯,台北中央研究院历史语言研究所校勘本,1962年。

④ 谷应泰:《明史纪事本末·熊王功罪》,第4册,第1434页,中华书局校点本,1977年。

⑤ 《明史·熊廷弼传》,第259卷,第6702页,中华书局校点本,1970年。

　　四月初九日，由刑部尚书王纪、左都御史邹元标、大理寺卿周应秋等会审熊廷弼、王化贞。熊廷弼跪下言："职起田间，复起经略，原议驻扎山海，并无驻扎广宁字样！"审王化贞时，王纪、邹元标说："请过王巡抚来！"王化贞一进大堂，长跪痛哭，说："职苦职自知，一言难尽！"从袖里取出一揭投上。王纪、邹元标以"好语慰之"，并说："公必须还有在朝班之日。"他们对王没有严审，最后都站起来与王化贞"一躬而散"①。

　　审讯之后，奏上狱词，廷弼、化贞并论死。会审对熊、王的狱词是："奴酋猖獗，辽阳失陷，拔化贞于监司，起廷弼于田间，畀以军旅重任，二臣被非常宠遇，宜同心戮力，誓灭此而朝食。不虞其相闹一场，挈河西拱手送奴，竟以一逃结局也。王化贞受命于败军之际，广宁危若累卵，只手撑持八阅月，人谁不怜之！但朴实不知兵，用虏而反为虏用，用间而反为间用。叛逆孙得功辈，日侍左右而不悟，认贼作子，声声立战；贼尚在百里之外，而弃广宁如敝屣，匹马宵遁。哀哉化贞，有忧国之心，而无谋国之智；有吞胡之志，而无灭胡之才。事已至此，安所逃罪？宜服上刑，以正厥辜。若熊廷弼，才识气魄，睥睨一世，往年镇辽而辽存，去辽而辽亡，关系匪轻。再起经略，赐剑赐蟒，侑以金帛，饯以九卿，受此异数，何以仰答眷宠？迨其初出春明，即邀有控扼山海之旨，识者已知其无意广宁矣。抵关以后，虽言我兵不宜浪战，西虏不足尽信，永芳降情之叵测，广宁人心之不固，语语若持左券。独其刚愎之性，虚侨之气，牢不可破，以争毛文龙功罪一事，开衅化贞。水火之形既分，玄黄之战遂力，笔锋舌枪，相寻不已。守备之计，等闲置之，虏骑一来，错愕不知所出。飞檄催战，盖曰：'胜可以成吾之名，败亦可以验吾之言也。'不知封疆大臣，破坏封疆，国有定律，百口何辞！廷弼试扪心一思：比之杨镐，更多一逃；比之袁应泰，反欠一死。若厚诛化贞，而廷弼少及于宽政，不惟无以服天下万世之心，恐无以服杨镐、袁应泰之心矣。宜用重典，以警将来！"②狱词奏入，诏旨依拟。

　　熊、王虽被判为死刑，但没有立即执行。熊、王入狱时，朝野党争非常激烈。时魏忠贤等必欲尽快处决熊廷弼，否则他们陷害杨涟、左光斗等人的阴谋就会败露。熊廷弼令汪文言贿内廷四万金祈缓，却事机败露。魏忠贤欲速杀廷弼，其党羽亦趣之。时

---

　　① 王在晋：《三朝辽事实录》，第8卷，第40～41页，江苏省立国学图书馆藏本。

　　② 《明熹宗实录》，第21卷，第14～16页，天启二年四月壬午，台北中央研究院历史语言研究所校勘本，1962年。

大学士冯诠、顾养谦也憾慊廷弼，值侍讲之机，出呈《辽东传》，说此书为"廷弼所作，希脱罪耳"！天启帝大怒，天启五年即天命十年（1625 年）八月，杀熊廷弼①，籍没家产，暴尸不葬，传首九边②。廷弼长子兆珪自刭死，其母称冤。江夏③知县王尔玉去其两婢衣，鞭打四十，远近闻之，莫不嗟愤！

熊廷弼之死，时人认为："廷弼不死于封疆，而死于时局；不死于法吏，而死于奸珰也。"④由于杨涟、左光斗等公开对抗阉党魏忠贤，并替熊廷弼申辩，更加速了对他的处决。熊廷弼之死，却做了朝廷党争的牺牲品。熊廷弼作为一代杰出的统帅、军事家，被诬害致死，确是明朝一大损失。熊廷弼死后，辽东之镇守，更难得其人。

时王化贞尚在狱中。王化贞虽得到阉党支持，后终未逃得一死，至崇祯五年即天聪六年（1632 年），朝廷追论广宁失守之事，在众多廷臣的坚持下，将王化贞斩于西市。

对于熊、王之死，计六奇评论："广宁事，廷弼以控扼山海而罪其西奔，然王化贞一败实为首罪，但不能收散卒固守宁前耳，惟杀化贞而戍廷弼始称平允。至于传首九边，过矣！"⑤

天启帝死，崇祯帝立。崇祯帝惩治阉党，魏忠贤自尽。崇祯初，考选候补工部主事徐尔一上《辨功罪疏》，为熊廷弼疏冤：

> 廷弼以失陷封疆，至传首陈尸，籍产追赃。而臣考当年，第觉其罪无足据，而劳有足矜也。广宁兵十三万，粮数百万，尽属化贞。廷弼止援辽兵五千人，驻右屯，距广宁四十里耳。化贞忽同三四百万辽民一时尽溃，廷弼五千人，不同溃足矣，尚望其屹然坚壁哉！廷弼罪安在？化贞仗西部，廷弼云"必不足仗"。化贞信李永芳内附，廷弼云"必不足信"。无一事不力争，无一言不奇中，廷弼罪安在？且屡疏争各镇节制不行，屡疏争原派兵马不与。徒拥虚器，抱空名！廷弼

---

① 《明熹宗实录》，第 62 卷，第 22 页，天启五年八月壬寅，台北中央研究院历史语言研究所校勘本，1962 年。

② "九边"：即辽东镇、蓟州镇、宣府镇、大同镇、山西镇（太原镇）、延绥镇（榆林镇）、固原镇、宁夏镇、甘肃镇共九个军事重镇，合称"九边"。

③ 熊廷弼为江夏（今湖北省武汉市武昌区）人。

④ 谈迁：《国榷》，第 87 卷，第 5311 页，中华书局，1958 年。

⑤ 计六奇：《明季北略·附记辽事》，第 2 卷，第 6 页，上海图书集成印书局，光绪十三年（1887 年）刻本。

罪安在？①

新登大位的崇祯皇帝，没有贸然为熊廷弼平反，也没有采纳徐尔一的奏议。次年，即崇祯二年(1629 年)五月，大学士韩爌等人为熊廷弼翻案，追述他经略辽东的功绩与失误，认为功劳大于失误，不应处以极刑，尤其是"先以贿赃拷坐杨涟、魏大中等，作清流陷阱，既而刊书惑众，借题屈杀"。韩爌认为："臣等平心论之，自有辽事以来，诳官营私者何算！廷弼不取一金钱，不通一馈问，终日焦唇敝舌，与人争言大计"②，扶伤救败，收拾残瓯；但谗言纷纷，三起三落，借题曲死，传首陈尸。熊廷弼之死，《明史·熊廷弼传》评曰：

> 惜乎！廷弼以盖世之材，褊性取忌。功名显于辽，亦隳于辽。假使廷弼效死边城，义不反顾，岂不毅然节烈丈夫哉！广宁之失，罪由化贞，乃以门户，曲杀廷弼，化贞稽诛者且数年。③

刑章颠倒，明祚倾危，熊廷弼做了明朝腐败政治的牺牲品。熊廷弼之死，不仅使明朝失去一位优秀的统帅，而且使后金缺少一个刚毅的对手。

后金努尔哈赤占领广宁后，铸下移民与止兵二错。

其一，移民。他自惑于占地面大，战线过长，难以防守，恐多事端，便实行空其地、移其民之策(后文另述)，而未能乘胜进兵。

其二，止兵。他如乘胜进兵，直叩关门，或可创一大局面。佚名《天聪二年奏本》称："先皇帝席卷河东，正成破竹之势，怀疑中止，是皇天之所以留大明也。"④后皇太极沉重地总结当年克广宁后而不进兵山海关的历史教训时言："如取广宁时，不进山海关，以致后悔。"⑤后皇太极又言：

---

① 《明史·熊廷弼传》，第 259 卷，第 6704 页，中华书局校点本，1974 年。

② 韩爌：《讼冤疏》，《熊襄愍公集》，《明经世文编》，中华书局影印本，1962 年。

③ 《明史·熊廷弼传》，第 259 卷，第 6723 页，中华书局校点本，1974 年。

④ 《明清史料》，甲编，第 1 本，第 48 页，中央研究院历史语言研究所集刊，1930 年。

⑤ 《清太宗文皇帝实录》，第 2 卷，第 10 页，天聪元年三月辛巳，中华书局影印本，1985 年。

我师既克广宁,诸贝勒将帅,咸请进山海关。我皇考太祖,以昔日辽、金、元,不居其国,入处汉地,易世以后,皆成汉俗。因欲听汉人居山海关以西,我仍居辽河以东,满、汉各自为国,故未入关,引军而返。①

但是,努尔哈赤自"七大恨"誓师后,四年之间,陷抚、清,败杨镐,取开、铁,夺沈、辽,占广、义,兵锋所向,频频告捷。天命汗努尔哈赤占领广宁,达到了他四十年戎马生涯的顶峰。

明军广宁之败,使明清争局之地,由辽东转移到辽西。此后,在二十二年之间,于关锦狭短地带,明与后金—清双方集结二十余万军队,进行了中国古代史上最激烈、最残酷、最集中、最精彩的争战。争局双方,施展谋略,极尽聪慧才智之能事。其结果,明清争局双方,不是平局言和,而是一胜一败——胜者太和金殿登极,败者退出历史舞台。

满洲崇尚骑射,重视战争。后金夺取广宁之后,又向宁远发起攻击。

---

① 《清太宗文皇帝实录》,第3卷,第4页,天聪元年四月甲辰,中华书局影印本,1985年。

十四　宁远之战

（一）明军建关宁防线

广宁兵溃报至明廷,风鹤一惊,举朝魂震;京师戒严,官民汹汹。天启帝惊慌失措,抓住首辅叶向高"衣袂而泣"①。京师的官宦们,借差出京,望眼欲穿,"苟出春明一步,即为放生之场"。会试的举子们:"上公车者,但得马首回南,胜似春风得意;点闱中者,一闻燕台选骥,不觉泣对牛衣。"②明朝局势,极为严重。

当时最为紧迫之事,就是选任得力经略,速往前线,主持军政,收拾残局。兵部尚书张鹤鸣深恐因祖护巡抚王化贞、而化贞弃广宁逃遁之罪责,便自请行边,督师山海关。天启帝为张鹤鸣加太子太保、赐蟒玉与尚方剑。其时,明朝官兵被后金军吓破了胆,认为"入关一步,便为乐园;出关一步,便是鬼乡"。张鹤鸣心里害怕,逗留十七日,始抵山海关。抵关数月,无所作为,以病为由,辞职归里③。天启帝又升宣府巡抚解经邦为兵部右侍郎、兼都察院右佥都御史、辽东经略。他为苟全性命,躲避杀身之祸,三次上疏,力辞重任。天启帝以经邦"托词避难",将其"革职为民,永不叙用"。于是,命会推经略,旨准就任,如再规避,重治不贷。天命七年即天启二年（1622 年）三月,中府会推王在晋为辽东经略。任命王在晋为兵部尚书、兼都察院右副都御史,经略辽东、蓟镇、天津、登、莱等处军务。王在晋不愿就任,请求辞职。天启帝不准,令其"刻期就道"。有鉴于解经邦的教训,他不敢再辞,便走马上任。

时辽东经略驻地在山海关。山海关城建于明洪武十五年（1382 年）,尔后增修,愈加坚固。山海关被誉为"两京锁钥无双地,万里长城第一关",有"天下第一关"之称。

---

①　张岱:《石匮书后集·孙承宗传》,第 8 卷,第 75 页,中华书局,1960 年。

②　王在晋:《三朝辽事实录》,第 9 卷,第 21 页,天启二年五月,江苏省立国学图书馆藏本。

③　《明史·张鹤鸣传》,第 257 卷,第 6618 页,中华书局校点本,1974 年。

山海关处于辽西走廊的咽喉地带,是东北出入华北的陆上重要孔道,其军事地理地位是"内拱神京,外捍夷虏",成为蒙古、女真—满洲不可逾越的铜墙铁关。明朝自从失去广宁,自大小凌河、锦州、宁远、中前、中后等地,整个狭长辽西走廊,兵民尽撤,蜂拥进关,山海关外,几断烟火。明军撤出关外之后,原宁远以西五城七十二堡,重为蒙古喀喇沁诸部占领。山海关完全暴露在后金军事进攻面前,所以,山海关之门,系天下安危。明朝抵御后金,保卫京师,其当务之最急,在于严守山海关。明朝调集陕西、山西、四川、湖广、山东、河南、直隶等军兵驻扎山海关,到天命十年即天启五年(1625年),已达官兵十一万七千八十六人,马五万九千五百匹。然而,如何防守山海关,却发生了一场大的争论。一种意见是在山海关外八里处设一重关,另一意见则是在宁远筑城坚守。

新任辽东经略王在晋,不懂军事,却很自信。广宁失守后,他曾提出守山海关,说:"臣以为守关必外有城郭为藩篱,有营屯为犄角,有烽堠以严瞭望,有哨探以通消息。关以外尚为我之地面,然后可容布置。"又说:"倘乘此际虏骑未侵,急率兵出关,收复宁、前,徐伺机便,以图恢复,则可冀桑榆之功。"他就任辽东经略后,态度急剧转变,还未离京,就上奏章,声称:山海之防,亦艰难矣!"奴之煽惑,攻无坚城,战无劲敌。"他还认为山海关之兵、民、地均不可恃:"恃兵力,而兵力不可恃;恃人心,而人心不可恃;恃地险,又不可恃。"他在另一份奏疏中,力贬山海关的战略价值,说:"山海一关,不过防军民之出入,稽商旅之往来,左为山,而右为海,所以名山海,究竟则犹郡邑之城郭也。彼辽、沈、开、铁、广宁,皆东方之重镇,且望风瓦解,岂一关所能独御哉!"[①]王在晋错误估计山海关的战略作用,就必然产生抚赏蒙古与再筑重城之主张。

天启二年即天命七年(1622年)三月十八日,王在晋将起程赴山海关,天启帝特赐蟒衣、玉带与尚方剑,勉励他建树功勋。他抵关后不久,便提出"拒奴抚虏、堵隘守关"的兵略。这个兵略主要有两点:

其一是"抚虏",就是由朝廷以金银笼络、羁縻蒙古。他认为:"今日东事,惟抚赏西虏为第一紧要着数。"他说:俟赏事成,督臣可以还政,枢臣可以还朝。其实,此创意不是出自王在晋,而是出自于蓟辽总督王象乾。王象乾在蓟门久,熟悉蒙古情性。他极力主张以金银笼络蒙古诸部。后王化贞沿用此策守广宁,结果失败。王在晋不从前车

①　王在晋:《三朝辽事实录》,第8卷,第24页,江苏省立国学图书馆藏本。

之覆汲取教训，仍坚持"抚虏"。

其二，是"堵隘"，就是在山海关外再修一座重关。其实，此创意也不是出自王在晋，而是出自于蓟辽总督王象乾。王象乾告诉王在晋：利用蒙古，袭取广宁，即使"得广宁，不能守也，获罪滋大。不如重关设险，卫山海，以卫京师"①。

于是，王在晋就以"抚虏、堵隘"作为守御山海关的疏报方略。

五月，王在晋提出关门守御方略。他认为关门形势是：山海关南为海，敌人如舍骑乘舟，乘风破浪，瞬息可达；北为角山，设有逶迤边墙，峰峦高于墙垣，如敌人据高扼险，成凭高搏击之势，山海关便不能守；中为关城，欢喜岭紧抱关门，岭高于城，斗城如锅底，由上击下，则无守地。王在晋既无远略，又无胆识，主张再筑边城、兴修重城。

其一，再筑边城。从芝麻湾②或八里铺起，再筑一边墙，约长三十余里，北绕山，南至海，把关外一片石③角山及欢喜岭等包罗在内。使之关外有关，墙外有墙，以四万人守卫，成为关门捍蔽。用人夫数万，计银百余万两。他强调：山海关外墙不筑，则关门必不可守。疏上，谕旨："封疆事重，还悉心筹画，以计万全。"④王在晋的《三朝辽事实录》对"圣旨"的记载，却为"着该部议行"⑤。以上两者，颇有出入。事实上，该议并未谕准，也并未实施。王在晋见"再筑边城"之议不能实现，于是又提出"兴筑重城"之疏。

其二，兴修重城。王在晋再申筑城之议，疏请在山海关外八里铺地方修筑重城。他在《题关门形势疏》中言："画地筑墙，建台结寨，造营房，设公馆，分兵列燧，守望相助"，估算用银九十三万两。王疏列举"是役也，有十二便也"。并提出兴筑八里铺重城，则"钟篪不惊，宸居永奠"，辽事"最急莫尚于此"⑥！天启帝谕准，先发帑金二十万两⑦。

王在晋筑重城的做法，遭到他的属下宁前兵备佥事袁崇焕、主事沈棨、赞画孙元化等人的反对，王在晋不听。袁崇焕两次奏记首辅叶向高，叶认为"此事不可臆度"，分不

---

①　《明史·孙承宗传》，第250卷，第6467页，中华书局校点本，1974年。

②　芝麻湾：又名止锚湾，位于今辽宁省绥中县万家镇，距山海关12公里。

③　一片石：又名九门口，位于今辽宁省绥中县李家堡乡，距山海关15公里。

④　《明熹宗实录》，第22卷，第10页，天启二年五月丙午，台北中央研究院历史语言研究所校勘本，1962年。

⑤　王在晋：《三朝辽事实录》，第9卷，第25页，"筑城"条，江苏省立国学图书馆藏本。

⑥　王在晋：《三朝辽事实录》，第9卷，第28页，江苏省立国学图书馆藏本。

⑦　《明熹宗实录》，第23卷，第19页，天启二年六月庚寅，台北中央研究院历史语言研究所校勘本，1962年。

清事情是非。大学士管兵部事孙承宗自请度边，亲赴山海关实地考察，然后再定大计。叶向高很赞成，天启帝也大喜，特加孙承宗太子太保，赐蟒玉、银币，以示隆礼。六月十五日，孙承宗受命后，带着主事鹿继善、中书舍人宋献等，前往山海关巡视。

孙承宗，字稚绳，高阳（今河北省高阳县）人。"貌奇伟，须髯戟张。与人言，声殷墙壁。"①万历三十二年（1604 年）成进士，授编修。天启帝即位，以左庶子充任日讲官。初，天启帝每听承宗讲授，常言"心开"，故眷注殊殷。孙承宗早在为县学生时，尝留意边郡之事，"伏剑游塞下，历亭障，穷扼塞。访问老将退卒，通知边事要害"②。至沈、辽兵败，边事危急，廷臣以承宗知兵，屡疏谏其为兵部侍郎，管辽东军事。但天启帝不愿承宗离开讲席，廷臣屡疏，不予采纳。广宁兵败，兵部尚书张鹤鸣惧罪行边，遂拜孙承宗为东阁大学士，摄理兵部，主管辽事。他上疏言："迩年兵多不练，饷多不核。以将用兵，而以文官招练；以将临阵，而以文官指发；以武略备边，而日增置文官于幕；以边任经、抚，而日问战守于朝。此极弊也。今天下当重将权，择一沉雄有气略者，授之节钺，得自辟置偏裨以下，勿使文吏用小见沾沾陵其上。边疆小胜小败，皆不足问，要使守关无阑入，而徐为恢复计。"③孙承宗从沈阳、辽阳、广宁失守中，引出的一条覆车之鉴：择边将，重将权。这一奏疏，明确而深刻地表述了孙承宗"择边将、重将权"的军事思想。

时孙承宗受命往山海关巡视。六月二十六日，孙承宗由兵部主事鹿善继等陪同，抵山海关。孙承宗巡察边关形势，并就关城防御问题，同王在晋进行了辩论。《明史·孙承宗传》记载这场辩论如下：

孙问："新城成，即移旧城四万人守乎？"

王答："否，当更设兵。"

孙问："如此，则八里内共守兵八万矣。一片石西北，不当设兵乎？且筑关在八里内，新城背即旧城址，旧城之品坑地雷，为敌人设，抑为新兵设乎？新城可守，安用旧城？如不可守，则四万新兵倒戈旧城下，将开关延入乎，抑闭关以委敌乎？"

王答："关外有三道关，可入也！"

孙问："若此，则敌至而兵逃如故也，安用重关？"

① 《明史·孙承宗传》，第 250 卷，第 6465 页，中华书局校点本，1974 年。
② 张岱：《石匮书后集·孙承宗传》，第 8 卷，第 75 页，中华书局，1960 年。
③ 《明史·孙承宗传》，第 250 卷，第 6466 页，中华书局校点本，1974 年。

王答："将建三寨于山，以待溃卒。"

孙问："兵未溃而筑寨以待之，是教之溃也。且溃兵可入，敌亦可尾之入。今不为恢复计，划关而守，将尽撤藩篱，日哄堂奥，畿东其有宁宇乎？"

王在晋虽然无言以对，却坚持修筑重城的主张。孙承宗出示袁崇焕给朝廷的奏疏，王在晋"始丧失色"①。孙承宗召集将吏讨论如何防守山海关，监军阎鸣泰主守觉华岛（今辽宁省兴城市菊花岛），佥事袁崇焕主守宁远卫（今辽宁省兴城市），王在晋都反对。旧监司邢慎言、张应吾等兵败逃遁在山海关，都随声附和王在晋。孙承宗以事关重大，意见分歧，没有立即做出决断，便带着袁崇焕等策骑出关，察看形势。王在晋哭求孙承宗不要冒险出关，孙重任在身，还是坚持前往关外巡视。时关外至宁远之间的五座城堡——中前所、前屯卫、中后所、中右所和宁远卫，满目凄凉，腥膻扑人。

孙承宗等到中前所，满目所见，一片凄凉，城内仅存两间破屋，井臼依然，潸然泪下。登上城楼，向东北眺望，遥见宁远形势，"天设重关，以护神京"；又见宁远东南，而"觉华孤峙海中，与宁远如左右腋，可扼敌之用"②。他看中宁远是山海关的天然"重关"，认为宁远与觉华"必不可不守"。他支持袁崇焕坚守宁远的意见，希望王在晋能赞成袁崇焕的建议。孙承宗同王在晋"推心告语，凡七昼夜"，而在晋"终不应"。孙承宗知王在晋意不可夺，只能回京，别图良策。

孙承宗回京后，上奏疏。他主张筑宁远城与觉华岛，互为犄角，彼此应援。即便没有战事，亦收复二百里疆土。不破庸人之论，辽事终不可为！几天后，他乘给天启帝侍讲之机，"极言在晋本末"，并疏奏在晋"笔舌更自迅利，然沉雄博大之未能"③。天启帝命王在晋任南京兵部尚书，八里铺修筑重城之议，随王在晋去职而作罢。明以孙承宗为辽东经略。

王在晋在山海关任职半年，毫无作为，兵未合营，将未束伍，议墙议城，不切实际。王在晋一走，山海关外防务，落在孙承宗与袁崇焕的肩上。孙承宗与袁崇焕主守关外的兵略，建成一道坚固的关（山海关）宁（远）防线，成为后金骑兵不可逾越的障碍。后金天命汗努尔哈赤与崇德帝皇太极，始终没能打破关宁防线。就是这道关宁防线，不

---

① 九龙真逸：《明季东莞五忠传·袁崇焕传》，卷上，民国刻本。
② 孙铨：《孙文正公年谱》卷2。
③ 《督师纪略》，第2卷，第169页，《清入关前史料选辑》本，中国人民大学出版社，1984年。

仅保卫山海关免受攻击,而在此后二十年间,基本上稳定了辽西走廊的局势。

(二)袁崇焕筑宁远城

明朝关宁防线的后劲为山海关,前锋则为宁远城。孙承宗支持袁崇焕营筑宁远城,并部署防御兵力,标志着关宁防线的初建。

孙承宗以原官督山海关及蓟、辽、天津、登、莱诸处军务。经他推荐,阎鸣泰被任命为辽东巡抚。九月初二日,孙承宗到山海关正式"视事",首先,调整指挥系统,命将任职:以总兵官江应诏定兵制、监军袁崇焕修营房、总兵官李秉诚练火器、广宁道万有孚主采木、司务孙元化筑炮台、游击祖大寿驻觉华岛并负责粮饷与器械。孙承宗一到任,就把防务部署得井然有序。时辽东巡抚阎鸣泰被张凤翼替代,主张守关内,与承宗意见相左①。孙承宗坚持守关外,于天命八年即天启三年(1623年)九月初八日,出山海关东巡,达于宁远以东。他奏报道:"若失辽左,必不能守榆关,失觉华、宁远,必不能守辽左。"孙承宗的战略意图是,山海关外以宁远为重点,将沿线原有各城都恢复起来,派驻军队,层层设防,因而把山海关至宁远二百里之间镇堡收为内镇,建成关宁防线。对于山海关的防御,具有战略意义的是,他与袁崇焕布置了一条把山海关—宁远联结成一体的关宁防线。袁崇焕在孙承宗支持下,为建立关宁防线发挥了重大作用。

袁崇焕,字元素,生于万历十二年(1584年)四月二十八日,祖籍广东东莞,落籍广西藤县②。万历四十七年即天命四年(1619年)成进士,后授福建邵武知县。他为人机敏,胆壮,善骑艺,喜谈兵。史载:"崇焕少好谈兵,见人辄拜为同盟,肝肠颇热。为闽中县令,分校闱中,日呼一老兵习辽事者,与之谈兵,绝不阅卷。"③天命七年即天启二年(1622年)正月,崇焕大计在京,他单骑出阅塞外,巡历关上形势④。回京后言:"予我军马钱谷,我一人足守此。"⑤时广宁已失,廷臣惶惧,崇焕请一人守关的壮语,对收

---

① 《明史·张凤翼传》,第257卷,第6631页,中华书局校点本,1974年。
② 袁崇焕籍贯有广东东莞、广西藤县和平南县三说,参见拙文《袁崇焕籍贯考》,载《历史研究》,1982年,第1期。又见拙著《燕步集》,燕山出版社,1989年。
③ 夏允彝:《幸存录·辽事杂志》,第14卷,第3页,《明季稗史初编》本。
④ 《新明史列传·袁崇焕》,不分卷,民国钞本。
⑤ 《明史·袁崇焕传》,第254卷,第6707页,中华书局校点本,1974年。

拾珍宝准备南逃的朝臣来说，是一剂安神良药，同僚们赞叹他的胆略。在失陷广宁的第四天，御史侯恂题请破格擢用袁崇焕，疏言："见在朝觐邵武县知县袁崇焕，英风伟略，不妨破格留用。"①明廷授袁崇焕为兵部职方司主事，旋升为山东按察司佥事山海监军②。时京师文武各官，"皆缩朒不敢任，崇焕独攘臂请行"。后他在《边中送别》诗中，抒发了赴辽的雄心抱负：

> 五载离家别路悠，送军寒浸宝刀头。
> 欲知肺腑同生死，何用安危问去留。
> 策杖只因图雪耻，横戈原不为封侯。
> 故园亲侣如相问，愧我边尘尚未收。

受职后，袁崇焕上《擢佥事监军奏方略疏》。奏疏中一扫文臣武将中普遍存在的悲观、恐惧情绪，力请练兵选将，整械造船，固守山海，远图恢复。疏言："不但巩固山海，即已失之封疆，行将复之。"③袁崇焕赴任前，往见革职听勘在京的熊廷弼。"廷弼问：'操何策以往？'曰：'主守而后战。'廷弼跃然喜"④。袁、熊为图先守后战，恢复辽东方略，二人商酌竟日。袁崇焕辞别熊廷弼，策骑驰往山海关，会同经略，商度战守。

袁崇焕赴任后，先驻山海关，不久移驻中前所。又受命赴前屯安置辽人。他即夜行虎豹出没的荆棘丛林中，于天亮前入城，将士们都赞叹其胆量。王在晋深器重他，于七月初，题为宁前兵备佥事。

王在晋在山海关外八里铺筑重城之议，是一个只图苟安、无所作为的消极防御方略。袁崇焕同王在晋相反，力主积极防御，坚守关外，屏障关内，营筑宁远，以图大举。他虽敬重王在晋，但以关外八里筑重城为非策，极力陈谏。王在晋不听，袁崇焕两次具揭于首辅叶向高。叶向高不能臆决，孙承宗自请行边，支持了袁崇焕等人的意见。

---

① 《明熹宗实录》，第18卷，第21页，天启二年正月甲子，台北中央研究院历史语言研究所校勘本，1962年。

② 《明熹宗实录》，第19卷，第21页，天启二年二月甲午，台北中央研究院历史语言研究所校勘本，1962年。

③ 《袁崇焕先生遗稿》，第19页，民国抄本。

④ 张伯桢：《明蓟辽督师袁崇焕传》，载《正风》半月刊，第7期。

同年八月，王在晋既去，孙承宗自请督师，获允，天启帝赐尚方剑。孙启行时，阁臣送出崇文门外。孙承宗抵关，重用袁崇焕，整饬边备。先是，孙承宗驳关外八里筑重城议，召集将吏谋御守，阎鸣泰主守觉华岛，袁崇焕主守宁远城，王在晋等力持不可，但孙承宗极力支持袁崇焕的意见。孙承宗在《又启叶首揆》书中言："门生苦令抚官，初移之中前为四十里，再移之前屯为七十里，又再移至中后为百里，又再移之宁远为二百里。"①后孙承宗巡视关外形势，略谓：失辽左，必不能守榆关；失觉华、宁远，必不能守辽左。其疏陈守关大略言：

> 盖前屯备而关城安，宁远备而前屯益安。倘不以此计，而以一步不出关守关，焉守关？遂以安插辽人为强迎，遂以经营宁远为冒险。夫无辽土何以护辽城，舍辽人谁与守辽土，无宁前何所置辽人，不修筑何以有宁前，而修筑之事不一劳，何以贻永逸而维万世之安！②

孙承宗的奏疏，"得旨：览卿奏关外情形及区画防守，甚为明晰，依议。俱听卿便宜调度施行。其应议覆的，着该部作速具奏"。可见孙承宗、袁崇焕守宁护关、筑城固御、相机进取、徐图恢复的大计，得到朝廷的旨准。

天命八年即天启三年(1623年)春，袁崇焕受孙承宗命，往抚蒙古喀喇沁部。先是，明失广宁后，宁远以西五城七十二堡尽为喀喇沁诸部占据，明军前哨不出关外八里铺。袁崇焕亲抚喀喇沁诸部，收复自八里铺至宁远二百里；又抚循军民，整治边备，成绩卓著。秋，孙承宗从袁崇焕议，排除巡抚张凤翼、金事万有孚等力阻，决计戍守宁远。

宁远(今辽宁省兴城市)，位于山海关外二百里，居辽西走廊中部，内拱严关，南临大海，居表里之间，扼山海要冲，"为必据必争之地"③。宁远城背山面海，居山海要冲，扼边关锁钥，明初属广宁前屯、中屯二卫地，宣德三年(1428年)，置宁远卫；五年(1430年)，始修卫城。城周长六里八步，高二丈五尺；池深一丈，宽二丈，周长七里八步。呈

---

① 孙承宗：《高阳集》，第19卷，第22页，清刻本。

② 《明熹宗实录》，第40卷，第6页，天启三年闰十月丁亥朔，台北中央研究院历史语言研究所校勘本，1962年。

③ 顾祖禹：《读史方舆纪要》，第37卷，第37页，上海书店出版社影印本，1998年。

方形，有四门：东为春和、南为迎恩、西为永宁、北为广威①。景泰中，指挥韩斌重修②。嘉靖四十三年（1564年），副使陈绛再修。时额定城内驻军一千二百五十余名。在明朝前期，辽西军政重点为广宁；明朝后期失陷沈阳、辽阳、广宁，宁远处于关宁防线的前沿。后金攻破广宁后，山海关成明朝阻挡后金进军的关门，宁远的战略地位才尤为突显。但这时，明朝战略家们没有认识到宁远的重要战略地位。随着明朝与后金的形势变化，才开始为具有远见卓识的战略家们所认识。袁崇焕首先发现宁远的战略价值，展现出其卓越的军事才能。

孙承宗采纳袁崇焕议守御宁远，命游击祖大寿兴工营筑③，袁崇焕与满桂驻守。但祖大寿臆度朝廷不能远守，便草率从事，工程疏薄，仅筑十分之一。袁崇焕手订规制，亲自督责，军民合力，营筑宁远：

> 崇焕乃定规制：高三丈二尺，雉高六尺，址广三丈，上二丈四尺。大寿与参将高见、贺谦分督之。明年讫工，遂为关外重镇。桂，良将，而崇焕勤职，誓与城存亡；又善抚，将士乐为尽力。由是商旅辐辏，流移骈集，远近望为乐土。④

次年即天启四年（1624年）完工⑤，成为关外一重镇⑥。

宁远城，孙承宗先疏载："又一日，过曹庄，遂抵宁远。曹庄为宁远后劲，官民自相团结五十余家。臣初以宁远去关愈远，去虏愈近，且城大而遁，地广而荒。"⑦《孙文正公年谱》亦载述其前后变化云："往还绝塞，道旁多敌骑足迹。士卒皆恐，宿寨儿山，藉

---

①　《宁远州志》，第1页，《辽海丛书》影印本，辽沈书社，1984年。

②　《全辽志》，第1卷，第16页，《辽海丛书》影印本，辽沈书社，1984年。

③　《明熹宗实录》，第40卷，第6页，天启三年闰十月丁亥朔，台北中央研究院历史语言研究所校勘本，1962年。

④　《明史·袁崇焕传》，第259卷，第6708页，中华书局校点本，1974年。

⑤　今实测，宁远（兴城）城墙周长3274米，底宽6.5米，顶宽5.5米，高8.8米。

⑥　［日］神田信夫在《〈满洲写真帖〉所载の辽西の史迹》中记载："光绪三十一年（1905年），日本内藤湖南到宁远（今兴城）考察，并拍下宁远城照片。见神田信夫：《满学五十年》，第204～205页，刀水书房，1992年，东京。

⑦　《明熹宗实录》，第40卷，第2页，天启三年闰十月丁亥朔，台北中央研究院历史语言研究所校勘本，1962年。

草而卧,风雨饥饿,与从行士共之。凡战守之具,自关门渐移前屯,自前屯渐移宁远。袁崇焕领三参将,经营宁远。而公令马世龙等三大将,更番练兵于二百里内外。简阅宁前以西,可屯之田五千余顷,官屯其米。身督将吏分买牛、种,治耕具。诸部将轮防边堡,以护屯。辽人出关者又十余万。车牛属途,轮蹄相续,城堡辐辏,如承平时。行采青之法,不复仰给于关东,省度支巨万。因煤以铸钱,因海以煮盐,因舟以贸易货物,而军需广矣。"①

　　孙承宗、袁崇焕等为构筑关宁防线,采取诸多措施:一是修筑城堡,二是驻扎军队,三是召回辽人,四是垦荒屯田,五是贸易货物,六是抚绥蒙古。中前所兵民已近五千人,前屯军民有六万余人,中后所兵民不下万余人,宁远兵民达五万余,总计已恢复五城十三堡,垦田五千余顷,兵民已达十余万。宁远经过袁崇焕亲率军民经营,由原先"城中郭外,一望丘墟",极度荒凉凋敝,变为"商旅辐辏,流移骈集,远近望为乐土"。宁远成为明朝抵御后金南犯的关外重镇。关外形势,顿为改观。关宁防线,初步建成。

　　在"以辽人守辽土,以辽土养辽人"②的战略思想下,天命九年即天启四年(1624年)九月,孙承宗派总兵马世龙"偕巡抚喻安性及袁崇焕东巡广宁"③,水陆马步军一万二千人,历十三山,经右屯,又由水路抵三岔河,以都司杨朝文探盖州。袁崇焕等东巡三州、两河,相度形势,察访虚实,训练士卒,增长胆气,实为熊廷弼雪夜巡边后的又一壮举。孙承宗督师以来,为建关宁防线,定军制,建营垒,备火器,治军储,缮甲仗,筑炮台,买马匹,采木石,练骑卒,汰逃将,"层层布置,节节安排,边亭有相望之旌旗,岛屿有相连之舸舰,分合俱备,水陆兼施"④。由是,辽东形势,为之一变。不久,袁崇焕晋升为兵备副使,再晋升为右参政,又被吏部列为预储(后备)巡抚⑤。

　　到天命十年即天启五年(1625年),孙承宗与袁崇焕议,遣将率卒分据锦州、松山、杏山、右屯及大、小凌河,缮城廓,驻军队,进图恢复大计。但是,孙承宗罢去,阉党分子兵部尚书高第代为经略,辽东形势,急剧逆转。

---

①　孙铨:《孙文正公年谱》,第3卷,清刻本。
②　孙承宗:《高阳集》第19卷,第21页,清刻本。
③　《明史·马世龙传》,第270卷,第6933页,中华书局校点本,1974年。
④　茅元仪:《督师纪略》,第6卷,第1页,清钞本。
⑤　《明熹宗实录》,第65卷,第22～23页,天启五年十一月甲戌,台北中央研究院历史语言研究所校勘本,1962年。

　　明朝高层内部的党争,直接牵系着辽东的军事形势。魏忠贤自窃夺权柄之后,贬斥东林,控制阁部,提督东厂,广布特务,恣意拷掠,刀锯忠良,祸及封疆,败坏辽事。客、魏擅权,内结宫闱以自固,外纳阉党以淫威,天启帝则成了他们的傀儡。他们恐妃嫔申白其罪孽,矫旨赐泰昌帝选侍赵氏自尽,浸假幽裕妃张氏别宫,设计堕皇后张氏胎,又杀冯嫔、禁成妃,将天启帝妃嫔女侍尽为控制,以擅权柄,残害东林。他们为使"内外大权,一归忠贤"①,安插率先附己的顾秉谦和张广微等入阁,又将东林党的阁臣、六部尚书和卿贰以及秉宪科道次第罢黜。天命九年即天启四年(1624年)六月,正当孙承宗、袁崇焕营筑宁远、日复辽土的时候,副都御史杨涟劾魏忠贤罪疏奏上。阉党凶焰更嚣,中官聚围首辅叶向高府第。后逐吏部尚书赵南星等,东林党首辅叶向高、次辅韩爌等先后罢去,阉党顾秉谦、张广微柄政,魏忠贤夺取内外大权。

　　魏忠贤专权后,因孙承宗功高权重,德劭资深,声誉满朝野,欲使其附己,令刘应坤等申明意图,嘱送金银。孙承宗刚直不阿,拒之不纳,魏忠贤由此衔恨之。孙承宗嫉恶如仇,杨涟疏劾魏忠贤二十四大罪,孙承宗诗赞其"大心杨副宪,抗志万言书"②。御史李应昇奏疏挟弹阉竖,魏忠贤恚其与孙承宗同党③。十一月,魏忠贤尽逐左副都御史杨涟、左都御史高攀龙、佥都御史左光斗等。孙承宗正西巡蓟、昌,欲抗疏阉党,请以"贺圣寿"入朝,面奏机宜,疏论魏忠贤罪端。张广微得报,奔告魏忠贤:"承宗辅拥兵数万,将清君侧,兵部侍郎李邦华为内主,公立齑粉矣!"④魏忠贤惶惧,到天启帝前,绕御床哭。天启帝为之心动,命内阁拟旨。次辅顾秉谦奋笔曰:"无旨离信地,非祖宗法,违者不宥。"⑤午夜,开大明门,召兵部尚书入,命以三道飞骑,阻止孙承宗入觐。又矫旨命守九门宦官:"承宗若至齐化门,反接以入!"⑥孙承宗抵通州后,闻命而返。孙承宗在《高阳集》中记载请入觐不果时说:"要人欲并杀予,曰杨、左辈将以某清君侧。"⑦

————————

①　《明史·魏忠贤传》,第305卷,第7821页,中华书局校点本,1974年。

②　孙承宗:《高阳集》,第3卷,第16页,清刻本。

③　孙承宗:《高阳集》,第3卷,第18页,清刻本。

④　孙铨:《孙文正公年谱》,第3卷,第14页,清刻本。

⑤　夏燮:《明通鉴》,第79卷,第3058页,天启四年十一月,中华书局校点本,1959年。

⑥　《明史·孙承宗传》,第250卷,第6472页,中华书局校点本,1974年。

⑦　孙承宗:《高阳集》第3卷,第16页,清刻本。

　　天命十年即天启五年(1625 年)夏,孙承宗与袁崇焕计议,遣将分据锦州、松山、杏山、右屯及大、小凌河各城,修缮城郭,派军驻守。自宁远向前,推进二百里,宁远则成为"内地"。宁远至山海关二百里,宁远至锦州又二百里,共为四百里,初步形成了以榆关为后勤、宁远为中心、锦州为前锋的关宁锦防御体系。《三朝野纪》记载:"自承宗出镇,关门息警,中朝宴然,不复以边事为虑矣。"正当孙承宗与袁崇焕组建宁(远)锦(州)防线、锐意恢复之际,阉党势力猖獗。

　　孙承宗返回之后,天命十年即天启五年(1625 年)五月,高第为兵部尚书,阉党控制枢部。七月,魏忠贤诬杀杨涟、左光斗等于狱。时东林"累累相接,骈首就诛"①。正值魏忠贤要借机削夺孙承宗兵权时,八月②,发生马世龙柳河之败。马世龙,宁夏人,由世职举武会试,历游击、副总兵。世龙貌伟,承宗奇其人,荐充总兵官。承宗出镇,又荐世龙为山海总兵。世龙感恩承宗知遇,颇效力,与承宗定计出守关外诸城。天命九年即天启四年(1624 年),马世龙偕巡抚喻安性及袁崇焕东巡广宁,又与袁崇焕、王世钦航海抵盖州海滨,相度形势,扬帆而还。其时,孙承宗统士马十余万,用将校数百人。马世龙自信势强,遣师轻袭,兵败柳河。

　　原来世龙误信降人刘伯漒言,遣前锋副将鲁之甲、参将李承先,率小股军队,从娘娘宫渡口过河,夜袭耀州(今辽宁省大石桥市岳州村),败于柳河,鲁、李战殁,死士四百人,丢马六百七十匹,弃甲六百余副。言官交章劾奏,抨劾马世龙,并及孙承宗,参劾章疏,达数十道。圣旨严切责,令戴罪图功。承宗气急,连上二疏,进行自辩,并请罢官。魏忠贤拟由阉党高第代孙承宗,高第性情懦弱,不敢接受,"叩头乞免",忠贤不听。十月,孙承宗不安其位去。孙离职前,袁崇焕深感"边事不可为",见承宗时,痛哭流涕。明以兵部尚书高第,代孙承宗为辽东经略。

　　明廷不信贤臣、能臣孙承宗,而信阉臣、懦臣高第,这就给天命汗努尔哈赤进攻宁远提供机会。

　　天命汗努尔哈赤知明经略易人,便准备亲率大军,西渡辽河,进攻宁远。

---

　　①　佚名:《东林纪事本末论》,第 2 页,民国刻本。

　　②　柳河之役:《明史·孙承宗传》《明史·马世龙传》记于九月,《明熹宗实录》《明通鉴》系于九月壬子(初七日),《国榷》载为九月二十一日;但《清太祖武皇帝实录》《满洲实录》《清太祖高皇帝实录》和蒋良骐《东华录》均记于八月;《三朝辽事实录》记为八月二十八日;《满文老档》载为"八月初八日,驻守耀州之诸大臣,击败明军,解所获之马六百七十匹及甲胄等诸物前来"。九月当是战报到京时间。

(三)后金兵败宁远城

高第以兵部尚书经略蓟、辽,驻山海关。高第于万历十七年(1589 年)中进士,宦业不显①,素不知兵,胆怯无能,以谄附阉党得受封疆重任。高第曾力扼孙承宗守关外以捍关内、先固守以图恢复的积极防御方略,及抵关之后,借柳河兵败为由,下檄山海总兵马世龙,令弃关外城堡,尽撤关外戍兵。高第的守关方略是:枢辅抚镇,"各率重兵驻关,共图防守之策"。就是弃守关外疆土,退保山海关。高第完全采取不谋进取、只图守关的消极防御策略。

先是,孙承宗和袁崇焕等督率军民,在关外辛勤经营四年,缮城修堡,造炮制械,设营练兵,拓地开屯,劳绩显著,大见成效。据《明史·孙承宗传》记载:"承宗在关四年,前后修复大城九、堡四十五,练兵十一万,立车营十二、水营五、火营二、前锋后劲营八,造甲胄、器械、弓矢、炮石、渠答、卤楯之具合数百万,拓地四百里,开屯五千顷,岁入十五万(石)。"

至是,高第同孙承宗相左,色厉内荏,畏敌如虎,折辱将士,撤防弃地。他命尽撤锦州、右屯、大凌河、宁前诸城守军,将器械、枪炮、弹药、粮料移至关内,放弃关外四百里。锦州、右屯、大凌河三城,为辽东明军的前锋要塞,如仓皇撤防,使已兴工修筑的城堡弃毁,布置戍守的兵卒撤退,安顿垦耕的辽民重迁,收复二百里的封疆丢失。时管锦右粮屯通判金启倧呈照:"锦、右、大凌三城,皆前锋要地,倘收兵退,既安之民庶复罹播迁,已复之封疆再沦没,榆关内外堪几次退守耶?"②袁崇焕力争兵不可撤,城不可弃,民不可移,田不可荒。他据金启倧呈照具揭言:

> 兵法有进无退,锦、右一带,既安设兵将,藏卸粮料,部署厅官,安有不守而撤之?万万无是理。脱一动移,示敌以弱,非但东奴,即西虏亦轻中国。前柳河之失,皆缘若辈贪功,自为送死。乃因此而撤城堡、动居民,锦、右摇动,宁、前震惊,关门失障,非本道之所敢任者矣。③

---

① 《明史·王洽传附高第传》,第 257 卷,第 6626 页,中华书局校点本,1974 年。
② 《明史·袁崇焕传》,第 259 卷,第 6708 页,中华书局校点本,1974 年。
③ 王在晋:《三朝辽事实录》,第 15 卷,第 11 页,江苏省立国学图书馆藏本。

他在揭言中坚信:锦州、右屯、大凌河"三城屹立,死守不移,且守且前,恢复可必"。

高第凭借御"赐尚方剑、坐蟒、玉带"①的势焰,不但执意要撤锦州、右屯、大凌河三城,而且传檄撤防宁前路(宁远卫—前屯卫),宁前道袁崇焕身卧宁远,斩钉截铁地表示:

> 宁前道当与宁、前为存亡! 如撤宁、前兵,宁前道必不入,独卧孤城,以当虏耳!②

高第无可奈何,只撤锦州、右屯、大凌河及松山、杏山、塔山守具,尽驱屯兵、屯民入关,抛弃粮谷十余万石。这次不战而退,闹得军心不振,民怨沸腾,死亡塞路,哭声震野。

宁前道袁崇焕既得不到兵部尚书、蓟辽经略高第的支持,又失去其座师大学士韩爌和师长大学士孙承宗的奥援,在关外城堡撤防、兵民入关的极为不利情势下,率领一万余名官兵孤守宁远,以抵御后金军的进犯。

天命汗努尔哈赤在占领广宁后的四年间,虽派兵攻夺旅顺,但未曾大举进攻明朝。这固然因天命汗忙于巩固其对辽沈地区的治理——整顿内部,移民运粮,训练军队,发展生产,施行社会改革,镇压汉民反抗。同时,更由于孙承宗、袁崇焕等防务工作井然有序,无懈可击,不敢轻发。因此,努尔哈赤蛰伏不动,等待时机。善于待机而动的努尔哈赤,曾值熊廷弼下台之机,夺占辽、沈;又值熊、王"经抚不和"之机夺取广宁;这次再值孙承宗罢去,高第撤军向关内,宁远孤守之机,决定师指宁远城,进攻袁崇焕。

后金要大举渡河的军情被明军探得。天命十一年即天启六年(1626年)正月初六日,高第奏报:"奴贼希觊右屯粮食,约于正月十五前后渡河。"③果然,后金大军渡辽河,向西扑来。此后,初十日,努尔哈赤"从十方堡出边,前至广宁附近地方打围。十二日,回到沈阳。当即分付各牛录并降将,每官预备牛车三十辆、爬犁三十张,每鞑子要靰鞡三双,鞑妇也要各炒米三斗"④。他做好准备,便率师出征。

---

①　《明熹宗实录》,第64卷,第7页,天启五年十月甲申,台北中央研究院历史语言研究所校勘本,1962年。

②　周文郁:《边事小纪》,第1卷,第19页,《玄览堂丛书》本。

③　《明熹宗实录》,第67卷,第1页,天启六年正月庚戌,台北中央研究院历史语言研究所校勘本,1962年。

④　毛承斗辑:《东江疏揭塘报节抄》,第4卷,第65页,浙江古籍出版社,1986年。

　　天命十一年即天启六年(1626年)正月十四日,天命汗努尔哈赤亲率诸王大臣,统领十三万大军,号称二十万①,往攻宁远。

　　十六日,至东昌堡。

　　十七日,西渡辽河。八旗军布满辽河迤西平原,清官书称其前后络绎,首尾莫测,旌旗如潮,剑戟似林。八旗劲旅像狂飙一样,军容强盛,雄伟壮观,扑向宁远,远迩大震。

　　后金兵渡辽河,警报驰传明朝,举国汹汹,人心惶惶。时兵部尚书王永光"集廷臣议战守,无善策"。明经略高第和总兵杨麒,闻警丧胆,计无所出,龟缩山海,拥兵不救。如道臣刘诏等要统兵二千出关应援,高第令已发出的兵马撤回;李卑援兵蜷缩在中后所,李平胡的援兵不满七百人,又退至中前所。所以"关门援兵,并无一至"②。袁崇焕既后无援军,又前临强敌:八旗军连陷右屯、锦州、大凌河、小凌河、松山、杏山、塔山、连山等八座城堡。原驻守军都已焚毁房舍、粮谷,撤入关内,后金兵如入无人之境,未遇任何抵抗,直奔宁远。宁远形势愈加对后金有利。

　　袁崇焕驻守孤城宁远,城中士卒不满二万人。但城中兵民,"死中求生,必生无死",誓与城共存亡。他在紧急关头,上奏疏,表决心:"本道身在前冲,奋其智力,自料可以当奴。"他召集诸将议战守:参将祖大寿力主未可与争锋,塞门奋死守,诸将皆赞同祖大寿之议。宁前道袁崇焕面临强敌,后无援师,临危不惧,指挥若定。他采纳诸将的议请,做了如下守城准备:

　　第一,制定兵略,凭城固守。宁远战前,彼己态势,强弱悬殊。袁崇焕前临强敌,后无援兵,西翼蒙古不力,东翼朝鲜无助,关外辽西,宁远孤城,故只有扬长避短,凭城固守。他尝言:"守为正著,战为奇著,款为旁著。以实不以虚,以渐不以骤。"③他汲取抚(顺)、清(河)、开(原)、铁(岭)、沈(阳)、辽(阳)、西(平)、广(宁)失守之惨痛殷鉴,决意

――――――――

　　① 后金军的兵数:《明熹宗实录》第67卷天启六年二月甲戌朔,兵部尚书王永光据山海关主事陈祖苞塘报奏称:"虏众五六万人,力攻宁远";《清太祖武皇帝实录》第4卷第8页称引袁崇焕言:"乃谓来兵二十万,虚也,吾已知十三万"。此据《清太祖武皇帝实录》所证载数字。

　　② 《明熹宗实录》,第68卷,第4页,天启六年二月丙子,台北中央研究院历史语言研究所校勘本,1962年。

　　③ 《明熹宗实录》,第84卷,第11页,天启七年五月庚辰,台北中央研究院历史语言研究所校勘本,1962年。

凭城而守,拼死而守,敌诱不出城,敌激不出战。宁远守略,要在固守。

第二,激励士气,划地分守。袁崇焕偕总兵满桂,副将左辅、朱梅,参将祖大寿,守备何可纲,通判金启倧等,集将士誓死守御宁远。他"刺血为书,激以忠义,为之下拜,将士咸请效死"①。他命将"库银一万一千一百有奇,置之城上,有能中贼与不避艰险者,即时赏银一锭"②,以赏勇退敌。又派都督佥事、总兵满桂守东面,副将左辅守西面,参将祖大寿守南面,副总兵朱梅守北面,满桂提督全城,分将划守,相互援应。袁崇焕则坐镇于城中钟鼓楼,统筹全局,督军固守③。

第三,修台护铳,布设火炮。袁崇焕在宁远城上,实施"以台护铳,以铳护城,以城护民"④的措置。在宁远城设置西洋大炮,《明熹宗实录》载孙元化疏奏与旨批云:"守关宜在关外,守城宜在城外。有离城之城外,则东倚首山,北当诸口,特建二堡,势如鼎足,以互相救。有在城之城外,则本城之马面台、四角台,皆照西洋法改之,形如长爪,以自相救。因请以本衔协佐院臣料理。夏、秋贼来则却之而后归,不则安设犄角,教练兵将使尽其法而后归。上命速赴宁远与袁崇焕料理造铳、建台之策。"⑤孙元化疏奏之西洋大炮即红夷大炮(红衣大炮),为英国制造早期加农炮,具有炮身长、管壁厚、射程远、威力大的特点⑥,是击杀密集骑兵的强力火炮。先是,澳商闻徐光启练兵购进四门,又经李之藻购进二十六门,共三十门,其中留都城十八门,炸毁一门,解往山海十一门。用茅元仪等议,在城上设置西洋大炮,防御后金兵的南犯。遂将这十一门西洋大炮架设在宁远城上⑦,成为袁崇焕凭城用炮退敌的强大武器。敌兵逼临,袁崇焕从王喇嘛等议,撤西洋大炮十一门入城,制作炮车,挽设城上,备足弹药,训练炮手。由在京营中受过葡萄牙人训练的孙元化、彭簪古等官员,培训炮手,加以使用。

---

① 《明史·袁崇焕传》,第 259 卷,第 6709 页,中华书局校点本,1974 年。

② 《明熹宗实录》,第 70 卷,第 33 页,天启六年四月己亥,台北中央研究院历史语言研究所校勘本,1962 年。

③ 《明熹宗实录》,第 68 卷,第 4 页,天启六年二月丙子,台北中央研究院历史语言研究所校勘本,1962 年。

④ 徐光启:《谨申一得以保万全书》,《徐光启集》,上册,第 175 页,中华书局,1963 年。

⑤ 《明熹宗实录》,第 68 卷,第 30～31 页,天启六年二月戊戌,台北中央研究院历史语言研究所校勘本,1962 年。

⑥ 王兆春:《中国火器史》,第 228 页,军事科学出版社,1991 年。

⑦ 《颂天胪笔》,《明季北略》,第 2 卷,第 8 页,上海图书集成书局铅字本,1934 年。

第四，坚壁清野，严防奸细。袁崇焕令尽焚城外房舍、积刍，转移城厢商民入城，转运粮米藏觉华岛。又以同知程维模率员稽查奸细，"纵街民搜奸细，片时而尽"①，派诸生巡守街巷路口。所以，在辽东诸城中，"宁远独无夺门之叛民、内应之奸细"②。

第五，兵民联防，送食运弹。袁崇焕令通判金启倧按城四隅，编派民夫，供给守城将士饮食。又派卫官裴国珍带领城内商民，鸠办物料，运矢石，送弹药。

第六，整肃军纪，以静待动。袁崇焕严明军纪，派官员巡视全城，命对乱自行动和城上兵下城者即杀。官兵上下，一心守城，"以必一之法，则心无不一，此则崇焕励将士死守之法。其所以完城者，亦在此"③。他又从后金细作处，获取谍报，得以为备。一切准备，就绪之后，偃旗息鼓，以静待敌。

袁崇焕在进行紧张而有序地防御宁远，后金汗在驱骑急驰而整肃地奔向宁远，一场宁远大战迫在眉睫。

努尔哈赤统率八旗军西渡辽河之后，"如入无人之境"④，长驱直前，指向四虚无援的孤城宁远。袁崇焕缮筑之宁远城⑤，成为撄城固守、抵御后金的堡垒。

二十二日，袁崇焕守城部署甫定。他与几个幕僚至鼓楼，同朝鲜使臣翻译韩瑗等谈古论今，镇静如常。他先令兵民"偃旗息鼓待之，城中若无人"，待后金兵近城。

二十三日，八旗军穿过首山与峣珑山之间隘口，兵薄宁远城郊。努尔哈赤命离城五里，横截山海大路，安营布阵，并在城北扎设大营。努尔哈赤在发起攻城之前，释放被虏汉人回宁远城，传汗旨，劝投降，但遭到袁崇焕的严辞拒绝。《清太祖武皇帝实录》载：

> 放捉获汉人，入宁远往告："吾以二十万兵攻此城，破之必矣！尔众官若降，即封以高爵。"宁远道袁崇焕答曰："汗何故遽加兵耶？宁、锦二城，乃汗所弃之地，吾

---

①　《明熹宗实录》，第72卷，第17页，天启六年六月戊子，台北中央研究院历史语言研究所校勘本，1962年。

②　《明熹宗实录》，第68卷，第2页，天启六年二月乙亥，台北中央研究院历史语言研究所校勘本，1962年。

③　《明季东莞五忠传·袁崇焕传》，民国铅印本。

④　《袁督师事迹》，第35页，伍氏粤雅堂刻本，道光三十年（1850年）。

⑤　袁崇焕增筑之宁远城外城已毁，今存兴城（即宁远）之城为内城。

恢复之,义当死守,岂有降理! 乃谓来兵二十万,虚也,吾已知十三万,岂其以尔为寡乎!"①

袁崇焕拒绝努尔哈赤诱降之后,命家人罗立等向城北后金军大营,施放西洋大炮,"遂一炮歼虏数百"②。后金军不敢留此驻营,将大营移到城西。努尔哈赤见袁崇焕既拒不投降,又炮击大营,遂命准备战具,次日攻城。

二十四日,后金兵推楯车,运钩梯,步骑蜂拥进攻,万矢齐射城上。城堞箭镞如雨注,悬牌似猬皮。明军凭坚城护卫,既不怕城下骑兵猛冲,又能够躲避箭矢射击。后金军集中攻打城西南角,左辅领兵坚守,祖大寿率军应援,明军用矢石、铁铳和西洋大炮下击,后金兵死伤累累。又移攻南面,努尔哈赤命在城门角两台间火力薄弱处凿城,守城军"则门角两台,攒对横击"③。明军以城护炮,以炮护城。都司金书彭簪古指挥东、北二面大炮,罗立指挥西、南二面大炮,"从城上击,周而不停,每炮所中,糜烂可数里"④。后金兵顶炮火,用楯车撞城;冒严寒,用大斧凿城。明军发矢镞,掷礌石,飞火球,投药罐,后金兵前仆后继,冒死不退,前锋挖凿冻土城,凿开高二丈余的大洞三四处,宁远城受到严重威胁。袁崇焕在严重危急关头,身先士卒,不幸负伤,"自裂战袍,裹左伤处,战益力;将卒愧,厉奋争先,相翼蔽城"⑤。在城危之时,用芦花、棉被装裹火药,号"万人敌";又以"缚柴浇油,并搀火药,用铁绳系下烧之"⑥;又选五十名健丁缒下,用棉花火药等物烧杀挖城的后金兵,"火星所及,无不糜烂"。据明方塘报载:"贼遂凿城高二丈余者三四处,于是火球、火把争乱发下,更以铁索垂火烧之,牌始焚,穴城之人始毙,贼稍却。而金通判手放大炮,竟以此殒。城下贼尸堆积。"⑦

① 《清太祖武皇帝实录》,第4卷,第24页,台北故宫博物院藏,广文书局影印本,1970年。

② 茅元仪:《督师纪略》,第1卷,第14页,《明史资料丛书》本。

③ 《明熹宗实录》,第70卷,第19页,天启六年四月辛卯,台北中央研究院历史语言研究所校勘本,1962年。

④ 计六奇:《明季北略》,第2卷,第8页,光绪十三年(1887年)刻本。

⑤ 《袁督师遗事遗稿汇辑》,第3卷,民国铅印本。

⑥ 《明熹宗实录》第67卷,第20页,天启六年正月辛未,台北中央研究院历史语言研究所校勘本,1962年。

⑦ 《明熹宗实录》,第70卷,第19页,天启六年四月辛卯,台北中央研究院历史语言研究所校勘本,1962年。

是日，后金军攻城，自清晨至深夜，尸积城下，几乎陷城。

二十五日，后金兵再倾力攻城，城上施放炮火，"炮过处，打死北骑无算"①。后金兵惧怕利炮，畏葸不前，"其酋长持刀驱兵，仅至城下而返"②。后金兵士一面抢走城下尸体，运至城西门外砖窑焚化，一面继续攻城。但"又不能克，乃收兵"。其"攻具焚弃，丧失殆尽"。后金军二日攻城，共折游击二员，备御二员，兵五百③。努尔哈赤被迫停止攻城，退到西南侧离城五里的龙宫寺扎营。

二十六日，后金兵继续围城，明兵不断发射西洋大炮旁击。努尔哈赤无计可施，便改变进攻策略，命武讷格率军履冰渡海，进攻明军储存粮料基地觉华岛（见后文）。

袁崇焕刚击退后金进攻，派景松和马有功，将他们从城上系下，疾驰山海关，报告经略高第战况。高第急奏报朝廷："奴贼攻宁远，炮毙一大头目，用红布包裹，众贼抬去，放声大哭。分兵一支，攻觉华岛，焚掠粮货。"④

宁远之役，后金某重要人物为明炮弹击伤。各书记载略异，现征引如下：

明蓟辽经略高第奏报："奴贼攻宁远，炮毙一大头目，用红布包裹，众贼抬去。"

张岱在《石匮书后集》中记载："炮过处，打死北骑无算，并及黄龙幕，伤一裨王。北骑谓出兵不利，以皮革裹尸，号哭奔去。"⑤

朝鲜李星龄在《春坡堂日月录》⑥中记载宁远之役较详，兹抄录于下：

我国译官韩瑗，随使命入朝。适见崇焕，崇焕悦之，请借于使臣，带入其镇，瑗目见其战。军事节制，虽不可知，而军中甚静，崇焕与数三幕僚，相与闲谈而已。及贼报至，崇焕轿到敌楼，又与瑗等论古谈文，略无忧色。俄顷放一炮，声动天地，瑗怕不能举头。崇焕笑曰："贼至矣！"乃开窗，俯见贼兵，满野而进，城中了无人

① 张岱：《石匮书后集·袁崇焕列传》，第11卷，第91页，中华书局，1960年。
② 《明熹宗实录》，第70卷，第19页，天启六年四月辛卯，台北中央研究院历史语言研究所校勘本，1962年。
③ 《清太祖武皇帝实录》，第4卷，第24页，台北故宫博物院藏，广文书局影印本，1970年。
④ 《明熹宗实录》，第68卷，第4页，天启六年二月丙子，台北中央研究院历史语言研究所校勘本，1962年。
⑤ 张岱：《石匮书后集·袁崇焕列传》，第11卷，第91页，中华书局，1960年。
⑥ ［朝］李肯翊：《燃藜室记述》，第6辑，第25卷，转引自《清入关前史料选辑》（第1辑），中国人民大学出版社，1984年。

声。是夜,贼入外城,盖崇焕预空外城,以为诱入之地矣。贼因并力〔攻〕城,又放大炮,城上一时举火,明烛天地,矢石俱下。战方酣,自城中每于堞间,推出木柜子,甚大且长,半在堞内,半出城外,柜中实伏甲士,立于柜上,俯下矢石。如是层〔屡〕次,自城上投枯草油物及棉花,堞堞无数。须史,地炮大发,自城外遍内外,土石俱扬,火光中见胡人俱人马腾空,乱堕者无数,贼大挫而退。望朝,见贼拥聚于大野一边,状若一叶。崇焕即送一使,备物谢曰:"老将横行天下久矣,日见败于小子,岂其数耶!"奴儿哈赤先已重伤,及是具礼物及名马回谢,请借再战之期,因懑恚而毙云。①

宁远之役,努尔哈赤虽在觉华岛获取小胜,并以此慰自己、慰诸臣、慰官兵、慰部民;但就总体而言,就战术而论,历史的结论是:努尔哈赤兵败宁远。明朝与后金的宁远之战,以明朝的胜利和后金的失败而结束。明朝由"宁远被围,举国汹汹"②,到闻报宁远捷音,京师士庶,空巷相庆。宁远之捷是明朝从抚顺失陷以来的第一个胜仗,是自"辽左发难,各城望风奔溃,八年来贼始一挫"③的一仗,也是"遏十余万之强虏,振八九年之积颓"的一仗。明天启帝旨称:"此七八年来所绝无,深足为封疆吐气!"④因之,宁远与宁远大捷,对于明朝有着特殊的地位与意义:宁远,为山海之藩篱,关京师之安危,系明朝之存亡。与明相反,努尔哈赤原议师略宁远城,夺取山海关,不料败在袁崇焕手下。时袁崇焕四十二岁,初历战阵;努尔哈赤已六十八岁,久戎沙场。努尔哈赤在宁远遭到用兵四十四年来最严重的惨败。对于军事统帅,最大的痛苦莫过于指挥失败。

---

①　努尔哈赤是否在宁远城下负伤,史学界意见不一。《中国历史文献丛刊》1980年第1期载孟森先生遗著《清太祖死于宁远之战不确》及商鸿逵教授附《赘言》,《社会科学战线》1980年第2期载李鸿彬《努尔哈赤之死》等文,均对努尔哈赤在宁远城下负伤持异议。努尔哈赤在宁远负伤,为何仅见于朝鲜记载,而不见于明朝与后金记载?下述两个问题值得研究:其一,《满文老档》独于宁远之败断简;其二,袁崇焕部将周文郁《边事小纪》又恰于宁远之役存目阙文。

②　《明熹宗实录》,第68卷,第8页,天启六年二月丁丑,台北中央研究院历史语言研究所校勘本,1962年。

③　《明熹宗实录》,第68卷,第2页,天启六年二月乙亥,台北中央研究院历史语言研究所校勘本,1962年。

④　《明熹宗实录》,第68卷,第4页,天启六年二月丙子,台北中央研究院历史语言研究所校勘本,1962年。

《清太祖武皇帝实录》记载努尔哈赤宁远之败时说：

> 帝自二十五岁征伐以来，战无不胜，攻无不克，惟宁远一城不下，遂大怀忿恨而回。①

实际上天命汗将骑兵进攻的打击点，由宁远城移向觉华岛。

(四)明军溃败觉华岛

明朝与后金进行著名的宁远之战，其主战场在宁远城，分战场则在觉华岛②。觉华岛之役，是明清甲乙之际，明朝与后金一次剧烈的军事碰撞，产生了重要的影响。

先是，明军丢失广宁，参将祖大寿拥残兵驻觉华岛上。《明史·方震孺传》记载：明朝任满、在右屯等待新任的原辽东巡按方震孺，召水师帅张国卿，相与谋曰："今东师四外搜粮，闻祖将军在岛上，有米豆二十余万，兵十余万，人民数万，战舰、器仗、马牛无数，东师即媾得岛兵，得岛兵以攻榆关，岂有幸哉？"于是，震孺、国卿航海见大寿，慷慨语曰："将军归，相保以富贵；不归，震孺请以颈血溅将军！"大寿泣，震孺亦泣，遂相携以归，获军民辎重无算。③ 可见，觉华岛在明朝与后金的军事冲突中，有着特殊的地位。

觉华岛由于其具有军事冲要、囤积粮料和设置舟师三重价值，而为明辽军所必守，也为后金军所必争。

觉华岛位置冲要。觉华岛悬于辽东湾中，与宁远城相为犄角，居东西海陆中途，扼辽西水陆两津。觉华岛早在唐代，就已开发，港口著名，其北边海港，称为靰鞡口，已为岛上要港，出入海岛咽喉。辽、金时代，岛上更为开发，住户日多，且有名刹。其时岛上高僧，法名觉华，因以名岛，称为觉华岛。金亡元兴，塞外拓疆，辽西走廊，更为重要。明初北元势力强大，朱棣几次率军北征，关外地区，屡动干戈。后蒙古势力，犯扰辽东，军用粮料，储之海岛，觉华岛成为明军一个囤积粮料的基地。满洲崛兴后，觉华岛的特

---

①　《清太祖武皇帝实录》，第 4 卷，第 25 页，台北故宫博物院藏，广文书局影印本，1970 年。

②　《中国近八十年明史论著目录》和《清史论文索引》均无著录觉华岛之役的专题论文。

③　《明史·方震孺传》，第 248 卷，第 6429 页，中华书局校点本，1974 年。

殊战略地位,日益受到重视。天命七年即天启二年(1622年),明失陷辽西重镇广宁后,辽东明军主力,收缩于山海关。明军的山海关外防线,经略王在晋议守八里铺,佥事袁崇焕议守宁远城,监军阎鸣泰则主守觉华岛。天命八年即天启三年(1623年)九月初八日,大学士孙承宗出关巡阅三百里情形,疏奏决守榆关之大略。由是,孙承宗巡视觉华岛。据孙承宗巡觉华岛的奏报称:"又次日(十三日),向觉华岛,岛去岸十八里。而近过龙宫寺,地濒海而肥,可屯登岸之兵。次日(十四日),遍历洲屿,则西南望榆关在襟佩间,独金冠之水兵与运艘在。土人附夹山之沟而居,合十五沟,可五十余家。而田可耕者六百余顷,居人种可十之三。盖东西中逵,水陆要津。因水风之力,用无方之威,固智者所必争也。其旧城遗址,可屯兵二万,臣未出关,即令龙、武两营,分哨觉华。而特于山巅为台,树赤帜,时眺望。时游哨于数百里外,以习风汛曲折。"[①]上述奏报可见,觉华岛成为明军必守之地,有其军事地理优越因素:一是岛在辽西海湾中,控四方水陆津要;二是岛距岸十八里,严冬冰封,既便冰上运输粮料,又可凿冰为壕御守;三是岛距宁远三十里,犄角相依,互为援应;四是岛上有旧城址,有耕田、民居、淡水,可囤粮驻兵;五是岛北岸有天然港口,可泊运艘,亦可驻舟师;六是岛上山巅树赤帜、立烽堠,便联络、通信息;七是海岛安全,可作新招辽兵训练之地;八是岛港便于停靠从旅顺、登、莱、天津驶来的运艘。孙承宗奏报"失辽左必不能守榆关,失觉华、宁远,必不能守辽左"。其奏报得到旨允。于是,孙承宗既经营宁远城之筑城与戍守,又经营觉华岛之囤粮与舟师。

觉华岛囤积粮料。先是,明在辽东防务,向置重兵。其兵粮马料、军兵器械,为防备蒙古与女真骑兵抢掠,或置于坚城,或储于海岛,芝麻湾、笔架山、觉华岛为明军海上囤积粮料的重地。明广宁失陷后,御守重在宁远城,粮储则重在觉华岛。觉华岛有一主岛和三小岛(今称磨盘岛、张山岛、阎山岛),共十三点五平方公里,其中主岛十二点五平方公里,"呈两头宽,中间狭,不规则的葫芦状,孤悬海中"[②]。其地貌,呈龙形,"龙身"为山岭,穿过狭窄的"龙脖"迤北,便是"龙头"。"龙头"三面临海,地势平坦,北端有天然码头,停泊船只。在"龙头"的开阔地上,筑起一座囤积粮料之城。这座囤粮城,依

① 《明熹宗实录》,第40卷,第2～3页,天启三年闰十月丁亥朔,台北中央研究院历史语言研究所校勘本,1962年。

② 安德才主编:《兴城县志》,第67页,辽宁大学出版社,1990年。

据踏勘，简述如下："觉华岛明囤粮城，今存遗址，清晰可见。城呈矩形，南北长约五百米，东西宽约二百五十米，墙高约十米，底宽约六米。北墙设一门，通城外港口，是为粮料、器械运输之道；南墙设二门，与'龙脖'相通，便于岛上往来；东、西墙无门，利于防守。城中有粮囤、料堆及守城官兵营房遗迹，还有一条纵贯南北的排水沟。"①觉华岛囤储的粮料，既有来自天津的漕运米，又有征自辽西的屯田粮。岛上的储粮，天命七年即天启二年（1622 年）二月初一日，据杨嗣昌具疏入告称："照得：连日广宁警报频叠，臣部心切忧惧。盖为辽兵将平日贪冒，折色不肯运粮，以致右屯卫见积粮料八十余万石，觉华岛见积粮料二十余万石……今边烽过河，我兵不利，百万粮料，诚恐委弃于敌，则此中原百万膏髓涂地，饷臣百万心血东流。"②此时，辽左形势陡变，明军危在眉睫。杨嗣昌具上疏时，明朝已经失陷广宁。占领广宁的后金军，乘胜连陷义州、锦州、右屯卫等四十余座城堡，并从右屯卫运走粮食五十万三千六百八十一石八斗七升③，余皆焚毁。但是，觉华岛囤储之二十万石粮料，因在海岛，赖以犹存。可见明朝储粮海岛，后金没有舟师攻取。然而，囤积大量粮料的觉华岛，对缺乏粮食的后金而言，虽没有一支舟师，亦必为死争之地。

觉华岛设置水师。明朝于觉华岛，在广宁失陷前，"独金冠之水兵运艘在"。孙承宗出关前，如上所述"即令龙、武两营，分哨觉华"，旋有"国宁督发水兵于觉华"④。先是，"守觉华岛之议，始于道臣阎鸣泰之呈详"⑤。至是，经略孙承宗采纳阎鸣泰之议，以"觉华岛孤峙海中，与宁远如左右腋，可厄敌之用"⑥，便命游击祖大寿驻觉华。其时，孙承宗令总兵江应诏做了军事部署："公即令应诏定兵制：袁崇焕修营房；总兵李秉诚教火器；广宁道万有孚募守边夷人采木，〔督〕辽人修营房；兵部司务孙元化相度北山、南海，设奇于山海之间；游击祖大寿给粮饷、器械于觉华，抚练新归辽人。"⑦祖大寿驻军觉华岛的任务有四：一为抚练新归辽人，以辽人守辽土；二为护卫

---

① 　笔者实地踏查记录。

② 　《杨文弱先生集》，第 4 卷，第 12 页，钞本，北京图书馆善本部藏。

③ 　《满文老档·太祖》，册Ⅱ，第 498 页，东洋文库本，1956 年。

④ 　《明熹宗实录》，第 40 卷，第 6 页，天启三年闰十月丁亥朔，台北中央研究院历史语言研究所校勘本。

⑤ 　王在晋：《三朝辽事实录》，第 10 卷，天启二年七月，江苏省立国学图书馆藏本。

⑥ 　孙铨：《孙文正公年谱》，第 2 卷，天启三年九月初八日，清刻本。

⑦ 　孙铨：《孙文正公年谱》，第 2 卷，天启三年九月初三日，清刻本。

岛上囤储的粮料、器械；三为以岛上存贮粮械供应辽军所需；四为相机牵制南犯的后金军。后因宁远事关重大，采纳袁崇焕的建议，将祖大寿调至宁远。明觉华岛的水师，仍由游击金冠统领。其作用：一则守卫岛上之粮料、器械；二则配合陆师进图恢复；三则策应宁远之城守——"以筑八里者筑宁远之要害，更以守八里之四万当宁远之冲，与觉华岛相犄角。而寇窥城，则岛上之兵，旁出三岔，烧其浮桥，而绕其后，以横击之"①。

由上，觉华岛以其地位重要、囤积粮料和设置水师，而成为明辽军与后金军的必据必争之地。但后金军于何时、从何地、以何法，同明辽军争战觉华岛？这个历史的爆发点，是在天命汗努尔哈赤兵败宁远之后，而衍化成的一场残酷的争战。

努尔哈赤一向刚毅自恃，屡战屡胜，难以忍受宁远兵折之耻，誓以洗雪宁远兵败之辱。他决心以攻泄忿，以焚消恨，以胜掩败，以戮震威。这正如明蓟辽总督王之臣所分析："此番奴氛甚恶，攻宁远不下，始迁戮于觉华。"②

先是，二十五日，努尔哈赤攻宁远城不下，见官兵死伤惨重，便决定攻觉华岛。是夜，后金一面派军队彻夜攻城，一面将主力转移至城西南五里龙宫寺一带扎营。其目的：一则龙宫寺距觉华岛最近，便于登岛；二则龙宫寺囤储粮料，佯装劫粮。此计确实迷惑了明军，高第塘报可以为证："今奴贼见在西南上离城五里龙官③寺一带扎营，约有五万余骑。其龙官寺收贮粮囤好米，俱运至觉华岛，遗下烂米，俱行烧毁。讫近岛海岸，冰俱凿开，达贼不能过海。"④

但是，觉华岛明参将姚抚民等军兵，受到后金骑兵严重威胁。时值隆冬，海面冰封，从岸边履冰，可直达岛上。姚抚民等守军，为加强防御，沿岛凿开一道长达十五里的冰壕，以阻挡后金骑兵的突入。然而，天气严寒，冰壕凿开，穿而复合。姚抚民等率领官兵，"日夜穿冰，兵皆堕指"⑤。二十六日，后金一面派少部分兵力继续攻打宁远

---

① 王在晋：《三朝辽事实录》，第10卷，第34页，江苏省立国学图书馆藏本
② 《袁崇焕资料集录》，上册，第27页，广西民族出版社，1984年。
③ 孙承宗于天启三年闰十月丁亥奏报巡历关外情形记为"龙宫寺"，《明熹宗实录》时作"龙官寺"，时作"龙宫寺"。下同，不注。
④ 《明熹宗实录》，第67卷，第20～21页，天启六年正月辛未，台北中央研究院历史语言研究所校勘本，1962年。
⑤ 王在晋：《三朝辽事实录》，第15卷，第33页，江苏省立国学图书馆藏本。

城；一面命大部分骑兵突然进攻觉华岛。后金军由骁将武讷格率领蒙古骑兵及满洲骑兵，约数万人①，由冰上驰攻觉华岛。后金军涉冰近岛，"见明防守粮储参将姚抚民、胡一宁、金观②，游击季善、吴玉、张国青，统兵四万③，营于冰上。凿冰十五里为壕，列阵以车楯卫之"④。辰时，武讷格统领的后金骑兵，分列十二队，武纳格居中，扑向位于岛"龙头"上的囤粮城。岛上明军，"凿冰寒苦，既无盔甲、兵械，又系水手、不能耐战，且以寡不敌众"⑤；不虞大雪纷飞，冰壕重新冻合，故后金军迅速从鞑鞈口登岸，攻入囤粮城北门，攻进城中。后金骑兵驰突乱斫，岛上水兵阵脚遂乱。后金军火焚城中囤积粮料，浓烟蔽岛，火光冲天。旋即转攻东山，万骑驰冲；巳时，并攻西山，一路涌杀。后金军的驰突攻杀，受到明守岛官兵的拼死抵抗："且岛中诸将，金冠先死，而姚与贤等皆力战而死。视前此奔溃逃窜之夫，尚有生气。金冠之子，会武举金士麒，以迎父丧出关。闻警赴岛，遣其弟奉木主以西，而率义男三百余人力战，三百人无生者。其忠孝全矣！"⑥

　　觉华岛争战的结局，是明军覆没而后金军全胜。此役，明朝损失极为惨重，四份资料可为力证：

　　其一，经略高第塘报：觉华岛"四营尽溃，都司王锡斧、季士登、吴国勋、姚与贤，艟总王朝臣、张士奇、吴惟进及前、左、后营艟百总俱已阵亡"⑦。

　　其二，总督王之臣查报："贼计无施，见觉华岛有烟火，而冰坚可渡，遂率众攻觉华，兵将俱死以殉。粮料八万二千余及营房、民舍俱被焚……觉华岛兵之丧者七千

---

　　①　后金军出师觉华岛之兵数，《清太祖高皇帝实录》作"吴讷格率所部八旗蒙古、更益满兵八百"；《明熹宗实录》作"奴众数万"，又作四万。但是，天命七年即天启二年后金始设蒙古旗，至天聪三年即崇祯二年已有蒙古二旗，又至天聪九年即崇祯八年始分设蒙古八旗，故其时并无八旗蒙古。

　　②　金观：《清太祖高皇帝实录》作"金观"，而《明熹宗实录》、《明史》、《清太祖武皇帝实录》、《满洲实录》均作"金冠"，"冠"为是，而"观"为误。

　　③　觉华岛明军之兵数，《清太祖高皇帝实录》作"四万"；《明熹宗实录》作四营、七千余人。应以后者为是。

　　④　《清太祖高皇帝实录》，第10卷，第6页，天命十一年正月庚午，台北故宫博物院藏，华文书局影印本，1962年。

　　⑤　王在晋：《三朝辽事实录》，第15卷，第33页，江苏省立国学图书馆藏本。

　　⑥　《明熹宗实录》，第70卷，第21页，天启六年四月辛卯，台北中央研究院历史语言研究所校勘本，1962年。

　　⑦　王在晋：《三朝辽事实录》，第15卷，第33页，江苏省立国学图书馆藏本。

有余,商民男妇杀戮最惨。与河东堡、笔架山、龙宫寺、右屯之粮①,无不焚毁,其失非小。"②

其三,同知程维模报:"虏骑既至,逢人立碎,可怜七八千之将卒,七八千之商民,无一不颠越糜烂者。王鳌,新到之将,骨碎身分;金冠,既死之樣,俱经剖割。囤积粮料,实已尽焚。"③

其四,《清太祖高皇帝实录》载:"我军夺濠口入,击之,遂败其兵,尽斩之。又有二营兵,立岛中山巅。我军冲入,败其兵,亦尽歼之。焚其船二千余,并所积粮刍,高与屋等者千余所。"④

此役,觉华岛上明军七千余员名和商民七千余丁口俱被杀戮,粮料八万余石和船二千余艘俱被焚烧,主岛作为明朝关外后勤基地亦被摧毁。同时,后金军也付出代价,明统计其死亡二百六十九员名⑤。

(五)明金胜败的兵略

明朝与后金在宁远城和觉华岛的争战,结果是双方各一胜一败。其胜其败,兵略得失,均有短长。

宁远之战,后金之所以大败、明朝之所以大捷,其原因方面诸多而又错综复杂。

在政治方面,后金进攻宁远的战争,已由统一女真各部、反抗民族压迫的正义战争,变成为掠夺土地人民、争夺统治权力的不义战争,因而遭到辽东汉民的强烈反对。尤其是努尔哈赤对辽沈地区汉民的错误政策,引起后金与明朝辖区两方辽民的不满和恐惧,从而促使宁远军民拼死抵御后金军的进犯。所以,人心向背是袁崇焕获胜与努尔哈赤失败的一个基本因素。

---

①　《明熹宗实录》天启六年正月庚午条载:"右屯储米三十万"石。

②　《明熹宗实录》,第70卷,第20~21页,天启六年四月辛卯,台北中央研究院历史语言研究所校勘本,1962年。

③　王在晋:《三朝辽事实录》,第15卷,第33页,江苏省立国学图书馆藏本。

④　《清太祖高皇帝实录》,第10卷,第6页,天命十一年正月,中华书局影印本,1986年。

⑤　《明熹宗实录》,第70卷,第21页,天启六年四月辛卯,台北中央研究院历史语言研究所校勘本,1962年。

　　在军事方面，三年之间，后金兵没有大的野战，额真怠惰，兵无斗志，器械不利①；忙于整顿内务，未作军事准备。明朝袁崇焕却在积极备战，修筑坚城，整械备炮，训练士马，组成关宁防线。后金打了一场兵家最忌的无准备之仗。

　　在策略方面，以往后金向明进行攻坚战，在坚城深堑之前，炮火矢石之下，多以诱敌出城，歼其主力，或以智取力攻，里应外合而获胜。这次袁崇焕坚壁清野，撄城固守，又"纵街民搜奸细"，在宁远城里，"无夺门之叛民，内应之奸细"②。努尔哈赤以劳赴逸，以主为客，以骑攻城，以箭制炮，引诱而敌军不出城，派谍而城中不内应。后金军以短击长，终至败北。

　　在思想方面，后金军居于劣势，努尔哈赤思想僵化，骄傲轻敌；明军处于优势，袁崇焕群策群力，小心谨慎。后金刘学成在奏陈中分析道："汗自取广宁以来，马步之兵，三年未战，主将怠惰，军无战心，车梯、藤牌朽坏，器械不利。汗视取宁远甚易，故天劳苦。"③努尔哈赤犯了骄师必败的错误。明军则正如天启皇帝指出："袁崇焕血书誓众，将士协心，运筹师中，调度有法，满桂等捍御孤城，矢心奋勇。"故能"首挫凶锋"④。明军官兵同心，上下一致，众志成城，夺得胜利。

　　在指挥方面，天命汗在宁远的对手已然不是纸上谈兵的经略袁应泰，也不是浪言求宠的巡抚王化贞，而是杰出的将领袁崇焕。袁崇焕在宁远之役中，"委任专，事权一"。但这不是经略高第委任的，而是袁崇焕拼死争得的。在宁远之战中，袁崇焕撄城固守，凭城用炮，调度得体，指挥有方，确胜过老谋深算的后金军统帅努尔哈赤一筹。

　　在武器方面，明军已使用最新式武器红夷大炮，而八旗兵照旧袭用弓箭刀戈。后金兵的进攻，被袁崇焕凭坚城、用洋炮所击败。袁崇焕说："虏利野战，惟有凭坚城以用大炮一着。"⑤宁远获捷，使红夷火炮声名大噪，明廷封一门红夷炮为"安国全军平辽靖虏大将军"。事实证明，明朝引进、购买和仿制的红夷大炮，在袁崇焕守卫宁远战中，火

　　①　《满文老档·太祖》，上册，第694页，中华书局译注本，1990年。

　　②　《明熹宗实录》，第68卷，第2页，天启六年二月乙亥，台北中央研究院历史语言研究所校勘本，1962年。

　　③　《满文老档·太祖》，册Ⅲ，第1069页，东洋文库本，1958年。

　　④　《明熹宗实录》，第67卷，第21页，天启六年正月癸酉，台北中央研究院历史语言研究所校勘本，1962年。

　　⑤　《明熹宗实录》，第79卷，第19页，天启六年十二月庚申，台北中央研究院历史语言研究所校勘本，1962年。

力突显,威力强大,发挥了重大的作用,扮演着重要的角色①。

当然,上述诸因素中任何孤立的一项,都不是后金宁远之败的必然因素。努尔哈赤的悲剧在于,他对上述条件的整合及其变化,尤其是对明军的指挥与武器这两个重要因素的变化,没有起码的认识,结果以己之短击彼之长,铸下了历史性错误。

红夷大炮是中国军事史上出现的最新武器,也是明军装备中的最新因素。明军首次在宁远之战中使用红夷大炮,并获得成功。本来在明朝,"中国长技,火炮为上"。据统计,从万历四十六年(1618年)至天启元年(1621年)的三年之间,明朝发往辽东前线的将军炮、灭虏炮、虎蹲炮、旋风炮、威远炮、佛朗机等共有二万二千一百四十四门(位),数量之多,实属惊人。但明军火炮在对后金军作战中,没有发挥它的应有威力。这是因为火炮的射程近、威力弱,又没有同城墙结合。前此明军同后金军作战,出城布阵,野地争锋,火器列前,步骑在后。双方交战之时,明兵先放火炮。后金铁骑冲突,飞驰而来,冲过火力;有时明兵"火器不点,贼骑已前",其结果往往是明军炮弹落在八旗骑兵后面,后金骑兵冲来,火炮失去作用。明军宁远之战的胜利,是袁崇焕凭坚城、用洋炮的胜利。这里有两个因素:一是用红夷大炮,二是使城炮结合。通过宁远之战,袁崇焕认识到红夷大炮的重要价值。他说:"辽左之坏,虽人心不固,亦缘失有形之险,无以固人心。兵不利野战,只有凭坚城用大炮一策。"②他从抚顺、清河、开原、铁岭、沈阳、辽阳、西平、广宁诸城失陷中认识到:旷野厮杀,明军所短;凭城用炮,明军所长。所以,"凭坚城、用大炮"是明军以长击短、克敌制胜的法宝。应当说,徐光启、孙元化等人提出"以城护炮、以炮卫城"的战术思想,而袁崇焕将这一战术思想应用于作战实践。由是袁崇焕形成"凭坚城、用大炮"的守城战术。

相反,努尔哈赤的悲剧在于,根本没有认识到宁远运用新式武器红夷大炮,也没有认识到袁崇焕"凭坚城、用大炮"的守城战术。后金军队毫无顾忌,蜂拥攻城,遭到城上红夷大炮轰击,死伤惨重。后金在军事上犯了以己之短,攻彼之长的错误。后金军的长处是平原野战,铁骑驰突,迅速机动,弓马取胜。朝鲜人李民寏说:后金"铁骑奔驰,冲突蹂躏,无不溃败"③。努尔哈赤没有认识到明军战术武器和战术思想的重大变化,

---

① 黄一农:《欧洲沉船与明末传华的西洋大炮》,第75本,第3分,台北中央研究院历史语言研究所集刊,2004年。

② 《明史·袁崇焕传》,第259卷,第6711页,中华书局校点本,1974年。

③ [朝]李民寏:《建州闻见录》,第40页,日本天理大学图书馆藏玉版书屋本。

继续使用旧的武器和旧的战术。出乎他意料之外,铁骑冲到城下,遇到红夷大炮,遭到轰击,碰壁而返。明兵坚守城池,施用大炮,改变了守城战术,以对付后金骑兵。努尔哈赤却没有看到这个新的变化,仍用旧的武器、旧的战术,进攻宁远,吃了大亏,铸下大错,兵败城下。

同样,觉华岛之役,后金之所以大胜、明朝之所以大败,其原因也是方面诸多而又错综复杂。

努尔哈赤虽在宁远城失败,却在觉华岛获胜。在觉华岛之役中,明军恰恰没有凭坚城、用大炮,后金军则发挥了骑兵争锋、野战驰突的优长。

觉华岛之役,是古代战争史上因势而变、避实击虚的典型范例。仅就后金军之得与明辽军之失,略述如下。

第一,天命汗释坚攻脆。从已见史料可知,努尔哈赤此次用兵,亲率倾国之师,长驱驰突,围攻宁远,志在必克。然而,事与愿违,围城强攻,兵败城下。努尔哈赤蒙受四十四年戎马生涯中,最惨重的失败,最惨痛的悲苦。然而,努尔哈赤能在极端不利的困境里,在极度恼怒的氛围中,因敌情势,察机决断,释坚攻脆,避实击虚。《孙子兵法》云:

> 夫兵形象水,水之行,避高而趋下;兵之胜,避实而击虚。水因地而制行,兵因敌而制胜。故兵无成势,(水)①无恒形。能因敌变化而取胜者,谓之神。②

努尔哈赤从多年戎马经历中,深知《孙子兵法》中的上述用兵之道:水流必避高趋

---

① 《孙子兵法》各本作"兵无常势,水无常形"。但银雀山汉墓竹简《孙子兵法》即汉简本《孙子兵法》作"兵无成执(势),无恒刑(形)"。吴九龙《孙子校释》曰:"汉简本此句以'兵'为两'无'之主语,言兵既无常势,又无常形。唯上文一言'水之行避高而趋下',又言'水因地而制行',汉简本皆作'行',而不作'形'。故此句之'形'无'水'字,而将'行'字属之于'兵'。故今依汉简本,且无'水'字。"此注臆断也,因为:第一,银雀山汉简本《孙子兵法》,仅为汉代《孙子兵法》之一种版本,虽实属珍贵,却屡有衍、脱,此为一例,故不能以此定谳。第二,各本俱有"水"字,不宜轻率删削之。第三,"形"与"行"字在古汉语中,同音通假,故"形"字属之于"水"。第四,此段话凡四句:首句"水"与"兵"并列,以"水"喻"兵";次句亦"水"与"兵"并列,亦以"水"喻"兵";再句首为"故"字,即此句承上二句小结,亦应"水"与"兵"并列;末句为结论。所以,"水"字砍削不当。

② 吴九龙主编:《孙子校释》,第102页,军事科学出版社,1990年。

下,兵胜要避实击虚;水因地之倾仄而制其流,兵因敌之虚懈而取其胜;水无常形,兵无常势,临敌变化,方能取胜。努尔哈赤其时面临着有两个可供选择的攻击点:一个是宁远城,另一个是觉华岛。宁远城明军城坚、池深、炮利、死守,觉华岛明军则兵寡、械差、冰封、虚懈。于是,努尔哈赤在宁远城攻坚失利态势下,依据情势,临机决断,避其固守之宁远城,捣其虚懈之觉华岛。他以少部分兵力围宁远城,佯作攻城,以迷惑守城之敌;而以大部分兵力攻觉华岛,突然驰击,以猛捣虚懈之敌。明人指出:其"共扎七营,以缀我师,不知其渡海也"①。甚至袁崇焕当时也做出"近岛海岸,冰俱凿开,贼不能过海"②的疏忽判断。努尔哈赤利用严冬冰封的天时,又利用海岛近岸的地利,复利用官兵愤恨的士气,再利用骑兵驰突的长技,乘觉华岛明军防守虚懈、孤立无援之机,出其不意,乘其无备,围城袭岛,避实攻虚,集中兵力,驰骑冲击,速战速决,大获全胜。努尔哈赤转宁远城之败,释攻其坚;为觉华岛之胜,转攻其脆,可谓释坚攻脆,乘瑕则神。这是战争史上避实击虚的典范战例。

第二,明水师攻守错位。明失广宁后,议攻守之策,应以守为主,无论城池,抑或岛屿,均应主守,而后谈攻。明廷赋予觉华岛水师的使命,着眼于攻,攻未用上,守亦未成。觉华岛明军应当主守,是其时关外双方军力对比与岛上水师特质所规定的。以后者言,岛上明朝水师登岸,不能对抗后金骑兵。登岸之水兵,舍舟船,无辎重,失去依恃,弃长就短;陆上之骑兵,速度快,极迅猛,机动灵活,冲击力大——登岸之明朝水兵对抗陆上之后金骑兵,是注定要失败的。但是,明廷重要官员对此缺乏认识。先是,大学士孙承宗纳阎鸣泰主守觉华之议后,言"边防大计"为"曰守、曰款、曰恢复",其"进图恢复,则水师合东,陆师合北,水师〔陆〕之间,奇一正一,出没无间"③,赋予觉华岛水师以进图恢复的水上重任。他认为:后金骑兵不会从水上攻岛,岛上水师又负重任,故应加强岛之地位:"而又于岛之背设台,以向其外,则水道可绝。盖大海汪洋,虽可四达,而辽舟非傍屿不行。虏固不以水至,即以水亦望此心折。且三门之势,若吸之应呼,无论贼不能从水旁击,即由陆亦多顾盼也。"④孙承

---

① 王在晋:《三朝辽事实录》,第15卷,第33页,江苏省立国学图书馆藏本。
② 王在晋:《三朝辽事实录》,第15卷,第37页,江苏省立国学图书馆藏本。
③ 《明熹宗实录》(梁本),第39卷,天启四年二月丁亥。
④ 《明熹宗实录》,第40卷,第3页,天启三年闰十月丁亥朔,台北中央研究院历史语言研究所校勘本,1962年。

宗断言后金不以舟师从水上攻觉华岛，却未料后金会以骑师从冰上攻觉华岛。王在晋和孙承宗相左，看到觉华岛水师之局限："若谓觉华犄角，岛去岸二十里，隔洋之兵，其登岸也须船，其开船也待风。城中缓急，弗能救也；水步当骑，弗能战也。岛驻兵止可御水中之寇，弗能遏陆路之兵。"①

时至天命十一年即天启六年（1626年）正月二十三日，署协理京营戎政兵部右侍郎阎鸣泰仍无视王在晋的上述意见，谏言宁远制敌之策："制敌之策，须以固守宁远为主，但出首山一步即为败道。而首山左近如笔架、皂隶等山险隘之处，俱宜暗伏精兵、火炮，以待贼来，慎勿遽撄其锋，惟从旁以火器冲其胁，以精兵截其尾；而觉华岛又出船兵遥为之势，乘其乱而击之，此必胜之着也。"②阎鸣泰此策，得旨"俱依拟着实举行"。此策得遂，明朝关外孤城宁远必为后金据有，萨尔浒之役杜松吉林崖兵败和刘綎阿布达里冈兵殁，沈辽之役沈阳贺世贤和辽阳袁应泰出城迎敌失其精锐而城破身亡，都是例证。而觉华岛出水师以击敌，此亦非必胜之着。此策着眼于攻，疏失于守，攻守错位，致攻未出师，而守亦败没。

第三，觉华岛防守虚懈。觉华岛之功能，主要是作为明军关外囤储粮料、器械的后勤基地。应以此作为重点，而进行防御部署。先是，广宁之役，频传警报，前车之鉴，应引为训。杨嗣昌疏稿称："昨接户科抄出户科都给事中周希令一疏，内言觉华等岛粮食，宜勒兵护民，令其自取无算，余者尽付水火。未出关小车与天津海运，不可不日夜预料速备等因。奉圣旨：该部作速议行。"③上引疏稿为天启二年即天命七年（1622年）二月初六日，而后金军已于上月二十三日占领广宁，但兵锋未至觉华岛。同年十二月，岛上游击金冠水兵一千二百七十六员名，参将祖大寿辽兵八百七十五员名，共二千一百五十一员名。后祖大寿及其辽兵调出，又增加水兵，达七千余员名。这些水师，责在防守。如将觉华岛作为水师基地，应时出击，或作策应，则不现实。因为觉华岛不具备水师基地的地理条件，且岛上水兵用于对付后金骑兵，不宜登陆作战，即使登陆绕击，失去所长，暴露所短，以短制长，兵家所忌。觉华岛的水师应重于防守，却防守疏漏。有如囤粮城守军集于岛上山巅——东山与西山，距离囤粮城较远。驻兵虽可居高

①　王在晋：《三朝辽事实录》，第10卷，第56页，江苏省立国学图书馆藏本。

②　《明熹宗实录》，第67卷，第7页，天启六年正月丁卯，台北中央研究院历史语言研究所校勘本，1962年。

③　《杨文弱先生集》，第4卷，第13页，钞本，北京图书馆善本部藏。

临下,却不利于急救囤粮城之危。这就使得囤粮城防守虚懈,难以抵御后金军的突击。后金骑兵骤至,守军营于冰上,凿冰为壕,摆车列阵,布设官兵,以作防卫。但时逢隆冬,所凿冰壕,开而复封。致使后金骑兵横行无阻,直捣囤粮城。明军既侥幸于广宁之役觉华岛免遭兵火,又迷信于宁远之役觉华岛天设之险。然而,宁远不是广宁,历史不会重演。后金骑兵避宁远之实,而击觉华之虚。觉华岛明军全部覆灭,吞下防守虚懈之苦果。

第四,明庙堂以胜掩败。明朝觉华岛兵败,胜败乃兵家常事;但吃一堑,需长一智。明觉华岛兵败之后,蓟辽总督王之臣疏报称:"此番奴氛甚恶,攻宁远不下,始迁戮于觉华。倘宁城不保,势且长驱,何有于一岛哉!且岛中诸将,金冠先死,而姚与贤等皆力战而死,视前此奔溃逃窜之夫,尚有生气。"①诚然,奏报明军固守宁远之功绩,褒扬觉华死难官兵之英烈,昭于史册,完全应当。但是,胜败功过,理宜分明,既不能以胜掩败,也不能以功遮过。王之臣身为蓟辽总督,对觉华岛之败,未作一点自责。大臣搪塞,朝廷则敷衍。朝廷旨准兵部尚书王永光疏奏:"皇上深嘉清野坚壁之伟伐,酬报于前;而姑免失粮弃岛之深求,策励于后。"②于是,满朝被宁远大捷胜利气氛所笼罩,有功将卒,加官晋爵;伤亡军丁,照例抚恤;内外文武,论功升赏。但是,于明军觉华岛之败,朝廷、兵部、总督、经略、巡抚以至总兵,未从整体上进行反思,亦未从战略上加以总结,汲取教训,鉴戒未来。对待失败的态度,是吸收殷鉴,还是掩盖搪塞,这是一个王朝兴盛与衰落的重要标志。明廷失辽(阳)、沈(阳),陷广(宁)、义(州),杀熊廷弼,逮王化贞,只作个案处置,并未深刻反省。因而,旧辙覆蹈,悲剧重演,一城失一城,一节败一节,结果,明廷江山易主,社稷倾覆。

觉华岛之役,明军变宁远城之胜为觉华岛之败,后金军化宁远城之败为觉华岛之胜,实为历史之偶然。但是,偶然之中,蕴涵必然。觉华岛之役表明,后金在失败中升腾,明朝则在胜利中降落。这一偶然的觉华岛之役,应是明朝与后金多年争斗结局的历史征兆。

宁远之战,使刚刚建立的关宁防线初步经受住了考验,证明明军坚守城池,使用大

①　《明熹宗实录》,第70卷,第21页,天启六年四月辛卯,台北中央研究院历史语言研究所校勘本,1962年。

②　《袁崇焕资料集录》,上册,第28页,广西民族出版社,1984年。

炮,城炮有机结合,发挥火器威力,是阻止后金强大攻势的有效手段。明朝方面所使用的武器与战术的改变,已经带有近代战争的特点,反映了军事技术和战略战术的新的进步。

十五　后金建都与迁都

在女真统一与后金发展的进程中,先后一建卫城,三建都城,两次迁都,就是兴筑建州卫城佛阿拉城与兴建后金都城——兴京赫图阿拉城、东京辽阳城和盛京沈阳城,一迁都城辽阳,二迁都城沈阳。

(一)建州卫城佛阿拉

在建州女真统一进程中,努尔哈赤为着兴基立业,巩固权位,暗自发展,扩展势力,做了一件重要的事情,这就是兴筑建州卫城佛阿拉。万历十五年(1587 年)正月,努尔哈赤在苏克素浒河部虎拦哈达下东南夹哈河与硕里口河之间的南冈上筑城,这就是后来称作的佛阿拉城①。佛阿拉,初称虎拦哈达南冈:"上自虎拦哈达南冈,移于祖居苏克苏浒河、加哈河之间赫图阿喇地,筑城居之。"②其城所在的阜冈,位置在虎拦哈达东南与赫图阿拉西南之处,因称其为南冈。万历三十一年(1603 年),努尔哈赤由佛阿拉迁居赫图阿拉后,虎拦哈达南冈城就成为老城,即佛阿拉城,始有佛阿拉之称。佛阿拉城的满文体为 fe ala hoton,满文 fe 汉意译为旧,满文 ala 汉意译为冈,满文 hoton 汉意译为城。满文 fe ala hoton,汉直意译为旧山城,但习称为旧老城。这是因为后金—清初的都城,经过三次大的迁徙。天命六年(1621 年)三月,后金迁都辽阳。翌年,后金又在辽阳太子河东岸建新城,后尊称其为东京。天命十年(1625 年)三月,后金再迁都沈阳,后尊称其为盛京。天聪八年即崇祯七年(1634 年)四月,尊赫图阿拉城曰兴京;光绪三年(1877 年),兴京府移治新宾堡,它被称作老城。于是,由第一个都城赫图阿

---

① 佛阿拉城:见诸史册,一城七称:即佛阿拉、费阿拉、虎拦哈达南冈、奴酋城、二道河子城、建州卫城和旧老城。

② 《清太祖高皇帝实录》,第 3 卷,第 7 页,癸卯年(1603 年)正月,中华书局影印本,1986 年。

拉,一迁至东京辽阳,二迁至盛京沈阳,三迁至京师北京,所以习称赫图阿拉作"老城",而称佛阿拉(又作费阿拉)为"旧老城"。因之,佛阿拉城即老城之称再变——"民间呼为旧老城"①。它除上述虎拦哈达南冈城、佛阿拉城、费阿拉城和旧老城四称之外,早时朝鲜人称之为"建州城"、"奴酋城"②,后来日本人又称其为"二道河子城"③。由上可见,佛阿拉城,见诸史册,一城七称。

佛阿拉城位置在今辽宁省新宾满族自治县永陵镇南十八里处,在赫图阿拉西南约八里的虎拦哈达南岗上,今新宾满族自治县永陵镇二道河子村境内。佛阿拉的形胜,东依鸡鸣山,南傍哈尔撒山,西偎烟筒山(虎拦哈达),北临苏克素浒河即苏子河支流——加哈河与索尔科河,即二道河之间三角形河谷平原南缘的虎拦哈达平冈上。它的东、南、西三面为冈阜,仅西北一面开展。东有首里口即硕里口河(黄土岗子河),东北流入索尔科河;西北有二道河,注入加哈河。索尔科河与加哈河交汇后,北流入苏克素浒河(苏子河)。

努尔哈赤从其祖居地赫图阿拉④,迁至新筑城的佛阿拉,似因为:

第一,建州基本统一后,开始出现以努尔哈赤及其弟舒尔哈齐为首的新的女真军事贵族,其地位、等级、权势、军力、利益等,均发生了根本变化,需要兴建与之相适应的城垣、治所、堂子、楼宇、屋舍。所以,要选择新的城址,按照新的等级,规划新的格局,作出新的安排,兴建新的山城。

第二,努尔哈赤基本统一建州前,赫图阿拉已为其诸祖、伯叔、兄弟和侄辈所安居多年,在此重新规划房舍,势必触犯诸多宗族利益,引发新的宗族矛盾。另选新址,重新规划,则既不妨害原宗族的利益,又能满足新贵族的需要。

第三,努尔哈赤基本统一建州后,下一步是同明廷和扈伦四部打交道,在彼强己弱的情势下,需要选择一个既荫蔽又便于出击的新基地。

所以,从政治、军事、经济、宗族等方面筹划,兴筑佛阿拉城是努尔哈赤的一个重大决策。决策既已确定,便筑佛阿拉城。《清太祖武皇帝实录》记载:"丁亥年,太祖于首

① 光绪《兴京厅乡土志》,第3卷,第27叶,光绪三十二年(1906年)修,民国年间油印本。
② [朝]申忠一:《建州纪程图记》,图版5,《兴京二道河子旧老城》,日文本,建国大学刊印,1939年。
③ 《兴京二道河子旧老城》,第17页,日文本,建国大学刊印,1939年。
④ 有学者认为:努尔哈赤迁居佛阿拉之前,居住于北碴背山城(今新宾永陵镇网户村东北)。

里口、虎拦哈达下东南河二道——一名夹哈,一名首里,夹河中一平山,筑城三层,启建楼台。"①丁亥年,即万历十五年(1587 年)。《清太祖高皇帝实录》所载,与上述文字大致相同。但满文《满洲实录》载述文字略异:

fulahūn ulgiyan aniya taidzu sure beile soli anggaci hūlan hadai sun
丁　　亥　　年　太祖　淑勒　贝勒　硕里　隘口　虎拦　哈达　横

dekdere julergi giyaha birai juwe siden ala de ilarsu hoton sahafi yamun loose
稍高　南面　加哈　河　二　间　冈　于　三层　城　筑　衙门　楼

tai araha②
台　建

即"丁亥年,太祖淑勒贝勒于虎拦哈达下东南,硕里隘口与加哈河两界中之平冈,筑城三层,兴建衙门和楼台"。这里的记载,同《清太祖实录》相校,不仅声明"硕里口"为"硕里隘口"而且增记了"兴建衙门"。此外,《皇朝开国方略》将佛阿拉城兴建的时间,系至"丁亥年春正月"③,较前引各书更为具体。

清太祖朝的三种实录,记载佛阿拉城过于疏略,《无圈点老档》即《旧满洲档》或《老满文原档》,又失之于阙载。《盛京通志》在清代志书中,对佛阿拉城垣与各门的载述最早且最详:

> 老城(在治城赫图阿拉)城南八里,周围十一里零六十步,东、南二门,西南、东北二门。城内西有小城,周围二里一百二十步,东、南二门。城内东有堂子,周围一里零九十八步,西一门。城外有套城,自城北起,至城西南止,计九里零九十步,西、西南、北、西北四门。④

但是,清代的康熙、雍正、乾隆《盛京通志》和光绪《兴京厅乡土志》,对佛阿拉城的记述均语焉不详。且康熙《盛京通志》称其"建置之年无考",可见其纂修者未见《清太祖实录》。然而,朝鲜南部主簿申忠一,于万历二十三年十二月(1596 年 1 月)奉命至"奴酋

① 《清太祖武皇帝实录》,第 1 卷,第 8 页,台北故宫博物院藏,广文书局影印,1970 年。
② 《满洲实录》(满文),不分卷,丁亥年(1587 年),中国第一历史档案馆。
③ 《皇朝开国方略》,第 2 卷,第 1 页,清刻本。
④ 康熙《盛京通志·京城志》,第 1 卷,康熙二十三年(1684 年)刻本。

城"即佛阿拉。他在《申忠一书启及图录》即《建州纪程图记》中,对佛阿拉作了九十六条详细的记述。关于佛阿拉城的记载,《申忠一书启及图录》既是第一手的,又是最为详尽的;而明朝和清朝的文献,或完全阙载,或极其简略。因这份史料极为珍贵,也不易找到,下面就其有关佛阿拉城的十三条记载,加以全文引述。

　　一、奴酋家在小酋家北,向南造排;小酋家在奴酋家南,向北造排。

　　二、外城周仅十里,内城周二马场许。

　　三、外城先以石筑,上数三尺许,次布椽木;又以石筑,上数三尺,又布椽木;如是而终。高可十余尺,内外皆以黏泥涂之。无雉堞、射台、隔台、壕子。

　　四、外城门以木板为之,又无锁钥。门闭后,以木横张,如我国将军木之制。上设敌楼,盖之以草。内城门与外城同,而无门楼。

　　五、内城之筑,亦同外城,而有雉堞、无隔台。自东门过南门至西门,城上设候望板屋,而无上盖,设梯上下。

　　六、内城内,又设木栅,栅内奴酋居之。

　　七、内城中,胡家百余;外城中,胡家才三百余;外城外四面,胡家四百余。

　　八、内城中,亲近族类居之;外城中,诸将及族党居之;外城外,居生者皆军人云。

　　九、外城下底,广可四五尺,上可一二尺;内城下底,广可七八尺,上广同。

　　十、城中泉井仅四五处,而源流不长,故城中之人,伐冰于川,担曳输入,朝夕不绝。

　　十一、昏晓只击鼓三通,别无巡更、坐更之事。外城门闭,而内城不闭。

　　十二、胡人木栅,如我国垣篱,家家虽设木栅,坚固者每部落不过三四处。

　　十三、城上不见防备器具。[①]

《建州纪程图记》记载:佛阿拉城分为三重:

第一重为栅城,以木栅围筑城垣,略呈圆形[②],比金太祖阿骨打栽柳禁围的"皇

---

① ［朝］申忠一:《建州纪程图记》,图版9~10,《兴京二道河子旧老城》,日文本,建国大学刊印,1939年。

② ［朝］申忠一:《建州纪程图记》,图版8,《兴京二道河子旧老城》,日文本,建国大学刊印,1939年。

帝寨"①更为谨严,栅城内为努尔哈赤行使权力和住居之所。城垣有三座门。栅城内分为东西两区。西区主要有六组建筑,包括鼓楼、客厅、行廊等。鼓楼建在二十余尺的高台上,为楼式建筑,楼顶覆盖丹青瓦。客厅五间,厅顶盖草。东区主要有九组建筑,除一间便房盖草外,其余八组都是瓦房。努尔哈赤的居室比较居中,为三间楼房,房顶覆丹青瓦,外面围筑高墙。其南有楼一座,建在十余尺的高台上;其北也有楼一座,三间,盖瓦。在东区与西区之间,有墙隔开,中开一门。栅内的楼宇、房舍,墙抹石灰,柱椽彩绘。

第二重为内城,周围二里余,城墙以木石杂筑,有雉堞、望楼。内城中居民百余户,由努尔哈赤"亲近族类居之"②。努尔哈赤之弟舒尔哈齐的治居之所在内城,其栅内结构、建筑布局,同努尔哈赤的栅城很相似。以木栅围筑城垣,略呈圆形。城垣有二座门。栅城内分为东西两区,西区主要有四组建筑,包括草房两处,各两间;瓦房两处,一为三间,一为四间。东区主要有十组建筑,包括三层楼房一座,其楼梯有二十八级,还有马厩八间等。舒尔哈齐房屋的大门上贴着对联:"迹处青山,身居绿林。"在东区与西区之间,有墙隔开,中开一门。在城东设有堂子③。

第三重为外城,周约十里,城垣"先以石筑,上数三尺许,次布椽木,又经石筑,上数三尺,又布椽木,如是而终。高可十余尺,内外皆以黏泥涂之。无雉堞、射台、隔台、壕子。……外城门以木板为之,又无锁钥,门闭后,以木横张"④。外城门上设敌楼,盖之以草。外城中居民三百余户,由努尔哈赤诸将及族属居住。

外城外居民四百余户,由军人、工匠等居住。工匠等主要居住在南门外,他们多是汉人、朝鲜人等。清朝实行满、汉分城居住,可能从佛阿拉就开始了。后迁都东京(辽阳),旗人同民人是完全分城而居的。佛阿拉城居民,总计约近千户。

日本稻叶岩吉在《兴京二道河子旧老城》一书的《代序》中,称旧老城即佛阿拉城是清太祖努尔哈赤的"第一个都城"⑤。尔后,踵袭此说,例不胜举。但是,作为努尔哈赤长达十六年治居之所的佛阿拉城,不能算作是后金的第一个都城,而是建州女真的城

①　顾炎武:《历代宅京记》,第 30 卷,中华书局校点本,1984 年。

②　[朝]申忠一:《建州纪程图记》,图版 10,《兴京二道河子旧老城》,日文本,建国大学刊印,1939 年。

③　光绪《兴京厅乡土志》,第 3 卷,光绪三十二年(1906 年)修,民国年间油印本。

④　[朝]申忠一:《建州纪程图记》,图版 9,《兴京二道河子旧老城》,日文本,建国大学刊印,1939 年。

⑤　《兴京二道河子旧老城·代序》,第 1 页,日文本,建国大学刊印,1939 年。

堡，建州左卫的治城①。这是因为：

其一，京都为天子治居之城。《诗经·大雅·公刘》载"京师之野"，《正义》曰：《春秋》言：京师者，谓天子之所居。《公羊传·桓公九年》又载："京师者何？天子之居也。京者何？大也。师者何？众也。天子之居，必以众大言之。"尔后，上述诠释，渐成公论。蔡邕《独断》载："天子所都，曰京师。"②汉刘熙《释名》又载："国城曰都。都者，国君所居，人所都会也。"《华严经音义》亦载："天子治居之城曰都。"③以上说明，都城为国家政治神经集注之城，也就是国家政治重心所在之城。虽然佛阿拉如前述已具有城的规模，努尔哈赤又在佛阿拉城治居长达十六年之久，但其时他只是明朝建州卫的一名地方官员，并未登极建元。如他在建佛阿拉三年后到北京朝贡："建州等卫女直夷人奴儿哈赤等一百八员名，进贡到京，宴赏如例。"④他在佛阿拉接见朝鲜南部主簿申忠一，并请其代达朝鲜国王李昖回帖末"篆之以建州左卫之印"⑤。可见其时他自诩为明朝辽东建州左卫的一个地方官，而被明朝视之为"建州黠酋"。努尔哈赤并未在佛阿拉城告祭天地，自号后金，登极建元，黄衣称朕；佛阿拉城尽管为其治居之所，但不能称作后金的都城。

其二，都城有宗庙先君之主。《左传·庄公二十八年》载："凡邑有宗庙先君之主曰都，无曰邑。"许慎《说文》亦载："有先君之旧宗庙曰都。"清段玉裁据杜氏《释例》注："大曰都，小曰邑，虽小而有宗庙先君之主曰都，尊其所居而大之也。"中国古代都城史表明，都城总是同宗庙与陵寝相联系。《周礼·考工记》云："匠人营国，方九里，旁三门，国中九经九纬，经涂九轨，左祖右社，面朝后市。"这里的"左祖右社"，成为后来都城规划与营建的模式。一般地说，除割据政权临时都城之外，中国古代都城与陵庙有着不可分割的关系。元大都有宗庙而无陵寝则属例外。清初关外的兴京、东京、盛京，皆有陵庙，祭祀其先君之主。然而，佛阿拉却未建陵庙，这为佛阿拉不算清初都城提供了一

---

① 阎崇年：《后金都城佛阿拉驳议》，《清史研究通讯》，1988年，第1期；又见《满学论集》，民族出版社，1999年。

② 蔡邕：《独断》，上篇，《子书丛书》本，广益书局。

③ 慧苑：《新译大方广佛华严经音义》，卷下，清木刻本。

④ 《明神宗实录》，第222卷，第7页，万历十八年四月庚子，台北中央研究院历史语言研究所校勘本，1962年。

⑤ 《李朝宣祖大王实录》，第71卷，第45页，二十九年正月丁酉，日本学习院东洋文化研究所影印本，1959年。

个佐证。

其三,钦定《清实录》不称佛阿拉城为京都。查《清太祖高皇帝实录》,"都城"凡出现十七次,其中赫图阿拉十三次,辽阳三次,沈阳一次,未有佛阿拉;"京城"凡出现十一次,其中东京(辽阳)十次,盛京(沈阳)一次,也未及佛阿拉。《清太祖武皇帝实录》和《满洲实录》载述情况与上略同。此外,《清太宗实录》载,天聪八年即崇祯七年(1634年)四月,尊沈阳城曰盛京,赫图阿拉城曰兴京①。在此之前,天命七年即天启二年(1622年)三月,尊辽阳新城曰东京。后金所尊关外的"三京"——兴京(赫图阿拉)、东京(辽阳)、盛京(沈阳),没有涉及佛阿拉。这说明清太祖努尔哈赤和清太宗皇太极,并未视佛阿拉为都城;后来顺治、康熙、雍正和乾隆四朝纂修《清太祖实录》和《清太宗实录》时,也未视佛阿拉为都城。因此,佛阿拉在后金—清初时期,不具有都城的地位。

其四,清代官私史籍均不称佛阿拉为都城。清嘉庆官修志书《清一统志》,不载佛阿拉为京城。康熙《盛京通志》载:"志首京城,重建极也。盛京为坛庙宫殿所在,故先于兴京。至东京,虽国初暂建,然圣祖始创之地,旧以京名,不得与郡县城池并列,故附于京城之后。"②雍正《盛京通志》完全袭引上述的文字。乾隆《盛京通志》谓:"盛京为坛庙宫殿所在,谨先志之,以明王业之本也。至兴京为发祥之初基,仰见列祖诒谋世德作求之盛。东京国初暂建,然圣祖创业初基,肇域自东,遂奄九有,俱不得与郡县城池并列。"③可见康熙、雍正、乾隆三朝《盛京通志》,均将兴京、东京和盛京列为京城,而将佛阿拉与郡县城并列。尔后,今仅见清修兴京志书《兴京厅乡土志》,也不将佛阿拉列为都城。《兴京县小志》则置佛阿拉城于"古郡城"之列④。《清会典》和《清史稿·地理志》均不以佛阿拉为清初都城而加以载述。魏源在《圣武记·开国龙兴记》中,所记都城亦未及佛阿拉城。

努尔哈赤在佛阿拉城"自中称王"⑤,建立王权。他在佛阿拉"称王",据记载是在

① 《清太宗文皇帝实录》,第18卷,第9页,天聪八年四月辛酉,中华书局影印本,1985年。

② 康熙《盛京通志·京城志》,第1卷,清康熙二十三年(1684年)刻本。

③ 乾隆《盛京通志·京城志》,第18卷,清乾隆元年(1736年)刻本。

④ 《兴京县小志》,第11卷,民国年间油印本。

⑤ 《李朝宣祖大王实录》,第23卷,第6页,二十二年七月丁巳,日本学习院东洋文化研究所影印本,1959年。

万历十五年（1587年）六月："上始定国政，禁悖乱，戢盗贼，法制以立。"①同时建立一支纪律严明的军队。努尔哈赤还制定初具规模的礼仪，如他出入栅城时，在城门设乐队，吹打奏乐，以示威严。因此，佛阿拉成为当时女真政治、经济和军事的中心。努尔哈赤在栅城的客厅里接见朝鲜申忠一，从申忠一的记述中，可以窥中他"称王"后生活细节的一斑。

努尔哈赤长得"不肥不瘦，躯干壮健，鼻直而大，面铁而长"②。他头戴貂皮帽，"上防耳掩，防上钉象毛如拳许。又以人造莲花台，台上作人形，亦饰于象毛前"。脖子护着貂皮围巾。身穿貂皮缘饰的五彩龙纹衣。腰系金丝带，佩帨巾、刀子、砺石、獐角，足纳鹿皮靴。男子都剃发，只在脑后留发，分结两条辫子垂下，口髭仅留十余根，其余都镊去。在接见申忠一时，努尔哈赤坐在中厅的黑漆椅子上③，诸将佩剑卫立。宴会时，大厅内外，吹洞箫，弹琵琶，爬柳箕，拍手唱歌，以助酒兴。酒行数巡后，努尔哈赤高兴地离开椅子，"自弹琵琶，耸动其身；舞罢，优人八名，各呈其才"④。说到宴会的舞蹈，后来杨宾在《柳边纪略》中有一段载述，可与上述对照。现将其引录于下：

> 满洲有大宴会，主家男女必更迭起舞。大率举一袖于额，反一袖于背，盘旋作势，曰"莽势"；中一人歌，众皆以"空"、"齐"二字和之，谓之曰"空齐"。⑤

这场宴会是在明万历二十四年（1596年）正月初一日。申忠一不仅是参加者，而且在《申忠一书启及图录》中作了惟一、详细的记载。现将全文引录如下：

> 丙申，正月初一日，巳时，马臣、歪乃，将奴酋言来，请臣参宴。臣与罗世弘、河世国往参。奴酋门族及其兄弟姻亲，与唐通事在东壁。蒙古、沙割者、忽可、果乙者、尼麻车、诸怠时、束温、兀剌各部在北壁。臣等及奴酋女族在西壁。奴酋兄弟

---

①　《清太祖高皇帝实录》，第2卷，第6页，中华书局影印本，1986年。

②　[朝]申忠一：《建州纪程图记》，图版16，《兴京二道河子旧老城》，日文本，建国大学刊印，1939年。

③　《满文老档·太祖》天命四年五月初五日记载：在此以前，贝勒们设宴，不坐凳子，而是坐在地上。诸将不能坐在椅子上。1619年以后，贝勒设宴方许坐凳子。

④　[朝]申忠一：《建州纪程图记》，图版11，《兴京二道河子旧老城》，日文本，建国大学刊印，1939年。

⑤　杨宾：《柳边纪略》，第3卷，第15页，《辽海丛书》影印本，辽沈书社，1985年。

妻及诸将妻,皆立于南壁炕下。奴酋兄弟则于南行东隅地上,向西北坐黑漆椅子,诸将俱立于奴酋后。酒数巡,(兀剌部落)新降将夫者太起舞。奴酋便下椅子,自弹琵琶,耸动其身。舞罢,优人八名,各呈其才,才甚生疏。是日,未宴前相见。时奴酋令马臣传言曰:继自今,两国如一国,两家如一家,永结欢好,世世无替云。盖如我国之德谈也。宴时,厅外吹打,厅内弹琵琶、吹洞箫、爬柳箕、余皆环立,拍手唱曲,以助酒兴。①

宴会后,努尔哈赤给朝鲜国王的回帖交与申忠一,回帖是由汉人龚正陆书写的。龚正陆,女真名歪乃,浙江绍兴人。客居辽东,被抢到佛阿拉。努尔哈赤让他掌管文书,参与机密,教子读书,称为"师傅"。在朝鲜文献中,保存有他的资料,如:"折(浙)江绍兴府会稽县人龚正六,年少客于辽东,被抢在其处,有子姓群妾,家产致万金。老乙可赤号为师傅,方教老乙可赤儿子书,而老乙可赤极其厚待。房中识字者,只有此人,而文理未尽通矣。"②又如:"歪乃本上国(明朝)人,来于奴酋处,掌文书云,而文理不通。此人之外,更无解文者,且无学习者。"③再如:"有汉人龚正陆者,掳在其中,稍解文字。因房中无解文之人,凡干文书,皆出于此人之手,故文字字画前后如一云云。"④

上文中的"老乙可赤"就是努尔哈赤,"歪乃"就是龚正陆。汉族人龚正陆在佛阿拉执掌文书,教授学生,参与政事,干预机密,为女真统一事业和满汉文化交流作出了贡献。

龚正陆代努尔哈赤给朝鲜国王李昖写的回帖称:"我屡次学好,保守天朝九百五十于〔余〕里边疆",回帖后"篆之以建州左卫之印"⑤。

建州左卫指挥使努尔哈赤,起兵十年之后,兵力由"遗甲十三副"发展到一万五千余人⑥,统一了建州女真,在佛阿拉"称王"。

但是,佛阿拉城存在很大的地理局限性。《诗经·大雅·公刘》载公刘都城选址,

---

① 〔朝〕申忠一:《建州纪程图记》,图版 11,《兴京二道河子旧老城》,日文本,建国大学刊印,1939 年。

② 《李朝宣祖大王实录》,第 70 卷,第 5 页,二十八年十二月癸卯,日本学习院东洋文化研究所,1959 年。

③ 〔朝〕申忠一:《建州纪程图记》,图版 11,《兴京二道河子旧老城》,日文本,建国大学刊印,1939 年。

④ 《李朝宣祖大王实录》,第 127 卷,第 25 页,三十三年七月戊午,日本学习院东洋文化研究所,1959 年。

⑤ 〔朝〕申忠一:《建州纪程图记》,图版 15,《兴京二道河子旧老城》,日文本,建国大学刊本,1939 年。

⑥ 《李朝宣祖大王实录》二十八年十一月戊子:朝鲜人河世国到佛阿拉,"大概目睹,则老乙可赤麾下万余名,小乙可赤麾下五千余名。"

将临河泉、地广平和高阜冈作为京城选址的三个地理因素。佛阿拉在上述三个因素中,一是水缺乏——"城中泉井仅四五处,而源流不长,故城中之人,伐冰于川,担曳输入,朝夕不绝"[1];二是地狭窄——三面环山,一面阻河,前无开阔之野,后无辽广腹地;三是冈高峻——在军事上,虽有利于出攻,却不利于御守,且不宜向四面发展。选址在如上地理因素中的佛阿拉城,规模狭小,房舍简陋,不足千户居民,没有宫殿宗庙。在努尔哈赤统一女真各部战争中,佛阿拉既是具有进攻、防御和瞭望功能的建州军事堡垒,又是具有军事、行政和祭祀功能的建州左卫治城。

(二)初都赫图阿拉

随着建州管辖区域的扩大与统一事业的发展,佛阿拉城已经不能适应新形势的需要,建州兴筑了更大的政治中心——赫图阿拉城。努尔哈赤在佛阿拉城——建州卫城十六年,万历三十一年(1603年),建州政治中心迁到赫图阿拉。

赫图阿拉,为满语 hetu ala 的对音,hetu 意为横,ala 意为冈,赫图阿拉就是横冈的意思。《盛京通志》"兴京"注云:"国语赫图阿拉,即汉语横甸也。"[2]释 ala(阿拉)作甸,似为不当。该书纂者或取《禹贡》"甸服",《周礼》"邦甸"[3]、《左传》"郊甸"[4]之义,但诠释牵强。天聪八年即崇祯七年(1634年)四月,谕尊"赫图阿喇城曰天眷兴京"[5]。兴京的满文体为 yenden hoton。yenden 意为兴起;hoton 意为城,yenden hoton 汉译意为兴起的京城,简称兴京。

赫图阿拉城,明称其为"蛮子城"[6],朝鲜称其为"奴酋城"或"奴城"[7]。建在苏克素浒河及其两条支流——皇寺河与加哈河之间开阔小平原中的冈阜上,是中国古代最

---

① [朝]申忠一:《建州纪程图记》,图版11,参见《李朝宣祖大王实录》,第71卷,第41页,日文本,建国大学刊印,1939年。

② 乾隆《盛京通志·京城志》,清乾隆元年(1736年)刻本。

③ 《周礼·天官·大宰》,宋十三经注疏附校勘记本,中华书局影印,1980年。

④ 《左传·襄公二十一年》,宋十三经注疏附校勘记本,中华书局影印,1980年。

⑤ 《清太宗文皇帝实录》,第18卷,第9页。中华书局影印本,1985年。

⑥ 《明神宗实录》,第524卷,第4页,万历四十二年九月壬戌,台北中央研究院历史语言研究所校勘本,1962年。

⑦ [朝]李民寏:《栅中日录》,第12页,影印本,日本天理大学图书馆藏玉版书屋本。

后一座山城都城。卢琼《东戍见闻录》载：女真各部多"依山作寨"①，住居山城。叶赫贝勒的东西二城俱为山城，哈达贝勒建城衣车峰上，辉发贝勒筑城扈尔奇山上，俱是佳例。其实，依山筑城，高阜而居，不惟女真族所独具，汉族也早已有之。《诗经》载公刘都城选址谓："逝彼百泉，瞻彼溥原；乃徙南冈，乃觏于京。"②将高冈阜为都城选址条件之一，正如王肃所言，是为着"避水御乱"。《管子》亦载："凡立国都，非于大山之下，必于广川之上，高毋近旱而水用足，下毋近水而沟防省。因天材，就地利，故城郭不必中规矩，道路不必中准绳。"③赫图阿拉在佛阿拉之东北，平原更为开阔，河泉更为丰沛，冈阜更为广平，交通更为便利，其优越条件正与上述诸种地理因素符合。佛阿拉"城中泉井仅四五处，而源流不长，故城中之人，伐冰于川，担曳输入，朝夕不绝"④。即此一点，佛阿拉就不宜作为都城。这也是努尔哈赤迁至赫图阿拉的一个重要原因。

　　赫图阿拉位于今辽宁省新宾满族自治县永陵镇东偏南八里的赫图阿拉村，佛阿拉东略偏北十里，苏克素浒河（苏子河）南岸的横冈上。西南隔鸡鸣山与佛阿拉城相望，正南为羊鼻子山，正北隔河与头道堡山相对，东北与皇寺相接。赫图阿拉位置优越，气候宜农，河水丰沛，势踞形胜："群山拱护，河水萦流。"⑤城东有黄寺河，城西是加哈河，城北为苏克素浒河⑥，城南阻羊鼻山，可谓一面傍山，三面环水。其三面河水之外，又为众山环护。赫图阿拉的地理形势，《兴京县志》载："东缘柳条之边，西据三关之险。其东南与北，则万山峥嵘，三川之所滥觞也；其西南与西，则千峰回互，五城之所映带也。前瞻凤岭、鸡鸣、灶突之秀，梦缭驰骤，太谷平原，纾□□□，桑麻之所蓊郁也；后依龙冈、滚马、金岭之卫，周匝翰藩，高林苍翠，长股纷披，材木之所钟毓也。远控红泥，近

---

① 《东戍见闻录》，《辽东志》，第 7 卷，《辽海丛书》影印本，辽沈书社，1985 年。
② 《诗经·大雅·公刘》，宋十三经注疏附校勘记本，中华书局影印，1980 年。
③ 《管子·乘马》，第 1 卷，第 5 页，上海广益书局，1922 年。
④ ［朝］申忠一：《建州纪程图记》，图版 1，《兴京二道河子旧老城》，日文本，建国大学刊本，1939 年。
⑤ 乾隆《盛京通志·京城志》，第 18 卷，清乾隆元年（1736 年）刻本。
⑥ 《兴京厅乡土志》卷 3 载：苏克素浒河源出兴京分水岭，西流三十里经新宾堡，又西流三十里至老城北，再西北流八十里至营盘东入浑河。索尔科河源出兴京陀和罗岭，西北流四十里，经老城西南三里处会里加河。里加河源出兴京分水岭，东北流十五里，经老城东南三里转西会索尔科河。哈尔撒河源出兴京哈尔撒山，西北流经老城西南十一里处会索尔科河。加哈河源出兴京分水岭，东北流至距老城西南十六里处会索尔科河。索尔科河迎以上三水后，西北流入苏克素浒河。

抚黄花，山中苏河流域以贯腹心，左右太、浑两河以限幅员。"①

赫图阿拉城建在羊鼻子山向北延伸的一个自然突起的台地上，台地南高北低，南边最高处距地表约二十余米，北面距地表约九米。城址略呈正方形，全城东西长约一千三百二十米，周长约五千米。内城墙垣高约四米，底厚约十米。城的东、南、北三面有门，西面为断崖②。《筹辽硕画》载："城高七尺，杂筑土石，或用木植横筑之。城上环置射箭穴窦，状若女墙，门皆用木板。内城居其亲戚，外城居其精悍卒伍。内外现居人家约二万余户。北门外则铁匠居之，专治铠甲。南门外弓人、箭人居之，专造弧矢。东门外则有仓廒一区。"③

赫图阿拉城在十二年之间，先后经过三次大的兴筑工程。《清太祖高皇帝实录》记载："上自虎拦哈达南冈，移于祖居苏克苏浒河、加哈河之间，赫图阿喇地，筑城居之。"④是为第一次大的工程。两年以后，努尔哈赤又增筑外城，命在"赫图阿喇城外，更筑大城环之"⑤。是为第二次大的工程。万历四十三年年（1615 年），又于"城东阜上建佛寺、玉皇庙、十王殿共七大庙，三年乃成"⑥。是为第三次大的工程。赫图阿拉城经过上述三次大的营建，都城规模，已经初具。

赫图阿拉城分为内外两重。内城建在一个自然突起的平冈上，冈顶距地表高约十至二十米，城垣依冈势修筑，呈不规则图形。城墙底宽十米，高约十米，南、东南、东、北各一门，西为断崖。经实测，南北长约五百一十二米，东西宽五百五十一米，占地约二十四万六千平方米。墙外有环城的马道。内城中建有汗王殿、衙门等。东南、西北各有望楼一座，为城内制高点，并有官署衙门等。中部有饮水井一口。

外城东北、北及西濒依河岸，南城墙从山腰兴筑，周长约十一里。《兴京厅乡土志》载："兴京城周围五里，南一门、北一门、东一门。外城周围九里，南三门、北三门、东二门、西一门。据山为城，外城西北关为平地，东、南二面仍就山坡。"⑦内外城墙均用木

---

① 民国《兴京县志》，第 1 卷，民国年间铅印本。

② 光绪《兴京厅乡土志》，第 28 页，光绪三十二年（1906 年）修，民国年间油印本。

③ 程开祜：《筹辽硕画》，首卷，《东夷奴儿哈赤考》，《清入关前史料选辑》本，中国人民大学出版社，1984 年。

④ 《清太祖高皇帝实录》，第 3 卷，第 7 页，中华书局影印本，1986 年。

⑤ 《清太祖高皇帝实录》，第 3 卷，第 8 页，中华书局影印本，1986 年。

⑥ 《清太祖武皇帝实录》，第 2 卷，第 21 页，台北故宫博物院藏，广文书局影印本，1970 年。

⑦ 光绪《兴京厅乡土志》，第 3 卷，光绪三十二年（1906 年）修，民国年间油印本。

石杂筑。外城东南建堂子,城西北设练兵场。外城平面呈不规则图形,经实测,南北长一千三百五十二米,东西宽一千三百三十五米。

天命元年即万历四十四年(1616 年)正月,聪睿贝勒努尔哈赤在赫图阿拉黄衣称朕,建立金国。努尔哈赤在赫图阿拉登极,"天命元年,众贝勒大臣上尊号曰覆育列国英明皇帝,以兴京为都城"①。从此,赫图阿拉就成为后金—清朝的第一个都城,即兴京城。

赫图阿拉是继佛阿拉之后,努尔哈赤崛起的又一个基地。同年,朝鲜《东国史略事大文轨》记载,努尔哈赤在赫图阿拉向明辽东总兵官李成梁呈文称:"有我奴儿哈赤收管我建州国之人,看守朝廷九百五十余里边疆。"②同年十一月十一日,努尔哈赤又致书朝鲜边将,自称:"建州等处地方国王佟,为我二国听同计议事,说与满蒲官镇节制使知道……"③以上说明赫图阿拉成为建州的政治中心。

兴京赫图阿拉独具浓郁的女真文化特色。兴京的都城文化,是满洲渔猎文化的典型。兴京志书引《盛京通志·风俗志》云:兴京之民,"性情劲朴,不事文饰,射猎尤娴"④。表现在其都城文化上,京城建在冈阜之巅,沿袭女真多山城的传统。城垣或用木栅围绕,或以木石杂筑。整个建筑,青砖素瓦,不事文饰,朴实无华。屋顶或盖草,或覆瓦。建筑等级,不够森严。城内居民照出猎行师的八旗制,按牛录加以组织,主要成分为八旗满洲官兵及其家属。旗人骁勇强悍,娴习骑射。城外备有巨大练武场,提倡骑射,技术娴熟。城中的居民,着满装,习满俗,讲满语,行满文。因此,赫图阿拉是后金初期满洲渔猎文化的中心。

后金在建赫图阿拉城之后,又建界凡(界藩)城。

界凡城始建于天命三年即万历四十六年(1618 年)。其时,努尔哈赤已制定满文,创建八旗,建立后金政权,势力空前强大。他颁谕《兵法之书》,宣布"七大恨"告天,并统领大军西指,开始向明进攻,陷抚顺,破清河。后金为着实行重大战略转移,即由统一女真内部,转为向明军进攻,需要选择并建立一个新的进军基地。天命汗与诸贝勒大臣议曰:"今与明为难,我仍居国内之地,西向行师,则迤东军士道远,马力困乏,需牧

---

① 乾隆《盛京通志·京城志》,第 18 卷,清乾隆元年(1736 年)刻本。
② 朝鲜《东国史略事大文轨》,第 46 卷,第 29 页,转引自《清史论丛》,第 1 集,第 24 页,文海出版社。
③ 朝鲜《东国史略事大文轨》,第 46 卷,第 16 页,转引自《清史论丛》,第 1 集,第 23 页,文海出版社。
④ 光绪《兴京厅乡土志》,第 1 卷,第 8 页,光绪三十二年(1906 年)修,民国年间油印本。

马于沿边之地,近明界筑城界凡居之。"①议定之后,营基址,运木石,始筑界凡城。天命四年即万历四十七年(1619年)二月,天命汗派夫役一万五千人往界凡运石筑城。同年六月,界凡城修竣。

界凡城在界凡山(铁背山)上。界凡山(铁背山)在今抚顺市章党乡高丽营子村南三里,浑河与苏子河汇合处,山体狭长,东西走向,悬崖峭壁,山势险要。浑河从东北向西南、苏子河从东南向西北,在界凡山(铁背山)的西山脚下汇流。界凡城在萨尔浒山东四里,东南距赫图阿拉一百二十里。城筑在界凡山(铁背山)顶峰上,山势险陡耸立,山下河水夹流②。其西为吉林崖,崖形陡峻,峭壁剑立。界凡又称者片,据朝鲜李民寏目击所载:"者片城在两水间,极险阻,城内绝无井泉。以木石杂筑,高可数丈,大小胡家皆在城外水边。"③这座山城极小,康熙《盛京通志》载:"界蕃城,(兴京)西北一百二十里,在铁背山上,周围一里,东一门,又一小城,周围一百八十步,西一门。"④铁背山即为界藩山(界凡山)。后经实测,"该城东西狭长,约二百米,南北较短,约五十米"⑤。实测与史载,基本上相同。

天命汗在界凡城营竣之后,谕诸贝勒等曰:"吾等勿回都城,筑城界凡,治屋庐以居,牧马边境,勿渡浑河,何如?"众贝勒大臣不愿移驻界凡,议曰:"不如还都,近水草,息马浓阴之下,浴之、饲之,马乃速壮,且使士卒归家,缮治兵仗便。"天命汗又曰:"此非尔所知也。今六月盛夏,行兵已二十日矣。若还都,二三日乃至,军士由都至各路屯寨,又须三四日,炎蒸之时,复经远涉,马何由壮耶?吾居界凡,牧马于此,至八月又可兴师矣!"⑥遂驻跸界凡,令军士尽牧马于边。天命汗迎接后妃并诸贝勒福晋到界凡,盛摆大宴,进行庆贺。但康熙《盛京通志》却载:"天命三年,我太祖取抚顺,自兴京迁至此。"⑦后雍正、乾隆《盛京通志》和光绪《兴京厅乡土志》皆蹈袭此说。据《满文老档》、

①　《清太祖高皇帝实录》,第5卷,第25页,天命三年九月,中华书局影印本,1986年。

②　2002年8月31日,笔者到界凡山踏查。界凡山海拔283.5米,山体东西走向,全长4300米,山脊最宽处约200米,最窄处约1米。山上有"宫殿"建筑遗址。

③　[朝]李民寏:《建州闻见录》,第30页,影印本,日本天理大学图书馆藏玉版书屋本。

④　康熙《盛京通志·城池志》,第1卷,清康熙二十三年(1684年)年刻本。

⑤　铁玉钦:《论清入关前都城城郭与宫殿的演变》,《明清史国际学术讨论会论文集》,第644页,天津人民出版社,1982年。

⑥　《清太祖高皇帝实录》,第6卷,第20页,天命四年六月庚辰,中华书局影印本,1986年。

⑦　康熙《盛京通志·城池志》,第1卷,康熙二十三年(1684年)刻本。

《满洲实录》和《清太祖高皇帝实录》、《清太祖武皇帝实录》记载,努尔哈赤于天命四年即万历四十七年(1619年)六月,自赫图阿拉迁跸至界凡,可证上说之讹误。

虽然努尔哈赤移驻界凡城,同治居佛阿拉城有所不同,即其时努尔哈赤已建元称汗四年,但界凡城仍不能称为后金的都城。这是因为:

其一,《清实录》称界凡为行宫,而不称其为都城。《清太祖武皇帝实录》记界凡城工竣时载:"帝行宫及王臣军士房屋皆成。"①同样,《满洲实录》也载:"是月,帝行宫及王大臣军士房屋皆成。"②

其二,天命汗谕称界凡为驻跸之所,而称赫图阿拉为都城。前引努尔哈赤在同诸贝勒大臣议迁驻界凡城时,《清太祖高皇帝实录》共载述一百五十四字,其中"都"字出现四次,皆指赫图阿拉,无一指界凡。如努尔哈赤曰:"吾等勿回都城,筑城界凡,治屋庐以居,牧马边境"云云,仍视赫图阿拉为都城,而以界凡为军事据点、临时行宫。

其三,后金修筑界凡城是为着屯牧防卫,驻跸治兵。努尔哈赤在其《汗谕》中,表述了营筑界凡的意图:"帝曰:战马赢弱,当趁春草喂养。吾欲据界凡筑城,屯兵防卫,令农夫得耕于境内。"③可见努尔哈赤亲自卜基筑城,又亲选牧马旷野,主要是为着进攻明朝辽军与防御明军攻剿的需要。界凡居高临下,在山上远眺,"北望开原,西瞻抚顺,郁郁苍苍,四顾无极"④。在山下御守界凡渡口与萨尔浒口,为控扼往来抚顺的水陆咽喉。因此,界凡城是后金同明朝争战具有进攻、御守和瞭望功用的军事堡垒,而不是具有祭礼、行政和军事三位一体功能的都城。

其四,界凡不具备都城的规制。界凡外城周围一里,内城周围一百八十步,规模狭小,房舍简陋,没有宗庙,城中无井,位置西偏,交通不便,根本不具有都城的规制。清代的志书将其列为城邑,而不视为京城。界凡城是天命汗的临时行宫与军事堡垒,努尔哈赤在界凡驻跸一年零三个月,即迁往萨尔浒山城。

萨尔浒城建在萨尔浒山上,萨尔浒山与界凡山(铁背山)隔河相望。萨尔浒,位置于界凡山(铁背山)下浑河南岸处(今大伙房水库)。山麓下浑河南岸就是萨尔浒(今抚顺市李家乡竖碑村西北十里一带地方)。萨尔浒山城东距赫图阿拉一百二十里,西离

---

① 《清太祖武皇帝实录》,第3卷,第14页,天命四年六月,中华书局影印本,1986年。
② 《满洲实录》,第5卷,第101页,天命四年六月,中华书局影印本,1986年。
③ 《清太祖武皇帝实录》,第3卷,第12页,台北故宫博物院藏,广文书局影印本,1970年。
④ 光绪《兴京厅乡土志》,第3卷,第28页,光绪三十二年(1906年)修,民国年间油印本。

抚顺约一百里。山位西而偏南，高约七十米，北临浑河，西濒萨尔浒河，东接古楼岭。山势"南、西两面高耸，东北平坦，中间虎踞龙蟠，阴晴万状"①。萨尔浒城建在萨尔浒山顶东北平坦地带，城始建于天命五年即泰昌元年（1620 年）九月，在原建州诺米纳、奈喀达旧城基址上改建与扩建，至来年闰二月十一日竣工。城依山势兴建，呈不规则图形。城垣分内外两层："内城周围三里，东、南二门，西南、西北二门②；外城周围七里，东、西、南、北各一门。"③内城有汗王殿宇，史载："帝乃升殿聚诸王臣曰：人君无野处露宿之理，故筑城也。"④这可为明证。外城的修筑，"凿石于山，采木于林"。城垣为木石间筑，或夯土版筑；土石杂筑，或以石砌筑。因其为山城，故同界凡城一样，均无壕堑。

天命五年即泰昌元年（1620 年）九月，天命汗自界凡城迁于萨尔浒城，至翌年三月迁都辽阳，其间驻居萨尔浒山城仅半年。历史文献与考古资料表明，萨尔浒山城既不具有都城的规制，也未形成后金的都城。因此，萨尔浒山城是继界凡山城之后，天命汗的又一处行宫。

所以，佛阿拉是努尔哈赤崛起的基地，界凡城是天命汗的军事行宫，萨尔浒城则是清太祖的战时基地。

赫图阿拉作为后金的都城，地处东偏一隅，随着军事胜利，疆域不断拓展，它已不能承担作为都城的功能。于是，后金将都城迁移到辽阳。

（三）迁都辽阳

天命六年即天启元年（1621 年）三月二十一日，天命汗在攻克辽阳的当天，立即决定迁都辽阳。

辽阳，又称东京。辽太祖神册四年（919 年），修葺渤海辽阳故城。辽太宗天显三年（928 年），升为南京。会同元年（938 年），"改南京为东京，府曰辽阳"⑤。金仍为东

---

① 光绪《兴京厅乡土志》，第 3 卷，第 39 页，光绪三十二年（1906 年）修，民国年间油印本。

② 《兴京厅乡土志》卷 3 载：萨尔浒城之内城"南与东各一门"，与康熙《盛京通志》所载其内城四门不同。

③ 康熙《盛京通志·城池志》，第 1 卷，康熙二十三年（1684 年）刻本。

④ 《清太祖武皇帝实录》，第 3 卷，第 32 页，台北故宫博物院藏，广文书局影印本，1970 年。

⑤ 《辽史·地理志二》，第 38 卷，第 457 页，中华书局校点本，1974 年。

京。元至元二十五年(1288 年),改东京为辽阳路。明洪武四年(1371 年)置定辽都卫,六年(1373 年)置辽阳府,八年(1375 年)改定辽都卫为辽东都指挥使司。辽东都指挥使司所辖"东至鸭绿江,西至山海关,南至旅顺海口,北至开原"①。后置辽东经略衙署。天命六年即天启元年(1621 年),后金军连陷沈阳、辽阳,据有河东之地。后金占据辽左,欲迁都辽阳。其开国之地兴京,已不能适应后金新军政形势的需要。《兴京县志》载述,兴京地偏辽左东隅,四面均为山峦阻隔。它适于据守、崛兴,不宜于开拓、四达②。《盛京通志》也载:"兴京之地,东傍边墙,西接奉天,南界凤城,北抵开原,层峦迭拱,众水环洄。"这种偏隅闭塞的地理形势,不能满足天命汗西抚蒙古、南攻明朝的军事政治需要,选择辽阳作为都城,其有利的条件更多。

辽阳所具有的政治、军事、经济、文化价值,已为辽、金、元三朝契丹、女真、蒙古的历史所充分显示。先是,契丹占有辽阳,而据有河北;女真占有辽阳,而灭亡辽朝;蒙古先取辽东,而动摇金朝。元亡明兴,辽东防务,设城屯兵,分为五路:东路辽阳、西路义州、南路前屯、北路开原、中路广宁,一路有警,相互策应。时后金已经占有上述五路中的东路辽阳与北路开原,迁都辽阳,便于进一步谋取中路广宁、西路义州。而作为明朝辽东首府的辽阳,势踞形胜,地处冲要。《大明一统志》记载辽阳形胜:"负山阻河,控制东土。秦筑障塞,以限要荒。临闾之西,海阳之北,地实要冲,东北一都会也!"③辽阳不仅具有军事地理价值,而且具有经济交通价值。辽阳"负山面海,水深土衍,草木丰茂,鱼盐饶给"④。

辽阳位置于辽河平原与辽东山地结合之部,是农耕文化与森林文化相邻之地,汉族文化与满洲文化交汇之区。后金奠都辽阳,进宜攻取,退宜御守。《盛京通志》概述辽阳的地理形势与战略地位,略谓:"东京之地,以辽阳为屏蔽,以浑河为襟带。北接开原、铁岭,南连海城、盖平,山林蕃薪木之利,沮泽沃水族之饶。我太祖高皇帝创业之

---

① 《明史·地理志二》,第 41 卷,第 952 页,中华书局校点本,1974 年。

② 《兴京县志》讹误甚多,如"(天命)十一年八月庚戌,龙驭上宾,享寿七十,葬福陵"。此段文字讹误有三:其一,"戍"应作"戌";其二,清太祖享年六十八;其三,应于天聪三年二月葬福陵。又如:"崇德八年,(清太宗)驾崩。谥曰文皇。葬昭陵。世宗嗣位,改元顺治,是年入关。"此段文字,疏误有三:其一,应作"文皇帝";其二,应作"世祖嗣位";其三,应作顺治元年入关。

③ 《大明一统志》,第 35 卷,第 29 页,三秦出版社影印本,1985 年。

④ 顾祖禹:《读史方舆纪要》,第 37 卷,第 28 页,上海书店出版社,1998 年。

初,筑城于此,一以经画宁、锦,一以控制沈、辽。"①后金以辽阳作为都城,既能大汗守边,控扼辽东;又能率骑驰驱,进攻辽西。努尔哈赤明确认识到辽阳的重要价值,占据辽阳,首先决策的一件大事就是迁都辽阳。

后金迁都辽阳,先后发生两次大的争论:第一次是要不要迁都辽阳? 第二次是要不要兴建新城?

第一次争论发生在后金刚占领辽阳。这次关于要不要迁都辽阳的争论,天命汗同诸贝勒对话如下:

天命大汗谕曰:"天既眷我,授以辽阳。今将移居此城耶,抑仍还我国耶?"

贝勒大臣谏曰:"还国!"

天命大汗谕曰:"国之所重,在土地、人民。今还师,则辽阳一城,敌且复至,据而固守。周遭百姓,必将逃匿山谷,不复为我有矣! 舍已得之疆土而还,后必复烦征讨,非计之得也! 且此地,乃明及朝鲜、蒙古接壤要害之区。天既与我,即宜居之。"

贝勒大臣皆曰:"善!"②

努尔哈赤从土地、人民、军事、政治、民族、地理、文化、外交等方面,阐述迁都辽阳诸利,并折服贝勒诸臣。《满文老档》记载天命汗迁都的原因,还有经济方面。如赫图阿拉地处山区,离海较远,交通不便,又受明封锁,没有食盐吃。后金贵族的包衣阿哈因没有盐吃,纷纷逃亡。

于是定议迁都,迎后妃贝勒等到辽阳。无疑,迁都辽阳是努尔哈赤一个勇敢而迅速、英明而果断的决策。后金将都城从赫图阿拉迁到辽阳。

第二次争论发生在后金迁都辽阳之后。这次关于要不要建新城的争论,天命汗同诸贝勒对话如下:

天命大汗谕曰:"我国家承天眷佑,遂有辽东之地。但今辽阳城大,年久倾圮。东南有朝鲜,北有蒙古,二国俱未弭帖。若舍此征明,恐贻内顾忧,必更筑坚城,分兵守御,庶得固我根本,乘时征讨也。"

贝勒大臣皆曰:"舍见居之城郭、室庐,更为创建,毋乃劳民耶!"

天命大汗谕曰:"今既与明构兵,岂能即图安逸? 汝等所惜者,一时小劳苦耳! 朕

---

① 乾隆《盛京通志·京城志》,第18卷,清乾隆元年(1736年)刻本。

② 《清太祖高皇帝实录》,第7卷,第22～23页,天命六年三月癸亥,中华书局影印本,1986年。

所虑者大也。苟惜一时之劳,何以成将来远大之业耶！朕欲令降附之民筑城,而庐舍各自营建。如此虽暂劳,亦永逸已。"

贝勒大臣皆曰:"善。"

遂筑城于辽阳城东五里太子河边,创建宫室,迁居之,名曰东京①。太子河,又称代子河。

于是,后金开始兴建辽阳新城即东京城,创建宫室,迁民居之。后金在辽阳太子河东岸建东京新城,其目的有四:一是凭河为障,防明军东扑;二是驻足不稳,另建新城;三是满洲聚居,防汉人反抗;四是旗民分住,防满人汉化。

辽阳原有南、北两城,南城驻辽东都司军政机构,北城住平民百姓。后金官兵及其眷属迁入辽阳后,先是"移辽阳官民于北城,南城诸王臣民居之"。

辽阳的东京城,在今辽宁省辽阳市东京陵镇新城北,离辽阳旧城八里。它东南依韩家碄山,东北傍老大石山,西濒太子河,建在山川之间突起的台地上。台地四周与城垣四周大致相仿。《辽阳州志》记载:东京城在太子河东,离辽阳城八里。天命六年建。城周围六里零十步,高三丈五尺,东西广二百八十丈,南北袤二百六十二丈五尺。城门八:东门二,一曰抚近,一曰内治;西门二,一曰怀远,一曰外攘;南门二,一曰德胜②,一曰天佑;北门二,一曰福胜,一曰地载。号曰东京③。

东京城的城墙,为砖石包砌,中实土石。环城挖壕,以河护城。城略呈方形,八座城门,各有城楼。据实测,城南墙长九百七十五米,西墙长九百四十五米,北墙长九百七十米,东墙长九百二十四米,实测尺寸与《辽阳州志》所载基本符合。城内建有八角殿、汗宫、堂子等。天命七年即天启二年(1622 年)四月,城尚未完竣,便匆迁入住。

东京城是后金—清朝第一座建在平原、图形方正、砖包墙垣、城池兼具的都城。它在清代都城史上,上承兴京城,下启盛京城,是一座具有重要意义的都城④。

---

① 《清太祖高皇帝实录》,第 8 卷,第 17 页,天命七年三月己亥,中华书局影印本,1986 年。

② 康熙《辽阳州志》卷首《东京城图》:南向东门为"德盛"。康熙《盛京通志》亦作"德盛"。

③ 康熙《辽阳州志·京城志》,第 1 卷,康熙二十年(1681 年),《辽海丛书》影印本,辽沈书社,1985 年。

④ 康熙、雍正、乾隆《盛京通志》和康熙《辽阳州志》均载天命六年建东京城,误;《满文老档》和《清太祖实录》俱载为天命七年建。雍正、乾隆《盛京通志》俱载东京"城门八:东向者,左曰迎阳,右曰韶阳;南向者,左曰龙源,右曰大顺;西向者,左曰大辽,右曰显德;北向者,左曰抚远,右曰安远。"疑《盛京通志》编者将辽东京城门名误录为清东京城门名,且源与原相驳,大顺与显德错位。存此待考。

后金东京的都城文化，表现满、汉文化既相互排斥，又相互融合。

满、汉文化的相互排斥，主要反映于满汉分城居住。辽阳原有南、北两城，南城周长十六里，为辽东都指挥使司驻地；北城周长十里，居住平民。后金迁都辽阳之初，实行满汉分南北城居住。还下令对汉人剃发、查粮、迁民、服役。东京城建成后，辽阳旧城居汉民，东京新城则居旗人。这是清朝满汉分城居住之始。其实，早在辽初即实行契丹与汉人分城居住。契丹人得辽阳，居住内城，汉人则居住外城，"外城谓之汉城"①。这是少数民族居于统治民族时，其族人住居在以汉人为主体居民城市的一种文化隔离政策。但两种文化间的交融是任何城墙也阻隔不了的。这种满汉分居的形式，是在农耕文化圈内，将森林文化与农耕文化隔离，在东京城保持一个渔猎文化模式，从而在辽沈地区出现尖锐的民族矛盾。

满、汉文化的相互融合，反映于建筑方面，既具有满洲文化特色，又吸收汉族文化风格。东京城筑于半山城，保留其"依山而居"的旧习，又建在平原；汗王宫设在城内突起台地上；其主要殿堂除吸取汉族建筑艺术外，所兴筑的八角殿，又是八旗文化在建筑风格上的反映。八角殿的殿堂内和丹墀上满铺绿色釉砖，则是昔日森林和猎场生活在宫殿建筑色彩艺术上的表现。建堂子以用于祭神祭天等，均为满洲文化的特色。同时又大量吸纳汉族传统建筑特点——城廓为汉族方正形，建有城墙、敌楼、瓮城、券洞、壕堑；宫、殿分离，使用琉璃构件，饰以栏板、望柱等。东京城门额如德盛、福胜、天佑、地载、抚近、怀远、内治、外攘等，都受汉族儒家文化的影响。而东京城门额内外各嵌满文、汉文一幅，则是满汉文化融合的佳证。

后金东京的都城文化，表现了满、汉文化的二元性——满洲文化与汉族文化、森林文化与农耕文化的冲突与融合。

后金迁都辽阳，时仅四年，又迁都沈阳。

（四）移鼎沈阳

天命十年即天启五年（1625 年）三月初一日，天命汗努尔哈赤决定从辽阳迁都沈阳。

―――――――――――

①　《辽史·地理志二》，第 38 卷，第 456 页，中华书局校点本，1974 年。

迁都定鼎,社稷大事。历史上每次定都与迁都,总要伴随着激烈的论争。昔刘邦都洛阳或关中,犹疑不能定夺,君臣各有所重。张良曰:"夫关中左殽、函,右陇、蜀,沃野千里,南有巴蜀之饶,北有胡苑之利,阻三面而守,独以一面东制诸侯。诸侯安定,河渭漕挽天下,西给京师;诸侯有变,顺流而下,足以委输。此所谓金城千里,天府之国也。"①但在庙堂议争都城的问题上,清太祖与汉高祖不同:汉高祖刘邦为臣谏君,清太祖努尔哈赤则为君谕臣。努尔哈赤第二次迁都沈阳,又发生一场君臣之争。

《清太祖高皇帝实录》记载:"帝聚诸王臣议,欲迁都沈阳。"但是,努尔哈赤的意见遭到诸王贝勒的阻谏。诸王大臣谏曰:"迩者筑城东京,宫室既建,而民之庐舍,尚未完缮。今复迁移,岁荒食匮,又兴大役,恐烦苦我国!"努尔哈赤不许。他为了说服诸王贝勒,阐述迁都沈阳的理由:

> 沈阳形胜之地。西征明,由都尔鼻渡辽河,路直且近。北征蒙古,二三日可至。南征朝鲜,可由清河路以进。且于浑河、苏克苏浒河之上流伐木,顺流下,以之治宫室、为薪,不可胜用也。时而出猎,山近兽多。河中水族,亦可捕而取之。朕筹此熟矣,汝等宁不计及耶!②

天命汗努尔哈赤迁都沈阳的《汗谕》,长达九十九字(未计标点符号),概述其都城选址沈阳的道理。后金迁都沈阳,可概括为八利:

一利是地理方面,势踞形胜之地,位于冲要之区,土地肥沃,河水充沛,扼全辽东西之枢纽,襟松辽平原之腹地。

二利是交通方面,上引《汗谕》,共八句话,其中四句,讲了交通:水陆两路,四通八达,利于行军,便于运输。

三利是经济方面,上引《汗谕》,在九十九字中,内有四十七个字讲经济(占总字数的百分之四十八):辽河平原,盛产粮棉,物资富饶,河林之利,可猎可渔,适于满洲发展经济。

四利是民族方面,离其"民族故乡"既不过远,又不过近,在汉族、满洲、蒙古结合地

---

① 《史记·留侯世家》,第 55 卷,第 2044 页,中华书局校点本,1959 年。

② 《清太祖高皇帝实录》,第 9 卷,第 10~11 页,天命十年三月己酉朔,中华书局影印本,1986 年。

带，依其军政实力，便于展缩进退，征抚蒙古，更为有利。

五利是外交方面，同朝鲜交往，也较方便。

六利是文化方面，汉族为农耕文化，满洲为森林文化，蒙古为草原文化，不同民族与不同文化之间的相互接触，益于文化交融与发展。

七利是军事方面，"前之进无穷，后之退有限"[①]，西抚蒙古，北定女真，阻三面而守，以一面攻明——进兵宁远，叩打关门。

八利是政治方面，其时受到东江总兵毛文龙、辽东总兵马世龙的军事袭扰，特别是受到金、复、海、盖四卫汉民的反抗，迁都沈阳较辽阳为安定，而且便于西进，稳固辽东，争雄辽西，问鼎天下。

天命汗迁都沈阳，是一项具有历史意义的重大战略决策。

但是，诸王大臣仍然拒不同意迁都沈阳。

"成大功者，不谋于众"。先是，北魏孝文帝欲从平城（今山西大同）迁都洛阳，群臣怀恋故土，稽颡泣谏。他在谕南迁的原因之后，命"欲迁者左，不欲者右"。但安定王休等相率站在右边，表明不愿迁都。魏太和十七年（493年），孝文帝"谋南迁，恐众心恋旧，乃示为大举，因以胁定群情，外名南伐，其实迁（都）也。旧人怀土，多所不愿，内惮南征，无敢言者，于是定都洛阳"[②]。魏孝文帝施展政治权术，佯称南征，实迁都城。

努尔哈赤则不同，而是与贝勒诸臣辩议，并力求说服他们。努尔哈赤没有说服他的诸王大臣，最后断言："吾筹虑已定，故欲迁都，汝等何故不从！"

努尔哈赤不徇众见，决然迁都，乃于天命十年即天启五年（1625年）三月初三日，出东京城，驻虎皮驿；初四日，至沈阳[③]。

这次迁都之议，《满文老档》、《满洲实录》、《清太祖武皇帝实录》和《清太祖高皇帝实录》等，均未在后金迁都《汗谕》之后，书"贝勒诸臣皆曰'善'"。《满文老档》的记载是：汗给他的父祖坟墓，供祭杭州纺织细绸；又杀牛五头，烧了纸钱。然后从东京出发，

---

①　《方舆胜略》，转引自《日下旧闻考》，北京古籍出版社，1981年。

②　《魏书·李冲传》，第53卷，第1183页，中华书局校点本，1974年。

③　《清太祖高皇帝实录》载天命十年三月"庚午（二十二日），上自东京启行，夜驻虎皮译。辛未（二十三日），至沈阳"。但《清太祖武皇帝实录》作："初三日，出东京，宿虎皮驿；初四日，至沈阳。"《满洲实录》也作："初三日，出东京，驻虎皮驿；初四日，至沈阳。"

夜宿虎皮驿①。翌日，未刻，进入沈阳城。可见他是力排众议，断然迁都沈阳的。

沈阳，又称盛京，是一座历史名城。辽、金为沈州治，元为沈阳路总管府治。它是"辽东根本之地，依山负海，其险足恃，地实要冲，东北一都会"②。明为沈阳中卫。洪武二十一年（1388 年），指挥闵忠因旧土城修筑砖城，城为方形，"周围九里三十步，高二丈五尺。池二重，内阔三丈，深八尺，周围一十里三十步；外阔三丈，深八尺，周围一十一里有奇。城门四：东曰永宁，南曰保安，北曰安定，西曰永昌"③。明中叶以后，沈阳在辽东的地位日趋重要。它襟山环海，地处冲衢，"据险立关，架川成梁，以通行旅，资利涉哉"④。但是，天命汗对沈阳战略地位的认识有一个过程。努尔哈赤占领沈、辽之后，并没有迁都沈阳，而是决定迁都辽阳。后金迁都辽阳，翌年夺取广宁，占有河西大片土地。摆在天命汗面前的战略安排是：内固根本，东结朝鲜，西抚蒙古，北稳后方，南进宁远，径叩关门。为此，其都城应即由辽阳迁至沈阳。但天命汗囿于辽阳为辽东首府的传统之见，不仅未迁都沈阳，反而营筑东京城，此可谓得失参半：巩固政权，进退兼顾，是为得；巨耗民力，延宕四年，是为失。天命汗经过五年的选择，终于决定将都城由辽阳迁至沈阳。这是后金—清朝历史，是清代都城历史，也是清代东北历史的一个转折点。

沈阳位于辽河平原的腹部，沈水之阳，辽阳、广宁、开原三镇雄踞鼎峙之中。它在松辽平原的南部，"源钟长白，秀结巫闾，沧海南回，混同北注"⑤。沈阳不仅地处形势冲要之区，而且位于民族纷争之地。正如《全辽志》所载，沈阳"左控朝鲜，而右引燕蓟；前襟溟渤，而后负沙漠"⑥。沈阳在辽东地区的位置，康熙《盛京通志》载述：盛京沧海朝宗，白山拱峙；浑河辽水，绕带西南；黑水混同，襟环东北。控制诸邦，跨驭六合⑦。控制东北诸族之民，辖驭关外六合之众，这就是沈阳的重要战略地位。

天命十年即天启五年（1625 年）三月，后金迁都沈阳。这是后金—清朝的第二

① 《满文老档·太祖》，册Ⅲ，第 965 页，东洋文库本，1958 年。
② 雍正《盛京通志》援引《元志》，第 9 卷，雍正十二年（1734 年）刻本。
③ 毕恭等修：《辽东志·城池》，第 2 卷，第 4 页，《辽海丛书》影印本，1934 年。
④ 康熙《盛京通志》，第 11 卷，康熙二十三年（1684 年）刻本。
⑤ 雍正《盛京通志》，第 1 卷，雍正十二年（1734 年）刻本。
⑥ 毕恭等修：《全辽志》，第 1 卷，《辽海丛书》影印本，1934 年。
⑦ 康熙《盛京通志·形胜》，第 8 卷，康熙二十三年（1684 年）刻本。

次迁都,沈阳成为后金—清朝的第三个都城。在中国皇朝历史上,都城迁移,屡见不鲜。昔"自契至于成汤八迁,汤始居亳"①。迁都定鼎选址,必择要害之区。汉初刘邦相宅未定,娄敬说刘邦都关中,称:"夫与人斗,不搤其亢,拊其肩,未能全其胜也。今陛下入关而都,案秦之故地,此亦搤天下之亢,而拊其背也。"②后金迁都沈阳,正是扼明朝辽东之亢而拊其背,阻三面为守,独以一面南制明朝。其时辽东局势,关系明廷全局。毕恭在《辽东志》中引据史典预言:"昔人有言:'洛阳之盛衰,天下治乱之候也;园囿之兴废,洛阳治乱之候也。'余于辽亦云:夫辽,必争之地也。天下之治乱,候于辽之盛衰;而知辽之盛衰,候于夷夏之兴废。"③满洲据辽东之形胜,干系明皇朝之衰败。后金都城的选址,又关系满洲之盛衰。因之,天命汗努尔哈赤毅然决定从辽阳迁都沈阳。

努尔哈赤初到沈阳,宫殿坛庙尚未兴筑,住在临时行宫,据《盛京城阙图》(满文)所绘,一座四合院为"太祖居住之宫"④。行宫位于原明沈阳中卫城的北门——镇边门之南,是一座二进式四合庭院。努尔哈赤迁此居住一年零五个月后死去。他临朝听政之所,为八角形大殿(又称大政殿)及其列署亭式殿(又称十王亭)⑤。后皇太极于天聪五年即崇德四年(1631年),开始增拓沈阳旧城并兴筑盛京宫殿。新建的沈阳城分为内外两重,皇宫在内城居中。"其制:内外砖石,高三丈五尺,阔一丈八尺,女墙七尺五寸,周围九里三百三十步。四面垛口六百五十一,敌楼八座,角楼四座。改门为八:东之大东门曰抚近,小东门曰内治;南之大门曰德盛,小南门曰天佑;西之大西门曰怀远,小西门曰外攘;北之大北门曰福胜,小北门曰地载。池阔十四丈五尺,周围十里二百四步"⑥。后在增拓旧城同时,又"创天坛、太庙,建宫殿,置内阁、六部、都察院、理藩院等衙门,尊文庙,修学宫,设阅武场,而京阙之规模大备"⑦。又建堂子、实胜寺等(见《清朝开国史》下卷)。清移鼎北京后,盛京仍以满洲"发祥重地"被尊为陪都。康熙、乾隆

① 《尚书·夏书·胤征》,宋十三经注疏附校勘记本,中华书局影印,1980年。
② 《史记·刘敬叔孙通列传》,第99卷,第2716页,中华书局校点本,1959年。
③ 毕恭等修:《辽东志》,第1卷,《辽海丛书》影印本,1934年。
④ 《盛京城阙图》(满文),中国第一历史档案馆藏。
⑤ 昭梿:《啸亭杂录》,第2卷,第21页,上海鸿章书局石印本。
⑥ 康熙《盛京通志·京城志》,第8卷,康熙二十三年(1684年)刻本。
⑦ 雍正《盛京通志·京城志》,第2卷,雍正十二年(1734年)刻本。

东巡时，对盛京均有增建。天聪八年即崇祯七年（1634 年），清太宗皇太极谕："其沈阳城称曰天眷盛京。"[①]

后金—清朝的都城盛京，规制宏伟，雉堞巍峨，宫殿壮丽，布局严整。这不仅是满洲史上一项辉煌的文化财富，而且是中国都城史上一篇瑰丽的艺术杰作。经过努尔哈赤、皇太极父子两代的经营，建成了一座历史与文物的瑰宝——盛京皇宫。努尔哈赤迁都沈阳，奠下沈阳作为中国东北政治、经济、文化、交通中心大都会的基础。但是，盛京作为后金—清初都城二十年，因顺治帝迁鼎北京，而尊为留都。清朝由盛京移鼎北京[②]，是清初的第三次迁都，也是清朝最后一次迁都。从此，清朝定都北京，至宣统帝退位，长达二百六十八年之久。

盛京的都城文化，既表现了森林文化与农耕文化的冲突，又反映了满洲文化与汉族文化的融汇。于民族文化冲突：后金军初入辽沈地区，火烧城郭、掠获人畜、滥杀汉人、屠戮儒生、牧放牛马、任吃庄稼、勒征粮食、焚毁房屋、强令移民、抛荒耕地，下令剃发、严惩逃人——是森林文化与农耕文化冲突的显现。于民族文化融汇：盛京是建在平原上的方正形城池，八角形大政殿及其列署的十座亭式殿（又称十王亭），清宁宫内设萨满祭祀神堂、煮神肉大锅、举行萨满祭祀并院内竖立神竿，建于高台上歇山式三层重檐凤凰楼，大清门、崇政殿既为硬山式，又饰五彩琉璃螭首，殿顶盖黄琉璃瓦、镶绿色剪边，彩绘既有京师皇宫和玺彩画，又有关外三宝珠吉祥草图案，宫内匾额为满汉文合璧书写——是满洲文化同汉族文化融汇的结晶。盛京宫殿既有汉族建筑规制，又有满洲民族特色，成为满、汉文化融合的典型建筑。大政殿顶的宝瓶火焰珠、梵文天花、多彩藻井等，则是满、汉、蒙、藏多民族建筑艺术的融合。总之，盛京皇宫是皇太极"参汉酌金"、融汇多民族传统在宫殿建筑上的反映。

清入关前都城，在二十多年间，每次迁徙奠都，都伴随着军事上的节节胜利，激发着政治上的勃勃生机。后金—清初都城迁徙的轨迹，自东而西，由北而南，从山区到平原，经关外到关内，既表现了森林文化与农耕文化的冲突，也反映了满洲文化与汉族文化的融合。后金进入辽沈地区，由八旗满洲，而八旗蒙古，而八旗汉军，其文化机制，当属满洲森林文化为主，兼有蒙古草原文化、汉族农耕文化。后金两次迁都的历史，展现

① 《清太宗文皇帝实录》，第 18 卷，第 9 页，天聪八年四月辛酉，中华书局影印本，1985 年。
② 阎崇年：《北京"十二为都"刍议》，《中国古都研究》，第 3 辑，浙江人民出版社，1987 年。

出满洲、蒙古、汉族的森林、草原、农耕三种文化在都城文化中的冲突、交流、融汇和发展。兴京、东京、盛京,既展现了女真—满洲文化的发展脉络,也显现出中华民族多元文化的绚丽奇葩。

　　清入关前的三座都城,是在不同历史、不同地域、不同经济、不同文化背景下依次建成的,它们相互之间,既有承继,又有创新;既有共性,又具特点。都城是国家或政权的政治中心。后金—清初的政治棋奕,实际分为三步:第一步,统一女真各部,以兴京为其政治中心;第二步,统一东北地区,先以东京继以盛京为其政治中心;第三步,统一整个中国,以北京为其政治中心。

后　记

《清朝开国史》上卷完稿之后，有几句要说的话，作为本册的后记。

一

《清朝开国史》上卷的清太祖朝史，从万历十一年（1583 年）到天命十一年即天启六年（1626 年），总算共四十四年。在后金方面，以努尔哈赤为一方；在明朝方面，以万历帝、泰昌帝、天启帝为另一方。明朝皇帝，特别是万历皇帝，对东北少数民族问题，采取许多措施，诸如修长城、建城堡、设卫所、例朝贡、行封赏、开马市、施军威等。明朝对北方少数民族政策的基本点，就是一个"分"字，分而弱之，间而治之，各自为雄，不相统一。用熊廷弼的话说，就是：

> 国初区画东胡，置卫三百有奇，分其部落以弱之，别其种类以间之。使之人自为雄，而不使之势统于一者，何也？夷狄合则强，分则弱，此祖宗立法深意也。

所谓"女直兵若满万不可敌"。明朝的基本政策是：使之分，不使之合。

努尔哈赤则同明朝的上述政策基本点针锋相对，其谋略的基本点，就是一个"合"字，合则部众，众则力大，大则强盛，无敌天下。语云："女真兵满万，天下不能敌。"[①]还是用熊廷弼的话说，就是：

> 昔建州诸夷，若王兀堂、王杲、阿台辈尝分矣，而合之则自奴酋始。使之合之，则自李宁远始。何则？正统间，海、建勾北虏也，先为患，卒被夺其敕书，失贡市

---

①　《李朝光海君日记》，第 127 卷，第 23 页，日本学习院东洋文化研究所影印本，1959 年。

利，不能过活。乞哀守臣，复请补给。或十数道、三五道，各自入贡，势莫能相一也。自宁远为险山参将，以至总兵，诱此间彼，专以掩杀为事，诸部或绝或散。而是时奴酋之祖曰教场，父曰他失。他失者，阿台婿也。其袭阿台也，宁远实使诱之。已而城下，并杀其父、祖，而奴酋请死。宁远顾思各家敕书无所属，悉以与奴酋，且请为龙虎将军以宠之。于是奴酋得以号召东方，尽收各家故地、遗民，归于一统，而建州之势合矣。自建州之势合，而奴酋始强；自五百道之贡赏入，而奴酋始富。得以其力，远交近攻，兼并南关、灰叭诸部，而海、建、乌龙江之势又合矣。自诸部之势合，而奴酋始敢与我争地要盟。①

熊廷弼上述文字，只强调"合"，并强调宁远伯、总兵李成梁使之合，是建州势力强大的重要因素，当然还应有其他因素。

努尔哈赤对付明朝的基本策略"分"，而采取的基本策略是"合"——使建州女真合，使海西女真合，使东海女真合，使黑龙江女真合，使漠南蒙古合，使降顺汉人合，合则土地广、人口众、兵力强、马匹壮、财力富、国势盛——"夫何敌于天下！"

明以分，分未成，则败；清以合，合而成，则胜。此一分、彼一合，便是明亡清兴的关键所在。合则兴，分则亡，这是明清易鼎的历史经验。

二

《清朝开国史》上卷，突出军政大事，采用专题体例，共列十五个题目。尽管本卷总字数较多，但还有许多重要专题阙漏。如经济、文化、典制、宗教、民俗等，或则未写，或则疏略。就是本应突出的军政大事，有些也未列入专题。同时，因为对某些专题叙述较详，故而对另一些专题之阐述或阙或简。在此说明，敬祈谅解。

三

《清朝开国史》上卷交稿之日，就是笔者重新开始研究清朝开国史之时。如果用十

---

① 《熊经略集》，第 1 卷，第 17～18 页，《明经世文编》，中华书局影印本，1962 年。

年时间,写一部《清太祖朝史》,我想可能会比现在的这册书要好一些。如果再用十年时间,将《清太祖朝史》加以补充修订,可能会更好一些。这是我在本书交稿时的感受和心情。

仅以上面的话,作为本册结语。

阎崇年

附：明朝、后金—清、朝鲜纪年对照表

公　元	干　支	中　国		朝　鲜 （高　丽） （李　朝）
		明　朝	后　金	
1368 1369 1370	戊申 己酉 庚戌	太祖　洪武　一 （朱元璋）　二 三		恭愍王　十七 （王颛）　十八 十九
1371 1372 1373 1374 1375	辛亥 壬子 癸丑 甲寅 乙卯	四 五 六 七 八		二十 二十一 二十二 二十三 辛禑　一
1376 1377 1378 1379 1380	丙辰 丁巳 戊午 己未 庚申	九 十 十一 十二 十三		二 三 四 五 六
1381 1382 1383 1384 1385	辛酉 壬戌 癸亥 甲子 乙丑	十四 十五 十六 十七 十八		七 八 九 十 十一
1386 1387 1388 1389 1390	丙寅 丁卯 戊辰 己巳 庚午	十九 二十 二十一 二十二 二十三		十二 十三 辛昌①　一 恭让王　一 （王瑶）　二
1391 1392 1393 1394 1395	辛未 壬申 癸酉 甲戌 乙亥	洪武　二十四 二十五 二十六 二十七 二十八		恭让王　三 太祖　一 （李成桂）　二 三 四

———————

① 1388年（戊辰）五月，辛昌代辛禑立。翌年十一月，恭让王又代辛昌立。

续表

公　元	干　支	中　国		朝　鲜（高　丽）（李　朝）
		明　朝	后　金	
1396	丙子	二十九		五
1397	丁丑	三十		六
1398	戊寅	三十一		七
1399	己卯	惠帝　建文　一		定宗 一
1400	庚辰	（朱允炆）　二		（李芳果）二
1401	辛巳	三		太宗 一
1402	壬午	四		（李芳远）二
1403	癸未	成祖　永乐　一		三
1404	甲申	（朱棣）　二		四
1405	乙酉	三		五
1406	丙戌	四		六
1407	丁亥	五		七
1408	戊子	六		八
1409	己丑	七		九
1410	庚寅	八		十
1411	辛卯	九		十一
1412	壬辰	十		十二
1413	癸巳	十一		十三
1414	甲午	十二		十四
1415	乙未	十三		十五
1416	丙申	永乐　十四		太宗 十六
1417	丁酉	十五		十七
1418	戊戌	十六		十八
1419	己亥	十七		世宗（李祹）一
1420	庚子	十八		二
1421	辛丑	十九		三
1422	壬寅	二十		四
1423	癸卯	二十一		五
1424	甲辰	仁宗　洪熙　二十二		六
1425	乙巳	（朱高炽）　一		七
1426	丙午	宣宗　宣德　一		八
1427	丁未	（朱瞻基）　二		九
1428	戊申	三		十
1429	己酉	四		十一
1430	庚戌	五		十二

续表

公 元	干 支	中　国		朝　鲜 （高　丽） （李　朝）
		明　朝	后　金	
1431	辛亥	六		十三
1432	壬子	七		十四
1433	癸丑	八		十五
1434	甲寅	九		十六
1435	乙卯	十		十七
1436	丙辰	英宗　正统 （朱祁镇）　一		十八
1437	丁巳	二		十九
1438	戊午	三		二十
1439	己未	四		二十一
1440	庚申	五		二十二
1441	辛酉	正统　六	世宗	二十三
1442	壬戌	七		二十四
1443	癸亥	八		二十五
1444	甲子	九		二十六
1445	乙丑	十		二十七
1446	丙寅	十一		二十八
1447	丁卯	十二		二十九
1448	戊辰	十三		三十
1449	己巳	代宗　景泰　十四		三十一
1450	庚午	（朱祁钰）　一		三十二
1451	辛未	二	文宗（李珦）	一
1452	壬申	三		二
1453	癸酉	四	端宗①	一
1454	甲戌	五	（李弘暐）	二
1455	乙亥	六	世祖（李瑈）	一
1456	丙子	七		二
1457	丁丑	英宗　天顺　一		三
1458	戊寅	（朱祁镇）　二		四
1459	己卯	三		五
1460	庚辰	四		六
1461	辛巳	五		七
1462	壬午	六		八
1463	癸未	七		九
1464	甲申	宪宗　成化　八		十
1465	乙酉	（朱见深）　一		十一

———————

① 端宗即鲁山君。

续表

| 公　元 | 干　支 | 中　　国 | | 朝　鲜 |
		明　　朝	后　　金	（高　丽）（李　朝）
1466	丙戌	成化　　　二		世祖　　　十二
1467	丁亥	三		十三
1468	戊子	四		十四
1469	己丑	五		睿宗（李晄）　一
1470	庚寅	六		成宗（李娄）　一
1471	辛卯	七		二
1472	壬辰	八		三
1473	癸巳	九		四
1474	甲午	十		五
1475	乙未	十一		六
1476	丙申	十二		七
1477	丁酉	十三		八
1478	戊戌	十四		九
1479	己亥	十五		十
1480	庚子	十六		十一
1481	辛丑	十七		十二
1482	壬寅	十八		十三
1483	癸卯	十九		十四
1484	甲辰	二十		十五
1485	乙巳	二十一		十六
1486	丙午	二十二		十七
1487	丁未	二十三		十八
1488	戊申	孝宗　弘治　一		十九
1489	己酉	（朱祐樘）　二		二十
1490	庚戌	三		二十一
1491	辛亥	弘治　　　四		成宗　　　二十二
1492	壬子	五		二十三
1493	癸丑	六		二十四
1494	甲寅	七		燕山君　　二十五
1495	乙卯	八		（李㦕）　一
1496	丙辰	九		二
1497	丁巳	十		三
1498	戊午	十一		四
1499	己未	十二		五
1500	庚申	十三		六

公　元	干　支	中　　国		朝　鲜（高　丽）（李　朝）
		明　朝	后　金	
1501	辛酉	十四		七
1502	壬戌	十五		八
1503	癸亥	十六		九
1504	甲子	十七		十
1505	乙丑	十八		十一
1506	丙寅	武宗　正德（朱厚照）　一		中宗(李怿)　一
1507	丁卯	二		二
1508	戊辰	三		三
1509	己巳	四		四
1510	庚午	五		五
1511	辛未	六		六
1512	壬申	七		七
1513	癸酉	八		八
1514	甲戌	九		九
1515	乙亥	十		十
1516	丙子	正德　十一		中宗　十一
1517	丁丑	十二		十二
1518	戊寅	十三		十三
1519	己卯	十四		十四
1520	庚辰	十五		十五
1521	辛巳	十六		十六
1522	壬午	世宗　嘉靖　一		十七
1523	癸未	（朱厚熜）　二		十八
1524	甲申	三		十九
1525	乙酉	四		二十
1526	丙戌	五		二十一
1527	丁亥	六		二十二
1528	戊子	七		二十三
1529	己丑	八		二十四
1530	庚寅	九		二十五
1531	辛卯	十		二十六
1532	壬辰	十一		二十七
1533	癸巳	十二		二十八
1534	甲午	十三		二十九
1535	乙未	十四		三十

续表

公　元	干　支	中　国		朝　鲜 (高　丽) (李　朝)
		明　朝	后　金	
1536	丙申	十五		三十一
1537	丁酉	十六		三十二
1538	戊戌	十七		三十三
1539	己亥	十八		三十四
1540	庚子	十九		三十五
1541	辛丑	嘉靖　二十		中宗　　三十六
1542	壬寅	二十一		三十七
1543	癸卯	二十二		三十八
1544	甲辰	二十三		三十九
1545	乙巳	二十四		仁宗(李峼)　一
1546	丙午	二十五		明宗(李峘)　一
1547	丁未	二十六		二
1548	戊申	二十七		三
1549	己酉	二十八		四
1550	庚戌	二十九		五
1551	辛亥	三十		六
1552	壬子	三十一		七
1553	癸丑	三十二		八
1554	甲寅	三十三		九
1555	乙卯	三十四		十
1556	丙辰	三十五		十一
1557	丁巳	三十六		十二
1558	戊午	三十七		十三
1559	己未	三十八		十四
1560	庚申	三十九		十五
1561	辛酉	四十		十六
1562	壬戌	四十一		十七
1563	癸亥	四十二		十八
1564	甲子	四十三		十九
1565	乙丑	四十四		二十
1566	丙寅	嘉靖　四十五		明宗　　二十一
1567	丁卯	穆宗　隆庆　一		二十二
1568	戊辰	(朱载垕)　二		宣祖(李昑)　一
1569	己巳	三		二
1570	庚午	四		三

公　元	干　支	中　国		朝　鲜 （高　丽） （李　朝）
		明　朝	后　金	
1571	辛未	五		四
1572	壬申	六		五
1573	癸酉	神宗　万历　一		六
1574	甲戌	（朱翊钧）　二		七
1575	乙亥	三		八
1576	丙子	四		九
1577	丁丑	五		十
1578	戊寅	六		十一
1579	己卯	七		十二
1580	庚辰	八		十三
1581	辛巳	九		十四
1582	壬午	十		十五
1583	癸未	十一		十六
1584	甲申	十二		十七
1585	乙酉	十三		十八
1586	丙戌	十四		十九
1587	丁亥	十五		二十
1588	戊子	十六		二十一
1589	己丑	十七		二十二
1590	庚寅	十八		二十三
1591	辛卯	万历　十九		宣祖　二十四
1592	壬辰	二十		二十五
1593	癸巳	二十一		二十六
1594	甲午	二十二		二十七
1595	乙未	二十三		二十八
1596	丙申	二十四		二十九
1597	丁酉	二十五		三十
1598	戊戌	二十六		三十一
1599	己亥	二十七		三十二
1600	庚子	二十八		三十三
1561	辛丑	二十九		三十四
1562	壬寅	三十		三十五
1563	癸卯	三十一		三十六
1564	甲辰	三十二		三十七
1565	乙巳	三十三		三十八

续表

公　元	干　支	中　　国		朝　鲜 （高　丽） （李　朝）
		明　　朝	后　　金	
1606	丙午	三十四		三十九
1607	丁未	三十五		四十
1608	戊申	三十六		四十一
1609	己酉	三十七	光海君	一
1610	庚戌	三十八	（李珲）	二
1611	辛亥	三十九		三
1612	壬子	四十		四
1613	癸丑	四十一		五
1614	甲寅	四十二		六
1615	乙卯	四十三		七
1616	丙辰	万历　四十四	太祖　天命　一	光海君　八
1617	丁巳	四十五	（努尔哈赤）　二	九
1618	戊午	四十六	三	十
1619	己未	光宗　泰昌　四十七	四	十一
1620	庚申	（朱常洛）　一	五	十二
1621	辛酉	熹宗　天启　一	六	十三
1622	壬戌	（朱由校）　二	七	十四
1623	癸亥	三	八	仁祖（李倧）　一
1624	甲子	四	九	二
1625	乙丑	五	十	三
1626	丙寅	六	十一	四
1627	丁卯	七	太宗　天聪　一	五
1628	戊辰	思宗　崇祯　一	（皇太极）　二	六
1629	己巳	（朱由检）　二	三	七
1630	庚午	三	四	八
1631	辛未	四	五	九
1632	壬申	五	六	十
1633	癸酉	六	七	十一
1634	甲戌	七	八	十二
1635	乙亥	八	九	十三
1636	丙子	九	清　崇德①　一	十四
1637	丁丑	十	二	十五
1638	戊寅	十一	三	十六
1639	己寅	十二	四	十七
1640	庚辰	十三	五	十八

①　是年皇太极改后金为清。

公　元	干　支	中　　国		朝　鲜 (高　丽) (李　朝)
		明　朝	清	
1641	辛巳	崇祯　十四	崇德　六	仁祖　　　十九
1642	壬午	十五	七	二十
1643	癸未	十六	八	二十一
1644	甲申	十七	世祖　顺治　一 (福临)	二十二